PUBLICATIONS

DE

L'ÉCOLE DES LANGUES ORIENTALES VIVANTES

IIe SÉRIE. — VOLUME XIX

NOUVEAUX MÉLANGES ORIENTAUX

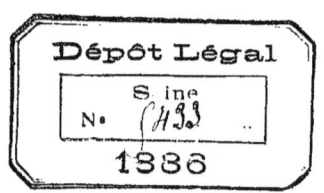

NOUVEAUX MÉLANGES ORIENTAUX

MÉMOIRES
TEXTES ET TRADUCTIONS

PUBLIÉS

PAR LES PROFESSEURS DE L'ÉCOLE SPÉCIALE
DES LANGUES ORIENTALES VIVANTES

À L'OCCASION

DU SEPTIÈME CONGRÈS INTERNATIONAL DES ORIENTALISTES RÉUNI A VIENNE

(SEPTEMBRE 1886)

PARIS
IMPRIMERIE NATIONALE

ERNEST LEROUX, ÉDITEUR

LIBRAIRE DE LA SOCIÉTÉ ASIATIQUE, DE L'ÉCOLE DES LANGUES ORIENTALES VIVANTES, ETC

M DCCC LXXXVI

L'accueil bienveillant fait par les orientalistes réunis à Leyde au volume de *Mélanges orientaux*, publié par MM. les professeurs de l'École spéciale des langues orientales vivantes, a déterminé ces derniers à offrir aux membres du septième Congrès réuni à Vienne un recueil semblable qui a reçu le titre de *Nouveaux mélanges orientaux*.

Des circonstances particulières n'ont permis à MM. les professeurs de composer les différents mémoires insérés dans ce volume que dans les premiers mois de cette année, et il a fallu tout leur zèle et toute l'activité déployée par l'Imprimerie nationale pour achever l'œuvre que nous mettons sous les yeux du Congrès.

Depuis l'époque où les orientalistes de l'Europe étaient réunis à Leyde, l'École des langues orientales a eu le regret de perdre M. Miller, professeur de grec moderne, et M. le comte Kleczkowski, professeur de langue chinoise. Il a semblé juste et digne de rendre ici à leur mémoire un hommage mérité.

M. Bénigne-Emmanuel-Clément Miller est décédé à Cannes, le 7 janvier de cette année; il était né à Paris, le 12 avril 1812. Attaché, en 1833, au département des manuscrits de la Bibliothèque royale, il débutait dans la carrière de l'érudition par un mémoire sur l'histoire de l'établissement des Vandales en Afrique, mémoire auquel un prix fut décerné, en 1836, par l'Académie des inscriptions et belles-lettres. Trois ans plus tard, M. Miller faisait paraître le *Périple de Marcien d'Héraclée, l'Épitomé d'Artémidore, Isidore de Charax ou Supplément aux dernières éditions des petits géographes grecs, d'après un manuscrit grec de la Bibliothèque royale.* En 1840, il publiait l'*Éloge de la chevelure, discours inédit d'un auteur anonyme en réfutation du discours de Synésius intitulé : Éloge de la calvitie.*

En 1836, M. Miller avait reçu la mission de visiter les bibliothèques de l'Italie pour y rechercher les monuments littéraires de la Grèce du moyen âge. En 1843, il explora la bibliothèque de l'Escurial : il rédigea le catalogue des manuscrits grecs qui y sont conservés, et ce travail fut livré au monde savant en 1848. L'année suivante, M. Miller faisait imprimer les *Fragments de Nicolas de Damas relatifs à la mort de César,* qu'il avait découverts, au cours de sa dernière mission, dans un manuscrit grec du xvie siècle.

Au mois de janvier 1850, il fut appelé à remplir la place de bibliothécaire de l'Assemblée législative laissée vacante par la mort de M. Beuchot. Ces nouvelles fonctions ne ralentirent point son ardeur scientifique. En 1851, il mettait au jour un document de la plus haute valeur pour l'histoire du christianisme, les *Philosophumena,* qu'il avait retrouvés parmi les manuscrits rapportés du mont Athos par Minoïde Minas, et dont il attribuait la rédaction à Origène. En 1855 et 1857, il publiait, d'après les manuscrits des bibliothèques de l'Escurial, de Florence, de Paris et du Vatican, les deux volumes des *Manuelis Philae carmina*. Élu membre de l'Académie des inscriptions et belles-lettres en 1860, M. Miller fut chargé, en 1863, d'aller explorer les bibliothèques du mont Athos et celles de Constantinople. Ses recherches n'eurent point les résultats qu'il se promettait; mais les fouilles qu'il entreprit dans l'île de Thasos, où le hasard l'avait poussé, mirent au jour les magnifiques bas-reliefs et les intéressantes inscriptions conservés aujourd'hui au Musée du Louvre. En 1868, M. Miller faisait paraître les *Mélanges de littérature grecque contenant un grand nombre de textes inédits*. Il fut appelé, en 1875, à remplacer M. Brunet de Presle dans la chaire de grec moderne à l'École des langues orientales vivantes. Il a donné, en 1882, à la collection des ouvrages publiés par les soins des professeurs, en collaboration avec M. C. Sathas, le texte grec et la traduction française de la *Chronique de Chypre de Léonce Machéras*.

Le monde savant doit à l'infatigable activité de M. Miller, outre les ouvrages qui viennent d'être mentionnés, un grand nombre de mémoires et de dissertations d'épigraphie et d'archéologie. Nous en donnons ici la liste par ordre chronologique :

Lettre à M. Letronne sur un article du Journal des savants, 1839.

Notice sur un manuscrit grec contenant une rédaction inédite des Fables d'Ésope, 1841.

Lettres inédites de Malherbe, 1841.

Le tumulus de Lachdar, province d'Oran, 1844.

Poème allégorique de Méliténiote, publié d'après un manuscrit grec de la Bibliothèque impériale, 1857.

De quelques marbres antiques envoyés d'Italie au connétable de Montmorency pendant l'année 1555.

Bulle byzantine inédite du Musée du Louvre, 1861. (Extrait de la *Revue numismatique*.)

Nouvelles observations sur l'inscription gréco-latine trouvée à Fréjus, 1861. (Extrait de la *Revue archéologique*.)

Explication du nom d'artiste Λάσιμος, 1861.

Sur un oxybaphon du Musée Campana, 1862. (Extr. de la *Revue archéologique*.)

Notice sur le manuscrit grec n° 2322 de la Bibliothèque impériale contenant le recueil des Ἱππιατρικά, 1864. (*Notices et extraits des manuscrits*.)

Inscriptions grecques inédites découvertes dans l'île de Thasos, 1865.

Bas-reliefs archaïques découverts dans l'île de Thasos, 1865.

Sur une inscription grecque en vers découverte à Salonique, 1865. (Extr. de la *Revue archéologique*.)

Inscription grecque nouvellement découverte aux environs d'Athènes, 1865. (Extr. de la *Revue archéologique*.)

De quelques découvertes littéraires faites dans les bibliothèques de l'Orient, 1865.

Mission scientifique de E. Miller, de l'Institut, en Orient

(1er et 2e rapports), 1865. (Extr. des *Nouvelles annales des voyages*, t. IV.)

Lettres de M. Adert sur les bas-reliefs de Thasos, avec les observations de M. Miller, 1866. (Extr. de la *Revue archéologique*.)

Souvenirs du mont Athos, 1866. (Extr. du t. LXVII du *Correspondant*.)

Préface d'un écrivain byzantin, 1866. (Extr. du t. LXVII du *Correspondant*.)

Inscriptions grecques inédites découvertes dans l'île de Thasos, 1866.

Fragment inédit de Nicétas Choniate relatif à un fait numismatique, 1866.

Ambassades de Michel Psellus auprès de l'usurpateur Isaac Comnène, 1867.

Bulles byzantines de la collection de M. le baron B. de Köhne et de diverses autres provenances, 1867. (Extr. de la *Revue de numismatique*.)

Examen du livre de M. Wescher intitulé : Poliorcétique des Grecs, 1868. (Extr. du *Journal des savants*.)

Mélanges de littérature grecque, contenant un grand nombre de textes inédits, 1868.

Fragment inédit d'Appien (Περὶ Ἀράβων μαντείας), 1869. (Extr. de la *Revue archéologique*.)

Réponse à l'appel de M. Boissée, 1869.

Pierre Taisaud : lettres inédites de Bossuet et de Mlle de Scudéry, 1869. (Extr. du *Correspondant*.)

A propos du fragment d'Aristodème, 1869.

Observations sur un manuscrit d'Eschyle, 1869.

Sur une inscription grecque découverte à Cheikh Abad, l'ancienne Antinoé, 1870. (Extr. de la *Revue archéologique*.)

Inscription grecque trouvée à Memphis, 1870.

Inscriptions grecques et latines découvertes à Alexandrie, 1870-1871. (En collaboration avec M. Léon Rénier.)

Lettres à M. Waddington sur une inscription byzantine trouvée dans la Petite Arménie, 1872. (Extr. de la *Revue archéologique*.)

Poëmes astronomiques de Théodore Prodrome et de Jean Camatère, d'après les manuscrits de la Bibliothèque nationale, 1872.

Discours prononcé à la séance publique annuelle de l'Académie des inscriptions et belles-lettres, le 20 décembre 1872.

Sur une inscription grecque conservée au Musée archéologique d'Athènes, 1872.

Mémoire sur une inscription agonistique de Larisse, 1873. (Extr. des *Mémoires de l'Académie des inscriptions et belles-lettres*.)

Poëmes historiques de Théodore Prodrome, 1873.

Préface d'un auteur byzantin (Nicéphore Basilicas), 1873. (Extr. de l'*Annuaire de l'Association pour les études grecques*.)

Inscription grecque trouvée à Enos, 1873.

Fragments inédits de Théodore le Lecteur, 1873.

Sur deux inscriptions grecques découvertes dans l'île de Thasos, 1873.

Étude sur Denys de Byzance, analyse de l'ouvrage

publié par M. Wescher, 1874. (Extr. du *Journal des savants.*)

Un poète de la cour des Comnènes (Théodore Prodrome), 1874.

Inscriptions grecques trouvées dans l'île de Thasos, 1874.

Poèmes vulgaires de Théodore Prodrome, 1874. (Publié en collaboration avec M. E. Legrand.)

Sur une inscription grecque découverte dans le Maroc, 1874.

Inscriptions grecques de Larisse, 1874.

Extraits de l'Onomasticon de J. Pollux, 1874.

Inscriptions grecques découvertes en Égypte, 1874.

L'Alexiade d'Anne Comnène, dans les historiens grecs relatifs aux croisades. Le second volume, renfermant les notes, est entièrement dû à M. Miller, 1875.

Inscriptions grecques découvertes en Égypte, 3e fascicule, 1875.

Inscriptions céramiques du Musée d'Alexandrie, 1875.

Observations sur une inscription grecque, lettre à M. Georges Perrot, 1875.

Mélanges de philologie et d'épigraphie, 1re partie, 1876. (Extr. de la *Revue archéologique*.)

Rapport sur les travaux des Écoles d'Athènes et de Rome en 1878-1879.

Discours d'ouverture du cours de grec moderne. — M. Brunet de Presle. — Le grec moderne et ses progrès. (*Revue politique et littéraire.*) 1876.

Sur un cure-oreille d'or byzantin portant une inscription grecque, 1879.

Inscriptions grecques découvertes à Thasos, 1879.

Glossaire grec-latin de la Bibliothèque de Laon, 1880. (*Notices et extraits des manuscrits.*)

Fragments inédits de littérature grecque (Ποιχίλη ἱστορία *d'Élien*) 1883. (Extr. des *Mélanges orientaux.*)

Inscriptions grecques découvertes en Égypte, 1883.

Bibliothèque royale de Madrid. Catalogue des manuscrits grecs (Supplément au catalogue d'Iriarte), 1885. (Extr. du t. XXXI des *Notices et extraits des manuscrits.*)

Michel-Alexandre comte Kleczkowski était né, le 27 février 1818, au château de Kleczkow en Gallicie. Dans les premières années de sa jeunesse, il s'était rendu dans l'Extrême Orient, où il avait acquis la connaissance de la langue chinoise. Il fut attaché, le 19 mars 1847, au consulat de Shanghaï, dont le titulaire était alors M. de Montigny. Au mois d'avril 1851, un navire du Havre, *le Narval*, avait fait naufrage sur les côtes de la Corée. Le jour même où la nouvelle en parvint à Shanghaï, M. de Montigny résolut d'aller à la recherche de l'équipage, dont la vie était en péril. Il s'adjoignit M. Kleczkowski, et, grâce à l'énergie de ces deux agents et à leur parfaite connaissance des mœurs des peuples de l'Extrême Orient, les matelots et les officiers du *Narval* étaient sauvés. La décoration de la Légion d'honneur récompensait l'année suivante M. Kleczkowski du talent et du zèle avec lesquels il remplissait ses fonctions. Il était nommé en 1854 attaché payé à la légation de France à Pékin. En 1857, il recevait la mission de se rendre au Tonkin pour y réclamer la mise en liberté de Monseigneur Diaz, dont on avait appris l'arrestation, mais dont on ignorait le supplice. Après avoir géré, du 1er juin 1862 au 11 avril 1863, les affaires de France en Chine, M. le comte Kleczkowski était rappelé à Paris pour occuper le poste de secrétaire interprète pour la langue chinoise, et, peu de temps après, il était chargé de faire un cours libre de chinois vulgaire et pratique, créé près la Sorbonne. Dans son discours d'ouverture, il exposa ses idées et ses vues sur le rôle de la France en Chine.

A la fin de l'année 1871, M. Kleczkowski fut désigné pour occuper à l'École des langues orientales vivantes la chaire de chinois moderne. A partir de ce moment, il se consacra exclusivement à l'instruction et à l'éducation des jeunes gens qui se destinaient à la carrière de l'interprétariat. Il composa pour eux son *Cours graduel et complet de chinois parlé et écrit*, dont le premier volume, contenant les phrases de la langue parlée, parut en 1876. M. Kleczkowski eut la satisfaction de voir ses efforts constants couronnés des plus brillants succès. Tous les élèves formés par ses soins et par ceux du répétiteur indigène Liéou-Siéou-Tchang provoquèrent, à leur arrivée en Chine, l'étonnement des lettrés et des Européens par la solidité de leurs connaissances et par la facilité et la pureté de leur élocution. La santé de M. Kleczkowski avait subi, depuis trois ans, une grave atteinte. Pour ne point interrompre ses leçons, il s'efforçait de dominer le mal qui l'épuisait. On put espérer un moment que le repos et un air vivifiant lui rendraient quelque force, mais il revint à Paris encore plus affaibli. Il caressait cependant l'espérance de pouvoir reprendre ses leçons; mais ses souffrances devinrent plus vives, on dut perdre toute illusion, et, le 23 mars 1886, M. Kleczkowski rendait le dernier soupir.

Les regrets unanimes de l'École ont suivi les deux éminents professeurs dont la carrière si bien remplie vient d'être retracée à grands traits. Après avoir rendu hommage à leur mémoire, nous devons former le vœu que les épreuves subies cette année soient épargnées, pour longtemps, à l'École des langues orientales vivantes.

C. S.

Paris, le 15 août 1886.

TABLEAU DU RÈGNE

DE

MOUÏZZ EDDIN ABOUL HARITH, SULTAN SINDJAR,

PAR MOHAMMED IBN ALY RAVENDY.

TEXTE PERSAN PUBLIÉ POUR LA PREMIÈRE FOIS
AVEC LA TRADUCTION FRANÇAISE,

PAR

CHARLES SCHEFER,

MEMBRE DE L'INSTITUT,
PROFESSEUR À L'ÉCOLE DES LANGUES ORIENTALES VIVANTES.

TABLEAU DU RÈGNE

DE

MOUÏZZ EDDIN ABOUL HARITH, SULTAN SINDJAR,

FILS DE MELIKCHÂH.

EXTRAIT DE L'OUVRAGE INTITULÉ

LE REPOS DES COEURS ET LA MANIFESTATION DE LA JOIE

راحة الصدور وآية السرور

COMPOSÉ

PAR MOHAMMED IBN ALY RAVENDY.

L'attention des orientalistes s'est portée, depuis quelque temps, sur les documents historiques relatifs aux dynasties des Seldjoucides qui ont étendu leur domination sur une partie de l'Asie centrale, sur toute la Perse et sur l'Asie Mineure. Hamdoullah Qazwiny a inséré l'histoire de ces princes dans son *Tarikhi Gouzidèh*[1], Mirkhond dans le *Raouzet oussefa*, et Khondémir dans le *Habib oussier*. Ces textes persans avaient été, jusqu'à ces derniers jours, à peu près les seuls qui eussent été publiés[2]. Mais les auteurs que je viens de citer ont emprunté leurs renseignements à des ouvrages plus anciens, qui n'ont point encore été tous retrouvés. Nous savons que Zehir eddin Nichaboury, précepteur des sultans Arslan Châh et Massoud, et Djemal eddin

---

[1] M. Defrémery a fait paraître en 1848 et 1849 dans le *Journal asiatique* l'histoire des Seldjoucides et des Ismaéliens ou Assassins de l'Iran, extraite du *Tarikhi Guzidèh* ou Histoire choisie d'Hamd-Allah Mustaufi.

[2] M. Th. Houtsma a entrepris la publication d'un *Recueil de textes relatifs à l'histoire des Seldjoucides*. Le premier volume est consacré à l'histoire des Seldjoucides du Kerman, écrite par Mohammed Ibrahim.

Qifty avaient écrit les annales des Seldjoucides. Mirkhond cite, parmi les sources auxquelles il a puisé, un poème intitulé *Melik Naméh*, et il invoque aussi le témoignage d'écrivains dont il ne prononce pas les noms.

L'ouvrage dont je donne aujourd'hui un extrait est un de ceux qu'il a eus entre les mains, et il en a copié des pages entières, sans en mentionner le titre. Hamdoullah Qazwiny avait agi de même dans son *Tarikhi Gouzidèh*.

Je signale les emprunts faits au texte du *Rahat oussoudour*, et je donne ici quelques renseignements très succincts sur la personnalité de Mohammed Ravendy, renseignements que j'extrais de la préface de son ouvrage.

La famille de Nedjm eddin Abou Bekr Mohammed, fils d'Aly, fils de Suleyman, était originaire du village de Ravend, dans les environs de Kachan. Lui-même avait reçu le jour et avait été élevé dans cette dernière ville. Après avoir achevé ses premières études, il prit la résolution de compléter son éducation. La disette qui, depuis l'année 570 (1174), désolait Isfahan et les provinces qui relevaient de cette ville avait porté la détresse à son comble et plongé dans la misère les plus anciennes et les plus nobles familles. Dans ces tristes circonstances, Mohammed Ravendy fut assez heureux pour obtenir la protection d'un de ses compatriotes, Aboul Fazl Ahmed ibn Mohammed Ravendy, qui occupait une haute situation dans la magistrature. Tous les érudits de l'Iraq le reconnaissaient comme leur maître, et l'atabek Djemal eddin Ay Abèh[1] lui avait confié, avec la direction du collège fondé par lui à Hamadan, celle d'autres

---

[1] M. Defrémery a inséré dans les numéros de novembre-décembre 1846 du *Journal asiatique* un mémoire sur l'histoire de ce personnage et celle de son fils et de son petit-fils.

établissements religieux. Ce savant, qui professait dans cette ville, a publié, outre des ouvrages sur la jurisprudence, des commentaires sur le Coran et sur les traditions du Prophète et des traités de lexicographie; il a aussi composé des poésies arabes et persanes. L'auteur du *Rahat oussoudour* suivit ses leçons pendant dix années; il parcourut ensuite les différentes villes de l'Iraq, et il acquit, dans l'art de la calligraphie, un tel degré de perfection, qu'il réussit à tracer les caractères de soixante-dix sortes d'écritures. Il gagnait sa vie en copiant des Corans, en décorant des volumes d'ornements en encre d'or et en les couvrant de reliures. Il employait ses ressources à acheter des livres et à les lire sous la direction de cheikhs et de savants illustres, qui lui accordèrent la licence nécessaire pour professer à son tour, en s'autorisant de leur propre enseignement. Hamadan était, à cette époque, la capitale et la résidence du sultan Roukn eddin Thoghroul, fils d'Arslan Châh. Les émirs de l'Iraq s'y étaient fixés et y avaient construit des palais qui donnaient une idée des demeures réservées aux élus du paradis. L'empire jouissait de la plus grande tranquillité, et l'administration du sultan assurait sa prospérité. Le prince recherchait la société des savants, des littérateurs et celle des personnes pieuses. Pendant le jour, il se plaisait à converser avec les poètes et avec ses courtisans, et il consacrait ses nuits à visiter les sanctuaires et à s'entretenir avec les religieux voués à la vie ascétique. Dans le courant de l'année 577 (1181), le sultan manifesta le désir de se perfectionner dans l'art de la calligraphie et il fit appel au talent de Zeyn eddin Mahmoud Ravendy, oncle maternel de l'auteur qui nous occupe. Lorsque le sultan eut acquis une grande habileté de main, il entreprit la copie d'un

Coran, qui fut divisé en trente parties. Quand une de ces parties était achevée, on la remettait aux enlumineurs et aux doreurs, qui traçaient des arabesques avec de l'or liquide; l'ornementation de chacune de ces parties coûtait cent dinars maghreby. « Une partie de ce Coran, ajoute Mohammed Ravendy, est aujourd'hui entre les mains d'Ala eddin, seigneur de Meraghah [1]; une autre est en la possession de Bektimour, prince d'Akhlath [2]; le reste est demeuré aux mains des enlumineurs. » Cette copie du Coran, exécutée par le sultan Thoghroul, fut la cause qui fit admettre Mohammed Ravendy dans la société de ce prince, car celui-ci le chargeait de décorer d'ornements en encre d'or la plupart des feuillets qu'il transcrivait. Mohammed Ravendy s'étend longuement sur les qualités et les mérites du sultan Thoghroul. « Si, dit-il, on voulait raconter les hauts faits et les événements extraordinaires qui ont signalé son règne, tels que réceptions d'apparat, chasses, combats, banquets, conquêtes, victoires sur les ennemis, largesses à l'égard des amis, on composerait un ouvrage dix fois plus considérable que le *Châh Namèh* ou l'*Iskender Namèh*. Si ma vie se prolonge assez longtemps sous le règne du souverain aujourd'hui régnant, j'entreprendrai ce travail et je ferai partir mon récit de l'époque du sultan Thoghroul, de l'atabek Mohammed et de Qizil Arslan, pour le conduire jusqu'à nos jours. Cet ouvrage sera en prose entremêlée de vers, car les poésies composées en l'honneur de ces princes et de leurs émirs que j'intercalerai dans ma narration attesteront

---

[1] L'émir Ala eddin était le fils de Melik Mohammed et le petit-fils de l'émir Saliq. L'émir Ala eddin mourut en 598 (1201).

[2] On peut consulter sur l'émir Seïf eddin Bektimour le *Kamil fit tarikh* d'Ibn el-Athir, t. XII, *passim*.

d'une manière éclatante la puissance et la grandeur de la dynastie des Seldjoucides. Les poètes ne composent, en effet, leurs panégyriques que lorsque l'empire jouit d'une grande prospérité et que lorsqu'ils sont assurés de recevoir de larges gratifications. »

Il y avait dans toutes les grandes villes de l'islamisme des familles de savants magistrats dont les membres étaient les guides et les chefs de la population; ils exerçaient une grande influence sur la marche du gouvernement et ils prenaient part à la conduite des affaires.

Il existait à Hamadan plusieurs branches de la descendance d'Aly : leur chef était l'émir Seyyd Mourteza Kébir Fakhr eddin Ala Eddaulèh Arabchâh.

Le Seyyd Ala Eddaulèh eut trois fils : Medjd eddin Houmayoun, Fakhr eddin Khosrauchâh, qui fut arrêté pendant les troubles et conduit au château de Serdjihan [1], d'où il envoya, pendant sa captivité, ces vers en dialecte pehlevy (kurde), dans lesquels il dépeignait sa situation :

[فهلويه]   خوبييش وبيتانه وازاد وبتده
والكشان بتو واتها كبابى بتتده
اوجن خونشان باهت سمشير
وزبتنىكى دريم اسير بوندە
اژ ان رواكه بوروويم مائم
نه اچ خويشان نه اچ بيبيانه آنم

---

[1] Serdjihan est un château dans les montagnes du côté du Deïlem; il domine la plaine de Qazwin ainsi que Zendjan et Abher.... C'est une des citadelles les plus belles et les mieux fortifiées que j'aie vues. (*Dictionnaire géographique de la Perse*, extrait du *Moudjem oul bouldan*, par M. Barbier de Meynard, p. 307.)

کی نواکر بایـن سـانـه بـومان
داله زیـونـده ماغـمُ یا نمـائـمِ

et, enfin, Imad eddin Merdanchâh. Mohammed Ravendy remplit auprès de ce dernier les fonctions de précepteur. Il lui enseigna la lecture du Coran, les règles de la calligraphie, les devoirs qu'imposent les exercices religieux, les traditions qui en sont la base, enfin les principes nécessaires pour acquérir les connaissances requises pour remplir les charges judiciaires. Mohammed Ravendy demeura pendant cinq ou six ans dans la famille d'Ala Eddaulèh. Il fut par elle comblé de bienfaits, et il eut l'occasion de voir, dans la maison de ces Seyyds, les principaux personnages de Hamadan et de nouer avec eux des relations amicales. Il passa ensuite deux années auprès de Chihab eddin Ahmed ibn Abi Mansour el-Bezzaz el-Kachany, dont il compléta l'éducation.

Les rapports qui s'établirent entre son élève et lui furent si affectueux, que Mohammed Ravendy, qui, dès cette époque, nourrissait le dessein de publier quelque ouvrage, lui demanda la permission d'y mentionner son nom.

Les fils des princes, des grands personnages et des hauts fonctionnaires de l'État se faisaient gloire de se dire ses disciples et de recevoir de lui des leçons de calligraphie. L'oncle maternel de Mohammed Ravendy avait porté cet art à son plus haut degré de perfection; il était, comme les vézirs et les secrétaires du sultan, né dans la ville de Kachan, et, toutes les fois que l'on voyait un beau morceau d'écriture, on disait : c'est l'œuvre des Kachy ou celle de l'un de leurs élèves.

De l'aveu des lettrés de l'Iraq, du Khorassan, de Bagdad,

de la Syrie, de l'Azerbaïdjan et des ambassadeurs qui, de toutes les parties du monde, affluaient à la cour du sultan Thoghroul, personne ne pouvait être comparé à Zeyn eddin Mahmoud, oncle maternel de l'auteur, pour la beauté de l'écriture. Les calligraphes ne possèdent, en général, que des connaissances peu étendues; mais Zeyn eddin Mahmoud faisait exception à cette règle. Il avait, en l'année 557 (1161), à l'âge de dix-sept ans, composé à Kachan, en l'honneur de Mouïn Sawy, surintendant des finances, une ode arabe qui avait excité l'admiration des érudits et des gens de lettres. Vingt ans plus tard, en 577 (1181), il en composa une autre à la louange du surintendant Khadjèh Mouïn eddin. Zeyn eddin Mahmoud était attaché au rite hanéfite : ses sentiments religieux différaient donc de ceux des savants et des littérateurs de Kachan, de Qoum et de Rey. Malgré la divergence des opinions confessionnelles, ceux-ci n'hésitèrent point à reconnaître le mérite du poète et à déclarer qu'il était impossible de composer une pièce de poésie plus parfaite. Elle valut à son auteur un vêtement d'honneur, semblable à celui que portent les vézirs.

Les succès littéraires obtenus par son oncle déterminèrent Mohammed Ravendy à marcher sur ses traces.

En l'année 580 (1184), le sultan Thoghroul manifesta le désir de voir composer pour lui un recueil des œuvres des différents poètes. Le texte de cet ouvrage était copié par Zeyn eddin Mahmoud, et le miniaturiste Djemal d'Isfahan en peignait les figures. On reproduisait le portrait de chaque poète et l'on transcrivait à la suite quelques-unes de ses poésies. On ajouta à ce recueil une série d'anecdotes plaisantes qui faisaient aussi le sujet de peintures. Le sultan Thoghroul faisait ses délices de ce livre; il le lisait lorsqu'il était seul, il l'avait toujours à sa portée et il se plaisait à lui emprunter des anecdotes qu'il aimait à raconter. « Sur ces entrefaites, dit Mohammed Ravendy, l'émir ouchchouara (le prince des poètes) Chems eddin Ahmed, fils de Menoutchehr Chast Guelèh, auteur du panégyrique de Toutmadj, nous apprit que Seyyd Echref venait d'arriver à Hamadan et qu'il visitait les collèges pour voir quels étaient, parmi les étudiants, ceux qui avaient des dispositions pour la poésie. Seyyd Echref me donna un hémistiche, en me priant de composer deux ou trois distiques sur la même mesure. Il écouta avec plaisir les vers que je lui récitai, en fit l'éloge et m'encouragea à continuer mes essais poétiques. « Choisis, me dit-il, dans les œuvres des poètes modernes, tels que Imady, Envery, Seyyd Echref, et dans celles des poètes arabes, ainsi que dans le *Châh Namèh*, deux cents distiques qui te plairont; apprends-les par cœur. Lis assidûment le *Châh Namèh* pour développer ton goût, et abstiens-toi d'écouter ou de lire les vers de Senay, d'Onçory, de Mouïzzy et de Roudeky : ils ont des prétentions trop hautes et ne pourraient qu'entraver tes dispositions poétiques. J'ai fait, dit-il en terminant, ces recommandations à d'autres personnes, et le résultat en a été excellent. » Mohammed Ravendy commença dès lors à composer les poésies et à faire le choix des citations insérées par lui dans son histoire.

Les malheurs qui fondirent sur l'Iraq en l'année 590 (1193), après la mort funeste du sultan Thoghroul, eurent une longue durée. Les gouverneurs nommés par les Seldjoucides furent chassés, les savants les plus éminents accablés de mauvais traitements[1]. Séparé de ses amis, le cœur en

[1] La misère avait pris de telles proportions, nous apprend Mohammed Ravendy dans un passage de son histoire, qu'en l'année 598 (1201), on

proie au chagrin et à la douleur, Mohammed Ravendy renonça à toute espérance de fortune. Il se renferma dans la solitude et continua ses études de jurisprudence, de lexicographie et de poésies arabe et persane.

Il commença en 599 (1202-1203) à rédiger l'ouvrage qu'il voulait laisser comme un souvenir de son passage dans ce monde. Il déclare qu'ayant vécu sous le règne des souverains de la dynastie de Seldjouq, qu'ayant reçu des savants et des cheikhs honorés de leurs bienfaits, des leçons données dans des collèges ou des établissements religieux fondés par ces princes ou par leurs émirs, il a pris la résolution de dédier son ouvrage au maître du monde, Ghias Eddounia w'eddin Aboul Feth Keykhosrau, fils de Qilidj Arslan, qui a fait la conquête d'Anthaliah[1] et a été, plus que tout autre souverain, comblé des faveurs de la victoire.

Les pages consacrées à la préface, à la glorification de Dieu, aux louanges du Prophète, à celles des quatre premiers khalifes et des compagnons du prophète, sont suivies du panégyrique du sultan Keykhosrau et de l'histoire des princes seldjoucides qui ont régné sur la Perse. Tous les chapitres commencent par la description de leur personne; puis, l'auteur donne les mots qui formaient leur tevqi' et il ajoute les noms des vézirs, des atabeks et des chambellans de chaque souverain. A la fin de l'histoire de chaque règne se trouvent les odes les plus remarquables composées

---

vendait dans tout l'Iraq les livres au poids, et que les Corans, les ouvrages de sciences et de traditions se vendaient un demi-dang le men.

ودر شهور سنه ثمان وتسعين در جملة عراق كتب على واخبار وقران بترازو می کشیدند ویك من بنیم دانك می فروختند

[1] Le sultan Keykhosrau se rendit maître d'Anthaliah le 3 du mois de chaâban de l'an 603 (6 mars 1206).

par les poètes officiels, et très souvent aussi un panégyrique du sultan Keykhosrau dû à la plume de l'auteur. L'histoire des règnes des derniers sultans seldjoucides abonde en détails curieux; Mohammed Ravendy a été le témoin oculaire d'une partie des faits qu'il raconte, et il nous donne, avec le plus grand soin, les poésies composées pour ces princes par Seyyd Echref et Moudjir Bilqany. Son récit ne s'arrête point à la mort du sultan Thoghroul; il embrasse les événements qui se sont déroulés dans l'Iraq jusqu'après l'arrivée du Kharezmchâh dans cette province, dans le courant de l'année 595 (1198).

A la suite de la partie historique de son ouvrage, l'auteur a consacré un chapitre aux règles que l'on doit observer lorsque l'on est admis dans la société des princes, et que l'on se livre aux plaisirs du vin. Il fait connaître ensuite, en quelques pages, les principes du jeu des échecs d'après les méthodes des Indiens, des Persans et des Grecs. Ce chapitre est suivi de quelques considérations sur le tir de l'arc et les courses de chevaux; puis Mohammed Ravendy explique la façon dont on doit se comporter à la chasse, dans les cérémonies de la cour, dans les combats et dans les banquets. Il expose ensuite assez longuement des principes de calligraphie que personne, dit-il, n'avait fait connaître avant lui, et il dévoile dans quelques pages les combinaisons du *Ghalib* et du *Maghloub*. Le *Rahat oussoudour* devait se terminer par des chapitres donnant la recette de philtres et d'aphrodisiaques et par une série d'anecdotes plaisantes et légères, destinées à dérider le lecteur; mais, sur les observations de ses amis, Mohammed Ravendy se détermina à les supprimer.

La copie du manuscrit du *Rahat oussoudour*, qui fait partie de ma bibliothèque et dont une page est reproduite ici, a été achevée par Hadji Elias, fils d'Abdallah, le 1ᵉʳ du mois de Ramazan de l'année 635 (17 avril 1238).

J'aurais vivement désiré pouvoir donner aujourd'hui une analyse plus complète de cet ouvrage, qui, à mon avis, présente un réel intérêt historique et littéraire. Les quelques poésies composées en pehlevy ou dialecte kurde, et insérées par l'auteur dans le cours de son récit, me paraissent aussi mériter l'attention. Mais le peu d'espace réservé dans ce recueil à chacun de nous ne m'a pas permis de donner plus de développement à mon travail; j'ai dû aussi renoncer, à mon très grand regret, à donner la traduction des vers et des adages arabes composés ou cités par l'auteur à l'appui de chaque fait. Ces maximes sont soigneusement traduites en persan, et elles confirment ce fait, allégué par plusieurs écrivains, et notamment par Fazloullah Isfizary dans sa traduction des vers du *Kalilah et Dimnah*, que, depuis le XIIᵉ siècle de notre ère, la langue arabe avait cessé d'être généralement comprise dans la Perse et dans la Transoxiane.

J'ai dû renoncer également à donner le texte et la traduction de quelques vers et des odes d'Envery, qui sont placés à la suite de l'histoire du sultan Sindjar.

RÈGNE DU SULTAN MOUÏZZ EDDOUNIA W'EDDIN ABOUL HARITH SINDJAR,
FILS DE MELIK CHÂH,
L'ARGUMENT DÉCISIF DU PRINCE DES CROYANTS[1].

Le sultan Sindjar avait le teint brun, le visage marqué de la petite vérole, la barbe bien fournie dans sa longueur et dans sa largeur; la petite vérole avait fait tomber quelques poils de sa moustache. Son dos et son cou étaient droits, sa taille haute et sa poitrine large. Son chiffre était composé des mots توكلت على الله (j'ai mis ma confiance en Dieu). Il eut pour vézirs : Mouïn eddin Moukhtass de Kachan[2], Chihab eddin Aboul Mehassin, fils du Faqih el-Edjell, frère de Nizam oul Moulk[3], Cheref eddin Abou Tahir Mamissa de Qoum[4], Toughar bek de Kachghar[5], Qiwam

---

[1] Ce titre indique que, dans la pensée du khalife, les troupes commandées par le sultan Sindjar étaient destinées à faire prévaloir les décisions de la cour de Bagdad.

[2] Mouïn eddin Abou Nasr ibn Ahmed Kachany avait débuté dans la carrière administrative sous les auspices de Nizam el-Moulk. Il avait rempli, à la cour du sultan Mahmoud, le poste de chef de la chancellerie et les fonctions de contrôleur des finances de l'Iraq et de l'Azerbaïdjan. Il fut désigné par le sultan Sindjar pour remplacer Toughar bek; il fut assassiné par deux Ismaéliens qui avaient pris du service dans ses écuries en qualité de palefreniers (525-1130).

[3] Chihab el-Islam Abd our Rezzaq ibn Abdallah Thousy était le neveu de Nizam el-Moulk; il dut, sur l'ordre de Sindjar, abandonner ses fonctions de muderris pour remplir celles de vézir. Il ne fut point à la hauteur de sa tâche, s'adonna publiquement au vin, et mourut, selon Ibn el-Athir, en 515 (1121), pendant un voyage que Sindjar fit dans l'Iraq.

[4] Cheref eddin Abou Tahir Saab ibn Aly el-Qoummy fut le successeur de Chihab eddin. Il reçut le titre de Vedjih el-Moulk et mourut trois mois après son entrée en fonctions.

[5] Mohammed ibn Suleyman Toughar bek Kachghary était un Turc illettré protégé par l'émir Qoumadj. Il avait acquis dans le commerce des richesses

eddin Aboul Qassem [1] et Nassir eddin, fils de Fakhr el-Moulk [2]. Ses chambellans furent l'émir Ghazghaly, l'émir Housseïn, l'émir Nizam eddin Mahmoud el-Kassany [3], Felek eddin Aly el-Djetry. Aucun des princes seldjoucides n'eut une existence aussi longue que celle du sultan Sindjar. Sa renommée s'étendit en tous lieux; il connut toutes les jouissances de la vie, amassa de grandes richesses et vit tous ses désirs réalisés. Ses ennemis furent anéantis, et il se rendit maître des pays qu'il convoitait. Il eut la grandeur imposante des Cosroës et la splendeur des Keyanides. Il connaissait bien les devoirs, les règles et les obligations imposés par le rang suprême, et il était très au courant des détails de l'administration. Il apportait dans les affaires de peu d'importance une grande simplicité et une grande bonhomie.

immenses et il déployait un grand faste. Sa conduite lui attira le mépris et la haine universels. Dénoncé par Fakhr eddin Toghan bek, ambassadeur du sultan Mahmoud, il fut arrêté et eut ses biens confisqués. Il fut envoyé comme gouverneur dans une ville du Turkestan, et mourut avant d'y arriver.

[1] Qiwam eddin Aboul Qassem ibn Hassan Dergouziny avait été, sous le sultan Mahmoud, vézir de l'Iraq; il fut appelé par Sindjar au poste de vézir du Khorassan. Ses cruautés provoquèrent sa destitution, et il fut mis à mort par le sultan Thoghroul ben Mohammed. Qiwam eddin fit pendre à la porte de son medressèh l'illustre docteur Aïn el-Qouzat.

[2] Nassir eddin Tahir ibn Fakhr el-Moulk, petit-fils de Nizam el-Moulk fut appelé au vézirat peu de temps avant l'insurrection des Ghouzz. Il ne survécut guère à cet événement. — Khondémir, dans son *Destour oul Wuzera*, cite, parmi les vézirs de Sindjar, Moudjir oul Moulk, Keya Abdoul Medjid, Aboul Mouzaffer Fakhr el-Moulk, fils de Nizam el-Moulk, Sadr eddin Mohammed, fils de Fakhr el-Moulk, et Nassir eddin Mahmoud ibn Mouzaffer Kharizmy.

[3] Kassan est une ville située au delà du Sihoun et de Châch, à l'entrée du Turkestan. Son château bien fortifié s'élève à l'entrée de la vallée d'Akhsiket. (*Moudjem*, t. IV, p. 227.)

La solidité de son jugement et la justesse de ses dispositions éclataient lorsqu'il faisait marcher des troupes et livrait bataille à un ennemi. Il était équitable et pieux, et il s'abstenait de ce qui était défendu par la loi religieuse.

Depuis le jour où il fut investi par son frère Barkiarouq du gouvernement du Khorassan, jusqu'à l'âge de quarante ans, il remporta dix-neuf victoires, sans éprouver ni insuccès, ni défaite. Il s'empara du royaume de Ghaznin, dont aucun prince seldjoucide n'avait tenté la conquête, et il en confia le gouvernement à Behram Châh, un des descendants du sultan Mahmoud. Il lui imposa pour condition de prélever chaque jour sur les revenus publics une somme de mille dinars, et un percepteur, délégué par son administration des finances, était chargé de faire rentrer cette somme.

Il fit aussi la conquête de Samarqand; après la mort de Barkiarouq, Ahmed Khan s'était mis en état de révolte. Le sultan s'empara de la ville après un siège de quatre mois, et fit Ahmed Khan prisonnier (524-1129). Il recouvra toutes les provinces soumises autrefois à son père Melik Châh, et il mit la main sur le Sistan et le Kharezm. Il conféra la dignité de kharezmchâh à Etsouz, fils de Mohammed, fils de Nouchteguin Ghartchèh, et il investit du gouvernement du Nimrouz, dans le Zaboulistan, l'émir Tadj eddin Aboul Fazl, qui, dans les batailles, était le commandant en chef de ses troupes et qui s'était particulièrement distingué dans les combats de Ghaznin et de Bilan[1].

Après la mort de son frère, Sultan Mohammed, le sultan Sindjar se rendit dans l'Iraq, dans les premiers mois de

---

[1] Bil ou Bilan est le nom d'un district et d'un bourg situés dans la province de Rey.

l'année 511 (1117). Sultan Mahmoud, fils de Sultan Mohammed, avait succédé à son père. Poussé par les émirs de sa cour, il marcha contre son oncle ; son armée fut battue, et, dans sa fuite, il alla chercher un asile à Isfahan. Sultan Sindjar usa de clémence à l'égard des provinces soumises à son neveu, et il les traita avec équité.

Aly Bar, gouverneur de Mahmoud, envoya à la cour de Sultan Sindjar son majordome Aboul Qassem Anessabâdy ; il le chargea de faire agréer les excuses de Mahmoud, dont la conduite ne devait être attribuée qu'à son extrême jeunesse. Il fut convenu que Mahmoud se rendrait à Rey, et qu'il resterait pendant un mois auprès de son oncle. Pendant ce temps, lorsqu'il monterait à cheval ou en descendrait, on ne sonnerait point les trompettes turques ; sa tente ne serait point entourée d'un paravent en tissus rouges de Djehrem[1]. Lorsque son oncle monterait à cheval ou mettrait pied à terre, Mahmoud se tiendrait debout, près de son étrier ; il devait cesser de porter des vêtements royaux et renoncer à l'étiquette observée à l'égard des souverains. Mahmoud demeura dans ces conditions, pendant un mois, auprès de son oncle. Au bout de ce temps, Sultan Sindjar lui restitua la lieutenance, ainsi que le gouvernement de l'Iraq, et il lui rendit tous les privilèges qu'il avait dû abandonner. Il lui fit présent d'un vêtement de sa garde-robe, à l'exception de la tunique brodée de perles, d'un cheval réservé à sa personne, d'un harnachement incrusté de rubis et d'un éléphant avec une litière ornée de pierreries. Les émirs de Mahmoud reçurent des vêtements d'honneur,

---

[1] Djehrem est une ancienne ville de la province de Fars, dans laquelle on fabriquait des tissus et des nattes d'une extrême finesse. Les musulmans en firent la conquête en l'année 25 de l'hégire (A. D. 645).

chacun selon son rang et lui-même fut renvoyé dans son gouvernement, comblé de marques de considération. Le sultan annexa à son domaine privé toutes les propriétés rurales dépendant de chacune des villes de l'Iraq et des grands centres de population, et il en perçut les revenus.

A partir de cette époque, le sultan Sindjar fut le plus puissant des souverains. On récita la khouthbèh à son nom depuis les frontières de Kachghar jusqu'aux provinces les plus reculées du Yémen, à la Mekke, à Thaïf, dans le Mokran, l'Oman, l'Azerbaïdjan, et jusqu'aux limites du pays de Roum. Son nom fut prononcé dans la khouthbèh plus d'une année après sa mort.

Sindjar était un prince dont l'ombre était bénie, et sa vue faisait naître le bonheur. Sous son règne, le Khorassan était le rendez-vous des habitants du monde entier; cette contrée était la patrie des sciences, la source de toutes les vertus et la mine de tous les mérites. Le sultan Sindjar avait une considération particulière pour les savants théologiens, et il les admettait dans sa société; il avait la plus grande sympathie pour les religieux et les gens voués à la vie ascétique, et il aimait à converser avec eux dans l'intimité.

Il ne déployait aucun luxe dans ses vêtements; il portait, la plupart du temps, une robe en étoffe de coton[1] ou en attaby[2] uni et une veste fourrée de peau d'agneau.

[1] Le mot *zendènidjy* désigne les étoffes de coton fabriquées originairement à Zendènèh, bourg situé dans la banlieue de Boukhara. On donna, dans la suite, le nom de *zendènidjy* à toutes les étoffes de coton tissées dans la Transoxiane ou dans le Khorassan.

[2] L'attaby dont nous avons fait le mot *tabis* est une étoffe moirée qui fut, dans l'origine, fabriquée dans le quartier de Attabyèh à Bagdad. Ce quartier tirait son nom de Attab, arrière-petit-fils de Moawiah. (Dozy, *Supplément aux dictionnaires arabes*, t. II, p. 93.)

TABLEAU DU RÈGNE DE SULTAN SINDJAR.

Lorsque l'univers reconnut l'autorité de Sultan Sindjar, que les princes des pays limitrophes de ses États furent vaincus et que ses ordres furent exécutés dans l'Orient et l'Occident, les émirs de sa cour et ses fonctionnaires donnèrent, au temps de la prospérité et lorsqu'ils étaient comblés des biens de la fortune, des marques de désobéissance et de rébellion. Ne sentant plus l'autorité du pouvoir royal, ils allongèrent hors de leur manche la main de la rapacité, et ils firent peser sur les populations le poids de leur tyrannie. Ils commirent d'abord leurs illégalités dans la Transoxiane, et lorsque, dans le courant de l'année 535 (1140), le sultan se rendit de Merv, sa capitale, à Samarqand, pour visiter cette province, qui, à cette époque, avait été depuis longtemps négligée, les affaires y étaient dans le plus grand désordre. Le bruit s'était aussi répandu que l'infidèle du Khitay avait le dessein d'envahir les pays de l'islamisme. Les vexations exercées par les troupes du Khorassan, les injustices commises par les fonctionnaires et leurs subordonnés avaient épuisé le pays.

La tribu des Kharliq, qui, à plusieurs reprises, avait été dispersée et réduite à l'impuissance, députa à Serkes[1] plusieurs de ses chefs établis dans ces régions, afin d'invoquer l'aide de l'infidèle. Les soldats de celui-ci étaient animés d'un tel esprit de révolte et de présomption, qu'ils s'imaginaient que, dans le monde entier, personne n'était capable de leur résister. Ils offrirent aux Kharliq le secours de cent mille cavaliers et se livrèrent à toutes sortes de bravades.

L'infidèle Ilkhan du Khitay marcha contre l'armée du sultan avec des troupes aussi nombreuses que les grains

---

[1] Serkes سركس ou سركست est un canton du district de Kechch dans la Transoxiane.

de sable et les fourmis; elles étaient suivies par trente ou quarante mille cavaliers de la tribu des Kharliq. L'armée du Khorassan essuya une défaite totale; elle laissa trente mille morts sur le champ de bataille, et, dans ce nombre, étaient trois ou quatre mille émirs de renom, hauts dignitaires et grands personnages. Ce désastre marqua la fin de la période heureuse du règne de Sindjar.

Pendant l'action, le sultan ne pouvait ni avancer ni reculer. « Seigneur, lui dit Tadj eddin Aboul Fazl, ce n'est point le moment de rester sur place! Il n'est point louable de rester ainsi fixe et immobile. » Le sultan se mit à la tête de trois cents cavaliers bardés de fer et fondit sur le centre de l'ennemi : lorsqu'il sortit de la mêlée, de toute cette troupe il ne restait que quinze hommes autour de lui[1]. Il prit alors la route du désert, se procura un guide turcoman et, se dirigeant du côté de Balkh, il gagna la ville fortifiée de Termiz. Les soldats échappés au massacre et les fuyards arrivèrent de toutes parts dans cette ville; ils se félicitaient mutuellement d'avoir évité la mort et ils exprimaient leurs condoléances sur le sort de ceux qui avaient succombé.

Cette catastrophe inspira ces deux distiques à Férid, secrétaire du sultan : « O roi! le fer de ta lance a redressé le monde, et pendant quarante ans ton épée a tiré vengeance de tes ennemis. Si une influence néfaste s'est manifestée, elle a été suscitée par la prédestination. Celui qui seul demeure immuable, c'est Dieu. »

Après que le sultan se fut éloigné, Tadj eddin, gouverneur du Nimrouz, prit sa place au centre de l'armée; il

[1] Ibn el-Athir a raconté dans les plus grands détails les causes qui déterminèrent l'invasion des Khitay dans la Transoxiane et les péripéties de la célèbre bataille de Qouthouwan. (*Kamil fi tarikh*, t. XI, p. 53-57.)

livra de furieux combats, et ses exploits excitèrent l'admiration des troupes du Khitay. Il fut fait prisonnier et amené devant l'Ilkhan, qui le garda près d'une année auprès de lui, ainsi que Terkan Khatoun[1], qui n'avait pu réussir à s'échapper. Au bout de ce temps, ils furent tous les deux renvoyés au sultan. La Transoxiane tomba au pouvoir de l'Ilkhan, dont la fille est, de nos jours, l'épouse du Khani Khanan.

Le Kharezmchâh Etsouz profita du désastre essuyé par l'armée du Khorassan pour se révolter, piller Merv et Nichabour et s'emparer des nombreux trésors et des approvisionnements accumulés dans ces deux villes. A la sommation qui lui fut adressée par le sultan, il répondit par ces vers, devenus populaires : « Si les pieds du coursier du roi sont aussi rapides que le vent, ceux de mon cheval ne boitent pas non plus. Si tu viens ici, je m'en irai là-bas : le monde est assez vaste pour le Seigneur de l'univers. »

Le sultan put, au bout d'une année, réparer ses pertes et rendre la vie à ce qui était mort. Des ambassadeurs, chargés d'offrir des sommes d'argent et des cadeaux, arrivèrent de tous côtés à sa cour, et les affaires de l'État reprirent une marche régulière.

Une période de sept années s'écoula, et le sultan Sindjar se rendit de nouveau à Rey dans le courant de l'année 543 (1148). Le sultan Massoud, parti de Bagdad, vint l'y rejoindre. On vit accourir des envoyés des différentes provinces du Khorassan, et l'on tint, en l'honneur du sultan Massoud, une audience solennelle. Ce jour-là, on plaça devant le sultan la tête de Soury, prince du Ghour, en-

---

[1] Cette princesse était la fille d'Arslan Khan et la femme du sultan Sindjar.

voyée de Ghaznin avec des présents. Férid, secrétaire du sultan, composa à cette occasion les vers suivants : « Ceux qui, en te servant, ont usé d'hypocrisie ont vu s'anéantir les désirs caressés pendant toute leur vie. Sam, fils de Sam, s'est éloigné de toi : il a perdu la vie; et voici qu'on apporte dans l'Iraq la tête de Soury. » Sam était le frère de Soury, prince du Ghour.

Sultan Massoud demeura à Rey pendant seize jours après que Sultan Sindjar eut renouvelé les engagements qu'il avait pris à son égard. Ce prince et tous les émirs de l'Iraq furent revêtus de riches habits d'honneur; son départ eut lieu dans le courant du mois de Ramazan.

L'année suivante, Hassan ibn Houssein, prince du Ghour, poussé par le désir de venger son neveu, leva l'étendard de la révolte. Aly Djetry, chambellan du sultan, et qui avait en apanage la ville d'Hérat, s'insurgea de son côté et alla rejoindre Melik Hassan pour lui porter secours. Ce soulèvement produisit sur l'esprit du sultan la plus pénible impression, car Aly Djetry était sa créature; de simple bouffon qu'il était, il l'avait élevé à la dignité de chambellan. Parti de Merv, le sultan Sindjar se dirigea vers Hérat. Le prince du Ghour était à la tête d'une armée considérable de gens de pied et de cavaliers. La bataille qui fut livrée fut extrêmement rude; mais, à la fin, Melik Hassan et Aly Djetry furent vaincus et faits prisonniers. Le sultan donna l'ordre de couper en deux Aly Djetry au pied du drapeau, et il garda Melik Hassan prisonnier auprès de lui[1]. Cette

---

[1] L'histoire des princes du Ghour forme un chapitre de la chronique de Mirkhond. Il a été traduit par M. Defrémery et publié en 1844 dans le *Journal asiatique*, sous le titre de : *Histoire des sultans Ghourides, extraite du Rouzet essefa de Mirkhond*.

victoire rendit au sultan son prestige et sa force. Depuis sa défaite par les Khitay, il n'avait remporté aucun succès : la marche du gouvernement reçut une nouvelle vigueur.

La fin de l'année 548 (1153) vit éclater l'insurrection des Ghouzz[1]. Les Ghouzz forment un clan des tribus turkomanes. Ils résident dans le district de Khoutlan, dépendance de Balkh, où se trouvent les pâturages qui nourrissent leurs troupeaux. Ils fournissaient tous les ans, à titre de redevance, aux cuisines du sultan vingt-quatre mille moutons. Cette redevance figurait dans le total des comptes du khansalar (maître de l'hôtel), qui déléguait un agent pour la recevoir.

La rigueur et la violence caractérisant la conduite des officiers du sultan, l'envoyé du khansalar usait à l'égard des Ghouzz de procédés tyranniques. Il refusait ou faisait changer, dans des proportions exagérées, les moutons qu'il avait à recevoir, et il ne se servait, en parlant, que de termes outrageants. Il y avait, parmi les Ghouzz, des émirs d'un rang élevé et des personnages ayant un grand train et jouissant d'une fortune considérable. Ce collecteur voulut leur extorquer des cadeaux en argent; ils s'y refusèrent, et, fatigués des humiliations auxquelles ils étaient en butte, ils le mirent secrètement à mort. Le khansalar, ne voyant pas revenir son agent à l'époque habituelle, apprit ce qui s'était passé; il n'osa point en parler au sultan, et, supportant la perte qui en résultait pour lui, il continua à fournir aux cuisines royales le nombre accoutumé de moutons.

Cette situation dura jusqu'au moment où l'émir Sifèhsalar Qoumadj se rendit à Merv pour déposer ses hom-

[1] J'ai donné quelques détails sur la tribu des Ghouzz dans le premier volume de la *Chrestomathie persane*, notes des pages 39-40.

mages aux pieds du trône. Les dignitaires de la cour et le khansalar lui firent part de ce qui était arrivé ; Qoumadj dit au sultan : « Les Ghouzz sont devenus tout-puissants; ils résident non loin de la contrée gouvernée par votre esclave. Si Sa Majesté permettait de mettre garnison chez eux, ils seraient punis et châtiés, et chaque année je livrerais trente mille moutons aux cuisines royales. » Cette proposition fut accueillie par le sultan; Qoumadj envoya des garnisaires chez les Ghouzz et réclama la rançon du crime commis par eux. Ceux-ci s'y refusèrent et ne permirent point aux soldats de s'établir sur leur territoire. « Nous sommes, répondirent-ils, des esclaves dépendant uniquement du sultan; nous ne devons obéissance à nul autre qu'à lui; » et ils chassèrent les soldats en leur prodiguant les marques de leur mépris. Qoumadj et son fils Ala eddin, gouverneur de la partie orientale de l'empire, se mirent en marche pour envahir le district occupé par les Ghouzz. Ceux-ci, s'étant mis en ordre de bataille, livrèrent un combat dans lequel Qoumadj et son fils perdirent la vie. La nouvelle de cette défaite fut apportée au sultan et elle produisit parmi les émirs une vive agitation. « On ne saurait, dirent-ils, fermer les yeux sur une pareille audace; si l'on ne fait pas rentrer les Ghouzz dans le devoir, ils commettront de plus grandes violences. Il faut que le maître de l'univers monte à cheval et qu'il ne considère pas ce qui vient de se passer comme une chose de peu d'importance. » En apprenant la marche du sultan, les Ghouzz furent en proie à la plus vive perplexité. Ils firent partir des députés pour lui représenter qu'ils lui avaient toujours été soumis. « Nous avons toujours obéi à ses ordres, ajoutaient-ils; lorsque Qoumadj a envahi notre territoire, nous avons fait tous nos efforts pour protéger nos femmes et nos enfants; ce n'est point de propos délibéré que nous l'avons tué, ainsi que son fils. Nous sommes prêts à donner cent mille dinars et mille esclaves turcs pour obtenir le pardon du sultan; chaque esclave qu'il acceptera de nous deviendra un Qoumadj. » Le sultan se montrait disposé à recevoir leur soumission; mais les émirs insistèrent vivement pour la répression et forcèrent ce prince à marcher contre eux. Son armée s'engagea dans des chemins difficiles et dut franchir sept cours d'eau; ces fatigues furent surmontées, et lorsque le sultan approcha des campements des Ghouzz, ceux-ci se firent précéder par leurs femmes et leurs petits enfants, et ils se présentèrent devant le prince en poussant des gémissements. Ils demandaient grâce et consentaient à payer, par chaque famille, sept men d'argent.

Le sultan, pris de pitié, voulut revenir sur ses pas; mais l'émir Mouayyd Bouzourg Barnaqach et Omar Adjemy saisirent la bride de son cheval, en s'écriant : « Il est hors de propos de reculer! » et ils ne lui permirent point de rebrousser chemin. La plus grande partie de l'armée détestait le Mouayyd, et elle fit preuve, pendant l'action, d'une grande mollesse.

Les Ghouzz, désespérant d'émouvoir le sultan, prirent les armes pour se défendre et sauvegarder leurs familles.

En un instant, les troupes du sultan furent battues et mises en déroute. Les Ghouzz les poursuivirent, et un grand nombre de soldats périrent. Les uns furent noyés dans les rivières, les autres massacrés par les vainqueurs. Le sultan, enveloppé par eux, fut dépouillé de toute la pompe royale et conduit à Merv. Les Ghouzz désignèrent un certain nombre d'entre eux pour le garder et le servir; toutes les semaines, ils étaient relevés et changés. Le Mouayyd oul-Moulk périt pendant ces troubles.

La ville de Merv était, depuis l'époque de Djaghry bek, la résidence royale, et l'on y avait, à plusieurs reprises, accumulé les trésors, les approvisionnements et les dépôts des sultans et des émirs de la cour. Elle fut, pendant trois jours de suite, livrée au pillage. Le premier jour, les Ghouzz firent main basse sur l'orfèvrerie d'or et d'argent et sur les étoffes de soie; le second jour, sur les objets en bronze, en cuivre et en fer; le troisième jour, ils s'emparèrent des tapis et de tout ce qui servait à rembourrer les coussins et les matelas, ainsi que des vases en terre, des brocs, des portes et des bois. Ils arrêtèrent la plupart des habitants de la ville; après les avoir dépouillés de ce qu'ils possédaient, ils les mirent à la torture pour leur faire avouer où ils avaient caché leurs biens. Ils ne laissèrent rien, ni sur la surface, ni dans les entrailles de la terre.

Les Ghouzz marchèrent ensuite sur Nichabour, et bien que leur nombre fût considérable, ils furent rejoints et suivis par trois fois plus de gens qu'ils n'étaient. Les habitants de Nichabour opposèrent d'abord de la résistance et massacrèrent un détachement qui avait pénétré dans la ville. Informés de ce fait, les Ghouzz amenèrent des forces considérables. Des habitants, hommes, femmes et enfants, cherchèrent un refuge dans la grande mosquée, dont la construction offrait une grande solidité. Les Ghouzz mirent le sabre à la main et firent, dans l'intérieur de la mosquée, une telle boucherie que les cadavres disparurent sous une nappe de sang. A la tombée de la nuit, ils se dirigèrent vers une autre mosquée située du côté du bazar et appelée *Mosquée du frangier*. C'était un vaste édifice dans lequel deux mille personnes pouvaient faire la prière. Il était surmonté d'une coupole peinte et laquée, et faite de poutres vernies; toutes les colonnes qui la soutenaient étaient également en bois verni. Les Ghouzz y mirent le feu; les flammes s'élevèrent à une telle hauteur qu'elles éclairèrent toute la ville. Le pillage dura jusqu'au matin à la lueur de l'incendie. Les Ghouzz firent un grand nombre de prisonniers. Ils restèrent quelques jours en dehors de la ville dans laquelle ils rentraient le matin. Lorsqu'il ne resta plus rien de visible, ils sondèrent les cachettes et les murailles et démolirent les maisons. Ils torturaient leurs prisonniers en leur remplissant la bouche de terre, pour les forcer à leur montrer les endroits où ils avaient enfoui leurs objets précieux. S'ils refusaient de parler, ils les laissaient mourir. Pendant le jour, les habitants se cachaient dans les puits, dans les souterrains et dans les anciennes conduites d'eau.

La malédiction pèsera éternellement sur la tête du Mouayyd à cause des calamités que sa conduite a déchaînées.

Au moment de la prière du soir, les Ghouzz sortaient de la ville; les gens de Nichabour y rentraient alors pour constater ce qui avait été pillé. Il est impossible d'évaluer le nombre des personnes tuées dans l'espace de ces quelques jours. Les Ghouzz firent périr dans les tortures le cheikh Mohammed Akkaf, le modèle et le chef des savants du monde, le successeur de celui qui pratiquait toutes les vertus; Mohammed, fils de Yahia, le plus illustre des imams de l'Iraq et du Khorassan, éprouva le même sort. S'ils firent subir un pareil traitement à la bouche qui, pendant tant d'années, avait enseigné les lois divines et avait été la source d'où découlèrent tant de décisions juridiques, comment auraient-ils pu épargner les autres hommes?

Khaqany s'exprime ainsi, dans l'élégie composée par lui à l'occasion de la mort de Mohammed, fils de Yahia : « Personne, dans la religion de Mohammed, n'a eu plus de vertus que Mohammed, fils de Yahia; il a péri victime de la terre. Le premier, au jour du danger, a fait à la pierre le sacrifice de ses dents; le second, au jour du carnage, a offert sa bouche à la terre. » La vile tribu des Ghouzz ruina le Khorassan, et l'Iraq se ressentit aussi de ses excès. « O Khaqany! revêts-toi d'habits noirs pour porter le deuil du Khorassan, car les jours de trouble ont étendu sur son territoire un sombre manteau. Yssa, pour déplorer ses malheurs, a fait office de teinturier et a (du quatrième ciel) apporté au soleil des vêtements noirs. Le sort a enlevé l'écharpe qui couvrait la tête de Mohammed, fils de Yahia, et il a fait tomber du front de Sindjar le bonnet du bonheur. »

Lorsque les Ghouzz se furent éloignés de Nichabour, les habitants, divisés par leurs opinions religieuses, donnèrent cours à leurs anciennes discordes. Chaque nuit, ils se réunissaient dans un quartier en bandes nombreuses, et ils allaient mettre le feu dans celui de leurs adversaires. Les maisons, déjà dévastées par les Ghouzz, devinrent des monceaux de décombres. La peste et la famine s'abattirent sur la population, et ceux qui avaient échappé au sabre et à la torture périrent de misère. Un certain nombre d'Alydes et les chefs des mouvements qui avaient éclaté dans la ville avaient réparé le château et dressé sur les tours des machines de guerre. Le reste des malheureux habitants de la ville y alla chercher un refuge. Le Mouayyd Ay Abèh mit tous ses soins à reconstruire le quartier de Chadiakh, où se trouvaient le palais du sultan et les hôtels des émirs, et

qui était entouré par un ancien mur d'enceinte. Tous les matériaux existant dans la ville, briques et poutres, y furent transportés, et, au bout de deux ou trois ans, Chadiakh devint un Nichabour aussi peuplé et aussi beau que la vieille ville, à tel point que personne ne reconnaissait son ancien quartier. Nichabour, qui avait été le centre des belles-lettres, le lieu où s'élevaient des collèges pour l'enseignement des sciences, le point de réunion des magistrats éminents, fut un champ où paissaient les moutons, un endroit où les bêtes fauves et les reptiles guettaient leur proie. On pourrait supposer que l'émir Mouïzzy avait eu ce spectacle sous les yeux lorsqu'il composa les vers suivants :
« Le lieu où, dans les jardins, on devisait avec le bien-aimé est devenu le séjour des chats-huants et des vautours. Le loup et le renard en ont fait leur patrie. La place où l'on faisait circuler les coupes et les verres est aujourd'hui foulée par le pied des onagres. Les croassements des corbeaux et des corneilles ont remplacé le bruit des conversations et les modulations du hautbois et de la flûte[1]. »

Bref, les Ghouzz ravagèrent de la même façon toutes les parties du Khorassan : ils ne réussirent cependant point à s'emparer d'Hérat, qui fut sauvée par la solidité de ses fortifications.

Le sultan resta pendant deux ans au milieu des Ghouzz, abreuvé de déboires. Il arriva enfin que ceux-ci se dirigèrent vers les cantons avoisinant Balkh. Quelques-uns des serviteurs intimes de Sindjar, tels que le Mouayyd Ay Abèh et quelques autres allèrent le rejoindre, mais ils ne pouvaient être reçus par lui qu'en présence des émirs Ghouzz,

---

[1] Les deux derniers vers de cette pièce sont tronqués, et je n'ose me hasarder à les traduire.

Qorqoud et Doudy bek. Le Mouayyd Ay Abèh réussit à séduire un détachement de Ghouzz, en leur promettant de la part du sultan une existence assurée. Un jour que leur tour de garde auprès de Sindjar était arrivé, ils montèrent à cheval avec lui, comme pour assister à une chasse au vol. Ils se dirigèrent tout droit vers la rive du Djihoun qui se trouve en face de la place forte de Termiz, et où des embarcations avaient été préparées à l'avance. Lorsque l'heure du retour du sultan fut passée, les émirs Ghouzz s'élancèrent sur les traces des fugitifs; ils atteignirent les bords du Djihoun, et, voyant que le sultan l'avait franchi, ils perdirent tout espoir de le rejoindre. Le sultan entra dans le château de Termiz, y trouva l'appui de ses troupes et prit le chemin de la ville de Merv, sa capitale. Il s'établit dans sa maison de plaisance d'Enderâbèh[1] et s'occupa à restaurer ce qui était délabré et à rassembler ce qui était dispersé.

Au bout de deux ou trois mois, la détresse dans laquelle il se trouvait fit naître en lui une tristesse insurmontable; il voyait ses trésors épuisés, ses États ruinés, ses sujets dispersés et ses troupes livrées à l'esprit d'indiscipline et de révolte. Les soucis et les appréhensions s'unirent à la faiblesse inhérente à la nature humaine pour déterminer une maladie qui fut la dernière et mit un terme à ses chagrins. Il quitta ce monde dans le courant de l'année 551 (1156) et fut enterré dans le palais qu'il avait fait construire à Merv.

---

[1] Enderâbèh était un village situé à deux fersengs de Merv. Yaqout, qui le traversa, le trouva abandonné; mais il y vit les ruines des édifices et des maisons de plaisance construits par Sindjar. Les murailles en étaient encore debout. (*Moudjem*, t. I, p. 373.)

السلطان الاعظم معز الدنيا والدين ابو لحارث سنجر
بن ملكشاه برهان امير المومنين

سلطان سنجر کندم گون آبله نشان بود محاسنی تمام در طول وعرض
وبعضی از موی شارب بآبله رفته پشت وپال افراشته بالا تمام وسینه
پهن، توقیع او توکلت علی الله، وزرای او الوزیر معین الدین مختص
الکاشی، الوزیر شهاب الدین ابو المحاسن بن الفقیه الاجل اخ نظام
الملك، الوزیر شرف الدین ابو طاهر مامیسا. القمی، الوزیر تغار بك
الکاشغری، الوزیر قوام الدین ابو القسم، الوزیر ناصر الدین طاهر بن
فخر الملك، الحجاب، الامیر الحاجب غزغلی، الحاجب حسین، الحاجب
نظام الدین محمود الکاسانی، الحاجب فلك الدین علی الجنتری [1] وسلطان
سنجر پادشاهی بود که از آل سلجوق بطول عمر ازو ممتنع ترکس نبود
ونشر ذکر وطیب عیش وتحصیل مال وظفر بر مراد وقع اضداد وفتح
بلاد کرد هیبت خسروان وفرکیان داشت آیین جهانداری وقوانین
شهریاری وقواعد پادشاهی وناموس ملك نیکو دانستی، حکمت، من
اصلح نفسه ارغم اعدایه ومن اجمل جده بلغ امانیه، هرك تن باصلاح
آرد دشمن بر دارد وهرك جد بكار دارد بمراد رسد، اکرچه درجزویات
امور ساده دل وباستانی طبع بود رأئی صایب وعزیمتی صادق داشت
در وقت لشکر کشیدن وبا خصمی مصاف دادن وعدل وانصاف وتقوی

---

[1] Les lignes qui suivent ont été textuellement copiées par Mirkhond. Cf. *Mirkhondi historia Seldschukidarum persice* ed. J. A. Vullers, Gissæ, 1838, p. 173.

وعفاف داشت، تاج الملك عفافه وحِصنه انصافه وسلاحه كفافه وساله رعيته، عفاف تاج پادشاهيست وانصاف اورا پناه كاهيست وكفاف سلاح ورعيت مال، واز ابتداى عهدى كه بخوراسان ملك شد از قِبَل برادر بركيارق تا چهل سال نوزده فتح بكرد كه در هيچ وقتى اورا وهنى نبود وشكستى نيافتاد مثل مَنْ رَكِبَ لَجِدَّ غَلَبَ الضِدَّ

شعر   جد در كار ضد كند بردار

ملك غزنين بگرفت كه از آل سلجوق هيچ كس قصد آن نكرد وهم از فرزندان محموديان بهرامشاه بملك بنشاند وهر روز قرار افتاد كه هزار دينار از فرضه شهر بخزانه او رسد وعاملى از ديوان خويش جهت تحصيل اين مال آنجا بنشاند، حكمت، اصطناع العاقل احسن فضيلة واصطناع الجاهل اقبح رذيلة لان اصطناع العاقل يدل على تمام العقل واصطناع الجاهل يدل على استحكام الجهل، پرورش دانا نيكوترين كاريست وپرورش نادان زشت كرداريست كه دانا را پروردن دليل تمامت دانش است وجاهل را بركزيدن نشان جهل، وملك سمرقند همچنين بگرفت كه بعد از وفات بركيارق احمد خان عاصى شده بود سلطان سنجر چهار ماه حصار داد وبستد در سنه اربع وعشرين وخمس مايه واحمد خان را بگرفت وچندان ولايت كه پدرش ملكشاه داشته بود مستخلص كرد وهمچنين ملك سيستان وخوارزم در ضبط آورد وانسز بن محمد بن نوشتكين غرچه را خوارزمشاهى او داد وتاج الدين امير ابو الفضل را ملك نيم روز بداد بزابلستان ودر مصافهاى معظم پهلوان لشكر او بودى واورا در مصاف غزنين وجنگ بيلان مقاماتست وبعد از وفات برادرش سلطان محمد در ابتداى سال احدى عشر وخمس مايه بعراق آمد سلطان محمود بن محمد بسلطنت نشسته بود امراى حضرت اورا

بر آن داشتند که با عم مصان داد شکسته شد و بهزیمت با صغهان رفت سلطان ولایت می بخشید و عدل می ورزید

شعر   بتخت مهی بر هر آنکس که داد

کند دل او باشد از داد شاد

کند آفرین تاج بر شهریار

بود تخت شاهی بدو پایدار

بنازد بدو تاج شاهی و تخت

بد اندیش نومید از او شاد بخت

چو بر کردد این چرخ نا پایدار

ازو نام نیکی بسود یادکار

کسی را که دانش بود توشه برد

بمیرد تنش نام هرکز نمرد

چه تن بتن دست نیکی برید

جهان جهانرا بمد مسپرید

هر آنکس که اندیشهٔ بد کند

بفرجام بد با تن خود کند

از اندیشهٔ دل کس آکاه نیست

بدین پرده بر خلق را راه نیست

اکر پادشه را بود پیشه داد

کند بی کمان هرکس از داد یاد

علی بار که حاکم ملک مهود بود که خدای خویش ابو القسم انساپادی را پیش سلطان سنجر فرستاد و از زبان مهود عذر خواست که این حرکت از سرکودکی رفت و قرار افتاد که بخدمت عم رود بری و یک ماه در خدمت باشد و بوقت برنشستن و فرود آمدن

بوق ترکی نزنند وسراپردهٔ سرخ جهری ندارد وبوقت برنشستن وفرود آمدن عم پیاده در رکاب برود وآنچ شعار وآیین سلطنتست بکذارد برین جملت یك ماه در خدمت عم ببود، مثل، من احکم التجارب اُحمد العواقب، هرك تجربت دیده بود عاقبتش ستوده بود، سلطان اورا نیابت وسلطنت عراق بداد وآنچ از آیینها بکذاشته بود اورا ارزانی داشت وکسوت خاص بیرون از قبای بجواهر واسپ نوبت وساخت لعل وپیل با مهد مرصع بدو داد وامرای اورا هچنین بر قدر مراتب تشریفها بداد واورا بعظمتی تمام بازکردانید

شعر   لا تططحن الی المراتب قبل ان
بتـکامـل الادوات والاسـبـاب
ان الثمـار تمـر قبـل بلوغـهـا
طعمـا وهـن اذا بـلغـن عـذاب
کارهـا بـوقـت بـایـد جـسـت
کاری وقت سست باشد سست

ودر هر شهری از شهرهای عراق وامهات بلاد ضیاع وضریبه با خاص کرفت واز آن عهد باز سنجر سلطان اعظم شد وخطبهٔ او از حد کاشغر تا اقصی بلاد یمن ومکه وطایف ومکران وعمان واذربیجان تا حد روم برسید وبعد از وفاتش زیادت از یك سال خطبهٔ اطران بنام او می کردند پادشاهی مبارك سایه بود خدای ترس خجسته لقا در عهد او خطهٔ خوراسان مقصد جهانیان ومنشاء علوم ومنبع فضایل ومعدن هنر علمای دین را نیکو احترام فرمودی وتقرب تمام نمودی وبا زهاد وابدال نفسی تمام داشتی وبا ایشان خلوتها کردی ودر ملبوس تکلفی نغرمودی بیشتر اوقات قبای زندنیجی پوشیدی یا عتابی ساده ونیبچهٔ پوستین بره داشتی وچون جملهٔ جهان اورا مسلم شد

TABLEAU DU RÈGNE DE SULTAN SINDJAR.

وملوك اطراف مسخّر گشتند وفرمان او در شرق وغرب نفاذ یافت امرای دولت وحشم او در مهلت ایام دولت وفسحت اسباب نعمت طاغی وباغی شدند وچون دست بالای دست خود ندیدند دست تطاول از آستین بیرون کشیدند وبر رعایا ستم آغاز نهادند ، مثل ، اغنی الاغنیا من لم یکن للحرص اسیرًا ، واجل الامراء من لم یکن الهوی علیه امیرًا ، مهتر توانگران آن کسی بود که اسیر حرص نباشد وبزرگتر امرا آنکس شاید که هوا بر او امیر نبود ،

شعر ، بدانکه که یابی تنعت زورمند

زبیماری اندیش ودرد وکزند

بی رسمیها در ما وراء النهر آغاز کردند در شهور سنه خمس وثلثین که سلطان از دار الملك مرو بسمرقند بمطالعهٔ ولایت که بدان ظرف بعید العهد شده بود وکارها از نسق بیفتاده ونیز آوازهٔ کافر خطای بود که قصد بلاد اسلام می کند ولایت ما وراء النهر از وطأت لشکر خوراسان وناهمواری حشم واتباع ایشان بستوه آمدند وخیل خرلق که بارها منهزم ومنکوب شده بودند ازیشان مقدمان آن نواحی در سرکس فرستادند باستدعای کافر مثل کفی بك داءً ان تری الموت شافیًا ،

شعر ، بخشای بر آنك راحتنش مرگ بود

واین لشکر همچنان بر سر بغی وغلوای خویش ودر دماغ مصور که در جهان کس قوت مقاومت ما ندارد صد هزار سوار عرض دادند ولان مائی ومنی زدند مثل مثل التدبیر ابقی من الكثیر مع التبذیر ، اندك با تدبیر پای دارد به از بسیار با تبذیر بود ، الخان کافر خطائی روی بدیشان نهاد با عدد رمل ونمل وخیل خرلق سی چهل هزار سوار از پس در آمدند ولشکر خوراسان را وهنی بر افتاد که قرب سی هزار آدمی از آن جملت سه چهار هزار معروفان امرا واصحاب مناصب

وارباب دولت کشته شدند وآن قرن در نوشته شد وسلطان را نه از پس راه بود نه از پیش تاج الدین ابو الفضل کفت ای خداوند جای ایستادن نیست وثبات وتوقف نا محمود است سلطان با سیصد سوار مغرق در آهن بر میان لشکر کافر زد وچون بیرون آمد از آن فوج پانزده مرد با وی مانده بود همچنان روی در بیابان نهاد وقلاوزی ترکان بدست آورد وسوی بلخ آمد وبر حصار ترمذ شد

شعر   که دانا زد ایـن داسـتـان بـزرك

که شیری که بگریزد از جنك كرك

نباید که کرك از پسش در رسد

که از بخت بد این چنینـها سرد

که بخت بدست اژدهای دژم

بدام آورد شـیـر شـرزه بدم[1]

چو بر کس نماند همی روز بخت

نه کنج و نه دیهیم شاهی نه بخت

همی نام جاویـد بایـد نـه کام

بسـنـد از کام وبـر افـراز نام

بعد از آن بقایاء لشکر از زوایا ومتـشردان از اطراف می رسـیـدنـد وتهنیت ماندگان وتعزیت کذشتگان می کردند وفرید دبیر در آن واقعه این دو بیتی می گوید

شعر   شاها ز سنان تو جهانی شد راست

تیغ تو چهل سال ز اعدا کین خواست

---

[1] Il est fait allusion dans ces vers au dragon et au lion brodés sur les étendards de l'Ilkhan et du sultan.

TABLEAU DU RÈGNE DE SULTAN SINDJAR.

گر چشم بدی رسید آن هم از قضاست
کآنکس که بیك حال بماندست خداست

اذا اشکل علیك الامور وتغیر لك الجمهور فارجع الی رأی العقلاء وافزع الی استرشاد النجباء ولا تأنف من الاسترشاد ولا تستنکف من الاستمداد فلأن تسئل وتسلم خیر من تستبد وتندم، چون کارها بر تو دشخوار شود ومردم از تو بیزار کردند با رأی عقلا رجوع کن وبا نجبا کرد و از آموختنی ومدد خواستنی عیب مدار که اگر مدد خواهی وسلامت یابی بهتر که بخود درآیی وپشیمان باشی، چو سلطان بجست تاج الدین ملك نیم روز بجای سلطان در قلب بیستاد وجنگهای سخت کرد و مبارزنی بغایت نمود چنانك لشکر خطا ازو در تعجب ماندند واورا پیش لکخان بردند ومدت یکسال پیش او بماند اورا نیکو داشت وترکان خاتون هانجا ماندە بود بعد از یك سال هر دورا پیش سلطان فرستاد، عادة الاحسان مادة الامکان، نیکوی عادت داشتنی مادت کردن افراشتنی باشد، ولکخان ملك ما وراء النهر بگرفت و تا بدین تاریخ دختر او خان خانان داشت و در نکبت لشکر خوراسان خوارزمشاه اتسز عاصی شد ومرو ونشابور بغارتید و بسیار خزاین وذخایر برگرفت وچون سلطان اورا سهم فرستاد بدین بیتها که در افواه معروفست جواب داد

شعر   اگر بادپایست رخش ملك
مرا پای هم لنك نیست
تو اینجا می آیی من آنجا روم
خدای جهانرا جهان تنك نیست

وسلطانرا بعد از یك سال در جمع شتات واحیای موات ببود واز اطران رسل رسیدند با چل وهدایا وکار ملك استقامت از سر گرفت وبعد

از آن بمدت هفت سال در سنه ثلث واربعین وخمس مایه بری آمد وسلطان مسعود از راه بغداد بازکشت وبخدمت او رفت ورسولان اطران خوراسان در خدمت سلطان اعظم بری آمدند در حضور سلطان مسعود بار داد

شعر چنین کوید آن شاه بیدار بخت
که از داد کشت او سزاوار تخت
مرا کنج دادست دهقان سپاه
نخواهم بدینار کردن نگاه
که ما بی نیازیم از آن خواسته
که کردد بنغریس روان کاسته
کرا کوشت درویش باشد خورش
زجرمش بود بی کران پرورش
بکیتی نباید که از شهریار
بماند جز از راستی یادکار
چرا باید این کنج واین درد ورنج
روان بستن اندر سرای سپنج
چو ایدر بخواهی هی آرمید
بباید چرید وببایـد چـید
هزینه باندازهٔ کنج کن
دل از بیشی کنج بی رنج کن
که جاوید هرکس کند آفرین
بدان شاه کآباد شد زو زمین

در روز بار سلطان مسعود از غزنین سر سوری ملك غور با هدایا فرستاده بود عرض کردند وفرید کاتب این دو بیتی بکفت

رباعی
آنها که بخدمتت نفاق آوردند
سر جمله‌ء غیر خویش طاق آوردند
دور از سر تو سام پسر سام بمرد
وابنك سر سوری بعراق آوردند

سام برادر سوری ملك غور بود چون سنجر عهد با مسعود تازه کرد
شانزده روز بری بود سلطان مسعود وجمله‌ء امرای عراق را خلعتهای
گرانمایه داد ودر رمضان ازین سال بازگشت وبعد از یك سال ملك
غور الحسن بن الحسین خروج کرد بکین توختن برادر زاده وعلی جنتری
که امیر حاجب سلطان بود ومقطع هراة عاصی شد مثل الجهل یزل
القدم والبغی یزغی النعم، نادانی پای بلغزاند وبغی وپریشانی نعمت
بگرداند، علی جنتری بمدد ملك حسن شد وبر سلطان آن عصیان سخت
بود که علی جنتری اصطناع وی بود از درجه‌ء مسخری بمنزلت حاجبی
رسانیده سلطان از مرو بنواحی هراة آمد وبا ملك غور لشکری تمام سوار
وپیاده بود در مصاف کوششی سخت رفت عاقبت شکسته شدند
وملك حسن وعلی جنتری گرفتار آمدند سلطان فرمود تا علی جنتری را
زیر علم بدو نیم زدند وملك حسن را اسیر باخود داشت وبدین
فتح که بر آمد هیبتی وحشمتی تمام بیفتاد که بعد از واقعه‌ء خطا
فتحی نرفته بود وکار ملك از سر طراوتی نو گرفت

شعر
سپهر روان را چنین است رأی
تو با رأی او سخت بفشار پای
دلی را پر از مهر دارد سپهر
دلی پر زکین وپر ازنك چهر
جهاندار کیتی چنین افرید
چنان چون بماند بماید چرید

بدین سان رود آفتاب سپهر

بیک دست شمشیر ویک دست مهر

نه بخشایش آرد بهنگام خشم

نه خشم آیدش روز بخشش بچشم

نه آسانیء دید بی رنج کس

نه روشن زمانه بریغست وبس

نماند برین خاک جاوید کس

زهرید بیزدان پناهید وبس

[1] و در آخر سنه ثمان و اربعین حادثهٔ غز بود وغزان خیلی بودند از ترکانان مقام و چراخوار ایشان ختلان بود از اعمال بلخ و هر سال بیست چهار هزار گوسفند وظیفه بود که بمطبخ سلطان دادندی و این در بجموع خوانسالار بودی وکس او باستیفای آن رفتی و چنانک تسلط وتجبر حاشیهٔ سلطان بود این شخص که از قبل خوانسالار می رفت بریشان تعدی می کرد و در رد و بدل کوسفند ماکست و مبالغت بیش از حد می نمود

شعر چو بیدادکر پادشاهی کند ، جهان پر زکرم وتباهی کند

او بزیان سفاهت می کرد و در میان ایشان امرای بزرک بودند و مردمان با تجمل ونعمت او ازبشان طمع رشوت می داشت مثل الرشوة تشین الاعمل و تفسد العمال، رشوت عیب در کارها آرد وعمال را زیان دارد، ایشان رشوت نمی دادند و تجمل مذلت نمی توانستند این شخص را در خفیه هلاک کردند چون بموسم خویش باز نرسید خوانسالار حال شنید معلوم سلطان نیارست کردن خوانسالار خود غرامت می کشید و راتب

---

[1] Le récit de la campagne contre les Ghouzz a été copié presque textuellement par Hamdoullah Qazwiny.

TABLEAU DU RÈGNE DE SULTAN SINDJAR.

مطبخ را راست می داشت تا امیر اسفهسالار قماج بود بخدمت تخت
اعلی رسید بدار الملك مرو حاشیهٔ سلطان وخوانسالار این بوی گفتند
قماج سلطان را کفت غزان مستولی شده اند وبولایت بنده نزدیك
اند آكر شحنكی ایشان خداوند عالم بنده ارزانی دارد ایشان سرزده
ومالیده شوند وراتب مطبخ سی هزار كوسفند بسپارم سلطان ایشان را
اجابت كرد قماج شحنهٔ بدیشان فرستاد ورسم جنایت خواست
ایشان تن در ندادند وتمكین شحنه نكردند وكفتند ما رعیت خاص
سلطانیم ودر حكم كسی دیكر نبایم وشحنه را باستخفاف براندند
مثل اغض لجاهل تسلم واطع العاقل تغنم، از نادان رخ بكردان تا
سلامت یابی ومنقاد دانا شو تا بغنیمت شتابی، امیر قماج وپسرش علاء
الدین ملك المشرق با لشكری تمام بتاختن غزان رفتند غزان قلب
كشیده بیامدند ودر مصاف قماج وپسرش بكشتند

شعر   چكفت آن خردمند پاكیزه مغز
كجا داستان زد زكفتار نغز
كه شیرین تر از جان وفرزند وچیز
هنا که دیكر نباشند نیز

چون خبر این حادثه بسلطان رسید امرای دولت بجوشیدند
وكفتند برمثل این اقدام اغضا نتوان كردن واكر ایشان را با حد
خویش ننشانند تعدی زیادت شود خداوند عالم ركاب بباید
جنبانید وكار ایشان خرد نباید كرفت

شعر   كر ازكس دل شاه كین آورد
هه رخنه در داد ودین آورد
كنهكار باشد تن زیر دست
مكر مردم نیك ویزدان پرست

غزان چون از حرکت سلطان خبر یافتند اندیشناک شدند ورسولان فرستادند که ما بندکان پیوسته مطیع بوده ایم وبر حکم فرمان رفته وچون قاج قصد خانهٔ ما کرد ضرورت جهت اطفال وعیال بکوشیدیم ونه بقصد ما او وپسر کشته شدند صد هزار دینار وهزار غلام ترک به دهیم تا پادشاه از سر کناه ما در کذرد وهر بنده را که پادشاه بر کشد قاچ باشد سلطان راضی بود بقبول خدمت امرا در آن مبالغت کردند واورا باجبار بر آن داشتند که روی بدیار ایشان نهاد و در راههای نا هموار هفت آب بکذشتند وآن مشقت بر داشتند مثل ای ملک مملکته حاشیته واصحابه، اضطربت علیه اموره واسبابه، هر پادشاه که حاشیت واصحاب وامرای دولت و ارباب برو حاکم باشند برو جملهٔ امور واسباب خراب ویبات شود، چو سلطان نزدیک ایشان رسید زنان واطفال خرد را در پیش داشتند وتضرع کنان پیش آمدند وزنهار خواستند واز هر خانهٔ هفت من نقره قبول می کردند که بدهند سلطان را بر ایشان رحمت آمد عنان باز خواست کردانید امیر موید بزرک وبرنقش وعمرجی عنان سلطان بکرفتند وکفتند باز کشتن هیچ مصلحت نیست

شعر   تو کر بر کزینی بکیتی هوا

بمانی بجنک هوا بی نوا

چو اندر جهان داد پیرا کنی

از آن به که بیداد وجنک افکنی

دلی کز خرد کردد آراسته

یکی کنج باشد پر از خواسته

بدیها بصبر از مهان بکذرد

سر مرد باید که دارد خرد

مؤيد نكذاشت كه سلطان باز كردد وبيشتر لشكررا با مؤيد بد بود در مصاف تهاون كردند وچون غزان از رحمت پادشاه نوميد شدند جان را وحفظ خان ومان را بكوشيدند ويك لحظه روزكار نشد كه لشكر سلطان شكسته شد وهزيمت بر افتاد وغزان بر اثر براندند ودر آن آبها بسيار خلايق غرق وكشته شدند وسلطان را در ميان كرفتند وحشمت بر داشتتند واورا بدار الملك مرو آوردند وحاشيه وخدمتكاران از خود ترتيب كردند وهر هفته تغيير وتبديل مى كردند مثل مى قلت فكرته اشتدت عثرته، هر كه بى رأى در ميانه شود تبر حوادث را نشانه "شود، وبدان فساد مؤيد ملك تباه شد مثلٌ اى ملكٍ جفت وطأته على اهل الفساد ثقلت عليه وطأةُ الاعدا والاضداد، هر پادشاه كه وطأت او بر اهل فساد سبك آيد وطأتِ اعدا برو كران بود بدان غدركه با آن رعيت رفت بعد از زنهار واعتران بجنايت واستغفار زوال ملك حاصل آيد مثل اى ملكٍ جبار على اولياپه ورعيته اعان على زوال مكله ودولته، هر ملك كه بر رعيت واوليا ظلم كند يارى مى دهد بر زوال ملك ودولت او، غزان مرو را كه دار الملك بوده بود از روزكار جغرى بك وچنديين كاه بذخاير ودفاين وخزاين ملوك وامراى دولت آكنده بود سه روز متواتر مى غارتيدند اول روز زرينه وسيمينه وابريشيمينه دوم روز برنجينه وروئينه وآهنينه سوم روز افكندنى وحشو بالشه‍ا ونهاليها وخم وخره ودر وچوب ببردند واغلب مردم شهر را اسير كردند وبعد از غارتها عذاب مى كردند تا نهانيها مى نمودند وبر روى زمين وزير زمين هيچ نكذاشتند پس روى بنشابور نهادند وچندانك عدد ايشان بود سه چندان اتباع لشكر بديشان پيوست مردم نشابور اول كوششى بكردند وقوى را ازيشان در شهر

كشتند چون ايشانرا خبر شد حشر آوردند واغلب خلق زن ومرد
واطفال در مسجد جامع منبعی کرېختند غزان تيغ در نهادند
وچندان خلق را در مسجد کشتند که کشتگان در ميان خون
نا پيدا شدند مثل اذا ملك الاراذل هلك الافاضل، مملكت اراذل
هلاك افاضل بود، چو شب در آمدی مسجدی بر طرن بازار بود
آنرا مسجد مطرز كفتندى مسجدى بزرك كه دو هزار مرد در آنجا
نماز کردی وقبه عالی داشت بمقرنس وچوب مدهون کرده وجمله
ستونها مدهون آتش در آن مسجد زدند وشعلها چندان ارتفاع
کرفت که جمله شهر روشن شد تا روز بدان روشنی غارت می کردند
واسیر می بردند چند روز بر در شهر بماندند وهر روز بامداد باز
آمدندی وچون ظاهر چیزی نمانده بود نهان خانها وديوار می
سفتند وسرایها خراب می کردند واسیرانرا شکنجه می کردند وخاك
در دهان می آکندند تا اکر چیزی دفین کرده بودند می نمودند
اکر نه می مردند مردم بروز در چاهها وآخونها وکاریزهای کهن
می کریختند مثل استضاد الصدیق من عدم التوفیق، دوست را
دشمن کردن از بی توفيقى بود، از نتايج حركت مويد تا ابد
لعنت برو خواهد باريد، وچون نماز شام بود غزان از شهر بیرون
رفتندی مردم بیامدندی تا بينند غزان چه کرده اند وچه برده
ودر شمار نیاید که دریں چند روز چند هزار آدمی بقتل آمد وجایی
که شيخ محمد اکان که مغتندا وپيشواى علماى عالم وخلف سلف
الصالحين ومثل محمد یحیی که سرور ائمه عراق وخوراسان بود وپيشواى
علماء ایشان را بشکنجه بکشتند وبدهانی که چندین سال مطلع علوم
شرعى ومنبع احکام دینی بوده باشد چنین کنند بر کسی دیکر چه
ابقا رود آية، واتقوا فتنة لا تصيبن الذين ظلموا منكم خاصة، کيفت

بترسید از محنتی وپاداشتی وفتنتی که خود نه بگناهکاران رسد
بل چون آتش تر وخشك سوزاند، وخاقانی در مرثیه می کوبید، در
دولت محمد مرسل نداشت کس، فاضلتر از محمد یحیی قبای خاك،
آن کرد روز تهلکه دندان فدای سنگ، وین کرد روز قتل دهانرا
فدای خاك، مثل اذا ارتفع الوضیع اتضع الرفیع، بلندی فرو
مایه پستی بلند مایه آورد، خوراسان از آن ناکسان خراب شد
وتابش با عراق داد

شعر   خاقانیا بسوك خوراسان سیاه پوش
کایام فتنه سوادش سیاه برد
عیسی بحکم رنگرزی بر مصیبتش
نزدیك آفتاب لباس سیاه برد
چرخ از سر محمد یحیی ردا ربود
دهر از سر سعادت سنجر کلاه برد

وچون غزان برفتند مردم شهر را بسبب اختلاف مذاهب حقاید
قدیم بود هر شب فرقتی از محلتی حشر می کردند وآتش در محلت
مخالفان می زدند تا خرابها که از آثار غز مانده بود اطلال شد ونخط
ووبا بدیشان پیوست تا هر که از تیغ وشکنجه جسته بود بغیاز بمرد
وقوی علویان وسران غوغا شهرستان کهندز آبادان کرده بودند
وبر برجها منجنیقها نهاده بقیتی که از ضعفا مانده بودند پناه با
ایشان دادند وموبد آی آبه شادیاخ که سرای سلطان بود وسرای
امرا وبارهء قدیم داشت آبادان کرد وآلاتی که در شهر از آجر
وچوب مانده بود باز آنجا نقل کردند وبعد از دو سه سال نشابوری
بدان بحوی وآراستکی چنان شد که هیچ کس محلت خود باز
نشناخت، حکمت، السلطان السوء یجمع السفل ویکثر العلل والولد

السوء يشين السلف ويهدم الشرف ويشغل الفكر ويطوى الذكر
ولجار السوء يغشى السّتر ويهتك الستر، پادشاه بد لشكر بر انكيزد
ودر بهانه آويزد وفرزند بد عيب سلف وشكست شرف آرد وخاطر
مشغول دارد وهمسايهٔ بد پردهٔ درد وراز بدر برد، ودر شهرى چون
نشابور آنجا كه بجامع انس ومدارس علم ومحافل صدور بود مراى
اغنام ومكامن وحوش وهوام شد وپندارى امير معزى اين حال را
مشاهد بود كه ميگويد

شعر   آنجا كه بود دلستان، با دوستان در بوستان
شد كون وكركس را مكان، شد كرك وروبه را وطن
بر جاى رطل وجام مى، كوران نهادستند پى
برجاى نقل وناى وى، آواى زاغست وزغن
زين سان كه چرخ نيلكون، كرد آن نهانها را نكون
ديّار كى گردد كنون، گردد ريا ريا من

وبالجملة بلاد خوراسان غزان چين معامله كردند مكر شهر هراة
كه بارهٔ محكم داشت نتوانستند ستد وسلطان سنجر دو سال
در ميان ايشان بناكام ببود اتفاق افتاد كه بدر بلخ شدند
وبعضى از بندكان خاص چون مويد آى آبه وجماعتى ديكر با
خدمت آمده بودند اما بى حضور امراى غز قترقه ودودى بك
در خدمت سلطان نيارستندى رفت مويد آى آبه فوج را از
غزان بغريفت وبنان پارهٔ از سلطان موعود كرد ويك روز در
خدمت سلطان اين فوج را نوبت بود برنشستند بتماشاى شكره
وراست برآمدند تا لب جيحون برابر ترمذ واز پيش كشتى ترتيب
داده بودند چون وقت فرود آمدن سلطان در كذشت امراى غز
بر اثر بيامدند چون بكنار آب رسيدند ايشان را از آب بكذشته

TABLEAU DU RÈGNE DE SULTAN SINDJAR.

ديدند نوميد شدند وسلطان بر قلعهء ترمذ شد تا بلشكر مستظهر شد روى بدار الملك مرو نهاد وبكوشك اندر آبه فرود آمد وبرم شعث وجمع شتات مشغول شد، مصراع، هيهات وقد اتسع الخرق على الراقع، دوسه ماه بر آمد وكربت بى نوايبى برو مستولى شده بود كه خزاين خالى مى ديد وبلاد خراب ورعيت منتشرد ولشكر بتمرد، آية، وبدلناهم بجنتيهم جنتين، فكر وانديشهٔ نفسانى وضعف انسانى بهم پيوست وبمرضى انجاميد كه آخر امراض ومنقص اغراض بود سنه احدى وخمسين وخمس مايه از دنيا برفت وبدولت خانه كه بمرو ساخته است اورا دفن كردند

CONSIDÉRATIONS
SUR
L'HISTOIRE OTTOMANE,
D'APRÈS UN DOCUMENT TURC,
PAR
A. C. BARBIER DE MEYNARD,
MEMBRE DE L'INSTITUT,
PROFESSEUR À L'ÉCOLE DES LANGUES ORIENTALES VIVANTES.

CONSIDÉRATIONS

SUR

L'HISTOIRE OTTOMANE,

D'APRÈS UN DOCUMENT TURC.

I

Il serait injuste de croire que tous les historiens turcs, sans exception, se bornent à enregistrer froidement les annales de la cour et, en général, les faits extérieurs sans en rechercher les causes, ni les soumettre à une certaine critique. Petchèvi, Naïma, Vaçif et, de nos jours, Djevdet-Pacha sont mieux que de simples chroniqueurs. Assurément il ne faut pas leur demander la hauteur de vues, la puissance de généralisation, l'étonnante clairvoyance qui font d'Ibn-Khaldoun un phénomène dans la littérature musulmane; mais on trouve dans leurs Chroniques des pages qui ne dépareraient pas les *Prolégomènes* de l'historien arabe. S'ils ne peuvent se défendre de quelques exagérations en retraçant les grandes conquêtes et les hauts faits de l'âge héroïque de l'Empire, ils ne cherchent pas non plus à dissimuler les fautes qui ont arrêté si brusquement la prospérité de leur pays et qui en précipitent la chute.

Le rôle de censeur, ou tout au moins de conseiller politique, difficile partout et particulièrement périlleux en Turquie, a donné naissance à plusieurs mémoires et rapports qui forment une annexe importante de l'histoire ottomane.

Deux de ces *rissalè*, et ce ne sont pas les moins intéressants, sont connus en Europe. Le premier, rédigé par un certain Aïni-Efendi, a été traduit en français par Petis de la Croix, sous le titre de *Canon de Suleïman*[1]. Le second, plus remarquable encore par la hardiesse avec laquelle l'auteur, Koutchou-Bey, signale à Murad IV les abus de l'armée et de l'administration, est certainement une des pièces les plus instructives qui aient été tirées des archives de la Porte. Comme le même Petis de la Croix n'en a traduit qu'un petit nombre de pages à la suite du *Canon de Suleïman*, j'avais résolu de donner ici une traduction intégrale de ce curieux mémoire; j'étais à l'œuvre, lorsqu'on m'a signalé l'existence d'une traduction allemande due à M. W. F. Behrnauer[2]. C'est à regret que j'ai dû abandonner mon projet; mais si, sur quelques points de détail, il m'eût été facile, grâce à un meilleur texte, de modifier le travail du savant orientaliste allemand, je suis heureux de reconnaître que sa traduction reproduit assez exactement l'original pour qu'il soit inutile d'en donner une nouvelle.

Obligé de chercher ailleurs, sans trop m'écarter du même ordre d'études, c'est à l'histoire de la Turquie de Djevdet-Pacha que je me suis adressé. Cet ouvrage est connu depuis longtemps dans le monde des lettres orientales, et j'ai pu moi-même en donner des extraits dans le *Journal asiatique*[3].

---

[1] Paris, chez Thiboust, place de Cambray, vis-à-vis le Collège royal; 1 volume in-12, 1725.

[2] Voir *Zeitschrift der deutschen morgenländischen Gesellschaft*, 1861, t. XV, p. 272-332. Le traducteur ne paraît pas avoir eu sous les yeux l'édition in-18 imprimée en caractères très fins, par Watts, en 1861, sous la direction du célèbre voyageur Stanley : il y aurait trouvé plus d'une leçon préférable à celles des manuscrits qu'il a consultés.

[3] Voir *Journal asiatique*, juin 1862, p. 505, et même année, t. II, p. 183.

L'auteur prend l'histoire de son pays à la paix de Kutchuk-Kaïnardjè (juillet 1774) et la conduit, année par année, jusqu'en 1826, date de la destruction des janissaires. Le douzième volume, qui a paru l'année dernière, renferme la fin de l'ouvrage et se termine à la conférence d'Akkerman. Ce long travail ne se recommande pas seulement par l'exactitude et l'impartialité du récit, par la variété des sources et la simplicité relative du style; il possède aussi le genre de mérite que je viens de signaler comme une qualité assez rare chez les Orientaux, à savoir des vues d'ensemble et un effort louable pour rechercher et signaler l'enchaînement des faits. Le cinquième volume est un des plus riches sous ce rapport, et j'espère que le lecteur me saura gré d'en extraire quelques pages, qui lui feront connaître ce qu'est la critique historique en pays musulman; il y trouvera du moins la saine appréciation des faits et la sincérité d'accent qui donnent tant de prix aux rapports des conseillers de Suleïman le Législateur et de Murad IV. J'ai tâché de rendre aussi exactement que possible la pensée de l'historien turc, en regrettant que le défaut d'espace m'empêche de le suivre pas à pas et d'en publier la traduction littérale. Cependant on trouvera à la fin de cet article quelques fragments du texte original, qui donneront une idée du style de l'auteur, considéré aujourd'hui comme classique en Turquie.

II

Parvenu à cette période de l'histoire ottomane qui s'étend de l'avantageuse paix de Szistow à la déposition de Sultan Sélim III (1791-1807), Djevdet-Pacha s'arrête un moment pour jeter un regard en arrière. Il passe rapidement en revue les progrès accomplis par l'ancienne monarchie pendant deux siècles environ, jusqu'au règne de Suleïman Ier, et signale les premiers germes de décadence qui pénétrent, à partir de ce règne, dans les institutions et dans les mœurs. Nous ne le suivrons pas dans ses considérations générales sur les transformations auxquelles les empires sont soumis comme les individus. Peut-être insiste-t-il plus que de raison sur une vérité incontestable, à savoir que tout gouvernement qui veut être durable et fort doit s'appliquer avant tout au respect de la justice et assurer le maintien de ses institutions militaires.

C'est à l'accomplissement de ce double devoir que les fondateurs de la monarchie ottomane ont consacré leurs efforts. Non seulement ils veillaient à la stricte observation du *chéri-chérif*, c'est-à-dire à l'application rigoureuse du code religieux et civil, mais la plupart de ces princes, et surtout Sélim Ier surnommé *Yavouz* (l'inflexible), présidaient régulièrement les audiences de justice, d'où ils n'excluaient personne, pas même leurs plus humbles sujets.

La défense du royaume, à l'intérieur comme sur les frontières, était assurée grâce à la puissante organisation militaire qu'ils avaient su opposer aux milices mercenaires de l'Europe. L'armée turque se composait de deux éléments : 1° l'infanterie, qui comprenait les janissaires, alors assujettis à une discipline sévère et encore animés de la foi ardente et un peu mystique qui avait présidé à leur formation ; 2° la cavalerie, comprise sous le nom de *alteu beuluk* « les six divisions » parce qu'elle était partagée en six corps : les fils de sipahis, les *silihdar*, deux escadrons d'étrangers (*ghoureba*) et deux escadrons de stipendiés (*ouloufèdjian*) ; chacun de ces corps formait un *odjaq*, dont la réunion constituait la cavalerie turque.

Voilà pour l'armée proprement dite, celle des *qapou qoullareu* «serviteurs de la Porte», qui touchaient une solde régulière et faisaient un service permanent. Mais l'État trouvait encore un autre élément de force dans ses institutions féodales, et, à défaut de troupes constamment sous les armes, les possesseurs de fiefs (*ziamet* et *timar*) auraient suffi pour assurer sa défense. Djevdet entre ici dans les détails du système des fiefs, système qui est suffisamment connu par les travaux de Mouradjea d'Ohsson, de Hammer et de Belin, auxquels il convient d'associer le nom de Djevad-Bey, auteur d'une étude fort remarquable sur la milice des janissaires [1].

Telle était l'importance des fiefs, au seizième siècle et pendant la première moitié du dix-septième, qu'ils pouvaient mettre sur pied 70 à 80,000 hommes en Roumilie et 30,000 au moins en Anatolie. A ces chiffres il faut ajouter les renforts tirés du Diar-Bekir et du Kurdistan, ainsi que les corps d'éclaireurs (*âqendjeu*) et les volontaires (*guenullu*), qui donnaient un contingent d'environ 50,000 cavaliers. Les places fortes et les postes frontières étaient sévèrement gardés par des troupes aguerries et particulièrement exercées à ce service spécial. Enfin, la marine turque n'était pas restée en arrière des progrès accomplis par l'armée, et, sous le commandement de ses hardis corsaires devenus amiraux,

---

[1] *État militaire ottoman*, par A. Djevad-Bey, colonel d'état-major, t. Ier : «Le corps des janissaires depuis sa création jusqu'à sa suppression», traduction du turc par G. Macridès, Constantinople, 1882, un volume in-8°. — Djevdet invoque quelquefois aussi dans ce chapitre l'autorité de Montecuculli et traduit, des *Mémoires sur la guerre* de ce stratégiste, quelques passages fort élogieux pour l'organisation politique et militaire de la Turquie au xvie siècle.

elle avait fini par rivaliser avec les flottes des puissances chrétiennes[1].

De l'aveu des historiens, c'est du règne en apparence si glorieux de Suleïman Ier « le Législateur » que date l'affaiblissement de la formidable organisation politique et militaire qui fit trembler l'Europe pendant près de deux siècles[2]. Jusqu'alors les premières dignités de l'État n'avaient été conférées qu'à des hommes d'une aptitude et d'une intégrité éprouvées, ayant presque toujours passé par les grades de *sandjaq-bey* et de *beïlerbey*, c'est-à-dire de gouverneurs de provinces et de sous-gouverneurs, avant d'entrer au Divan.

Suleïman Ier porta la première atteinte à cette règle salutaire en élevant au poste de grand vizir un de ses anciens serviteurs, le *silihdar* Ibrahim-Pacha. Le choix de ce personnage n'avait rien de répréhensible en soi, car Ibrahim avait fait ses preuves d'intelligence et de dévouement; mais le sultan établissait, par cette dérogation aux coutumes, un précédent dont les conséquences funestes ne tardèrent pas à se manifester. On vit, par la suite, des hommes jeunes et inexpérimentés, sortant du palais impérial, où ils remplissaient un emploi subalterne, venir s'asseoir, par un caprice du maître, à la première place du Divan, celle du *sadr-aazem* ou premier ministre. Enivrés par une fortune aussi rapide que peu méritée, pleins de confiance en eux-mêmes et en la faveur du sultan, ils ne daignaient pas consulter les

---

[1] Il y a dans le même volume de l'Histoire de Djevdet, p. 130 et suiv., quarante pages pleines de renseignements précieux sur l'origine et les développements de la marine ottomane. Je les ai traduits et j'espère, les communiquer prochainement à un recueil spécial.

[2] Suleïman Ier monta sur le trône en 1520 et mourut en 1566.

anciens serviteurs de la Porte, et, oubliant le sage précepte du Coran : *Dieu vous ordonne de remettre les choses de confiance à ceux qui en sont dignes*[1], ils s'entouraient de créatures qui mettaient le désordre et la corruption dans les services publics. Cette usurpation des fonctions les plus élevées par des courtisans incapables ne s'arrêta pas au Divan; elle s'étendit aux grands commandements militaires. D'ailleurs, l'exemple datait de loin : c'est ainsi que Sélim II, en montant sur le trône, fit d'un âgha des janissaires le grand amiral (*qapoudan-pacha*) de la flotte, complaisance qui eut pour résultat le désastre de Bakhti-Liman[2]. Djevdet n'hésite pas à reconnaître que les premiers symptômes de la décadence de la marine turque datent de cette défaite.

« Autrefois, poursuit cet historien, personne ne s'introduisait entre le souverain et le grand vizir; pas plus dans le personnel du Divan que parmi les officiers de l'*enderoun*, nulle créature humaine n'avait le droit de prendre part à leurs délibérations. Ce fut sous Murad III que les courtisans et les favoris de son entourage commencèrent à se mêler des affaires de l'État. On les voit dès lors imposer au premier ministre des résolutions ineptes et se coaliser contre lui s'il refuse; puis, saisissant la première occasion venue pour le desservir, ils obtiennent du souverain une sentence de mort ou de bannissement. Voilà pourquoi les grands vizirs ont souvent plié devant les caprices de ces favoris du palais, et ceux-ci, se sentant tout-puissants, ont mis la

---

[1] إِنَّ اللّٰهَ يَأْمُرُكُمْ أَنْ تُؤَدُّوا الْأَمَانَاتِ إِلَىٰ أَهْلِهَا ; Coran, IV, 61.

[2] Il s'agit de la grande bataille navale de Lépante, en 1571, où don Juan d'Autriche détruisit la flotte turque. On sait que Michel Cervantes y fut grièvement blessé.

main sur les affaires du royaume et imposé à tous leurs volontés [1]. »

Une fois entrés dans la voie des concessions et des complaisances, les sultans ne s'arrêtèrent plus. Dès la fin du xvie siècle, la puissante organisation des janissaires était ébranlée par ceux-là mêmes dont elle était la sauvegarde. Au mois de juin 1582 (990 de l'hégire), on célébra avec une prodigalité insensée les fêtes de la circoncision du jeune prince Mohammed, fils de Murad III, fêtes dont le souvenir a été transmis, avec un grand luxe de descriptions et de style, par les historiens contemporains. A cette occasion, une foule énorme étant accourue à Constantinople de tous les coins de la Roumilie et de l'Anatolie, des milliers de gens sans aveu réclamèrent leur inscription sur les registres de l'*odjaq* des janissaires. Les règlements pourtant étaient formels : ce corps ne devait se recruter que parmi les novices (*adjemi-oghlan*) exercés, pendant sept ans, dans des casernes spéciales. Le *devchirmé*, c'est-à-dire l'enrôlement, aux termes du statut fondamental, ne devait s'exercer que parmi les populations chrétiennes, celles d'Albanie, de Bosnie et de Grèce, enfin chez les Bulgares et les Arméniens. Mais on ne tint aucun compte de ces règlements et de la sage politique qui les avait dictés. Ordre fut donné à Ferhad-Pacha, commandant en chef des janissaires, de recevoir les nouvelles recrues. Cet âgha eut le courage de s'y opposer et signala au grand Conseil les dangers qu'une pareille condescendance pouvait attirer sur la milice et, plus tard, sur l'Empire. Il fut destitué et remplacé par un obscur courtisan, Yousouf-Âgha, qui se prêta à toutes ces dange-

---

[1] Voir extrait n° 1.

reuses innovations. C'était le premier coup porté à la discipline de l'*odjaq*¹. Désormais on y admit, sans distinction d'âge ni de religion, tous ceux qui espéraient trouver dans le titre et le costume de janissaire des moyens d'existence et souvent même l'impunité.

Petits marchands, ouvriers, tous jusqu'à des vieillards infirmes et des enfants, furent inscrits dans l'*ésamè* (rôles de recrutement) moyennant finances et cadeaux. La vénalité pénétra dans tous les rangs de l'armée. Comme l'âgha des janissaires n'obtenait sa nomination qu'à prix d'or, son premier soin était de se rembourser de ses avances en accablant d'amendes (*tedjrim*) les officiers supérieurs dont il était le chef. Ceux-ci, à leur tour, usaient du même système d'exactions sur leurs subalternes, et ainsi de suite jusqu'aux simples soldats. Ces derniers, pour réparer les brèches faites à leur solde et à leurs rations (*ta'în*), n'avaient d'autre moyen que de dissimuler les vacances (*mahloulat*) survenues dans les *orta* (régiments), et, de la sorte, ils touchaient la paye des absents et des morts. Naturellement, à mesure que le registre des rôles s'accroissait, l'effectif réel diminuait, et le Trésor payait des milliers de gens incapables non seulement de résister à l'ennemi, mais même de faire le service des corps de garde et des patrouilles.

Djevdet ajoute ici un détail significatif qui prouve jusqu'où allaient ces abus. En temps de guerre, quand il fallait appeler les hommes sous les drapeaux, on n'en trouvait dans les chambrées qu'une trentaine avec quelques sous-

---

¹ Littéralement le foyer, l'âtre; on désigna d'abord ainsi l'ensemble des troupes turques, mais, plus tard, ce nom fut donné spécialement au corps des janissaires.

officiers, *tchorbadji*[1], *oda-bachi*, etc. Leur demandait-on où étaient passés leurs camarades, « ils sont en Roumilie et en Anatolie, disaient-ils, et ne tarderont pas à nous rejoindre; » mais on ne voyait arriver que des détachements de huit ou dix hommes « sous la conduite d'un *serdar* ». Quant aux régiments d'irréguliers et de volontaires, ils se groupaient par bannières (*baïraq*) de vingt à trente hommes, au lieu de cent vingt qui était le chiffre réglementaire. Dès l'entrée en campagne, ils pillaient et ravageaient tout sur leur passage, et, au premier coup de canon, ils disparaissaient.

Le Trésor ne pouvait suffire aux réclamations incessantes des nouveaux enrôlés : de là, des exactions de toute sorte et finalement ces émeutes militaires qui ensanglantèrent si souvent les rues de Constantinople et le palais impérial. Depuis le règne de Murad III, l'esprit de rébellion se mit à souffler parmi ces braves soldats dont la discipline autrefois exemplaire avait donné naissance au dicton : « il suffit d'un cheveu pour conduire quarante janissaires[2] ».

Mêmes abus, même désorganisation dans les régiments d'artillerie et du train, les *topchi* et les *ârabadji*. Le dixième seulement des hommes inscrits sur l'*ésamè* étaient présents au corps; le reste se composait d'employés de la Porte (*qapoulou*), inscrits par complaisance et afin de grossir les revenus des officiers. L'ordre arrivait-il de se mettre en campagne, les officiers ramassaient tous les vagabonds de la rue et les traînaient à leur suite comme une meute. Il ne faut pas s'étonner si de pareils soldats abandonnaient en route la moitié de leurs munitions, vendaient ou louaient

---

[1] Le *tchorbadji*, littéralement « celui qui fait la soupe », était le chef d'une *orta* ou compagnie; l'*oda-bachi* « chef de chambrée » commandait en second.

[2] قرق بر قيل ايله يدهلور.

leurs chariots; bien plus, dès le premier engagement, ils coupaient les traits de leurs chevaux et s'enfuyaient au galop, laissant à l'ennemi canons, tentes et bagages.

« Jusqu'à l'année 990 [1], aucun étranger n'avait été autorisé à faire partie des corps de cavalerie, ni à posséder des terres à titre de fiefs (*ziamet* et *timar*), et, par conséquent, aucune atteinte n'avait été portée aux lois et règlements. Mais à cette date, le général en chef du corps d'armée qui opérait en Perse, Osman-Pacha, fils d'Ouzdémir, voulant récompenser des volontaires qui s'étaient bravement conduits pendant cette campagne, introduisit les uns dans la cavalerie, en leur donnant une compagnie avec une première solde de 9 aspres, et conféra aux autres des *timar* d'un rendement de 3,000 aspres [2]. Cette mesure fut aussi préjudiciable à la cavalerie qu'au régime des fiefs. Bien que les étrangers favorisés par Osman-Pacha fussent pour la plupart gens de mérite et dignes de ses faveurs, la violation des anciennes lois autorisa les successeurs de ce général à recevoir dans les régiments des inconnus, sans s'inquiéter de leur moralité. Ils n'y étaient inscrits que pour la forme, et leur solde, comme celle des janissaires, allait souvent grossir les bénéfices de tel ou tel. A l'origine, les cavaliers des *beuluk* résidaient dans les villes et bourgades situées entre Constantinople, Andrinople et Brousse, comme la loi l'exigeait. Une

---

[1] 1582 de l'ère chrétienne, date des fêtes célébrées à Constantinople, dont il a été parlé ci-dessus, p. 58. Le passage suivant est extrait textuellement de la Chronique de Djevdet, t. V, p. 199. Voir ci-dessous extrait n° 2.

[2] Le *timar* était un fief dont le revenu n'excédait pas vingt mille aspres; au-dessus de ce chiffre, le fief prenait le nom de *ziamet*. A cette époque, l'aspre valait encore à peu près la piastre actuelle, soit 23 centimes; par conséquent, un *timar* de 3,000 aspres donnait un revenu d'environ 690 francs. Cf. Djevad-Bey, p. 115.

fois cette loi violée, ils allèrent çà et là, se fixèrent où il leur plut et se mêlèrent des affaires de l'administration et de la justice. Quoique le Trésor fournît de grosses sommes pour la solde des escadrons de cavalerie, il ne restait plus au camp impérial (*ordou*) qu'un millier d'hommes, et ceux-ci n'étaient même pas originaires de Constantinople, mais ils venaient de Sivas, de Toqat et d'autres localités éloignées. »

Nous avons déjà signalé les accroissements de l'*ésamè* ou registres d'enrôlement et de paye, grâce à ce système d'inscriptions mensongères. On en jugera par les chiffres suivants: sous le règne de Suleïman Ier, on comptait seulement 12,000 janissaires et 7,000 cavaliers répartis entre les six *beuluk*. Sous Murad III, il y avait déjà 27,000 janissaires et 13,000 cavaliers; sous Mohammed III (1004 de l'hégire), 45,000 janissaires et 20,000 cavaliers; sous Ahmed Ier (1018 de l'hégire), 47,000 janissaires et 21,000 cavaliers[1]. Plus le chiffre du corps augmentait, plus sa vieille réputation de fidélité et de bravoure allait s'affaiblissant. En temps de paix, l'*odjaq* ne cessait d'être un foyer d'intrigues et d'agitations, et il n'était plus possible d'y trouver, comme jadis, des instruments de répression contre l'insubordination des troupes irrégulières.

Une autre innovation non moins funeste aux finances et à la prospérité des fiefs fut la transformation des terres *miri*, c'est-à-dire du domaine public, en biens de mainmorte et

---

[1] Il y eut, il est vrai, du temps de Moustapha II, une tentative de réduction sur l'effectif de l'*odjaq*: on le fit descendre à 41,000 hommes et les cavaliers des *beuluk* à 4,000 sipahis. Les autres troupes furent aussi réduites dans la même proportion. Mais ce ne fut qu'un temps d'arrêt, et l'augmentation fictive de l'*ésamè* ne tarda pas à reprendre son cours.

en fondations pieuses (*vaqouf*). On la signale pour la première fois sous le règne de Suleïman Ier, dans la première moitié du xvie siècle. Ce prince, voulant récompenser le grand vizir Rustem-Pacha, dont il avait fait son gendre, lui donna une portion considérable de territoires provenant de la conquête, et que celui-ci convertit en *vaqouf*. On peut voir, dans le mémoire de Koutchou-Bey, les funestes suites de cette concession illégale[1]. Affaiblir la constitution de la propriété féodale, c'était en définitive laisser l'État désarmé contre les rebelles du dedans et les ennemis du dehors. C'est à peine si désormais on put, en temps de guerre, réunir six à sept mille timariotes. Comme les brevets d'investiture des fiefs étaient rédigés à Constantinople, il arriva souvent que le même fief fut adjugé à deux titulaires différents : de là des procès interminables qui discréditaient la justice et paralysaient le zèle des meilleurs soutiens de l'État. Notre historien en fait l'aveu[2]. « La situation des possesseurs de *ziamet* et de *timar* était devenue fort précaire; dès qu'un *iradè* (décret impérial) arrivait en province, chacun se bouchait les oreilles en disant : *Voici un firman du Padichah!* C'était alors une panique universelle, et ces décrets et diplômes qui se contredisaient sans cesse nuisaient beaucoup à l'autorité royale. »

La dignité d'*alayi-bey*[3], qui primitivement ne se donnait qu'à d'honnêtes et vaillants officiers, finit par être mise aux enchères. Comme les *vali* (gouverneurs de provinces) y

---

[1] Voir le travail déjà cité de M. Behrnauer, *Zeitschrift der deutschen morgenländischen Gesellschaft*, t. XV, p. 320.

[2] Voir extrait n° 3.

[3] On nommait ainsi le chef d'un district féodal placé sous l'autorité du sandjaq-bey; Cf. d'Ohsson, *État de l'empire ottoman*, t. VII, p. 17.

trouvaient une source inépuisable de revenus, ils nommaient et destituaient à leur gré ou toléraient toute espèce d'abus et d'actes de vénalité de la part de leurs subordonnés. Aussi le sort des malheureux timariotes devenait-il de jour en jour plus difficile. Dans l'impossibilité de recruter les hommes qui devaient marcher sous leurs ordres, ils étaient obligés, en temps de guerre, de faire eux-mêmes les travaux de terrassements et de palissades et de s'acquitter des plus pénibles corvées.

« Le corps des *âgendjeu* finit par disparaître, les uns renonçant au métier des armes, les autres se faisant incorporer parmi les janissaires. Mais, comme la Porte avait besoin d'éclaireurs et d'avant-gardes, elle employa alors des Tartares. Ce furent les khans de Crimée qu'elle chargea d'envahir le territoire ennemi, à la tête de trente ou quarante mille cavaliers. Plus tard, lorsque la Crimée tomba aux mains de la Russie, un arrière-petit-fils de Djenguiz-Khan prit le commandement de cette cavalerie, avec le titre de *kouban-khani*. Mais les temps étaient changés; l'art militaire se perfectionnait chaque jour : aussi les Tartares, dont la bravoure avait faibli, ne purent rendre d'aussi bons services dans les dernières campagnes[1]. »

Avec la corruption et la vénalité des charges, le luxe s'était accru, et, dès le règne de Suleïman Ier, les riches ne pouvaient plus suffire aux exigences de la mode. Rustem-Pacha crut bien faire en affermant les terres du domaine public et celles du Grand Seigneur (terres dites *khass*); mais, au lieu de tomber en des mains honnêtes, elles furent exploitées par des fermiers avides, qui pressuraient les pauvres

---

[1] Voir extrait n° 4.

rayas et tarissaient de la sorte la véritable source de la fortune publique.

Malgré la sagesse d'un conseiller tel que Koutchou-Bey et la sévérité d'un maître comme Murad IV, qui, d'ailleurs, ne prêchait pas d'exemple dans sa vie privée, le mal avait déjà des racines trop profondes pour être extirpé. Il y eut, il est vrai, une halte dans la décadence sous l'administration honnête et vigilante des Keuprulu, dont le nom est encore vénéré chez les Turcs; mais les successeurs de ces trois grands ministres semblèrent prendre à tâche de défaire leur ouvrage. Au moment où les progrès de la tactique européenne réveillaient l'instinct militaire de la race turque, la folle administration de Damad Ibrahim-Pacha, la faiblesse de Mahmoud Ier et de ses héritiers paralysèrent les meilleures intentions. Djevdet-Pacha fait à ce propos quelques observations qui méritent d'être citées intégralement[1].

« Les premiers princes de la race d'Osman se mettaient à la tête de leur armée quand la guerre éclatait, mais ils résidaient rarement dans la capitale en temps de paix. Laissant à Constantinople un *vizir* pour les affaires courantes et un *sekban-bachi*[2] pour veiller à l'ordre public, ils allaient s'établir avec toute la cour, ministres, oulémas et grands dignitaires, soit à Andrinople, soit à Yeni-Chehir. Là, ils s'adonnaient à la chasse, qui est l'image de la guerre, et s'exerçaient au javelot, au tir de l'arc et du fusil. A cette époque, la nation ottomane avait une force irrésistible.

---

[1] Voir extrait n° 5.

[2] Chef de la division des janissaires connus sous le nom de *sekban*, vulgairement *seymen* « valets de chiens ». Ce chef était le lieutenant du commandant en chef (âgha) et le remplaçait à Constantinople, quand celui-ci était en campagne.

Les grands, habitués à une vie simple, n'étaient pas encore esclaves d'un vain luxe, et leurs revenus étaient supérieurs à leurs dépenses. On raconte le trait suivant d'Hamid-Pacha (gendre de Rustem-Pacha), qui, simple vizir de quatrième classe pendant l'expédition de Hongrie, devint plus tard grand vizir. Lorsqu'il prit possession de ce poste suprême, il n'avait pour tout équipage que deux pelisses, l'une pour les séances du Conseil, l'autre pour la maison; ce qui ne l'empêchait pas d'ailleurs de posséder cinq cents esclaves et d'avoir à sa solde un escadron de cuirassiers. Tous les ministres entretenaient ainsi une maison militaire (*qapou*) parfaitement équipée, et ils tenaient en réserve dans leurs fermes cent files (*qatar*) de mulets et de chevaux; de la sorte, s'ils étaient commandés pour quelque expédition, ils n'avaient pas à faire les frais de la remonte et pouvaient, en trois jours, se rendre à destination. » — Djevdet parle ensuite des progrès du luxe à la cour et dans les grands gouvernements de province, et en retrace ainsi les conséquences :
« Les propriétaires de fiefs et ceux de domaines viagers ou annuels furent obligés de les affermer à un taux onéreux, et les fermiers, une fois leurs redevances payées, cherchaient à s'enrichir en pressurant à l'excès les pauvres rayas. De là une émigration générale parmi ces derniers : les uns allèrent à l'étranger, les autres, en plus grand nombre, se fixèrent à Constantinople. La capitale, encombrée par cet afflux de population, devint une sorte de grand caravansérail où s'entassaient maisons et hôtels. Les incendies se multiplièrent, et le trop-plein de la population engendra un air malsain, et plusieurs maladies contagieuses. Enfin, comme il devenait difficile de nourrir tant de monde, le Trésor se vit obligé de pourvoir à l'approvisionnement public. Les acca-

pareurs exerçant mille extorsions, leur monopole devint pour plusieurs provinces une cause de ruine, pour le peuple un surcroît de misère. »

III

Une des plus graves préoccupations de ces temps difficiles était la réorganisation des janissaires, dont l'insolence n'avait plus de bornes. Ces miliciens dégénérés s'opposaient à toute réforme qui aurait créé une force rivale capable de réprimer leurs excès. Et telle était la frayeur qu'ils inspiraient que ce mot de *réforme*, personne n'osait le prononcer tout haut. Il y avait là une mesure de salut public dont l'urgence s'imposait aux moins clairvoyants, mais dont personne, pas même le Padichah, n'osait prendre l'initiative. Voici une anecdote qui le prouve[1]. Un jour, Sultan Moustapha III, s'entretenant avec Halimi-Efendi, ministre des finances, lui demanda : « Tant que nous n'aurons pas une nouvelle organisation militaire, nous ne pourrons tenir tête aux puissances occidentales. Qu'y a-t-il à faire pour cela? — Introduire des réformes parmi les janissaires, répondit le vizir. — Mais les accepteront-ils? — Oui, sire, répliqua Halimi sans hésiter. — Et ces réformes, est-ce toi qui en rédigeras le décret? — Certainement, ajouta Halimi. » Cette réponse inspira des soupçons au sultan; il se dit que, si son ministre n'était pas d'accord avec les janissaires, il n'aurait jamais osé tenir un langage aussi hardi et qu'il allait peut-être leur révéler le secret de leur entretien. Dès le lendemain, Halimi-Efendi était éloigné de Constantinople avec un emploi nouveau, et bientôt après il cessait de vivre. »

---

[1] Voir extrait n° 6.

Cependant le même sultan ne mettait pas en doute la nécessité des réformes en question, et la Turquie ne peut que lui savoir gré de leur avoir donné un commencement d'exécution. C'est à lui qu'elle doit la création de son artillerie moderne et de ses arsenaux, sous l'habile direction du baron de Tott. Il y avait évidemment progrès, mais que de chemin restait encore à faire! On le vit bien lorsque s'ouvrit la campagne de 1769. Aux formidables armements de la Russie on ne put opposer qu'un ramassis de paysans et de recrues qui, pour employer les propres expressions de Djevdet, « n'avaient jamais senti l'odeur de la poudre, ni entendu le fracas du canon et de la mitraille. » Il fallut l'incroyable suite de défaites enregistrées par l'histoire, pour que la question militaire reprît faveur. Dans les derniers jours de son règne, Moustapha III y songea sérieusement. On ajoute même qu'il voulut éloigner du trône son frère Abdul-Hamid, dans le dessein d'y appeler son propre fils, le futur Sélim III, en qui il avait plus de confiance pour la mise en œuvre de ses grands projets.

Il ne se trompait pas. Abdul-Hamid, qui régna après lui en vertu de l'ordre de succession adopté chez les Turcs, ne fit rien de ce que les circonstances exigeaient. Et plus on tardait, plus les difficultés devenaient grandes. Les premiers sultans, en fomentant sous main une certaine rivalité entre les différents corps d'armée, avaient su tenir en respect les janissaires par les sipahis, ceux-ci par les janissaires, et ces deux troupes par la forte milice des feudataires, que la possession du sol rendait plus dévoués à la cause de l'ordre. Mais, appauvris à leur tour par le déplorable système fiscal adopté à leur détriment, les timariotes avaient dû renoncer à ce rôle tutélaire.

Abdul-Hamid vit le danger et voulut y remédier; mais l'*iradè* qu'il décréta à cet effet resta lettre morte[1]. L'inspirateur de ces mesures, Khalil-Hamid-Pacha, dont le nom figure honorablement à côté de celui des Keuprulu, fit sur l'armée un essai plus restreint, mais qui ne réussit pas mieux. Il voulut créer un régiment d'artillerie mobile, indépendant de l'Arsenal : le mauvais esprit qui régnait parmi les *topchi* (canonniers) d'ancienne création envahit bientôt le nouveau régiment et fit avorter les améliorations qu'on se proposait d'y introduire. Peu de temps après, le vizir tentait de supprimer le supplément de solde (*terakki*) accordé à une foule de janissaires qui n'y avaient aucun droit, et il payait de sa vie cette téméraire résolution[2].

Cependant les cruelles humiliations infligées à l'amour-propre national par les succès de la Russie réveillèrent le sentiment public en faveur de la réorganisation de l'armée. En montant sur le trône, Sélim III favorisa ce mouvement d'opinion conforme à ses propres sentiments et aux instructions qu'il avait reçues d'Abdul-Hamid. Ce fut du camp de Silistrie que partit l'*iradè* prescrivant à tous les grands fonctionnaires de donner leur avis sur la réforme à l'étude. Les cahiers où ils formulèrent leur opinion furent ensuite résumés en forme de rapports et mis sous les yeux du sultan[3]. Dans la majorité de ces documents les conclusions étaient identiques : réorganiser, d'urgence et à quelque prix que ce

---

[1] On trouve le texte de ce document dans Djevdet, t. II, p. 311.

[2] Voir extrait n° 7.

[3] Djevdet a pu prendre connaissance des deux principaux rapports qui ont été conservés aux Archives impériales, celui de Tatardjek Abdullah-Efendi et celui de Chérif-Efendi. Il en a donné des extraits dans plusieurs passages de son Histoire, en les faisant suivre d'observations critiques.

soit, l'armée de terre et la marine; — faire venir d'Europe des instructeurs militaires et des ingénieurs d'un mérite reconnu; — traduire en langue turque les meilleurs ouvrages traitant de l'art militaire; — remaniement complet de l'artillerie; — enfin, nécessité de mettre à profit le mouvement d'opinion favorable aux réformes, pour les appliquer immédiatement et dans une mesure aussi large que possible [1].

IV

C'était bien là le sentiment général, et ces rapports en traduisaient fidèlement l'expression; mais, par un étrange oubli, ils ne disaient pas un mot de la grande difficulté qui menaçait de tout entraver : la pénurie du Trésor et l'impossibilité de créer des ressources nouvelles proportionnées aux dépenses que le nouvel état de choses allait entraîner. Sélim III, qui rêvait encore bien d'autres innovations empruntées à l'Europe, comptait sans doute sur le patriotisme de ses sujets pour surmonter les obstacles. On sait comment ses belles illusions s'évanouirent. Nous n'avons pas à refaire ici l'histoire de ce malheureux souverain, dont les meilleurs desseins furent constamment déjoués, soit par les révoltes des janissaires et des *derè-bey*, soit par les intrigues de la diplomatie étrangère. Nous n'avons pas besoin non plus de rappeler l'issue de la sanglante révolte suscitée par Kabaktchi Oghlou. Le sultan, déposé au mois de mai 1807, tombait quelques semaines après sous le poignard des assassins, au moment où l'intervention victorieuse de Moustapha-Baïraktar allait le replacer sur le trône.

[1] Ici finissent les renseignements directement empruntés par nous au *Tarikhi Djevdet*.

Il tombait victime des rancunes des janissaires, et il fallut de longues années avant que cette milice indomptable expiât son crime. Pendant dix-neuf ans, Sultan Mahmoud prépara sa vengeance avec une patience et une habileté tout orientales. Rappelons en deux mots la sanglante catastrophe qui mit fin à l'existence des rebelles. Ce fut la création d'un régiment d'*âqendjeu*[1] recrutés parmi l'élite de l'*odjaq* qui mit le feu aux poudres. Dans un récit malheureusement défiguré par le clinquant de la rhétorique orientale, Ess'ad-Efendi a donné les plus curieux détails sur ces journées de juin 1826, qui couvrirent Constantinople de sang, d'incendies et de ruines[2].

Secondé par quelques régiments fidèles, accrus de milliers de volontaires que les excès des janissaires avaient exaspérés, Mahmoud II écrasa l'insurrection au bout de trois jours. Il mit sa victoire à profit pour se débarrasser du même coup de tout ce qui restait encore de l'ancienne organisation militaire. Les corps de cavalerie connus sous l'antique dénomination de *sipah, silihdar, ouloufèdji*[3], etc., suivirent de près les janissaires avec lesquels ils pactisaient secrètement. Quant aux régiments les moins compromis, comme les cuirassiers, les *mehter*, les *solak*[4] et d'autres,

---

[1] Littéralement «cheval qui va l'amble, alerte, agile»; on donnait depuis longtemps ce nom aux meilleures troupes des janissaires.

[2] M. Caussin de Perceval a publié, en 1833, Paris, 1 vol. in-8°, une traduction abrégée de cet écrit de circonstance, dont le titre turc, *Ussi zafer* «base de la victoire», est en même temps le chronogramme de l'événement, c'est-à-dire 1241 de l'hégire, qui répond à l'année 1826.

[3] Tous ces noms désignent des corps de cavalerie dont la création remontait aux origines de la monarchie ottomane. Voir, pour les détails, d'Ohsson, *État de l'emp. ottom.*, t. VII, p. 364; édition de 1824.

[4] Compagnies tirées de l'*odjaq* des janissaires et faisant partie de la garde impériale. Voir d'Ohsson, *ibid.*, p. 25 et *passim*.

ils perdirent leur ancien nom et furent versés dans l'armée du *nizam-djédid* «l'organisation nouvelle». C'était le nom de l'armée réformée d'après les principes de la tactique moderne[1]. Le sultan n'en recueillit pas les fruits sur lesquels il comptait. Ni son énergie dans l'application de l'ordre nouveau, ni le zèle des instructeurs européens, ni la bravoure des nouvelles milices ne purent épargner à son règne les désastres de Navarin et de Nézib, non plus que l'humiliant traité d'Andrinople.

Aussi bien, tout en rendant justice aux qualités éminentes du réformateur ottoman, il est permis de se demander si la sanglante victoire de 1826 n'a pas été plus funeste qu'utile à l'existence du grand empire musulman. Assurément le désordre jeté dans les finances par la vente des brevets de solde, l'insolence et les excès de tous genres qui faisaient redouter et haïr les janissaires depuis le règne de Murad IV, réclamaient des mesures promptes et radicales. Mais il y a des cas où amputer c'est tuer. Qu'on nous permette de citer ici, sur une question aussi délicate et aujourd'hui encore controversée parmi les Ottomans, l'opinion d'un orientaliste qui fut témoin de ces événements et qu'un long séjour en Turquie avait bien renseigné sur les hommes et les choses de ce pays. Voici comment s'exprime M. Jouannin, ancien drogman de l'ambassade de France à Constantinople, dans son excellent abrégé d'histoire ottomane[2]. «C'est une question grave que de savoir si la destruction des janissaires fut un bien ou un mal pour l'empire

---

[1] Ou, pour mieux dire, le nom donné à l'ensemble des réformes. L'armée était particulièrement désignée par la dénomination de *asakiri mansourèi mohammedyè* «l'armée victorieuse musulmane».

[2] *Univers pittoresque*, Turquie, Paris, 1840, p. 408.

ottoman. Frappée seulement des abus qui s'étaient introduits dans cette milice et de la tyrannie qu'elle exerçait impunément, éblouie en outre par l'énergie et le sang-froid que déploya Sultan Mahmoud dans cette circonstance critique, la multitude accorda son admiration à ce hardi coup d'État. Quelques esprits élevés, partageant l'enthousiasme irréfléchi de la foule, regardèrent même cette mesure décisive comme un de ces traits de génie qui sauvent les empires. Il semblait, en effet, que, délivré d'une soldatesque despotique, ennemie de toute innovation et toujours disposée à braver ses ordres, Sultan Mahmoud allait marcher d'un pas ferme dans la voie de civilisation qu'il venait de s'ouvrir par une sanglante catastrophe; mais ce prince, irrité des obstacles que les janissaires opposaient à ses volontés, ne réfléchit pas sans doute que là où il y a résistance, il y a force, et qu'en brisant cette force, il affaiblissait nécessairement les ressorts de l'État, dont les janissaires, malgré leur insubordination et leurs caprices, étaient les plus braves défenseurs. En anéantissant cette troupe, intimement liée à l'empire ottoman par son ancienneté et l'espèce de consécration religieuse qu'elle avait reçue du vénérable cheikh *Hadji-Bektach*, le sultan détruisit aussi l'esprit de fanatisme, soutien tout-puissant de l'œuvre imparfaite du fondateur de l'islamisme, dont la législation repose tout entière sur le principe du prosélytisme à main armée. C'est à ce vice fondamental et à l'affaiblissement inévitable du mobile de l'enthousiasme religieux qu'il faut attribuer la décadence de la monarchie ottomane.... L'anéantissement des janissaires, sorte de milice nationale répandue dans tout l'empire, en éteignant la dernière étincelle de l'ardeur belliqueuse des anciens Osmanlis, n'a pu qu'accélérer le dénouement inévitable et depuis longtemps prévu, mais que retarderont peut-être les intérêts des puissances européennes et leur désir de maintenir l'équilibre de la balance politique. »

Il y a près d'un demi-siècle que ces lignes ont été écrites : ce qui se passe sous nos yeux en confirme la justesse. Sans doute les brillants faits d'armes de ces dernières années ont prouvé que les Turcs ont conservé les vertus militaires qui valurent à leurs ancêtres la conquête d'un vaste empire. Mais, en dépit de leurs récentes victoires et de l'habileté de leur diplomatie, peuvent-ils s'arrêter sur la pente fatale qui les entraîne hors de l'Europe? Peuvent-ils attendre leur salut d'une imitation maladroite de notre organisation et de nos mœurs? Qu'on ne l'oublie pas, les tentatives de Sélim III et de Sultan Mahmoud n'ont porté que sur des améliorations de pure forme, sur des changements d'étiquette, de bureaucratie et de costume. Ces innovations, si superficielles qu'elles soient, ont froissé le vieil orgueil musulman, sans frayer la voie au progrès véritable. Quoi qu'en disent les optimistes, d'accord avec la presse officielle de Constantinople, entre l'esprit moderne et le dogme musulman la conciliation n'est pas possible. En Europe, le sol lui manque de plus en plus, et le jour n'est pas loin où sa domination n'y sera plus qu'un souvenir. Avant longtemps peut-être les fils d'Erthogrul et d'Osman reprendront le chemin de leurs steppes natales. Mais l'empire ottoman, en s'écroulant, n'entraînera pas avec lui le génie de l'islam. Comme compensation de ses pertes irrémédiables en Occident, le Coran trouvera encore un vaste champ d'action en Asie et au cœur de l'Afrique. Là, du moins, il contribuera selon ses forces à la marche en avant de l'humanité, et ses missionnaires y poursuivront avec succès leur propagande commerciale et religieuse, longtemps encore après que *l'ombre de Dieu sur la terre*[1] aura disparu pour toujours du dôme de Sainte-Sophie.

[1] *Zill ullah fil èrzi*, c'est une des épithètes que l'on donne aux sultans.

Extraits du *Tarikhi Djevdet*,

Tome V, p. ١٨٧ et suiv.

N° 1.

فى الاصل پادشاه ايله وزير اعظملرى آراسنه كمسنه كبره‌مز وايشلرينه
اندرون وبيرون خلقندن فرد آفريد مداخله ايده‌مز ايكن سلطان
مراد ثالث عصرنده ندما ومقربين پادشاهى مصالح دولته مداخله
ايله صدر اعظملره نيجه نامعقول ايشلرك اجراسنى تكليف وقبول
ايتمدكلرى تقديرجه جمله‌سى بالاتفاق حضور هايونده فرصت
دوشوروب درلو افترالر ايله سلسلهٔ غضب پادشاهى تحريك ايدرك
كيمن قتل وكيمن نفى ايتديرر اولدقلرندن ناشى برخيلى وقتلر صدر
اعظملر بالضروره اندرون خلقنه متابعت وهوالرينه موافقت ايتمكه
مجبور اولملريله انلر دخى بى محابا هر امورده مداخله ايدر واستدكلرينى
اجرا ايتديرر اولديلر۞

N° 2.

طقوز يوز طقسان ايكى تاريخنه كلنجه سوارى اوجاقلريله ارباب تيمار
وزعامت ايچنه دخى بيكانه ادخال وقانون ونظاملرى اخلال اولنمامش
ايكن تاريخ مزبورده ايران سرداري بولنان اوزدمير اوغلى عثمان پاشا
يارارلغى ظاهر اولنلردن بعضيلرينه ابتداءً ادن طقوز آقچه ايله بلوك
ويره‌رك سوارى اوجاقلريله ادخال وبعضيلرينه دخى اوچر بيك آقچه
تيمار ايچون ابتدا امرى اعطا ايتمكله هم سوارى اوجاقلرينه وهده
ارباب تيمار وزعامت ايچنه خلاف قانون اوله‌رق خارجدن آدم قارشمش

CONSIDÉRATIONS SUR L'HISTOIRE OTTOMANE. 77

اولوب آکرچه عثمان پاشانك ادخال ایلدیكی كسنه‌لر ذكرلی ذاتلر اولهرق بالاستحقاق بو مكافاته نائل اولمشلر ایسه‌ده چه فائده كه بو وجه‌له قانون قدیم بركره مختل اولیجق اندنصكره كلنلر ایو فنـا دیمیوب بر طاقم بجهول الاحوال اشخاصی بلوكلره ادخال ایله سواری اوجاقلرینی اخلال ایتدكلرندن كیدرك انلرك علوفه‌لری دئ یكیچری علوفه‌لری كبی شوكا بوكا ماكل اولدی، وفی الاصل بونلرك نفراتی استانبول ایله ادرنه وبروسه بیننده‌كی قصبات وقراده ساكن اولمق مقتضای قانون ایكن بو خصوصده دئ قانونه رعایت ولنمیوب اطران واكنافه پراكنده اولمالریله هربری برر كوشه‌ده بیرلشه‌رك امور شرعیه وملكیه مأمورلرینك ایشلرینه مداخله‌دن خالی اولمازلردی، وسواری بلوكلری ایچون خزینه‌دن بونجه مواجب ویریلور ایكن اردوی هایونده انجق بر ایكی بیك موجودلری اولوب وانلر دئ آستانه‌دن اولمیوب سیواس وتوقات وسائر بر قاچ محلدن ایدیلر۞

N° 3.

بو صورتله ارباب تیمار وزعامتك احوالی پریشان اولدقدن بشقه بر مملكته امر شریف وارد اولسه فرمان پادشاهی كلمش دیو هركس قولاق طوتار واطران واكنافك صغیر وكبیرینه دهشت دوشر ایكن بویله اوامر وبرووات متناقضه‌نك تواردی فرمان پادشاهینك تأثیرینی ازاله ایلدی۞

N° 4.

وبو نظامسزلق عساكرك هر صنفنه سرایت ایدرك آقینجی طائفه‌سی دئ كیمی علوفه‌لو قول نامنه اولوب كیمسی دئ آقینجیلغی انكار ایتمكله بو طائفه دئ بو وجه‌له منقرض اولغین اندن صكره دولت علیه

آقین مصلحتی ایچون تاتار عسکرینه محتاج اولوب سفر هایون وقوعنده قریم خانلری اوتوز قرق بیك قدر تاتار سواریسی ایله ممالك اعدایه دخول ایله چاپول ایدرلردی مؤخرا روسیه‌لو قریمی استیلا ایلمش اولدیغندن سفر ظهورنده سلاطین جنکنزیه‌دن بری قوبان خانی عنوانیله ممالك محروسه‌ده بولنان تاتارلره باشبوغ نصب ایله كا ئن السابق تاتارلرك استخدامنه صورت ویرلمشیدی لكن جهانك رنكی دكیشوب حركات حربیه بشقه حاله كیرمش وتاتارلرك اسكی صولت وجنك آورنكلری قالمامش اولدیغندن بو سفرده اولكی كبی ایشه یرامامشلردر ۞

N° 5.

چونكه اسلاف سلاطین عثمانیه حضراتی هنكام سفرده اكثریا اوردوی هایون ایله چیقدقلرندن بشقه ایام حضرده دئ پای‌تخت سلطنتده مدت مدیده مكث واقامت ایتمیوب وزرادن بریسی استانبول قائم مقامی وضبط وربط بلده‌یه مقتدر بر سكبان باشی نصب ایدرك كندولری مستشار سلطنتلری اولان قبّه وزیرلری وعلمای اعلام ورجال دولت علیه‌لری ایله كاه ادرنه ویكی شهر طرفلرنده كشت و گذار وكاه نمونۀ كارزار اولان صید وشكار ایله ویاخود تفنك وخشت اندازی ونیزه بازی كبی حربه متعلق حركات واطوار ایله وقتلرین امرار ایده كلدكلرندن هیئت دولت علیه بر قوۀ سیاره منزله‌سنده اولمغین اركان سلطنت وسائر مأموریـن دولت بالطبع سبكبار وخفیف المؤنه ومشاغل حضرینتدن آزاده اولەرق ایرادلری مصروفلرینه غالب ایدی ۞ مرویدرکه رستم پاشا داماد احمد پاشا که سكتوار سفرنده دردنجی وزیر اولوب بعده وزیر اعظم دئ اولمشیدی ابتدا وزیر اولدیغنده اسباب احتشامدن یالكز ایكی كوركی اولوب برینی

ديوان همايونده وديكريني خانهسنده كيرمش حالبوكه بشيبوز عبد
مشتريراسي واكا كوره جبهخانهسي وار ايمش اشته وزرانك هپ بو منوال
اوزره قپولري مكمل اولوب هربري چفتلكلرنده يوز قطار قاطر ويوز قطار
دوه بسلرلر وبرطرفه مأمور اولدقلري كبي اصلا دوه وآت اشتراسنه
محتاج اولمقسزين اوچ كون ظرفنده بر وجه استجال مأمور اولدقلري
محله حركت ايلرلر ايمش بعده دولت عليه طور بدويتدن حضريت
ومدنيته نقل ايتمكله خواقين عظام حضراتي علي الدوام دار لخلافهده
مكث وارام ايتدكلرينه مبني استراحت حضريه جمله‌يه طبيعت ثانيه
اولهرق رجال وكبار درون استانبولده عالي بنالر يابوب اكا كوره ادخار
تجملاته وعلي العموم هركس مغروشات وملبوسات وسائر لوازماتده
عظيم تكلفاته دوشمكين مأمورينك واردات طبيعيه‌سنه نسبت ايله
مصرفلري قات اندر قات زياده اولديغندن اصحاب مناصب انواع
ارتكاب وارتشايه محتاج اولدي مقاطعه ومالكانه وزعامتلري دخ اصحابي
آغير بدللر ايله التزامه ويرمكه باشلايوب ملتزملر ايسه ويردكلريني
چيقاردقدن صكره كسب منافع ضمننده عجزه رعيته تحملرندن
بيرون ظلم وجور كوناكون ايتملريله طشره اهاليسندن نيجه‌لري ترك
وطن ايتمكه مجبور اولهرق اهل ذمت رعايادن بعضيلري دول سائره
ممالكنه كيدوب وبر چوق كيمسه‌لر دخ استانبوله ورود ايله توطن
ايدوب بوجهتنله استانبول دخ نفوس كثيره ايله طولدي وبو
سببدن درون استانبولده خالي ير قالميوب بربرينه ملاصق ابنيه
وبيوت ياپلديغندن كويا استانبول بيت واحد منزله‌سنده بر شهر
جسيم اولهرق بلا فاصله حريقلر وتوعنه باعث وكثرت نفوسدن تكون
ايدن عفونتلر هواي افساد ايتمكله انواع علل مستعفنه حادث
اولدقدن بشقه بوجه ناسه ذخيره تداركي متعسر اولهرق جانب

ميريدن ذخيره مبايعه‌سنه مجبوريت كلوب مبايعه‌جيلر ايسه (زيرده بيان اولنه‌جغی وجهله) طشره خلقنه درلو جور واذيتلر ايده كلدكلرندن بو مبايعه مادهسی دخی برقات دها مماالكی خراب واهالی‌يی بيتاب ايتمشلر۞

N° 6.

مشهور دفتردار حليمی افندی ايله بركون اثنای مصاحبتده عساكر جديده تنظيم ايتمدكجه بو دول اوروپا ايله باش ايده‌ميه‌جكز نه ياپالم ديدكده حليمی افندی يكيچريلری اصلاح ايده‌لم ديمسيله انلر نظام قبول ايدری بيورديغنده بلا تردد ايدرلر ديمسی اوزرينه يا سن سند ويررميسين ديديكنده دخی اوت دييجك حليمی افندی يكيچريلر ايله برلك اولمسه بويله قوی سوز ويره‌مز وسند اعطاسنی تعهد ايده‌مز ايدی ديو حقنده سلطان مصطفی شبهه‌يه دوشه‌رك شايد كه بو سری يكيچريلره فاش ايليه ديو فرداسی حليمی افندی‌يی بر منصب ايله در سعادتدن اخراج ومتعاقبا اعدام ايلمشدر۞

N° 7.

وفی الواقع سلطان عبد الحميد خان عصرنده عسكره نظام ويرله‌مدی وچونكه يكيچريلرك عتو وعصيانلری كالده وطوائف سائره دخی حال اختلالده اولديغندن تنظيم عسكر ماده‌سی دشوار ايدی زيرا اسلاف سلاطين عثمانيه حضراتی التی بلوك خلقنی يكيچريلر ايله ويكيچريلری بلوك خلقيله وايكيسنی دخی ارباب تيمار وزعامت ايله ضبط ايدرلردی بر منوال سابق ارباب تيمار احوالی پريشان اولوب كيدرك بتون بتون مضمحل اوله مرتبه‌سنه وارمش اوملريله مفقود حكمنده اولدقلرندن اوجاقلوی تأديب ايله تحت اطاعت وانقياده كتورمك ايچون الده

بر قوت بوغیدی وآکرچه عبد الحمید خان حضرتلرینك اوائل
سلطنتنده خیلیجه صرف افکار اولنه رق زعامت وتیمارلر ایچون (صورتی
جلد اولده مندرج اولان) بر قطعه قانوننامه قلمه آلنوب دستور
العمل طوتلمسی ایچون ارادهٔ سنیه دخی اصدار اولندیسه ده چه
فائده که اجراسنه اقدام واهتمام اولنمدیغندن زعامت وتیمار احوالی
اوّلکیدن زیاده مختل ومشوش اولدی بعده خلیل حمید پاشا
صدارتنده سرعت طوپچیلری تکثیر ومستقل بر اوجاق اولمق اوزره
ترتیب اولنمشلر ایسه ده اصل طوپچی اوجاغنه الحاق اولنمغله اصلده
مؤسس اولان فساد فرعه دخی سرایت ایدرك آز وقت ظرفنده
سرعتجیلر دخی اسكی طوپچیلرك حالنی کسب ایتدی وبرآرالق خلیل
حمید پاشا نامستحقلرك ترقیلرینی قطعله یکیچری اوجاغنك اصلاح
قیدینه دوشدیسه ده بو یولده بلایه اوغرایوب کتدی ۞

ESSAI

SUR

L'ÉCRITURE MAGHREBINE,

PAR

O. HOUDAS,

PROFESSEUR À L'ÉCOLE DES LANGUES ORIENTALES VIVANTES.

ESSAI

SUR

L'ÉCRITURE MAGHREBINE.

En rédigeant cette courte notice, je me suis proposé de rechercher l'origine de l'écriture arabe actuellement usitée dans les contrées du Maghreb, de suivre le développement des principales variétés auxquelles cette écriture a donné lieu et de les classer d'une façon systématique.

Il est certain qu'au moment de la conquête arabe, les populations berbères du nord de l'Afrique avaient complètement abandonné l'usage de leur écriture nationale et qu'elles n'avaient point adopté, au moins d'une manière générale, celle d'une des nations qui, à diverses époques, avaient dominé sur leur pays. Jamais, d'ailleurs, les Berbères n'ont montré un goût très vif pour les choses de l'esprit, et leur culture intellectuelle a toujours été des plus rudimentaires. On ne connaît d'eux aucune œuvre littéraire originale rédigée dans leur langue, et s'ils ont composé autre chose que des chansons et des contes populaires, le souvenir n'en est pas parvenu jusqu'à nous.

Peut-être cependant que les annales attribuées à Hiempsal et citées par Salluste étaient rédigées et écrites en berbère, quoique l'historien de Jugurtha dise formellement[1] qu'elles

---

[1] Voici le texte de Salluste : «Sed qui mortales initio Africam habuerint, quique postea accesserint, aut quomodo inter se permixti sint, quanquam

étaient en langue punique; mais une erreur de ce genre est assez facile à commettre, quand on ne peut pas lire soi-même le texte qu'on a sous les yeux. Dans tous les cas, ce serait l'unique document écrit en berbère dont il eût été fait mention dans les ouvrages anciens.

Lorsque les conquérants musulmans apportèrent leur religion et leurs lois aux habitants du Maghreb, ils imposèrent en même temps l'obligation de se servir de la langue arabe, tout au moins comme langue religieuse. Les Berbères, qui, à cette époque, n'avaient point d'écriture particulière, acceptèrent sans difficulté l'écriture arabe, qui, mieux que toute autre, était appropriée au génie de la langue arabe, et, en traçant les caractères du nouvel alphabet, ils ne purent guère songer à en modifier la forme pour la rapprocher de celle de leur ancienne écriture.

Plus vaillants qu'instruits, les premiers missionnaires musulmans se contentèrent d'enseigner aux vaincus les dogmes si simples de l'islam et les formules si concises de ses prières. Plus tard seulement, les prédications prirent un caractère plus compliqué. La loi canonique et la loi civile, pour être strictement appliquées, eurent alors besoin d'interprètes plus éclairés, et dès la fin du premier siècle de l'hégire, il se fonda à Qaïrouân une grande université destinée à former tout le personnel nécessaire au fonctionnement régulier de la nouvelle législation. De nombreux étudiants affluèrent bientôt dans la cité d'Oqba, où des maîtres illustres, venus des grandes écoles de Koufa et de Basra, enseignèrent la théologie et la jurisprudence, les

---

ab ea fama quæ plerosque obtinet diversum est, tamen, uti ex *libris punicis*, qui regis Hiempsalis dicebantur, interpretatum nobis est, utique rem sese habere cultores ejus terræ putant, quam paucissumis dicam. »

deux sciences par excellence aux yeux des bons musulmans.

Les doctrines de Malek furent surtout en honneur dans la nouvelle université. Asad ben el-Forât[1] d'abord, Sohnoun[2] ensuite acquirent par leurs ouvrages une grande célébrité, et la Modawwana de Sohnoun fit autorité dans tout le Maghreb jusqu'au moment où Sidi Khelil donna une forme définitive et complète au code malékite. Bien que Yahia ben Yahia[3] eût introduit précédemment le rite malékite en Espagne, Qaïrouân demeura longtemps le véritable centre des Malékites, et ce fut dans cette ville que se formèrent les premiers docteurs de l'islam, qui convertirent définitivement à la religion musulmane toutes les populations du Maghreb.

Il est donc tout naturel de supposer que les savants qui étudièrent à Qaïrouân répandirent au dehors l'écriture dont ils s'étaient servis pour leurs propres études, et c'est dans cette ville qu'il faut chercher les formes primitives de l'écriture employée dans tout le Maghreb.

Les papyrus déchiffrés par de Sacy[4] ont prouvé d'une

---

[1] Asad ben el-Forât, cadi de Qaïrouân en 204, est l'auteur d'un traité de droit malékite intitulé : الأسدية *Elasadya*. Sur la biographie de ce personnage, cf. Amari, *Storia dei Musulmani di Sicilia*, t. I, p. 254, et O. Houdas et R. Basset, *Mission scientifique en Tunisie*, Alger, 1884, p. 116.

[2] On assure que la Modawwana de Sohnoun n'est qu'une copie de *Elasadya* d'Asad ben el-Forât; cependant la renommée de Sohnoun comme jurisconsulte est beaucoup plus grande que celle d'Asad, qui est plutôt connu comme conquérant de la Sicile.

[3] Yahia ben Yahia, mufti de Cordoue, mort en 226. Il fut un des disciples directs de Malek et enseigna le premier les doctrines de son maître en Espagne.

[4] *Nouveaux aperçus sur l'histoire de l'écriture chez les Arabes du Hedjaz*. *Journal asiatique*, 1827.

façon irréfutable que le caractère neskhy était en usage dans les chancelleries, en l'an 40 de l'hégire ; mais il ne paraît pas que ce genre d'écriture ait été adopté dans les universités avant le milieu du IVe siècle de l'hégire, lors de la réforme du vizir Ibn Moqla[1]. Tous les manuscrits du Coran antérieurs au IVe siècle sont, en effet, écrits en caractères coufiques, ou plus exactement avec les caractères cursifs imaginés par les savants de Koufa et tirés directement de l'une des anciennes écritures de l'Arabie. L'épithète de مولّد, donnée par les auteurs arabes[2] à ce nouveau genre d'écriture, indique bien qu'il n'était plus conforme au type primitif et qu'il en était considéré comme une forme dégénérée.

Or on sait que le Coran est le premier livre qu'on met entre les mains des enfants pour leur enseigner la lecture et l'écriture. Cet usage qui a toujours existé, s'explique aisément par la difficulté que l'on éprouve encore aujourd'hui à se procurer, en pays musulman, un autre texte écrit que celui du livre sacré. Il n'est donc pas étonnant que l'usage du coufique se soit propagé et maintenu pendant les trois premiers siècles de l'hégire, malgré l'avantage incontestable que présentait l'emploi du neskhy, avantage dont les scribes de l'administration surent seuls profiter durant de longues années.

Les étudiants arabes qui ne se contentent point des notions

---

[1] Cf., sur Ibn Moqla, de Slane, *Ibn Khallican's biographical dictionary*, t. III, p. 267.

[2] Adler, *Descriptio codicum quorumdam cuficorum*. Altona, MDCCLXXX, p. 17. Voici ce passage d'Ibn Chahna : وهو المشهور الحسن لخطّ صاحب هو هذا مقلة وابن اوّل من نقل من الخطّ الكوفي المولّد الى طريقة العربيّة الحسنة وكان بعده ابن البوّاب فزاد في تعريبه وبلغ الغاية به.

élémentaires de la lecture et de l'écriture sont relativement peu nombreux. Cependant il leur est difficile de se procurer, même dans les grandes villes où ils complètent leurs études, les rares ouvrages dont ils ont besoin pour suivre les cours de leurs maîtres, et ce sont leurs professeurs eux-mêmes qui les leur fournissent à titre de prêt, bien entendu. Mais, pour qu'un seul exemplaire puisse servir à la fois à plusieurs étudiants, on sectionne chaque volume en un certain nombre de fascicules qui représentent dans la matière de l'enseignement une division analogue à celle que nous avons introduite par les numéros dans nos programmes modernes. Chaque fascicule est remis successivement à un étudiant, qui en prend généralement une copie et le garde pendant tout le temps que durent les explications relatives à cette partie du cours.

Au commencement du ive siècle de l'hégire, les étudiants en droit de Qaïrouân étudiaient encore sur des textes écrits en caractères coufiques et se servaient de cette même écriture pour prendre des notes à leurs cours, ainsi qu'on pourra en juger par le spécimen reproduit dans la planche I, fig. 1. Le manuscrit[1] d'où ce spécimen est tiré est précisément un des fascicules de la Modawwana de Sohnoun qui a servi à l'université de Qaïrouân. Il est écrit sur parchemin, en caractères coufiques, et comprend 14 folios de 0^m,28 de hauteur et de 0^m,19 de largeur. Le premier folio porte au recto les indications suivantes, que je transcris ligne pour ligne, en ayant soin de surligner les mots qui ont été l'objet d'une surcharge.

---

[1] J'ai donné ce manuscrit, que j'ai rapporté de Qaïrouân, à la bibliothèque de l'École des langues orientales. Un autre fascicule du même ouvrage se trouve à la bibliothèque-musée d'Alger.

1 الجزء الثالث من السلم من المدوّنة

2 ۞ رواية سحنون بن سعيد التنوخي عن عبد الر ۞

3 ۞ حسن بن القاسم العتقي عن مالك بن انس ۞

4 ۞ ...... الاصبحى رحمة الله عليه ورضوانه ۞

5 وسمعته من اوّله الى اخره عن ابي محمد وقابلته مع علي كتابه سنة
<u>اربع وثلثين وثلث ماية</u>

6 حدثني به عن عيسى بن مسكين عن سحنون عن بن القسم ......
<u>................</u>

7 <u>حسين بن سعيد نفعه الله به</u>

Le premier mot de la ligne 4 et les mots de la fin de la ligne 6 sont trop effacés pour qu'on puisse les restituer avec certitude; ils n'ont d'ailleurs aucune importance pour les conséquences à déduire de l'examen de ce manuscrit.

Les lignes 1, 2, 3, 4 et 7 ont été certainement tracées par une même main et paraissent avoir été écrites par la personne qui a copié le texte du fascicule; il n'y a que le verso du folio 1 et le recto du folio 14 qui soient d'une autre main et d'une autre époque. Les lignes 5 et 6 paraissent, d'après la couleur de l'encre, être contemporaines de la copie principale, mais il se pourrait qu'elles ne fussent pas dues au même copiste.

Les surcharges des lignes 5 et 6 ont été faites dans le but de conserver le nom d'Abou Mohammed, un des professeurs de l'université de Qaïrouân, et, en même temps qu'on a changé le nom du professeur qui figurait auparavant à cette place, on a modifié le chiffre des dizaines et des unités de la date, mais sans toucher au chiffre des centaines, qui est resté absolument intact. Le chiffre des centaines est d'ailleurs reproduit au bas du recto du folio 14 dans une note conçue en ces termes :

قال خلف بن نصر قرات جميع هذا الكتاب على ابي محمد عبد الله بن
مسرور سنة سبع وثلثين وثلثماية حدثني به عيسى بن مسكين عن
تحنون عن عن (sic) بن القاسم عن ملك

D'après cette note, Khalf ben Nasr[1] (ou Nâsir) aurait fait usage de ce fascicule en l'année 337 de l'hégire et il aurait étudié cette partie de la Modawwana sous la direction d'un certain Abou Mohammed Abdallah ben Mesrour, personnage qui paraît être le même que le Abou Mohammed cité au recto du folio 1, ligne 5. Il est peu probable que ce Khalf ben Nasr, qui écrivait ثلثماية en un seul mot, soit l'auteur des surcharges des lignes 5 et 6, où cette expression est écrite en deux mots. On ne comprendrait pas, du reste, qu'il eût marqué deux dates différentes, 334 et 337, alors qu'il lui eût été si facile de remplacer dans la ligne 5 le mot اربع par le mot سبع. Les altérations des lignes 5 et 6 proviennent donc d'un des condisciples de Khalf qui avait étudié ce fragment de la Modawwana trois ans auparavant.

Le nom d'Aïssa ben Meskin, dont Abou Mohammed a été le disciple direct, aurait à lui seul fourni une indication approximative de la date de ces notes; car, cet Aïssa étant mort en 295[2], son élève ne pouvait enseigner dans la même université que lui que tout à fait à la fin du IIIe siècle ou au commencement du IVe.

---

[1] L'alif de prolongation n'est pas toujours écrit dans ces annotations; on trouve, par exemple, les deux orthographes : القسم et القاسم.

[2] La biographie de ce personnage se trouve dans l'ouvrage intitulé : الديباج المذهب في معرفة اعيان علماء المذهب de Ibrahim ben Ali ben Ferhoun (فرحون).

Quant aux surcharges de la ligne 7, elles ont porté sur le nom du copiste. Le ل que l'on voit encore au commencement de cette ligne et la formule نفعه الله به, qui suit immédiatement le nom, ne laissent aucun doute à cet égard. Comme ce fascicule a passé de main en main, il n'y a rien d'étonnant à ce qu'un étudiant ait imaginé de substituer son nom à celui du véritable copiste.

Ces diverses indications montrent que ce manuscrit date au plus tard du premier tiers du ive siècle de l'hégire, et, si je restitue exactement les mots recouverts par اربع وثلثين, il serait antérieur à l'année 315, car il est vraisemblable que la mention contenue dans les lignes 5 et 6 n'est pas de la même année que la copie.

On pourrait, il est vrai, contester cette assertion relative à la date du manuscrit en se fondant sur la couleur de l'encre et l'aspect de l'écriture du verso du folio 1 et du recto du folio 14. Il est en effet incontestable que ces deux pages ont été écrites à une époque plus récente que le reste du cahier. Mais deux notes marginales et deux mentions en dehors du contexte qui figurent sur ces deux pages sont certainement postérieures à la copie en regard de laquelle elles sont placées. Les deux notes se rapportant exactement au texte qu'elles accompagnent, on ne peut expliquer ce fait qu'en supposant que ces deux pages ont été l'objet d'une restitution tardive. Le texte, qui n'était sans doute plus très lisible, aura été effacé complètement, et le copiste aura cherché à le reproduire aussi fidèlement que possible en se servant également de caractères coufiques. La teinte du parchemin, blanchi par places, semble aussi justifier cette hypothèse.

L'auteur de cette restitution a corrigé ensuite tout le fascicule en ajoutant dans les interlignes quelques mots qui avaient été omis, et il a en outre marqué de points diacritiques certaines lettres qui, sans cela, auraient été difficiles à déterminer. Dans toute cette partie restituée, ainsi que dans les passages corrigés, le ت et le ث sont toujours ponctués suivant l'usage actuel du Maghreb. Si le nombre des points diacritiques pouvait fournir un indice de quelque valeur sur l'antiquité d'un manuscrit, le verso du folio 1 et le recto du folio 14 seraient d'une époque beaucoup plus récente que le reste du cahier, qui est absolument dépourvu de points diacritiques placés par l'auteur de la copie.

L'écriture générale du manuscrit est du coufique cursif très régulièrement formé; mais, dans les notes, la forme des lettres a déjà une allure moins rigide. Il s'y rencontre quelques lettres dont la figure est encore exactement reproduite dans l'écriture maghrebine moderne. On voit par là que, si les étudiants de Qaïrouân employaient le caractère coufique au commencement du IVe siècle, ils avaient commencé dès cette époque à en adoucir les formes anguleuses qui empêchaient de le tracer avec rapidité. Cette transformation, peu visible dans le fascicule de la Modawwana, se montre avec netteté dans un fragment[1] trouvé avec le précédent dans la grande mosquée de Qaïrouân.

Ce fragment, écrit également sur parchemin, contient 7 folios mesurant de 21 à 23 centimètres de hauteur et de 14 à 15 centimètres de largeur. C'est un débris de cahier qui renferme une série de notes relatives à la jurisprudence adoptée par certains docteurs malékites au sujet du *hobous* (حُبْس) et de l'*omra* (عُمْرَى). Le titre de chacune de ces

---

[1] On trouvera ce fragment à la bibliothèque de l'École des langues orientales.

notes est en mauvais coufique cursif; mais les notes elles-mêmes sont écrites en véritable maghrebin, qui s'écarte très peu du type actuellement employé, quoiqu'il présente encore des traces de la rigidité caractéristique de l'ancienne écriture coufique. Les points diacritiques sont assez rares; cependant on en rencontre en quantité suffisante pour que la lecture du texte soit relativement facile. Le ف et le ق sont partout ponctués selon l'usage maghrebin.

Aucune date n'est portée sur ce fragment, et les indications que fournit le texte ne permettent pas de fixer avec une grande approximation l'époque à laquelle il a été écrit. Toutefois, comme il s'agit d'un recueil de notes et non d'un texte suivi, et que tous les auteurs dont la jurisprudence est citée ont été les disciples[1] directs de personnages qui sont tous morts durant le IIIe siècle de l'hégire, j'estime que ce fragment est du IVe siècle ou, tout au plus, du commencement du Ve. Il serait, en effet, peu probable que sur un sujet aussi important que les viagers et les biens de mainmorte on ne rencontrât l'opinion d'aucun docteur ayant vécu postérieurement au IVe siècle, si ces notes avaient été écrites à une époque beaucoup plus récente. La couleur de l'encre et l'aspect du parchemin permettent, d'ailleurs, de faire remonter assez haut l'exécution de cette copie.

Quoi qu'il en soit sur la date exacte de ce fragment, il est certain qu'il présente la marque non équivoque de la transformation directe du caractère coufique en caractères maghrebins (planche I, fig. 2). Ibn Khaldoun[2] pensait que cette première forme de l'écriture du Maghreb avait

---

[1] Les auteurs cités sont : ابن القاسم, ابن وهب, اصبغ et الشهب.
[2] *Prolégomènes*, trad. de de Slane dans le t. XX des *Notices et extraits des manuscrits de la Bibliothèque impériale*. Paris, MDCCCLXV, p. 401.

été perfectionnée par les Maures d'Espagne, lorsque, chassés de leur pays, ils étaient venus se réfugier en Afrique. Cette opinion ne me paraît pas fondée, car les Maghrebins distinguent nettement de leur écriture nationale l'écriture des Maures d'Espagne, qu'ils appellent خطّ اندلسی, et il n'y a aucune raison sérieuse pour les faire dériver l'une de l'autre directement; elles proviennent seulement d'un type commun, le coufique, et doivent à cette communauté d'origine les ressemblances qu'elles présentent entre elles.

La différence que l'on constate entre les formes du maghrebin et celles du neskhy n'est pas très considérable, mais ce qui établit une distinction profonde entre ces deux alphabets, c'est la valeur numérique différente attribuée à certaines lettres dans les deux alphabets. Ainsi le س, qui vaut 300 dans l'alphabet maghrebin, ne vaut que 60 dans l'alphabet neskhy; le ش, qui vaut 1000 dans le premier, ne vaut plus que 300 dans le second, etc. En outre, l'ordre alphabétique n'est pas le même dans les deux types d'écriture. On ne saurait admettre que les Maghrebins aient changé sans nécessité la valeur numérique des lettres de l'alphabet neskhy et on est tout naturellement porté à croire que la nouvelle valeur qu'ils leur ont donnée a été empruntée à celle des lettres de l'alphabet coufique. Si cette hypothèse, qu'il est difficile de justifier d'une manière rigoureuse, était admise, on pourrait expliquer autrement qu'on ne l'a fait certaines assertions des historiens arabes au sujet de l'écriture. Ainsi, l'ordre des lettres attribué à Moramir correspondant exactement à celui de l'alphabet neskhy, on serait en droit de considérer la réforme introduite en Arabie par ce personnage, non plus comme une transformation du *mousnad*, mais bien comme une substitution du neskhy au coufique. Le nom de djazm جَزْم donné à la nouvelle écriture me paraît, du reste, avoir été mal interprété par les écrivains arabes. L'auteur du Qamous dit à l'article جَزْم :

وَالجَزْمُ فى الخَطّ تَسْوِيَةُ الحُرُوفِ وَالقَلَمِ لا حَرْفَ لَه

L'idée primitive de la racine جزم étant celle de *couper*, de *retrancher*, on ne voit pas trop comment elle aurait pu donner naissance à celle de *dériver* que lui donne l'auteur du Qamous, et il y a un rapprochement beaucoup plus vraisemblable à faire entre le nom de l'écriture et celui de l'instrument avec lequel elle devait être tracée. Le mot جَزْم désigne un qalam *sans pointe*, et l'on sait que l'écriture coufique se trace avec un qalam en pointe, tandis que le neskhy ne peut s'écrire qu'avec un roseau dont l'extrémité présente une section rectiligne taillée en biseau et à arêtes vives. Il me semble donc beaucoup plus conforme à l'analogie de faire dériver le nom de l'écriture djazm de celui de la plume qui servait à l'écrire et de rejeter l'explication fournie par Firouzabadi.

Ces deux manières de tailler le qalam sont encore en usage aujourd'hui. Dans le Maghreb, où l'écriture n'est qu'une légère transformation du coufique, les roseaux sont taillés en pointe, tandis qu'en Orient, où le caractère neskhy s'est universellement répandu, le qalam a un bec plat et taillé en biseau.

L'opinion acceptée par M. Renan[1] sur la double origine de l'écriture arabe avec une parenté à un degré plus éloigné dans l'ensemble de la famille sémitique recevrait une nou-

---

[1] Renan. *Histoire générale et système comparé des langues sémitiques.* Paris, 1878, p. 353.

velle confirmation si, comme je le suppose, les valeurs numériques des lettres dans les alphabets coufique et neskhy ont été différentes. Car il faut bien remarquer que si, en l'absence de points diacritiques, le groupe صعض peut à la rigueur être confondu avec صعض, il est absolument impossible qu'on ait pu substituer sans intention préméditée ظغش à ضظع. Les Maghrebins n'ayant pas d'écriture particulière au moment de la conquête arabe, on ne saurait dire qu'ils aient emprunté les valeurs nouvelles données à certaines lettres à un autre alphabet que l'alphabet coufique. Cette différence importante entre les deux anciens systèmes d'écriture des Arabes ne permettrait pas de les faire procéder directement l'un de l'autre.

La réforme du vizir Ibn Moqla fit définitivement abandonner en Orient l'emploi du coufique, mais ni le Maghreb ni l'Espagne n'adoptèrent le neskhy. Pour que les musulmans d'Occident n'aient point jugé utile d'accepter la nouvelle réforme de l'écriture, il faut évidemment qu'ils aient eu, dès cette époque, un caractère cursif d'un usage général dans les contrées qu'ils occupaient. Les docteurs musulmans, qui, pour la plupart, allaient compléter leurs études en Orient, n'auraient pas manqué d'en rapporter la nouvelle écriture, s'ils n'avaient été déjà en possession d'un système assez perfectionné pour répondre à tous leurs besoins. L'espèce de rivalité qui existait entre les musulmans d'Orient et d'Occident n'aurait certainement pas eu à elle seule assez d'influence pour faire rejeter les avantages incontestables que présentait le neskhy sur le coufique.

La difficulté toute matérielle de se procurer aisément dans le Maghreb les bambous qui sont indispensables pour tracer avec élégance le caractère neskhy n'a pas eu d'effet non plus sur l'adoption de l'écriture maghrebine; elle a seulement accentué la différence qui sépare le neskhy du coufique. Le roseau (*arundo donax*) dont on se sert dans le Maghreb ne peut être taillé de la même manière que le bambou. La mince pellicule qui recouvre extérieurement ce roseau n'adhère pas d'une façon intime à la moelle intérieure, et l'on n'arrive à donner au bec de ces plumes la consistance nécessaire pour résister à la pression de la main sur le papier qu'en conservant une couche assez épaisse de moelle. Les pointes de la plume restent donc toujours mousses, et il est impossible de leur donner cette section rectiligne nette et résistante qui est indispensable pour obtenir un trait aux bords réguliers et présentant dans sa largeur les alternatives du fin délié et du plein bien accusé.

Même pour les points diacritiques qui ne leur avaient pas été fournis par le coufique, les Maghrebins modifièrent légèrement l'usage qui s'était établi en Orient. Ils simplifièrent la ponctuation du ت et du ث et supprimèrent presque toujours les points diacritiques dans les lettres finales qui avaient une forme suffisamment caractéristique pour être distinguée de celle des autres lettres de l'alphabet. On dirait qu'en agissant ainsi ils revenaient instinctivement au système coufique, qui seul, à leurs yeux, représentait le type primitif de l'écriture arabe.

Tout d'abord les Maghrebins se contentèrent d'adoucir les formes rigides et anguleuses du coufique, sans y ajouter autre chose que les points diacritiques qui lui donnaient toute la précision dont l'écriture arabe est susceptible. Plus tard, ils augmentèrent l'élégance de certains traits et allégèrent les formes alourdies de certaines lettres, mais jamais la calligraphie ne fut bien florissante parmi eux. Vivant, pour la plupart, d'une existence nomade ou semi-nomade, les Berbères musulmans ne connurent point le luxe. Tous les arts, y compris celui de l'écriture, ne furent cultivés par eux que pour les besoins les plus urgents, et, sans la venue des Maures chassés de l'Espagne, on ne trouverait pas chez les habitants du Maghreb les rares produits de leur industrie qui offrent un cachet artistique. Tous les beaux manuscrits conservés dans les bibliothèques des mosquées y ont été apportés de l'Orient ou, tout au moins, exécutés par des Orientaux. Les magnifiques exemplaires du Coran, que certains muftis cachent avec un soin jaloux dans le *trésor* de leurs mosquées, sont originaires de la Perse, de la Syrie ou de l'Égypte; aucun n'est l'œuvre d'un fidèle musulman maghrebin. L'influence exercée par les Maures de l'Espagne sur les arts du Maghreb a fait supposer à Ibn Khaldoun que l'écriture maghrebine actuelle avait reçu ses formes définitives du caractère andalous; mais cette hypothèse ne me paraît pas admissible.

Par une coïncidence assez singulière, la diffusion du caractère maghrebin dans le monde musulman correspond exactement à celle des doctrines de Malek. Partout où ces doctrines ont été acceptées, en Espagne, au Maghreb et dans le Soudan occidental, l'écriture maghrebine est seule en usage. Il semble même que cette affinité mystérieuse se soit exercée jusqu'en France, où le *Mokhtasar* de Sidi Khelil, la codification la plus complète et la plus répandue de la jurisprudence malékite, a été précisément le premier ouvrage imprimé avec le caractère maghrebin de l'Imprimerie nationale[1].

---

[1] En 1855.

De toutes les variétés du système maghrebin, une seule, celle des Maures d'Espagne, est connue dans le Maghreb sous un nom particulier : on l'appelle خَطّ اندلسي *khatt' andalousy*, ou plus simplement *andalousy*. Cette appellation montre bien que les populations maghrebines considèrent leur écriture, non comme une forme modifiée de l'andalousy, mais bien comme une forme absolument distincte. L'allure si régulière de l'andalousy, ses formes sobres et arrondies ne convenaient point au tempérament des peuples du Maghreb, qui ont toujours eu peu de goût pour la régularité et la symétrie.

Dans tous les arts manuels, le Maghrebin n'observe aucune règle précise; il ne conçoit jamais à l'avance, pour l'objet qu'il veut exécuter, une sorte de type idéal dont il cherche à se rapprocher. Sans doute il sait quelle forme générale il doit lui donner afin qu'il réponde à sa future destination, mais pour le détail il s'en rapporte à l'inspiration du moment. Aussi l'artisan maghrebin est-il incapable d'exécuter deux ouvrages absolument identiques, et la symétrie n'existe pas pour lui. Il traite dédaigneusement tous les produits réguliers et symétriques de l'industrie européenne, et il ne trouve pas de termes plus vifs, s'il s'agit de déprécier un objet, que de dire dans son patois : *hada mtâ fabrica* « c'est fait à la machine ». Étant donnée cette tendance, on comprend que les Maghrebins n'aient point modelé leur écriture sur celle des Maures d'Espagne, et on s'explique en outre la grande confusion de formes qui règne dans les variétés de l'écriture du Maghreb.

La déplorable méthode d'enseignement employée aussi bien en Espagne qu'au Maghreb a beaucoup contribué à altérer les types primitifs de l'écriture et à en rendre le classement difficile. Ce que disait Ibn Khaldoun, il y a cinq siècles, est encore vrai aujourd'hui : « Ce n'est pas ainsi, dit l'historien des Berbères, qu'on montre à écrire en Espagne et dans le Maghreb; on n'y apprend pas à former chaque lettre séparément d'après certains principes que le maître enseigne à l'élève; c'est seulement en imitant des mots tout entiers (qui servent de modèles) que l'on apprend à écrire. L'élève tâche d'imiter la forme des mots sous l'inspection du maître, et travaille jusqu'à ce qu'il parvienne à bien faire et que ses doigts aient acquis l'habitude de l'art. On dit alors qu'il sait bien écrire[1]. » Cette façon de procéder n'a pas changé. Au lieu de faire comme en Orient, c'est-à-dire de s'exercer d'abord à tracer les caractères isolés suivant des proportions déterminées, l'étudiant maghrebin essaye tout de suite de reproduire dans son ensemble un texte quelconque qu'il a pris comme modèle. Il réussit assez bien à en rendre la physionomie générale, mais il introduit tant de modifications de détail que pas une seule des lettres qu'il a écrites n'est l'image fidèle de celles qu'il s'est attaché à copier. Sans principes arrêtés sur la figure qui convient à chaque lettre suivant le genre d'écriture qu'on adopte, il fait un tel mélange de formes différentes qu'on ne sait vraiment pas comment classer cette écriture hybride.

Le choix du modèle est aussi fait sans le moindre discernement. Tantôt l'étudiant se laisse guider dans son choix par son admiration pour l'auteur de l'ouvrage qu'il copie[2],

---

[1] *Prolégomènes*, trad. de De Slane dans le tome XX des *Notices et extraits des manuscrits de la Bibliothèque impériale*. Paris, 1865, p. 392.

[2] « En agissant ainsi, ils firent comme des personnes de nos jours qui imitent l'écriture d'un personnage illustre par sa piété ou par sa science, dans

tantôt il agit complètement au hasard. Comme les manuscrits portent très rarement l'indication de la localité dans laquelle ils ont été écrits, il arrive souvent que, sans s'en douter, un étudiant de Fez, par exemple, modèle son écriture sur une copie exécutée à Qaïrouân, ou réciproquement l'étudiant de Qaïrouân imite un manuscrit de Fez. Le type maghrebin reste, il est vrai, toujours reconnaissable par certains caractères généraux, mais les traits distinctifs de chaque variété sont devenus très difficiles à constater.

Les nègres musulmans du Soudan occidental ont également adopté l'alphabet maghrebin; mais ils ne l'ont pas reçu du Maroc, comme on serait tenté de le croire. Cela résulte clairement de certaines paroles prononcées par l'auteur du *Tekmilet Eddibadj* (تكملة الديباج), Ahmed Baba. Emmené prisonnier au Maroc sous le règne du sultan Aboul Abbas Ahmed Elmansour, Ahmed Baba répondit à ceux qui lui parlaient d'un souverain du Maroc qu'à Tombouctou on ne connaissait d'autre souverain musulman que celui de Tunis[1]. C'est donc de la Tunisie, de Qaïrouân sans doute, que l'écriture maghrebine aura été importée, en même temps que la législation malékite, dans tout le Soudan occidental. Mais, pas plus là que dans le Maghreb, l'écriture arabe n'a été l'objet d'une culture développée.

Pour établir une classification des divers genres de l'écriture maghrebine, il est nécessaire d'établir une distinction entre les formes soignées des ouvrages manuscrits et celles

---

la conviction que cela porte bonheur, et qui se modèlent sur les formes qu'il a adoptées, sans se soucier si elles sont bonnes ou mauvaises.» (Ibn Khaldoun, *loc. cit.*, p. 397.)

[1] Cf. un article de Cherbonneau dans le *Journal asiatique*, janvier 1853, p. 93.

faites à la hâte pour les besoins journaliers de la correspondance. Dans ce dernier emploi de l'écriture, l'ignorance et la fantaisie s'unissent au point de faire disparaître jusqu'aux moindres traces d'une uniformité même apparente. La figure fondamentale des lettres est souvent à peine indiquée, les points diacritiques sont jetés au hasard; l'orthographe elle-même est si peu respectée que la lecture de ces textes exige un véritable travail de déchiffrement. Sans les formules de salutation dont la teneur, facile à connaître, permet de constater les formes particulières de lettres employées par l'écrivain, bon nombre de ces documents seraient tout à fait indéchiffrables. Les secrétaires indigènes les plus habiles arrivent tout au plus, dans certains cas, à découvrir le sens général de ces écrits, mais aucun d'eux ne serait capable de donner la lecture rigoureuse de chaque mot. Il faut dire que le sans-gêne de ceux qui écrivent ces lettres est poussé à un tel degré que beaucoup d'entre eux ne sont plus en état de relire leur propre écriture, s'il s'est écoulé quelque temps depuis le moment où ils l'ont tracée.

Même en laissant de côté, pour un instant, ces sortes de textes, l'établissement des variétés de l'écriture maghrebine présente encore de grandes difficultés. Aucun des auteurs qui ont traité cette question n'a fourni sur le nombre des variétés de l'écriture maghrebine, ou sur les indices qui caractérisent chacune d'elles, de renseignements précis et détaillés. Herbin[1] ne parle que d'un seul type; Bresnier[2] constate qu'il existe des variétés nombreuses, mais il n'en

---

[1] Herbin, *Essai de calligraphie orientale*, à la suite de ses *Développements des principes de la langue arabe*. Paris, floréal an XI.

[2] Bresnier, *Cours pratique et théorique de langue arabe*. Alger, 1855.

indique ni le nombre ni les caractères. Seul, Pihan[1] a donné une division du type maghrebin en deux variétés, l'*algérien* et le *marocain*, sans dire toutefois comment elles se distinguent l'une de l'autre.

On ne saurait aujourd'hui établir un classement systématique des variétés de l'écriture maghrebine, si on ne remonte pas jusqu'à l'origine de ces variétés, qui n'ont pu se produire que sur un petit nombre de points faciles à déterminer. Toute personne sachant écrire peut, sans aucun doute, créer une variété d'écriture, mais cette forme nouvelle ne se fixera et ne se répandra qu'à la condition d'être acceptée dans un grand centre intellectuel. Là seulement des maîtres l'adopteront et la transmettront à leurs élèves, qui, venus de toutes les provinces, la porteront ensuite dans leur pays d'origine, où ils retournent la plupart pour se livrer à l'enseignement. Ces centres intellectuels, sièges des grandes universités, ont toujours été fort peu nombreux dans l'empire arabe d'Occident, même à l'époque la plus florissante de la civilisation musulmane. On n'en peut guère compter plus de quatre qui aient exercé une grande influence : Qaïrouân, Cordoue, Fez et Tombouctou. Un examen attentif permet, en effet, de limiter à ce nombre les principales variétés de l'écriture maghrebine, et les noms de *qaïrouâny*, *qorthoby*, *fasy* et *tombouety* semblent tout indiqués pour les désigner. Cependant, comme l'usage a déjà consacré l'appellation d'*andalousy* et que nous ne possédons que bien peu de renseignements sur l'influence intellectuelle de Tombouctou, je proposerai les dénominations suivantes : *qaïrouâny*, *andalousy*, *fasy* et *soudany*.

[1] Pihan, *Notice sur les divers genres d'écriture ancienne et moderne des Arabes, des Persans et des Turcs.* Paris, 1856.

A côté de cette classification de l'écriture soignée des manuscrits, rien n'empêche d'en faire une seconde qui comprendrait seulement les variétés actuelles de l'écriture rapide et négligée des lettres familières. Les variétés de cette seconde série se sont formées sur un grand nombre de points, partout où il existait des écoles secondaires de quelque importance, comme à Tunis[1], à Constantine, à Alger, à Tlemcen, à Maroc, et enfin dans toutes les zaouïas jouissant d'une certaine renommée locale. Il serait impossible de définir les caractères secondaires de ces nombreuses variétés, qui, d'ailleurs, se confondent quand elles appartiennent à des localités trop rapprochées, et il suffira, je crois, de les classer par grandes régions en les appelant du nom de chacune de ces régions : *tunisienne*, *algérienne*, *marocaine* et *soudanienne*.

Avant d'examiner séparément chacun de ces groupes, je vais essayer d'établir les indices qui caractérisent d'une manière générale l'écriture maghrebine. La nature du trait est certainement le caractère le plus universel de tous les types maghrebins. Les bords du trait maghrebin sont, pour ainsi dire, estompés, au lieu d'être à arêtes vives et nettes comme ceux du neskhy. On trouve entre ces deux traits la même différence qu'on obtiendrait dans notre écriture en se servant, dans le premier cas, d'une plume émoussée ou d'une plume d'oie grossièrement taillée, et, dans le second cas, d'une plume de fer fine et neuve. En outre, la largeur du trait maghrebin, sans être tout à fait uniforme, ne présente pas cette succession de pleins s'amincissant en véritables déliés qui donne un cachet si mâle à l'écriture neskhy.

---

[1] L'université de Djama Zitouna à Tunis a détrôné celle de Qaïrouân depuis l'époque de l'établissement de la dynastie hafside.

Les barres verticales de l'ا, du ل, du ط et du ظ sont rarement rectilignes; le plus souvent elles affectent une forme recourbée et portent à leur extrémité supérieure une sorte de gros point. Cette dernière particularité, qui se rencontre au commencement de tous les traits rectilignes, tient au peu de fluidité de l'encre dont se servent les Maghrebins et aussi à la difficulté qu'ils éprouvent à faire mordre leurs plumes grossières sur le papier : on est en quelque sorte obligé de pointer avec le qalam, avant de commencer le tracé d'une lettre. Ce double inconvénient que présentent l'encre et la plume des Maghrebins leur a fait contracter l'habitude de ne tracer sans arrêt qu'une ou deux lettres au plus à la fois. Par suite de cette coutume générale, le raccordement des lettres qui composent un groupe est toujours assez mal fait : tantôt les lettres sont séparées par des blancs, tantôt la ligne de jonction est chevauchée par le caractère auquel elle doit s'unir. Les formes de certaines lettres, entre autres du ع et du غ dans l'intérieur d'un groupe, ne pourraient s'expliquer si l'on ne tenait compte de ce procédé bizarre, qui était sans doute usité dans le coufique.

Les boucles du ص, du ض, du ط et du ظ ont une forme elliptique qui les distingue toujours des boucles du neskhy, qui semblent procéder d'un triangle rectangle reposant sur l'hypoténuse et dont les sommets des angles auraient été arrondis. Le petit crochet vertical qui termine le ص et le ض médiaux ne se trace jamais dans l'écriture maghrebine.

Les finales des lettres prennent presque toujours un développement exagéré, particulièrement celles du س, du ش, du ص, du ض, du ل, du م et du ن. Les points diacritiques des lettres finales ن, ق, ں et ى sont bien rarement marqués. La suppression des points du ة est très fréquente et presque obligatoire à la fin des périodes de la prose rimée. L'andalousy a au contraire conservé tous ses points diacritiques.

Les ligatures sont assez peu nombreuses dans le caractère maghrebin, et rarement elles sont appliquées d'une manière constante dans une même écriture. Elles sont, du reste, soumises à certaines restrictions assez fidèlement observées. Le د et le ذ peuvent se joindre aux lettres ه, ة et ى, mais il faut pour cela que le د et le ذ soient unis à la lettre qui les précède. Le contraire a lieu pour le ر et le ز, qui ne doivent former de ligatures qu'autant qu'ils sont eux-mêmes isolés de la lettre qui les précède. Cependant on trouve quelquefois le ر et le ز qui semblent faire exception à cette règle, mais cette exception n'est qu'apparente; elle ne se produit d'ailleurs que si le ر et le ز ont la forme suivante : ; dans ce cas, le trait final se prolongeant outre mesure dans une écriture rapide et venant rejoindre la lettre suivante, quelques copistes ont cru qu'il y avait là une véritable ligature et s'en sont ensuite servis à tort. Le و se lie aussi aux lettres ا, ه, ة et ى, quand il n'est pas lui-même uni à la précédente, mais cette ligature est peu employée. Enfin les crochets des lettres ب, ت, ث, ن et ى se confondent fréquemment avec la tête du ر, du ز ou du ن qui les suit.

La forme d'une lettre n'est jamais caractéristique d'une variété de l'écriture maghrebine; dans une page écrite par une même main, on rencontre jusqu'à trois et quatre formes différentes pour un même caractère. La connaissance de ces formes diverses est utile pour la lecture des manuscrits maghrebins; mais elle est peu importante au point de vue du classement d'une écriture dans une des catégories indiquées plus haut. Sans entrer dans le détail de ces modifications qui sont connues, je rappellerai seulement que certaines lettres ont gardé avec fidélité la forme coufique, le ﺱ final par exemple, et que la plupart des autres présentent si peu de différence avec le coufique que les Orientaux eux-mêmes ne distinguent pas toujours le coufique du maghrebin. Ainsi Casiri a souvent déclaré écrits en coufique des manuscrits qui, ainsi que l'a fait justement remarquer M. de Gayangos, étaient tracés en pur maghrebin.

Le type que j'ai appelé *qaïrouâny* (planche II, fig. 1) est caractérisé par une épaisseur du trait qui rappelle un peu celle du neskhy. Les lettres courtes et rapprochées les unes des autres présentent une assez grande régularité; elles n'ont ni l'aspect heurté du fasy, ni les formes grossières du soudany; elles ont conservé une certaine rigidité d'allure qui, dans les copies anciennes surtout, les confondent avec le mauvais coufique. Dans les manuscrits modernes, l'apparence générale est, au contraire, celle du neskhy, dont on ne le distingue pas toujours à première vue. Les points diacritiques notés sur toutes les lettres finales constituent, en outre, une indication qui empêche de confondre le qaïrouany avec le fasy.

L'*andalousy* (planche II, fig. 2) a cessé depuis longtemps d'être en usage; de tous les genres du maghrebin, c'est le plus facile à reconnaître. Le trait vertical est, en général, plus grêle que le trait horizontal; les lettres courtes et arrondies sont groupées d'une manière très compacte et forment un ensemble dont l'apparence générale est vaguement celle de notre petite ronde. Les points diacritiques sont très exactement placés, et, comme souvent les lignes sont très rapprochées, le ی final prend ses points au-dessus de sa partie terminale, au lieu de les avoir au-dessous selon l'usage ordinaire. Le groupement des lettres est plus intime que dans le qaïrouany et dans le fasy; on n'y voit ni les blancs ni les chevauchements qui dénotent l'habitude de tracer chaque caractère isolément. Les Maures d'Espagne, ayant toujours eu une civilisation plus prospère que celle des habitants du Maghreb, ont eu également un outillage plus perfectionné, qui leur a permis de tracer avec moins d'hésitation et d'arrêts les caractères de leur écriture.

Le *fasy* (planche III, fig. 1) offre une assez grande élégance, grâce à la longueur presque excessive des traits verticaux et à l'espacement des lettres, dont les formes se développent avec une sorte d'exubérance. Les traits, de grosseur uniforme et d'une apparence un peu grêle, sont lancés avec beaucoup de hardiesse et semblent à première vue d'une grande régularité. Cependant, si on les examine attentivement, on reconnaît que bien peu de ces traits suivent une courbe continue; on dirait qu'au lieu d'avoir été exécutés d'un seul jet, ils ont été faits par saccades. Chaque groupe de lettres pris isolément a un aspect contourné et mouvementé, mais l'ensemble conserve néanmoins une allure très régulière. Les formes finales acquièrent presque toujours un développement exagéré et mêlent un peu les groupes, qui semblent s'enchevêtrer les uns dans les autres. Les points diacritiques font très souvent défaut dans les lettres finales.

L'aspect grossier du *soudany* (planche III, fig. 2) le fait aisément reconnaître. Les formes lourdes des lettres sont extrêmement irrégulières; les traits en sont alternativement épais et grêles. Les barres verticales s'élèvent à une grande hauteur, hors de proportion avec la grosseur de l'écriture et la forme des boucles. La pente générale de l'écriture est fortement accentuée et dirigée vers la gauche. Sans cette pente, l'aspect général serait celui d'un grossier coufique tracé par une main mal assurée.

Toutes ces indications sont un peu vagues, mais il est impossible de leur donner une plus grande précision, puisque, ainsi qu'on l'a vu plus haut, les formes d'une lettre ne sont point spéciales à tel ou tel genre d'écriture. Cependant on arrive avec beaucoup de facilité à distinguer l'andalousy et le soudany, et ce n'est guère qu'entre le qaïrouâny et le fasy qu'on hésite souvent à se prononcer. Mais il faut bien remarquer que le nom de ces écritures n'implique nullement la nécessité qu'elles aient été tracées dans l'une ou l'autre des deux villes auxquelles elles doivent leurs appellations.

L'embarras que l'on éprouve à classer rigoureusement les écritures soignées devient presque insurmontable quand il s'agit des caractères tracés en toute hâte. Quoique les variétés *tunisienne* et *soudanienne* soient les mieux caractérisées, il est encore impossible de les distinguer par des traits précis.

A Tunis et dans le nord de la Régence, le type tunisien affecte de plus en plus les allures du neskhy. Sans les points diacritiques du ت et du ج, on croirait souvent avoir affaire à du mauvais neskhy. Les lettres sont formées de traits pleins et ramassés qui se suivent régulièrement sans déborder dans l'interligne. L'influence turque, qui a longtemps pesé sur la direction des affaires, a donné un tour plus oriental aux choses de Tunis, et l'écriture neskhy a supplanté en grande partie dans ses formes le caractère qaïrouâny.

L'écriture *algérienne* est loin d'être uniforme dans toute l'Algérie. Le département de Constantine a subi, à ce point de vue, l'influence tunisienne, tout en conservant dans son écriture une plus grande ressemblance avec le qaïrouâny. Ses traits épais et ses formes courtes contrastent avec la légèreté et la désinvolture des écritures de l'ouest du Maghreb. A Alger même, le caractère andalousy a parfois servi de modèle aux citadins, dont bon nombre sont les descendants des Maures d'Espagne. Cependant l'andalousy n'a pas été imité servilement, et le type le plus répandu a beaucoup de la hardiesse du fasy. Dans le département d'Oran, on sent encore mieux le voisinage du Maroc, et il n'est pas aisé de décider si telle écriture est marocaine ou oranaise. Les gens instruits du département d'Oran vont presque tous faire leurs études à Fez et en rapportent le genre d'écriture adopté dans l'université de cette ville. En général, cependant, le trait à Tlemcen et à Oran est plus épais que dans le Maroc.

Au Maroc, le type fasy est resté presque intact. Il a seulement un peu perdu de ses formes capricieuses et acquis plus de sobriété en empruntant à l'andalousy la monotone uniformité de ses caractères.

L'écriture soudanienne a conservé du soudany sa lourdeur et sa grossièreté. Presque complètement isolés du Maghreb par le pays des Touaregs, peuple qui, comme on le sait, a conservé son écriture nationale, les Soudaniens n'ont rien changé aux traits principaux de l'écriture arabe qu'ils ont primitivement adoptée.

Dans tout le sud du Maghreb, les populations entièrement nomades ont une écriture qui participe à la fois du type soudanien et des formes usitées dans la partie septentrionale du continent africain à laquelle elles confinent. L'allure rigide de cette sous-variété rappelle encore le coufique.

Planche I, fig. 1.

نصلح دلك واما اسرا الطعام على ارتفعه ے بلد احر وصرر لا لد لا حاج في بر حد سب
كر الناس قد سلفوت الطعام ے بلد حد او كدا ۞ قل ما را با ارحرم الدى عليه انصا
امرسلم ادحرا الاحرا وعند حلول الاحرا والحر دلك او وحر و ۔ ۔۔ د مع الا ادر له
الطعم الطعام ے دلا البلد ۞ قل وهد اوزلك بال ۔عرهدا وه الا مسلك يعر ےخ
المروح ما رلمرا سمعهمر ملك الا ار د دلك دار ولار ما ا تصا دار ولسر له ار عصه ے حبره ث البلد
واريات الا حرا يمر ها هداراے ار حبر على الحروج لا ء د لا البلد او وحر وحتكا وكا ما لا ا
فا ار ے الرحا بحر عله الدر برد السعر سمع حا حب الحوار ار تا سعر ا عم ا
على الا حرا مر ل ا ر ا ر سعمر د لا و ل و د تر له ا ر سا و وا ر ے ا ر سعر ا بر سا ا سلعه و بر حه مر مر
الا حر ا كا سمع مرد لا ف ل ما سعه ملا ے السعر ۔ حد حار عله ا ر حرم او و حر تعر ما ۔ ۔۔
او حره لفصا حفه ے دلا الموصع ۞

ر ۔ ے الا ا ا مصا م الطعام ۔ل طعام ا ۞

قل ۔ ارا ۔ اربع مررحرا ما به ارد ۔ د بعها الله سمرا ساه د سار ار الحر بلما ذ ر
الا حر ا حد ۔ مه بالما ه الو حد لے ۔ ه حسرا ارد ۔ سمرا وعا ل وا زملك ا ۔۔۔۔ ه د لك
قل لو ا ما احد ۔ او ز مر حلو و قد حار حور نر ا ر ا حد م الما ه الا ء ار ما ه ارد ۔۔۔
سمرا لحا ف ل ما احد ۔ حسا ارد ۔ سمرا الو حوره لر فا لا ر ملكعا وا ر ا حا ف ا بحر لحصر
نما اللما ه الا ر د ب ۔ او لكور ما ه ارد ۔ او لكور ما ه ارد ۔ سمرا حد ۔ ۔ ارد ۔۔ ا

Planche I, fig. 2.

و ا حيس ملى ياع طرا س او عمره و كف بالحوار و اللزم و تعدار اسعه آ را شا دوا
الى تعه صطيعوا وعلى ربع اما حمس ورمه سا يا ه ا ـ ا سمر ملك فا ل س
المسر و سعد ـ د ا فا ل ا مور دست عليهر دار حه ـ ثارا دد ے ۔ و ا لصا يے روے ا ر د لك كور
لهمر وا ا الوسر يكلب اوكى ۔ ۔ ب ا سا ے ۔ بسم ۔۔ت ارسا كسر كا ه ۔ و ا سلع عر د بل يعا ر دارا
حسا مدره حلو ر ولد ـ اےا حا ار جحا وا السعد ما ر ا حا وا وا الصعا ما هر على ذ كى حلو ها و
ڡسمو ا بعها ا سر ذ كر وا با هم معلع ا حتمعا الحر د ر و ـ د ما ر د بعها ا د ا كله و ۔ د ا حا ے ـ بعها
با ل حمر حا صعل لله فا ن ا مرا ه لمه و تبرا برا ـ ه الما ی لمصر ـ ع الدر يه مد ار لمے ۔ و هى مر يا ت ا ـ حسر قا ل ت

ارتعت فا ل الا حر سو ر يعا مى بالا د ا ر ـ ل عا وره و لكے ـ ـ ـ ا
نا ا بر العسر و ا لو ل احمع ما هر على سعها ڡسمو ا بعها على د كر وا ۔۔ ۔ سو ا د ا ی ۔ ما عدده داروها و السے ۔۔
ه ا ۔ ا بر العسر و لو ل احمع ما هر على سعها ڡسمو ا بعها على د كروا ۞ ه و مسلم ع لى ٰ عر وقوم كا بد لفقر دار حسر برا ي عو ها) وا د حلوها
رع ۔ ۔ ا الموارے الحصمه الں ۔ ۔ ه روی با ۞ه و مسلم ع لى ٰ عر وقوم كا بد ا لفقر دار حسرا ل بر ا ي عو ها) وا د حلوها
ی ا ۔ ۔۔۔ سے مالا ل دار ا ر سمر را يى هو ـ دار الا دم ا يعلو عها ـ و مدده الهمر ملك ا د عما عا لمهر د ا ـ ه
۔۔ ا ر ا لى ار سطو عوا و ڡعله ا دمر ار ـ سموا ـ ها ـ د ا را ما ـ يعا لي ذ لك عهمر) وا رسا بلك عر ۔ را و
صا تعر ے ل ـ بعد ـ هم الما عر و الـ معها ا كى ـ لعد صع بعا ر حا و ت ـ ۔ ڡا ل ۔ با و لد ت مرا با ب ۔۔۔ كسلما
حسر ۔۔۔ بعما و ما و لد ت ۔ بر د كرو ـ يرلعر ه ـ بر روها ـ فا ر ـ بر لذو ـ حر وها عا سعا ـ صل عر د كو بار سى
به ا ۔۔ ا ۔ ا ۔ بر د بعها و ما ـ كر و ب مز ل سا ـ حمر ـ معظمر لعد ـ ل صا سعا ـ عر ـ د دبعها ا سرا بعا ـا ـ ا لا ارد ها
ما ے ۔۔۔۔ بعها و د بر د بعها و ما ـ كر و ب مرا ل با ـ عا ـ وا ل ۔ ے ۔ حفلر بعها ا ر و مصلعها و حلو يعها على بعها
د ا حلل الر حل ما ل ا لى ا ـ ه سا ے مز ا ا ها با ـ سى لم مسعد و ما ـ م مر تصد حر و د كرو ها و كا رها و كا ل
با عا ر د روا ے ا ث ـ ا سم بعها و علو بعها و سلع عر ار حدو على الملو سود ار على الحنس
و تسمى ـ ع ا بر ۔ ـ ب سا حرا ا ر ا حنا ا ـ با ـ ر يسكنا و هو الله مد س كم د ا سا ه
ا سا مر يعا ر عليها بر و ما ـ ما د ـ لحر يع حل قد كتب او كعا ـ صد دنه ا رسما عها و لد

Planche II, fig. 1.

بتغىابه انى علىم منه با السبىل على محمد بعد اوصا النه علىه وسلم لا ىبرغ المومن منحى مرتىن جانه والدر العزىرى دالله ثم فىم كان لما قاع علىه ابراحنىه على با انشا بر سلام دالكاء اعلمه حىج البىم بنعسم بمحلا نده رحام نهم لجبىلهم ونا النهم وافظى علىهم درى ولم يحد ثلت كىهم طا بل مراه ه ورعب غاىته الىعب هو وحىنود ه ولم ىلكنه الى حوع اما ىو ىنى عبدل الصىح بعر ان كاد هو فرح ج ىسىم ولم ىعرفها بىه عنى دىهم من برم على دىه وكان ماكا ن بموم بور حال مر صعود الصرى الى الحبل وفحرىىم علىهم را انشا بهم ال بر رحال و اخىرىهم اياهام رحوع الى الى لاهل وسلاىا علىهم وتنرلم نتل منهم رامور صعا ب ىعر د الا ثم لم ىسى لهم دا دحى اركل عنهم ورن ن لعى بانشا بعرار خا له ودعا ثبه البلاد ومى لا الساحل ودع علىه ىه ما ودع دبى الى النى ب، وسرا ت حنى ىعر، الوا فعه بىطا لا ن نشا.

Planche II, fig. 2.

Planche III, fig. 1.

السفرجل ايضا و من اراد ان يزرع حبه فليغرس ويخرسه منكسر المعرفى
فاذا نبت ومرت به سنتان نقله من اصله وذلك جاء النصيب الاول ستة
تونس ويجوه الاستاد الغيلينة وان نعقفه باللوز والعسل يجود و ليلة
مثل ان تزرعه مدى لذلك وهلا وقال ابن الفيلسوف اللوز ينو وجه الارض
الرفيعة قبل ان اراد نصبه من حب فليأخذ اللوز اين سنة ويقع زبلا
ابن كربلاء ويضع اللوز عبد ليلة ويجعل منه بكل معنى قلات
مبين بنصف كف ما يدرت وبلغني على جميع الاثار ويعر عشر ابيل
اسفقها فإذا نبتت جاء واطبيه عطا علما ثم افلعم بعر سمنة
وانصبه وان كان موا وان اردنا ان تحليه ما نغب تغبا وابرى الاصل
بقشبر ويكون مربعا فلا ند سبجلوا وان اردنا ان تجعل فمه رفيعا علكت

Planche III, fig. 2.

كَأَنَّهُ المَوْتَ نَبَّوْ الوَجْهَ بِهِ م
مِنَ الفَعَلَاتِ وفَعَّ حَادُوكُلُّهُم
وكَالعَبْدِ وكَالعَالِمِ المُقْبِلَة
بِالفَسَدِ مِنْ غَيْرِهِ واللَّنَاسُ لَمْ يَفُم
لم يَعْبِسِ الرَّسُولُ رامَ نَكَنَّ م
جَهْلًا وهُوَ عَنِ الحَرامِ والَّهَم
فَلَمْ تَبْكِ الفُرْصَةَ والسَّعْسُ مَرَمِه
ونَبْكِ القُم عَظَمَ القَرَاءَ مِنْ تَهْم
يَا خَيْرَ مَنْ يَفُمَ العَذَابُ و نا خَتَم
سَعِيدًا و هوَا مَنَوَّرًا الوُّنُوَ اللَّيْ نَسَم

OUSÂMA IBN MOUNḲIDH.

UN ÉMIR SYRIEN AU PREMIER SIÈCLE DES CROISADES

(1095-1188),

PAR

HARTWIG DERENBOURG,

PROFESSEUR À L'ÉCOLE DES LANGUES ORIENTALES VIVANTES.

OUSÂMA POÈTE,

NOTICE INÉDITE TIRÉE DE LA KHARÎDAT AL-ḲAṢR,

PAR ʿIMÂD AD-DÎN AL-KÂTIB (1125-1201).

OUSÂMA POÈTE,

NOTICE INÉDITE TIRÉE DE LA KHARÎDAT AL-ḲAṢR,

PAR ʿIMÂD AD-DÎN AL-KÂTIB (1125-1201).

INTRODUCTION.

Le *dîwân* d'Ousâma Ibn Mounḳidh, dont les deux volumes, au temps d'Ibn Khallikân, c'est-à-dire vers le milieu du xiiiᵉ siècle, étaient entre les mains de tous les hommes[1], paraît ne plus être actuellement entre les mains de personne. Ibn Khallikân avait consulté l'exemplaire autographe de l'auteur. A défaut d'une aussi riche aubaine, nous serions friand d'une copie, fût-elle moderne. Lorsqu'au printemps de 1883, Amîn Al-Madanî s'arrêta quelques jours à Paris, pour se rendre ensuite à l'exposition d'Amsterdam et au Congrès des orientalistes de Leyde, il me fit espérer que, de retour au Caire, il m'expédierait aussitôt un exemplaire du *dîwân*, avec une lacune de quelques feuillets en tête. C'est une espérance qui s'est évanouie, comme celle d'obtenir par la même intervention les pages qui manquent au commencement de l'Autobiographie d'Ousâma. Mon édition de ce dernier texte a été

---

[1] Ibn Khallikân, *Biographical Dictionary*, I, p. 177. Le *dîwân* d'Ousâma devait, en dehors des poésies, contenir aussi des anecdotes et des récits; cf. Aboû Schâma, *Kitâb ar-rauḍatain* (éd. de Boûlâḳ), I, p. 98, lig. 8; 105, lig. 19.

retardée d'au moins deux ans par l'attente des compléments qui m'avaient été annoncés. M'arriveront-ils jamais? Je le souhaite, mais j'ai cessé d'y compter. Mes relations avec Amîn Al-Madanî n'auront du reste pas été vaines pour ce qui concerne l'œuvre d'Ousâma. Le libraire de Médine a enrichi ma petite collection de manuscrits d'un ouvrage composé par Ousâma et intitulé «Le livre du bâton[1]». Cette monographie des bâtons célèbres, depuis la verge avec laquelle Moïse frappa le rocher jusqu'au roseau sur lequel Ousâma vieilli se vit contraint d'appuyer son corps chancelant, devint, en 571 de l'hégire (1175-1176 de notre ère), l'objet d'une curieuse correspondance entre Al-Ḳâḍî Al-Fâḍil Ibn Al-Baisânî[2], qui venait de rentrer à Miṣr, et l'auteur, qui, appelé par Saladin, s'était installé pour la troisième fois à Damas[3]. Les deux morceaux que l'on trouvera plus loin[4] présentent des échantillons authen-

---

[1] كتاب العصا. Un autre exemplaire est coté 370 dans Landberg, *Catalogue de manuscrits arabes* (Leyde, 1883), p. 109.

[2] *Al-Ḳâḍî Al-Fâḍil* (le *ḳâḍî* éminent) Aboû ʿAlî ʿAbd ar-Raḥîm Al-Lakhmî naquit à Ascalon en 1135 et mourut au Caire en 1200. Vizir de Saladin et de ses deux successeurs, Al-Malik Al-ʿAzîz et Al-Malik Al-Manṣoûr, il entretint une correspondance politique, dont une partie est conservée dans les manuscrits 778, 779, 1540 et 1541 du British Museum (voir *Catalogus*, etc., p. 350, 698 et 699) et 402 de Munich (voir K. Aumer, *Die arabischen Handschriften*, etc., p. 156-158). M. Schefer possède un recueil analogue. Des fragments importants de cette correspondance se trouvent dans Aboû Schâma, *Kitâb ar-rauḍatain*, qui dit avoir consulté plusieurs volumes des lettres du Ḳâḍî Al-Fâḍil (voir l'édition de Boûlâḳ, I, p. 5, lig. 6). A la bibliographie relative à cet homme d'État, donnée par M. K. Aumer (*loc. cit.*), on peut ajouter Ibn Khallikân, *Biographical Dictionary*, III, p. 590-593; IV, p. 519-528; 563-565; Ibn Khaldoûn, *Prolégomènes* (tr. de Slane), III, p. 468; F. Wüstenfeld, *Die Geschichtschreiber der Araber*, p. 98-100, n° 283.

[3] Voir l'*Autobiographie*, p. 123-124.

[4] Cf. ce volume, p. 147-152.

tiques de la prose rimée entremêlée de vers qui fut alors à la mode entre lettrés plus soucieux d'étaler l'un en face de l'autre leurs habiletés d'écrivains que d'échanger des idées ou des sentiments.

'Imâd ad-Dîn Al-Kâtib d'Ispahan avait reçu communication de ces documents par Ousâma lui-même; ils les collationnèrent ensemble. C'est de sa bouche aussi qu'il avait recueilli les poésies nombreuses qu'il a insérées dans son article relativement étendu sur l'émir de Schaizar. Les épaves, que nous a sauvées 'Imâd ad-Dîn, ne sont pas à dédaigner. Elles ne font double emploi avec rien de ce que nous possédons ailleurs, ni avec l'Autobiographie d'Ousâma, ni avec son Livre du bâton, ni, à peu d'exceptions près, avec ce qui a été conservé dans le Dictionnaire biographique d'Ibn Khallikân, dans le Livre des deux jardins, par Aboû Schâma, enfin dans une compilation anonyme qui appartient à la bibliothèque grand-ducale de Gotha, et que j'aurais ignorée sans la complaisance et sans l'érudition bibliographique de mon ami M. le docteur W. Pertsch[1].

Les matériaux rassemblés par 'Imâd ad-Dîn, et que j'ai mis en œuvre dans ma biographie d'Ousâma, risquaient de rester longtemps encore inédits, s'ils n'avaient été admis à prendre place dans le recueil des *Nouveaux mélanges orientaux*. Aurais-je dû joindre au texte arabe une traduction française? La publication actuelle prouve que j'ai résolu cette question par la négative. Notre langue, qui se prête admirablement à rendre avec précision ce qui est précis dans l'original, est naturellement réfractaire au vague des idées, au balancement monotone des rythmes, aux

---

[1] W. Pertsch, *Die arabischen Handschriften der herzoglichen Bibliothek zu Gotha*, IV, p. 217, n° 2196.

contours mal dessinés d'un style dont les couleurs chatoyantes dissimulent mal le vide de la pensée, aux élégances artificielles d'une rhétorique amoureuse des assonances, du parallélisme, des expressions rares, de la prolixité verbeuse. Pour goûter ce genre littéraire, il faut s'y préparer par une initiation que peut seule assurer la familiarité avec les Séances d'Al-Hamadhânî, d'Al-Ḥarîrî, d'Ibn Al-Khaṭîb, pour ne point parler de leurs satellites. L'arabe littéral, avec la richesse de sa vocalisation, avec l'océan de son vocabulaire, semble prédestiné à provoquer des tours de force aussi prolongés. L'exemple est parti de haut : c'est Allâh lui-même, dont la parole, dans le Coran, fait résonner les rimes comme le tintement d'une cloche[1]. Une traduction du Coran, pour habile qu'elle soit, ne donnera jamais l'impression de cette harmonie modulée; mais, laissant dans l'ombre certaines faces de l'œuvre littéraire, elle peut faire connaître aux esprits cultivés un chapitre des plus considérables dans l'histoire de la civilisation[2]. Je n'en dirai pas autant de la *Kharîdat al-kaṣr* de ʿImâd ad-Dîn : en dépit des renseignements précieux qu'elle fournit sur les littérateurs du xiiᵉ siècle, elle est condamnée à ne jamais être transportée intégralement dans aucun idiome européen. Le contenant est trop vaste pour le contenu. Il faudrait d'abord élaguer le fouillis des branches parasites, qui constituent la principale originalité du livre. Le fond, qui est sérieux et qui mérite d'être retenu, risquerait de sombrer dans le naufrage de la forme,

---

[1] La comparaison est de Mahomet lui-même; voir Ibn Khaldoûn, *Prolégomènes* (tr. de Slane), I, p. 185 et 203.

[2] Voir mon opuscule : *La science des religions et l'islamisme* dans la *Revue de l'histoire des religions* de 1886, XIII, p. 292-333. Il en a paru une édition séparée dans la *Bibliothèque elzévirienne orientale*, vol. XLVII.

qui est subtile et recherchée[1]. D'autre part, les notices se rapportant presque toutes à des contemporains de l'auteur, une courte analyse avec l'indication et la discussion des dates, des faits, des allusions, serait une contribution très désirable à la connaissance du vi[e] siècle musulman, auquel nous avons été mêlés si intimement par les croisades et par les colonies franques de Syrie.

Le fragment de la *Kharîdat al-kaṣr* que je publie sans en rien omettre suffira, je pense, à mettre en lumière la valeur du travail biographique dont elle fournirait les éléments. Je n'ai disposé pour mon édition que d'un seul manuscrit. Il appartient à la Bibliothèque nationale de Paris, où il porte le numéro 1414 de l'ancien fonds arabe. C'est un volume haut de 215 millimètres, large de 16 centimètres, composé de 286 feuillets, avec 23 lignes à la page. M. Dozy a inséré dans le Catalogue des manuscrits orientaux de la Bibliothèque académique de Leyde une table des matières contenues dans les manuscrits de Leyde et de Paris[2]. Dans l'index qui lui a été fourni pour notre manuscrit, je signalerai une double lacune se rapportant au feuillet 98 v°, celle des émirs Mounḳidhites Kinânites de Schaizar et celle de l'émir Mou'ayyad ad-Daula Aboû 'l-Mouṭhaffar Ousâma ibn Mourschid ibn 'Alî ibn Mouḳallad, tandis que l'article consacré au frère de ce dernier, l'émir Aboû 'l-Ḥasan 'Alî, n'a pas été oublié[3].

---

[1] Aboû Schâma traite avec plus de sévérité encore ces longueurs «si ennuyeuses pour qui y jette les yeux» (voir le *Kitâb ar-rauḍatain*, I, p. 4, lig. 34, p. 5, lig. 6). Que n'a-t-il lui-même tenu compte de ce reproche, qu'il lance audacieusement à la face de son devancier?

[2] R. P. A. Dozy, *Catalogus codicum orientalium bibliothecæ Academiæ Lugduno-Batavæ*, II, p. 209-288.

[3] Id., *ibid.*, II, p. 245.

C'est justement au feuillet 98 v° que commence la notice publiée dans le présent travail. Elle finit au feuillet 111 v°. Le volume dépareillé qui la contient renferme la troisième section de l'ouvrage entier[1]. La division primitive en dix sections[2] paraît avoir été respectée dans notre précieux exemplaire. Bien qu'on n'y rencontre ni date, ni certificat d'origine, on peut, je pense, lui assigner comme époque la fin du XIIIe siècle, comme provenance la région de Damas. Peu ou point de fautes graves; une orthographe strictement conséquente. C'est une bonne fortune pour un éditeur, de pouvoir suivre un guide aussi sûr, lorsqu'il en est réduit à un seul exemplaire. Nous nous sommes contenté d'ajouter avec discrétion les voyelles nécessaires pour faciliter l'intelligence du texte, utiles pour aider à scander les vers[3]. Autrement nos corrections se sont bornées à un petit nombre de redressements légers. D'un bout à l'autre, le copiste a su maintenir la netteté et l'égalité de son écriture, la correction et l'exactitude de son texte. C'est avec gratitude que je rends justice à la conscience de ce collaborateur anonyme.

Paris, le 18 mai 1886.

---

[1] Voici en effet la souscription du volume (fol. 286 v°) : وهذا اخر ما وقع الّى من شعراء اليمن الى اخر سنة اثنين وسبعين وللحمد لله رب العالمين وصلّى الله على سيدنا محمّد النبيّ الأمّى وعلى آله واصحابه اجمعين ولا حول ولا قوّة الّا بالله العلىّ العظيم انتهى ويتلوه القسم الرابع من كتاب خريدة القصر وجريدة العصر

[2] Hâdjî Khalîfa, *Lexicon bibliographicum*, III, p. 132; VI, p. 510.

[3] Nous n'avons établi aucune distinction entre les voyelles ajoutées et celles que nous avons empruntées au manuscrit.

من كتاب خريدة القصر وجريدة العصر
لعماد الدين الكاتب الاصفهاني

نبذة فى سيرة الامير مؤيّد الدولة ابى المظفّر اسامة بن مرشد الكنانيّ الشيزريّ
المعروف بابن منقذ

الامراء بنو مُنْقِذٍ الكنانيّون من شيزرَ كانوا ملوكها اهل بيت المجد والحسب، والفضل والادب، والحماسة والسماحة، والحصافة والفصاحة، والفروسيّة والفراسة، والإمارة والرياسة، اجتمعتْ فيهم أَسباب السيادة، ولاحت من أَساريرهم وسيرهم إمارات السعادة، يُخلِّفون المجد اوّلا لاخر، ويُؤثرون الفضل كابرا عن كابر، اما الادب فهم شموعه المشرقة، ورياضه المُونقة، وحياضه المغدقة، واما النظم فهم فرسان ميدانه، وشُجعان فرسانه، وأرواح جثمانه، قال مجد العرب العامريّ بإصفهان فى سنة نيف واربعين وهو يُثْنى عليهم، ويثنّى عنان مجده اليهم، اقمتُ فى جنابهم مُدّة، واتّخذتهم فى الخطوب جنّة، وللامور عُدّة، ولم ألقَ فى جوارهم جورا ولا شدّة، وممدوحُه منهم الامير عماد الدولة ابو العساكر سلطان بن علىّ بن مقلّد بن منقذ وما زالوا مالك شيزر ومعتصمين بحصانتها، ممتنعين بمنايختها

حتّى جاءت الزلزلة فى سنة نيف وخمسين فخربت حصنها، وأذهبت حُسنها، وتملّكها نور الدين عليهم واعاد بناءها فتشعّبوا شُعَباء، وتفرّقوا ايدى سَبَاء،

مـنهم الامير مؤيَّد الدولة ابو المظفَّر اُسامة بن مرشد بن علىّ بن مقلَّد بن نصر بن منقذ بن محمّد بن منقذ بن نصر بن هاشم بن سرار بن زياد بن رعيب بن مكحول بن عمرو بن الحرث بن عامر بن ملك بن ابى مالك بن عون بن كنانة بن بكر بن عذرة بن زيد اللّات بن رفيدة بن ثور بن كلب بن وبرة بن تغلب بن حُلوان بن عمران بن الحاف بن قضاعة بن مالك بن حِمْيَر بن مُرّة بن زيد بن مالك بن حمير بن سبأ بن يشجب بن يعرب بن قحطان بن عابر بن أرْفَخْشَذْ بن سام بن نوح بن ملك بن متوشلخ بن خنوخ بن يزد بن مهلائيل بن قينان بن انوش بن شيث بن آدم عليه السلام، أُسامة كاسمه، فى قوّة نثره ونظمه، يلوح من كلامه إمارة الإمارة، ويؤسّس بيت قريضه عمارة العبارة، نشر له علم العلم، ورقَ سُمّ السهم، ولزم طريق السلامة، وتنكَّب سبل الملامة، واشتغل بنفسه، وبحاورة أبناء جنسه، حلوُ المجالسة، حالى المساجلة، نديَّ الندى بماء الفكاهة، عالى النجم فى سماء النباهة، معتدل التصاريف، مطبوع التصانيف، اسكنه عشق الغوطة، دمشقَ المغبوطة، ثم نبت به كما تنبو الدار بالكريم، فانتقل الى مصر فبقى بها مؤمَّرا مشارا اليه بالتعظيم، الى أيّام ابن رزّيق فعاد الى الشام، وسكن دمشق مخصوصا بالإكرام، حتّى اخذت شيزر من اهله، ورشقهم صرفُ الزمان بنبله، ورماه الحدثان الى حصن كيفا مقيما بها فى ولده، مؤثرا بلدها على بلده، حتّى اعاد الله دمشق الى سلطنة الملك الناصر صلاح الدين يوسف بن

ايّوب فى سنة سبعين ولم يزل مشغوفا بذكره، مستهترا بإشاعة نظمه ونثره، والامير العضد مُرْهَف ولك الامير مؤيَّد الدولة جليسه، ونديمه وانيسه، فاستدعاه الى دمشق وهو شيخ قد جاوز الثمانين وكنتُ قد طالعت مذيّل السَّمعانيّ ووجدته قد وصفه وقرظه وانشدنى العامرّى له بإصفهان من شعره ما حفظه وكنت أتَمَنّى ابدا لقياه، واشمّ على البعد حياه، حتّى لقيتُه فى صفر سنة احدى وسبعين بدمشق وسألته عن مولده فقال سنة ثمان وثمانين واربع مائة يوم الاحد سابع عشرى جُمادى الاخرة وانشدنى لنفسه البيتين اللَّذين سارا له فى قلع ضرسه [بسيط]

وصاحب لا أَمَلَّ الدهرُ صُحبتَه   يَشْقى لنفعى ويَسْعى سَعْىَ مجتهدِ
لم ألْقَهُ مذ تصاحبنا نحيّين بدا   لناظرىَّ افترقنا فُرْقةَ الأَبدِ

لو أنصفت فمهك ان كنت منتقداء فرقبت عن مرقب وهك مجتهداء، وغُصتَ بنظر فكرك فى بحار معانيه، لغمتَ من فرائد درره ولآليه، ولعلمتَ ان الشعر اذا لم يكن هكذا فلغوء، وانه اذا لم يبلغ هذا الحدّ من الجدّ فَهَجر ولهوء، ومن الّذى اتى فى وصف السنّ المقلوع، بمثل هذا الفنّ المطبوع، فهل سبقه احد الى معناه، وهل ساواه فى هذا النمط سواه، وانشدنى ايضا لنفسه فى معنى قلع ضرسه [سريع]

وصاحب صاحبنى فى الصّبى   حتّى تردّيتُ رداءَ المَشيبْ
لم يَبْدُ لى سَتْبَى حَوْلا ولا   بلوتُ من أخلاقه ما يُريبْ
أفسده الدهرُ ومن ذا الّذى   يحافظ العهدَ بظهر المَغيبْ
ثمّ افترقنا لم أُصبْ مِثْلَه   جُرى ومِثْلى ابداً لا يُصيبْ
فاعجبْ لها من فرقة باعدت   بين أليفَيْنِ وكلّ حبيبْ

وانشدنى لنفسه من قديم شعره [كامل]

قالوا نهتّه الاربعون عن الصّبى   واخو المشيب يجوم ثُمَّ يَهْنْدى

كم حار فى ليل الشباب فدلّه   صبحُ المشيب على الطريق الأقصدِ
واذا عددتَ سنىّ ثم نقصتَها   زمنَ الهموم فتلك ساعةُ مولدى

تُجّبُ من مقاصد هذه الكلمِ، وتعرّضْ لموارد هذه الحكمِ، وأقضِ العجبَ كلَّ العجبِ، من غزارة هذا الادب، ولولا ان المداد افضل ما تُرقَم به صحائفُ الكتب، لحرّرتُ هذه الابيات بماء الذهب، من قول أبى فراس بن حمدان [رجز]

ما العمرُ ما طالت به الدهورُ   العمرُ ما تمّ به السرورُ

ولغيره [رجز]

أيّامُ عزّى ونفاذِ امرى   هى الّتى أحسبُها من عمرى

فالفضل للمتقدّم فى ابتكار المعنى وللمتأخّر فى المبالغة حيث ذكرَه فى بيت واحد ولم يجعل له نصيبا من العمر الّا ساعة مولده تجميعُ الحياة على الحقيقة نصبٌ، وهمٌّ ووصبٌ، وألمٌ وتعبٌ، وأنشدنى ايضا لنفسه من قديم نظمه [طويل]

نُجرِّمُ حتى قد مللتَ عتابَه   وأعرضتَ عنه لا اريدُ اقترابَه
اذا سقطتْ من مَفرَقِ المرءِ شعرةٌ   تأنّفُ منها أن تمسَّ ثيابَه

وانشدنى من قديم قوله فى السلوان ايضا [منسرح]

لم يبقَ لى فى هواكمُ أَرَبُ   سلوتُكمُ والقلوب تنقلبُ
أوحشتمُ لى سُبْلَ السُلوِّ وقد   كانت لىَ الطرقُ عنه تنشعبُ
إلامَ دمعى من هجْركمْ سرَبٌ   فانّ وقلبى من عذركمْ يجبُ
إن كان هذا ليبنُ تعبّدنى الحـــبُّ فقد أعتقتْنى الرِّيبُ
أحببتُكمُ فوق ما تسوِّهُ الناسُ وخنتُمْ أضعانَ ما حسِبوا

تأمَّلْ هذه المعانى والأبيات، بعين التأنّى والثبات، تعرفُ ان قائلَها من

ذوى الحميّة، والنفوس الأبيّة، والهمم العليّة، وكلّ من يملكه الهوى ويسترقّه، فلمّا يُطلقه السلوّ ويُعتقه، الّا ان يكون كبيرا غلب عقله هواه، واستهجن فى الشهوات المذمومة نيل مناه، وقوله فقد أعتقتنى الزبيب فى غاية الجودة ونهاية الكمال، أعذب من الزّلال، وأطيب من السحر الحلال، والعبٌ بقلوب المتيّمين من نسيم الشّمال، وقوله ايضا من قديم شعره

[بسيط]

اذا اختفتُ فى الهوى عنّى اساءتُه
أَبْدَى تَجَنِّيهِ ذَنْبِى قبل أَجْنِيهِ
كذاك انسانُ عينى لا يزال يرى
عيبى ولستُ أرى العيبَ الّذى فيهِ

وقوله ايضا [كامل]

يا دهرُ ما لك لا يَصُدّك عن إساءَةَ العِتابُ
امرضتَ مَن أهوى ويأ بَى ان أُمرّضه الحجابُ
لو كنتَ تُنصِفُ كانتِ السَامراضُ لى وله الثَّوابُ

قد قيل فى مرض الحبيب كلّ معنى بكر، مخترع لديه ومبتدع نكر، الّا ان هذه الابيات لطيفة المعرى، طريفة المعنى، مقصدها سهيل، وموردها سهل، لو سمعتُها فى البادية عقيل، لم يثبت لها عقل، ولا شكّ ان حبيبه عند استنشاق هوائها، فاز ببرءٍ مُهجّته وشفائها، هذه الابيات كنتُ نقلتها من تأريخ السّمعانىّ فلمّا لقيتُ مؤيَّد الدولة قرأتُها عليه وكنتُ أثبتُّها على هذا الوجه أبَصَرَمتى العينان، وإن لم يُحِطِ السَمعانُ، من إنباء تأريخ السَمعانى الحاوى للمعانى، ابياتا رواها، وناظمُها بماء الحكمة روّاها، وقد بدّدتُها فى كتابى هذا عَبِّرة من الملتقط، وحفظا لها من الغَبىّ المشتطّ المشترط، واتّما أشعاره الّتى أنشدنيها بدمشق سنة احدى وسبعين من نظمه على الكِبَر قوله

حين قلتُ له هل لك معنى مبتكر فى الشيب [كامل]
لو كان صَحَّ معاتبًا ومغاضبًا ۔۔۔ أرضيتُه وتركتُ خدّى شائبًا
لكن رأى تلك النضارةَ قد ذَوَتْ ۔۔۔ لمَّا غدا ماءُ الشبيبة ناضبًا
ورأى النُّهى بعد الغواية صاحبى ۔۔۔ فثنى العنانَ يُربع غيرى صاحبًا
وأبيه ما ظلمُ المشيبِ وإنّـه ۔۔۔ أَمَلى فقلتُ عساه عنّى راغبًا
انا كالنَّدى لمّـا تناهى عمره ۔۔۔ نشرتْ له أيدى الصباح ذوائبًا

وهذا معنى مبتكر فى الشيب لم يُسبَق اليه، وقوله [كامل]

أَنْـسِـتْـنِـىَ الأيّامَ أيّامُ الصِّـبَـى

ودهلتُ عن طِيب الزمان الذاهب
وتفكَّرتُ حالى فكلُّ مآربى
فيما مضى ما هنّ لى بمآربِ

وقوله [وافر]
نهارُ الشيب يكشف كلَّ ريب ۔۔۔ تُكلِّفُ سِتْرَه ليلُ الشبابِ
يَنِمُّ على المعايب والمساوى ۔۔۔ كما نمَّ النُّصول على الخِضابِ
فهل لى بعد أن غَضَّى بغَوْدى ۔۔۔ نهارُ الشيب مُحَدَّرٌ فى التَّصابى

وقوله [مجتثّ]
أَنْدى بـدورًا تمــالــوا ۔۔۔ على المــلال ولجّـــوا
قـد كنتُ أحســبُ أنّى ۔۔۔ من جَوْرهم لستُ أَجُو
هذا الّذى كنتُ أخشى ۔۔۔ فأيـن مـا كنـت أَرْجُو

وقوله [كامل]
قل للّذى خَضَبَ المشيبَ جهالةً ۔۔۔ دع عنك ذا فلكلِّ صِبْغٍ ماحِ
أوما ترى صِبْغَ الليالى كلَّـما ۔۔۔ جدَّدتَّه يَـمـحـوه ضَوْءُ صبـاحِ

وقوله فى محبوس [كامل]
حبسوك والطيرُ النواطقُ انّما ۔۔۔ حبست لميزتها على الأندادِ

وكذا السيوفُ تُهابُ في الأغمادِ وتهيّبوك وأنت مودعُ تجنِهم
لكنّه كالغِيلِ للآسادِ ما لحبسِ دارُ مَهانةٍ لذوي العُلى
وأنشدَني في قولِه في الشَّمعة [بسيط]

انظرْ الى حُسنِ صبرِ الشَّمع يَظهرُ لـ
ـرائيَن نوراً وفيه النارُ تستعِرُ
كذا الكريمُ تراهُ ضاحكاً جَذِلاً
وقلبُه بدخيلِ الهمّ منفطِرُ

وقولُه [بسيط]

لأرمِيَنَّ بنفسي كلَّ مهلكةٍ مخوفةٍ يتحاماها ذوو البَاسِ
حتّى أصادِنَ حتّى فَهْوَ أجمَلُ بي من الخُمولِ وأستغني عن النَاسِ

وقولُه [سريع]

العجزُ لا يَنقصُ رزقاً ولا يزيدُهُ حولٌ ولا حُصُّ
كلٌّ له رزقٌ سيأتيه لا زيادةٌ فيه ولا نَقصُّ
قد ضمِنَ اللهُ لنا رزقَنا جاءت به الآثارُ والنَّصُّ
فما لنا نطلبُ من غيرِه لولا قُنوطُ النفسِ والحِرْصُ

وقوله في نفاقِ الدهر [بسيط]

نافقتُ دهري فوجهي ضاحكٌ جَذِلٌ
طَلْقٌ وقلبي كئيبٌ مُكمدٌ باكِ
وراحةُ القلبِ في الشكوى ولذّتها
لو أمكنتْ لا تساوي ذِلّةَ الشاكي
قد تمكّنتْ كلمةُ لَوْ أمكَنَتْ فما أحسنَها موقعاً، وأجملَها موضعاً، ثم قارن
اللذّةَ بالذلّةِ وها متجانسانِ وقولُه [متقارب]

اذا حالَ حالُكَ صبغُ الشبابِ سقى عهدَك الغيثُ من حائلِ
فما ذا الغرورُ بزَوْرِ الخِضابِ لولا التعلّلِ بالباطلِ

وقوله من قديم شعره [طويل]

لئن غَضَّ دهري من جَناحيَ او ثنى عناني او زلّت بأحْصى التَّعَلُّلِ
تظاهَرَ قوم بالشَّمات جهالةً وكم إحْنةٍ في الصدر آزرها لجَهلِ
وهل انا الّا السيفُ فلَّ حدَّه قِراعُ الأعادي ثمّ أرهفه الصَّقْلُ

وقوله [كامل]

لا تُوصِ عند الموت إلّا بالوديعة والدُّيونِ
ودع التشاغل بالخطا م كفاك شغلُك بالمَنونِ
فوصيّةُ الأموات بالأحياءِ من شُعَبِ الجنونِ

وما احسن بيت المعرّي [طويل]

يوصّي الفتى عند الممات كأنّه يَمُرُّ فيَقضي حاجةً ويَعودُ

ورأيتُه وقد أُهدي له دهنُ البلنسان فسألتُ عنه فقال كتبتُ الى المهذّب لحكم بن النقّاش هذه الابيات على لِسان رُكْبتي [خفيف]

رُكْبَتي تخدم المهذَّبَ في العلم وفي كلّ حكمة وبيانِ
وَهي تشكو اليه تأثيرَ طولِ العُمْر في ضعفها ومرِّ الزمانِ
فيها فاقةٌ الى ما يغوّبها على مشيها من البَلَنْسانِ
كل هذا علالةٌ ما لمن حا ز الثمانين بالنهوض يدانِ
رغبةً في الحياة من بعد طول السعمر والموتُ غايةُ الانسانِ

وقوله [كامل]

لا تحسدنّ على البقاء معمَّرًا فالموتُ أيسرُ ما تَؤول اليهِ
واذا دعوتَ بطول عمرٍ لامرئٍ فاعلم بانّك قد دعوت عليهِ

وقوله [كامل]

يا ربّ عَفوًا عن مُسيءٍ خائفٍ ما كان مِنهُ
متيقِّنٍ أن سوف يُصْلَى النارَ إن لم تَعْفُ عَنهُ

لمّا انشدنى فى الشيب انشدتّه لنفسى [مجتث]

ليـل الشـباب تـولّى   والشيبُ صُبْحٌ تَألَّقْ
ما الشيبُ الّا غبارٌ   من ركض عمرى تَعَلَّقْ

وقلت ما أظنّ انّى سبقت الى هذا المعنى فانشد لبعضهم بيتين وهما [كامل]

قالـوا غبـارٌ قـد عـلا   كَ فقلتُ ذا غيرُ الغبارِ
هذا الّذى نَقَلَ الملو   كَ الى القبور من الديارِ

قلت ولكنْ حقّقتُ انه من غبار ركض العمر وهو معنى مبتكر وحضرتُ عند الامير مؤيّد الدولة اسامة يوما اخر بدمشق سنة احدى وسبعين فانشدنى قولَه فى القديم فى استدعاء صديق الى مجلس المنادمة بالموصل وقد غاب عنها [كامل]

أمُهَذَّبَ الدين اسْتمِعْ من عاتبٍ   لولا ودادُك لم يَبِهْ بعتابِ
أتُطيعُ فى الدهرِ وَهْوَ كما ترى   يَقْضى علىَّ بفرقةِ الاحبابِ
أمللْتَنى وجعلتَ سُكْرَكَ حُجّةً   ونهضتَ ام لم تَسْتَحِلَّ شرابى
قَسَمًا لئن لم تأتنى متنصّلا   متبرّعا بالعذرِ والإعتابِ
لأكوِّيَنَّ لخَنْدَريسَ واغتدى   متنفّسًا بالماءِ والمحرابِ
وتَبُوءُ معتمِدا بإثمٍ تنشْكى   وبعابهِ أعظمُ بهِ من عابِ

وقوله فى الشوق والمكاتبة [بسيط]

لو أنّ كُتْبى بقدرِ الشوقِ واصلةٌ
تتابعتْ كدموعى او كأنفاسى
وإن وجدتُ سبيلا او قدرتُ على
خلاصِ عقل أسيرٍ فى يدِ الكاسِ
أجريتُ أسْوَدَ عينى فوق أبيضِها
بماءِها لا مِدادًا فوق قرطاسِ

وقلتُ للشوقِ يا تُخبّانُ أمْلِ على
يدي أُعيــذكَ من عِيٍّ وإبــلاسِ
حتّى أبوحَ بما أشكو اليكَ كما
باحَ المريضُ بشكـواه الى الآسي

وقوله في العِذار [كامل]

أنظرْ شماتةَ عاذلي وسرورَهُ   بكسوفِ بدري واشتهارِ محاقِهِ
غطّى ظلامُ الشَّعرِ من وَجَناتِهِ   صُبحًا تُضيءُ الارضُ من إشراقِهِ
وهو الجَهولُ يقولُ هذا عارضٌ   هو عارضٌ لكن على عُشّاقِهِ

وأنشدَ في أيضًا لنفسه [كامل]

ما انتِ أوّلُ من تشــاءَتْ دارُهُ
فعلامَ قلبُكَ ليس تَخبو نارُهُ
أمّا السَّلوُّ او الجمامُ وما سوى
هذيـنِ قِسْمٌ ثالـتٌ تختارُهُ
هـذا وقوفُكَ للوداع وهــذه
أظعانُ من تَهوى وتلـك ديارُهُ
فاستبقِ دمعَكَ فهوَ اوّل حادلٍ
بعد الفِـراق وإن طَمى تيّارُهُ
فذرِ الدموع تَقِلُّ عن أمَدِ النَّوى
إن لم يكن من لُجَّةٍ تَمْتارُهُ
ليتَ المطايا ما خُلِقْنَ فكم دمٍ
سفكتْهُ يُثْقِلُ غيرَها أوزارُهُ
ما حَتْفُ أنفسنا سواها أنها
لهى الحِمامُ أتِيحَ او إنــذارُهُ

لو انّ كلّ العِيسِ ناقةُ صالِحٍ
ما ساءني أنّ الغداةَ قَسدارَةُ

وتناشدنا بيتًا للوزير المغربيّ في وصف خفقان القلب وتشبيهه بظلّ اللواء الذي تخترقه الريح وهو [بسيط]

كأنّ قلبي اذا عنّ ادكاركُمْ   ظلُّ اللواء عليه الريحُ تختَرِقُ

فقال الامير مؤيّد الدولة أسامة فقد شبّهتُ القلب للخافق وبالغتُ في تشبيهه وأربيتُ عليه في قولي من ابيات هي [كامل]

أحبابُنا كيف اللقاءُ ودونكُم   عرضُ المَهامةِ والفيافي اللُّبج
أُبكيكُمْ عيني دما لفراقكمْ   فكأنّما انسانُها مجروحُ

والبيت المشار اليه

وكأنّ قلبي حين يخطر ذكرُكم   لَهَبُ الضِرام تعاورتْهُ الرِّيح

فقلت له صدقتَ فانّ الوزير المغربيّ قصد تشبيه خفقان القلب وانت شبّهتَ القلب الواجد باللهب وخفقانه باضطرابه عند اضطرامه لتعاور الريح فقد اربيتَ بالفصاحة على ذلك الفصيح وأنشدني ايضًا من قوله ايّام شبابه وهو معتقل وقد جرى ذكر الخيال [كامل]

ذكَرَ الوفاءَ خيالُك المنتابُ   فألمَّ وهْوَ بسوْدِنا مُرتابُ
نفسي فداؤك من حبيبٍ زائرٍ   متغيِّبٍ عندي له الأَعتابُ
مستشرفي كالبدر خلف حجابه   او في الكَرى ايضا عليك حجابُ
ودّي كعهدك والديارُ قريبةٌ   من قبل ان تَتقطَّع الأسبابُ
ثبتتْ فلا طولُ الزيارة ناقصٌ   منه وليس يزيدُه الاغبابُ
خَطَرُ الوفاءِ على هجرك طائعًا   واذا انتسرتُ فما على عتابُ

قلت له احسنتَ وتذاكرنا قولَ ابي العلاء المعرّيّ في الحال [بسيط]

لو حطَّ رحلي فوق النجمِ رافعُه   ألفيتَ ثمَّ خيالا منك منتظري

وابلغ من هذا فى بعد المسافة
وذكرت كم بين العقيق الى الحِمَى جُرِعْتُ من أمَدِ النَّوى المتطاوِلِ
وعذرت طَيفك فى الجفاء فانّه يسرى فيُصبح دوننا بمراحِلِ

ثم انشدنى الامير أسامة قصيدة نونيّة لنفسه منها [وافر]

تُحَيّا ما ارى ام بدرُ دَجنٍ وبارقٌ مَبسَمٍ ام برقُ مُزنِ
وتَغَرُّ ام لآلٍ ام أقاحٍ وريقٌ ام رَحيقٌ بنت دَنِّ
ولَحظٌ ام سِنانُ رَكبوهُ بأسمرَ من نبات الخطّ لَدنِ

ومنها

فيا من منه قلبى فى سَعيرٍ وعينى منه فى جنّات عَدنِ
اذا فكّرت فى إنفاق عمرى ضياعًا فى هواك قرعت سِنّى
وآسفُ كيف أخلقَ عهدُ ودّى وآسى كيف أخلف فيك ظَنّى
وأعجبُ ما لقيت من اللّيالى وأىُّ فعالها بى لم يَسُؤْنى
تُقلِّبُ قلبَ من مثواه قلبى وجفوةَ من ضممتُ عليه جفنى

وانشدنى لنفسه من قصيدة [كامل]

حتَّامَ أرغبُ فى مودّة زاهِدِ
وأروم قربَ الدارِ من مُتباعِدِ
وإلامَ ألتزمُ الوفاءَ لغادِرِ
جانٍ وأُسهِرُ مقلتَى لراقِدِ
وأقول هجرتَه مخافةَ كاشِحٍ
يُغرى بنا وحذارَ واشٍ حاسدِ
وأظنّه يُبدى الجفاءَ ضرورةً
واذا قطيعتُه قطيعةَ عامِدِ
يا هاجرًا أفنى اصطبارى هجرةً
وابتزَّ ثوبَ تماسُكى وتجالُدى

كيف السبيلُ الى وصالِك بعد ما
عقّبتَ بالهجرانِ سُبْلَ مقاصِدِى

ويلومنى فى حمل ظلمِك جاهلٌ
يلقى جوَى قلبى بقلبٍ باردِ

يُزرى على صبرى بصبرٍ مُسعَدٍ
ويصدّ عن دمعى بطرْفٍ جامدِ

أتُراك يعْطِفك العتابُ وقلّما
يثنى العتابُ عنانَ قلبٍ شاردِ

هيهات وصلُك عنده عنْقَا مُغْرِبٍ
ورضاك أبعدُ من سُهَى وفراقدِ

ومن العَناءِ طِلابُ ودّ صادقٍ
من مادقٍ وصلاحُ قلبٍ فاسدِ

وانشدنى لنفسه فى الحُباب من ابيات [مجتثّ]

رأيتُ شمسَ نهارٍ   قد رُصّعتْ بنجومِ
وقد علاها حبابٌ   كاللُّؤْلُؤِ المنْظُومِ

واجتمعنا عند الملك الناصر صلاح الدين بدمشق ليلةً وكان يلعب بالشطرنج فقال لى الامير أسامة أما أُنشدك البيتين اللّذين قلتهما فى الشطرنج فقلت هاتِ فانشدنى لنفسه [بسيط]

أنظُرْ الى لاعبِ الشطرنجِ يجمعها   مغالبًا ثم بعد الجمعِ يرميها
كالمرءِ يكدحُ للدنيا ويجمعُها   حتّى اذا مات خلّاها وما فيها

وانشدنى لنفسه وقد نظمه فى غرضٍ له فى نور الدين رحمه الله [بسيط]

سلطاننا زاهدٌ والناسُ قد زهدوا
له فكلٌّ على الخيراتِ منكمشُ

اتّامه مثلُ شهرِ الصوم طاهرةً
من المَعاصى وفيها الجوعُ والعَطَشُ

وأنشدنى لنفسه [طويل]

أَأحبابَنا هلّا سبقتم بوصلنا صروفُ الليالى قبل أن تتفرّقَا
تشاغلتمُ بالهجر والوصلُ ممكنٌ وليس الينا للحوادث مُرْتَقَى
كأنّا أُخِذنا من صروف زماننا أمانًا ومن جور للحوادث مَوْثِقَا

وقال [كامل]

قمرٌ اذا عاتبته شَعَفًا به غرسَ الحياءُ بوجنتيه شقيقا
وتلهّبت خَجَلًا فلولا ماؤها مُتَوَقِّدًا فيه لصار حريقا
وأَزْوَرَّ عنّى مُطرقًا فأضلّنى أن اهتدى نحوَ السلوِّ طريقا

وقال [خفيف]

صدّ عنّى وأعرضَا وتناسَى الّذى مَضَى
واستمرّ الصدودُ وانقطع الوصلُ وانقضَى
واختفت فى الهوى دنوٌ بى بدتْ حين أبغضَا
صرّح الآن هجرهُ لى بما كان عرّضَا
كلُّ عيبٍ يبينُ فى السخطِ يخفى مع الرضا
واذا استعطف المَلو لُ تجنّى وأعرضَا

وقال [بسيط]

أقول للعين فى يوم الوداع وقد فاضت بدمع على الخدّين مستبقِ
تزوّدى اليوم من توديعهم نظرًا ثمّ افنَىْ فى غدٍ للدمع والأرَقِ

وقال فى المعنى [بسيط]

يا عينُ فى ساعة التوديع يشغلك الـ ـبكاءُ عن آخر التسليم والنظرِ

خُذى بحظّك منهم قبل بينهِم
ثم اجْهَدى بعدهم للدمع والسَّهَرِ

وقال [بسيط]

يا مُدَّعِى الصبرَ عن أحبابه وله
دَمعٌ اذا حَنّ ذكراهم يكذِّبُه
خلّفتَ قلبك فى ارض الشَّآم وقد
أصبحتَ فى مصرَ يا مغرورُ تطلبُه
هلّا غداةَ النَّوى استعجبتَه واذا أخـ
نارَ المقام فهلّا كنتَ تَعْجَبُه
أفردتَّه بالأسى فى دار غُرْبته
وعُدتَ لا عدتَ تَبكيه وتَنْدُبُه
هَيْهات قد حالت الايّامُ بينكما
فعزَّ نفسك عمَّا عزَّ مَطلَبُه

وقال [بسيط]

صبرى على فقدِ إخوانى وفرقتِهم
غدرٌ وأجمل بى من صبرى الجَزَعْ
تقاسمتْهم نَوَى شطّت بهم وَرَدى
فالحىُّ كالميّت ما فى قربِه طَمَعْ
وأصبحتْ وحشةُ الغبراءِ دونَهمُ
من بعد أُنسى بهم والشملُ مجتمِعْ
وعِشْتُ منفردا منهم وأُقيمِ ما
يَكاد منفردٌ بالعيش ينتفِعْ

وقال [منسرح]

ما حيلتى فى الملول يظلمِنى وليس إن جارَ منه لى جارْ

وداده كالسحاب منتقلُ وعهده كالسراب غرّارُ
آمَنَ ما كنتُ منه فاجأني بغدره والملولُ غدّارُ
عونٌ عليه مدامعٌ سُفُحٌ وزفرةٌ دون حرّها النارُ

وقال [كامل]

أصبحتُ لا أشكو الخطوبَ وإنّما أشكو زمانا لم يدَعْ لى مُشْتَكَى
أفنى أخِلّائى وأهلَ مودّتى وأبادَ إخوانَ الصفاءِ وأهْلَكَا
عاشوا براحتهمْ ومتُّ لفقدهمْ فعلىّ يبكى لا عليهم من بَكَى
وبقيتُ بعدهمْ كأنّى حائرٌ بمغارةٍ لم يلقَ فيها مسلَكَا

وقال [بسيط]

ونازحٍ فى فؤادى من هواه صدًى لم يُرْوِ غلّتَه عَلّى ولا نَهَلى
فى فيه ما فى جنانِ الخُلْدِ من دُرَرٍ ومن رُضابٍ ومن خَمْرٍ ومن عَسَلِ
لو كنتُ أعلمُ أنّ البينَ يُجِّانى رَوّيتُ قبل النوى قلبى من القُبَلِ

وقال [كامل]

إن يحسدوا فى السلمِ منزلتى من العزِّ المنيفِ
فبما أهينُ النفسَ فى يوم الوغا بين الصفوفِ
ولطالما أقدمتُ إقدامَ المنون على المنونِ
بعزيمةٍ أمضَى على حدّ السيون من السيوفِ

وقال [كامل]

ألقِ الخطوبَ إذا طرقــنَ بقلبٍ محتسبٍ صبورِ
فسينقضى زمنُ الهمو مِ كما انقضى زمنُ السرورِ
فمن المحالِ دوامُ حا لٍ فى مدى العمر القصيرِ

وقال [بسيط]

بكاءُ مثلى من وَشْكِ النوى سَفَهُ
وامرُ صبرى بعد البينِ مشتبهُ

فما يسوّقني في قربهم أمل
وليس في اليأس لي روح ولا رفه
أكاتم الناس أشجاني وأحسبها
تخفى فيعلنها الأسقام والوله
كأنني من ذهول الهمّ في سنةٍ
وناظري قرح الأجفان منتبه
أذنبت ثم أحلت الذنب من سفهٍ
على النوى ولبئس العادة السفه
أقمت طوعاً وساروا ثم أنّبهم
هلّا عجبت نواهم حيث ما أجرهوا
أضرّ بي ناظرٌ تَدَّى تُحاجِره
وخاطرٌ مذ نأوا حيران منشده
فما يلايم ذا بعد النوى فرحٌ
ولا يروق لهذا منظرٌ نزه
سقياً لدهرٍ نعمنا في غضارته
إذ في الحوادث عنّا ساء نابله
وعيشنا لم يخالط صفوه كدرٌ
ووُدّنا لم تشبّ إخلاصه الشبه
مضى وجاء زمانٌ لا نُسرُّ به
كلُّ البريّة منه في الذي كرهوا

وقال في الزهد [سريع]

منوبةُ الفاقد عن فقده بصبرهِ أنفعُ من وجدهِ
يبكيه من حزنٍ عليه فهل يُطمَعُ في التخليد من بعدهِ
ما حيلةُ الناس وهل من يدٍ لهمْ بدفع الموت او صدّهِ

وروده لا بـدّ منــه فــا | يُنْكَرُ ما لا بـدّ من وَرْدِه
سهامُه لم تستطع ردَّها | داودُ بالحكم من سَرْدِه
ولا سُلَيْمانُ ابنــه ردَّها | بمَلكه وللحشد من جُنْدِه
عدلٌ تَساوَى للخلق فيه فما | يميّزُ المالكَ من عبدِه
كلٌّ له حدٌّ اذا ما انتهى | اليــه وافاه على حــدِّه
يجمعُنــا الارضَ وكلُّ امرئٍ | فى لحده كالطفل فى مهدِه
أما ترى أسلافنــا عرَّسوا | بمنزل دانٍ على بُعْدِه
تَبَوَّءوا الارضَ ولم يخبروا | عن حرّ مثـواهم ولا بَرْدِه
لحادثٍ أسكتَهم أمسكوا | عن ابتداء الــقـول او ردِّه
لو نطقوا قالوا التقى خيرُ ما | تزوَّدَ العبـدُ الى لَحْدِه
فارجعْ الى الله وثــقْ بالــذى | اتاك فى الصادق من وَعْدِه
للصابريـن الأجـرُ والأمْنُ من | عذابه والفـوزُ فى خُلْدِه

وقال [رمل]

أيّها المغرورُ مهـلاً | بلَغَ العمـرُ مـداه
كم عسى من جاوز السبـعين يبقى كم عساه
أنسيتَ الموتَ ام أ | مّنَـك اللهُ لـظاه
تظلمُ الناسَ لمن تر | جوه او تخشى سَطاه
أنت كالتنّور يَصْلَى الـنـارَ فى نفع سواه

وقال يرثى ولدًا له [بسيط]

أزور قـبـرك والأشجـانُ تمـنعـنى
من أن أرى نهجَ قصدى حين أنصرفُ
فما أرى غيرَ أحجارٍ منضَّدةٍ
قد احتنتوْك ومأوى الدرّة الصَّدَفُ
فأنثنى لستُ أدرى أين منقلبى

كَأَنَّنِى خائفٌ فى الليلِ يَعْتَسِفُ
إن قصّر العمرُ بى أن أرى خَلَفًا
له فى الأجرِ عند اللهِ لى خَلَفُ
أقولُ للنفسِ اذ جدَّ النزاعُ بها
يا نفسُ ويحكِ أين الأهلُ والسَّلَفُ
أليس هذا سبيلَ الخلقِ أجمعِهم
وكلُّهم بورودِ الموتِ مُعترِفُ
كم ذا التأسّفُ ام ما ذا الحنينُ وهل
يَردُّ من قد حواه قبرُهُ الأَسَفُ

وقال [طويل]

تقلُّبُ أحوالِ الزمانِ أفادنى — جميلَ الأسى فيما ينوبُ من الخطبِ
اذا حلَّ ما لا يُستطاعُ دفاعُه — فما أجملَ الصبرَ الجميلَ بذى اللبِّ

وقال [كامل]

صبرًا لأيامٍ تَنــا — هتْ فى معاندتى وعَصَّى
فالدهرُ كالميزانِ ما — يَنفكُّ من رفعٍ وخفضٍ
هذا مع الأفلاكِ مبــــــ — رٌ تَغيعُ وذا بحضيضِ أرضٍ
والى الفناءِ جميعُ من — خفضتْه او رفعتْه يُفضَى

وقال [بسيط]

أَرْجَأْتُ كُتْبِى الى حينِ اللقاءِ فقد
أكدَى رجائى وزاد الشوقُ أرجائى
ولجَأْتُنى الى صبرى موانعُ أيْـ
ــسٍ فلم يَسْلُنى سعيى ولجْأئى
حتّى أحاطت بىَ الأشواقُ واشتملتْ
علىَّ واستحوذَتْ من كلِّ أرجائى

فهل سبيلٌ الى قربٍ يُميط شَجَى
صدرى فقد طال تبريحى وإنتجانى

وقال [كامل]

حُسْنُ التواضُع فى الكَريم يَزيدهُ   فضلًا على الأَضراب والأَمثالِ
يكسوه من حسن الثَناء مَلابسًا   تنبو عن المترفِّع المُختالِ
إنَّ السيول الى القَرار سريعةٌ   والسيلُ حَرْبٌ للمكان العالي

وقال وكتب بها الى ولده الامير مُرهَف من حصن كَيْفا جوابا عن كتاب أنفذه اليه مع مستميح لم يَتمكّن من بلوغ مآثره من برّه

[بسيط]

أبا الفوارس ما لاقيتُ من زمنى   أشدَّ من قبضه كفّى من الجُودِ
رأى سماجَ بمنزور تجانـف لى   عنه وجودى به فأجتاح موجودى
فصرت إن هزّنى جانٍ تَعَوَّد أن   يُجنّنى نداىَ رآنى يابسَ العُودِ

وقال فى المعنى [بسيط]

أبا الفوارس إن أنكرتَ قبض يدى   من بَعد بسطتِها بالجُود والكَرَمِ
فالذنبُ للموت أرجانى الى زمنٍ   غلَّتْ أكفَّ النَّدى بؤساه بالعَدَمِ

وقال [خفيف]

حذَّرَتْنى تجارى محبَة العا   لم حتّى كرهتُ محبَة ظِلّى
ليس فيهم خلٌّ اذا ناب خَطبٌ   قلتُ ما لى لدفعه غيرُ خِلّى
كلُّهم يَبذل الوِدادَ لدى اليُسْرِ   ولكنَّهم عُـدًى للـمُقِلِّ
فأعتزلْهم فى انفرادك منهم   راحة اليأس من حذارٍ وذُلِّ

وقال [وافر]

سقوفُ الدُّور فى خَرِبَتْ سودٌ   كستْها النار أثواب الحِدادِ
فلا تعجبْ اذا ارتفعتْ علينا   فللحَظّ أعتناءٌ بالسَّوادِ

بياضُ العينِ يكسوها جمالًا وليس النورُ إلا في السَّوادِ
ونورُ الشيبِ مكروهٌ وتهوَى سوادَ الشعرِ أصنافُ العِبادِ
وطِرْسُ الخطِّ ليس يفيد عِلمًا وكلُّ العلمِ في وشي المِدادِ

[خفيف]

وقال يرثي ولده عنبسًا

غالبتْني عذيك أيدي المنايا ولها في النفوسِ أمرٌ مطاعُ
فتخلَّيتُ عنك عجزًا ولو أغْــنـى لطال عنك الدفاعُ
وأرادتْ جميلَ صبري فرامتْ مَطلبًا في الخطوبِ لا تستطاعُ

[خفيف]

وقال فيه

كلَّما أمتَعَّتْ ناظري ردَّه الدَّمْــعُ حسيرًا عن أن يَرى لك شِبْهَا
لم يَرُقْني من بعدِ فقدِك مَرْأَى فيه للعينِ مستراذٌ ومَـلْهَى
كنتَ عندي ألذَّ من رغدِ العيــشِ وأحلَى من الحيوةِ وأشهَى

وقال في مدح الملك الناصر صلاح الدين سلطان مصر والشام واليمن

[كامل]

سمِعَتْ صروفُ الدهرِ قولَ العاتبِ وتجنَّبتْ حربَ المليكِ المحاربِ
وتجافَتِ الأيامُ عن مطلوبِه ومـرادِه أكرِمْ به من طالبِ
هو مَن عَرَفْنَ فلو عصاهُ نهارُه لرماهُ بنَقْـعِ جيوشِه بغياهبِ
وإذا سَطَا أضحتْ قلوبُ عداتِه تَلْـوَى كخِــرَاقٍ بكفَّي لاعبِ
مَن ذا يناوي الناصرَ الملكَ الذي في كفِّـه بحرًا رَدًى ومواهِبِ
وإذا سرى خِلْتَ البسيطةَ لُجَّةً أمواجُها بِيضٌ وبِيضُ قواضبِ
ملَك القلوبَ محبَّةً ومهابـةً فاقتنادها طوعًا بهيبةِ غاصبِ

وله في الشيبِ والانحناءِ والعصا

[رجز]

حنانِيَ الـدهـرُ وأبــلتْـني الليالي والغِـيَـرْ
فصرتُ كالقوسِ ومِنْ عصايَ للقوسِ وَتَـرْ

أَهْدِجُ فِى مَشْيِى وفِى   خَطْوِى فُتُورٌ وقَصَرْ
كَأَنَّنِى مُقَيَّدٌ   وَاِنَّما القَيْدُ الكِبَرْ
والعُمرُ مِثْلُ الماءِ فِى   اخِرِهِ يَأْتِى الكَدَرْ

وله فى الخيال [منسرح]

يا هاجِرًا راضِيًا وغَضْبانا   ومُعْرِضًا هاجِدًا ويَقْظانا
هَجَرتَ إمّا لهَفْوةٍ فَرَطَتْ   مِنّى وإمّا ظُلْمًا وعُدْوانا
طَيْفُكَ ما بالُهُ يُهاجِرُنِى   مَن أَعْلَمُ الطيفَ بالّذى كانا

وله [وافر]

يُهَوِّنُ الخَطْبَ أنَّ الدَّهْرَ ذو غِيَرٍ   وأنَّ أَيّامَهُ بينَ الوَرَى دُوَلُ
وإنْ ما ساءَ أو ما سَرَّ مُنتَقِلٌ   عَنَّا وألّا فإنّا عنه نَنتَقِلُ

وله [طويل]

تَناسَتْنِىَ الآجالُ حتَّى كأنَّنى   رَدِيَّةُ سَفَرٍ بالفَلاةِ حَسِيرُ
ولَمّا تَدَكَّعُ مِنّى الثّمانونَ مُتَّةً   كأنّى اذا رُمْتُ القِيامَ كَسِيرُ
أُؤَدِّى صَلاتِى قاعِدًا وسُجودُها   عَلَىَّ اذا رُمتُ السُّجودَ عَسِيرُ
وقد أَنْذَرَتْنِى هذه الحالُ أَنَّنى   دَنَتْ رِحْلَةٌ مِنّى وحانَ مَسِيرُ

وله من قصيدة يصف ضعفه فى كبره من قطعة [بسيط]

فَاعْجَبْ لِضَعْفِ يَدَىَّ مِنْ حَمْلِها قَلَمًا
من بَعْدِ حَطْمِ القَنا فِى لَبَّةِ الأَسَدِ

وأنشدنى ايضا لنفسه [خفيف]

لِى مَوْلًى مُحِبَّتُهُ مَذْهَبُ العُمْـرِ فَلَمْ يَرْعَ حُرْمَتِى وذِمامِى
ظَنَّنِى ظِلَّهُ أُصاحِبُهُ الدَّهْـرَ عَلَى غَيْرِ نائلٍ واحْتِرامِ
فَافْتِراقُنا كأنَّهُ كان طَيْفًا   وكَأنّى رَأيْتُهُ فى المَنامِ

وللأمير مجد الدين مؤيَّد الدولة بن منقذ فى مدح الملك الناصر

[كامل]

تَهْنَى لشَرْخ شبيبتى وزمانى	وتَروَّقَ لغُتوَّةٍ وطِعانٍ
أيّامَ لا أُعْطِى الصبابةَ مَقْودى	أنَفًا ولا يَثنى الغَرامُ عِنانى
وإذا اللَّواتى فى تَخَتُّمِىَ الوَغَى	لا فى المُدامِ ولا الهَوى تَلْهانى
وإذا الكُماةُ على يَقينٍ أنّهُم	يَلقى الرَّدَى فى الحربِ من يَلقانى
اعتدُّهم وهم الأُسودُ فرائسى	فهم ذَرِيَّةُ صارمى وسِنانى
والأُسْدُ تَلقى مِثْلَها مَتَى إذا	لاقيتُها بقُوَى يَدٍ وجَنانى
كم قد حطمتُ الرمحَ فى لَبّاتها	فتركتُها صَرْعَى على الأذقانِ
حتّى إذا السبعون قصَّر عُشْرُها	خَطوى وعاثَ الضعفُ فى أركانى
أبلَتْنىَ الأيّامُ حتّى كلَّ عن	ضربِ المهنَّد ساعِدى وبَنانى
هذا وكم للدهرِ عندى نَكبةً	فى المال والأهلين والأوطانِ
نُوَبٌ يروض بها أبَى وقد عسَى	عودى فما تَثنيه كفُّ لَحانى
لا أستكينُ ولا أَلينُ وقد بَلِى	فيما مضَى صبرى على الحَدَثانِ
فالآن يَطمعُ فى اهتضامى إنَّهُ	قد رام أمرًا ليس فى الإمكانِ
والناصرُ الملِكُ المتوَّجُ ناصرى	وعُلاهُ قد خَطَّت كتابَ أمانى
قد كنتُ أرهبُ صرفَ دهرى قبله	فأعادَ صرفَ الدهرِ من أعوانى
أنا جارُه ويدُ الخطوبِ قصيرةٌ	عن أن تَنالَ بجاوِرَ السُّلطانِ
مَلِكٌ يَمُنُّ على أُسارى سَيْبِهِ	فيُعيدُهم فى الاسرِ بالإحسانِ
خَضَعتْ له صِيدُ الملوكِ فمن يُرَى	أقلامُهُ غُرَرٌ على التِّيجانِ
مَلأَ القلوبَ محبَّةً ومهابةً	خَلَتْ من البَغْضاءِ والشَّنَآنِ
لى منه إكرامٌ علوتُ به على	زَهرِ النُّجومِ ونائلٌ أغْنانى
قَرَنَ الكرامةَ بالنَّوالِ مُواليًا	فعَجِزتُ عن إحصاءِ ما أولانى
فنَداهُ أخلَفَ ما مضَى من ثَرْوَتى	وبقاؤُه عن أُسْرتى أسلانى

تَبــقى على الأحْقــابِ والأَزمانِ	فلأُهــدِيَــنّ الى عَــلاهُ مَــدائـحًــا مَدحًا أفوقُ بـها زُهَــيرًا مِثــلَــمــا
فاقَ المليكُ النــاصرُ ابنَ سِــنــانِ	يا ناصرَ الإسلامِ حيــن تخــاذلَتْ
عنــهُ الملوكُ ومُظْــهِــرَ الإيمــانِ	بك قد أعَــزّ اللهُ حِــزْبَ جُنــودِهِ
وأذَلَّ حِــزْبَ الكُــفرِ والطُّــغْــيــانِ	لمّــا رأيــتُ النــاسَ قــد أغــواهُمُ
الشيطـانُ بالإلحادِ والعِصــيــانِ	جرَّدتَ سيفَك في العِدى لا رغْبــةً
في المُلكِ بل في طاعةِ الــرّحــمــانِ	فضربتَهمْ ضربَ الغرائــبِ واضعًــا
بالسيفِ ما رفعوا من الصُّــلْــبــانِ	وغضبتَ لله الّــذي أعطاك فصــلَ
الحُكمِ غضبــةَ ثائــرٍ حَــرّانِ	فقتلتَ مَن صَدَّقَ الوغَا وَوَسَمْتَ مَن
نَجَــى الــفِــرارَ بــذلّــةٍ وهــوانِ	وبذلتَ أموالَ الخزائــنِ بعــد ما
هَرمــتْ وراءَ خواتــمِ الخُــزّانِ	في جمعِ كلّ مُجــاهــدٍ ومُجــالِــدٍ
ومُبـارزٍ ومُنــازِلِ الأقْــرانِ	من كلّ من يَرِدُ الحروبَ بأبْــيَــضٍ
عَضْبٍ ويَصْدرُ وهْوَ أحْمَــرُ قانِ	ويخــوضُ نيــرانَ الــوغــا وكأنّــهُ
ظَمْآنُ خاضَ مواردَ الغــدرانِ	قومٌ اذا شَهِدوا الوغا قالَ الــورى
ما ذا أتى بالأُسْــدِ من خَــفّــانِ	لو أنّهم صدموا الجبــالَ لزَعْــزَعــوا
أركانَــهــا بالبيــضِ والخُــرصــانِ	فهم الذخيرةُ للوقائــعِ بالعِــدَى
ولفَتحِ ما استَعصى من البُلــدانِ	أنت الّذي علّمتَهم ضربَ الطُّلَى
وبك اقتدوا يا فارسَ الفُــرسانِ	فأسمُ مَــدَى الأيّامِ يا من مالُه
في كلِّ مَكرمَــةٍ وفضــلٍ ثانِ	واسعدْ بشهر الله فهْــو مُبَشِّــرٌ
لعَلاك بالتأيــيدِ والغُــفرانِ	في دولةٍ عمَّــتْ بنائلِــها الــورى
فدعا لــها بالخُــلــدِ كــلَّ لِــسانِ	

وله في الهَزْلِ

[كامل]

حتّى تهتَّكَ في بُغًى ولِــواطِ	خَلَعَ الخليعُ عِذارَهُ في فِسْقِهِ
هذا كذاك إبــرةُ الخَــيّــاطِ	يأتي ويؤتى ليس يُنْكِــرُ ذا ولا

وله

[بسيط]

يا عاتبَيَّ عتابُ المستريب لنا
لا تسمعوا فى الهوى ما تدَّعى التُّهَمُ
مَن لى بأنَّ بسيطَ الأرضِ دونَكُم
طِرْسٌ وأنَّ فى أرجائه قَلَمُ
أُسْجى اليكم على رأسى ويَمنعنى
إجلالى للحُبّ أن يسعى بىَ القَدَمُ

وله قصيدة مشهورة كتبها الى دمشق بعد خروجه منها الى مصر فى زمان بنى الصوفىّ كتبها الى الأمير أتسز ويشير الى بنى الصوفىّ أنشدنيها لنفسه وهى ذات تضمين

[بسيط]

وَلَوْ ولمّا رجونا عَدلَهم ظَلَمُوا ** فليتَهم حكموا فينا بما عَلِمُوا
ما مرَّ يوما بفكرى ما يريبهمُ ** ولا سعَتْ بى الى ما ساءهمْ قَدَمُ
ولا أضعتُ لهم عهدا ولا أطلعتْ ** على ودائعهمْ فى صدرى التُّهَمُ
فليت شعرى بما استوجبتُ جَوْرَهمُ ** ملُّوا فصدَّهمْ عن وصلىَ السَّأَمُ
حفظتُ ما ضيَّعوا أغضيتُ حين جنَوْا ** وفيتُ اذ غدروا واصلتُ اذ صَرَموا
حرَّمتُ ما كنتُ أرجو من وِدادِهم ** ما الرزقُ إلّا الّذى تجرى به القِسَمُ
مَحاسنى منذُ ملُّونى بأعينهمْ ** قَذًى وذكرى فى آذانهم صَمَمُ
وبَعدُ لو قيل لى ما ذا تُحبّ وما ** هواكَ مِن زينة الدنيا لقلتُ هُمُ
هم مجالُ الكَرى مِن مقلتىَّ ومن ** قلبى محلّ المُنَى جاروا او اجترَموا
تبدَّلوا بى ولا أبغى بهمْ بَدَلًا ** حَسبى هُمُ أنصفوا فى الحكم او ظلموا
يا راكبا تقطع البيداءَ هِنَّتُه ** والعِيسُ تَجأر عمّا تُدرك الهِمَمُ
بلِّغْ أميرى معينَ الدينِ مَأْلُكةً ** مِن نازح الدّار لكن وُدُّه أَمَمُ
وقلْ له انت خيرُ التُّرْكِ فضلُك السـ ** ـكيابُ والدينُ والإقدامُ والكَرَمُ
وانت أعدلُ مَن يُشكى اليـ ** ـه ولى شكيَّةٌ انت فيها الخصمُ والحَكَمُ

وعدلُ سيرتِه بين الورى علَمْ	هل فى القضيّة يا من فضلُ دولتِه
به النّصيحةُ والإخلاصُ والحَكَمْ	يضيع واجبُ حقّى بعد ما شهدتْ
إنّ المعارفَ فى اهل النُّهى ذِمَمْ	وما ظننتُك تَنسى حقَّ معرفتى
ودّ وأن أجلبَ الأعداءَ ينصرِمْ	ولا اعتقدتُ الّذى بينى وبينك من
حتّى استمدّت عندك الأنوارُ والظُّلَمْ	لكن لقائُك ما زالوا بعتبهم
لو أنّهم عدِموك الويلُ والعَدَمْ	باعوك بالبخس يبغون الغنى ولهم
وكلُّهم ذو هوًى فى الرّأى مُتَّهَمْ	واللهِ ما نصحوا لمّا استنشرتَهم
وكم سعَوْا بفسادٍ ضلّ سعيُهم	كم حرّفوا من معانٍ فى سفارتهم
ساموك خُطّةَ خسفٍ عارُها يَصِمْ	اين الحميّةُ والنّفسُ الأبيّة اذ
من فعل ما أنكرتْه العُرْبُ والعَجَمْ	هلّا أنفتْ حياءً او محافظةً
ولم يُرَوِّ سِنانَ السّمْهَريِّ دَمْ	أسلَمْنا وسيوفُ الهندِ مغمدةٌ
لا يعتريه به شيبٌ ولا هَرَمْ	وكنتُ أحسبُ من والاك فى حَرَمٍ
يخشى الأعادى ولا تغتاله النّقَمْ	وأنّ جارَك جارٌ للسموءَل لا
بالوفاء لكنْ جرى بالكائن القَلَمْ	وما طمانَ بأوْفى من أُسامةَ
عذرٌ ما ذا جنى الأطفالُ والحَرَمْ	هبْنا جنينا ذنوبا لا يكفِّرها
رضًى عدًى يُسخِطُ الرحمنَ فعلَهم	ألقيتَهم فى يد الافرنج متّبعًا
وهم بِزِّعمِهم الأعوان والخَدَمْ	هم الأعادى وقاك اللهُ شرَّهم
تقاعدوا فاذا شيّدتَه هدموا	اذا نهضتَ الى مجدٍ تؤثِّله
فكلّهم الّذى يبكيك مبتسمٌ	وإن عرَتْك من الايّام نائبةٌ
بحدّ عزمِك وهو الصارمُ الخَذِمْ	حتّى اذا ما انجلتْ عنهم غيابَتُها
ووردُهم من نداك السلسلُ الشّبِمْ	رشفتَ آخرَ عيشٍ كلُّه كَدَرٌ
واشٍ فذاك الّذى يجنى ويجترِمْ	وإن أتاهم بقولٍ عنك مختلقٍ
والاك فهو الّذى يُقصَى ويهتضَمْ	وكلُّ من ملئت عنه قَرِبَتُه ومن
ومرتعُ البغى لولا جهلُهم وَخِمْ	بغيًا وكفرًا لما أولِيتَ من مِنَنٍ

جَرِّبْهُمْ مِثْلَ تَجْرِيبِى لِتَخْبُرَهُمْ / فَلِلرجالِ اذا ما جُرِّبُوا قِيَمُ

هَلْ فيهمْ رجلٌ يُغْنى غَنائى اذا / جَلّى لِلحوادثِ حدُّ السيفِ والقَلَمُ

ام فيهمْ مَن له فى الخطبِ ضاق به / ذَرْعُ الرجالِ يدٌ بسطوا بها وفَمُ

لكنْ رأيتُك أدناهُمْ وأبعدَنى / فليت أنّا بقدرِ الحبِّ نَقْتَسِمُ

وما سخطتُ بعادى اذ رضيتُ به / وما لجرحٍ اذا أرضاكُمُ ألَمُ

ولستُ آسى على الترحالِ من بلدٍ / شُهْبُ البُزاةِ سواءٌ فيه والرَّخَمُ

تعلّقتْ بجبالِ الشمسِ فيه يدى / ثم انثنتْ وهْىَ صِفْرٌ مَلَّوْها نَدَمُ

فأسلمْ فما عِشتُ لى فالدهرُ طوعُ يدى / وكلُّ ما نالنى من بُؤسِهِ نَعَمُ

وأردتُّ ان أُورِدَ من نثرِه، ما يَزهرُ حُجْرُه، ويبهرُ شجرُه، فوجدتُّ له جوابَ كتابٍ كتبه القاضى الفاضلُ ابنُ البَيْسانىّ اليه من مصرَ عند عودِه اليها ونحن بدمشقَ سنة احدى وسبعين وأثبتُّ أوّلَ الرسالةِ الفاضليّةِ، وهى أديبةٌ غريبةٌ صنيعةٌ بديعةٌ، جامعةٌ للدُّرَرِ لامعةٌ بالغُرَرِ، وهى وصَلَ كتابٌ للحضرةِ الشاميّةِ الأَجَلّيّةِ المؤيّدةِ الموفّقةِ المكرّمةِ، مجدِ الدينِ، قِدوةِ المجاهدينَ، شيخِ الامراءِ امينِ العلماءِ مؤيّدِ الدولةِ، عزِّ الملّةِ، ذاتِ الفضيلتينِ، خالصةِ امير المؤمنينَ، لا زالت رياضُ ثنائها متفاوحةً، وخطراتُ الرَّدى دونها متنازحةً، والبركاتُ الى جنابها متوالِيةً، والليالى بأنوار سعادتها متلالِئةً، والأيّامُ لاجفةً عن بقيّةِ الفضلِ بها متجافيةً، وأحكامُها الهافيةُ تاركةً للمجدِ منها فئةً، تتخيّرُ اليها المكرماتِ اذا لم يكن لها فئةً، فأنشدهُ ضالّةَ هوًى كان لِيُنْشَدَ انها مُرصَدةً، ورفع له نارًا مُوسويّةً سمع عندها الخطابُ وآنسَ الخيرَ ووجد الهُدى، وكانت نارَ الخليلِ فى فؤادِه بخلافِ نارِ الخليلِ، فانّها لا تقبل ندى الأجفانِ بان يكون بردًا وسلامًا، ولا ترى بمائها الّا أضرى ما كانت ضِراما، وشهد اللهُ حوالةً على علمه بما هو

فيه، لا إحالةَ بما يخالفُه الضميرُ وينافيه، لقد كان العبدُ ناكسَ الرأس مُخِلًّا عضيضَ الطرفِ حياءً مقيَّدَ النظرِ إطراقًا حصرَ القولُ تشوُّرًا منذ فارقتها على تلك الصفةِ فلا هو قضى من حقّها فرائضَ لزمت، واللهِ وتعيّنت، ولا الضرورةُ فى مقامِها تحيّتَ مُلْغِيه أنُّسُها آذنت، ولا مدّت هذه الطيفيّةُ والسحابةُ الصيفيّةُ بالنوى المستأنَفةِ ما اقتربت، ولا الأيّامُ بالبُعْد ما اساءت فإنّها بالقرب ما أحسنت،

[طويل]

وإنّ آمرًا يَبقى على ذا فؤادُه ويخبرُ عنه أنّه لَصَبُور

ويعود الى ذكر الكتابِ الكريمِ ويجدّدُ لمحرابه وسلَّم، وحسب سطوره مباسمَ تبسّم، ووقف عليه وقوفَ المحبّ على الطلل يكلّمُه ولا يتكلّم، وهطل جفنَه وقد كان جمادى ودمعَه وقد كان على صفحةِ المحرَّم، وجدّد له صبابةً لا يُعجبها أمل، وخاف ان لا يُدرك الهيجاء جَمَل، وقال الكتابَ

[بسيط]

إنّا لمحيّيوك فآسلَم أيّتُها الطَلَل

وعزّ والله عليه ان يُدخِل كاتبَه القلوبَ ويخرجَ من المُقَل، وأنشد نيابةً عنها

[طويل]

وإن بلادًا ما احْتَمَلَتْ بى لعاطِل وإن زمانًا ما وفَى لى لَخَوَّانُ

وما يحسب العبد ان المَلِكَ يعجز عن واحد وهو بالنورى مستقِلّ، وأنّ السحاب يُعرض عن ذكّ الروض وهو على الفَلا مستهِلّ، ولقد كتبت فى هذا المعنى بما يرجو ان لا يُرْجَى وأنهى منه ما اقتضى الصوابُ ان يُنْهَى، واللهُ المسؤولُ لها فى عاقبةٍ جميدةٍ، وبقيّةٍ من العمر مديدةٍ، فإنّها الآن نوحُ الأدب وطوفانُها العِلمُ الذى فى صدرها، ولا غَرْوَ ان يَبلغ عمرُه بعمرها على انه يَتحقَّق خلودُها فى الجنّة بعملها

وفى الدنيا بذكرها، فإنّ الدارين يتغايران على عقائل مخرها، ولا يتغيّران عن إجرائها على رفع قدرها، وعلى أنها طال ما أقامت الحدّ على الدنيا الشكرى حتى بلغت فى حدّها من العمر الثمانين، وآذنتِ الأيّامُ بسلاحِ الحرب من سيفها وسلاحِ السلم من قلمها تأديبَ الجانبين، وما حملتِ العصا بعد السيف حتى ألغت اليها السلمُ فوضعتِ الحربُ أوزارَها، ولا استقلّت بآية موسى الّا لتنفجر بها أنوارُ الخواطر وتضربَ بحارها، وما هى الّا ريحٌ وكفى بيدها لها سناءً، وما هى الّا جوادٌ يجنّبُ السِّنينَ خلفها فتكون أناملُها لها عناناً، وعلى ذكر العصا فإن تيسّر الكتابُ المجموع فيها حسب انه ثانية للعصاء وأضيف الى محاسنها التى لا تُحصى او يُحصى للحصاء، وكان من مدّةٍ قد شاهد بحلب كتبًا خطّ المولى الولد دلّت على مَضَض ومرض، ولعلّه الآن قد عُوفى من المرَّين، وقرّت بوجهه العيْن، وجدّدت عهدا بنظره، وقرّت عليها لسانَه أسنادَ خبره، وبلّت غلّة لحائم، ورأت منه هلالَ الصائم، وطالَعها وجهُ الزمان المغضب منه بصحة المَباسم، وفى مواعيد الأنس منه الضامنُ الغارم، وهو يسمّ عليه تسليمَ التّدى على ورق الورد، ويستنشر الوفاء من غرس ذلك العهد، ولكتاب الحضرة العالية من الخادم مَوقع، الطوقِ من الحمام يُتنقّلد فلا يُخلَع، ويُعجِبها فلا تزال تَسجَع، بجلبه طوقًا على الأسى الّا انه بذرّ الدمع مرصّع، ولا يَمنعه منه شعارُ السرور ان يَحزن لغربتنها ويَجزع، فاذا أُنعم به مُتِّع تَنقٍ ويخشى ان يكون هذا الشرط له قاطعاً، بل مع من اتّفق فإنّه كما المسك لا يَدَعُه الغَرْبُ الضائع ان يكون ضائعاً،

[كامل]

أُكتِبُه تكتبُ لى أُمًانا ماضيا   وأَبعثُه تبعثُ لى زمانا راجِعًا

إن أَشتريه بمُهجتى فقليلةٌ   فَاسمحْ به فتى عرَفتُك مانِعًا

وجوابُ مؤيَّد الدولة وقرأتُه عليه فسمعه [كامل]

وَصَلَ الكِتابُ أَنا الفِداءُ لِفِكْرةٍ   نَظَمَتْ نَفيسَ الدُّرِّ فيه أَسْطُرَا
وفَضَضْتُه عن جَوْنةٍ فتأَرَّجَتْ   نَفَحاتُه مِسكًا وفاحَتْ عَنْبَرَا
وأَعَدتُ فيه تأَمُّلي مُتحيِّرًا   كيفَ استَحالَ اللفظُ فيه جَوْهَرَا

الخادمُ يخدم المجلس العالي الأجلّى الأوحد الصدر الفاضل فضّله الله برفع درجاته في الجنان، كما فضّله بمُعجِز البلاغة والبيان، وبلّغه من الخيرات آمله، وختم بالحسنى عمله، وجمّل ببقائه الدنيا، وأجزل حظّه من رحمته في الأخرى، بسلام يغاديه نَشرُه ويراوحه، ودعاءٍ لا يُحجَب عن الإجابة صالحه، وثناءٍ يضيق عن حصر فضائله منادحُه، وما عسى أن يقول مُطْريه ومادحُه، والفضل نغبةٌ من بحره الزاخر، وقطرةٌ من تَحابه الماطر، تفرّد به فما له فيه من نظير، وسبق من تقدّمه في زمانه الأخير، فنطق عن البلاغة كما تزيّنت الدنيا منها بالأعاجيب، وأتى بآيات فصاحة كادت أن تُتْلَى في المحاريب، إذا استُنطقت ازدحمت عليها العقولُ والأسماعُ، ووقع على الإقرار بإعجازها الاتّفاقُ والإجماعُ، فسبحان من فضله بالبلاغة على الأنام، وذلّل له بديعَ كلامٍ ما كأنّه من الكلام، تَعجِز عن سلوك سبيله الأفهام، وتَحار في إدراك لطف معانيه الأوهام، هو سِحرٌ لكنّه حلال، ودُرٌّ إلّا أنّ بحره حلوُ سلسال، ولا يُظَنّ أدام الله ببقائه جمالَ الزمان وأهله، ويسّر له إظهار مكتوم فضله، أنّ الخادم يسلك سبيل النفاق في مقاله، ولا إعارةَ شهادةٍ في وصف كماله، لا والله ما ذلك مذهبُه، ولا هو مراد المجلس العالي ولا أَرَبُه، ولكنّها شهادة ولا يَحِلّ كتمُها، وقضيّةٌ جرى بقول الحقّ فيها حكمُها، ولولا أنّ الخادم قد بقي فيه أثرٌ من إقدام الشباب، لأحجم عن إصدار كتابٍ، أو ردّ جوابٍ، لكنّه على ثقةٍ من كرم

مساهَلة لمجلسِ العالي وحسنِ تجاوزِه، ويقينٍ أنَّ فضلَه جديرٌ بستر نقصِ الخادم وسترِ معاورِه، وهو يَضرب عن ذكرِ ما عنده من الشوق الى كريم رؤيتِه، والوحشةِ بمحبوب خدمتِه، ويَقتصِر على ما قاله زهير [بسيط]

إِنْ تُمْسِ دَارَهُمْ مِنِّي مُبَاعَدَةً فَمَا الأَحِبَّةُ إِلَّا هُمْ وَإِنْ بَعُدُوا

فأمّا ما أُنعَم به من ذكرِ الخادم فى مطالعاتِه، فهو كذكر موسى أخاهُ هٰرون عليه السلام فى مناجاتِه، ولا سَواءٌ موسى ذكر شقيقَه، والمجلس العالي ذكر رفيقه، وهٰذه اليدُ البيضاءُ مضافةً الى سالف أياديه، مقابلةٌ بالاعتران بالمنّة لساميه، فلقد شرّفه بذكرِه فى ذلك المقام العالي، وإن كان لا يزال على ذكر الانعام المتوالى، تقريبُ مالكِ رقِّه وإكرامُه قد شرّفاه، وإنعامُه قد أغناه عن الخلق وكفاه، إن سأله أجاب سؤالَه، بما يحقّق رجاه وآمالَه، وإن أمسك عن غنى فضلِه بعضلِه، فاجأه بتبرّع مواهبه وبذلِه، فالخادمُ من تشريف مالكِ رقِّه ذو تاج وسريرٍ، ومن غزير إنعامِه فى روضةٍ وغديرٍ، وذلك بمركات المجلسِ العالي ويُمنِ نقيبتِه، وجميلِ رأيه فى الخادم وحسنِ نيّتِه، لٰكن يشوب ما هو فيه من إنعام لم تبلغه أمانيه أسفٌ قد أقصى لين مهاده، وسلك من القلب حبّةَ سوادِه، على ذاهب عمره، وقوّة أسره، اذ لم يكن أبلاها فى خدمة مالكِ رقّه، وبذل رأسه بين يديه إبانةً عن محّة ولائه وصدقه، وللخادمُ يتسلّى عمّا فاته من الخدم فى المهمّ بخدمته بصالح دعائه فى الليل المدلهمّ والله سبحانه يتقبل من الخادم فيه صالحَ دعائه، وينصره على جاحدى نعمائه، بمحمّد وآله، فأمّا ما أُنعَم به من ذكر أصغر خدمه، مُرهَفٌ فهو يُخدم بتقبيل قدمه، وللخادم يقول ما قاله ابو الفتيان ابن حيّوس عن خدمة ابى الحسن

رحمه الله لمحمود بن صالح [طويل]

على أنّه لا فلَّ غَـرْبُ لسانـه
مَدَى الدهر لا يُحتاج متّى مُتَرْجِمًا

وهو يقوم بالجواب عن شريف الاهتمام، وجزيل الإنعام، وأمّا ما تطول به من ذكر كتاب العصا وشرفه، حتى توهّم أنّه أحسنُ فيما صنّفه، وعند وصوله من ديار بكر، لا يُلقى عصا تَسْيـارِه اٰلّا بمصر، يَقتني أثرَ عصا الكليم، الى جنابه الكريم، اٰلّا أنه آيةُ إقراره بالربوبيّة لفضله واٰفضاله، ساجدٌ سجودَ السَّحَرة لتعظيمه واٰجلاله، يَتلقّف من إنعامه حُسْنَ التجاوز عن نقصه، ويعود بكرمه من منافشة علـه وفحصه، وتشريفُ للخادم ولو بسطرٍ واحد عند خلو البال، والفراغُ من مهمّ الاشتغال، يَرفع من قدره وبوجـده أنّـه بالمكان المكين من حسن ذكره ورأيـه ادام الله آيّامـه فى ذلك أغْلى إن شاء الله تعالى،

وكتب اليّ وقد رحلنا من دمشق فى خدمة الملك الناصر الى حلب فى شوّال سنة احدى وسبعين [وافر]

عمـاد الـدين انت لكلِّ داعٍ ۔۔۔ دعاك لعونه خيرُ العمـادِ
تقوم لنـصرِه كرمًا اذا ما ۔۔۔ تقاعد ذو القرابة والودادِ
قضى لك بالعلى كرمُ السجايا ۔۔۔ وما أُوتيتَ من كرمِ الـولادِ
أبثُّك وحشتى لك واٰشتياقى ۔۔۔ اليك وما لقيتُ من البعـادِ
وأنّى فى دمشق ومَن حَوَّتْـه ۔۔۔ لبعدك ذو اٰغتراب واٰنـفرادِ
ومثلُك إن تطلّبه خبيرٌ ۔۔۔ بهذا الخلق ليس بمستفـادِ
أنار بك الزمانُ فلا عَلَتْـه ۔۔۔ لفقدِ عُلاك أثـوابُ الحِـدادِ

وكتب اليّ ايضا فى ابتداء مكاتبة [رمل]

يا عـادى حيـنٍ لا معـتَمَـدٌ ۔۔۔ وصَدَى صوتٍ فى الخطب المُلِمّ

OUSÂMA IBN MOUNKIDH.

والَّـــذى بَــوَّأنى مــن رأيِــه   فى أَعالى ذروةِ الطودِ الأَشَمِّ

منذُ فارقتُك أُنسى نافدٌ   وسَنا صبحى كليلٌ مدلهـمّ

فإلى من أَشتكى شيـئًـا اذا   غاب عنّى مشتكى طارقِ غمّى

واذا كنتُ معافًى سالمـا   فى اعتلاءٍ وسعودِ هانَ هَمّى

خادمُ المجلس العالى يَخدم بالثناء والدعاء   [وافر]

ويُومئُ بالتَّحيَّةِ من بَعيدٍ   كما يومى باصبعه الغَريقُ

وعنده من الشوق مع قرب العهـد الى شهىّ رؤيته، والوحشة لخدمته، ما يُعجز الأقلامَ شرحَه، ويُحرق الطِّرْسَ لفحُه، وهو يتحرّن من مكام الاشتكاء، الى مقام الدعاء، ويَرغب الى الله أن يكلأه بحفظه فى سفره ومقامه، ويَجزل حظَّه من فضله وإنعامه، ووصلت منه مكاتبة الى الملك الناصر صلاح الدين فى صغر سنة اثنين وسبعين فقال لى القاضى الفاضل خذْها واوردْها فى الخريدة والجريدة وهى [بسيط]

لا زلتَ يا مَلِكَ الإسلامِ فى نَعَمٍ   قرينُها المُسْعِدانِ النصرُ والظَّفَرُ

تَرْدى الأعادى وتَستصفى ممالكَهم   وعونُك الماضيان السيفُ والقَدَرُ

فأنت إسكندر الدنيا بنورك قـد   تضاءَلَ المُظْلِمـانِ الظُّلمُ والضَّرَرُ

أعدَّت للدهر أيّامُ الشبابِ وقد   أظلَّه المُهْرِمان الشَّيبُ والكِبَرُ

وجاد غيثُ نداك المسلمين فمن   شابه المُغْنِيان الدرُّ والبَدَرُ

وسرتَ سيرةَ عَدْلٍ فى الأنامِ كما   قضى به الصادقانِ الشَّرْعُ والسِّيَرُ

فتقْ بنصرٍ على الكُفَّارِ إنَّهُـم   يَرديهم المُهْلِكانِ القَدَرُ والأشرُ

تَناهُمْ إذ رأوا إقبالَ مُلكِهِم   إليهم المُزْعِجانِ الخوفُ والحَذَرُ

وما الفِرارُ بمُنْجيهـم وخلفَهُمْ   من بأسه المُدْرِكان السَّمْرُ والبُتَرُ

وسوف يَعفو غدًا منهم بصارمه   وجيشه المُخْبِرانِ العَينُ والأَثَرُ

ولو رَقَوْا فى ذُرَى تَهلانَ أسلمَهم   لسيفه العاصمانِ الحُصْنُ والوَزَرُ

قضى بتفضيله عمّن تقدّمه ... ما استودع المخبران الكتب والسِّيَر
عَذْلٌ به أمِنَ الشَّاء المهمَّل أن ... يروعه الضاريان الذئب والنمر
وجُودُ كفٍّ اذا انهلّت تغرق في ... تيّارها الزاخران البحر والمطر
مكارمٌ جُمعت فيه توافقُ في ... تفضيلها الأكرمان الحِبْر والخَبَر
فاسلمْ وعشْ وابقَ للإسلام ما جرت الـ ... ـأفلاك والنيّران الشمس والقمر
بنجوةٍ من صروف الدهر يقصر عن ... منالها المفسدان الخَطْب والغِيَر

المملوك لبُعده عن خدمة مولاه قد أنكر الزمان، فما هو الذى كان، وأوهت الأيّام ما أبقته من يسير قوّته، واسترجعت ما أعارته من ضعيف نهضته، وأذاقته طعم الاغتراب، وأدخلت عليه الهمم من كلّ باب، فهو فى زاوية المنزل، عن كلّ ما الناس فيه بمعزل، فهو كما قال

[رمل]

أنا فى أهل دمشقٍ وهمْ ... عَدَدُ الرمل وحيدٌ ذو انفرادْ
ليس لى منهم أليفٌ وشجت ... بيننا الألفةُ أسبابُ الودادْ
يحسبونى إن رأونى وافدا ... قد أتاهم من بقايا قوم عادْ
وانفرادى رشّدَ لى والهوى ... أبدًا يصرف عن سبيل الرشادْ

وكان سألنى أن أنتجز له مطلوبا عند الملك الناصر فكتب الىّ يستحثّنى

[وافر]

عمادَ الدينِ مولانا جوادٌ ... مواهبه كمُنْهَلِّ السَّحابِ
يحكّم فى مكارمه الأمانى ... ولو كلّفته ردَّ الشبابِ
وعذرُكَ فى قضاء شغلى قضاءٌ ... يصرّفه فما عذرُ الجوابِ

كلّ ما انتخبناه ونقلناه من كتاب خريدة القصر وجريدة العصر

تأليف عماد الدين ابي عبد الله محمّد بن محمّد بن حامد المعروف بالكاتب الاصفهانيّ وكان الفراغ من نسخه وتصحيحه يوم الجمعة رابع عشر من شهر مايه في سنة ستّ وثمانين وثمانى مائة والف المسيحيّة وهذا برسم الاجتماع السابع في مدينة وين القيصريّة، بين علماء كلّ الامم المغربيّة، المشتغلين بمطالعة الالسن المشرقيّة،

ENTRETIEN DE MOÏSE AVEC DIEU

SUR LE MONT SINAÏ.

TEXTE MALAIS, ET TRADUCTION FRANÇAISE,

PAR

L'ABBÉ P. FAVRE,

PROFESSEUR À L'ÉCOLE DES LANGUES ORIENTALES VIVANTES.

ENTRETIEN DE MOÏSE AVEC DIEU
SUR LE MONT SINAÏ.

Les livres de la littérature malaise se rapportent à trois classes principales. Ce sont d'abord des écrits religieux sur la foi musulmane; la plupart sont traduits de l'arabe ou basés sur des traditions. D'autres sont des histoires ou des contes, ou bien des traductions ou imitations de livres hindous, comme le *Ramayana*, le *Brata youda*, etc. Et enfin d'autres sont purement malais, tels que le *Makota segula raja*, livre philosophique et politique; le *Sejarat malayou* ou *Chroniques malaises*, relatant des faits très certains, bien que le commencement de l'ouvrage en contienne quelques-uns qui sont tout à fait fabuleux; et, pour l'histoire contemporaine, les livres d'Abdullah, etc.

En France, tous ces ouvrages sont peu connus, parce qu'un très petit nombre d'entre eux ont été traduits dans notre langue; mais surtout parce que peu de personnes s'occupent du malais, qui cependant a acquis une grande importance dans l'Extrême Orient et jusque dans nos colonies.

L'opuscule dont je donne ici le texte et la traduction française m'est tombé entre les mains en Angleterre, dans un voyage que j'y fis en 1863 pour remplir une mission dont m'avait chargé Son Excellence Monsieur le Ministre de l'instruction publique. Il est sans date et sans nom d'auteur, et paraît être traduit de l'arabe.

Plusieurs passages semblent contenir des anachronismes, et cependant peuvent très bien s'expliquer; car ceux qui ont admis ces traditions ont pu supposer que Dieu, en parlant à Moïse, lui faisait considérer comme présents des faits futurs.

Dans l'entretien que Moïse est supposé avoir eu avec Dieu et qui fait la matière de cet ouvrage, se trouvent tracés les principaux devoirs d'un musulman. C'est d'abord Moïse qui s'adresse à Dieu pour savoir quelle sera la récompense de celui qui aura rempli tel ou tel devoir, et quel sera le châtiment de celui qui y aura manqué, et plus loin, c'est Dieu qui interroge Moïse, pour avoir occasion de lui enseigner ce qu'il doit faire et ce qu'il doit éviter. Puis l'entretien se termine par une recommandation que Dieu fait à Moïse de faire connaître aux Israélites et aux disciples de Mahomet ce qu'il vient de lui enseigner, menaçant de punir, au dernier jour, ceux qui ne s'y seront pas conformés.

Pour éviter des longueurs dans la traduction, j'ai supprimé les répétitions trop nombreuses de certaines phrases, que j'ai remplacées en mettant en tête des questions et des réponses les mots : *Le Seigneur, Moïse.* J'ai aussi supprimé quelques questions et réponses entières, parce qu'elles paraissent être des répétitions de choses déjà dites.

ENTRETIEN DE MOÏSE AVEC DIEU.

RÉCIT DE L'ENTRETIEN QUI EUT LIEU ENTRE LE DIEU TRÈS HAUT ET DIGNE D'ÊTRE LOUÉ ET LE PROPHÈTE MOÏSE (QUE LA PAIX SOIT SUR LUI), LORSQU'IL SE RENDIT SUR LE MONT THUR SINAÏ POUR Y APPRENDRE LA LOI.

Moïse, s'adressant à Dieu, lui fit cette demande : Monseigneur, votre serviteur désire voir la personne de son seigneur.

Le Dieu très haut répondit : Ô Moïse, tu ne peux pas me voir, parce que quiconque me voit doit certainement mourir. Dieu dit encore à Moïse : Prononce les paroles de la profession de foi : *la ilah illa 'llah ou muhammed rasul allah* «il n'y a de dieu que Dieu, et Mahomet est le prophète de Dieu». Il y a à la récitation de cette profession de foi un mérite aussi grand que la terre, le ciel et la mer et tout ce qu'ils contiennent, car le monde entier a été fait par le Dieu très haut et digne d'être loué. Or Dieu dit encore : Celui qui ne prononce pas mon nom et qui ne fait pas quelque acte de religion envers moi sera détruit, parce qu'il m'oublie et est négligent envers moi. Et quiconque ne purifie pas son cœur, je le détruirai comme le dit le prophète Mahomet, apôtre de Dieu. Et celui qui ne fera pas le bien et négligera mon service, je le châtierai, et au contraire celui qui, avec joie et une volonté pleine, fera le bien, je le préserverai de tout mal en ce monde et en l'autre, et toujours je répandrai sur lui ma miséricorde.

Moïse dit à Dieu : Vous qui êtes mon maître, mon chef, mon roi et mon seigneur, avez-vous parlé à d'autres prophètes qui ont été avant moi, comme au prophète Adam (que la paix soit sur lui)? et devez-vous parler aux prophètes qui viendront après votre serviteur, comme au prophète Mahomet, apôtre de Dieu (qu'il soit béni et que la paix soit sur lui)?

Le Seigneur dit à Moïse : Adresse au prophète Mahomet les oraisons que je me plais à lui voir adresser.

Moïse dit : Seigneur, quelle sera la récompense de celui qui fait la prière cinq fois par jour?

Le Seigneur répondit : Cet homme aura la figure resplendissante, je lui pardonnerai tous ses péchés au jour du jugement, et de plus je lui accorderai ma miséricorde dans ce monde jusqu'à sa mort.

Moïse : Quelle sera la récompense de celui qui fera l'aumône pour l'amour de Dieu?

Le Seigneur : Je lui ferai miséricorde et je lui accorderai le pardon de tous ses péchés.

Moïse : Quelle sera la récompense de celui qui donne à manger à ceux qui ont faim?

Le Seigneur : Je fermerai pour lui la porte de l'enfer, et je lui ouvrirai la porte du ciel; de plus, cet homme ne sera pas jugé et la nourriture ne lui manquera pas.

Moïse : Quelle sera la récompense de celui qui se sera baigné pour se purifier?

Le Seigneur : Des milliers de fois ma miséricorde lui sera accordée, et, pour chaque goutte d'eau qui aura touché son corps, dix péchés lui seront remis.

Moïse : Quelle sera la récompense de celui qui se sera baigné le vendredi?

Le Seigneur : Je lui accorderai mes bienfaits, et au jour du jugement je ferai briller son corps plus que la lune et le soleil.

Moïse : Quelle sera la récompense de celui qui aura visité un malade ?

Le Seigneur : Je lui ferai miséricorde, et, pour chaque pas qu'il fera en revenant de la maison du malade, mille péchés lui seront pardonnés.

Moïse : Quelle sera la récompense de celui qui aura lavé le corps d'un *islam* (musulman) ?

Le Seigneur : Je le délivrerai du danger de l'enfer, et, pour chaque goutte d'eau qui aura touché le corps mort, mille péchés lui seront pardonnés et un palais lui sera préparé dans le ciel.

Moïse : Quelle sera la récompense de celui qui, pour Dieu, aura fait les prières d'usage auprès du corps d'un mort ?

Le Seigneur : A la mort de cet homme, je lui pardonnerai tous ses péchés, et les anges feront les mêmes prières auprès de son corps.

Moïse : Quelle sera la récompense de celui qui aura préservé son cœur de tout désir défendu ?

Le Seigneur : Je le ferai entrer dans le ciel, et je ferai écrire mille fois sa récompense sur la terre.

Moïse : Quelle sera la récompense de celui qui aura retenu sa colère, lorsqu'il aura perdu de ses biens ?

Le Seigneur : Je lui pardonnerai tous ses péchés, et quand ils seraient aussi nombreux que les cheveux de sa tête et le poil de son corps, ils lui seront tous remis.

Moïse : Quelle sera la récompense du petit enfant qui aura été abandonné par sa mère et par son père ?

Le Seigneur : J'ordonnerai à sept prophètes d'aller soigner ce petit enfant.

Moïse demanda alors : Quels sont ces sept prophètes ? Le Seigneur lui répondit : Le premier est le prophète Adam, le second est le prophète Noé, le troisième est le prophète Abraham, le quatrième est le prophète David, le cinquième est le prophète Isa, le sixième est le prophète Jonas et le septième est le prophète Mahomet, apôtre de Dieu.

Moïse : Quelle sera la récompense de celui qui aura préservé son cœur de l'adultère ?

Le Seigneur : Cet homme sera délivré des peines de l'enfer. Quant à celui qui commet l'adultère, je le châtierai sévèrement, il ne réussira en rien pendant sa vie, et à sa mort toutes les peines de l'enfer tomberont sur lui, il aura aux pieds des entraves, au cou une chaîne de fer, et son corps lui semblera se fondre; parce que, pendant sa vie en ce monde, il n'a pas pensé qu'il devait mourir, et qu'après avoir fait ce qui est défendu, il n'a pas demandé pardon à Dieu pour obtenir d'être délivré de ce châtiment. Au lieu de faire le bien en ce monde, il a fait le mal, il a négligé et oublié de faire ce que la loi commande; il a commis l'adultère, il a bu de l'arac et du toddi, il a mangé le bien de l'orphelin; son péché est très grand, et son châtiment sera sans fin.

Moïse : Quelle sera la récompense de celui qui aura jeûné pour l'amour de Dieu ?

Le Seigneur : Je lui ferai la faveur de faire briller son corps et surtout sa figure par ma miséricorde, et ses os seront brillants jusque dans la tombe, et je le préserverai du feu de l'enfer au dernier jour.

Moïse : Quelle sera la récompense de celui qui prendra de l'eau de la prière dans la saison froide ?

Le Seigneur : Pour chaque goutte de cette eau, je lui accorderai des milliers de miséricordes et tous ses péchés lui seront pardonnés au jour du jugement.

Moïse : Quelle sera la récompense de celui qui priera pour un islam ?

Le Seigneur : J'égalerai son mérite à celui de l'homme qui a jeûné soixante-dix ans et j'éteindrai pour lui le feu de l'enfer au jour du jugement.

Moïse : Quelle sera la récompense de celui qui se sera repenti de tous ses péchés ?

Le Seigneur : Je délivrerai cet homme du feu de l'enfer et je le ferai entrer dans le paradis de délices.

Moïse : Quel sera le mérite de la femme qui aura parfumé son mari lorsqu'il doit aller à la mosquée pour prier ?

Le Seigneur : Le mérite de cette femme est très grand, elle ne sentira pas de mauvaise odeur au jour du jugement; son mérite est égal à celui de l'homme qui adresse ses vœux au prophète Mahomet, apôtre de Dieu, et je ferai entrer cette femme dans un paradis admirable.

Moïse : Quel sera le mérite de l'homme qui aura balayé la mosquée et réparé quelques-uns des objets qu'elle contient ?

Le Seigneur : J'ordonnerai d'écrire son mérite mille fois au jour du jugement.

Moïse : Quel sera le châtiment de la femme qui se sera parfumée sans le consentement de son mari ?

Le Seigneur : Cette femme sera châtiée dans l'enfer pendant mille ans, parce qu'un homme autre que son mari aura senti ses odeurs, et les anges la maudiront.

Moïse : Quelle sera la récompense de celui qui aura résisté à la concupiscence depuis sa jeunesse jusqu'à sa vieillesse ?

Le Seigneur : Je remplirai ses désirs, quels qu'ils soient.

Moïse : Quel sera le châtiment de la femme qui trompe son mari et qui contriste le cœur de son mari tous les matins ?

Le Seigneur : J'ordonnerai que son cœur soit becqueté par un corbeau dans l'enfer.

Moïse : Quel sera le châtiment de celui qui persécute un *islam* ?

Le Seigneur : Je le lui rendrai par des malédictions et par des châtiments sans fin, qui commenceront dans ce monde et se continueront dans l'autre.

Moïse : Quel sera le châtiment de celui qui n'aura pas honoré son précepteur et qui n'aura pas été poli envers les vieillards *islams* ?

Le Seigneur : Je lui ferai perdre toute sa science, je rendrai son tombeau obscur et je le briserai.

Moïse : Quel sera le châtiment de celui qui est traître à sa mère et à son père ?

Le Seigneur : Je le maudirai pour toujours, et lorsqu'il ressuscitera au jour du jugement, sa face sera noire et difforme, ressemblant aux bêtes sauvages, et de plus il sera accablé de différents supplices.

Moïse : Quel sera le châtiment de celui qui calomnie et qui hait un *islam* ?

Le Seigneur : Je ne suis pas son seigneur et lui n'est pas mon serviteur, et, au jour du jugement, il sera le premier que je ferai entrer en enfer.

Alors le prophète Moïse dit : Ô mon Dieu, ô mon maître, ô mon prince, ô glorieux, ô Seigneur, ne me maudissez pas pour les questions que je vous fais.

Le Seigneur lui répondit : Je ne me fâche pas contre toi, tu peux me faire toutes les questions qu'il te plaira.

Moïse : Quel est le péché de ceux qui se passionnent pour la musique ?

Le Seigneur : Ces personnes-là n'obtiendront pas le bienfait du paradis, et leurs actions ne leur serviront à rien au jour du jugement.

Moïse : Quel sera le châtiment de l'homme qui, ayant son épouse, a commerce avec une autre femme ?

Le Seigneur : Je précipiterai cet homme dans un feu inextinguible.

Moïse : Quel sera le châtiment de la femme qui, ayant son mari, a commerce avec un autre homme ?

Le Seigneur : Cette femme recevra différents châtiments, elle sera enfermée par les anges dans l'enfer au milieu des flammes.

Moïse : Qu'est-ce qui fera ma sécurité à la fin de ma vie ?

Le Seigneur : Ô Moïse, parle au peuple d'Israël et aux disciples de Mahomet, dis-leur de travailler à mon service, afin qu'ils évitent mes châtiments, prends soin des faqirs, des pauvres, des croyants, des savants et des orphelins. Et quant aux rois qui se plaisent dans les honneurs et dans la grandeur à cause de leurs richesses, et qui oublient ou négligent mon service, certainement, au jour du jugement, ils recevront différentes sortes de châtiments.

Le Seigneur demanda ensuite à Moïse s'il voulait boire de l'eau du Kauser. Moïse répondit : Oui, Seigneur, votre serviteur veut boire de l'eau du Kauser. Alors le Seigneur lui dit : Garde-toi de faire aucune chose mauvaise. Le Seigneur dit encore : Veux-tu éviter le feu de l'enfer ? Moïse répondit : Seigneur, votre serviteur veut éviter le feu de l'enfer. Alors le Seigneur lui dit : Garde-toi de blâmer aucun de tes coreligionnaires et évite de découvrir la honte des *islams,* car ceux qui agissent ainsi seront très sévèrement châtiés dans l'enfer. Le Seigneur dit encore à Moïse : Garde-toi d'insulter ou d'accuser tes coreligionnaires, car ceux qui font cela attirent certainement sur eux la malédiction.

Moïse : Quelle sera la récompense de ceux qui auront donné des habits aux orphelins et aux pauvres ?

Le Seigneur : Pour leur récompense, je leur donnerai des vêtements dans le ciel.

Moïse : Quelle sera la récompense de celui qui aura établi une mosquée pour l'amour de Dieu ?

Le Seigneur : Pour récompense, je lui donnerai dans le ciel un palais et tout son mobilier.

Moïse : Quelle sera la récompense de celui qui se sera conduit convenablement avec ses voisins ?

Le Seigneur : Je le ferai entrer dans le ciel avec gloire.

Moïse : Quelle sera la récompense de celui qui aura eu une contenance affable et un visage doux lorsque quelqu'un entre chez lui ?

Le Seigneur : Pour sa récompense, je pèserai sur la balance où seront ses bonnes œuvres.

Moïse : Ô Seigneur, vous arrive-t-il de dormir ?

Le Seigneur : Ô Moïse, prends un vase rempli d'eau, tiens-le dans ta main, et reste debout en ma présence. Lorsque le prophète eut entendu ces paroles du Seigneur, il prit un vase, le remplit d'eau, et le plaçant sur la paume de sa main, il se tint debout en présence du Seigneur. Puis s'étant endormi, le vase lui échappa de la main et l'eau se répandit à terre. Alors le prophète s'éveilla et le Seigneur lui dit : Ô Moïse, si je dormais, quel serait l'état du monde entier, de l'empyrée, de mon trône, du ciel, de la terre, de la lune et du soleil, du paradis et de l'enfer, et de toutes les créatures qui font partie du monde que j'ai créé?

Moïse fit ensuite cette question : Seigneur, qui dois-je considérer comme mes amis ?

Le Seigneur répondit : Tes amis sont les hommes doux et patients, les croyants et fidèles et ceux qui sont justes.

Moïse demanda ensuite quel était l'état de l'ange de la mort qui est chargé d'ôter la vie de toutes les créatures, depuis le levant jusqu'au couchant, et du nord au midi.

Le Seigneur lui répondit : Les sept degrés du ciel et les sept fondements de la terre sont comme un grain de sable pour l'ange de la mort.

Enfin Moïse demanda comment on pouvait distinguer l'état de ceux qui font bien de l'état de ceux qui font mal.

Le Seigneur lui dit : Tous les hommes qui font mal ont le visage noir comme du charbon et la malédiction est sur eux.

Le Seigneur dit ensuite à Moïse : Ô Moïse, veux-tu être aimé des Bidiadaris dans le ciel?

Le prophète Moïse répondit : Oui, Seigneur, votre serviteur le veut.

Alors le Seigneur lui dit : Prononce *istagfar ullah elazhim* (J'implore le pardon du Dieu très grand).

Le Seigneur dit ensuite : Ô Moïse, veux-tu que tes prières soient agréablement écoutées?

Moïse répondit : Seigneur, votre serviteur le veut.

Le Seigneur lui dit : Garde-toi de manger ce qui est défendu, garde-toi de faire une mauvaise action, afin d'éviter mes châtiments dans ce monde et dans l'autre.

Le Seigneur : Veux-tu éviter ma malédiction?

Moïse répondit : Seigneur, votre serviteur le veut.

Le Seigneur : Garde-toi de jurer pour assurer une chose fausse.

Le Seigneur dit encore : Veux-tu manger les fruits doux du jardin du ciel ?

Moïse répondit : Seigneur, votre serviteur le veut.

Le Seigneur : Garde-toi de haïr et de faire du mal aux islams.

Le Seigneur : Veux-tu que je fasse briller ton visage en présence des anges ?

Moïse : Seigneur, votre serviteur le veut.

Le Seigneur : Il faut que tu aimes tous les amateurs de la science, tous les gens pieux et tous ceux qui me servent.

Le Seigneur dit ensuite : Veux-tu obtenir la sécurité en ce monde et en l'autre ?

Moïse : Seigneur, votre serviteur le veut.

Le Seigneur : Il faut que tu pratiques la vertu envers ta mère, ton père et ton précepteur, et tu auras le bonheur en ce monde et en l'autre.

Moïse demanda encore quelle serait la récompense de ceux qui auront lu le Coran.

Le Seigneur lui répondit : Je les ferai passer rapidement sur le pont, et ils arriveront au ciel sans danger.

Moïse fit au Seigneur cette dernière question : Quelle sera la récompense des gens puissants et riches qui auront ordonné à ceux qui leur sont soumis de faire des actes de piété ?

Le Seigneur répondit : Je les récompenserai au jour du jugement.

Enfin le Seigneur demanda à Moïse : Sais-tu qui sont ceux que je maudirai chaque jour, matin et soir ?

Moïse répondit : Seigneur, votre serviteur ne le sait pas.

Le Seigneur dit : Ce sont ceux qui jurent matin et soir; je les maudirai, et ils n'obtiendront la paix ni pendant leur vie ni à leur mort, et s'ils jurent par le nom de Dieu en tuant un animal, cet animal ne peut pas être immolé, et un *islam* ne peut pas en manger.

Ô Moïse, tu sais maintenant tout ce que je commande et ce que je défends à tous mes serviteurs, qui sont croyants. Voilà ce que tu enseigneras à tout le monde, aux hommes et aux femmes, aux vieux et aux jeunes, aux petits et aux grands, voilà ce que tu feras connaître à tous tes disciples, et quiconque ne le suivra pas sera certainement châtié au jour à venir.

حكاية چرترا تتكال

نبي موسي عليه اسلام مناجة كبوكة طُر سيناء
اي هندق برتمو بركات م كفد الله سبحانه
وتعالي مك اجر نبي موسي

موسي بركات يا توهنك يا توهنك هبام هندق مليهت روڤ توهنك مك فرمان الله تعالي يا موسي تياد اكن داڤت اڠكو مليهت اكو مك بارڠ سياڤ مليهت اكو بهو سڠگهت اي ماتي مك فرمان الله تعالي يا موسي ميبنته كليمه لا اله الا الله محمد رسول الله صلي الله عليه وسلم مك ڤهالا سبرت بومي دان لاڠت لاوت دان دارت دان سگل ايسي كدواة ايت كارن سكليين عالم ايت دجديكن الله سبحنه وتعالي مك فرمان الله تعالي يا موسي بارڠ سياڤ كڤد تيڤ م هاري تياد ميڤت نماك دان بربوت عبادة اكن داكو نسچاي بڠاس اورڠ ايت كارن ساڠت لوڤ دان لالي اكن داكو دان بارڠ سياڤ تياد برچچيكن ديربت مك بهوست اكو بڠساكن اورڠ ايت سڠرت سبد نبي محمد رسول الله اورڠ يڠ تياد بربوت بايق دان تياد ساو بربوت كبقتيين ڤدا مك اكو شكساله اكن اورڠ ايت مك فرمان الله تعالي يا موسي بارڠ سياڤ ، سوك دان رضا هتيبت بربوت بايق مك اكو ڤلهر اكن مريكئيمت در دنيا داتڠ كاخرت مك سڤنتياس اكو بري رحمت اكن. دي مك سمبه نبي موسي يا ربي يا سيدي

ENTRETIEN DE MOÏSE AVEC DIEU. 173

يا مولي يا توهنك اداكه اڠكو بركاتم كڤد نبي يڠ لاين٢ درڤداك
دان يڠ دهولو درڤد هبام سڤرت نبي ادم عليه السلام دان نبي
يڠ كمدين درڤد هبام اين مك فرمان الله تعالي يا موسى اداكه اڠكو
بركات دڠن نبي محمد رسول الله صلى الله عليه وسلم ايت سكل دعات
كُڤر كننكن مك سمبه نبي موسى يا توهنك اڤاله اكن ڤهلات
اورڠ سمبهيڠ لىم وقتو مك فرمان الله تعالي يا موسى اورڠ ايتوله يڠ
برچهيام مكات دان اكو امڤوني سكلين دسات كڤد هاري قيامت
دان اكو بري رحمت اكن دى دالم دنيا ڤد هيدڤ داتڠ كڤد
متبيت مك سمبه نبي موسى يا توهنك اث اكن ڤهلات اورڠ ممبري
صدقه دڠن كارن الله مك فرمان الله تعالي اكو ممبري رحمت دان
نعمت اكن دي دان اكو امڤوني سكل دسات مك سمبه نبي موسى
يا توهنك اث اكن ڤهلات اورڠ يڠ ممبري ماكن اورڠ كنتيك لاڤرمك
فرمان الله تعالي يا موسى اكو ميوره منتڤكن قنتو نراك دان ممبوك
قنتو شرك مك تيداله اورڠ ايت اكن دشكس دان رزقيت ڤون تياد
كورڠ ڤدات مك سمبه نبي موسى يا توهنك اث اكن ڤهلات اورڠ
مندي جنوب مك فرمان الله تعالي يا موسى بريبوم٢ رحمت اكو
انكراهكن دي مك ستيبتك اير درڤد تو بهت ايت سڠوله دوسات
اكو امڤوني اورڠ ايت مك سمبه نبي موسى يا توهنك اث اكن
ڤهلات اورڠ مندي ڤد هاري جمعة مك فرمان الله تعالي اكو
ممبري كبجيكن ڤدات دان اكو بري توبهت كڤد هاري قيامت
مك ترلبه درڤد چهيا بولن دان متهاري مك سمبه نبي موسى يا
توهنك اث اكن ڤهلات اورڠ يڠ مڠنجوڠ اورڠ ساكت مك اداكه
بسر ڤهلات مك فرمان الله تعالي يا موسى اكو ممبري ڤهلا تنتكال
اي تورن درڤد رومهت مك اي برجالن٢ دياتس رحمتكو دان سانتو٢

لڭكهت سريبو دسات اكو امڠوني آكن دي مك سمبه نبي موسي يا توهنك اﺉ اكن ڤهلاث اورڠ ممّنديكن ميّت سمات سمات اسمْ مك فرمان الله تعالي يا موسي اكو ملڠسكن درڤد بهيا نراك تنكال هاري قيامت مك ستيتنك ابريڬ كوڬر ڤد ميّت ايت سريبو دسات اكو امڠوني دان سبوه مالكَي دالم شرك اكن بالست مك سمبه نبي موسي يا توهنك اﺉ اكن ڤهلاث اورڠ ممبهيڠكن ميّت سمات سمات اسمْ دڠن كارن الله تعالي مك فرمان الله تعالي يا موسي تنكال اي ماتي سڬل دسات اكو امڠوني اكَن دي دان ملاﺉكت ممبهيڠكن ميّتت سرت ممنتاكن دعا اكَن دي مك سمبه نبي موسي يا توهنك اﺉ اكن ڤهلاث اورڠ يڠ مناهاني هتيبت درڤد سڬل لراڬن مك فرمان الله تعالي يا موسي اكو ماسقكن اي كدالم شرك دان اكو سورة ميورتكن ڤهلاث ريبوم كالي ددالم بومي مك سمبه نبي موسي يا توهنك اﺉ اكن ڤهلاث اورڠ يڠ منهاني هتيبت ماره تنكال اي كهلاڠن سواتو اكَن هرتاث مك فرمان الله تعالي يا موسي اكو امڠوني سڬل دسات اورڠ ايت دان جڬلو سبايق رميت كڤلاث دان سبايق بولو روما كڤد توبهث ڤون كوامڠوني جو اكن دي مك سمبه نبي موسي يا توهنك اﺉ اكن ڤهلاث كانقمْ لاكَي كچِل دتڠڬلكن ايبو بڤاث مك فرمان الله تعالي يا موسي اكو ميورهكن توجه اورڠ نبي آكن ممْلهر اكَن كانقمْ ايت مك سمبه نبي موسي يا توهنك سانمْ نبي يڠ توجه اورڠ ايت مك فرمان الله تعالي يا موسي ڤرتامْ نبي ادم عليه السلام كدو نبي نوح عليه السلام كتيڬ نبي ابراهيم عليه السلام كامڤت نبي دؤد عليه السلام كليم نبي عيسي عليه السلام كانم نبي يونس عليه السلام كتوجه نبي محمد رسول الله صلي الله عليه وسلم مك سمبه نبي موسي يا توهنك

ENTRETIEN DE MOÏSE AVEC DIEU.

175

اي اكن ڤهلات اورڠ يڠ منڠهاني هنتيث درڤد بربوت زينا مك
فرمان الله تعالي اورڠ ايتله يڠ لڤس در شكس نراك جهنم دان بارڠ
سياڤ بربوت زينا اكو شكس يڠ امت كراس اكن دي دان تياد
بروله بايق سعمرت هيدڤ سمڤيله اكن منتيت ببراڤ شكس
فراك جهنم ڤدات دان دبلڠكو دان درنتي ليهرت دڠن رنتي
اڤي دان مرسايله قوبهڤ كنا شكس سباڬي انچر لولربادنث
سبب كارن هيدڤث ددالم دنيا ايت تياد اي اكن سدركن
دريڤ اكن مات مك اي بربوت حرام سكوره تياد بربوت منت
امڤون كڤد الله سبحنه وتعلي سڤاي لڤس دَّريڤد شكس يڠ دمكين
هي موسي بارڠ سياڤ تياد بربوت بايك دڠن طاعتت بهو سڠڬهڤ
اي كنا شكس يڠ برباڬي درسائيت كارن دودق ددالم دنيا ايت
ترلالـ ساعت لوڠ دان لالبت اكن شرع سوره دان تڠه تياد سكالي
دتورث هات بربوت زنا دان مينم ارق دان تواق دان ماكن هرت
انق يتيم اتوله اورڠ يڠ امت بسر دساث كڤد اكو دان سنتياس
مرساءي شكس اكن دي مك سمبه نبي موسي يا توهنك اڽ اكن
ڤهلات اورڠ يڠ ڤواس دڠن كارن الله تعالي مك فرمان الله تعالي آكو
ممبري انكرة چهيا كڤد سڬل توبهث دان مكاث سرت رحمتك دان
تولڠث برچهيله ددالم قبورث دان اكو دنديڠي اي درڤد اڤي
نراك ڤدهاري قيامت مك سمبه نبي موسي يا توهنك اڽ اكن
ڤهلات مڠمبل اير سمبهيڠ ڤد كتيك ديڠين مك فرمان الله تعالي
يا موسي اكو ميبوره سورتكن ڤهلات درڤد تينق اير سمبهيڠ ايت
بريب٢ رحمتكو بڬيث دان سڬل دوساث اك امڤوني تتكال هاري
قيامت مك سمبه نبي موسي يا توهنك اڽ اكن ڤهلات ممنتاكن دعا
سماث اسلام مك فرمان الله تعالي آكو ميبوره سورتكن ڤهلات اكن

دعا ايت سراس اي ڤواس توجه ڤوله تاهن لمات دان ڤادم اڤي نراك قد هاري قيامت مك سمبه نبي موسي يا توهنك اڤ ڤهلات اورڠ يڠ برتوبت درڤد سكلين دسات مك فرمان الله تعالي يا موسي اكو لتسكن اورڠ ايت درڤد اڤي نراك دان اكو ماسقكن اي كدالم شرڬ جنّت النعيم مك سمبه نبي موسي يا توهنك اڤ اكن ڤهلات ڤرمڤون يڠ ممبوبه باوﮞ اﮞ كڤد توبه سواميت تتكل اي هـنـدق ڤرڬي سمبهيڠ كمسجيد مك فرمان الله تعالي يا موسي اتوله ترلبه بسر ڤهلات دان تياد اي منچيم باو بوسق تتكال هازي قيامت دان سڠرتي اورڠ مڠوچف صلوة اكن نبي محمد رسول الله تعالي صلي الله عليه وسلم اكن ڤهلات دان اكو ماسقكن ڤرمڤون ايت كدالم شرڬ يڠ امت اندﻩم اكن بالست مك سمبه نبي موسي يا توهنك اڤ ڤهلات اورڠ مياڤو مسجيد دان بربايكي بارڠ سوات دالم مسجيد ايت مك فرمان الله تعالي يا موسي اكو ميبوره سورتكن ڤهلات دان سريبو بديداري دالم شرڬ اكن بالست تتكال هاري قيامت مك سمبه نبي موسي يا توهنك اڤ اكن دسات ڤرمڠون يڠ مڠهياسي ديريت تياد دڠن ريضا سواميت مك فرمان الله تعالي يا موسي اتوله ڤرمڤون اكو سڠساكن ددالم نراك اكندي سريب تاهن لمات سبب ترچيم باوت اوله لاكيٓ يڠ لاين دان سݢل ملايكت ڤون ممبري كوتق اتست مك سمبه نبي موسي يا توهنك اڤ اكن ڤهلات اورڠ يڠ ممبونه نفسوت بربوت جاهت درڤد مودهت سمڤي كڤد توهت مك فرمان الله تعالي يا موسي اكو ممنوهي كهندڤت دان نعمتنت ددالم شرڬ اڤ جوك كهندڤت ادله حاضر اكن دي مك سمبه موسي يا توهنك اڤ دسات ڤرمڤون بردست كڤد سواميت دان مڤاكنكن هتي سواميں كڤد تيڤﻢ ڤاݢي مك فرمان الله تعالي

ENTRETIEN DE MOÏSE AVEC DIEU. 177

يا موسي ڤد هاري کمدين اکو سورة فاکتن هتنيت کڤد بورڠ
ݢاݢق ددالم نراک مك سمبه نبي موسي يا توهنك اڤ اكن دسات
اورڠ انبياي کڤد سمات اسلام مك فرمان الله تعالي يا موسي اکو
ممبري بالس اکن دي دڠن ببراڤ لعنة يغ تياد بر کڤوتوسن در دنيا
داتڠ كأخرت دان ببراڤ كوتق قدات مك سمبه نبي موسي يا
توهنك اڤ دسات اورڠ يغ تياد بر ملياكن ݢوروث دان تياد
سوڤن کڤد اورڠ توه يغ برجمان مك فرمان الله تعالي يا موسي
اکو مڠهيلڠكن سݢل علموت دان اکو لممکن قبورث دان نجنتكن
مك سمبه نبي موسي يا توهنك اڤ دسات اورڠ يغ دراك کڤد ايب
بڤات مك فرمان الله تعالي يا موسي اکو ممبري لعنت اکن دي
در دنيا داتڠ كأخرة هڠݢ هاري قيامت دان تنتكال اي دبڠكتكن
در دالم قبورث مك هيتم مكات دان جاهت رڤات سڤاݢي حيوان
مك دشکس دڠن بر باݢي م شكسات مك سمبه نبي موسي يا توهنك
اڤ دسات اورڠ يغ بربوت فتنه دان دڠكي سمات اسلم مك فرمان
الله تعالي يا موسي بهو سڠݢهت اکو بوکن توهنت دان اي ڤون
بوكن همباك دان تنتكال هاري قيامت اياله يغ دهولو اکو ماسقكن
كدالم اڤي نراك جهنم تنتكال هاري قيامت مك سمبه نبي موسي
يا الله يا رب يا سيد يا مولي يا توهنك جاڠنله هڤام دمركاءي كارن
هب برتت مك فرمان الله تعالي تياد اکو مرك ڤدام دان اڤاله
کهندق هتنم ݢو تياکن جوك كڤد اکو مك سمبه نبي موسي يا
توهنك اڤ دسات اورڠ يغ ساڠت برهيكن بويي م ن مك فرمان
الله تعالي يا موسي تياد اکن دڤراوله مريكاءيت كبجيكن شوك
اکن دي كارن تياد ممبري منفاعت كڤدات ڤرڤواتن يغ دمكين
ايت كڤد هاري قيامت مك سمبه نبي موسي يا توهنك اڤ دسات

اورغ يغ اد استدربيت مك اي ڤرڭي بربوت زنا كڤد ڤرمڤون يغ لاءين مك فرمان الله تعالي يا موسي اورغ ايتوله اكو ماسقكن كدالم اڤي نراك يغ بريالم تياد دڠن ڤري حال مك سمبه نبي موسي يا توهنك اڤ دسات ڤرمڤون يغ اد سواميت مك اي ڤرڭي بربوت زنا ڤد لاكي٢ يغ لاءين مك فرمان الله تعالي يا موسي ڤرمڤون اتوله يغ كن شكس برباڭي٢ دان دسڤكركن اوله ملاءيكت كدالم نراك يغ بريالم ايت مك سمبه نبي موسي يا توهنك اڤ جوك اكن كسنتوساءن همبام در دنيا داتغ كاءخرة مك فرمان الله تعالي يا موسي كتاكن اولهم كڤد منشي قوم عزراءيل دان كڤد امت محمد سكلين هندقله اي بربوت كبڤتيٮن كڤد اكو سڤاي لڤس درڤد شكساكو دان دتولغ اولهم سڭل فقير دان مسكين دان سڭل مؤمنين دان ڤنديت دان سڭل انق يتيم ادڤون سڭل راج٢ دان اورغ كاي٢ ددالم دودق دڠن كلياءن دان كبسارنت كارن باڤق هرتات مك اي ڤون ساغتله لوڤه دان لاليت بربوت كبڤتيٮن ڤداكو نسڤاي ڤد هاري قيامت دسنا له اكن دربث منداڤت شكس يغ برباڭي٢ ڤدات مك فرمان الله تعالي يا موسي ماوله اڠكو ڠينم ايركوثر مك سمبه نبي موسي ماوله همبام مينم ايركوثر توهنك مك فرمان الله تعالي يا موسي بارغ ڤكرجاءن يغ جاهت ايت جاءڠن دڤربوت مك فرمان الله تعالي يا موسي ماوله اڠكو تياد كن شكس نراك جهنم مك سمبه نبي موسي يا توهنك ماوله همبام تياد كن نراك ايت مك فرمان الله تعالي يا موسي جاءڠن اڠكو منجلام سمام اسلام دان جاءڠن كام ممبكاكن ڮلوان سمات اسلام اياله يغ كن شكس نراك جهنم يغ امت كرس مك فرمان الله تعالي يا موسي جاءڠن كام مڠوڤتن٢ دان مڠادوم٢ سمات اسلام جك دڤربوت يغ دمكيٮن ايت

ENTRETIEN DE MOÏSE AVEC DIEU. 179

ذمچاي مندافت حرام اكن دي مك سمبه نبي موسي يا توهنك
اي اد قهلات اورڠ يڠ ممبري كاين كڤد اورڠ مسكين دان انق
يتيم مك فرمان الله تعالي يا موسي اكو ممبري قهلات تنتكال اي
اكو نكرهي كاين در دالم شوڬ اكن دي مك سمبه نبي موسي
يا توهنك اي اكن قهلات اورڠ بربوت مسجيد دڠن كارن الله تعالي
مك فرمان الله تعالي اكو ممبري سبوة مالكي ددالم شرك دڠن
سلڠكفت اكن بالست مك سمبه نبي موسي يا توهنك اي اكن
قهلات اورڠ موافقت مالو مللوي كڤد سمات سكڤڠ مك فرمان الله
تعالي يا موسي اكو ماسڬكن اي كدالم شرك دڠن تيادڤري حال
لاكي مك سمبه نبي موسي يا توهنك اي اد قهلات اورڠ يڠ بايك
ڤرڠكييت دان مانيس مكات تنتكال اورڠ داتڠ كرومهت مك فرمان الله
تعالي يا موسي اكو ممبري اكو ڤهلا اكن دي اكو ممبرتكن تمباڬن
عملت يڠ بايك مك سمبه نبي موسي يا توهنك اداكه توهنك تيدر
مك فرمان الله تعالي يا موسي امبل اولهم سبوة كندي مك ڤنه
دڠن ايبر مك دتنتڠ اوله نبي موسي مك بردربيله هداقن كو ستله
سده نبي موسي منڠر فرمان الله تعالي دمكيين ايت مك نبي موسي
ڤون مڠمبل اكن كندي يڠ تله بريسي ايز مك دتنتڠت اوله نبي
موسي كڤد تاڤق تاڠنت مك بردير يله نبي موسي دهداقن حضرة
الله تعالي دان نبي موسي ڤون مڠنتق جاته دان كندي ڤون
جاته دان لڤس درقد تاڠنت ايت مك ايبرت ڤون تمڤاله مك نبي
موسي ڤون ترجنتله درقد تيدرت مك فرمان الله تعالي يا موسي
جكلو اكو تيدر اقاله اكن حالت سڬل عالم ايت سڤرت عارش
دان كرشي سڤرت لاڠت دان بوم سڤرت بولن دان متهاري سڤرت
شرك دان نارك دان سمست سكلين عالم اكو جديكين مك سمبه

نبي موسي يا توهنك سيات اكن محبتكو مك فرمان الله تعالي
بهو اكن محبتمو ايت سڬل اورڠ يڠ صبر دان اورڠ يڠ مؤمين
دان اورڠ يڠ صالح مك سمبه نبي موسي يا توهنك بتائ فريت ملاك
الموت مڠمبل ڽاو سكلين مخلوق در مشرق داتڠ كمغرب در دقسيڽا
داتڠ كڤقسيڽا مك فرمان الله تعالي يا موسي بهو كتوجه لاقسه
لاغت دان كتوجه ڤتال بومي ايت هات سڤرت بيجي ساوي جوك
ڤد ملاك الموت ايت مك سمبه نبي موسي يا توهنك بتاڽ قريم
تاو اكن سڬل قرڽواتن منشي ڽايك دان قربواتن يڠ جاهت مك
فرمان الله تعالي يا موسي بهو سڬل مانشي يڠ ڤربوت جاهت
دهيتڠكن مكات سڤرت ارڠ قريق دان ڽبراڽ كوتيق اتست مك فرمان
الله تعالي يا موسي ماوكه دكاسه سڬل بدياداري ددالم شرك مك
سمبه نبي موسي ماوله ممبام توهنك مك فرمان الله تعالي يا موسي
مڠوچقله اڠكو استغفر الله العظيم مك فرمان الله تعالي يا موسي
ماوكه اڠكو ڤرڬننكن سڬل دعامو مك سمبه نبي موسي ماوله همبام
مك فرمان الله تعالي يا موسي جاڠن ماكن سڬل يڠ حرام دان
جاڠن كَوكرجاكن سڬل كجهاتن سڤاي لڤس درڤد سكلين ڽلا
درڤدك در دنيا داتڠ كأخرت مك فرمان الله تعالي يا موسي ماوكه
اڠكو لڤس درڤد كوتڤد مك سمبه نبي موسي يا توهنك ماوله همبام
مك فرمان الله تعالي يا موسي جاڠن كَو برسمڤه ممبيت نماك دڠن
تياد سبڽرت مك فرمان الله تعالي يا موسي ماوكه اڠكو ساكن
نعمت تانم تڠامن دالم شرك مك سمبه نبي موسي ماوله همبام
توهنك مك فرمان الله تعالي يا موسي جاڠن كَو دڠكي دان انبياي
سملمو اسلام مك فرمان الله تعالي يا موسي ماوكه اڠكو بري
برچهاي٢ مكام دهداڤن سڬل ملائكت مك سمبه نبي موسي ماوله

هيام توهنك مك فرمان الله تعالى يا موسي هندقله اغكو مغاسه
سݢل اورݞ يݞ برعلمُ دان اورݞ يݞ عابد دان اورݞ يݞ بربوت
كبقتئن كڤد اكو مك فرمان الله تعالى يا موسي ماوكه براوله
سنتوس دنيا اخرت مك سمبه نبي موسي ماوله هيام توهنك مك
فرمان الله تعالى يا موسي هندقله اغكو بربوت كبقتئن كڤد ايب
بڤامو دان ݢروم مك سنتوساله كامو سكلئن در دنيا داتݞ كاءخرت
مك سمبه نبي موسي يا توهنكو اڤ اكٔن ڤهلاة اورݞ ممباچ قران
دان ممباچ كتاب مك فرمان الله تعالى يا موسي اكو ممبري سݢره
كڤد تيتئن صراط المستقيم سڤرت كيلت يݞ امت تڠكس دان اكو
ماسقكن اي كدالم شرك دڠن تياد سوات مربهيا اكٔن دي مك
سمبه نبي موسي يا توهنك اڤ اكٔن ڤهلاة سݢل راجۤ دان اورݞ
بسرۤ دان اورݞ كاي مك اي ميڤورهكن رعيتنت بربوت عبادة دان
طاعة مك فرمان الله تعالى يا موسي اكو ممبري ڤهلا اكٔن دي
ڤد هاري قيامة مك فرمان الله تعالى يا موسي تاهوكه اغكو اكٔن
اورݞ يݞ اكو بري كوتق كڤد تيڤمۤ ڤاكٔي دان ڤتڠ ايت مك
سمبه نبي موسي تياد هيام تا هو توهنكو مك فرمان الله تعالى يا
موسي اتوله اورݞ يݞ ساعت ڤمڤه كڤد تيڤمۤ هارَي ڤاكٔي دان
ڤتڠ دمكينله اي مك اكو بري كوتق انتست دان تياد براوله سنتوس
اكٔن دي درڤد هيدڤت داتڠ كڤد منيبت دان جكلو ممڤه بناتݞ
سكليڤون جك ميبوت نام الله مك تياد هارس بناتݞ ايت دسمبله
دماكٔن سݢل اسلام اكٔن دي هي موسي اتوله تكهكو دان لراڠنكو
كڤد سكلئن هياكو يݞ برايمان هي موسي اتوله هبايۤ اغكو
اجركن كڤد سكلئن مانشي لاكيۤ دان ڤرمڤون توا دان موده
كچيل دان بسر هي موسي درڤد فرمانكو ايت موده‌داءن اغكو

سورهكن دان اغكو اجركن كڤد سݢل اُمت دان بارڠ سياڤ شك اكن دمكين ايت دان تياد اي مڽورت سورت دان تڭهكو ايت نشچاي شكس اكن دداڤتث كڤد هاري يڠ كمدين اكن دي هي موسي بارڠ سياڤ تياد مڽورت فرماںكو ايت مك ادله بالست كلق كڤد جمعه هاري

VOYAGES DE BASILE VATACE

EN EUROPE ET EN ASIE,

PUBLIÉS

PAR ÉMILE LEGRAND,

CHARGÉ DE COURS À L'ÉCOLE DES LANGUES ORIENTALES VIVANTES.

VOYAGES DE BASILE VATACE
EN EUROPE ET EN ASIE.

I

Basile Vatace n'est guère connu que par la Relation de ses voyages, dont nous publions ci-après le texte intégral. On ne possède actuellement sur ce personnage d'autres détails biographiques que ceux qu'il a consignés lui-même dans son Itinéraire. Fils d'un pauvre pope de Thérapia, son éducation fut fort négligée. On ne nous accusera pas de trop accorder à l'amour de l'hypothèse, si nous supposons que ce dut être son père qui lui enseigna à lire, à écrire et à calculer; car tels étaient alors, dans les pays grecs, les trois éléments constitutifs de toute instruction primaire. De grammaire, il n'en était pas question dans ces misérables écoles de village, dirigées par des dascales ignorants, tout au plus capables d'ânonner le Psautier. D'ailleurs, Basile déclare lui-même à plus d'une reprise qu'il ignore complètement les règles de la syntaxe. De tels aveux étaient, hélas! bien inutiles. Il n'est pas besoin de parcourir une page de sa Relation pour constater que la langue qu'il y emploie fait de cette production un monument à part, probablement unique, dans la littérature grecque de l'époque. Ce n'est pas, en effet, la langue qu'écrivaient les contemporains; c'est encore moins cet idiome bariolé de mots turcs qui se parlait au XVIIIe siècle et se parle encore aujourd'hui à Constantinople, idiome dont la *Bosphoromachie* de Momars est un curieux spécimen[1].

Le vocabulaire de Basile Vatace se compose d'un amalgame de mots empruntés au grec ancien (sans doute des réminiscences de l'Octoïchos et du Psautier) et de termes du grec vulgaire. On y trouve même certaines formes qui n'appartiennent ni au grec classique, ni à celui qui était en usage au xviiie siècle; telles sont, notamment : ἀδαμάνται, pour ἀδάμαντες (1re partie, vers 183); πόλαι, pour πόλεις (2e partie, vers 58); νῆαι, pour νῆες (2e partie, vers 1105).

D'un autre côté, si l'on considère cet Itinéraire au point de vue de la syntaxe, on est frappé de l'indifférence absolue qu'elle inspire à Basile Vatace. Tel verbe qui demanderait l'accusatif (tant en grec ancien qu'en néo-grec) a son régime au datif; la préposition σύν, qui ne se rencontre plus aujourd'hui que dans une ou deux locutions, est employée avec un complément à l'accusatif. D'autres fois un adjectif au nominatif est accouplé à un nom au génitif (2e partie, vers 66); ailleurs, parmi plusieurs régimes à l'accusatif, en apparaît un au datif (2e partie, vers 968). Il ne faut pas oublier des mots tels que πεσῆναι (2e partie, vers 194); les pluriels βασιλίδες, βασιλίδων (2e partie, vers 274, 277) ayant un singulier βασιλίδη (2e partie, vers 283), tandis que βασιλέας figure au vers suivant (*ibid.*, 284) et βασιλεύς plus loin (2e partie, vers 750 et 752); des datifs macaroniques comme Κόνδοσοις (2e partie, vers 289 et 324), χαβουξίοις (*ibid.*, vers 549), Ζόφηδαις (*ibid.*, vers 329). Noter encore des mots synonymes accolés l'un à l'autre :

[1] Βοσπορομαχία ἤγουν φιλονεικία Ἀσίας καὶ Εὐρώπης εἰς τὸ Κατάσ7ενον τῆς Κωνσ7αντινουπόλεως, etc. Leipzig, 1766, in-8°, et (seconde édition) Venise, 1792, in-8°.

μέχρι ἕως (2ᵉ partie, vers 358), ὅλα πάντα (2ᵉ partie, vers 385), le génitif Ὢξους (2ᵉ partie, vers 457 et 639), la forme πολιορκίσθη (2ᵉ partie, vers 545) et beaucoup d'autres singularités dont la plupart figurent à l'index qui termine cette publication.

Bref, en lisant cet Itinéraire, on croirait avoir sous les yeux un monument écrit à une époque de transition, alors que la langue, en train de se décomposer, hésite, tâtonne pour ainsi dire, passant d'une forme à une autre, sans qu'il soit possible de déterminer rigoureusement la raison des préférences d'un auteur dans le choix de son vocabulaire, ni de formuler les règles précises d'une syntaxe *in fieri*. Pour trouver dans la littérature néo-hellénique un monument linguistique susceptible d'être comparé à l'Itinéraire de Basile Vatace, il faut remonter jusqu'à l'Iliade de Constantin Hermoniacos, composée entre 1323 et 1335. Mais, pour ce dernier texte, il est peut-être possible d'expliquer l'état de la langue employée par l'auteur en supposant qu'il a subi l'influence du milieu où il écrivait; il est permis de croire qu'à la petite cour de Jean Comnène Angeloducas et d'Anne, son épouse, despotes de Janina, à la prière desquels Hermoniacos a écrit ses vingt-quatre rapsodies, on parlait cet idiome singulier. S'il s'agit, au contraire, de l'Itinéraire de Vatace, il faut nécessairement recourir à une autre explication. La raison qui l'a déterminé à employer cet idiome lui est, à notre avis, tout à fait personnelle. Obéissant probablement au désir de passer pour savant aux yeux de plus ignorants que lui, il s'est fabriqué une langue dont il espérait sans doute de grands effets. Car, bien qu'il parle souvent de son ignorance de la grammaire et de l'art d'écrire, on sent que, semblable en cela à plus d'un commerçant piqué de la tarentule littéraire, Basile Vatace ne manquait pas de prétentions.

Mais, en dehors de ces questions de langue et de style, on ne peut s'empêcher d'admirer cet esprit curieux du marchand grec, cette soif d'apprendre qui lui fait mettre à profit ses voyages pour s'instruire des mœurs et des coutumes, pour étudier l'histoire des pays qu'il visite. Doué d'une vive intelligence, il ne manque jamais de noter au passage les détails qu'il croit susceptibles d'intéresser le lecteur. Pour juger avec impartialité l'Itinéraire de Basile Vatace, il ne faut pas se placer au point de vue européen (comme on dit en Grèce), mais se dire que, à l'époque où il écrivit sa Relation, on ne possédait absolument rien dans sa langue concernant les contrées lointaines qu'il avait parcourues.

Nous laissons à des personnes plus compétentes que nous en ces matières le soin de contrôler certaines assertions du voyageur : si, par exemple, il a réellement été le premier, comme il l'affirme, à faire connaître la mer d'Aral en Europe.

Nous reproduisons comme un complément indispensable à cette Relation la carte de ses voyages, que Basile Vatace fit exécuter lors de son séjour à Londres en 1732. Les exemplaires de cette carte sont d'une excessive rareté. Celui dont il dit avoir fait don à la bibliothèque universitaire d'Oxford ne se trouverait plus à la Bodléienne[1]. La bibliothèque du Musée britannique en possède deux exemplaires, dont l'un annexé au manuscrit 10075 *additional*, dont il sera question plus loin.

Le dépôt des cartes de notre Bibliothèque nationale en

---

[1] Voir Spyridion Lambros, Κανανὸς Λάσκαρις καὶ Βασίλειος Βατάτζης, (Athènes, 1881, in-8°, tirage à part du tome V du Παρνασσός), p. 15.

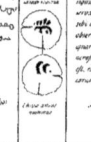

possède trois exemplaires. Le premier, coté C 2206, est une épreuve de la partie gravée de cette carte; on n'y trouve pas les explications en grec et en latin qui doivent figurer à droite et à gauche. Cet exemplaire est en mauvais état de conservation. Le deuxième, coté AD 109, est complet, mais en mauvais état. Le troisième, coté AD 109 *double*, est en très belle épreuve. C'est de lui qu'on s'est servi pour la reproduction ci-jointe.

L'original de la carte de Basile Vatace a été gravé sur cuivre : χαλκοχαραχθεῖσα διὰ Ἰωάννου Σῆνεξ, comme l'atteste la signature de l'artiste, et non lithographié, comme l'affirme M. Spyridion Lambros[1], qui oublie que la lithographie est une invention du xixe siècle.

II

On savait depuis longtemps déjà que Basile Vatace avait composé une *Biographie de Nadir Châh*. Un manuscrit de cet ouvrage, qui a peut-être disparu, existait encore au commencement de ce siècle, en 1809. Le savant Démétrius-Daniel Philippidès avait eu ce manuscrit entre les mains et l'avait lu. Il le trouva intéressant, et, sept ans plus tard, l'histoire de Nadir Châh lui était encore assez présente à la mémoire pour qu'il pût en donner un résumé très succinct dans son *Histoire de la Roumanie*. Ce résumé, qui comprend 22 pages, est ainsi intitulé : Τὰ μνημονευόμενα τῆς ἤδη πρὸ ἑπτὰ ἐνιαυτῶν ἀναγνωσθείσης ἡμῖν Ἱστορίας τοῦ σιὰχ Ναδὶρ, συντεθείσης παρὰ τοῦ Βατάτζη Βυζαντίου.

Il se termine par la note suivante : Αὕτη ἐσʔὶν, ὦ φίλε,

---

[1] *Ibid.*, p. 15.

ἐν συντόμῳ ἡ ἱστορία τοῦ σιάχ Ναδίρ, ὅσον γε ἦν ἡμῖν μεμνῆσθαι ταύτης, ἑπτὰ ἤδη ἐνιαυτοὺς ἀνεγνωκότας. Προσέθημεν δὲ τῇ Ἱστορίᾳ τῆς Ῥουμουνίας τὰ μνημονευόμενα ἵνα, ἤν τι συμβαίη, ἀπόλοιτο, λέγω, τὸ χειρόγραφον, σώζοιτό γε τουτοΐ τὸ ταύτης ἀπόσπασμα. Ὁ γὰρ κεκτημένος τοῦτο, οὐκ οἶδα εἴ ποτε ἐς φῶς ἐξελθεῖν τὸν πολίτην αὑτοῦ Βατάτζην διὰ τοῦ τύπου ἐπιτρέψειε, βυζαντιδικὴν μοῦσαν μὴ δυσωπούμενος. Βατάτζης ἦν ἐκ Βυζαντίου. Ἤδει τὴν ἑλληνικὴν γλῶσσαν, εἰς ἣν καὶ τὴν ἱστορίαν τοῦ σιάχ Ναδίρ συνέγραψε, τὴν λατινικήν, ἀραβικήν, περσικήν, τυρκικήν[1], καὶ πολλὰς ἄλλας εὐρωπαϊκὰς γλώσσας. Περιῆλθε τῆς Εὐρώπης πολλὰ μέρη. Διέτριψε πολὺν χρόνον ἐν τῇ Περσίᾳ. Ἀπεστάλη ὡς πρέσβυς ἐς τὴν Ῥωσσίαν παρὰ τοῦ σιάχ Ναδίρ[2].

III

Il nous reste à parler des manuscrits qui nous ont servi à établir le texte de l'Itinéraire de Basile Vatace. Ils sont au nombre de trois.

a. Le premier, et en même temps le plus complet, appartenait à feu M. Cyriaque Lambryllos, qui eut la bonne amitié de nous le communiquer pour en prendre copie pendant le séjour que nous fîmes à Athènes en 1875. Ce manuscrit, correctement orthographié et très lisible, a été certainement exécuté vers le milieu du siècle dernier. Écrit sur papier turc fortement glacé, il est recouvert d'une solide reliure en basane noire; il comprend quatre-vingts

---

[1] A une époque, on a considéré la forme Τύρκοι comme plus grecque que Τοῦρκοι.

[2] Ἱστορία τῆς Ῥουμουνίας [ὑπὸ Δ. Φιλιππίδη], Leipzig, *Tauchnitz*, 1816, in-8°, t. Ier, seconde partie, second supplément, p. 22.

feuillets écrits, suivis de seize feuillets blancs. M. Lambryllos en avait fait l'acquisition à Smyrne. Nous ne savons ce que ce manuscrit est devenu après la mort de son possesseur, arrivée il y a quelques années. Je dois dire ici que, lorsque je copiai ce manuscrit à Athènes, je n'avais considéré l'Itinéraire de Vatace qu'au point de vue de son importance linguistique. Je l'eusse indubitablement publié plus tôt, si ma copie n'avait été égarée durant plusieurs années. Cette circonstance a eu son bon côté, puisque c'est grâce à elle que j'ai pu consulter deux autres manuscrits dont j'ignorais l'existence il y a onze ans.

b. Le Musée britannique possède, sous le n° 10075 *additional*, une copie manuscrite de l'Itinéraire de Vatace. C'est un petit volume in-4° oblong assez piètrement relié, sur le dos duquel on lit ce titre : Basilii Batatzes itinerarium. Une note écrite sur le premier feuillet nous apprend que ce manuscrit avait autrefois fait partie de la bibliothèque du philhellène Frédéric North (lord Guilford), et qu'il fut acheté par le Musée britannique, au mois de février 1836, à la vente Heber (lot 320). Il est en papier et se compose de cinquante et un feuillets utiles. L'écriture est facile à lire. On a joint à ce volume la carte des voyages de Vatace.

c. Le troisième manuscrit de l'Itinéraire appartient à M. Manuel Gédéon, de Constantinople. Je ne le connais que par une copie qui m'en a été procurée. La première partie seule figure dans ce manuscrit, et encore ne comprend-elle que 908 vers; tandis que dans le manuscrit de Londres elle en compte 916, et 920 dans le manuscrit Lambryllos. J'ai signalé plus loin les différences principales que le manuscrit Gédéon présente avec le texte que nous imprimons. On en trouvera encore quelques autres dans les notes.

d. Un quatrième manuscrit de l'Itinéraire, comprenant les deux parties, existe dans la bibliothèque de M. André Hidroménos, à Corfou. Cette copie, dont le possesseur a donné une courte notice dans la revue Παρνασσός, t. V (Athènes, 1881, in-8°), p. 801-804, ne comprendrait, si toutefois M. Hidroménos n'a pas fait erreur, que 2,050 vers, au lieu de 2,064, total du manuscrit Lambryllos. Nous n'avons pas eu le manuscrit Hidroménos à notre disposition, et nous ne le regrettons aucunement; car, à en juger par les courts extraits publiés dans le Παρνασσός, il ne nous aurait fourni rien de nouveau. Ces extraits offrent bien, à la vérité, un petit nombre de différences très légères avec le texte que nous donnons ci-après, mais nous sommes convaincu que ces variantes sont plus apparentes que réelles et proviennent pour la plupart de l'inexpérience paléographique de M. Hidroménos.

M. Spyridion Lambros a publié quelques passages du manuscrit de Londres, dans une notice sur Vatace, qui parut (comme l'article de M. Hidroménos) en 1881, dans le tome V du Παρνασσός, mais dont nous n'avons sous les yeux que le tirage à part[1]. M. Sp. Lambros manifestait alors le désir que l'Itinéraire de Vatace fût un jour publié intégralement[2]. Son vœu est exaucé.

Dans le texte ci-après nous nous sommes astreint à reproduire scrupuleusement le manuscrit Lambryllos avec son orthographe[3]. On remarquera que le scribe, vraisemblable-

---

[1] Κανανὸς Λάσκαρις καὶ Βασίλειος Βατάτζης, Athènes, 1881, in-8° de 15 pages (la couverture imprimée tient lieu de titre).

[2] *Ibid.*, p. 15.

[3] Nous n'avons fait exception que pour la particule κι, que ce manuscrit orthographie κι' (avec une apostrophe), et pour les verbes en όνω (par épenthèse du ν), qui sont écrits par ώνω.

برفت هر دو شبیر و با یکی بر این یاد کسان زر و بکوا التماسان چیست مثل سوء التدبیر سبب التدبیر
تدبیر بد تدمیر و فساد آرد آخر یکی سلطان را در خیمه بنشاند و خود برنشست و با ایشان
همداستان بود ا صلاح نفر وبرد مثل لا تفسدوا امرا يعيبك اصلاحه ولا تعلق بأمر لا يعجزك
اتنا اخذه مکار حبان تا مکید که اصلاح نتواند و در جان بندید که کشو دن نشاید
آخر یکی حاجب را بسلطان فرستاد که این قوم سخن مریم شوند و سر بریحم دارند و بر زیکار
نکنند که مثل الباک والبغی فانه برا النعم و يطيل الندم بغی میکند که زوال نعمت و مجال
ندامت آرد بنده تدبیر آنچه داند سرخویش کند و از جانبی در ربی شعر

- زمانه چو بینست ناسازگار • نترسی از این چرخ ناپایدار
- بمردی و دانش بنه کرد خر • خردمندار و بیزار خاطر خر
- سا هم همه دیو کان نتا ما د آسمان
- جنبش کردارچرخ بلند • نو دلا بکستا خی او مپند
- دروغ آزمایست چرخ بلند • گهی شاد دارد کهی مستمند
- گهی بر فراز و گهی در نشیب • گهی شادمان و گهی با نهیب
- نداند کسی ایزکردن سپهر • کز یک گونه برگشت بر مابمهر
- نه روشن کند از بر ماسپهر • نه هرگز نماید بما این جهر
- از و شادمانیم و زو با نهیب • زمانی فراز و زمانی نشیب

سلطان در خواست که جدای تسکیر تمام باجند و شاق این پیروز روم سر پدید آرد
خاصکی ار لشکر که بیرون رفت و جا نب دریشد حمت جرج فی عدوک الغصة الی ان تجد الفرصة
واذا وجدتها فانتهزها قبل ان یفوتک تداركها و يعينه الملك فان الدنيا تشبه الاقدار و بهدیها

ment à l'effet d'éviter le trop grand nombre d'apostrophes, a réuni au mot suivant certains termes dont l'élision est fréquente. Cette méthode ne nous déplaît nullement et nous avons cru devoir la conserver. La ponctuation de l'original étant tout à fait arbitraire, nous ne nous en sommes pas préoccupé.

On trouvera en note les variantes du manuscrit de Londres, mais je n'ai pas tenu compte de celles qui ne reposent que sur une simple divergence orthographique. J'espère qu'on ne m'en tiendra pas rigueur. Quant au manuscrit Gédéon, au moins dans la copie que j'en possède, il présente constamment avec notre texte les deux différences suivantes : 1° tous les accusatifs vulgaires en ες y sont écrits par αις; 2° le mot σὰχ (*châh*) est orthographié σιὰχ (avec ὑφὲν), ainsi que plusieurs autres mots où le manuscrit Lambryllos ne donne qu'un alpha, notamment Βαρσιάϐι (*Varsovie*) au lieu de Βαρσάϐι. Les Grecs croient rendre ainsi la chuintante qui manque à leur alphabet. En pareil cas, le manuscrit de Londres surmonte quelquefois le σ d'un point : σ̇.

Basile Vatace (comme l'a fait judicieusement observer M. Hidroménos dans l'article cité plus haut) ne s'astreint pas toujours à la rime. Assez souvent il se contente d'une simple assonance. Il nous eût été facile, il est vrai, en bien des cas, de faire rimer un certain nombre de vers, soit en modifiant légèrement un mot (κάνει au lieu de κάμνει, par exemple), soit en supprimant une lettre finale (ὁμιλία pour ὁμιλίαν); mais nous n'avons pas voulu faire subir au texte de ces sortes de changements, dans la crainte de méconnaître les intentions de l'auteur. C'est peut-être nous montrer trop scrupuleux à l'égard d'un texte de cette époque.

En tête des manuscrits de l'Itinéraire figurent dix pièces

de vers, dont les trois premières sont à la louange de l'auteur. Les sept autres ont été écrites par Vatace en l'honneur de la Trinité, de la Vierge et de saint Paul. C'est à la dernière qu'il est fait allusion dans le vers 919 de la première partie de la Relation.

La première pièce, qu'il serait plus exact d'appeler un distique, est ainsi conçue :

Εἰς τὸν συγγραφέα τῆς βίβλου κύριον Βασίλειον Βατάτζην[1]
Κωνσταντίνου Τζουκῆ.

Πόνημα τουτὶ Βατάτζου Βασιλείου,
ὃς ζώοι μακραίοσι κύκλοις ἡλίου.

La deuxième pièce est un quatrain de Joachim, moine du couvent des Ibères, au mont Athos; la troisième est un sixain sans nom d'auteur. On nous saura gré de ne pas les reproduire.

Nous devons dire en terminant que nous n'avons jamais eu la pensée de traduire complètement l'Itinéraire de Basile Vatace. La traduction, malgré tout le soin que nous aurions pu y apporter, n'eût pas été supportable. Il nous a paru préférable de donner une analyse de ce texte aussi fidèle que nous l'a permis l'obscurité du style. Puissions-nous n'être pas resté trop au-dessous de notre tâche!

6 juin 1886.

[1] Il y a Βατάτζου dans le manuscrit de Londres.

VOYAGES DE BASILE VATACE.

PREMIÈRE PARTIE.

Basile Vatace commence sa Relation par raconter que son père, ayant embrassé l'état ecclésiastique, se maria et devint par la suite économe de la grande église patriarcale de Constantinople. Cadet de cinq frères, Basile naquit en l'année 1694, à Thérapia, sur les rives du Bosphore, près de Constantinople, « cette illustre ville dont l'éclat sur terre rivalise avec celui du soleil. » C'est dans cette « reine des cités » qu'il fut élevé. Il vécut au sein de sa famille jusqu'à sa quatorzième année. Ce fut à cet âge que, désireux de parcourir le monde et de se livrer au commerce (plus précoce, on le voit, que Tavernier lui-même), Basile obtint de ses parents l'autorisation de les quitter. « Muni de leur bénédiction et après s'être placé sous la protection du Christ, » il se met en chemin vers le Nord, avec l'intention de se rendre à Moscou, « la capitale de cet empire orthodoxe, où l'Église brille de tout son éclat. »

Au bout de quelques jours de marche, Basile franchit la frontière du territoire ottoman. Il traverse le Danube, pénètre en Moldavie, s'arrête à Galatz. De là, il se rend à Jassi, où il séjourne le temps nécessaire à ses affaires. Il quitte Jassi pour le « pays des Cosaques », passe par Soroka, traverse le Dniester, la ville de Nemirov, et arrive à Pavolotch, « localité jadis habitée par le célèbre chef cosaque Khatka Palii ». De Pavolotch, Basile Vatace se rend à Kiev, « cette ville que toute la Russie vénère, à cause des reliques que l'on y conserve, et qui est réputée à raison de ses nombreux établissements d'instruction. » Il traverse le Dniéper, « ce fleuve qui approvisionne Kiev de poisson, » et s'enfonce dans l'Ukraine. En peu de jours, il atteint Niejin, ville très commerçante, où existe une colonie grecque, qui possède une église, placée sous l'invocation de Tous-les-Saints. Il reste à Niejin cinq ou six mois, car il y trouve l'occasion de faire des affaires; il ne se confine cependant pas dans les étroites limites de cette ville; mais, de là, comme d'un centre, il *rayonne* dans les localités voisines, en quête d'opérations commerciales. Il visite successivement Tchernigov, Peréiaslav, Starodub, Voronov, Sosnitsa, Baturin, Borsna, Novye-Mliny, Altinovka, Lujki, Priluki, villes « du pays cosaque », dont les habitants font une grande consommation de horilka (eau-de-vie). Vatace se rend également à Glukhov, résidence de l'hetman des Cosaques. Après ce séjour en Ukraine, il poursuit son chemin vers Moscou. Arrivé à Sevsk, il est soumis à un interrogatoire sévère, comme, du reste, tous les voyageurs qui veulent entrer en Russie. Il traverse les villes de Karatchev, Bolkhov, Bielev et Kaluga.

Le voilà enfin au but de ses espérances! Il arrive devant Moscou. Cette grande cité, avec sa multitude d'églises surmontées de croix dorées, frappe vivement l'imagination du jeune Grec. Elle lui apparaît de loin « comme une nouvelle terre promise »; il lui semble « contempler un ciel semé d'étincelantes étoiles ». Comme il regrette que son ignorance de l'art d'écrire ne lui permette pas de célébrer dignement cette ville « où les chrétiens voient comme jadis (à Byzance) briller le trône à côté de l'autel et régner le bel ordre de choses des temps anciens » !

Pendant trois années consécutives, Basile séjourne à Moscou, et y fait d'excellentes affaires. Au bout de ce laps de temps, il « éprouve le doux désir de revoir son pays ». Il quitte Moscou et reprend la route de Kiev; il passe par cette « jolie ville polonaise bien fortifiée que l'on appelle Kamenetz ». Il traverse la Moldavie, pénètre en Valachie et s'arrête à Bucarest, « ville bien connue, où les princes déploient toutes les splendeurs de leur cour, et que l'on peut considérer comme la capitale de la province, puisque les hospodars y ont maintenant fixé leur résidence. » Il reste à Bucarest le temps de régler ses affaires, après quoi il franchit le Danube et rentre en Turquie; il passe par Sistov, Tirnovo, Andrinople, et arrive enfin à Constantinople, où il a la joie de retrouver son père, sa mère et tous ses parents en parfaite santé.

Après un court séjour dans sa patrie, Basile Vatace repart pour continuer ses affaires commerciales. Par Andrinople et la Valachie, il prend le chemin de la Hongrie. Il passe par Tîrgoviste. Il arrive aux frontières de la Transylvanie, « hérissées de montagnes et de forêts à l'aspect effrayant. » C'est là que s'élève la vieille ville de Rucaru, bâtie en pierres. Basile pénètre en Transylvanie, s'arrête quelque temps dans la charmante et pittoresque ville de Cronstadt (Brasso), pour y prendre des compagnons de route. Son dessein était de passer en Pologne.

Quand la petite caravane est formée, on se met en marche. De Cronstadt, Basile se rend à Fogaras, « ville bien fortifiée et entourée d'un fossé plein d'eau », située sur les bords de l'Olt. Il atteint Bistritza, dont il admire la situation : c'est une ville ombragée d'arbres, arrosée de belles eaux et renommée par la pureté de l'air qu'on y respire. Il traverse notamment Maros-Vásárhely et Szeget, villes hongroises. Les frontières polonaises sont protégées par de hautes montagnes, où l'on trouve des pierres d'une nature toute particulière : elles ont un tel éclat et sont d'une si belle eau qu'une personne qui ne s'y connaîtrait pas pourrait les prendre pour des diamants. Leur valeur vénale est la même que celle du cristal. Les paysans s'occupent à les recueillir. Vatace voulut, lui aussi, en ramasser quelques-unes. Il mit pied à terre, et, tenant son cheval par la bride, il n'eut pas de peine, tout en cheminant, à en trouver plus d'une centaine ; car, la pluie qui n'avait cessé de tomber la nuit précédente ayant battu le sol, ces pierres apparaissaient à fleur de terre et étincelaient au soleil. On les dirait travaillées avec art, et un habile ouvrier serait incapable de leur donner le fini qu'elles possèdent naturellement.

Après avoir franchi les susdites montagnes, Basile commence à fouler le sol de la Pologne. En cinq ou six étapes, il arrive à Léopol (Lemberg), une des villes les plus notables de la République et où le commerce est entre les mains des gros négociants. Basile y venait pour affaires. Il se dirige ensuite sur Lublin. C'est dans cette localité que se tiennent les assises, où les magnats polonais ne manquent pas d'assister ; ils y connaissent des crimes et délits commis par leurs pairs. Les besoins du pays y sont aussi l'objet d'un examen. Basile reste à Lublin le temps nécessaire à ses opérations commerciales, puis se remet en chemin ; il traverse Casimir et se rend à Varsovie, où le soin de ses affaires ne l'empêche pas d'assister « aux manœuvres d'un grand corps d'armée, manœuvres qui furent, dit-il, exécutées par des recrues avec la plus entière précision. »

De Varsovie, retour à Léopol. De là, par Doumba, Brody, Kiev, il va à Moscou. Il y reste quelque temps. Ce fut dans cette ville qu'il conçut le désir de visiter de plus lointaines régions. Il veut d'abord se rendre en Perse. Il part, passe par Vladimir et se rend à Nijni-Novgorod. Là il est saisi d'un étonnement naïf à la vue des flots énormes que roule le Volga. Il s'embarque sur ce fleuve pour Astrakhan. Il énumère brièvement tout ce qu'il voit de remarquable sur l'une et l'autre rive : villes et monastères flanqués de murailles comme les forteresses. Il voit défiler sous ses yeux : Kazan, ville immense, bâtie en pierre et d'un aspect imposant; puis, sur la rive droite, Saratov, Kamichin, Tsaritsin et Tchernyi-iar. Sur la rive gauche, à partir d'en face Saratov jusqu'à l'embouchure du fleuve, le pays est plat; c'est en réalité le commencement de ces steppes immenses qui se prolongent jusqu'aux frontières de la Sibérie, de la Chine et de Boukhara. La plaine que l'on découvre du fleuve est habitée par les Kalmouks; ils étaient alors gouvernés par Ayouka. Au printemps, ces tribus nomades viennent camper non loin du Volga, à cause du manque d'eau. Si parfois elles ne se montrent pas, c'est qu'elles se sont enfoncées dans l'intérieur des terres. Les Kalmouks habitent sous la tente et possèdent d'immenses troupeaux, dont ils se nourrissent.

Arrivée à Astrakhan. Cette ville, bâtie en pierre, possède des monastères et une remarquable cathédrale. Les marchands qui se rendent en Perse font escale à Astrakhan. Basile Vatace y fit son entrée en bateau, et, après deux jours de navigation en aval du fleuve, pénétra dans la mer

Caspienne. Quelques jours plus tard, il atteint la Perse. En approchant de la côte, on aperçoit une ville bâtie en amphithéâtre sur le bord de la mer, c'est Derbend. Les Persans prétendent qu'elle fut fondée par Alexandre le Grand. Basile débarque en face de Derbend, dans un endroit nommé Yazova; ce n'est pas une ville, mais une station située sur un terrain plat et où les navires stoppent seulement quelques heures. Il part de Yazova le matin, par voie de terre, et, après deux ou trois jours de marche, arrive à Chamakhi, ville extrêmement populeuse, très commerçante, admirablement située et renommée pour la salubrité de l'air qu'on y respire. Elle fait partie de la province de Chirwan et est gouvernée par un khan, vassal de la Perse. Les négociants qui visitent Chamakhi (et il y en vient même des Indes) sont assurés d'y trouver tout ce dont ils peuvent désirer l'acquisition. Basile, ayant opéré à Chamakhi le placement de toutes ses marchandises, ne pousse pas plus loin ses pérégrinations en Perse.

Reprenant donc la route par laquelle il était venu, il remonte le Volga jusqu'à Saratov et y débarque. Il quitte cette ville en voiture. Chemin faisant, il a l'occasion d'étudier deux étranges peuplades : les Mordvines et les Tchérémisses. Ces tribus n'habitent pas dans des villes, elles sont cantonnées dans des districts, où elles se livrent à l'agriculture, dont elles tirent leurs moyens de subsistance. Elles sont vassales de la Russie et payent l'impôt avec la plus grande ponctualité. Elles offrent au voyageur le spectacle de choses vraiment plaisantes et comiques. Elles sont étrangères à toute espèce de culte et ne possèdent pas les moindres notions religieuses; elles parlent une langue particulière et observent des usages souverainement ridicules, qu'elles tiennent de leurs aïeux. Le pain est pour elles un régal dans les jours de fête, et Basile constate qu'elles ont la pluie en profonde vénération. Mais comment ne pas s'esclaffer de rire au nez des femmes de ces tribus, quand on voit ces pauvres créatures mettre en œuvre toutes les ressources imaginables de la coquetterie pour se composer une bosse postiche, qu'elles se placent au milieu du dos? Les riches donnent à cette bosse un développement considérable; les pauvres, au contraire, en restreignent les proportions. La forme ridicule de leur accoutrement suffit pour donner une idée de leur manière de vivre.

Basile arrive à Moscou. Court séjour dans cette ville. Voyage en Ukraine pour affaires. Retour à Moscou. Départ pour Pétersbourg. Basile traverse le gouvernement de Novgorod, dont le chef-lieu porte le même nom. Novgorod est une ville ancienne, populeuse, voisine d'un lac vaste comme une mer mais semé d'écueils, ce qui fait qu'on ne peut y naviguer sans le secours d'un pilote. C'est de ce lac que sort la Néva. Basile met quatre jours à franchir la distance qui sépare Novgorod de la ville « fondée par Pierre Alexievitch ». Description de Pétersbourg.

Basile retourne à Moscou. Il entreprend un second voyage en Perse. Séjour à Chamakhi pour affaires commerciales. Il se décide, cette fois, à pousser jusqu'à Ispahan. Il se met en route, atteint Perchri, revoit la mer Caspienne, entre dans le Ghilan, province qui possède plusieurs villes très peuplées, dont la plus considérable est Recht. Le Ghilan est borné d'un côté par la mer Caspienne, de l'autre par les montagnes de la Perse. La chaleur y est excessive, et les habitants souffrent d'anémie. L'été y est malsain, à cause des vapeurs qui se dégagent du sol durant cette saison. Les brouillards y règnent presque continuellement; mais, en revanche, la terre y est d'une extrême fertilité; elle produit en abondance de la soie, qui passe pour la meilleure de toute la Perse. On y récolte du riz en quantité si considérable qu'on en nourrit les chevaux. J'ai vu dans cette province une grande multitude de citronniers, de limoniers, d'orangers, d'oliviers et d'autres arbres à fruit; les fleurs, notamment des lis superbes, y poussent sans culture, jusque sur les chemins et restent fleuries toute l'année. Le Ghilan est très fréquenté par les marchands.

Du Ghilan, Basile passe dans le Qaswin, province dont le chef-lieu porte le même nom et qui est administrée par un gouverneur d'un rang supérieur. Les Persans affirment que Qaswin fut anciennement une capitale et que les châhs y venaient ceindre le sabre, lors de leur avènement au trône. De Qaswin, Basile se rend à Sawèh, ville plus petite que la précédente, mais pourtant très populeuse et pourvue de vastes places publiques.

Poursuivant sa route, il arrive à Qoum, ville d'une grande importance. Quatre jours après l'avoir quittée, il fait son entrée à Qachân, ville très riche qui possède une nombreuse population d'artisans presque tous originaires de la localité, et exerçant le métier de forgeron ou de tisserand. On y fabrique des étoffes brochées d'or d'une qualité supérieure, et le commerce des soieries y est très considérable. Départ de Qachân. Après quatre jours de marche, Basile arrive à Ispahan : c'est la plus célèbre ville de la Perse, capitale de l'empire, résidence du châh (qui était alors Husseïn), un véritable paradis. Ispahan est excessivement populeuse; on y voit de nombreux magasins approvisionnés de marchandises précieuses; elle possède des caravansérails destinés aux commerçants et aux étrangers. Il y vient des voyageurs du monde entier. Non loin de cette ville se trouve le port de Bender-Abassi, où l'on débarque en arrivant des Indes. C'est dans le voisinage de Bender-Abassi que se trouve l'archipel des îles Bahreïn, où se pêchent les perles fines, source de revenus considérables pour la Perse.

Qu'on se représente par la pensée quelle immense quantité de marchandises doit exister dans un pays où l'on en importe des Indes, d'Angleterre et de Hollande. On trouve à Ispahan des négociants excessivement riches ; il y a même des marchands européens. Les Hollandais y ont un consul à poste fixe, les Anglais également. Ces deux fonctionnaires sont l'un et l'autre des hommes d'une parfaite honorabilité. Les Jésuites français et les Capucins y possèdent un établissement respectif : ce sont des religieux d'une vaste intelligence, de mœurs chrétiennes, et qui savent à l'occasion faire valoir les talents qu'ils ont reçus en partage. Ils ont quatre églises à Ispahan et cultivent en excellents ouvriers la vigne du Seigneur.

Ispahan s'élève dans une plaine sur les bords d'un fleuve, qui l'arrose en tous sens ; cette ville n'a pas de château, mais elle possède une multitude innombrable de maisons et de splendides jardins. Par d'ingénieux travaux on a amené l'eau du fleuve dans l'intérieur de la ville ; le canal traverse l'hippodrome. Cet hippodrome, dont l'aspect est des plus ravissants, a des dimensions assez vastes pour qu'un cavalier puisse y faire caracoler son cheval au gré de ses désirs ; il est planté d'arbres. Description du canal, des bassins qu'il alimente et des constructions où les promeneurs peuvent aller jouir de la fraîcheur de l'eau, écouter les récits des conteurs, entendre la musique ou boire du café. On a jeté sur le fleuve un grand pont, que l'on traverse pour aller dans le faubourg de Toulfa (Djoulfa), sur l'autre rive. Ce pont, dont la construction remonte à une date assez ancienne, est bâti en pierre et remarquable par la beauté de son architecture. Toulfa est exclusivement habitée par des Arméniens; ils y ont des églises et y exercent en toute liberté les pratiques de leur religion.

Basile Vatace reprend la description de l'hippodrome. Éloge des superbes platanes dont il est planté. A l'une des extrémités de cet hippodrome se trouve le jardin royal. Il est rempli d'arbres et de plantes et embelli de jets d'eau; on y a réuni et acclimaté toutes sortes d'animaux. Parmi ces animaux, raconte le naïf marchand, il en est certains qui sont doués d'une intelligence extrêmement grande et auxquels il ne manque que la parole. Les oiseaux qui peuplent ce parc magnifique font entendre des chants si mélodieux « qu'on ne saurait les comparer qu'aux sons de la lyre de Pindare ». Leur ramage n'a d'égal que leur plumage. Mais, chose incroyable! il y a de ces animaux « qui parlent le persan aussi purement que s'ils étaient doués de raison. On les a tellement exercés que l'on peut s'entretenir avec eux sur n'importe quel sujet. » On nous permettra de faire observer que, pour un marchand si rompu aux affaires, Basile Vatace fait preuve d'une singulière crédulité, car nous ne lui ferons pas l'injure de penser qu'il ait voulu en imposer à ses lecteurs. Il est probable qu'il avait été induit en erreur par quelqu'un de ces mauvais plaisants qui grouillaient sur l'hippodrome d'Ispahan, à l'heure de la promenade. Il est juste de dire, pourtant, que, plus loin, Basile déclare que tout ce qu'il raconte du jardin royal d'Ispahan, ce n'est pas par ouï-dire, mais pour l'avoir vu de ses yeux. Là, il exagère évidemment. Ces oiseaux, poursuit-il, ne sont pas indigènes, mais originaires des Indes; on les garde et on les aime à cause de leur rareté. Ils ont de la place pour voler et se promener, quoiqu'ils ne puissent pas aller très loin. En effet, le parc est entouré et clos d'un immense treillis de bronze qui a coûté fort cher; ce treillis dépassant la cime des arbres, les oiseaux peuvent voltiger au-dessous comme s'ils jouissaient de leur entière liberté.

Le palais du châh. C'est une somptueuse habitation; mais n'y entre pas qui veut. Aussi Basile se borne-t-il à nous en décrire les portes, qui sont ouvragées avec un art admirable et qui brillent d'un si vif éclat qu'on les prendrait pour d'immenses miroirs de cristal. « On peut juger par là combien cela doit être beau à l'intérieur. » Devant ce palais s'étend une vaste place, où le chah se promène fréquemment. Le voyageur grec l'y a vu plusieurs fois avec un nombreux cortège de fantassins et de cavaliers, et souvent suivi d'un éléphant. Les grands dignitaires qui sont dans l'escorte royale ont des vêtements brochés d'or et enrichis de pierres précieuses. Il en est de même de leurs massiers et de toute leur suite. « Leur passion pour l'or est portée à un si haut degré qu'ils auraient, si cela se pouvait, de la chair d'or. » Mais ce qui étonne le plus un étranger, c'est de voir ces gens-là porter leur barbe teinte en la couleur que chacun d'eux préfère. « Les Persans ont l'esprit très fin et très délié, ils sont rusés et ne manquent pas de faconde. Ce n'est pas seulement mon opinion personnelle que j'exprime en cela, mais celle des gens qui ont été liés avec eux. » Ils n'exercent d'ailleurs leur esprit qu'à se procurer des plaisirs et des jouissances; on ne rencontre plus chez eux cette valeur et ces vertus des anciens Perses dont l'histoire nous fournit tant d'exemples.

Une fois encore Basile reprend la description de l'hippodrome qui se trouve en face de « la porte de cristal » du palais. Il est sans cesse fréquenté par des gens qui y viennent les uns pour se promener, les autres pour affaires. Car on y trouve un stock immense de marchandises et une foule de vendeurs et d'acheteurs. Il s'y rassemble, en outre, une multitude de charlatans qui font métier de prédire l'avenir et de pseudo-poètes dont la verve est intarissable. Il y a là de quoi se distraire, mais rien qui puisse étonner une personne sensée. Les diseurs de bonne aventure y étalent devant eux des livres où sont peintes différentes figures : ici des serpents à l'aspect farouche, là des sphères, des cercles et des carrés, ailleurs des loups. Ils jettent les dés qu'ils ont entre les mains, et c'est par ce moyen qu'ils dévoilent à leurs clients les arcanes de l'avenir. Basile Vatace a fort souvent assisté à des consultations de ce genre. Un jour qu'il lui était arrivé de flâner, il s'approche d'un de ces sorciers qui prédisait l'avenir à un pauvre homme. Quand il eut débité son « boniment », le consultant tira de sa poche une pièce et la donna en payement à ce fieffé coquin, qui la prit pour de l'argent, tandis que c'était du billon ; et ce sorcier pour lequel l'avenir n'avait pas de mystères, on le voyait aller de l'un à l'autre, demandant si la pièce était fausse ou non.

« Il faut pourtant que je fasse connaître l'époque à laquelle je me rendis à Ispahan, afin que le souvenir en subsiste. Je m'y trouvais en l'an de grâce 1716, et Clotho ourdissait alors la trame de ma vingt et unième année. »

Retour de Basile Vatace à Moscou, par la mer Caspienne

et Astrakhan. De Moscou, il se rend à Pétersbourg pour ses affaires. Il revient à Moscou et reprend la route de son pays par Kiev et la Moldavie. « Tel fut mon voyage. J'ai écrit ce que j'ai vu. Je suis encore retourné à Moscou et revenu à Constantinople, où je me trouve actuellement. Depuis le jour de mon premier départ, il s'est écoulé douze années entières, durant lesquelles la fortune m'est apparue tantôt sous de brillantes couleurs, tantôt sous un sombre aspect. Qui peut savoir quel avenir me réserve l'inconstante déesse? »

Cette première partie des voyages de Basile Vatace se termine par trente-quatre vers dont les impairs (c'est-à-dire ceux qui portent les numéros 887, 889, 891, 893, 895, 897, 899, 901, 903, 905, 907, 909, 911, 913, 915, 917 et 919) forment l'acrostiche suivant : ΒΑΣΙΛΕΙΟΣ ΒΑΤΑΤΖΗΣ. Ces vers sont une collection de sentences ayant, pour la plupart, trait à l'instabilité des choses humaines.

SECONDE PARTIE.

Après un séjour assez court dans son pays et deux ou trois voyages à Moscou, Basile Vatace se décida à visiter les régions lointaines que baignent l'Oxus et l'Iaxarte, et la mer d'Aral, «dont il a fait imprimer la carte», comme il ne manquera pas de le rappeler en son lieu. Après avoir parcouru ces contrées de l'Asie, il voulut aussi voir plusieurs pays d'Europe; pour ceux-ci, qui sont connus, il se contentera d'une très brève description.

Ce fut en l'an de grâce 1727 que Basile Vatace, décidé

à entreprendre son voyage dans l'Asie centrale, quitta Constantinople pour se rendre à Moscou. De cette ville il gagne Astrakhan, et de là se dirige vers Boukhara. Comment, s'écrie-t-il, raconter mon voyage à travers cette plaine immense, ces steppes pareils à l'océan, bornés à l'ouest par Astrakhan et le Volga, à l'est par la mer des Indes? Au midi, continue Vatace, ces steppes confinent à la mer Caspienne et à la Perse; au nord, à la Sibérie et à la Chine; ils sont habités par des tribus nomades, de races et de religions différentes. C'est de tout cela que le voyageur grec entend nous faire le récit.

Commençons par l'occident, c'est-à-dire par Astrakhan. Non loin des rives du Volga, on trouve un peuple nomade, les Kalmouks, qui sont peut-être les anciens Massagètes. Les Kalmouks forment une innombrable multitude de combattants; ils sont fort riches en chevaux et en bétail. Ils campent habituellement dans le voisinage du Volga, mais ils s'avancent parfois très loin du côté de l'est. Ils obéissent à un chef de leur race, lequel est le successeur du fameux Ayouka et appartient à la même famille que ce prince. Ils sont, dit-on, nominalement tributaires de la Russie. Leur religion est le culte des idoles; ils emportent avec eux dans le désert une grande quantité de ces idoles; ils ont des prêtres qu'ils appellent *mandjis*. La façon dont les Kalmouks se nourrissent est des plus étranges; ils ont de commun avec tous les nomades qu'ils mangent la chair et boivent le lait de leurs troupeaux, auxquels ils ajoutent le produit de leurs chasses; mais ils en diffèrent en ce qu'ils ne considèrent aucun aliment comme impur et ne reculent pas même devant la charogne; ils consomment la viande sans la faire cuire ni griller. Le sang, le lait et tout autre liquide provenant de n'importe quel animal, ils le boivent, lors même que ce breuvage est vieux et puant.

Plus avant dans les steppes habite une autre peuplade en tout semblable à la précédente; on la dit soumise à la Russie, mais elle est indépendante. Comment, en effet, ces tribus pourraient-elles subir la suzeraineté de quelqu'un, puisqu'elles vaguent, semblables aux nuées du ciel? Lorsqu'elles s'enfoncent dans ces vastes solitudes, il serait aussi difficile de les soumettre que les poissons de la mer.

Au nord de ces peuplades, mais à une distance fort éloignée, on trouve les Baskirs, tribu tatare, professant la religion musulmane. Une partie de cette tribu est nomade, une autre est sédentaire. Les Baskirs, habitant sur les frontières de la Russie, sont tributaires de cet empire.

Au sud, on rencontre un autre peuple divisé en nombreuses tribus. Ce sont les Turcomans ou Turkmènes, qui professent tous la religion musulmane. «Selon les anciens historiens,» et surtout selon Basile Vatace, ces Turcomans ne seraient autres que les Huns. C'est un peuple des plus belliqueux et qui possède une redoutable cavalerie; il supporte très patiemment la faim, la soif et la chaleur. Les Turcomans sont échelonnés tant sur les bords de la mer Caspienne que sur les frontières de la Perse.

Des limites de ce dernier État presque jusqu'aux Indes se déroule une immense plaine sablonneuse, dont la largeur en certains endroits représente un mois de marche, en d'autres un peu moins. Sur la gauche de cette plaine, c'est-à-dire du côté du nord, se trouve le royaume de Khiva et plus loin celui de Boukhara. Quant aux Turcomans, ils ne vivent que de rapines et de brigandages; quelquefois ils se livrent à la chasse. A droite, ils exercent leurs déprédations sur les frontières de la Perse, tantôt agissant ouvertement, tantôt procédant à la sourdine. A gauche, ils poussent leurs incursions jusqu'aux confins des khanats de Khiva et de Boukhara. Nadir chah avait pris à sa solde une grande quantité de Turcomans.

Plus loin que les Kalmouks, en avançant vers l'est, on trouve les Qaraqalpaq, peuplade tatare, nomade, très nombreuse, belliqueuse, pillarde, adonnée au brigandage. Les Qaraqalpaq ne possèdent que de vagues notions de religion : ils savent seulement que Mahomet est leur prophète. Le chef qu'ils se donnent, et qui a presque l'autorité d'un roi, est choisi par voie d'élection et pris non dans les rangs des simples particuliers, mais parmi les *mirzas*.

Non loin de cette tribu, l'on en trouve une autre qui a les mêmes mœurs, la même langue et la même religion; elle procède de la même façon au choix de ses chefs. Cette tribu est celle des Qazaq; elle vit toujours en paix avec les Qaraqalpaq. On désigne habituellement ces deux tribus sous le nom collectif de Qirghiz; elles errent dans les plaines qui avoisinent la mer d'Aral et l'Iaxarte.

Quant aux tribus qui vivent à droite de la mer d'Aral (cette mer que très peu de gens connaissent), c'est-à-dire vers le sud, elles sont d'origine tatare. On les appelle Araliques (est-ce d'elles que la susdite mer tire son nom, ou lui ont-elles emprunté le leur? c'est une question difficile à résoudre). Elles campent toujours dans un pays très rapproché de la mer d'Aral, et elles y possèdent même un petit village où réside leur chef. Elles professent la religion mahométane. Sur la droite du territoire occupé par ces tribus, coule l'Oxus, fleuve tributaire de la mer d'Aral.

En face de l'Oxus et à peu de distance de son cours, il y a un royaume tatare : c'est le khanat de Khiva. Les habitants du pays appellent celui qui les gouverne du nom de prince, de roi, de khan et même de padichah. Tous les Khiviens sont musulmans, et ils poussent si loin le fanatisme religieux qu'ils déclarent que le Coran leur est tombé du ciel. Ils ont des villes fortifiées et des villes ouvertes ; ils se livrent au commerce et sont à l'occasion bons guerriers. Le khan de Khiva possède une monnaie particulière. Je reviendrai ailleurs sur ce sujet.

Plus loin que Khiva, en allant vers l'est, à dix-sept jours de marche, on trouve un autre royaume tatare, celui de Boukhara. Cet État est semblable à celui de Khiva, sous le rapport de la langue, des mœurs et de la religion; mais, au point de vue du chiffre de la population, du nombre des villes, de la richesse, du pouvoir qu'il exerce, il lui est de beaucoup supérieur. C'est, en effet, Boukhara qui est la capitale des Tatares et qui, aujourd'hui, aux yeux des Uzbeks, occupe le premier rang. Elle est la résidence du khan, qui est considéré comme le souverain dans tout l'Uzbekistan. Ce khan fait frapper une grande quantité de pièces d'or, car il était autrefois souverain de Kachgar, où il y a d'abondantes mines de ce précieux métal.

C'est de Boukhara que sortait le fameux Djenguiz khan, qui soumit tant de pays du côté du nord, en amont et en aval du Volga. Contemporain de Djenguiz, mais plus illustre que lui, Timour-Leng, le khan des khans, a mérité les éloges de beaucoup d'historiens, même européens. Il vainquit Djenguiz; il fit la guerre au roi de Perse; il la fit aussi à Bajazet, sultan des Turcs, surnommé *la Foudre;* il tailla son armée en pièces et le fit lui-même prisonnier. Timour était de Samarqand, ville qui n'est pas très éloignée de Boukhara.

Il y a dans le khanat de Boukhara des provinces qui formaient jadis des États indépendants. Au nord, est situé le Turkestan; à une grande distance de ce pays, vers l'est, on rencontre Kachgar; au sud, Balkh et Badakhchan, dont les territoires sont désignés sous le nom collectif d'Uzbekistan. C'est à Badakhchan que l'on trouve les pierres précieuses appelées rubis balais. Sache, lecteur, que Khiva, Boukhara et le Turkestan sont situés dans cette immense plaine dont j'ai parlé précédemment.

C'est encore dans cette plaine, à l'est et à une grande distance des Qazaq, que l'on trouve une autre peuplade nomade, tout à fait semblable aux Kalmouks; ce sont les Qoundouz. Comme visage, ils ressemblent aux Kalmouks. Celui qui les gouverne exerce sur eux un pouvoir absolu; ses ordres les plus sévères sont tous exécutés sans délai. Les Qoundouz combattent vaillamment dans leurs guerres, et attaquent l'ennemi avec intrépidité, comme des bêtes féroces. Ils ont jadis soumis la Chine. A cette époque, en Chine, le pouvoir était partagé entre deux empereurs; la discorde survint, la guerre civile éclata, la population se partagea en deux camps. L'un des deux empereurs appela à son aide les Qoundouz, qui étaient alors ses voisins. Une innombrable armée de Qoundouz franchit alors la Grande Muraille; semblable à un torrent impétueux, comme un autre déluge, elle se rua sur les ennemis et les tailla en pièces. L'empereur devint ensuite la victime de cette soldatesque, dont le chef usurpa le pouvoir souverain. Ce sont encore ses successeurs qui gouvernent la Chine aujourd'hui. Mais laissons de côté les affaires de ce pays et revenons plus directement aux Qoundouz. C'est chez eux que se trouve le Grand Lama. Ici Basile Vatace donne des détails sur ce personnage; nous les passons sous silence.

A une grande distance des Qoundouz, en allant vers l'est, on trouve encore un peuple nomade, qu'on appelle tribu d'Azof et qui se vante d'avoir anciennement possédé le Grand Lama. Sur le territoire de cette horde il pousse de la rhubarbe.

Cette plaine presque sans fin, dont j'ai déjà parlé plusieurs fois, s'étend vers le nord jusqu'à la Chine, vers le sud jusqu'aux Indes, et vers l'est jusqu'aux bords de l'océan. Pendant mon séjour à Londres, j'ai fait imprimer une carte où l'on voit tout cela.

Maintenant, pour reprendre ma narration, il me faut retourner sur mes pas et revenir à Astrakhan. En quittant cette ville, nous commençâmes à voyager dans d'immenses steppes, nous servant de chevaux et de chameaux. Au bout de soixante-deux jours de marche nous atteignîmes Khiva. Qui pourrait raconter les fatigues et les dangers d'un pareil voyage? Pendant ces soixante-deux journées nous fûmes comme perdus au milieu d'un océan. Nous n'apercevions que le ciel et la terre, un sol entièrement dépourvu d'arbres, un désert dans toute la force du terme. Pendant le jour, le soleil nous tenait lieu de guide; durant la nuit les étoiles étaient notre boussole. Nous vîmes dans ces steppes d'innombrables troupeaux vivant à l'état sauvage, tels que chèvres, moutons, chevaux, chevreuils, cerfs, sans parler des bêtes venimeuses et des animaux carnassiers. La rhubarbe pousse à foison sur la route que nous suivions, mais personne n'en fait cas.

Le plus grand souci dans un tel voyage est celui de l'eau.

On reste quelquefois cinq ou six jours sans en rencontrer; c'est pourquoi l'on en transporte à dos de chameau. Si le malheur voulait qu'on s'écartât de la route, toute la caravane courrait risque de mourir de soif dans ces solitudes. Nous échappâmes à tous les périls, mais nous arrivâmes « comme des morts » à Khiva.

Chemin faisant, je vis des tribus kalmoukes, dont les femmes prennent les armes comme des hommes, quand les circonstances l'exigent. La main de Dieu écarta de nous les dangers que nous avions à redouter de la part de ces hordes.

Six ou sept jours après notre départ d'Astrakhan, nous arrivâmes à une mer que les anciens ne connaissaient pas et dont tous les historiens postérieurs ont ignoré l'existence : je veux parler de la mer d'Aral. Lorsque je me trouvais là, je constatai avec ma propre langue que ses eaux sont salées absolument comme celles des autres mers. Il faut trente jours pour en faire le tour. L'Oxus et l'Iaxarte se jettent l'un et l'autre dans la mer d'Aral, et non pas, comme les anciens le disaient par ignorance, dans la mer Caspienne. Ces deux mers sont d'ailleurs séparées par une distance assez considérable.

« Cette mer d'Aral dont je viens de parler, c'est moi qui, le premier, l'ai fait connaître en Europe; et la communication de ma découverte fut accueillie à Londres avec une vive satisfaction par tous les savants qui s'occupent des sciences géographiques. »

En poursuivant notre route vers Khiva, nous côtoyâmes assez longtemps la mer d'Aral; et, quand nous nous en éloignâmes, ce fut pour remonter les bords de l'Oxus. Nous ne cessâmes d'avoir ce fleuve à notre gauche jusqu'au jour où, Dieu aidant, nous arrivâmes à Khiva.

Le souverain qui régnait à Khiva lors du séjour que j'y fis s'appelait Ilbars khan.

Quant à l'eau de l'Oxus, comment énumérer ses qualités et en faire dignement l'éloge? Denys le Périégète proclame ce fleuve supérieur à tous les autres et lui décerne l'épithète de sacré. Bref, dans le reste du monde, il n'en est peut-être pas un second qui puisse lui être comparé pour la salubrité de ses eaux, excellentes à boire et très digestives. Il peut se faire que ce soit l'eau de l'Oxus qui donne la longévité aux Khiviens; car on voit chez eux des vieillards de soixante-dix et de quatre-vingts ans qui supportent les fatigues comme des hommes dans la force de l'âge, qui montent à cheval et qui vont à la guerre. Les Khiviens boivent de cette eau et s'en servent pour l'irrigation des terres et l'arrosage des arbres; grâce à un système de drainage, ils font servir les eaux de l'Oxus à fertiliser le pays et à abreuver leurs bestiaux. Car il tombe à peine une goutte de pluie dans cette contrée.

De Khiva je me rendis à Boukhara. Nous remontâmes de nouveau la rive gauche de l'Oxus, et cheminâmes ainsi quinze jours durant, buvant de l'eau de ce fleuve. Au bout de ce laps de temps, nous traversâmes l'Oxus et entrâmes dans la Sogdiane. Trois jours plus tard, nous arrivions à Boukhara, capitale du khanat de ce nom et de tout l'Uzbekistan. C'est une ville très grande et extrêmement populeuse. Le khan qui y régnait alors était Aboul Feïz.

Description du ver dit de Guinée. Les habitants de Boukhara sont sujets à une infirmité caractérisée par des vers qui leur sortent de la peau. Il y a des personnes qui en ont jusqu'à trois ou quatre, d'autres à qui cela n'arrive qu'une fois dans leur vie, d'autres enfin qui ne parviennent jamais à s'en débarrasser. C'est sans doute une affaire de tempérament. Ces vers commencent à sortir de la peau du corps et s'allongent graduellement. Quant ils apparaissent, il faut s'abstenir de tirer dessus avec force, car ils se cassent, et la douleur que l'on éprouve arrache des cris. C'est petit à petit, jour par jour, qu'il faut les tirer et les rouler comme un peloton, jusqu'à ce qu'ils soient entièrement sortis sans se casser. Il n'y a pas d'autre moyen de s'en guérir. Leur longueur atteint cinq ou six aunes et leur grosseur est celle des crins d'une queue de cheval. Je veux faire connaître au lecteur mon opinion touchant ces vers. Ils ne peuvent être produits, selon moi, que par l'eau de mauvaise qualité dont on boit. L'eau que l'on consomme à Boukhara provient du Qara-sou. On l'emploie aussi à l'arrosage des champs et des arbres. Affluent de l'Oxus, le Qara-sou remplace la pluie. Un canal amène à Boukhara l'eau de cette rivière et l'on en remplit les citernes de la ville; ces citernes ou réservoirs sont très vastes, on dirait de petits lacs. On y puise de l'eau, on y lave, et on y déverse toutes sortes d'immondices, de façon qu'au fond de ces réservoirs croupit une épaisse couche de vase, qu'on n'enlève jamais; une matière verdâtre surnage à la surface de l'eau, car ces barbares n'épuisent jamais complètement leurs citernes. Quand ils les voient baisser, ils les remplissent de nouveau. Maintenant, si j'ai émis l'opinion que les vers sont produits par cette eau, voici sur quoi je me fonde. Sache donc ceci, ami lecteur. Tous les habitants des faubourgs de Boukhara et des villages de sa banlieue, c'est-à-dire ceux qui ne boivent pas de l'eau des citernes, mais puisent directement au Qarasou, en dehors de la ville, ceux-là ne sont jamais sujets aux vers. Je puis certifier ce que j'avance. D'un autre côté, le khan de Boukhara et toutes les personnes de sa cour ne se servant que de l'eau puisée directement au Qara-sou et transportée à dos d'âne et de chameau, il est rare qu'un cas de vers se déclare au palais. Moi qui ai voyagé dans d'autres parties de la Sogdiane et qui ai vécu à Boukhara pendant assez longtemps, j'ai eu tout le loisir de faire ces observations. Je n'ai, d'ailleurs, jamais eu cette maladie, car je buvais toujours de l'eau prise à la rivière. Je vais encore citer un fait qui corrobore mon opinion. Deux ans avant mon arrivée à Boukhara, cette ville eut à subir un siège rigoureux et fut bloquée par les Qazaq. Les assiégeants coupèrent le canal, de sorte que bientôt tous les réservoirs furent à sec et que le manque d'eau se fit sentir. Réduits à cette extrémité, les habitants creusèrent des puits profonds dans toutes les citernes et se procurèrent ainsi un léger soulagement, de quoi s'humecter la langue. Le soleil, qui est très ardent surtout pendant l'été, absorba l'humidité dont était saturée la vase des réservoirs et la dessécha entièrement. Les Qazaq, voyant qu'ils ne pouvaient réduire la ville, levèrent le siège et se retirèrent. Alors les Boukhariens firent aussitôt couler de nouveau l'eau du canal et remplirent leurs citernes; comme auparavant, ils se servirent de cette eau pour boire et pour d'autres usages. Or il est constant que, durant le siège et pendant les deux années qui le suivirent, personne ne fut atteint du ver. Ce fait, joint aux observations que j'ai précédemment exposées, prouve clairement que cette maladie a bien l'origine que je lui attribue.

Pendant mon séjour à Boukhara, les susdits Qazaq revinrent une seconde fois assiéger la ville; ils n'étaient pas moins de cent mille hommes. Qui pourrait raconter les souffrances que l'on eut à endurer durant ce long et cruel siège de quatre mois? On vit, Dieu du ciel! des hommes pressés par la faim manger d'autres hommes et dévorer des enfants. Moi-même je fus réduit à l'extrémité par suite d'une blessure et par la dysenterie. Je fus soigné par un gymnosophiste (sans doute un derviche) du pays. Cet homme étant venu un jour me visiter et me voyant, je pense, très abattu, me dit : « As-tu un Dieu? — Certainement, lui répondis-je. — Eh bien, reprit-il avec assurance, pourquoi donc es-tu triste? Qu'est-ce qui te cause de la peine? Puisque tu as un Dieu, quel motif as-tu d'avoir du chagrin? » Et il ajouta, se parlant à lui-même : « J'ai un Dieu, moi. Est-ce que je suis triste? » Telles furent mes aventures à Boukhara, mais j'en passe pour abréger. Cependant les Qazaq n'ayant pu cette fois encore s'emparer de Boukhara et ayant levé le siège, la ville se trouva délivrée, et nous recouvrâmes notre liberté.

La route était ouverte à quiconque voulait partir. J'eus alors l'intention de retourner en Europe par la voie des Indes. Car, de Boukhara aux frontières de ce pays, la distance n'est pas très considérable. En quinze jours, on peut sans se presser se rendre à la ville indienne de Kaboul. Mais une tribu d'Uzbeks, celle de Qiptchaq, qui vit sous la tente, se trouvant entre la Sogdiane et les Indes, la route devenait impraticable. C'est pourquoi je suivis au retour le même itinéraire qu'à l'aller. En trois jours, je gagnai l'Oxus; je ne traversai pas ce fleuve, mais je montai sur un des bateaux de transport qui le descendent. Nous nous abandonnâmes au courant, mettant parfois une petite voile, quand le vent soufflait. Nous arrivâmes de la sorte à Khiva, où je séjournai tant que j'y eus à faire.

Quand le jour fut venu de quitter Khiva pour retourner en Russie, je n'eus pas le courage de traverser de nouveau ces steppes immenses dont j'ai déjà parlé. Je résolus d'attendre quelque temps l'occasion de pouvoir passer par les Indes. La Perse, il est vrai, n'est pas très éloignée, et il est possible de retourner par ce pays; mais les Turcomans rendent le chemin impraticable. Toutefois, par un heureux hasard, Turcomans et Khiviens étaient pour lors en excellents rapports d'amitié avec les Persans. Je profitai de cette circonstance pour me joindre à la suite d'un ambassadeur de Khiva qui se rendait auprès du chah de Perse. Je quittai Khiva en même temps que lui, et nous traversâmes le désert de sable qui s'étend jusqu'aux frontières de la Perse. Nous marchions avec une grande célérité, car on redoutait beaucoup de manquer d'eau. On en transportait sur des chameaux et l'on en buvait le moins possible. Dans le cours de ce voyage, on trouva deux fois de l'eau, mais elle était tellement saumâtre que les bêtes de somme ne pouvaient pas même en boire leur content. Cependant, en dépit de la crainte, de la faim et de la soif, nous atteignîmes la Perse au bout de quatorze jours, c'est-à-dire que nous arrivâmes sur les frontières du Khorassan.

Nous commençâmes alors à nous approcher du Taurus, dont j'ai l'intention de dire quelques mots. Suivant les anciens auteurs, le point de départ du Taurus se trouve en face de l'île de Samos; de là, il s'étend à travers l'Asie jusqu'aux Indes. Toutes les montagnes auxquelles ils donnent le nom de caucasiques ne sont, selon eux, que des ramifications du Taurus. Mais laissons de côté cette question qui serait trop longue à traiter. Ayant donc atteint la Perse, nous arrivâmes à une forteresse nommée Bab-Arab. A droite et à gauche de cette forteresse, s'élèvent un grand nombre de bourgades et de petits villages, tous situés au pied du Taurus. Ce canton, très renommé à cause de la salubrité de l'air qu'on y respire, est sillonné d'eaux courantes d'une grande limpidité et de fort nombreux torrents. Les oiseaux et les cerfs y pullulent; aussi les chasseurs n'y manquent-ils pas. On y récolte différentes espèces de fruits. Mais que dire du blé? Il pousse dans ce pays en telle abondance que, lors de la récolte, on en abandonne la plus grande partie. Les grains de ce blé sont cinq fois plus gros que ceux de nos contrées. Tous les habitants, hommes et femmes, sont courageux et robustes; ils sont fort belliqueux, et les hommes principalement déploient une très grande valeur. Ils ne cessent, d'ailleurs, de se livrer à la chasse, et les motifs de guerroyer ne leur font jamais défaut; car, ayant vis-à-vis d'eux le susdit désert de sable, où habitent les tribus turcomanes, ils ont toujours maille à partir avec elles, et les combats continuels qu'ils livrent ne contribuent pas peu à développer leur vaillance. Ce canton de Bab-Arab appartient à la grande province du Khorassan.

Il ne faut pas que je quitte ce pays sans mentionner ce qui constitue son plus beau titre de gloire. C'est de cette contrée qu'est originaire le fameux Nadir Châh, roi de Perse, ce héros fameux, ce nouvel Achille. Nadir Châh naquit dans la bourgade de Kelbkend, à six heures de Bab-Arab; il sortait d'une famille obscure, quoique appartenant à la noblesse et pratiquant le métier des armes. Peu à peu il s'éleva à une haute situation. Pareil à une étincelle qui devient un immense brasier, il consuma tous les ennemis de la Perse, délivra son pays de la domination afghane et de la tyrannie d'un grand nombre d'autres nations. Il abattit aussi la puissance des Ottomans et défit complètement plusieurs de leurs armées. Pour le récompenser de tant de bienfaits, les Persans le proclamèrent roi. Comme jadis Alexandre, il remporta dans les Indes de brillants succès; il subjugua cet empire et en fit prisonnier le souverain. Il fut proclamé empereur des Indes à Djanabad, la capitale, et y fit frapper une monnaie sur laquelle il s'intitula roi des rois. Il dépouilla ce vaste pays et le rendit tributaire de la Perse.

Nadir Châh soumit aussi le khanat de Boukhara; il mit Khiva à feu et à sang et y établit un khan. Il ramena la Géorgie sous le joug de la Perse. Tous les hauts faits de Nadir Châh, tous ses triomphes, je les ai racontés par le menu, dans l'ouvrage que je lui ai consacré, ouvrage qui m'a coûté beaucoup de temps et de travail. Je puis donc me dispenser d'en écrire davantage ici.

Je partis de Bab-Arab pour me rendre à Mechhed; je franchis le Taurus, sur le sommet duquel je vis de la neige et de la glace. Cette montagne s'élève jusqu'aux nues et présente des aspects d'une très grande variété : ici ce sont des crevasses dans les rochers, ailleurs des cavernes immenses et des forêts. Une nombreuse population habite dans les grottes et y est installée comme dans des villages. Après avoir traversé le Taurus, nous continuâmes notre route dans la direction de Mechhed. Avant d'arriver dans cette ville, je visitai Kelat, place fameuse dans l'histoire de la Perse. Cette forteresse est une merveille d'architecture unique au monde. Qu'on se figure une montagne extrêmement élevée, dont les flancs, taillés à pic dans le rocher, sont complètement dépourvus d'arbres et pareils à des murailles d'airain. Cette montagne a, autant que j'en puis juger, de 40 à 50 stades de circuit. On ne peut y avoir accès que par deux endroits seulement et par des chemins en zigzag. On dirait que, dans ces endroits, la montagne a été fendue par un tremblement de terre et a ainsi formé ces entrées où trois cavaliers de front ne sauraient pénétrer. Je m'abstiens de parler de l'intérieur de Kelat; je me borne à déclarer que les habitants y jouissent de tous les agréments que peut procurer la nature et que cette place pourrait se suffire à elle-même, sans jamais avoir besoin de rien importer du dehors, quelle que fût l'extrémité où elle se trouverait réduite. C'est Nadir Châh qui voulut que cette ville n'eût pas sa pareille sous le croissant de la lune; aussi dépensa-t-il, pour les constructions qu'il y fit élever à la gloire de la Perse, les trésors qu'il avait rapportés des Indes. Il y déposa toutes ses richesses. Si l'on voulait décrire chacun des édifices de Kelat, il faudrait composer un gros volume. C'est pourquoi j'abandonne ce sujet et je reprends ma route.

Je partis de Kelat et me rendis à Mechhed, qui est à six jours de Bab-Arab. Mechhed est une très grande ville; elle occupe le deuxième rang après Ispahan; le gouverneur du Khorassan y fait sa résidence. Les Persans considèrent Mechhed comme une ville sainte et lui donnent ce titre. C'est à Mechhed que se trouve le tombeau de l'imam Ali Riza, où l'on vient en pèlerinage des provinces les plus reculées de la Perse. Ceux qui ont accompli ce pèlerinage jouissent auprès de leurs compatriotes d'une haute considération. On les appelle *mechhedjis*, comme qui dirait en turc *hadjis*. Quant à la mosquée et au tombeau de l'imam Ali Riza, je les ai décrits, avec leurs richesses et leurs trésors, dans ma *Biographie de Nadir chah*. Indépendamment de ce que j'ai vu à Mechhed, j'aurais encore beaucoup à dire concernant Nadir chah; mais, je le repète, j'ai écrit son histoire, tout en demeurant bien au-dessous de ses mérites.

J'ai eu plusieurs fois avec Nadir Châh des entretiens secrets; il eut même la bienveillance de me délivrer un firman et de m'accorder un subside pour mes frais de voyage.

Je partis donc de Mechhed pour le Ghilan. Je passai d'abord par Azadwar, grande ville du Khorassan; de là je me rendis à Nichabour, cité importante, dans le voisinage de laquelle on trouve des turquoises. Au bout de quelques jours de marche, j'arrivai à Sary. Là, désireux de visiter le Mazenderan, j'abandonnai la route du Ghilan. Je repassai le Taurus, tantôt cheminant à travers des ravins, tantôt traversant des forêts, ne cessant de descendre pendant quatre jours entiers. Le Mazenderan est une des principales provinces de la Perse, à l'est de laquelle se trouve Esterabad, qui donne son nom à une autre province très célèbre; elles sont toutes deux limitrophes de la mer Caspienne, et la chaleur y est aussi forte qu'en Éthiopie. Durant l'été beaucoup de gens vont en villégiature dans les montagnes voisines. Parmi les productions de la province d'Esterabad, il faut mentionner la canne à sucre, qui y pousse en abondance. Je m'arrêtai dans la grande ville de Barfourouch, chef-lieu du Mazenderan. Je la quittai pour me rendre dans le Ghilan, ayant toujours à ma droite la mer Caspienne, ou, pour mieux dire, en côtoyant les bords. Je n'ai rien à ajouter à ce que j'ai dit du Ghilan dans la première partie de cette Relation. La seule chose que je veuille noter, c'est que je m'arrêtai à Recht et que j'y eus une entrevue avec le général Basile Levasov, auquel je communiquai ce dont m'avait chargé Nadir chah dans l'entretien secret que j'avais eu avec lui. Le général Levasov était alors gouverneur du Ghilan; car, à cette époque, la mer Caspienne et tout son littoral étaient soumis à Pierre le Grand, sauf les provinces de Mazenderan et d'Esterabad, jusqu'où les Russes n'avaient pas poussé, soit qu'elles fussent trop éloignées, soit pour tout autre motif que j'ignore.

Du Ghilan, Basile Vatace se rend par mer à Astrakhan, et de là à Moscou, où il arrive en parfaite santé. Après un court séjour dans cette ville, cédant à son désir de voir différentes contrées de l'Europe, il se rend à Riga. Il visite Berlin, «qui est une ville très belle et très célèbre»; il traverse le Hanovre, Dantzig, Hambourg, le Luxembourg, arrive en Hollande et séjourne à Amsterdam.

De Hollande, il se rend en France. Il y a beaucoup de choses dans ce pays, dit-il, qu'il faudrait raconter par le menu; mais il serait trop long de parler de sa nombreuse population, de ses monuments somptueux, du chiffre de ses troupes, de l'intelligence que les Français possèdent des choses de la guerre, de la politesse de leurs mœurs et de l'accueil bienveillant qu'ils font aux étrangers. «J'ai séjourné, ajoute-t-il, dans cette fameuse ville de Paris, cette cité tant renommée dont tout le monde célèbre les louanges. Je suis plusieurs fois allé à Versailles. On y va de Paris en quatre (?) heures, et l'on trouve toujours des voitures pour s'y faire conduire. A Versailles, on admire le palais du roi, et l'on visite ces admirables jardins, où je me suis souvent promené et ai passé agréablement mon temps.»

De Paris, Basile se rend à Londres. «Je ne veux point, dit-il, passer sous silence le philhellénisme des Anglais; ce sentiment est très vif dans leurs universités, ils aiment les

Hellènes, qu'ils appellent Grecs, et ne manquent jamais de prononcer leur éloge. Ce qui m'a le plus frappé en Angleterre, c'est la célèbre université d'Oxford, où l'on enseigne toutes les sciences. J'offris à cet établissement la carte de l'Asie centrale que j'avais fait graver; l'on me remercia très chaudement de ce don. Oxford possède une bibliothèque d'une richesse incomparable; je ne crois pas qu'il en existe ailleurs une pareille. »

Basile quitte l'Angleterre pour retourner en Russie. Il visite, en passant, Helsingor et Copenhague. De Pétersbourg, où il débarque, il regagne Moscou. C'est dans cette ville qu'il semble avoir écrit la seconde partie du présent Itinéraire.

Βασιλείου Βατάτζη περιηγητικόν.
Μέρος πρῶτον.

Χριστὸς μόνος ὡς ἔφησεν ἐν τῷ εὐαγγελίῳ, (Fol. 3 v°.)
παντὶ γὰρ δίδων ἄδειαν γένει τῷ ἀνθρωπίνῳ
ἐλευθερίαν τοῦ γαμεῖν ὡς μόνος του προστάζει,
ὁ γάμος εἶναι τίμιος, εἰς ὅλους τοῦτο κράζει.
Οὕτω καὶ ὁ γενέτης μου, ἐμοῦ τοῦ νεανίου,
6 ἐσυνεζεύχθη γυναικὶ εἰς ὄνομα κυρίου,
ὡς πέφυκε χριστιανοῖς ὅλοις τοῖς ὀρθοδόξοις
δι᾽ εὐλογίας ἱερᾶς ἐλπίζειν θείας δόξης.
Ὅστις δὲ ὁ γενέτης μου, μετὰ τὴν συζυγίαν,
χειροτονήθη ἱερεὺς τοῦ λειτουργεῖν τὰ θεῖα,
χρηματίσας μετέπειτα καὶ μέγας οἰκονόμος
12 τῆς τοῦ Χριστοῦ μεγάλης τε ἐκκλησίας εὐφρόνως.
Μετὰ δὲ χρόνους μερικούς, ὡς ἐκ θεοῦ ἐλέχθη,
κἔπειτα ἄλλων μ᾽ ἀδελφῶν κἀγὼ τότε ἐτέχθην,
ἕκτος μετὰ τὴν γέννησιν τῶν ἄλλων ἀδελφῶν μου,
καὶ γεννηθεὶς δοξολογῶ τριαδικῷ θεῷ μου,
κατ᾽ ἔτος τὸ ἀπὸ Χριστοῦ ἄνακτος τοῦ θεοῦ μας,

Titre. Le manuscrit de Londres et le manuscrit Lambryllos donnent au lieu de ce titre : ἀρχὴ τῆς διηγήσεως. Le manuscrit Gédéon n'a aucun titre. Ayant négligé de prendre le foliotage du manuscrit Lambryllos, nous donnons celui du manuscrit de Londres. Les variantes provenant du manuscrit de Londres ne sont accompagnées d'aucune indication; celles du manuscrit Gédéon sont suivies de la lettre G. — Vers 11 et 12 manquent.

18 τοῦ ποιητοῦ καὶ πλάστου μας καὶ τοῦ δημιουργοῦ μας,
χιλιοστῷ ἑξακοστῷ ἐνενήντα τεσσάρῳ,
διὸ ἀεὶ δοξολογῶ κράτει του τῷ μεγάλῳ.
Πατρὶς ἥν με ἐγέννησε μήτηρ μου ἡ κυρία
ὑπάρχει εἰς τὸ κατάστενον ποῦ λένε Θεραπεῖα,
πλησίον τῆς περιφήμου πόλεως Κωνσταντίνου,
24 τῆς λαμπούσης ἐπὶ τῆς γῆς ὥσπερ ἀκτὶς ἡλίου.
Ἀναθραφεὶς δὲ ἐπ' αὐτῆς τῆς περιφημισμένης,
τῆς ἀνάσσης τῶν πόλεων, πόλης τῆς ἀκουσμένης,
θεία προνοίᾳ δ' αὐξυνθεὶς μετὰ τῶν γεννησάντων
ἕως ἐτῶν ὤν ἀριθμὸν δέκα τε καὶ τεσσάρων,
τὴν τάξιν δὲ καὶ ἄσκησιν ἐπιθυμῶν ἐμπόρων,
30 καὶ περιήγησιν φιλῶν κόσμου καὶ πολλῶν χώρων,
ἐν ἡλικίᾳ ταύτῃ δὲ, ὡς ἄνωθεν φανίζω,
καὶ ἐν ὀνόματι Χριστοῦ πρὸς ξέν' ἀναχωρίζω,
μὲ τὰς εὐχὰς γενέτων μου καὶ μὲ τὴν θέλησίν τους,
μὲ ἔπεμψαν πρὸς ἀρκτικὰ, ὡς ἦτον ἡ βουλή τους,
εἰς γῆν λέγω ὀρθόδοξον ποῦ λάμπει ἐκκλησία,
36 καὶ εἰς τὴν βασιλεύουσαν πόλιν τὴν Μοσχοβία.
Ἐξ οὗ δὲ βούλομ' ἄρξασθαι διήγησιν ποιῆσαι,
πᾶσαν μου περιήγησιν ὡς δύνομ' ἱστορῆσαι   (Fol. 4 v°.)
πόλεων τῶν ἐξακουστῶν καὶ χωρῶν περιφήμων
καὶ θαλασσῶν καὶ ποταμῶν, ἅ ὀφθαλμοί μου εἶδον.
Ἀναχωρίζοντας λοιπὸν ἀπ' τὴν ἐμὴν πατρίδα,
42 ὡς ἄνωθεν ἐμφάνισα, διὰ τὴν Μοσχοβίαν,
μερῶν βραχὺ διάστημα ἐξῆλθον ἐκ Τουρκίαν·
περνῶντας δὲ τὸν Δούναβιν, πῆγα εἰς Μολδοβίαν·
εἰς πρώτην χώραν στάθηκα ποῦ λέγεται Γαλάτζι·
καὶ μετ' ὀλίγον δὲ καιρὸν εἰσῆλθον εἰς τὸ Γιάσι,
ςὸ Γιάσι τὸ περίφημον ὁποῦ εἶναι ὁ θρόνος,

Vers 17 à 20 manquent, G. — 23. ἡ ἐν τοῖς προαστείοις τε πόλεως Κωνσταντίνου, G. — 25 et 26 manquent, G. — 41. ἀπό. — 47. εἰς τό.

15.

48 θρόνος, λέγω, χριστιανικὸς Μολδόβων ἡγεμόνος.
Ἐστάθηκα κἀκεῖ καιρὸν ὅσον ὁποῦ 'χα χρείαν
καὶ ἐξ αὐτοῦ ἐμίσευσα διὰ τὴν Καζακίαν.
Ἔφθασα εἰς τὰ σύνορα Μολδόβας κ' Ἰκραΐνας,
Σορόκα σ' ὀνομάζουσὶ κάστρον τῆς Μολδοβίας·
ἐπέρασα τὸν ποταμὸν ὁπ' ὀνομάζουν Νίστρον,
54 κεἰς κάστρον τὸ λεγόμενον Νεμίροβα εἰσῆλθον·
καὶ ἐξ αὐτοῦ παρέμπροσθεν εἰς ἄλλο κάστρον πῆγα
Παυλοβίτζι ὀνομάζεται πόλιν τὴν Ἰκραΐναν,
ὁποῦ ποτὲ κατοίκαε 's αὐτὸ Χάτκα Παλίας,
ὁ πολεμάρχος ἀκουστὸς τῆς ἔξω Καζακίας.
Ἀπέκει δὲ μισεύοντας ἔφθασα εἰς Κιοβίαν,
60 κάστρον ὁποῦ τὸ σέβεται ἅπασα ἡ Ῥωσσία (Fol. 5 r°.)
διὰ τὰ ἅγια λείψανα πόχουν στὰς ἐκκλησίας
καὶ ἄλλα πράγματα καλὰ ἄξια ἰστορίας.
Βέβαια εἶναι θαυμαστὸν μὲ πολλὰ μοναστήρια,
καὶ διὰ πολλὲς γύμνασες ἔχει καὶ σπουδαστήρια·
μὰ 'γὼ δὲν ἔχω δύναμιν πολλὰ νὰ ἰστορήσω,
66 ἀλλ' ὡς εἷς τῶν ἐμπορευτῶν τὴν στράταν ἂς ἀρχίσω.
Κατέβηκα στὸν ποταμὸν τὸν μέγαν Βορυσθένην,
ὁπ' ἀπὸ μέρη βορικὰ αὐτοῦθεν κατεβαίνει,
κἔχει ἰχθύας πάμπολλους ποῦ τρῶν στὴν Κιοβίαν,
ἐγὼ δ' ἀντικρὺς πέρασα στὴν ἔσω Καζακίαν.
Μερῶν βραχὺ διάστημα ἔφθασα εἰς τὴν Νίζναν,
72 κάστρον ὁπ' ὅλοι εἰς αὐτὸ κάμνουνε πραγματείαν.
Ῥωμαίων εἶν' συναθροισμὸς, ἔχοντες κι ἀδελφάτον,
καὶ παντρεμένοι εἶν' μερικοὶ καὶ κατοικοῦν εἰς αὐτό·
ἐξόχως ἔχουν κἐκκλησιὰ, κράζεται Ἅγιοι Πάντες,
κἐκκλησιάζονται Ῥωμνοὶ, γυναῖκες τε καὶ ἄνδρες.
Διέτριψα κἀκεῖ καιρὸν μῆνας πέντε καὶ ἔξι,

49. καιρὸν manque. — 55. κ' ἐξ. — 56. Il faut sans doute écrire πόλις τῆς Ἰκραΐνας. — 72. αὐτόν. — 75. καὶ ἐκκλησία.

78 διότι είχα αφορμήν εκεί να πραγματεύση·
και όχι μόνον εδεκεί στο κάστρον μόνον ζούσα,
μα γύρωθεν την Καζακιάν κι αλλού περιπατούσα.
Πρέπει κι αλλού της Καζακιάς τα κάστρη οπού είδα
να κάμω τον κατάλογον τώρα με συντομίαν.   (Fol. 5 v°.)
Δώδεκά 'ναι στον αριθμόν κάστρη καλά κτισμένα,
84 να γράψω και το όνομα που κράζουν το καθένα·
Τζερνίοβον μητρόπολις, οπού 'ναι φημισμένον
και από πράγματα πολλά εύμορφα κοσμημένον·
Περιάσλοβον στον ποταμόν 's αυτόν τον Βορυσθένην,
και κατοικούν πραγματευταί εντόπιοι και ξένοι·
και η Σταρατούσα κάστρο 'ναι απ' όλους γνωρισμένον,
90 στα σύνορα της Λίτφιας είναι πλησιασμένον·
Μποροζονού και Σόσνιτζα, Μπατούρνα και Μπερέζνα.
κάστρη κι αυτά είν' στον αριθμόν απ' όλους γνωρισμένα·
Νοβομλινή κι Αλτίνουφκα, Κιρλόφτζι και Περλούκα,
Καζάκοι κατοικούν 's αυτά, πίνουν πολλήν χορίλκα.
Εδώ να 'πώ το Γλούχοβο που 'ναι πλησιασμένον
96 στης Μοσχοβιάς τα σύνορα, εκεί είναι κτισμένον,
και κατοικεί ο χάτμανος, Καζάκων ηγεμόνας,
κι άρχει όλην την Καζακιάν μετά της Ζαπορόγας.
Αυτά 'ναι που περπάτησα εγώ μόνος και είδα·
μά 'ναι και περισσότερα, μα 'γω εκεί δεν πήγα.
Τότες τόσον διέτριψα έξω στην Καζακίαν,
102 και απ' εκεί εμίσευσα διά την Μοσχοβίαν·
περνώντας εκ το Γλούχοβο, σέβηκα εις Μοσχοβίας
σύνορα, που 'τον έκπαλαι Μοσχόβων βασιλείας.   (Fol. 6 r°.)

80. καὶ ἀλλοῦ. Qu'il nous suffise de dire ici une fois pour toutes que, dans cette première partie, là où le manuscrit Lambryllos donne κι', le manuscrit de Londres donne constamment καὶ, sauf indication contraire. Le manuscrit Gédéon écrit κι'. — 95. ἐκ τοῦ Γλούφοβο (sic), dans les trois manuscrits, mais le vers 103 donne la vrai leçon : Γλούχοβο = Glukhov, dans l'Ukraine.

Σὲ κάστρον πρῶτον πέρασα Σεῦκα ὀπ' ὀνομάζουν,
ἐκεῖ τὸν κάθε ἄνθρωπον καλὰ τὸν ἐξετάζουν.
Καὶ κατ' εὐθεῖαν τῆς ὁδοῦ ποῦ πάγ' εἰς Μοσχοβίαν,
108 ἕτερα κάστρη τέσσαρα εἶν 'στὴν ὁδοιπορίαν·
ἅτινα ὀνομάζονται ὡς κάτωθεν τὸ γράφω,
διὰ τὸν ἅπαντα καιρὸν εἰς μνήμην μου νὰ τά 'χω·
Καράτζοβο καὶ Πόλχοβο, Μπιλιόβα καὶ Καλοῦχα.
Τότες κοντὰ πλησίασα στὴν ἐλπίδα ὁποῦ 'χα,
ὅτι αὐτὰ διαβαίνοντας ἔφθαξα εἰς Μοσχοβίαν,
114 κι ἀπὸ μακρόθεν εἶδα την ὡς ἄλλην γῆν ἁγίαν,
ἐκ πλῆθος τῶν ἐκκλησιῶν, σταυρῶν τῶν χρυσωμένων
μ' ἐφάνην εἶδα οὐρανὸν μὲ τάστρη στολισμένον.
Βέβαι' ἂν εἶχα δύναμιν γραμμάτων κἐπιστήμης
φανῆν ἤθελα παινετὴς τῆς πόλεως ἐκείνης·
ὅτι ὅποιος εἶν' χριστιανὸς καὶ ἰδῇ τὴν ἐκκλησίαν
120 νὰ λάμπῃ ὡς καθώς ποτε ὁμοῦ μὲ βασιλείαν,
πρέπ' ἐξ ἀνάγκης νὰ εἰπῇ καὶ νὰ παροιμιάσῃ
πῶς βλέπει 's αὐτὸν τὸν καιρὸν τὴν ποτεσινὴν τάξιν.

Ἐμὲ τοῦτα ἀρέσκοντα ὥσπερ τὰ φανερώνω,
διέτριψα στὴν Μοσχοβιὰν ἕως καὶ τρίτον χρόνον
καλῶς ἐμπορευσάμενος, ὡς Θεὸς μ' εὐεργέτει·
126 μὰ πάλιν τῆς πατρίδος μου ἔρως μοι ἐπανέστη.   (Fol. 6 v°.)
Ἐμίσευσα δὲ ἀπ' ἐκεῖ διὰ τῆς Κιοβίας,
εἰς κάστρον ἐκατήντησα ποῦ εἶν' τῆς Πολωνίας,
πλησίον τῆς Μολδόβιας, Πολώνων εἶν' γρανίτζα,
εἶν' κεὔμορφον καὶ ἰσχυρόν, τὸ κράζουν Καμενίτζα.
Καὶ ἀπ' ἐκεῖ ἐπέρασα διὰ τὴν Μολδοβίαν,
132 κἐπέρασα κἐπάγησα εἰς τὴν Οὐγγροβλαχίαν·
ςὸ Βουκουρέστιν στάθηκα, χώρα εἶν' γνωρισμένη,
καὶ ἡγεμόνων παράταξις ἐκεῖ συναθροισμένη·
πάντα ἐκ' εἶν' κατοίκησις τοῦ κάθε ἡγεμόνος,

116. μ' ἐφάνην εἰδ' ἄλλον οὐρανόν. — 135. ἐκεῖ.

σχεδὸν καὶ κατὰ τὸ ϖαρὸν Οὐγγροβλαχῶν εἶν' θρόνος.
Ἀλλ' ἐγὼ 'κεῖ διέτριψα ὅση μ' ἥτανε χρεία,
138 τοῦ Δούναϐ' ἔπειτ' ἄντικρυς εἰσῆλθον στὴν Τουρκίαν.
Διὰ τοῦ κάσ]ρου ϖέρασα ϖὅχει ὀνομασίαν
Σισ]ούϐιον ϖοῦ κράζουσι, Τουρνόϐου ἐπαρχίαν·
καὶ ἀπ' ἐκεῖ διαϐαίνοντας στὸ Τούρνοϐον ὑπῆγα
κάσ]ρον ὁποῦ γνωρίζεται, ϖαλαιὰ Βουλγαρία.
Ἐξ αὐτοῦ δ' ἐξερχόμενος εἰσῆλθον εἰσὲ πόλιν
144 Ἀνδριανοῦ τοῦ ἄνακτος, ὡς τὴν γνωρίζουν ὅλοι·
κευθυδρομῶντας ἀπ' ἐκεῖ τὴν εἰς ὁδοιπορίαν,
θεὸς ὡς οἰκονόμησεν, εἰσῆλθον στὴν ϖατρίδα
κι ἀπόλαυσα γενέτας μου καὶ συγγενεῖς μου ὅλους
ὑγιεῖς ὡς τοὺς ἄφησα, μετὰ τοσούτους χρόνους.   (Fol. 7 r°.)
Βραχὺ καιροῦ διέτριψα τότες εἰς τὴν ϖατρίδα,
150 κευθὺς ϖάλιν ἐμίσευσα διὰ τὴν ἐμπορίαν.
Ἀπὸ τὴν Πόλιν μίσευσα, ϖατρίδος τῆς ἰδίας,
εἰς τὰς εὐχὰς γενέτων μου ἐλπίζων τὰς ἁγίας·
καὶ ϖάλιν διὰ τῆς Ἀνδριανοῦ εἰς τὴν Βλαχίαν ϖῆγα,
κι ἀπὸ τὴν Βλαχιὰν μίσευσα διὰ τὴν Οὐγγαρίαν.
Πέρασ' ἀπ' τὸ Τριγόϐισ]ον, στὰ σύνορα ὑπῆγα
156 Βλαχίας τε καὶ Ἐρδελιοῦ, τότες ϖρῶτον τὰ εἶδα·
βουνὰ καὶ δάσ' εἶν' φοϐερὰ, καὶ ἕν κάσ]ρον κτισμένον,
ϖαλαιὸν καὶ λιθόκτισ]ον, Ῥούκαλ' ὠνομασμένον.
Καὶ ἀπ' ἐκεῖ ϖαρέμπροσθεν εἶδον γῆν Ἐρδελίας,
τόπον τὸν εὐμορφότατον τῆς κάτω Οὐγγαρίας,
κέσ]άθηκα στὸ Πρασοϐὸ καιρὸν διὰ συντροφίαν,
162 ὅτ' εἶχα γνώμην νὰ διαϐῶ ἔσω στὴν Πολωνίαν·
τυχαίνοντας δὲ συντροφιὰν ἐκίνησα τὴν σ]ράταν·
ἰδοὺ δὲ καὶ κατ' ὄνομα τὰ ὅσα εἶδα κάσ]ρα.
Ἐκ Πρασοϐοῦ μισεύοντας στὸ Φαγαράσι ϖῆγα,
κάσ]ρον ὁποῦ 'ναι ἰσχυρὸν διὰ τὰ ἐναντία·

137. μοί τανε. — 153. ϖέρασα ἀπό. — 158. ῥούκαλον.

κύκλωθεν εἰς τὰ τείχη του νερὸ εἶν' τριγυρισμένον,
168 καὶ ποταμὸν ἔχει κοντὰ Ὅλτον ὠνομασμένον.
Καὶ μεθ' ἡμέρας μερικὰς 's ἄλλο κάστρο ἐφθαξάμεν,
καὶ τὴν τοποθεσίαν του πολλὰ ἐθαυμαξάμεν, (Fol. 7 v°).
Μπίστριτζα τὀνομάζουσι καὶ ἔχει εὐμορφίαν,
δένδρη καὶ εὔμορφα νερά, κι ἀέρος εὐκρασίαν·
Καὶ παρεμπρὸς στὲς στράτες μας ἄξιες χῶρες εἶδα,
174 ἐν συντομιᾷ νὰ τὲς εἰπῶ ἄνευ πολυλογίας·
τέσσαρες εἶν' στὸν ἀριθμὸν, συντόμως ἄς τὲς ποῦμεν,
νὰ φθάσωμεν στὰ σύνορα, ςὴν Λεχιὰν νὰ σεβοῦμεν.
Ἡ Σιιστόρα πρώτη 'ναι, κἔπειτα Βασαρχέλι,
καὶ τρίτη εἶν' τὸ Μούροσι, καὶ Σέκετι στὰ τέλη.
Εἶν' καὶ βουνὰ στὰ σύνορα ψηλὰ κι ὠνομασμένα,
180 Μπεσκίδια τὰ κράζουσιν εἰς πολλοὺς γνωρισμένα·
εἰς τὰ ὁποῖα βρίσκονται καὶ μιᾶς φύσης λίθοι,
ἀδάμαντας ὁ μὴ εἰδὼς, δοκῶ, τοὺς θέλει εἴπῃ·
ὅτ' εἶναι καθαρώτατοι, λάμπουν σὰν ἀδαμάνται,
καὶ λιθογνώμων τις ἰδὼν δὲν μᾶς εἶπε τί νά 'ναι·
σῶμα ἔχουνε στερεὸν καὶ πόρους πυκνωμένους,
186 τιμὴν δὲ ὥσπερ κρουσταλλιῶν τοὺς ἔχουν ὡρισμένους,
καὶ ἐρευνοῦνται πάντοτε παρὰ τῶν ἐγχωρίων
ὁποῦ εὑρίσκονται ἐκεῖ εἰς τὰ ὄρη πλησίον.
Περιεργείας χάριτι καὶ μόνος μου ἐρευνήσας,
τὸν ἵππον μου εἶλκον συρτὸν, πεζὸς περιπατήσας,
ηὕρα ὑπὲρ τοὺς ἑκατὸν ἄνευ μεγάλων κόπων·
192 ὅτ' εἶχε βρέξῃ ὁλονυχτὶς τότες ἐκεῖ στὸν τόπον (Fol. 8 r°.)
κἐξάλειψεν ὁ ὑετὸς τὸν κορνιακτὸν ὅλον,
ποῦ πάντοτε τὴν ἄνοιξιν γεννᾶται εἰς τὸν δρόμον·
καὶ οὕτως ἡ ἐπιφάνεια τῆς γῆς τοὺς ἐμφανίζει,

167. νερόν, dans les trois manuscrits. — 169. κάστρον. — 172. καὶ ἀέρος εὐρωστίαν. — 177. βασταρχέγι. — 181. εὑρίσκονται. — 190. εἶχον, G. — 191. χωρὶς μεγάλον κόπον, G. — 195. ἐμποδίζει, et au-dessus, d'une main plus récente, ἐμφανίζει.

κι ὁ ἥλιος μὲ τὸ φέγγος του τοὺς ἀκτινοβολίζει.
Μὰ εἰς τοὺς λίθους αὐτουνοὺς βέβαιά τις θαυμάζει,
198 μὲ στοχασμὸν τὰ μέρη τους καλὰ σὰν ἐξετάζει.
Κατὰ τὸ σχῆμα του καθεὶς ἔχει ὥσπερ δουλευμένας
γωνίας πολλὰ ἔντεχνας ὡς δεῖ καλῶς γλυμμένας·
ἀπίθανον τόσον λεπτὰς γωνίας τις νὰ ξύση,
κἂν λιθοξόος ἔξοχος νὰ τὲς ἰσομετρήση.
Ἀλλ', ὦ φύσις ὑπέρτατη τῶν ἐπισήμων ὅλων,
204 μὲ τέχνην ἀκατάληπτον κοσμεῖς τὸν κόσμον ὅλον !
Σὲ, σὲ μιμοῦντ' οἱ ἄνθρωποι καὶ τέχνας ἐνεργοῦσι,
ἀλλὰ τοῦ κρεῖττον ἕνεκεν τὰ χείρ' ἀεὶ ποιοῦσι.
Οἴμοι, πῶς οὕτως τόλμησα, ἀλλ' ἐξ ἀπροσεξίας,
νὰ μιμηθῶ, ὢν βάτραχος, ἀηδόνων εὐλαλίας;
Ἰδοὺ τοῦ ἀμουσολαλεῖν παύω, καὶ ἂς ἀρχίσω
210 τὴν στράταν μου στὸ παρεμπρὸς πόχω νὰ ὁδοιπορήσω.
Αὐτὰ τὰ ὄρη ποῦ 'παμεν εἶν' ἄνω Οὐγγαρίας,
καὶ ἀπ' αὐτοῦ ἀρχίσαμεν τὴν γῆν τῆς Πολωνίας·
δηλαδὴ ἀπὸ τὰ σύνορα μὲ πεντέξι ἡμέρας
εἰς μέρη ἐκατήντησα Λεχίας ἐσωτέρας· (Fol. 8 v°.)
κεἰς κάστρον ἐδιέτριψα ποῦ κράζεται Λιόβι,
216 τῆς Πολωνίας ἅπασας ἐξαίρετος εἶν' πόλη·
ὅτι ἐκεῖ πραγματευτῶν ἔγκριτοι πραγματεύουν
καὶ ἀπὸ μέρ' ἀλλότρια πολλοὶ ἐκεῖ ταξιδεύουν·
κἀγὼ ἐκ' εὑρισκόμενος διὰ νὰ ἐμπορεύσω,
καὶ ὅση μοι ἦτον ἰσχὺς διὰ νὰ πραγματεύσω,
ὡς πέφυκε πραγματευτὰς τὸ πλεῖον νἀποβλέπουν
222 καὶ κόπον παραβλέποντας πόρρω νὰ ταξιδεύουν·
οὕτω κἀγὼ ὡς εἰς αὐτῶν παρέβλεπα τοὺς κόπους,
μὰ καὶ μεγάλην ἔφεσιν εἶχα νὰ ἰδῶ τόπους·
ὁμοῦ καὶ περιήγησιν καὶ ἐμπορίαν τελοῦσα,
ἀμφότερα τελῶντας τα καὶ κόσμον ἰστοροῦσα.

211. εἶναι.

Καὶ ἀπ' ἐκεῖ ἐμίσευσα, ὑπῆγα 's ἄλλο κάστρον,
228 Λιουμπλούνι τὸνομάζουσι, κριτήριον τῶν σλάκτων·
ὅτ' οἱ μεγάλοι ἄρχοντες ὅλης τῆς Πολωνίας
ἐκ' ἔχουν τάξιν νὰ βρεθοῦν μετὰ ἐπιμελείας,
ἔχουν τὸν χρόνον μερικὸν καιρὸν διωρισμένον,
κέρχονται καὶ στοχάζονται κάθε ἀδικημένον,
οὐχὶ τὲς κρίσες τὲς κοινὲς, μὰ ἀναμεταξύ τους,
234 καὶ δι' ἀνάγκην τοπικὴν ἐκεῖ λὲν τὴν βουλήν τους·
στὴν γλῶτταν τους τὴν ἴδιαν αὐτοὶ ἀνάμεσόν τους
τιρπουνάρι τὴν κράζουσιν αὐτὴν τὴν σύνοδόν τους. (Fol. 9 r°.)
Ἐστάθηκα κἀκεῖ καιρὸν ἕως ὁποῦ 'χα χρείαν,
καὶ ἀπ' ἐκεῖ ἐμίσευσα διὰ τὴν Βαρσαβίαν·
τὸ Καζιμίρι πέρασα, κάστρον ποῦ 'ναι στὴν ἄκραν
240 στῆς Βίσλας λέγω ποταμὸν, ποῦ τρέχει εἰς τὴν Δάνσκαν·
καὶ ἀπ' ἐκεῖ τὸ ἀντικρυς περνῶντας τὸ ποτάμι,
μετὰ ἡμέρας μερικὰς ἔφθαξα στὸ Βαρσάβι.
Ἐγὼ ἐκεῖ ἐταξίδευσα δι' ἐμπορικὰς χρείας,
μὰ εἶδα κι ἄλλα πράγματα ἄξια ἱστορίας·
κέκαμα περιήγησιν πλῆθος ἀνθρώπων πράξεις,
246 πολλῶν νέων στρατιωτῶν τὰς εὐρύθμους τῶν τάξεις.
Καὶ ἀπ' ἐκεῖ πανέκαμψα εἰς τὸ Λιόβιν πάλιν,
κι ἀπὸ τὸ Λιόβιν ἄρχισα ὁδοιπορίαν ἄλλην·
καὶ ἄλλα κάστρη πέρασα κἐξῆλθον ἐκ Λεχίας.
Ντούμπνα καὶ Μπρότη εἶν' τὰ δυὸ κάστρη τῆς Πολωνίας·
καὶ παρεμπρὸς πηγαίνοντας διὰ τὴν Κιοβίαν
252 (πολυλογίαν ἐξαιρῶ) πῆγα στὴν Μοσχοβίαν·
καὶ στάθηκα πάλιν καιρὸν ἐκεῖ στὴν Μοσχοβίαν,
ἔχοντας πολλὴν μέριμναν διὰ τὴν ἐμπορίαν.
Τὸ ποῦ νὰ πάγω φρόντιζα νύκτα καὶ τὴν ἡμέραν,
καὶ ὁ Θεὸς μ' ὡδήγησε ξενιτειὰν πορρωτέραν,

230. εὑρεθοῦν. — 250. Au lieu de κάστρη (qui est ma correction), les trois manuscrits donnent καὶ στρόγι.

Θεὸς ὁ παντοκράτορας, τῶν ἀγαθῶν αἰτία,
258 βουλὴν τότες μὲ ἔδωκε νὰ πάγω στὴν Περσίαν· (Fol. 9 v°.)
κι οὕτως εἰς ὄνομα Χριστοῦ ἐκίνησα τὴν στράταν,
καὶ ἂς 'πῶ διὰ περιέργειαν ὅσα κι ἂν εἶδα κάστρα.
Στὸ Βλαδιμίρι πέρασα, κάστρ' ἔκπαλαι κτισμένον,
μάλιστά 'ναι μητρόπολις, κεῖναι καὶ ἀκουσμένον·
οἱ Μόσχοβοι ὡς ἱστοροῦν σὲ πολλά τους βιβλία
264 πῶς στὰς ἀρχὰς νὰ ἤτονε κἐκεῖ μιὰ βασιλεία.
Καὶ παρεμπρὸς ἐφθάξαμεν εἰς ἐπαρχίαν ἄλλην,
καὶ εἶχε κάστρον πέτρινον, μητρόπολιν μεγάλην,
Νίζναν τὴν ὀνομάζουσι, κλῖμαν τῆς Μοσχοβίας,
νὰ μὴ νομίζῃς κι ὁμιλῶ τὴν Νίζναν Καζακίας·
πλησίον εἶν' τοῦ ποταμοῦ Βόλγα ὀπ' ὀνομάζουν,
270 κύματα κάμνει πάντοτες ὀπ' ὅλοι τὰ θαυμάζουν·
καὶ ἔρχεται ἀπὸ μακρὰ μέρη ὑπερβορεῖα,
καὶ τρέχει διὰ τῆς Ῥωσσιᾶς εἰς θάλασσαν Κασπίαν.
Ἐγὼ στὴν Νίζναν σέβηκα μέσα εἰς τὸ καράβι,
ὅτι ὁποῖος θέλει ἔρχεται μὲ πλοῖον στὸ ποτάμι,
καὶ μὲ τὴν Βόλγαν εὔμορφα στὸ Ἀστραχάνι πάγεις
276 κι ἀπ' τὴν ξηρὰν ἂν θέλης πᾶς, πάλιν κεῖ καταντάγεις.
Διαβαίνοντας τοῦ ποταμοῦ χῶρες πολλὲς θωροῦσα
εἰς τὰς ἄκρας τοῦ ποταμοῦ, Ῥῶσσοι ποῦ κατοικοῦσαν,
καὶ περιβόητας μονὰς, μοναστηρίων πλῆθος,
τῶν βασιλέων κτίσματα ὡς κάστρη εἶχον τείχη. (Fol. 10 r°.)
Στὰ κάστρη ποῦ σταθήκαμεν καὶ μέρες ἐκάμαμεν,
282 ὡς ἐν συντόμῳ νὰ τὰ 'πῶ εἰς ἐνθύμησιν νά 'ναι.
Πρῶτον λέγω μητρόπολιν Καζάνι, κάστρον μέγα,
λιθόκτιστον, εὐρύχωρον, καὶ εὔμορφον τῇ θέᾳ·
κι ἱστορικοὶ ὡς γράφουσι καὶ τῶν Μοσχόβων τίτλα,
βασίλειον ἦτον ποτὲ μὲ μόνην του βοήθειαν,
Τάταροι ποῦ ποτὲ καιρὸν ἐκ' εἶχαν αὐθεντίαν,

276. καὶ ἀπὸ. — 284. λιθόστρωτον, G.

288 ὡς καὶ ἀλλοῦ ἐδήλωσα κι αὐτοῦ 'τον βασιλεία.
Καὶ τρέχοντας παρέμπροσθέν τῆς Βόλγας τὸ ποτάμι,
ποτάμι ὥσπερ εἴπαμεν ποῦ πάγει στ' Ἀστραχάνι,
ἀνάγκη εἶν' νὰ διηγηθῶ ἀμφοτέρων τὸ μέρος,
τοῦ ποταμοῦ τὰ δεξιὰ κι ἀριστερὰ κι ὡς τέλος.
Τὸ μέρος ποῦ 'χαμεν δεξιὰ, δύσις ὁποῦ ἐλογοῦνταν,
294 σὲ κάστρον ἐσταθήκαμεν, Σαράτοβο ἐκαλοῦνταν.
Μετὰ δ' ἡμέρες δύο τρεῖς, ὡς ἐτρέχαμεν κάτω,
εἰς ἄλλο κάστρο ἐπιάσαμεν, Τζαρίτζα τὄνομά του·
καὶ παρεμπρὸς δὲ ἀπ' αὐτοῦ ἐσταθήκαμεν 'ς ἄλλο,
Καμίσνικο τὸ κράζουσι, δὲν εἶν' πολλὰ μεγάλο.
Καὶ παρακάτω ηὕραμεν πάλιν ἄλλο καστέλλι
300 Τζορνόγιαρι τὸ κράζουσι καὶ πλέον εἶναι τέλη.
Εἴπαμεν μέρους δεξιοῦ, κι ἀριστεροῦ ἂς 'ποῦμεν,
τὰ ὅσα εἴδαμεν καλῶς ἂς τὰ διηγηθοῦμεν· (Fol. 10 v°.)
εἰς τὸ Σαράτοβ ἄντικρυς, ςἀριστερὸν τὸ μέρος,
ὁ τόπος εἶν' ἐπίπεδος ἕως ποταμοῦ τέλος·
μὰ, ὡς λέγουσιν, ἐκτείνεται αὐτὴ ἡ πεδιάδα,
306 σύνορα ἔχει στὲς ἄκρες της βασίλεια μεγάλα
καὶ Κίνας καὶ Σιμπίριας ὁμοῦ καὶ Μπουχαρίου·
μὰ 'γὼ ὅ τ' εἶδα ἂς εἰπῶ ἕως Ἀστραχανίου.
Στὴν πεδιὰν ποῦ φαίνεται μές' ἀπὸ τὸ ποτάμι
Καλμοῦκοι κατοικοῦν 'ς αὐτὴν, ἔχουν ὁμοῦ καὶ χάνην,
Ἀγιουκᾶν τὸν ὠνομάζασι; καὶ εἶχεν ἐξουσίαν
312 ἀπάνω 'ς ὅλους, 'ς αὐτουνοὺς εἶχε τὴν αὐθεντίαν.
Καὶ πάντοτε τὴν ἄνοιξιν ἔρχονται εἰς τὰ χείλια
τοῦ ποταμοῦ πολλὰ κοντὰ, διὰ νεροῦ τὴν χρείαν·
καὶ πάλιν μερικὲς φορὲς ποσῶς δὲν πλησιοῦνε,
μὰ εἰσὲ μέρη ἐσώτερα πᾶνε καὶ κατοικοῦνε.
Οἱ οἶκοι τους εἶναι σκηνὲς, στὸν κάμπον κατοικοῦνε,
318 ἔχουν καὶ ζῶα πάμπολλα ὁποῦ ζωοτροφοῦνται.

296. κάστρον. — 309. μέσα.

Πρέπει κι αυτό διὰ νὰ 'πῶ, νὰ ξεύρῃ ὅποιος διαβάζει,
πῶς αὐτὴ ὅλη ἡ ξηρὰ χώραν δὲν ἀποτάζει·
μέσ' ἀπὸ τὸ Σαράτοβον ἕως εἰς τὴν Κασπίαν
ἐξ ἀμφοτέρων τῶν μερῶν χώραν δὲ βρίσκεις μίαν·
μόνον τὰ κάστρη μοναχὰ ὡς ἐφανερωσάμεν,
324 καὶ τοῦτα τελειόνοντας στ' Ἀστραχάνι ἔφθαξάμεν. (Fol. 11 r°.)
    Αὐτὸ τὸ Ἀστραχάνι δὲ λιθόκτιστον εἶν' κτισμένον,
καὶ εἰς τὴν Βόλγαν ποταμὸν εἶναι πλησιασμένον·
ἔχει καὶ μοναστήρια καὶ μητρόπολ' ἀξίαν,
κοί παλαιοὶ ὡς ἱστοροῦν κι αὐτοῦ 'ταν βασιλεία.
κατ' ἐξοχὴν κἐκεῖ καιρὸν ποτὲ ἐξουσιάζαν
330 οἱ Τάταροι κι, ὡς φαίνεται, βασίλειον τὸ κράζαν.
Μὲ συντομίαν λέγοντας, πόρτον εἶν' στὴν Κασπίαν
καὶ σκάλα τῶν πραγματευτῶν ποῦ πᾶνε στὴν Περσίαν.
ἐκεῖ κἠμεῖς ἐσέβημεν μέσα εἰς τὸ καράβι·
δύο δ' ἡμέρες τρέχοντες κάτωθεν στὸ ποτάμι
ἐβγήκαμεν στὴν θάλασσαν ἔξω εἰς τὴν Κασπίαν,
336 καὶ μεθ' ἡμέρας μερικὰς φθάξαμεν στὴν Περσίαν·
Στὲς στεργὲς πλησιάζοντες εἴδαμεν κἔνα κάστρο,
ἀπάνωθεν ἐκτείνονταν στὴν θάλασσαν ὡς κάτω,
λιθόκτιστον, καὶ ἀρκετὸν στὴν περιφέρειάν του·
Τερμπέντι, ὡς ἐρώτησα, εἶναι τὸ ὄνομά του·
τῶν Περσῶν πολλοὺς ἤκουσα καὶ λὲν νὰ εἶν' κτισμένον
342 ἀπὸ τὸν μέγ' Ἀλέξανδρον κεῖνον τὸν ἀκουσμένον.
Τὴν περαντζάδαν ταύτην δὲ Ὁλλάντοι τὴν μετροῦσι,
τριακόσια ἑβδομήκοντα μίλλια τὴν ἀριθμοῦσι.
Κἐξεμπαρκαριστήκαμεν ἄντικρυς μεθ' ὑγείας
εἰς τόπον ὁποῦ κράζεται Γιάζοβα, γῆ Περσίας· (Fol. 11 v°.)
τόπος εἶναι ἐπίπεδος ἄνευ κἀμμιᾶς χώρας,
348 μόνον καράβια στέκονται ἐκεῖ πάντα πρὸς ὥρας.

321. μέσα. — 322. δ' εὑρίσκεις. Il faut ici une négation : δὲ βρίσκεις = δὲν εὑρίσκεις. — 333. καὶ ἡμεῖς.

Καὶ ἀπ' ἐκεῖ μισεύσαμεν διὰ ξηρᾶς πουρνώρα,
καὶ μεθ' ἡμέρας δύο τρεῖς ἐφθάξαμεν σὲ χώραν,
τοποθεσιὰν ἔχ' εὔμορφην κι ἀέρος εὐκρασία,
καὶ πολυάνθρωπος πολλὰ, ἐμπόρων κατοικία·
Σαμαχὶ τὴν ἐκράζουσιν, ἐπαρχίαν Σιρβάνι,
354 καὶ διὰ Περσῶν προσταγῆς διοικεῖται ὑπὸ χάνη.
Σιρβάνι εἰς τὴν γλῶτταν τους τὴν ἐπαρχίαν κράζουν,
μὰ, ὡς φαίνετ', εἶν' ἡ παλαιὰ Μήδεια ποῦ ὀνομάζουν.
Τὸ κάθε πρᾶγμ' εὑρίσκει τις ἐκεῖ νὰ πραγματεύσῃ,
καθεὶς ὁποῦ ὀρέγεται ἐκεῖ νὰ ταξιδεύσῃ,
ὅτ' ἔρχονται πραγματευταὶ κέσω ἀπὸ τὴν Ἰνδίαν
360 ὀλίγα περιγράφοντας κι ἀπ' ὅλην τὴν Περσίαν·
στάματησα κἀγὼ καιρὸν, ὡς Θεὸς μ' εὐεργέτει,
καὶ ὅ τι εἶχα καὶ ἐγὼ ἐκεῖ ἐπραγματεύθην.
Καὶ πάλιν ἐπανάκαμψα δι' ὁδοῦ τῆς ἰδίας,
καὶ ἄντικρυς ἐπέρασα θαλάσσης τῆς Κασπίας.
Εἰσῆλθον 'ς Ἀστραχάνι δὲ, δηλαδὴ στὴν Ῥωσσίαν,
366 κηρξάμην πάλιν τῆς ὁδοῦ διὰ τὴν Μοσχοβίαν·
'ς αὐτὴν τὴν ἐπανάκαμψιν νὰ 'πῶ ἀκόμ' ὅ τ' εἶδα,
καὶ δοκεῖ μοι οὐκ ἀσύμφερον εἶναι γιὰ ἱστορία. (Fol. 19 r°.)
Ἀπ' τ' Ἀστραχάνι πλεύσαμεν πάλιν διὰ τῆς Βόλγας,
καὶ φθάσαμεν ἀνώτερα στὰς ῥούσσικας τὰς χώρας·
ςὸ Σαράτοβο ξέβημεν ἂν κι ἀλλοῦ ἔγραψά το,
372 πῶς πλησίον στὴν Βόλγ' αὐτὴν εἶναι ἱστόρησά το.
Ἀπ' ὧδ' αὐτοῦ διὰ ξηρᾶς δι' ἁμαξῶν ὁδεύων,
καὶ χώρας, κάστρη μερικὰ, οὐκ ὀλίγα πολεύων,
ἐν τἀναμεταξὺ αὐτοῦ ἔτυχε νὰ γνωρίσω
δύο ἔθνη παράξενα, καὶ πολλὰ νἀπορήσω.
Τὰ ὁποῖα ὀνομάζονται τὸ μὲν ἕνα Μορτόβοι,
378 τὸ δ' ἄλλο Τζερεμίσηδες· κι οὐ κατοικοῦν εἰς πόλιν,

351. εὐκρατεία. — 356. εἶναι. — 362. καὶ ὅτ' εἶχα. — 377. μορτόβη, dans le manuscrit Lambryllos et dans celui de Londres; μορτόβι, G. — 378. τζερεμίσι δὲ, G.

μόνον ἔχουν ξεχωρισ]ὲς χῶρες ὁποῦ βιοῦνε,
καὶ γεωργοῦν ὡς γεωργοὶ κι οὕτω ζωοτροφοῦνται·
καὶ ὅλα τὰ βασιλικὰ τέλη καυτοὶ πλερόνουν,
κι ὡς δοῦλοι καὶ ὑπόδουλοι ὅλα τὰ τελειόνουν·
μόνον μὲ πᾶσαν λευθεριὰν τὰ κατ' αὐτῶν τελοῦσι,
384 καὶ πολλ' ἀσ]εῖα πράγματα βλέπεις καὶ κωμῳδοῦσι·
ὅτ' εἶν' τελείως ἄμοιροι οὐ μόνον εὐσεβείας,
ἀλλ' οὐδὲ ψιλὴν εἴδησιν ἔχουν ἄλλης θρησκείας.
Μόνον αὐτοὶ διάλεκτον ἔχουν ξεχωρισ]ήν τους
καὶ ἔθη πολλὰ γέλοια ποῦ ηὗραν ἀπ' τοὺς γονεῖς τους·
πανηγυρίζουν μὲ ψωμιὰ καὶ οὕτως εὐωχοῦσι,
390 καὶ τὴν βροχὴν, ὡς ἔγνωκα, πολλὰ δοξολογοῦσι.   (Fol. 12 v°.)
Ἀλλὰ τίς τὲς γυναῖκες των βλέποντας νὰ σωπάσῃ,
κι ἀπὸ τὰ βάθη τῆς καρδιᾶς τίς εἶν' νὰ μὴ γελάσῃ;
νὰ 'δῆ πῶς καταγίνονται κι ὅσο μποροῦν κοσμοῦσι,
μίαν καμπούραν τορνευτὴν στὴν ῥάχιν νὰ φοροῦσι·
καὶ ὅσες ποῦ διαφέρουσι τὴν κάμνουν ὀγκοτέραν,
396 κι αἱ ἄλλες αἱ πτωχότερες τὴν ἔχουν μικροτέραν·
ἀστεῖα ἐπεπόνθασι μὲ τὰ φορέματά τους
καὶ δι' αὐτῶν ἂς κρίνῃ τις καὶ τὰ καμώματά τους.
    Ἡμέρας δ' ἀρκετὰς ἀπ' αὐτοῦ, λέγω μὲ συντομίαν,
ἔφθασα εἰς τὴν ἄνασσαν πόλιν τὴν Μοσχοβίαν.
Οἶδα ὅτι πολυλογῶ, μὰ ἂς μὴν ἀμελήσω
402 καὶ ὡς καθὼς διήρχουμουν οὕτως ἂς ἱστορήσω.
Ἔτι διέτριψα καιρὸν βραχὺ στὴν Μοσχοβίαν,
καὶ ἀπ' ἐκεῖ ταξίδευσα πάλιν στὴν Καζακίαν·
ὡς ἔτυχε πραγμάτευσα ἔξω στὴν Καζακίαν,
καὶ πάλιν μεταγύρισα μέσα στὴν Μοσχοβίαν·
καὶ ἀπ' αὐτοῦ ἐμίσευσα διὰ τὴν νέαν πόλιν,
408 εἰς πάντας εἶναι γνωρισ]ὴ λέγοντας Πέτρου πόλιν.
Τὰ κάσ]ρη ὁποῦ ἀπέρασα πρέπει νὰ τὰ συντέμω,

388. ἀπὸ. — 396. καὶ αἱ.

διὰ δὲ περιέργειαν μόνον τὸ ἕνα λέγω.
Μετὰ ἡμέρας μερικὰς ἀπὸ τὴν Μοσχοβίαν,
εἰς ἐπαρχίαν ἔφθαξα ποῦ λὲν Νοβογραδίαν· (Fol. 13 r°.)
κάστρον ἔχει παμπάλαιον, ὡς πολλοὶ ἱστοροῦσι,
414 καὶ πολυάνθρωπον πολλὰ, ἄν τινές μ' ἐρωτοῦσι.
Εὑρίσκεται κἐκεῖ κοντὰ μία μεγάλη λίμνη,
κι ἀρκετὸν ἔχει πέλαγος ὡς θάλασσα κἐκείνη·
Λάτοβσκα Ὄζιρα τὴν λὲν στὴν ῥούσσικην τὴν γλῶτταν,
ἔχει καὶ ξέρες μερικὲς καὶ χρειὰν ἀπὸ ποδόταν·
καράβια μέσα πλέουνε καὶ κάτω κατεβαίνουν,
420 κἔπειτα μὲ τὸν ποταμὸν στὴν Πετρούπολη ἐβγαίνουν.
Αὔτη ἡ λίμνη εἶν' γλυκειὰ, καὶ ἐξ αὐτῆς γεννᾶται
ὁ εἰρημένος ποταμὸς καὶ κάτωθεν κινᾶται·
Νεβὰ τὸν ὀνομάζουσι, τρέχει στὴν Πέτρου πόλιν,
καὶ δι' αὐτῆς στὴν Βάλθικα, ὡς τὸ γνωρίζουν ὅλοι.
Ἀς παύσω διὰ τοῦ νεροῦ τὴν στράταν νὰ ξηγοῦμαι,
426 ὅτι 'ς ἀνθρώπους ἔμπειρους κι αὐτὰ, δοκῶ, ἀρκοῦνε·
καὶ ἂς 'ποῦμεν τὴν διὰ ξηρᾶς ὁδὸν ὁποῦ ὑπῆγα,
κἔπειτα νὰ διηγηθῶ Πετρούπολιν ἥν εἶδα.
Ὁδὸν ἡμέρας τέσσαρας ἀπὸ τὸ Νοβογράδι
ἔφθαξα στὴν Πετρούπολιν Πέτρου Ἀλεξιάδη.
Ἀς μὴ λείψω δ' ὡς δύναμαι διὰ νὰ ἱστορήσω,
432 καὶ τὴν τοποθεσίαν της διὰ νὰ ἐξηγήσω,
ὅτ' ἐγνωρίζω βέβαια πολλοὶ ἐπιθυμοῦσι
μονάρχου νέον σύστημα περιγραφὴν νἀκοῦσι. (Fol. 13 v°.)
Κάστρον ἔχ' ἰσχυρότατον, ὅλον πετροκτισμένον,
καὶ μὲ τὴν Νέβαν ποταμὸν ὅλον τριγυρισμένον.
Μὰ πρὶν τὸ κτίσῃ ὁ ἄνακτας τῆς Μοσχοβίας Πέτρος,
438 ἤτον νησὶ μονώτατον, ἀκατοίκητος τόπος,
ἀλλ' ἔκαμέν το θαυμαστὸν κάστρον, ἐπαινεμένον,
μὲ θαυμαστὴν τεκτονικὴν τὸ 'χ' εὔμορφα κτισμένον·

427. ξηράν. — 438. μονώτατος.

Πρέπει καθεὶς ἀκούοντας καλὰ νὰ καταλάβῃ
ὅτι τὸ κάστρον ἐμπροστὰ πλέει στόλου καράβι,
ὅτ' εἶν' βαθὺς ὁ ποταμὸς, μάλιστα μερισμένος,
444 σὲ δύο καὶ σὲ τρεῖς μεριὲς εἶναι ξεχωρισμένος,
καὶ κάμνει μέσα του στεριὲς μὲ δένδρα στολισμένες,
μὲ πλῆθος πολλῶν παλατιῶν εἶναι κεκοσμημένες·
καὶ δεξιὰ κι ἀριστερὰ, κι ὁποῦ στεριὲς κι ἂν ἦτον,
παλάτια καὶ ἀγορὲς πλῆθος πολὺ κτιστῆκαν·
καὶ ἄλλα ἀξιόλογα πράγματα ἐκεῖ ἀκμάζουν,
450 καὶ ἐπιστῆμες πάμπολλες τώρα 'κεῖ δοκιμάζουν.
Ἀλλ' ἐγὼ ἂς φέρω σιωπὴν ὅτι πρέπει νὰ παύσω,
καὶ κάτω τῆς Πετρούπολης πόρτο ἂς περιγράψω.

Ἀπὸ τὸ κάστρον κάτωθεν διάστημα ὀλίγον,
ὥρας τρεῖς ἢ καὶ τέσσαρες τρέχει τὸ κάθε πλοῖον·
κἐκεῖ εἶν' ἄλλο νεόκτιστον νησὶ κεκοσμημένον,
456 Κότλιν ὀστρόφ στὴν γλῶσσαν τους τό 'χουν ὠνομασμένον, (Fol. 14 r°.)
κι αὐτό 'ναι ἰσχυρότατον μὲ εὔμορφα παλάτια,
μάλιστα δ' ἐκεῖ στέκουνται τοῦ στόλου τὰ καράβια·
ἀπ' ἐκεῖ δὲ τὸ παρεμπρὸς εἶν' πέλαγος μεγάλο,
ἡ Βαλθικὴ ἡ θάλασσα, παρέξω δὲν εἶδ' ἄλλο.
Ταῦτα γὰρ, ὥσπερ δύνομαι καὶ ὅση μοι ἰσχὺς, γράφω,
462 καὶ παρὰ πάντων συνετῶν συγγνώμην ζητῶ νά 'χω·
ἂς μὴ παύσω δὲ τοῦ σκοποῦ, ἂν καὶ πολυλογήσω,
ὅτι ὅπου περπάτησα θέλω νὰ ἱστορήσω.

Λοιπὸν ἐμεταγύρισα πάλιν στὴν Μοσχοβίαν,
καὶ ἀπ' ἐκεῖ ταξίδευσα ἔτι εἰς τὴν Περσίαν·
ςὸ Σαμαχὶ ἐστάθηκα, ὡς τὸ καλοῦσε ἡ χρεία,
468 μὰ εἶχα πόθον νὰ ἰδῶ κεσωτέραν Περσία·
νὰ πάγω ἐβουλήθηκα μέσα εἰς τὸ Σπαχάνι,
κι οὕτως ἐμίσευσ' ἀπ' ἐκεῖ, δηλαδὴ ἀπ' τὸ Σερβάνι.
Ὁδοιπορῶντας δ' ὡς Περχρῆ τὴν ὁδὸν τὴν εὐθεῖαν,

467. καλοῦσεν. — 470. ἐμίσευσα ἀπὸ.

μετὰ ἡμέρας μερικὰς εἴδαμεν τὴν Κασπίαν·
εἰς γῆν ἐκαταντήσαμεν ποῦ κράζεται Γκιλάνι,
474 μὲ χῶρες πολυάνθρωπες, ὥσπερ καὶ τὸ Σερβάνι.
Ἡ πολυανθροπότερος πόλις αὐτοῦ τοῦ τόπου,
Ῥέσ]η τὴν ὀνομάζουσιν ἅπαντες ὡς ἐξ ὅλου·
(Γκιλάνι εἰς τὴν γλῶσσαν τους οἱ Πέρσαι τὴν ἐκράζουν,
ἀλλ' εἶν' ἡ Ὑρκανί' αὐτὴ οἱ πάλαι π' ὀνομάζουν.)
αὐτὴ ἡ γῆ τοῦ Γκιλανιοῦ κεῖτ' ἔμπροσθεν Κασπίας,
480 περικυκλοῦται τόπισθεν ὑπὸ βουνῶν Περσίας·   (Fol. 14 v°.)
καῦσες εἶν' μεγαλώτατες στοῦ Γκιλανιοῦ τοῖς τόποις,
μάλισ]' ἀποὺ τοὺς ἄρρενας δὲν λείπει ἡ χλωμότης·
τὸ καλοκαίρι εἶν' σκληρὸν, ὅτ' ἀναθυμιάζει
ὅλη ἡ γῆ τοῦ Γκιλανιοῦ κι ὡς λουτρὸς ζέσ]' ἐβγάζει,
κἐπὶ τὸ πλεῖσ]ον πάντοτε ἡ κατεχνιὰ δὲν λείπει·
486 ἀλλὰ τῆς γῆς ταύτης καρποὺς ἄρα καὶ τίς ἐξείπῃ ;
Μετάξι κάμνει ἐξαίρετον ἀπ' ὅλην τὴν Περσίαν,
καὶ περισσὸν κατὰ πολλὰ μ' εὔμορφην θεωρίαν·
ρύζι γίνεται πάμπολυ ὁποῦ καὶ ἵππους θρέφουν,
καὶ πάμπολλοι πραγματευταὶ 's αὐτὸν τὸν τόπον τρέχουν,
κιτριὲς, λεμόνια, νεραντζὲς καὶ ὀπώρων τὸ πλῆθος·
492 καὶ ἐλαιώνων ἀριθμὸν ἄμετρον εἶδα πλῆθος·
λουλούδια, κρίνα θαυμασ]ὰ τὸν ἐνιαυτὸν ὅλον
δὲν λείπονται νὰ φύωνται ἁπλῶς καὶ εἰς τὸν δρόμον.
Λοιπὸν ἀρκοῦνε δι' αὐτοῦ ὅσα διηγήθηκάμεν
καὶ ἀπ' ἐδῶ στὸ παρεμπρὸς ἂς τρέξωμεν νὰ πᾶμεν.
Μετὰ ἡμέρας μερικὰς ὁδοῦ ἀπὸ τὸ Ῥέσ]ι,
498 ἐβγήκαμ' ἀπ' αὐτὴν τὴν γῆν Γκιλὰν Ζημὶ ποῦ λέσι,
κι ἀρχίσαμεν τὰ σύνορα Κασμπὶν Ζημὶ ποῦ κράζουν,
κι αὐτ' ἐπαρχία ἕτερη Κασμπίνι ποῦ 'νομάζουν.
Πόλις εἶν' μεγαλώτατη Κασμπὶν ὀνομασία·
ὡς εἶπα, τοῦτο τὄνομα ἔχει ὅλη ἡ ἐπαρχία.   (Fol. 15 r°.)

477 et 478 manquent. — 479. γκιλιανοῦ (sic) κεῖται.

Τὴν χώραν ταύτην διοικεῖ ἐπίτροπος μεγάλος
504 τοῦ βασιλέως τῶν Περσῶν, καὶ οὐχὶ ἁπλῶς ἄλλος.
Θρόνος νὰ ἦτον ἔκπαλαι λὲν οἱ Πέρσαι ἀτοί τους,
κἀκεῖ τοὺς νέους βασιλεῖς ζώνανε τὸ σπαθί τους.
Καὶ ἀπ' ἐκεῖ παρέμπροσθεν, μὲ ὀλίγας ἡμέρας,
εἰς Σάβαν χώραν πήγαμεν ἐκ τούτης μικροτέρας·
μὰ καὶ αὐτὴ πολυάνθρωπος, μὲ ἀγορὲς μεγάλες,
510 ἃς μὴ λείψω δὲ τοῦ ῥυθμοῦ νὰ εἰπῶ καὶ τὰς ἄλλας.
    Παρέμπροσθεν πηγαίνοντας ἐφθάξαμεν σὲ ἄλλην,
Κούμι τὴν ὀνομάζουσι, κι αὐτὴ οὕτως μεγάλη.
Καὶ ἐξ αὐτῆς παρέμπροσθεν, μὲ τέσσαρας ἡμέρας,
'ς ἑτέρην χώραν πήγαμεν πολλὰ πλουσιωτέρας,
Κεσιάνι ὀνομάζεται, οἰκοῦν πολλοὶ τεχνῖται,
516 χαλκέοι εἶν' κι ἀνυφανταί, σχεδὸν ὅλοι πολῖται·
ἐξαίρετα χρυσόφαντα πολλὰ ἐκεῖ δουλεύουν,
κι ἄλλα πολλὰ μεταξωτὰ πλήθ' ἐκεῖ πραγματεύουν.
Ἀπ' ἐκεῖ δὲ παρέμπροσθεν, ὁδόν μας τὴν εὐθεῖαν,
ὁδὸν ἡμέρας τέσσαρας πήγαμε ὁδοιπορίαν.
    Τοῦτα δὲ τελειόνοντας φθάξαμε, ὡς ἠλπιζάμεν,
522 θείῳ ἐλέει ὑγιεῖς, καθὼς βουλούμασθἄνε,
ςὴν πόλιν τὴν περίφημον ἁπάσης τῆς Περσίας,
ςὸν νῦν θρόνον βασιλικὸν τῆς Περσῶν βασιλείας, (Fol. 15 v°.)
ἐκείνης τῆς ποτ' ἀκουσ7ῆς, ὡς ἱσ7ορίες γράφουν,
ἀνδρείας τε κι ἡρωϊκῆς, καθὼς τὴν περιγράφουν,
'ς αὐτὸ τὸ νῦν ἐξάκουσ7ον Σπαχάνι π' ὀνομάζουν,
528 τῆς Περσίας παράδεισον ἔπρεπε νὰ τὸ κράζουν·
ὅτι ἀπ' ὅλες τὲς πολλὲς πόλες ὅλης Περσίας,
'ς αὐτὴν εἶν' ἡ παράταξις Περσῶν νῦν βασιλείας.
Λοιπὸν ἂς κάμωμεν μικρὰν διήγησιν τοῦ τόπου,
ἂν καὶ ἐγὼ εἶμ' ἄμοιρος τοῦ ῥητορικοῦ τρόπου·
ὅμως τὸ κατὰ δύναμιν καθεὶς ἂς ἱσ7ορήσῃ,

520. πήγαμεν. — 521. φθάξαμεν.

534 καὶ, κατὰ τὸν ἀπόσ7ολον, ὃ ἔχω δίδωμί σοι.
  Πόλις εἶν' μεγαλώτατη αὐτὸ τὸ Ἰσπαχάνι,
  καὶ βασιλέαν εἶχε δὲ σὰχ Χουσεγὶν σουλτάνη·
  πολλὰ δὲ πολυάνθρωπος, ὡς εἶδα, ἔδοξέ μοι
  καὶ ἀπὸ πράγματα πολλὰ εὔμορφα κοσμημένη,
  ὅτ' ἔχει πλῆθος ἀριθμὸν πολλῶν ἐργασ7ηρίων
540 πλουσίως πολλὰ γέμοντα ἐκ θησαυρῶν ἀξίων·
  καὶ κατοικίες πάμπολλες ἔχει διὰ ἐμπόρους,
  κεὑρίσκονται πάντ' ἕτοιμες διὰ τοὺς ξένους ὅλους·
  ὅτ' ἔρχονται ἐμπορευταὶ, πολλοὶ πλουσιεμπόρων,
  σχεδὸν δὲν σφάλλω ἂν εἰπῶ κι ἀπὸ τὸν κόσμον ὅλον·
  ὅτι ἡ σκάλα εἶν' κοντὰ πὄρχονται ἀπ' τὴν Ἰνδίαν,
546 Μπεντὲρ Ἀπᾶς ποῦ κράζουσι, κἐϐγαίνουν στὴν Περσίαν. (Fol. 16 r°.
  Μπεντὲρ Ἀπᾶς, ὡς εἴπαμεν, σκάλα 'ναι τῆς Περσίας,
  κἐδεκεῖ μπαρκαρίζονται καὶ πᾶν εἰς τὰς Ἰνδίας·
  ἐκεῖ εἶναι ὁ πέρσικος ὠκεανοῦ θαλάσσης
  ὁ κόλπος, ἂν ὀρέγεσαι στὴν χάρταν νὰ διαϐάσῃς.
  Πλησίον ἐδεκεῖ κοντὰ εὑρίσκονται καὶ νῆσοι,
552 Μπαχρίνι ποῦ νομάζουσιν, ἐπειδὴ εἶχα ῥωτήσῃ,
  ποῦ ἐϐγαίνει τῶν πολύτιμων τῶν μαργαρίτων πλῆθος,
  κι αὐτὸ, δοκῶ, τῆς Πέρσιας δὲν εἶναι ὀλίγος πλοῦτος.
  Ὡς βλέπω, ἐπαράτρεξα μακρὰ τοῦ κείμενοῦ μου,
  καὶ δὲν μὲ φαίνεται καλὰ νά 'μ' ἔξω τοῦ σκοποῦ μου·
  ἀγκαλὰ δὲν εἶν' μάταιον, μάλιστα χρησιμεῦον,
558 νἀκούῃ τις διήγησιν τοιούτων μακρῶν γαίων·
  ὅμως τὸ τέλος τὸ ἐμὸν τοῦτο ποῦ διηγοῦμαι
  εἶναι νὰ γνώσῃ κάθε εἷς τὰ κάτω ποῦ θὰ 'ποῦμε,
  νὰ σ7οχασθῇ μὲ σύνεσιν, μὲ ἕνα τέτοιον τρόπον,
  ἄραγε πόσες πραγματειὲς εἶναι 's αὐτὸν τὸν τόπον,
  ὁπὄρχονται ἀπ' τὲς Ἰνδίες Ἰνδῶν τε καὶ Ἐγγλέζων
564 καράϐια μὲ πραγματειὲς ὁμοῦ καὶ Ὁλλαντέζων,

538. πολλὰ manque. — 545. ἀπὸ. — 563. ἀπὸ.

κἐκεῖ ξεμπαρκαρίζονται εἰς τὸ Μπεντὲρ Ἀπάσι.
Νὰ 'πῶ καὶ τὸ διάσ]ημα, νά 'ναι δῆλον τοῖς πᾶσι·
εἰκοσιδύο ἡμερῶν ὁδὸν ἔρχοντας φθάνουν
εἰς τὸ Σπαχάνι ἀπατὰ τὴν πούλησιν νὰ κάμουν· (Fol. 16 v°.)
ὅτι ἐκ' εἶναι κάτοικοι μέσα εἰς τὸ Σπαχάνι
570 πραγματευταὶ ὑπέρπλουτοι, μάλισ]ά 'ναι καὶ Φράγκοι·
κόνσολας πάντα εὑρίσκεται μέσ' ἀπὸ τὴν Ὁλλάνταν,
κι ἀπ' Ἐγγλητέρραν ἕτερος, τιμώμενοι στὰ πάντα.
κὲκ τῶν Γαλλῶν εὑρίσκεται ἱερατικῶν τάγμα,
Γεζουβῖται καὶ πάτεροι μὲ φρόνησιν εἰς πάντα·
μὲ τρόπους χρισ]ιανικοὺς, ὡς καιρὸς τοὺς καλοῦσε,
576 καθένας του τὸ τάλαντον καλῶς τὸ κυβερνοῦσε·
καὶ ἐκκλησίας τέσσαρας ἐδικάς τους ἐκ' ἔχουν,
κι ὡς εὔδουλοι καλοὶ ἀεὶ τὸν ἀμπελῶν δουλεύουν.
Λοιπὸν ἀρκεῖ διήγησις τῶν τοιούτων πραγμάτων,
ὅτι δὲν ἔχω δύναμιν, οὔτε ἰσχὺν γραμμάτων·
κι ἂς τρέξωμεν εἰς τὴν σειρὰν γραμμὴν μας τὴν εὐθεῖαν
582 μὲ ὀλίγα λόγια λέγοντας· ἄνευ πολυλογίαν
νὰ εἰπῶ τὴν κατάσ]ασιν αὐτῆς τῆς πολιτείας,
τὰς ῥύμας της καὶ ποταμὸν σὺν τὰς τοποθεσίας.
Λοιπὸν ἡ πόλις αὕτη δὲ, ὡς εἶπα, τὸ Σπαχάνι
εἰς τόπον κεῖτ' ἐπίπεδον, πλησίον σὲ ποτάμι·
τοῦτος δ' ὡς εἶπα, ποταμὸς τρέχει ἀπὸ μακρόθεν,
588 καὶ φθάνοντας στὴν πὸλ' αὐτὴν ποτίζει την παντόθεν.
Ἤξευρε κάσ]ρον δέν ἔχει αὐτὴ ἡ πολιτεία,
μόνον πλήθη πολλῶν οἰκῶν, καὶ περιβόλι' ἀξία. (Fol. 17 r°.)
Ἔχουν καὶ ἐπιδέξιον τρόπον ἀπ' τὸ ποτάμι,
κἔρχεται ποταμοῦ νερὸν μέσα εἰς τὸ Σπαχάνι,
καὶ τρέχει διὰ τῆς πλατειᾶς τζαρμπαγὶ ποῦ καλοῦσι,
594 ὡς ἡμεῖς ἱπποδρόμιον τοῦτο αὐτοὶ νοοῦσι.
Βέβαια εἶναι θαυμασ]ὸν, ἄξιον ἱσ]ορίας

577. του. — 591. ἀπό.

αὐτὸ τὸ ἱπποδρόμιον, ποθητὸν θεωρίας·
ἔχοντας μῆκος ἀρκετὸν, ἄλογόν τις νὰ τρέξῃ
ἅπαξ καὶ δὶς καὶ τρεῖς φορὲς, κι ὅσον θέλει νὰ παίξῃ·
ὁμοίως καὶ τὸ εὖρος του ἀρκετώτατον ἔχει,
600 καὶ κατ' εὐθεῖαν τὸ νερὸν μέσον του πάντα τρέχει.
Μὲ κακοφαίνεται πολλὰ πῶς δὲν μπορῶ νὰ γράψω
τὸ εὔμορφον τοῦτο τζαρμπαγὶ καὶ νὰ τὸ σχεδιάσω·
ἀλλ' οὐδὲ στίχοι ἀρκετοὶ μποροῦν νὰ παραστήσουν
τὰ δένδρη καὶ τὲς εὐμορφιὲς τούτου νὰ ἐξηγήσουν.
Ὅμως τὸ κατὰ δύναμιν δὲν πρέπει τις νὰ παύσῃ,
606 καὶ ὅποιος ἔτυχε λεπτὸν νοῦν ἃς τὸ περιγράψῃ.
Ἀρχὴν ἃς κάμω ἀπ' τὸ νερὸν ὁπ' ἀρχινᾷ καὶ τρέχει,
καὶ τρέχοντας τί εὐκοσμεῖ, καθεὶς νὰ τὸ κατέχῃ·
ὡς ἀρχινᾷ ἐκ τῆς ἀρχῆς τούτου τοῦ ἱπποδρομίου,
καὶ κατ' εὐθεῖαν τρέχοντας δρόμου του τοῦ ἰδίου
εὑρίσκ' εἰσὲ διάστημα (τὸ ἓν τρίτον τοῦ μήκους,
612 μῆκος λέγω τοῦ τζαρμπαγιοῦ) κτίριον ἀπὸ λίθους, (Fol. 17 v°.)
ἐκ μαρμάρων ἐξαίρετων τεκτονικῶς κτισμένον,
χαβούζι π' ὀνομάζουσι τουρκιστὶ ὠνομασμένον·
καὶ πέφτει μέσα τὸ νερὸν εἰς αὐτὸ τὸ χαβούζι,
κι ὁ κρότος του τὰς ἀκοὰς καθενὸς νοστιμίζει.
Γύρωθεν δὲ τοῦ χαβουζιοῦ εὔμορφά 'χουν κτισμένα,
618 καὶ διὰ περιδιάβασιν τούτου διωρισμένα,
καθίσματα διάφορα διὰ ἀνθρώπων πλήθους,
ὅτι συνάζονται ἐκεῖ καὶ ὁμιλοῦνε μύθους.
Κι ἄλλα περιδιαβάσματα ἐκεῖ τινὰς εὑρίσκει,
παιχνίδια καὶ γέλοιους λήρους ἂν θὲ νἀκούσῃ.
Αὐτὸ δὲ, ὥσπερ εἴπαμεν, τὸ χαβούζι γεμίζει,
624 καὶ πλημμυρῶντας πάντοτε κάτωθεν πάλ' ὁρμίζει·
κάτωθεν εὑρίσκει ἕτερον χαβούζι ὡς τὸ πρῶτον,
οὕτω κτισμένον καὶ αὐτὸ κατὰ τὸν πρῶτον τρόπον·

607. ἀπὸ.

ἀδιαφόρως καὶ 'ς αὐτὸ τὰ αὐτὰ δοκιμάζουν,
πίνουν καφέδες, τραγουδοῦν, κι οὕτως περιδιαβάζουν.
Καὶ ἀπ' αὐτοῦ παρέμπροσθεν διάσλημα ὀλίγον
630 τρέχει μέσα στὸν ποταμὸν, ὅτι εἶν' 'κεῖ πλησίον.
Ἐκεῖ εἶναι στὸν ποταμὸν καὶ γέφυρα μεγάλη,
ςὴν Τζούλφαν ἄντικρυς ποῦ λὲν ὁ κόσμος ποῦ περνάει,
λιθόκτισ]ος, ἐξαίρετος, εὔμορφα συνθεμένη,
μὲ ἀρκετὴν τεκτονικὴν εἶν' ἔκπαλαι κτισμένη. (Fol. 18 r°.)
Στὸ δ' ἄντικρυς ὁποῦ 'παμεν Τζούλφαν ὀπ' ὀνομάζουν,
636 Ἀρμένοι μόνον κατοικοῦν Τζουλφαλῆδες ποῦ κράζουν·
κἐξόχως ἐκεῖ ἐλεύθερα ἔχουν καὶ ἐκκλησίας,
καὶ ἐνεργοῦν τὰ κατ' αὐτῶν μετὰ ἐλευθερίας.
Τόσον δὲ ἐδυνήθηκα διὰ ταῦτα νὰ λαλήσω,
λοιπὸν τὰς πρασινάδας του τώρα ἂς ὁμιλήσω.
Ἐξ ἀμφοτέρων τῶν μερῶν τούτου τοῦ ἱπποδρομίου,
642 πλάτανοι μεγαλώτατοι, καιροῦ πολυχρονίου,
εἶν' φυτευμένοι ἔκπαλαι μὲ σ]όχασιν ἀξίαν,
ὡς κατ' εὐθεῖαν δὲ γραμμὴν ἔχουν τὴν εὐταξίαν·
τὸ ὕψος δὲ καὶ εὖρος τους κάμνει ἴσκιον μὲ τάξιν,
καὶ ἀφαιρεῖ τοῦ ἡλίου τὴν ὑπερβολικὴν καῦσιν·
καὶ περπατοῦν οἱ ἄνθρωποι ὑποκάτωθεν τούτων
648 μ' ἀνάπαυσιν κι ἀνάψυξιν ὑπὸ τὸν ἴσκιον τούτων,
μάλισ]α δὲ ὅταν φυσᾷ κι ἀναπνέῃ ὁ ἀέρας·
βέβαια ἂν ἦτον δυνατὸν, ἐκ τὸ πρωῒ ὡς ἑσπέρας,
νἀκούῃ τις δι' ἀκοῆς, δι' ὀφθαλμῶν νὰ βλέπῃ
τὸν συρισμὸν ποῦ κάμνουσι τὰ δένδρη, καὶ νὰ τέρπῃ!
Τοῦτο, μὲ φαίνεται, ἀρκεῖ νὰ εἰπῶ καὶ νὰ παύσω,
654 ὅτι τὴν εὐμορφίαν του δὲν μπορῶ νὰ τὴν γράψω·
μόνον καθεὶς μὲ σ]όχασιν τοῦτο ἂς ἐννοήσῃ,
καὶ πρᾶγμα ἀξιέπαινον τὸ θέλει ἐγνωρίσῃ, (Fol. 18 v°.)
σὲ χώραν πολυάνθρωπον, οὕτως μεγαλωτάτην,

649. ἀναπέῃ (sic).

νὰ εὑρίσκῃ πρασινάδαν τις τοιούτην ἡδυτάτην.
Λοιπὸν τοῦ ἱπποδρόμιου τόσ' ἀφηγήθηκάμεν,
660 νὰ 'ποῦμεν καὶ εἰς τὸ ἐξῆς ὅσα Θεωρήσαμεν.
Στὸ τέλος του ἀρισ1ερὰ τούτου τοῦ ἱπποδρομίου,
πλησιασμένον ἐδεκεῖ τούτου τοῦ ποταμίου,
εἶναι ἕνα βασιλικὸν ἄξιον περιβόλι,
ἐξαίρετον καὶ θαυμασ1ὸν μέσα 's αὐτὴν τὴν πόλη,
μὲ δένδρη μέσα καὶ φυτὰ καὶ ὑδάτων κινήσεις,
666 σαντρουβάνια τουρκισ1ὶ λέγω νὰ τὰ νοήσῃς.
Τετράποδα καὶ ἑρπετὰ πλήθη ἔχουν συναγμένα,
κἀκεῖ εἰς τὸν περίβολον τά 'χουν κατοικισμένα·
τετράποδα παράξενα, διάφορα τὴν θέαν,
καὶ γέλοια καὶ φοβερὰ, καὶ μερικὰ εὐειδέα.
Θωρῶντας τα θαυμάζεται καθεὶς εἰς τὰς μορφάς τους,
672 μὰ πρέπει καὶ νὰ ἐκπλαγῇ εἰς τὰ καμώματά τους·
νὰ βλέπῃ ζῶα ἄλογα τόσον νὰ ἐγνωρίζουν,
βλέποντας νέον ἄνθρωπον αὐτὰ ξεσπερματίζουν,
οὐχὶ σὰν τὰ καμώματα ποῦ κάμνουν οἱ πιθῆκοι,
αὐτὰ κάμνουν τεράσ1ια, πάρεξ λαλιὰ τὰ λείπει.
Λέγω δὲ καὶ διὰ τὰ πουλιὰ αὐτοῦ ποῦ κατοικοῦνε,
678 καὶ διαφόρως εὔμορφα γλυκὰ ὁποῦ λαλοῦνε· (Fol. 19 r°.)
βέβαια ἀξιάκουσ1ες εἶν' οἱ γλυκὲς φωνές τους,
σχεδὸν Πινδάρου μουσικὴν κρίνει τις τὲς λαλιές τους.
Μάλισ1α δὲ τῶν μερικῶν τὸ χρῶμα καὶ ἡ εὐμορφιά τους
καὶ βλέποντας κι ἀκούοντας τις τὴν γλυκειὰν λαλιάν τους
θέλγεται ἀπὸ τὴν γλυκειὰν αὐτῶν τὴν εὐλαλίαν,
684 καὶ τοὺς ἐκεῖσε κατοίκους ζηλοῖ τὴν εὐζωΐαν.
Μάλισ1α δὲ τὰ μερικὰ τόσ' εὔμορφα λαλοῦνε,
καὶ καθαρὰ, ὡς λογικὰ, πέρσικα ὁμιλοῦνε·
εἰς τόσον τὰ ἀσκήσασι τὰ προλεχθὲν πουλία,
π' ὁμιλεῖς πέρσικα μ' αὐτὰ τὴν κάθε ὁμιλίαν·

685. λαλοῦναι, G. — 686. ὁμιλοῦναι, G. — 688. ὀπ' ὁμιλεῖς, G.

μ' αὐτὰ ἃς μὴν τὰ δοκῇ τινὰς ἐντόπια τῆς Περσίας,
690 ὅτι αὐτὰ τὰ σ]έλνουσι δῶρα ἀπ' τὰς Ἰνδίας,
κι ὡς χρήσιμα καὶ σπάνια τά 'χουν ἀγαπημένα
τετράποδα καὶ ἑρπετὰ, καὶ τά 'χουν φυλαγμένα.
Ὅμως μ' εὐρυχωρότητα πετοῦνε καὶ γυρίζουν,
μὰ δὲν πετοῦνε μακριὰ, ὅτι τὰ ἐμποδίζουν·
ὅτι τὸ περιβόλιον ὅλον ἐσφαλισμένον,
696 μὲ δίκτυ πολυέξοδον τόχουν περιφραγμένον·
τὸ δίκτυ εἶναι προύντζινον μὲ κόπον συνθεμένον,
καὶ ὅλον τὸν περίβολον ἔχει περικλεισμένον·
εἶν' καὶ τὸ ὕψος τ' ἀρκετὸν, δένδρα ἔχει σκεπασμένα,
κέσω πετοῦνε τὰ πουλιὰ ὡσὰν λευθερωμένα.   (Fol. 19 v°.)
Τοῦ περιβόλου τούτου δὲ παύω τὴν ὁμιλίαν,
702 καὶ ὅπου χρὴ ἃς κινήσωμεν πάλιν τὴν ἱστορίαν·
μὲ συντομίαν κάτι τι ἀκόμ' ἃς ἱστορήσω,
καὶ τοῦτα τελειόνοντας διὰ ἀλλοῦ νάρχίσω.
Ἀγκαλὰ ἄνευ σύνταξιν εἶναι τὰ γεγραμμένα,
ἀλλ' εἶδα τα δι' ὀφθαλμῶν καὶ ὄχι ἀκουσμένα·
κήκουσα πάμπολλες φορὲς ἄνδρας τοὺς σοφωτάτους
708 νὰ δίδουνε ἀκρόασιν καὶ τοὺς ἀμαθεσ]άτους.
Τῶν ἀμαθῶν ὡς εἷς κἀγὼ, ὡς εἶδα, διηγοῦμαι,
κι ἂν δόξῃ τινῶν μάταια τὴν συγγνώμην αἰτοῦμαι·
εἰ δὲ νὰ φέρω σιωπὴν ἡ γνώμη δὲν μ' ἀφίνει,
καὶ ὡς φανῇ τοῦ καθενὸς οὕτως καὶ ἃς τὸ κρίνῃ·
ἀρκετὰ μὲ ἐβίασεν νὰ γράψω ἡ ὑποψία
714 κέλειψα ἀπ' τὴν ὑπόθεσιν ὁδόν μου τὴν εὐθεῖαν·
ἀπὸ ποῦ ἀναχώρησα πάλιν ἐπανακάμψω,
καὶ διὰ περιέργειαν ὀλίγα ἔτι νὰ γράψω.
Ὄπισθεν δὲ τοῦ τζαρμπαγιοῦ ὁποῦ προεγραψάμεν,
ςὸ περιβόλι αὐτοῦ κοντὰ ὁποῦ ἱστορήσαμεν,
εἶναι καὶ τὸ βασιλικὸν παλάτιον τοῦ σάχη,

690. ἀπὸ. — 714. ἀπὸ.

720 ἀλλὰ δὲν εἶναι εἴσοδος νὰ μπαίνῃ ὅποιος κι ἂν λάχῃ·
μὲ ὅλον τοῦτο κάτι τι μέρος ἰσ]όρησάμεν,
ὅμως δὲν εἶναι θαυμασμοῦ καθὼς ἐνόησάμεν· (Fol. 20 r°.)
ἂν καὶ δὲν εἶναι θαυμασμοῦ, ἀλλ' ὅμως ἄξιον εἶναι,
ὡσὰν οἶκος βασιλικὸς εὐμορφότατος εἶναι·
μὲ θύρες πολυέξοδες, μὲ διάφορες τέχνες,
726 ἀπὸ κρυσ]άλλια καθαρὰ τὰς βλέπεις σὰν καθρέπ]ες,
μπορεῖ νὰ τὲς εἰπῇ τινὰς κρυσ]άλλινες πῶς εἶναι,
καὶ νὰ νοήσῃ ἐσώτερα τί εὐμορφιὰ θέλ' εἶναι.
Μάλισ]α περιβόλια ἄξια λὲν νὰ ἔχῃ,
σὰν οἶκος δὲ βασιλικὸς κάθ' εὐμορφιᾶς μετέχει.
Τοῦτ' ἔμπροσθεν τοῦ παλατιοῦ τῆς θυρὸς τῆς μεγάλης
732 τόπος εἶναι πλατύτατος γέμων πράγματοις ἄλλοις,
πιάτζα ποῦ λὲν οἱ Ἰταλοὶ, ἡμεῖς ποῦ λέμεν φόρον,
μεγιτάνι αὐτοὶ τὸν κράζουσιν αὐτὸν τὸν τόπον ὅλον·
συχνὰ δὲ πάντα δι' αὐτοῦ αὐλίζεται κι ὁ σάχης,
κι ἀρκετὰ ἂν θὲς νὰ τὸν ἰδῇς ἐκεῖ πρέπει νὰ λάχῃς,
καθὼς πολλάκις ἔτυχα κἀγὼ ἐκεῖ στὸν φόρον,
738 κεῖδα του τὴν παράταξιν καὶ τῶν ἀνθρώπων τ' ὅλων·
βέβαια ἐβγαίνει μ' ἀρκετὸν πλῆθος πολλῶν ἀνθρώπων,
καβαλλαρέων καὶ πεζῶν, κι ἀρχόντων πολλῶν πρώτων·
πολλάκις καὶ ἐλέφαντα ἀκολουθοῦν μαζί του,
μὲ λιθοκόσμητα χρυσὰ ἔχουν τὴν ἔνδυσίν του·
φορέματα χρυσόφαντα φοροῦν κι αὐτοὶ ἀτοί τους,
744 ὁμοίως κοὶ ῥαβδοῦχοι τους κι ὅλη ἡ προπομπή τους. (Fol. 20 v°.)
Θαῦμα πολὺ εἶναι στὰ χρυσὰ τὴν ἔφεσιν ὁπόχουν,
σχεδὸν ἂν ἦτον δυνατὸν χρυσὴν σάρκα νὰ ἔχουν.
Μὰ 's αὐτὲς τὲς παράταξες τινὰς ἂν ἀτενίσῃ,
τὰ γένειά τους νὰ ἰδῇ πρέπει νὰ ἀπορήσῃ·
νὰ ἰδῇ βαφὲς διάφορες ὁποῦ τὰ 'χουν βαμμένα,
750 καθεὶς μὲ ὁποίαν τοῦ ἄρεσε τά 'χει ἀκοσμημένα.

736. θὲν (θὲ, G). — 750. Peut-être faut-il lire εὐκοσμημένα. On sait

Ὅμως εἶν' ἀγχινούσ]ατοι καὶ λεπ]ῆς διανοίας
καὶ ῥητορεύουν εὔμορφα, γέμοντας πονηρίας.
Γνώμην δὲν λέγω τὴν ἐμὴν καθὼς μὲ φανισ]ῆκαν
ἀλλὰ κι ἀπ' ἄλλους τἄκουσα μ' αὐτοὺς ποῦ γνωρισ]ῆκαν·
τὸ πνεῦμα τους δὲ τὸ λεπ]ὸν ἀλλοῦ δὲν τὸ ἐνεργοῦσιν,
756 εἰς τὰς τρυφὰς καὶ ἡδονὰς αὐτοῦ τὸ δαπανοῦσιν·
κι ἀμελήθηκαν αἱ ποτὲ ἀρετὲς καὶ ἀνδρεῖες
τῶν Περσῶν, ὁποῦ βλέπομεν τώρα στὲς ἱσ]ορίες.
Μ' αὐτὰ δὲν εἶν' ἡμέτερα π' ἄρχισα νὰ ξηγοῦμαι,
ἔξω πῶς εἶν' τοῦ δέοντος κἀγὼ δὲν τὸ ἀρνοῦμαι·
μὰ ἔτυχε καὶ ἔκτεινα ἁπλῶς τὴν ἱσ]ορίαν,
762 κἔξω ἀπὸ τὴν τάξιν μου ὥρμησα ὁμιλίαν.
Λοιπὸν ἃς παύσω νὰ ὁμιλῶ αὐτὰ τὰ ἐκ πλαγίως
ὅτι ἦλθεν εἰς τὴν μνήμην μου κι ὁ ἀπόσ]ολος ὁ θεῖος,
ἕκασ]ος ὅπου κλήθηκεν ἐκεῖ ἃς ἀπομείνῃ·
οὕτω αὐτὸς ἀπόσ]ολος προσ]αγὴν μᾶς ἐδίνει. (Fol. 21 r°.)
Καὶ ἄλλον ἐνθυμήθηκα ὁπ' εὔμορφα προσ]άζει,
768 καὶ διὰ τὰς παραδρομὰς εὐγνώμως διατάξει·
φησὶ οὐ περισ]ραφήσεται τάξις ἐπὶ τὴν τάξιν.
Οὕτω διδάσκει καὶ αὐτὸς σὲ κάθε πρᾶγμα π' ἄρξῃ·
ὁ ξυλουργὸς ξυλουργικά, εἰς αὐτὰ προσμενέσθω,
κι ἅμα μηδεὶς χαλκεύοντας δὲν πρέπει τεκτονέσθω.
Κἀγὼ λοιπὸν οὐ φθέγξομαι ἔξω τῆς τάξεώς μου,
774 ὅσα συντείνουν λέξομαι τῆς διηγήσεώς μου·
βέβαια ἡ παραδρομὴ ἂν τὸ οὐδὲν νὰ ἦτον,
μὰ μ' ἔκαμε καὶ ξέχασα ὁ λόγος μου ποῦ ἦτον.
Μ' ἃς ἔλθωμεν στὴν τάξιν μας πάλιν νὰ ἐνθυμηθοῦμεν,
καὶ τάσσω τὰ ἐπίλοιπα συντόμως νὰ τὰ 'ποῦμεν.
Λοιπὸν ἦτον ὁ λόγος μας ὁ εὐθὺς πόλεγάμεν
780 εἰς τὸ μεγιτάνι ποῦ 'παμεν, φόρον ποῦ ξηγησάμεν·

combien souvent les scribes ont confondu la diphtongue ευ avec la lettre α.
— 754. μὲ αὐτοὺς ὁποῦ. — 777. μά.

ποῦ κεῖται, ὡς προείπαμεν, κατέναντι τῆς θύρας,
ὡς εἶπα, τῆς κρυσταλλένης τοῦ σάχη τῆς οἰκίας·
δι' αὐτὸ τὸ μεγιτάνιον βραχὺ ἄς δηλοποιήσω,
καὶ τοῦτα τελειόνοντας ἀλλοῦ νἀναχωρήσω.
Ὡς εἶπα κεῖται ἔμπροσθεν τοῦ σάχη τῆς οἰκίας,
786 καὶ κάμνει μίαν πεδιὰν ἀξίαν θεωρίας·
διάστημα ἔχει ἀρκετὸν ἡ περιφέρειά του,
μεγαλώτατοι πλάτανοι εἶναι τὰ δενδρικά του· (Fol. 21 v°.)
οἱ μερικοὶ εἶν' κατὰ γραμμὴν γύρωθεν φυτευμένοι,
κοὶ ἄλλοι εἶν' καταμεσῆς εὔμορφα συνθεμένοι·
καὶ κάμνουν ἴσκιον ἀρκετὸν αὐτοὶ πολλοὶ πλάτανοι,
792 καὶ πάμπολλ' ἄνθρωποι ἐκεῖ ἔρχονται στὸ μεγιτάνι.
Σχεδὸν αὐτὴ ἡ πεδιὰς θέατρό 'ναι τῆς πόλης,
κι οὐχὶ μόνον τοῦ Σπαχανιοῦ μὰ καὶ Περσίας ὅλης·
ὅτι καθημερούσιον πλήθη πάντα δὲν λείπουν
ἀνθρώπων ἀναρίθμητων αὐτοῦθεν νὰ μὴν τύχουν,
καθένας διὰ χρείαν του, ὡς καιρὸς τοῦ καλέσῃ,
798 ἄλλος περιδιάβασιν κι ἄλλος νὰ ἐμπορεύσῃ·
ὅτ' εἶν' πραγμάτων πάμπολλων σύναξις πουλητάδων,
ὁμοίως καὶ συναθροισμὸς πολλῶν ἀγοραστάδων·
κι ἄλλων πραγμάτων ἐδεκεῖ βλέπεις ἐνεργουμένων,
καὶ πλήθη πολλῶν προβλεπτῶν ἐκεῖ συναθροισμένων·
πολλῶν γελοιωδέστατων πραγμάτων καὶ τεράτων,
804 κι ἀνθρώπων ψευδοποιητῶν καὶ ῥητορικωτάτων.
Εὑρίσκει τις ἐκ' εὔμορφα νὰ περιδιαβάσῃ
ἀλλ' ὅστις εἶναι συνετὸς δὲν πρέπει νὰ θαυμάσῃ.
Κάθονται μὲν οἱ προβλεπταὶ τὰς ὀφρὺς ἐπηρμένας,
κοὶ ἄλλοι ἀσοφώτεροι πολλὰ κατεβασμένας·
οἱ μὲν πάμπολλα ὁμιλοῦν, οἱ δ' ὀλίγα λαλοῦσι,
810 καὶ ἐκ τῶν ἁπλουστέρων τοὺς συχνὰ πολλοὺς πλανοῦσι. (Fol. 22 r°.)
Ἔχοντες τὰ βιβλία τους ἔμπροσθέν τους βαλμένα
μὲ σημεῖα διάφορα ἔσω ἱστορισμένα,
ἀλλοῦ μὲν ὄφεις φοβεροὺς, 's ἄλλα σφαῖρες καὶ κύκλους,

ἀλλοῦ δὲ τετραγωνισμοὺς, σὲ μερικὰ καὶ λύκους,
καὶ κύβους εἰς τὰς χεῖρας τους κρατοῦσι καὶ τοὺς ρίκτουν,
816 καὶ δι' αὐτῶν τοῦ καθενὸς τὰ μέλλοντ' ἀποδείκτουν·
καὶ ὁμιλοῦν τοῦ καθενὸς τί μέλλει νὰ τοῦ γένῃ,
πλανῶντες τὸν πλανώμενον 's αὐτοὺς ὁποῦ πηγαίνει.
Βέβαια πάμπολλες φορὲς παρὼν ἤμουν καὶ εἶδα,
κι ἂς γράψω τί ἀκολούθησεν ἀπ' τὲς πολλὲς σὲ μία.
Ἀγκαλὰ καὶ πολυλογῶ στὰς ματαιολογίας,
822 μ' ἂς χάσῃ τις βραχὺν καιρὸν, χάριν περιεργείας·
ἀγκαλὰ κεῖν' ἀδύνατον ἐγὼ διὰ γραμμάτων
νὰ παρασ]ήσω ἐκεινῶν τὸν τρόπον τῶν σχημάτων,
γλῶσσαν τους τὴν ῥητορικὴν, τὰ σοβαρά τους ἤθη,
δειλιῶ καὶ τοὺς εὔφρονας σχεδὸν νὰ μὴν τοὺς πείθῃ.
Πολλάκις παραβλέπει τις δουλειές του ἀναγκαῖες,
828 κέλκεται νὰ σ]οχάζεται αὐτονῶν τὲς ματαῖες·
οὕτω κἀγὼ συχνάζοντας, ἔτυχε νὰ προλέγῃ
ἑνὸς τοῦ κακορρίζικου τί μέλλει νὰ τοῦ γένῃ·
κι ὡσὰν ἀποτελείωσε τὰ μέλλοντα ποῦ τοῦ 'πε,
ἔβγαλ' αὐτὸς καὶ τοῦ 'δωκε τἀργύριον ὁποῦ 'χε· (Fol. 22 v°.)
ἀλλ' ὁ θεοκατάρατος, τοῦ ψεύδους τὸ ταμεῖον,
834 τὸ ἔλαβε δι' ἄργυρον κι αὐτὸ ἦτον χαλκεῖον.
Τότες αὐτὸς ὁ προβλεπ]ὴς τὰ μέλλοντα ποῦ νοιώθει,
ἐν ταὐτῷ μὲ τοὺς κύβους του ὅλα ὁποῦ τὰ γνώθει,
τοὺς πάντας ἐπυνθάνετο τἀληθὲς νὰ τοῦ 'ποῦσι,
εἰ μὲν καὶ εἶναι κίβδηλον νὰ μὴν τονὲ πλανοῦσι.
Τότες ὁ λόγος ὁ ψευδὴς, ὁ μῦθος τοῦ Αἰσώπου,
840 ἦλθεν εὐθὺς στὴν μνήμην μου, ὄντας μοῦ 'κεῖ ὀμπρός του·
ὦ μάντ' ὁποῦ τἀλλότρια ἐπαγγέλλεσαι γνῶναι,
τὰ ἐδικά σου ἀγνοεῖς, καὶ ψεῦδος εἶσαι μόνε.
Λοιπὸν ἀρκεῖ ἕως αὐτοῦ ὅσα ἐδιηγήθην,
ὅτι βλέπω ἀπ' τὸν ῥυθμὸν πολλὰ ἔξω ξεβλήθην·

820. ἀπὸ. — 822. μὰ. — 823. καὶ. — 844. ἀπὸ.

τόσον δὲ μόνον τὸν καιρὸν ἀκόμ' ἃς ἐμφανίσω
846 αὐτοῦ ὁποῦ ἐπάγησα εἰς μνήμην νὰ ἀφήσω.
Χίλια ἑπτακόσια δέκα καὶ ἕξι ἔτη
ἦτον ἔτος σωτήριον ἐκεῖ ὅταν εὑρέθην·
τὰ δὲ τῆς ἡλικίας μου εἰκοστὸν ἦτον πρῶτον,
ὁποῦ Κλωθὼ μ' ἐγύρισεν ἕως αὐτὸν τὸν τόπον.

Τώρα τὴν ἐπανάκαμψιν πρέπει νὰ ἱστορήσω,
852 μὰ πλέον λέγω σύντομα νὰ μὴν ταυτολογήσω.
Ἀπ' τὸ Σπαχάνι ξέβηκα, εἰσῆλθον στὸ Σιρβάνι,
δι' Ἐρτεβιλιοῦ γύρισα καὶ οὐχὶ ἀπ' τὸ Γκιλάνι· (Fol. 23 r°.)
κι ἀπ' τὸ Σιρβάνι πέρασα θάλασσαν τὴν Κασπίαν,
καὶ διὰ τοῦ Ἀστραχανιοῦ πῆγα στὴν Μοσχοβίαν.

Ἔξεστι δέ μοι καὶ στὸ ἑξῆς γράφοντας νὰ 'μφανίσω
858 ἀκόμ' ὁποῦ περπάτησα συντόμως νὰ 'στορήσω·
ὅτι εἶναι ἐκ τῶν ἐφ' ἡμῖν ὅ τι εἶδέ τις νὰ γράψῃ,
κεῖ τινος δὲν ἀρέσουσι, ποσῶς μὴν τὰ διαβάσῃ.
Πολλὰ συντόμως κάτι τι ἀκόμ' ἔχω νὰ γράψω,
ὡς καθὼς περιπάτησα καὶ τότες θέλει παύσω·
μὲ σύντομον περίληψιν, οὐχὶ νὰ δευτερώσω,
864 τὴν περιήγησίν μ' αὐτὴν ἐντελὲς νὰ πληρώσω.

Πάλιν ἀπὸ τὴν Μοσχοβιὰν στὴν Πετρούπολιν πῆγα,
κἐκεῖ καιρὸν διέτριψα ὅσον ὁποῦ 'χα χρεία·
καὶ ἀπ' ἐκεῖ ἐγύρισα διὰ τῆς Μοσχοβίας,
κἐπέρασ' ἀπ' τὸ Κίοβον, ὁδοῦ μου τῆς εὐθείας·
διῆλθον καὶ Μολδοβίαν, ἔφθασα στὴν πατρίδαν,
870 εἰς τὴν Κωνσταντινούπολιν τῶν πόλεων κυρίαν.
Τόση μοι περιήγησις, κι ὅσα ἔγραψα τὰ εἶδα·
ἀγκαλὰ εἰς τὴν Μοσχοβιὰν πάλιν ἐμεταπῆγα,
καὶ νῦν γυρίζοντας λοιπὸν στὴν Κωνσταντίνου πόλιν,
ἔγειναν ἀπὸ τὴν ἀρχὴν σωστοὶ δώδεκα χρόνοι·

---

845 à 850 manquent dans G. — 853. ἀπὸ. — 855. ἀπὸ. — 857. εἰς. — 868. καὶ ἐπέρασα ἀπὸ.

's αὐτὸν τὸν δωδεκάετον τὸν ροῦν ὁποῦ ἐφέρθην,
876 τὴν τύχην πότε μὲν λαμπρὰν, πότε ζοφώδ' ἐδέχθην. (Fol. 23 v°.)
Τίς οἶδε καὶ εἰς τὸ ἑξῆς τὴν ἄσ]ατον τὴν τύχην,
ὁποῦ τὲς πάμπολλες φορὲς ὡσὰν λέοντας βρύχει,
κι ἀεὶ αὐτὴ μεταποιεῖ 's ὅσα δοκεῖ καθένας,
's ἕνα σχῆμα δὲν συγχωρεῖ νὰ σ]έκεται κανένας,
καὶ διαπαίζει πάντοτε τοὺς ἀνθρώπους ὡς θέλει,
882 τί ξεύρω καὶ μὲ στὸ ἑξῆς ποῦ θέλει νὰ μὲ φέρῃ;
Ἀλλ' ἐγὼ σὺν τῷ τέλει νῦν μὲ τὸν Δαβὶδ ἃς κράξω,
καὶ κάτω στὴν ἀκροσ]ιχὴν τὀνομά μου νὰ γράψω·
τὸ πνεῦμα σου τὸ ἀγαθὸν, Θεὲ, νὰ μ' ὁδηγήσῃ
ἐν γῇ εὐθείᾳ στὸ ἑξῆς, ὅπου θέλει ὁρίσῃ.

Βλέψον, ἠρξάμην γὰρ ἰδοῦ, ὡς δύναμαι, χαράτ]ειν,
888 ὡς ἔφην ἐν ἀκροσ]ιχῇ τὸ ὄνομά μου γράφειν·
Ἀδὰμ καὶ Εὔαν πρώτισ]α ὁ Θεὸς διορίζει
ἐν λύπαις, μόχθοις, ἱδρῶτας, εἰς γῆν βιοῦν ὁρίζει.
Σαφῶς ἔφη καὶ ὁ σοφὸς τὰ πάντα ματαιότης·
μόχθος, λέγει, ὑφ' ἥλιον εἶν' μερόπων τερπνότης.
Ἰδοὺ καὶ ὁ Δαβὶδ φησι· ταρατ]όμεθα μάτην
894 ἐν τῇ κοιλάδι τοῦ κλαθμοῦ εἰς τὴν ζωήν μας ταύτην.
Λέξομαι κἐκ τῶν τοῦ σοφοῦ Ἀρισ]οτέλους λόγων.
πλάστιγξ φθόνου καὶ συμφορῶν ἄνθρωπός ἐσ]ι, λέγων.
Ἐμφρόνως καὶ ὁ Δίων φῂ ὁ καὶ χρυσοῦς τὸν σ]όμον, (Fol. 24 r°.)
μίαν εἱρκτὴν τυραννικὴν περιγράφει τὸν κόσμον.
Ἰδοῦ φησι καὶ Παλλαδᾶς πλοῦν σφαλερὸν τὸ ζῆν μας,
900 καὶ χειμαζόμεθ' ἐν αὐτῷ, κι οὕτω τρέχει ἡ ζωή μας.
Ὁμοίως πάλιν ὁ αὐτὸς λέγει· ὥσπερ στὰ πελάγη
πάντ' ἀμφίβολα πλέομεν, κὴ τύχη μᾶς γελάει.
Συμφώνως σὺν αὐτοῖς αὐτὰ καὶ Ἰσοκράτης φάσκει,
οὐδὲν νὰ εἶναι βέβαια τὰ ἀνθρώπινα γράφει.
Βαβαὶ, μόνον γῆ καὶ σκιὰ, ὁ Εὐριπίδης λέγων,
906 τὸν ἄνθρωπον λέγει μηδὲν, ἀλλ' οὐδεὶς οὐδὲν βλέπων.

Ἀξίως καὶ Ἐπίκτητος τὸν βίον ἱστορίζει
ταραχώδη, τυραννικὸν, ποταμὸν εἰκονίζει.
Τόσος ὁ βίος μας, φησὶ καὶ Μάρκος Ἀντωνίνου,
τοῦ ὧδε χρόνου τὸ ἐνεστὸς στιγμή ἐστιν ἐκείνου.
Αἰσχύλος λέγει· τῶν βροτῶν σπέρμ' ἐφήμερ' φρονάει
912   τρισάθλιον, ταλαίπωρον, σκιὰ καπνοῦ ἀποκτάει.
Ταῦτα δὴ θνήσκοντας νοῶν καὶ Ὀκτάβιος εἶπε
τοὺς φίλους τ' ὅλους νὰ γελοῦν κοῦτος τοῦ βίου ἀπῆλθε.
Ζωὴν τὴν ὧδ' ὁ Μένανδρος τοιαύτη εἶναι ἔφη
ἧς ἐν τῷ μεταξὺ καθεὶς κενὰς ἐλπίδας θρέφει.
Ἦρχε κι ὁ Κροῖσος θησαυροὺς, Σόλων δ' εἰδὼς ῥωτήθη·
918   βλέπειν δεῖ τέλος καὶ ὁρᾶν τοῦ βίου, ἀπεκρίθη.
Σὺν Παύλῳ ᾧ ἦρξα τελειῶ, ὃ κἔφην νὰ μνησθοῦμεν,
ὧδε οὐκ ἔχομεν οὐδὲν, τὰ μέλλοντ' ἃς ζητοῦμεν.

Μέρος δεύτερον.

Ἄρξομαι δ' αὖθις ἄρξομαι, εἴπω καὶ οὐκ ὀκνήσω,
κι ὁ κύκλος αὖ ὡς μ' ἔρριψε ἔτι καθιστορήσω,
ἂν καὶ βραχύ τι ἱλαρῶς ἰδέαις ἡσυχίας
μὲ ἔδειξε φερόμενος τρόπον τιν' εὐσπλαγχνίας·
ἀλλὰ πάλιν δινόμενος ἐξ αὐτοῦ αὖ ἐρρίφθην,
6   κι ἄλλων γαιῶν τε καὶ ἐθνῶν περιγητὴς ἐδείχθην·
περὶ ὧν ἤδη βούλομαι ἄρξασθαι ἱστορῆσαι
τὸ δ' ἀκαλλὲς τῶν λέξεων φοβεῖ με τοῦ ἀρχίσαι,
ἐπεὶ τοῦτο ἐπίσταμαι, κἂν ἄλλο οὐ γινώσκω,
ἄφων ἂν ἐπαγγέλλομαι μουσικὴν νἀποδώσω.

2. Ce que nous écrivons κι est, dans la seconde partie du manuscrit de Londres, constamment écrit κ' avec un ι souscrit. — 10. Il faut peut-être lire ἀφωνῶν.

Ὅμως πρὸς τοὺς νοῦν ἔχοντας οἶδα ἀναμφιλέκτως
12 ὡς καὶ στοῦ κόρακος τὸ κρά, φέρονται εὐπροσδέκτως.
Ἐπειδὴ χρόνον οὐ πολὺν βιώσας στὴν πατρίδαν,
πλοῦν δεύτερον ἠθέλησα πλεῦσαι στὴν ξενιτείαν,
ταξιδεύσας μὲν δὶς καὶ τρὶς ἕως εἰς Μοσχοβίαν,
ἐπανακάμπ͵ων δ᾽ αὖθις δὲ εἰς τὴν ἐμὴν πατρίδαν·
ἀλλ᾽ ὕσ͵ερον ἠθέλησεν ἡ τύχη νὰ μὲ δείξῃ,
18 μακρά που γαίας βαρβάρας νὰ μὲ περιηγήσῃ,
κι ἔθνη πάλαι τᾳδόμενα, οἱ πάλαι ὁποῦ κράζουν   (Fol. 25 v°.)
Μασσαγέτας καὶ Τόχαρους καὶ Σάκας π᾽ ὀνομάζουν·
κι ἔτι καὶ ἄλλα ἔθνεα, Φρούρους τε κι Ἰαξάρτας,
περὶ ὧν ἐν ᾧ τόπῳ δεῖ εἴπω περὶ τοὺς πάντας·
κι Ἀραλικήν τε θάλατ͵αν περὶ ἧς ἔπειτ᾽ εἴπω,
24 ἣν δὲ αὐτὴν εἰς τὴν Λονδὼν τὴν ἔβαλα κεὶς τύπο·
ποταμοὺς τοὺς περιφήμους, Ὦξον καὶ Ἰαξάρτην,
ὁποῦ ῥέουν ἀμφότεροι εἰς τὴν θάλατ͵αν ταύτην,
καὶ γαίας τὰς εἰς τὰς ἐκεῖ ἃς θέλει ἱσ͵ορήσω,
ὧν τὰ πάλαι ὀνόματα νῦν νὰ τὰ σαφηνίσω.
Αἱ γαῖαι αὗται λέγω δὲ παρὰ Διονυσίῳ,
30 τῷ Περιηγητῇ φημι, τῷ ποιητῇ ἐκείνῳ,
ἡ μὲν ἡ Σουγδιάδα εἶν᾽, ἡ δὲ ἡ Χωρασμία,
τὸν Ὦξον μέσον ἔχοντας τούτων ἡ κάθε μία.
Μετὰ δὲ τούτων κἔπειτα πολλὰ καὶ τῆς Εὐρώπης
μέρη τε καὶ βασίλεια γενήσαμε αὐτόπτης.
Ἅπαντα οὖν κατὰ σειρὰν συντόμως ἱσ͵ορήσω,
36 κἐκ τῆς πατρίδος δ᾽ αὖθις δὲ τὸν δρόμον νὰ ἀρχίσω.
Ἐν ἔτει σωτηρίῳ τε τῷ χιλιοσ͵ῷ λέγω
κἐπ͵ακοσιοσ͵ῷ ὁμοῦ εἰκοσ͵ῷ τῷ ἑβδόμῳ,
ἐξῆλθον ἐκ Κωνσ͵αντίνου, ἦλθον εἰς Μοσχοβίαν,
κἐκ Μοσχοβίας ἄρχισα μακρὰν ὁδοιπορίαν·
ςὸ Ἀσ͵ραχάνι πάγησα, καὶ ἀπ᾽ αὐτὸ ἐβγῆκα   (Fol. 26 r°.)
42 εἰς τὸ πεδίον τἀχανὲς διὰ τὴν Βουχαρία.
Πῶς δ᾽ ὅμως νὰ διηγηθῶ ἢ πῶς νὰ ἱσ͵ορήσω,

17

τοῦτο σχεδὸν τὸ ἀχανὲς πεδίον νὰ ξηγήσω;
Πεδίον εἶν' ὠκεανοῦ πέλαγος εἰκονίζον,
μακρά που ἐφαπλούμενον, τὰ δ' ἄκρα συνορίζον
ἀπὸ τὴν δύσιν ἔχοντας σύνορα τ' Ἀστραχάνι,
48 ὁμοῦ μετ' Ἀστραχάνι δὲ καὶ Βόλγας τὸ ποτάμι·
τὰ δὲ πρὸς τὴν ἀνατολὴν, ὠκεανοῦ καὶ μέχρι
ἰνδικοῦ τοῦ ἐκεῖσε τε τὰ τελευταῖα ἔχει·
καὶ τὰ πρὸς νότον τούτου δὲ Κασπιάν τε Περσίαν,
καὶ τούτων δὲ τοῦ παρεμπρὸς καὶ ἕως στὴν Ἰνδίαν·
πρὸς ἄρκτον δ' ἔχει σύνορα ὅλην τὴν Σιβηρίαν,
54 καὶ ταύτης τοῦ παρέμπροσθεν Κίνας τὴν βασιλείαν.
Γένη δὲ ποῖα καὶ φυλαί, καὶ ἔθνη καὶ θρησκεῖαι,
καὶ ἐρημίαι μέγισται τῶν νομάδων χορεῖαι,
καὶ θάλατταν καὶ ποταμούς, καὶ τῶν πάλαι αἱ χῶραι,
τῶν βασιλέων τῶν Σκυθῶν κι ὅσαι μέχρι νῦν πόλαι,
καὶ ἐν ἑνὶ λόγῳ μ' εἰπεῖν τὰ πάντα ἅπερ ἔχει,
60 τοῦτ' αὐτὸ τὸ πεδίον τε φράσω τὰ ἃ κατέχει·
καὶ ὀνομάσω ταῦτα δὲ ὥσπερ τανῦν καλοῦνται,
ἐπεὶ τὰ πάλαι 'νόματα νῦν ὅλως ἀγνοοῦνται.

Ἀρχὴν ποιῶ δ' ἐκ δύσεως, ἤτοι ἀπ' τ' Ἀστραχάνι (Fol. 26 v°.)
κι ἀπὸ τὴν Βόλγαν ποταμὸν, τὸ μέγιστον ποτάμι.
Οὐ μακρὰ δὲ καὶ οὐ πολὺ ἐκ τοῦ Ἀστραχανίου,
66 κι οὐ μακρὰ καὶ τῆς Βόλγας τε, τοῦ ῥηθὲν ποταμίου,
ἔθνος ποῖον νομαδικὸν καλούμενον Καλμοῦκοι,
ἴσως οἱ Μασσαγέται εἶν' αὐτοὶ ἀσφαλῶς οὗτοι,
πολύ τε κι ἀπειράνθρωπον πολεμιστῶν τῷ πλήθει·
ἵππους καὶ κτήνη ἄπειρα ἐξ ὅλου τοῦτο βρίθει·
Νέμεται μὲν κατὰ καιρὸν πλησίον εἰς τὴν Βόλγα
72 καὶ ἄλλοτε δ' ἀπέρχεται μακρὰ πρὸς τὰ ἑῷα·
καὶ ἄρχεται ὑπ' ἀρχηγοῦ ἐκ φύλου τοῦ ἰδίου,
γένους κατὰ διαδοχὴν τοῦ Ἀϊουκᾶ ἐκείνου,
καὶ λόγῳ ὑποτάσσεται, ἀλλ' οὐ πράγματι ὅλως,
εἰς σκῆπτρον τὸ ῥωσσαϊκὸν, ὡς ᾄδεται ὁ λόγος.

Θρησκείαν δὲ θρησκεύεται τὴν εἰδωλολατρείαν,
78 Φέροντας εἴδωλα πολλὰ ἐκεῖ στὴν ἐρημίαν,
ἔχοντας καὶ κατ' ἐξοχὴν ὑπουργοὺς τῆς θρησκείας,
μαντζῆδες οὓς καλέουσιν τῆς εἰδωλολατρείας·
τὰ δ' αὐτῶν τῆς ζωοτροφῆς ξένα πάντως τῶν πάντων,
καὶ γὰρ τὸ γαλακτοτροφεῖν εἰ κοινὸν τῶν νομάδων,
ὁμοίως καὶ κτηνοβρωτεῖν καὶ τρέφεσθαι ἐκ θήρας·
84 ἀλλὰ τὸ φῦλον τοῦτο δὲ ταύτης τῆς βιοτείας,
πρὸς ταῦτ' δ' οὐδὲν ἀκάθαρτον οἶδ', οὐδὲ θνησιμαῖον (Fol. 27 r°)
οὐδὲ ὀψὸν δ' οὐδὲ ὁπλὸν, ταυτὸ μὴ χρησιμεῦον,
γάλα καὶ αἷμα ἴσα τε, ἕωλόν τε καὶ ὄζον,
ἀδιαφόρως κέχρηται καὶ πᾶν καὶ παντὶ ζώῳ.

Μακρὰ δ' ἐκ τούτου κἔμπροσθεν νέμεται κι ἄλλο ἔθνος
90 εἰς πάντα ἀπαράλλακτον κι αὐτὸ τἄνω ῥηθέντος·
κι αὐτὸ ὡς ὑποτάσσεται τοῖς Ρώσσοις λόγον ἔχει,
ἀλλ' αὐτεξούσιον κι αὐτὸ κι οὐδένα χρείαν ἔχει.
Πῶς δ' ἄρ' ὑποταχθήσονται τὰ τοῖα λέγω ἔθνη,
ἄτ]α ἐκεῖσε φέρονται ὡς ἐν οὐρανῷ νέφη;
κι εἴπω καὶ πῶς δυνήσεται ὅςτις κἂν ὑποτάξῃ
96 τοὺς ἐν ὠκεανῷ ἰχθῦς, ὅταν στὰ βάθη πᾶσι;
Περὶ ὧν πλατυτέρως τι τοὔμπροσθεν ἱστορήσω,
τὰ τούτων ὅση μοι ἰσχὺς, καὶ νὰ τὰ σαφηνίσω.
Τανῦν δ' ὥσπερ καὶ ἕπεται καὶ γὰρ χρὴ ὡς δοκεῖ μοι,
τὰ τούτων ὅσ' ἐκ δεξιῶν κι ἀριστερῶν εἰπεῖν μοι.
Τούτων οὖν τῶν ἐθνῶν μακρὰ τὰ πρὸς βορρᾶν καὶ νότον,
102 κι ἄλλα τε ἔθνη καὶ φυλαὶ νέμονται κατὰ τόπον.

Πρὸς μὲν βορρᾶν τὸ ἔθνος εἶν' ὃ λέγεται Μπασκίρων,
δόξης μὲν μωαμεθικῆς, καὶ σκυθικὸν εἶν' φῦλον,
οὗ μέρος μὲν νομαδικὸν, μέρος κοικούμενόν τε,
καὶ ὡς ὃν ςἄκρα τῆς Ρωσσίας εἶν' καὶ ὑπήκοόν τε.

Πρὸς δὲ τὸν νότον εἰ καὶ ἓν φῦλον νέμεται μόνον, (Fol. 27 v°.)
108 ἀλλ' εἰς φυλαρχίας πολλὰς εἶναι διῃρημένον·
τοῦτ' αὐτὸ τῶν Τουρκμένηδων, Τουρκμένους ὁποῦ κράζουν,

οἵτινες τὴν μωάμεθον δόξαν πάντες δοξάζουν·
αὐτοὶ, κατὰ τοὺς παλαιοὺς τοὺς ἱστορικοὺς λέγω,
οἱ Οὖννοι εἶναι βέβαια, καθὼς κἀγὼ τὸ θέλω·
φῦλον πάνυ πολεμικὸν, τῇ ἱππικῇ δεινόν τε,
114 ἐν δίψῃ, πείνῃ, καύσονι πολλὰ καρτερικόν τε.
Ἐν οἷς δὲ τόποις νέμεται εἴπω καθαρωτέρως,
ὅπως ὁ ἀναγνώστης μου γνώσῃ εὐληπτοτέρως.
Ἐκ θαλάτης τῆς Κασπίας καὶ δι' ἄκρων Περσίας,
καὶ ταύτης τοῦ παρέμπροσθεν κι οὐ μακρὰ τῆς Ἰνδίας
ἄμμος μέγας ἐκτείνεται, κατὰ τόπους, οὗ εὖρος
120 ἀλλοῦ μὲν μηνιαῖον εἶν', ἀλλοῦ δ' ὀλιγωτέρως·
τὰ δ' αὐτοῦ ἐν ἀριστεροῖς, λέγω τὰ πρὸς βορέαν
τὸ πεδίον ὃ ἱστορῶ εἶν' κεῖν' αὐτὸ τὸ μέγα,
κι ἀκολούθως κατὰ σειρὰν καὶ Χίβας βασιλεία,
καὶ ἀνωτέρω ἐξ αὐτῆς εἶν' καὶ ἡ Βουχαρία.
Ταῦτα δ' οὖν τὰ ἐν δεξιοῖς κι ἀριστεροῖς τῆς ἄμμου,
126 εἴπω δὲ καὶ τὰ καθεξῆς περὶ τῆς αὐτῆς ψάμμου·
ἐν τούτῃ οὖν τῇ ἄμμῳ δ' οὖν εἶναι διεσπαρμένον
τὸ φῦλον τῶν Τουρκμένηδων, καὶ εἶναι μερισμένον
εἰς φυλαρχίας μὲν πολλὰς κατὰ φυλὰς καὶ γένη,   (Fol. 28 r°.)
κεἰς μέρη ἃ ἁρμόδια εἶναι κατοικημένοι·
ὧν ὁ βίος οὐκ ἄλλος εἶν' εἰ μὴ ἐκ τῆς ληστείας,
132 καὶ ἐκ τῆς ἁρπαγῆς ὁμοῦ, ποτέ τε κἐκ τῆς θήρας.
Πότε μὲν τὰ ἐκ δεξιῶν τὰ ἄκρα τῆς Περσίδος
ληΐζοντας ἀναφανδὸν, πότε δὲ καὶ κρυφίως·
ὡσαύτως κἐξ ἀριστερῶν τὰ ἄκρα καὶ τῆς Χίβας,
ὁμοίως τε ληΐζονται καὶ τὰ τῆς Βουχαρίας·
ἐξ ὧν πολλοὺς ὁ σὰχ Ναδὶρ μ' ἰδίαν πληρωμήν του
138 εἰς δούλευσίν του ἔλαβε κεἰς χρῆσιν ἐδικήν του.
Ἀρκεῖ ὅμως ἕως αὐτοῦ τὰ περὶ τῶν Τουρκμένων,
κἐπανακάμψω δ' αὖθις δὲ εἰπεῖν τῶν ἐπομένων
περὶ τῶν ἄλλων τε ἐθνῶν τῶν ὄντων δὲ ἐν τούτῳ
πεδίῳ ᾧ ὠκεανῷ εἴπω τῷ παρομοίῳ.

Μετὰ δὲ ἃ προείρηκα τὰ ἔθνη τῶν Καλμούκων,
144 μακρά που δὲ ἐξ ἑαυτῶν κατ' ἀνατολὰς τούτων,
ἔθνος κι ἄλλο νομαδικὸν πολυάνθρωπον λίαν,
πολεμικὸν κι ἁρπακτικὸν, μεσ]ὸν ὅλον λησ]είαν,
γένος μὲν πάντως σκυθικὸν ᾧ τοῦτ' ὀνομασία,
τὸ τῶν Καρακαλπάκηδων ἔχει ἐπωνυμία.
Θρησκείαν δ' οἶδεν ἀμυδρῶς, καὶ οὐδὲν ἄλλο τούτης
150 εἰ μὴ ὡς ὁ Μωάμεθ εἶν' ἐκεῖνος ὁ προφήτης·
κὲκ γένους τοῦ ἰδίου τε τὸ πλῆθος ὃν ἐκλέξῃ (Fol. 28 v°.)
οὐχὶ ὅμως ἐκ τῶν ἁπλῶν, ἀλλ' οὓς μιρζᾶδες λέσι,
ἐκ τούτων ὅσ]ις ἐκλεχθῇ τοῦτος κἠγεμονεύει,
κεὶς ὅλους τούτους αὐτουνοὺς σχεδὸν καὶ βασιλεύει.
Κὲκ τούτου δὲ παρέμπροσθεν κοὐχ οὕτω μακρὰ τούτου,
156 κι ἄλλο τε ἔθνος νέμεται ἀπαράλλακτον τούτου,
τὰ ἔθους ἔχον ὅμοια καὶ γλώτ]ης καὶ θρησκείας,
ὁμοίως καὶ τῆς ἐκλογῆς καὶ τῆς ἡγεμονίας·
ὃ γένος ὀνομάζεται γένος τὸ τῶν Κασάτζκων
καὶ πάντ' ἔχει ὁμόνοιαν μὲ τῶν Καρακαλπάκων.
Τὰ δύο ἔθνη ταῦτα δὲ ἁπλῶς πολλοὶ τὰ κράζουν·
162 τῶν Κιργίζων μ' ἓν ὄνομα κοινῶς τὰ ὀνομάζουν.
Πάντως τὰ ἔθνη δὲ αὐτὰ πρέπει τις παρεικάσαι
Ἰαξάρτων καὶ Τόχαρων καὶ Σάκων ὀνομάσαι·
καὶ γὰρ οὐ περιφέρονται μακρὰ ἐκ τῆς θαλάτ]ης
ἐκείνης τῆς Ἀραλικῆς, ἔνθα κι ὁ Ἰαξάρτης·
Εἴπω καὶ τὰ ἐν δεξιοῖς τὰ πρὸς τὸν νότον τούτων
168 τὰ Σκυθῶν ἃ νῦν σώζονται ἐν τῷ πεδίῳ τούτῳ.
Τὰ ἔθνη ταῦτ' ἐν δεξιοῖς τὴν θάλατ]αν μὲν ἔχουν
λέγω δὲ τὴν Ἀραλικὴν, ἣν πολλοὶ οὐ κατέχουν·
καὶ ταύτης δὲ τοῦ ἄντικρυς τοῦ νοτείου τοῦ μέρους
ἔθνος δὲ ποῖον νέμεται Ἀραλικοῦ τε γένους·
ὃ τοῦτο δὲ τὸ ὄνομα ἔχει ἐκ τῆς θαλάτ]ης, (Fol. 29 r°.)
174 ἢ ἐξ αὐτοῦ ἡ θάλατ]α κλήσεως ἔχει ταύτης·
ἐπεὶ αὐτὸ οὐ φέρεται μακρὰ πολὺ ἐκ ταύτης

ἀλλ' ἀεὶ ἐν ἑνὶ τόπῳ εἶν' κι ἀεὶ πλησίον ταύτης·
ἔχοντας καὶ κατ' ἐξοχὴν χωρίδιον ἐκεῖσε,
ἐν ᾧ ὁ ἡγεμὼν αὐτοῦ ἔχει τοῦ κατοικῆσαι.
Θρησκείαν τὴν μωάμεθον κι αὐτό τε οὖν θρησκεύει,
180 καὶ μιρζᾶς ὅσ]ις ἐξ αὐτοῦ 's αὐτὸ ἡγεμονεύει.
Τοῦ γένους τούτου ἴσως δὲ οἱ πάλαι Φροῦροι εἶναι,
ὃ τοῦτ' ὁ Περιηγητὴς παρακινεῖ εἰπεῖν με.
Τοῦτο δ' αὐτὸ ἐν δεξιοῖς καὶ τὸν ποταμὸν ἔχει
τὸν Ὦξον, ποῦ στὴν θάλατ]αν εἰς αὐτὴν μέσα τρέχει.
Τοῦ δ' Ὦξου δὲ τὸ ἄντικρυς, καὶ οὐχὶ μακρὰ τούτου,
186 Σκυθῶν εἶναι βασίλειον, μέρος τοῦ Οὐζμπεκίου,
κυρίως ὀνομάζεται αὐθεντία τῆς Χίβας,
αὐτοὶ ὅμως, ὡς θέλουσι, λέσι τῆς βασιλείας·
καὶ γὰρ τὸν ἡγεμόν' αὐτῶν καὶ χάνην τὸν καλοῦσι,
καὶ πατισὰχ δὲ βασιλεῖ οἱ πάντες τὸν αἰνοῦσι.
Αὐτοὶ δ' οἱ πάντες ἐν ἑνὶ λόγῳ λέγω λατρεύουν
192 θρησκείαν τὴν μωάμεθον καὶ πάντως τὴν δουλεύουν·
λίαν ζηλωταὶ ταύτης εἶν' ἐς τόσον ὁποῦ θέλουν
τὸ Ἀλκουρὰν ἐξ οὐρανοῦ 's αὐτοὺς πεσῆναι λέγουν.
Κάσ]ρη καὶ χώρας ἔχουσι κἐμπορίαν τελοῦσι,   (Fol. 29 v°.)
καὶ χρείας καλεσάσης δὲ κἰκανῶς πολεμοῦσι.
Καὶ νόμισμα δὲ ἴδιον ὁ χάνης λέγω τούτων
198 χαράτ]ει ὥσπερ βασιλεὺς 's αὐτὸν τὸν τόπον τοῦτον.
Τὰ τούτων κι ἄλλων ὕσ]ερον εἴπω καὶ περαιτέρω,
νῦν δὲ εἰς τὸν πάλαι ῥυθμὸν τὸν λόγον περανέω,
ἐκ δὲ τῆς Χίβας τοὔμπροσθεν πρὸς ἀνατολὰς λέγω
's ἄλλο Σκυθῶν βασίλειον τὸν λόγον ἐπιφέρω.
Ἡμερῶν ἐπ]ακαίδεκα ὁδοῦ ἀπὸ τῆς Χίβας
204 ἡ βασιλεί' ἀφίσ]αται λέγω τῆς Βουχαρίας,
ἀπαραλλάκτως ἔχουσα εἰς πάντ' ὥσπερ τῆς Χίβας
καὶ γλώτ]ης καὶ ἐθῶν ὁμοῦ ὡσαύτως καὶ θρησκείας·
ἀλλ' ἐς τὸ πολυάνθρωπον καὶ εἰς τὰς πολλὰς πόλεις
καὶ εἰς τὸν πλοῦτον κι ἀρχοντιὰν ὑπερέχει ἐν ὅλοις.

Καὶ γὰρ αὐτὴ ἐκ τοὔπαλιν καθέδρα εἶν' τῶν Σκύθων
210 καὶ νῦν εἰς τοὺς Οὐζμπένηδες ἔχει τὸν πρῶτον τίτλον·
's αὐτὴν γὰρ εἶν' ὁ θρόνος εἶν' τοῦ ἰδίου τοῦ χάνη
καὶ βασιλεὺς κηρύτ]εται 's ὅλο τ' Οὐζμπεγισ]άνι,
κἴδιον νόμισμα χρυσοῦν πολὺ αὐτὸς χαράτ]ει·
ἐπεί ποτ' ἐξουσίαζε κι αὐτό τε τὸ Κασκάρι,
εἰς ὃ πλούσιον μέταλλον μεταλλεύουν χρυσίου,
216 κέπ' ἐξουσίας τὸ ποτὲ ἦτον τοῦ Βουχαρίου.
Ἐκ τῆς Βουχαρίας δ' αὐτῆς τὸ ποτὲ ἀνεφύη   (Fol. 30 r°.)
ὁ Τζιγκὴς χάνης ἀκουσ]ὸς, καὶ θαυμασ]ὸς ἐγίνη.
Καὶ γὰρ ὑπέταξε πολλὰ μέρη τὰ πρὸς τὴν ἄρκτον,
καὶ μέχρι Βόλγας τἄνωθεν ὁμοῦ τε καὶ τὰ κάτω.
Μετὰ δ' αὐτοῦ ἐφάνη δὲ κεῖνος ὁ Ταμερλάνης,
222 ὁ πολὺ τούτου μέγισ]ος κεὶς τοὺς χάνηδες χάνης,
τῇ Σκυθῶν γλώτ]ῃ Μιγτεμὶρ, Ἀξάκ τε Κουρεένης,
οὕτω μὲν ὀνομάζεται μετὰ πολλοῖς ἐπαίνοις·
ὃν καὶ πολλοὶ ἱσ]ορικοὶ τῶν καὶ ἐκ τῆς Εὐρώπης
τὸν Ταμερλάνην ἱσ]οροῦν μετ' οὐ μικρᾶς τῆς δόξης.
Αὐτὸς καὶ τὸν ῥηθέντα δὲ, τὸν Τζιγκὴ λέγω χάνη,
228 κατὰ κράτος διέφθειρεν ὑπερισχύσας πάνυ·
αὐτὸς δὲ ἐπολέμησε καὶ Περσῶν βασιλείαν,
καὶ κατὰ τῶν Ὀθωμανῶν πολλὴν ἔδειξ' ἀνδρείαν·
αὐτὸς πέμπ]ον μωάμεθον Ὀθμανῶν βασιλέαν,
ὃν Γιλδιρὶμ ὠνόμαζον, ἔφθειρεν αὐθημέραν
σὺν ὅλῳ τῷ αὐτοῦ σ]ρατῷ καὶ αὐτόν τε ζωγρήσας,
234 νίκην τοιαύτην μέγισ]ην ὁ Ταμερλὰν ποιήσας·
οὗ ἡ πατρὶς οὐχὶ μακρὰ εἶν' ἐκ τῆς Βουχαρίας,
ἡ πόλις π' ὀνομάζεται καὶ νῦν Σαμαρκανδίας.
Τὰς τῶν πολυθρυλλήτων δὲ τούτων τὰς πράξεις παύσω
κἐκ τὸ τοῦ λόγου κείμενον τὸν λόγον αὖθις ἄρξω.
Ἐξόχως δὲ Βουχαρίου εἶν' κι ἄλλες ἐπαρχίες,   (Fol. 30 v°.)

221. ταμερλάντης. — 226. ταμερλάντης.

240 αἵτινες ἦσαν τὸ ποτὲ καθ' αὐταὶ αὐθεντίες·
πρὸς μὲν τἄρκτωα Βουχαριοῦ εἶν' οὖν τὸ Τουρκισ]άνι,
κεἰς τὰ ἑῷα τούτου δὲ μακρά που τὸ Κασκάρι·
καὶ τὰ πρὸς νότον τὸ Μπἀλχ εἶν' ὁμοῦ καὶ Μπεδεξάνι,
ἃ πάντα νῦν ἔχουν κοινὸν ὄνομ' Οὐζμπεγισ]άνι,
(ἐν τῷ Μπεδεξάνι δ' αὐτῷ εὑρίσκονται κοὶ λίθοι
246 οἱ τίμιοι καὶ ἀκριβεῖς μπαλάσια τῇ κλήσει).
Ταῦτα δὲ οὕτως ἔχοντα, ἀλλ' ὅμως σαφηνίσω
ἔτι τι περὶ τῶν γαιῶν αὐτῶν νὰ ἐξηγήσω.
Ἴσθι οὖν, ἀναγνῶσ]ά μου, ὡς Χίβα καὶ Βουχάρι
καὶ τούτων πρὸς ἀρισ]ερὰ λέγω τὸ Τουρκισ]άνι,
ὅλα αὐτὰ εἶν' εἰς αὐτὸ τὸ ἀχανὲς πεδίον
252 περὶ οὗ εἶν' ὁ λόγος μου καὶ τὸ τοῦ λόγου πλοῖον·
᾿ς αὐτὸ σχεδὸν τὸ ἀχανὲς πεδίον αὖθις τρέψω
καὶ τῆς πολυλογίας δὲ ἐς δύναμιν ἐκφεύξω.

Μετὰ τῶν προρρηθέντων δὲ νομάδων τῶν Κασάτζκων
μακρά που δὲ ἐξ ἑαυτῶν οὐχὶ ὅμως πρὸς ἄρκτον,
ἀλλ' ὥσπερ ἐπεκτείνεται πρὸς τὰ ἑῷα τούτων
258 κι ἄλλο ἔθνος νομαδικὸν εἶν' σ]ὸ πεδίον τοῦτο,
εἰς πάντα ἀπαράλλακτον τῶν προρρηθὲν Καλμούκων,
εἰς οὐδὲν διαφέροντας ᾿ς ὅσα κείνων καὶ τούτων·
τὸ ὄνομα δὲ τῶν αὐτῶν Κονδόσηδες τοὺς κράζουν   (Fol. 31 r°.)
καὶ εἰς ὄψιν καὶ πρόσωπον Καλμοῦκοι ὁμοιάζουν.
Ἀλλ' ὁ ἄρχων ὅμως αὐτῶν ἄρχει καὶ αὐθεντεύει
264 καὶ μ' ἕναν λόγον νὰ εἰπῶ εἰς αὐτοὺς βασιλεύει·
ὀξέας δίδει προσ]αγάς, εὐθὺς πᾶσαι τελοῦνται,
ὁποῖες κἂν καὶ τύχωσιν ἅμα ἀναπληροῦνται.
Αὐτοὶ εἰς τοὺς πολέμους τοὺς ἀνδρείως πολεμοῦσι
κι ἀφόβως κατὰ τῶν ἐχθρῶν ὡς θηρία ὁρμοῦσι.
Ἐξ αὐτῶν τῷ ποτὲ καιρῷ κὴ Κίνα ἐδουλώθη,
270 τὸ Κιτάϊον δηλαδὴ ἐξ αὐτῶν ἐσκλαβώθη·
περὶ οὗ εἴπω σύντομα μικρὸν νὰ σαφηνίσω,
κἔπειτα λόγου τὸν ῥυθμὸν πάλιν νὰ ἀρχινίσω.

Ἐν ἐκείνῳ γὰρ τῷ καιρῷ διχόνοια πεσοῦσα,
κεῖς δύο βασιλίδες δὲ ἡ ἀρχὴ μερισθεῖσα,
ἐμφύλιος ἐκ τούτου δὲ ὁ πόλεμος ἀνήφθη,
276 κεῖς δύο ἅπας ὁ λαὸς μέρη καὶ ἐμερίσθη.
Ἐν τούτῳ δ' εἰς βοήθειαν ὁ εἷς τῶν βασιλίδων
τοὺς Κονδόσηδες αὐτουνοὺς ἐκάλεσ' ὡς πλησίον·
ἐξ ὧν ἓν σῶμα μέγιστον ἔχον ἀπείρου πλήθους
ἔσω εὐθὺς ἐγένετο τοῦ 'κεῖσε Μακροῦ Τείχους·
καὶ ὥρμησεν ὡς βίαιος ποταμὸς καὶ μεγάλος,
282 τοὺς ἐναντίους ἔφθειρεν ὡς κατακλυσμὸς ἄλλος.
Ἔπειτα δὲ ἀπέκτεινε κι αὐτὸν τὸν βασιλίδη,   (Fol. 31 v°.)
ὁ δὲ τούτων ὁ στρατηγὸς βασιλέας ἐγίνη·
παρ' οὗ κατὰ διαδοχὴν τὸ κράτος διαμένει
εἰς τὸ Κιτάϊ μέχρι νῦν, κἐξ αὐτοῦ βασιλεύει.
Τὰ μὲν τῆς Κίνας οὖν αὐτὰ ἃ μέχρι τοῦδ' ἐάσω,
288 κεῖς τοὺς νομάδες Κόνδοσους αὖθις ἐπανακάμψω.

Παρ' αὐτοῖς δὲ τοῖς Κόνδοσοις εἴν' κι αὐτὸς ὃν θρυλλοῦσιν,
ὃν καὶ λατρεύουσιν αὐτοὶ κευλαβῶς προσκυνοῦσι,
λέγω δ' ὁ Δαλάϊ Λαμᾶς, ὡς αὐτοὶ τὸν καλοῦσι,
περὶ οὗ καὶ πολλὰ μωρὰ αὐτ' ὅλοι φλυαροῦσι.
Αὐτὸς δ' εἴπω τρόπον τινὰ ἔχει ὡς αὐθεντίαν
294 καὶ ἐξουσίαν ἰδίαν στὴν εἰδωλολατρείαν·
τάτ7ει καὶ διατάτ7ει γάρ, ἀνάγει καὶ κατάγει,
σώζει, κολάζ' ὃν βούλεται, καὶ τινὰν δὲν ρωτάει·
καὶ γὰρ οἱ τούτου λατρευταὶ ἐς τοσοῦτον μωραίνουν,
τὸν Δαλάϊ Λαμᾶ αὐτὸν ποτὲ δὲν τὸν πεθαίνουν.
Λέσι δὲ καὶ μωραίνουσι πῶς αὐτός, σὰν γηράσῃ,
300 δὲν θνήσκει ὥσπερ ἄνθρωπος ἀλλὰ πάλιν νεάζει·
περὶ αὐτοῦ κι ἄλλα πολλὰ λέσι μεστὰ ἀνοίας
μωρίας καὶ πολυειδοῦς ἁπάσης φλυαρίας.
Ἀλλ' ἐμοὶ δὲ ὥσπερ δοκεῖ, ὡς δὲ καὶ ἐνωτίσθην
ἔκ τινων τούτων νουνεχῶν, αὐτὸ ἐγὼ ἐπείσθην
ὡς ὅτι ὁ Δαλάϊ Λαμᾶς φατρίαν ποίαν ἔχει   (Fol. 32 r°.)

306 ὑπουργοῦσαν, συμπράτ]ουσαν στὰ τῆς θρησκείας ἔθη·
οἱ δ' αὐτῆς ὀνομάζονται οἱ μὲν πρῶτοι λαμᾶδες,
οἱ δεύτεροι μαντζῆδες δὲ, ἅπαντες λατρευτᾶδες·
αὕτη δ' ἡ Φατρία αὐτὸν ὅλως τὸν ἐκθειάζει,
κι αὐτὸς δ' ὅσ]ις κατὰ καιρὸν αὐτὴν τὴν ἐδοξάζει·
κι οὕτω χεὶρ χεῖρα νίπ]ουσα, τὸ τοῦ λόγου εἰπεῖν με,
312 σκηνὴν τοιούτην παίζουσι 's ἐκείνους ποῦ πλανοῦνται.
Εἴπω κι αὐτ', ἀναγνῶσ]α μου, καὶ τοῦτο γίνωσκέ το,
κι ὡς χρήσιμον δὲ καὶ αὐτὸ καλὰ ἀνάγνωσέ το,
ὡς ὅλοι οἱ τοῦ τάγματος κι ὑπουργοὶ τῆς θρησκείας
ταύτης λέγω τῆς μιαρᾶς, τῆς εἰδωλολατρείας,
ἅπαντες ἄγαμοι τελοῦν τῷ σωφροσύνης λόγῳ,
318 τὰ δ' ἐν κρυφῇ πάντα αὐτῶν εἶν' σὺν τῷ διαβόλῳ.
Ἀλλ' ἐγὼ τὸν Δαλάϊ Λαμᾶ κι αὐτοὺς ὅλους ἐάσω,
κἐκ τὸ τοῦ λόγου κείμενον τὸν λόγον αὖθις ἄρξω.
Τῶν Κόνδοσηδῶν ποῦ μακρὰ κατ' ἀνατολὰς τούτων
ἔθνος ἔτι νομαδικὸν εἶν' στὸ πεδίον τοῦτο·
λέγεται Φῦλον τοῦ Ἀζὸφ, ἔχον ἀπαραλλάκτως
324 εἰς ἅπαντα τοῖς Κόνδοσοις, ἔχει κι αὐτὸ ὡσαύτως·
κι αὐτοί τε δὲ οἱ Ζόφηδες λέσι καὶ φλυαροῦσι,
καὶ τὸ ἔθνος τὸ ἑαυτῶν κι αὐτοὶ τὸ ἀξιοῦσι,
λέγοντες τῷ ποτὲ καιρῷ κι αὐτοὶ νὰ εὐμοιροῦσαν   (Fol. 32 v°.)
Δαλάϊ Λαμᾶ πῶς κι αὐτοὶ εἶχαν καὶ προσκυνοῦσαν.
Παρ' αὐτοῖς δὲ τοῖς Ζόφηδαις Φύεται πᾶν βεβαίως
330 τὸ ῥεοβάρβαρόν Φημι, τῶν Φαρμάκων τὸ κλέος.
Ταῦτα μὲν οὕτω μέχρις οὗ εἴπω κι ἀναπληρώσω,
καὶ τοῦ πεδίου αὐτουνοῦ τὸν λόγον τελειώσω.

Τὸ πεδίον αὐτὸ σχεδὸν τάχανες, ὡς προεῖπον,
κι αὐτοῦ τε εἰς τοὺς Ζόφηδες ἐφαπλοῦτ' ἐς τοσοῦτον
ὥστε τὰ πρὸς ἄρκτον αὐτοῦ ἔχουν τὴν Κιταΐαν,
336 καὶ τὰ πρὸς νότον δὲ αὐτοῦ ἔχουνε τὴν Ἰνδίαν·

329. Il faut peut-être lire παμϐεϐαίως.

τὰ δὲ πρὸς τὰ ἐῷα οὖν, ὠκεανοῦ καὶ μέχρι
ἰνδικοῦ τοῦ ἐκεῖσε τε, τέλος τὰ πέρατ' ἔχει.
Ἀλλὰ ταῦτα μὲν ταῦτα δὲ εἶπα, ὡς ἐδυνήθην,
περὶ τοῦ σχεδὸν ἀχανοῦς πεδίου ἐξηγήθην,
περὶ οὗ, ἀναγνῶσ]α μου, ἐτύπωσα καὶ χάρτα,
342 ὅταν ἤμουν εἰς τὴν Λονδῶν, παρισ]ὼν πάντα ταῦτα.
Νῦν δ' οὖν δ' αὐτὰ ἐάσω οὖν, κι ἀρχίσω κατ' εὐθεῖαν
τὴν ἑξῆς περιήγησιν καὶ τὴν ὁδοιπορίαν·
καὶ λοιπὸν ὥσπερ ἔπεται πρέπει νὰ 'πανακάμψω
κι ἀπ' τ' Ἀσ]ραχάνι αὖθις δὲ τὸν δρόμον μου νὰ πιάσω.

Ἀπ' τ' Ἀσ]ραχάν' ἐϐγαίνοντας, εἰς τὸ ῥηθὲν πεδίον
348 ἀρχίσαμεν τὸν δρόμον μας δι' ἵππων καὶ καμήλων·
μεθ' ἡμέρας δ' ἑξήκοντα ὁμοῦ τε δὲ καὶ δύο   (Fol. 33 r°.)
εἰς τὴν Χίϐαν ἐφθάσαμεν τῷ ἐλέει τῷ θείῳ·
ἀλλ' ἐν τούτῳ δὲ τῷ μακρῷ διάσ]ημα τοῦ δρόμου
τίς ἄρα νὰ διηγηθῇ τὰ κινδύνου καὶ πόνου;
Συντόμως ὅμως νὰ εἰπῶ ὅτ' ὅλους τοὺς κινδύνους,
354 ποῦ 'ναι διὰ τὸν ἄνθρωπον τοὺς πολλοὺς καὶ μυρίους,
ὅλους εἰς τὸν δρόμον αὐτὸν πᾶς τις τοὺς δοκιμάζει,
καὶ ἐξ αὐτῶν ὅσ]ις ῥυσθῇ τὸν Θεὸν ἃς δοξάζῃ.
Καὶ γὰρ ἐκ τοῦ Ἀσ]ραχανιοῦ τὰς δύο καὶ ἑξῆντα
ἡμέρας ὁποῦ κάμαμεν μέχρι ἕως στὴν Χίϐα,
εἴπω ὥσπερ σὲ πέλαγος ὠκεανοῦ τῷ λόγῳ
360 ἀπαραλλάκτως εἴχαμεν 'ς ὅλον αὐτὸν τὸν δρόμο·
οὐρανὸν καὶ γῆν βλέποντες ἐπίπεδον ἐξ ὅλου,
ἄδενδρον ἐς τὸ παντελές, κέρημον τὸ καθόλου·
ἡμέρα μὲν τὸν ἥλιον εἴχαμεν ὁδηγόν μας,
νύκτα δὲ τἄσ]ρα ἤτανε ὁ γνώμων ὁ δικός μας·
κτηνῶν δ' ὅμως πλῆθος πολὺ ἀγρίων στὸ πεδίον
366 ἐϐλέπαμεν φερόμενα ἀγεληδὸν τὸ πλεῖον,
αἰγῶν, προϐάτων λέγω δὲ κἵππων ἄπειρον πλῆθος

348. δ' ἵππων.

καὶ ζαρκάδων ὠκύποδων καὶ ἐλάφων ὁμοίως,
κι ἄλλων ἐκ τῶν θηρίων δὲ λέγω τῶν ἰοβόλων,
κι ἐκ τῶν ἁρπακτικῶν ὁμοῦ ἐβλέπαμεν στὸν δρόμον·
ρεοπόντικον δ' ἄπειρον φυόμενον ἐκεῖσε, (Fol. 33 v°.)
372 οὐδεὶς ὅμως ἐφίεται περὶ τούτου φροντίσαι.
Φροντὶς ὅμως τοῦ ὕδατος εἶν' ἡ μεγαλωτάτη,
ὕδωρ νὰ εὕρῃ πᾶς τις εἰς στὴν ἐρημίαν ταύτη,
καὶ γὰρ ἡμέρας πέντε κἔξ ἐν τῷ μεταξὺ τούτων,
μόλις ὕδωρ νὰ τύχῃ τις εἰς τὸν δρόμον ἐτοῦτον·
διὸ ἐπὶ καμήλων δὲ πᾶς τις τὸ ὕδωρ φέρει,
378 ἕως ἐκ τόπου τοῦ ἑνὸς στὸν ἕτερον νὰ εὕρῃ.
Ἀλλ' ἐν τούτῳ τῷ μεταξὺ καὶ τύχ' ἐξ ἀμοιρίας
κι ὁ δρόμος ὡς δυσγνώριστος χαθῇ ἐκ δυστυχίας,
ἐκ τῆς δίψης τότ' ἅπαντες ἐκεῖ τὰ κῶλ' ἀφίνουν,
καὶ στὴν ἐρημίαν δ' αὐτὴν τὴν ψυχὴν παραδίνουν·
ταῦτα δ' ὅμως τὰ δυστυχῆ κι ἄλλα πολλὰ τοιαῦτα
384 ἄνθρωπος ὁ ταλαίπωρος πάσχει στὰ μέρη ταῦτα.
Ὅμως διαπεράσαντες ταῦτ' ὅλα λέγω πάντα,
ἐφθάσαμεν ὥσπερ νεκροὶ στὴν Χίβαν κατὰ πάντα·
ἐν τῇ ὁδοιπορίᾳ δὲ αὐτῇ τῇ πολυτλήμῳ
τάξια σημειώσεως ἔτ' εἴπω κι οὐ πλατύνω.
Καλμούκων εἶδον ἔθνεα, καὶ αὐτῶν δὲ τὸ θῆλυ
390 ὡς ὁπλιζέτ' ἀρρενωπῶς, ὅταν ἡ χρεία τύχῃ·
ἐκ δὲ τῶν ἄλλων τῶν ἐθνῶν διαφόρους κινδύνους
ἀλλ' ἡ χεὶρ ὅμως τοῦ θεοῦ μᾶς ἔσωσ' ἀπ' ἐκείνους.
Ποταμοὺς δὲ ἐπέρασα οὐ μακρὰ ἀπ' τ' Ἀστραχάνι (Fol. 34 r°.)
τὸ Ἰαῒκ ὁ λέγουσι, καὶ Γέμπι τὸ ποτάμι.
Καὶ μετὰ ταῦτα οὐ μακρά, λέγω δὲ πρὸς τὴν Χίβαν,
396 ἕως ἡμέρας ἓξ ἐπτὰ λέγω ὁδοιπορίαν,
ἐφθάσαμεν στὴν θάλασσαν ἣν οἱ πάλαι οὐκ ἴσαν,
καὶ οἱ ἑξῆς ἱστορικοὶ ἣν ὅλως ἀγνοοῦσαν·

390. ὁπλιζέτ(αι) est l'accentuation des deux manuscrits.

λέγω δὲ τὴν Ἀραλικὴν εἰς ἣν ὅταν ἐπῆγα,
τἁλμυρόν της δοκίμασα γλώτ]η μου τῇ ἰδίᾳ
ἔχουσα ἀπαράλλακτα σὰν θάλασσα εἰς πάντα·
402 ἡ δὲ περιφέρει' αὐτῆς εἶν' ἡμερῶν τριάντα·
εἰς αὐτὴν δὲ κοὶ ποταμοὶ ὁ Ὦξος κ' Ἰαξάρτης
ῥέουσι γὰρ ἀμφότεροι εἰς τὸ πέλαγος ταύτης·
καὶ οὐχὶ δ' ὡς οἱ παλαιοὶ ἐδόξαζαν νὰ τρέχουν
εἰς τὴν Κασπίαν θάλασσαν, ὡς ἐξ ἀγνοίας λέγουν.
Μάλισ]α δ' ἡ Ἀραλικὴ ἕως εἰς τὴν Κασπίαν
408 διάσ]ασιν ἔχει πολλῶν 'μερῶν ὁδοιπορίαν.
Τὴν δ' αὐτὴν τὴν Ἀραλικὴν τὴν θάλασσαν ἣν ἔφην,
πρῶτος τὴν ἐφανέρωσα ἐγὼ εἰς τὴν Εὐρώπην,
κεἰς τὴν Λονδῶν τὴν δέχθηκαν εὐχαρίσ]ως οἱ ὅσοι
σοφοὶ ποῦ καταγίνονται τῇ γεωγράφων γνώσει.
Ἀρκοῦν τὰ τῆς Ἀραλικῆς τῆς θαλάσσης οὖν λέγω,
414 κι ἃς ἀρχίσω τὸν δρόμον μου νὰ πάγω περαιτέρω.
Ἐς ἱκανὸν διάσ]ημα ἀεὶ 'ξ ἀρισ]ερῶν μας   (Fol. 34 v°.)
τὴν Ἀραλικὴν εἴχαμεν τὸν δρόμον τὸν δικὸν μας·
ἀπὸ δ' αὐτὴν μακραίνοντες ἀρχίσαμεν τὸν Ὦξον,
κι αὐτὸν τἀρισ]ερ' ἔχοντες σὲ ὅλον μας τὸν δρόμον,
μέχρις οὗ λέγω φθάσαμεν, τῇ τοῦ θεοῦ δυνάμει,
420 στὴν Χίβαν, ἐξ ἧς ἀρχινᾷ πλέον τ' Οὐζμπεγισ]άνι.
Περὶ ἧς Χίβας ἱκανῶς εἶπα, καὶ δὲν συμφέρει
πάλιν δὲ νὰ ταὐτολογῶ κι ὁ λόγος νὰ μακραίνῃ·
μόνον ὡς ἐν συντόμῳ δὲ νὰ 'πῶ διὰ τὸν χάνη
σὺν τῷ Ὤξῳ τῷ ποταμῷ, τὸ εὔποτον ποτάμι.
Τὸν μὲν χάνην ἐν τῇ ἐμῇ διατριβῇ ἐκεῖσε
426 Ἐλμπὰρ χὰν τὸν ὠνόμαζον πάντες ὅσοι στὰ 'κεῖσε.
Τοῦ δὲ Ὦξου τοῦ ποταμοῦ τὸ ὕδωρ πῶς μπορέσω
ἐς ἱκανὸν τὲς χάρες του νὰ 'πῶ καὶ νὰ παινέσω;
περὶ οὗ δὲ καὶ μάρ]υρα τὸν Περιηγητὴν φέρω

400. μοι.

κεῖνον τὸν Διονύσιον εἰς αὐτὸ ὁποῦ λέγω·
ὅσ]ις τὸν Ὦξον ποταμὸν ὑπὲρ ἄλλους δοξάζει,
432 καὶ ἱερὸν Ὦξον αὐτὸν καλεῖ καὶ ὀνομάζει,
ἐν ἑνὶ λόγῳ νὰ εἰπῶ ἴσως στὸν κόσμον ἄλλο
τοῖον ὕδωρ ὑγιεινὸν δὲν εἶν' νὰ παραβάλω,
ὑγιεινὸν καὶ πότιμον εἴπω ἰατρικόν τε,
κεῖς ἅπαντα τὰ βρώματα λίαν χωνευτικόν τε.
Ἴσως αὐτὸ εἶν' αἴτιον τὸ ὕδωρ τὸ τοῦ Ὦξου (Fol. 35 r°.)
438 καὶ τῶν Χιβαίων τῆς ζωῆς μακροὺς ποιεῖ τοὺς χρόνους·
μακροβίους ἄν τις αὐτοὺς εἴποι καὶ ὀνομάσοι,
πάντως λέγει ἀλήθειαν, οὕτω που τοὺς δοξάζει.
Καὶ γὰρ οἱ ἐκεῖ γέροντες ὑπὄχουσι μὲ χρόνους
ἑβδομήντα κι ὀγδόντα τε φέρουσι πάλιν πόνους,
κι ὡς ἄνδρες, ὅταν ὁ καιρὸς τοὺς καλέσῃ, ἱππεύουν
444 καὶ μ' αἴσθησες πανυγιὲς στὸν πόλεμον ἐβγαίνουν.
Αὐτ' οὖν τὸ ὕδωρ πίνουσιν ἅπαντες οἱ Χιβαῖοι
καὶ μὲ ταὐτὸ ποτίζουσι καὶ ἀροῦρες καὶ δένδρη·
καὶ γὰρ ἀπὸ τὸν ποταμὸν ὀχετοὺς ἐπεκτείνουν,
καὶ ποτίζουν τὸν τόπον τους, καὶ τὰ ζῶα τους πίνουν·
ἐπεὶ καὶ εἰς αὐτὴν τὴν γῆν ἣν Χωρασμίαν εἶπον
450 μόλις ἰκμάδα βλέπουσι τοῦ ὑετοῦ τὸν τύπον.
Ταῦτα καὶ τοῖα αὐτὰ δὲ τὰ τῆς Χίβας ἃ εἶπα,
ἐγὼ δὲ καὶ ἐξ αὐτῆς στὸ Βουχάρι ἀπῆλθα.
Ἐβγαίνοντας δ' οὖν ἀπ' αὐτῆς τῆς Χίβας ὁποῦ εἶπα
τὸν Ὦξον ἐξ ἀρισ]ερῶν αὖθις στὸν δρόμον εἶχα,
κι οὕτως ὡδοιπορούσαμεν πίνοντες ἀπ' τὸν Ὦξον
456 ἕως ἡμέρας δέκα τε καὶ πέντε τοῦ ἐφ' ὅσον.
Μετὰ δὲ τοῦτο τἄντικρυς περάσαμεν τοῦ Ὦξους,
κεῖς τῆς Σουγδιάδος τῆς γῆς πατήσαμεν τοὺς τόπους·
καὶ τρεῖς ἡμέρας ἐξ αὐτοῦ φθάσαμεν στὸ Βουχάρι (Fol. 35 v°.)
στὴν καθέδραν τῆς γῆς αὐτῆς κι ὅλου τ' Οὐζμπεγισ]άνι·

452. Ce vers est incomplet d'une syllabe dans les deux manuscrits.

πόλις εἶν' μεγαλώτατη αὐτὴ ἡ Βουχαρία,
462 καὶ πολυάνθρωπος πολλὰ καὶ πολλῶν κατοικία·
περὶ ἧς καὶ πρὸ τούτου δὲ εἶπα καὶ ἀφηγήθην,
τὰ κεφαλαιωδέστερα ταύτης τὰ ἐξηγήθην.
Περὶ τοῦ χάνη δ' ὅμως νῦν εἴπω καὶ ἐξηγήσω,
καὶ τὄνομα τοῦτο ταὐτοῦ εἰς μνήμην νὰ ἀφήσω·
Ἀμπουλφεῖς τὸν ἔλεγαν χάνην καὶ βασιλέαν,
468 καὶ ὅλων τῶν Οὐζμπέηδων αὐτὸν αὐθέντην μέγαν.

Καί τι δὲ περαιτέρω τι περὶ τῆς Βουχαρίας
εἴπω κι αὐτὸ ὡς μοῖ δοκεῖ ἄξιον ἱστορίας.
Πάθος ποῖον ὀδυνηρὸν φύεται στοὺς ἀνθρώπους
'ς αὐτοὺς λέγω ποῦ κατοικοῦν εἰς τὸ Βουχάρι ὅσους·
σκώληκές τινες φύονται στῶν ἀνθρώπων τὰ μέλη,
474 εἰς ἄλλους τρεῖς καὶ τέσσαρες, εἰς δ'ἄλλους εἷς ἐβγαίνει,
κι εἰς ἄλλους ἅπαξ τῆς ζωῆς τοῦτο αὐτὸ τυχαίνει,
'ς ἄλλους κατὰ συνέχειαν ὁ σκώληκας ἐβγαίνει.
Καθεὶς ὡς ἡ διάθεσις ἔχει τοῦ σώματός του,
ὡς οἶμαι πάσχει κάθε εἷς στὸ σῶμα τὸ δικό του.
Αὐτοὶ ὅμως οἱ σκώληκες ἀρχινοῦν καὶ ἐβγαίνουν
480 ἀπ' τὸ δέρμα τοῦ σώματος καὶ ὕστερον μακραίνουν·
οὓς δέ, ὅταν ἐμφανισθοῦν, τινὰς δὲν τοὺς τραβάει   (Fol. 36 r°.)
μὲ βίαν ὅτι κόπτονται, καὶ πονεῖ καὶ φωνάει,
παρὰ μόνον ἐπὶ μικρόν, ἡμέρα παρ' ἡμέρα,
σύρνοντας καὶ τυλίζοντας ἐς κουβάρι καθένα,
ἕως οὗ ὅλως νὰ ἐβγῇ καὶ νὰ μὴν κοπῇ μέσα·
486 καὶ οὕτως ἰατρεύεται ἄνευ ἀλλοῖα μέσα.
Τὸ μάκρος τους δ' ἐκτείνεται πέντε καὶ ἕξι πήχες,
τὸ χόνδρος δ' ὥσπερ τῆς οὐρᾶς εἶν' τἀλόγου τὲς τρίχες.

Ταῦτα μὲν οὖν καὶ ταῦτα δὲ καὶ περὶ τῶν σκωλήκων,
περὶ ὧν πλέον βούλομουν σιωπῆσαι τὰ τούτων·
ἀλλὰ πάλιν μ' ἐφάνηκε βραχύ τι νὰ μιλήσω,

484. δυλίζωντας (manuscrit Hidroménos δειλίζωντας).

492 τὸν ἀναγνώσ7ην τὸν ἐμὸν νὰ τὸν εὐχαρισ7ήσω·
ἤτοι νὰ 'πῶ τὴν γνώμην μου, καὶ τότ' ἐγὼ περαίνω,
περὶ τοὺς σκώληκας αὐτοὺς τί ἐγὼ συμπεραίνω.
Ἀνάγκη οὖν οἱ σκώληκες νὰ γεννοῦντ' ἐξ αἰτίας
τοῦ πινομένου ὕδατος τῆς οὐ σμικρᾶς κακίας.
Καὶ γὰρ ἡ πόλις αὕτη δὲ τὸ ὕδωρ ὁποῦ χρᾶται
498 ἐκ τοῦ ἐκεῖσ' εἶν' ποταμοῦ δι' οὗ καὶ κυβερνᾶται·
οὗ ποταμοῦ τὸ ὄνομα Καράσουϊ τὸν λέγουν,
κεῖς τὰ σπαρτὰ καὶ δένδρη τοὺς κεῖς πάντ' αὐτὸν δουλεύουν·
ἐπεὶ καὶ εἰς αὐτὴν τὴν γῆν τὸν ὑετὸν δὲν βλέπουν,
ἀλλ' εἰς τόπον τοῦ ὑετοῦ τὸ Καράσουϊ ἔχουν·
ὅσ7ις δ' αὐτὸς ὁ ποταμὸς, τὸ Καράσουϊ ποῦ 'πα, (Fol. 36 v°.)
504 μακρὰ ποῦ πίπ7ει καὶ αὐτὸς στὸν Ὦξον ποῦ προεῖπα.
Ἐξ αὐτοῦ δὲ τοῦ ποταμοῦ Καράσουϊ ὃν λέγουν
στὸ Βουχάρι δι' ὀχετοῦ ὕδωρ ἐξ αὐτοῦ φέρουν,
καὶ γεμίζουν τῆς πόλεως τὰ χαβούζια ποῦ ἔχουν·
μεγάλα, μεγαλώτατα ὡς λημνίδια ἔχουν,
ἐξ ὧν καὶ ὕδωρ πίνουσι καὶ εἰς αὐτὰ καὶ πλύνουν,
510 κάθε ἀκάθαρτον ὅ τ' εἶν' καὶ ὅ τι λάχῃ χύνουν·
ἐκ τούτου δὲ τὰ κάτωθεν τὰ χαβούζια ταῦτα
ὕλην βαθεῖαν βόρβορον ἔχουσ' ἀεὶ καὶ πάντα·
τὰ δ' ἄνωθεν τοῦ ὕδατος, στοῦ ὕδατος τὴν ὄψιν,
ἄλλη ὕλη συνάζεται πράσινην ἔχουσ' ὄψιν·
ἐπεὶ αὐτοὶ οἱ βάρβαροι ποτὲς δὲν τὰ ξαντλίζουν,
516 ἀλλ' ὅταν ἐλατ7όνουνται, πάλιν δὲ τὰ γεμίζουν.
Τοῦτο δ' ὅμως ὃ εἶπ' αὐτὸ πόθεν τὸ συμπεραίνω,
καὶ ἐκ τοῦ ὕδατος αὐτοῦ σκώληκας πῶς ἐβγαίνω;
Ἰδοὺ οὖν ἤδη καθαρὰ νὰ 'πῶ καὶ νὰ τὸ δείξω,
καὶ ἐκ τῶν ῥηθησομένων καλῶς νὰ τἀποδείξω.
Ἴσθι οὖν, ἀναγνῶσ7α μου, ὡς ὅτι ὅσοι ὅλοι
522 ποῦ κατοικοῦν ἔξω 'π' αὐτὴν τὴν Βουχαρίαν πόλη,
ὅσοι εἰς τὰ προάσ7εια τόσον κεῖς τὰ χωρία,
ἤτοι ὅσοι δὲν πίνουσιν ὕδωρ ἀπ' τὰ χαβούζια,

ἀλλὰ ἔξω τῆς πόλεως πίνουν τοῦ ποταμίου (Fol. 37 r°.)
αὐτοῦ τε τοῦ Καράσουϊ ὕδατος τοῦ ἰδίου,
οὐδόλως τις ἐξ αὐτῶν [δὲ] τὰ τῶν σκωλήκων πάσχει·
528 τοῦτο δ' ἐγὼ τὸ βεβαιῶ εἰς εἴδησιν τοῖς πᾶσι.
Πρὸς τούτοις καὶ ὁ χάνης δὲ, κι ὅλοι οἱ αὐλικοί του,
χρᾶται ὕδωρ τοῦ ποταμοῦ εἰς ὅλην τὴν αὐλή του·
τὸ ὁποῖον τὸ φέρουσιν ἐπ' ὄνων καὶ καμήλων
ἔξω ἀπὸ τὸν ποταμὸν, ὅτ' εἶν' ἐκεῖ πλησίον.
Διὸ κεἰς τὴν αὐλὴν αὐτοῦ σπανίως τις νὰ λάχῃ
534 τὸ τῶν σκωλήκων πάθος γοῦν νὰ ἔχῃ καὶ νὰ πάθῃ.
Καὶ ἐγὼ δὲ ὁ ἴδιος καὶ 's ἄλλα περπατήσας
μέρη λέγω τῆς Σουγδιᾶς, καὶ στὸ Βουχάρι ζήσας,
χρόνον λέγω ἐς ἱκανὸν διατρίψας ἐκεῖσε,
διὸ καὶ εἶχα τὸν καιρὸν ταῦτα παρατηρῆσαι·
ἀλλ' οὐδόλως ἐπάσχισα ἐκ τοῦ πάθους τοῦ τοίου,
540 ἐπεὶ καὶ πάντα ἔπινα ὕδωρ τοῦ ποταμίου·
ἔτι δὲ περαιτέρω τι νὰ 'πῶ κι ἂς μὴν ὀκνήσω
περὶ τῆς ὑποθέσεως αὐτῆς νὰ ὁμιλήσω.
Πρὸ τῆς ἐμῆς ἀφίξεως εἰς αὐτὸ τὸ Βουχάρι,
χρόνους δύο προτήτερα ὁποῦ ἐγὼ εἶχα πάγει,
ἡ πόλις ἡ Βουχὰρ αὐτὴ δεινῶς πολιορκίσθη
546 ἐξ ἔθνους τῶν Κασάτζκων δὲ καὶ ἐπεριορίσθη·
οἵτινες οὗτοι οἱ ἐχθροὶ ἐμπόδισαν τὸ ὕδωρ (Fol. 37 v°.)
(καὶ γὰρ ἐν τοῖς πολέμοις δὲ τούτου οὐκ ἄλλο χεῖρον)·
οἱ δ' ὅσοι ἐν τῇ πόλει δὲ τὸ ἐν τοῖς χαβουζίοις
ἅπαν τὸ ὕδωρ ἔπιον κἔπασχον τ' ἀνυδρίης·
ἐκ δὲ τοῦ ἄκρου τοῦ δεινοῦ εἰς πάντα τὰ χαβούζια
552 ὤρυξαν φρέατα βαθιὰ διὰ νεροῦ τὴν χρεία·
κι οὕτω μικρὰν βοήθειαν εἶχον ἐκ τῶν φρεάτων,
ὅσον ὁποῦ ὑγραίνετο γλῶσσα τῶν 'κεῖσε πάντων.
Ἐν τούτοις δὲ εἰς τὰ ἐκεῖ ὁ ἥλιος ὡς φλέγων

527. δὲ manque dans les deux manuscrits.

τὸ καλοκαίρι μάλιστα σφοδρῶς καὶ κατακαίων,
τὰ ῥηθέντα χαβούζια ἐξήρανεν ἐξ ὅλου
558 καὶ τὸ βορβορῶδες αὐτῶν ἐξήτμισε διόλου.
Ἔπειτα δ' αὐτοὶ οἱ ἐχθροί, ὡς μηδὲν δυνηθέντες,
καὶ ἀπράκτως οἱ ἅπαντες ἐξ ἐκεῖσ' ἀπελθόντες,
ἐκίνησαν τότες δ' εὐθὺς οἱ ἐν τῇ Βουχαρίᾳ
τὸ ὕδωρ τὸ δι' ὀχετοῦ εἰς ὅλα τὰ χαβούζια·
ἄτια δὲ καὶ ἐγέμισαν καὶ, ὡς τὸ πάλαι, εἶχαν
564 εἰς πιοτὸ κεῖς κάθε τι, τὸ πρὶν ὥσπερ ποῦ ἦταν.
Ἐν δὲ τούτῳ τῷ μεταξὺ καὶ δύο ἔτη μέχρι,
εἰς οὐδέναν ἐφύησαν οἱ σκώληκες οὖν ἔτι.
Ἐκ τούτων οὖν κἂν ποῖός τις καὶ ἐκ τῶν ἀνωτέρων
ἠμπορεῖ νὰ συλλογισθῇ χωρὶς τῶν πλειοτέρων,
καὶ νὰ πεισθῇ εἰς τὰ ἐμὰ ἂν ὀξὺν νοῦν καὶ ἔχῃ (Fol. 38 r°.)
570 τὰ τῶν σκωλήκων οὖν αὐτῶν ὡς ὅτ' ὡς εἶπα ἔχει.
Ἀλλ' ἐάν τις τῶν φυσικῶν εἴπῃ πολυλογῶντας
καὶ τὰ αἴτια τῶν παθῶν ἀρχίσῃ ἐξηγῶντας,
καὶ τὰ ἐναργῆ πράγματα δὲν θέλῃ νὰ τὰ βλέπῃ
καὶ μόνον φυσιολογᾷ, ἀλλ' ἀντ' ἄλλων νὰ λέγῃ,
καὶ τὰς αἰσθήσεις νἀναιρῇ, τὰς ἀρχὰς νὰ γυρεύῃ,
576 καὶ τῶν ἀρχῶν τὰ αἴτια νὰ πολυπραγμονεύῃ,
αὐτὸν τὸ χαίρειν λέγω 'γὼ κι ὅσ' ἀγάπ' ἂς βαδίζῃ
στῆς πλάνης τοὺς λαβυρίνθους ἄφες νὰ τριγυρίζῃ
πράγματα ἀκατάληπτα ὁποῦ μόνον ὁ μόνος
ὁ ποιητὴς τούτων αὐτῶν αὐτὸς τὰ οἶδε μόνος·
ὅστις καὶ ἐδωρήσατο ἡμῖν ἐξ εὐσπλαγχνίας,
582 τῆς ἀπείρου λέγω αὐτοῦ θείας φιλανθρωπίας,
νὰ ἔχωμεν κἠμεῖς ψιλὴν ἔννοιαν τῶν πραγμάτων
ἐκ τῶν παρατηρήσεων καὶ ἀποτελεσμάτων·
δι' ἧς δὲ νὰ δοξάζωμεν κι ἀεὶ νὰ προσκυνοῦμεν
αὐτὸν τῶν πάντων ποιητήν, πάντα νὰ τὸν αἰνοῦμεν.

576. Après αἴτια, je supprime καὶ donné par les deux manuscrits.

Ταῦτα μὲν οὖν καὶ ταῦτα δὲ, ἀλλ' ἐγὼ ὅμως οἶδα
588 ὅτ' ἄφησα τὸν δρόμον μου καί ϖου μακρὰ ἐπῆγα,
κἐξώκειλα ἐκ τοῦ ῥυθμοῦ τοῦ ϖεριηγητικοῦ μου,
κεἰς ϖράγματα ἐτόλμησα οὐ τοῦ νοῦ τοῦ δικοῦ μου.
Λοιπὸν ἐπανακάμψω οὖν στὸ ϖεριγητικόν μου, (Fol. 38 v°.)
λέγω ἐκεῖ ϖοῦ ἄφησα τὸν δρόμον τὸν δικόν μου.

Κἐν τῇ ἐμῇ διατριβῇ εἰς τὸ ῥηθὲν Βουχάρι
594 αὖθις οἱ ῥηθέντες ἐχθροὶ ἦλθον ὥσπερ τὸ ϖάλιν
κι αὖθις ἐπολιόρκησαν δεινῶς τὴν Βουχαρίαν,
ὄντες χιλιάδες ἑκατὸν καὶ οὐχὶ ϖαρὰ μίαν·
ἐν ταύτῃ δ' ὅμως τῇ μακρᾷ τῇ τετραμηνιαίᾳ
ϖολιορκίᾳ τῇ δεινῇ, τῇ νυκτὶ καὶ ἡμέρᾳ,
τίς ἄρα, τίς τὰ δυσῖυχῆ νὰ 'πῇ καὶ νὰ μιλήσῃ
600 τὰ ὅσα ϖάσχει τῶν δεινῶν ἡ ἀνθρωπίνη φύσιν;
Φεῦ, φεῦ, Θεὲ τοῦ οὐρανοῦ, ἀνθρώπους τις νὰ βλέπῃ
νὰ τρῶσιν ἄλλον ἄνθρωπον ἐκ τῆς ϖείνης καὶ βρέφη!
Ἐν τούτοις δὲ καὶ τὰ ἐμὰ θέλω νὰ ϖαρασῖήσω
καὶ μὲ ἀλλοίους σῖίχους δὲ ἤδη νὰ ἰσῖορήσω.

Ποτέ μ' ἐν δεινοῖς κατ τύχη κατὰ σῶμα
606 τύχῃ μὲν τυχὼν, ϖνέουσ' ἐν ϖόλει τάδε
ἅλωσιν, λιμὸν, σαρκανθρωποφαγίαν.
Σῶμα δ' ἐμοὶ ὕσῖατα ϖνέον ἐξ ὅλου,
τοῦτο δ' ἐκ ϖληγῆς ἅμα λειεντερίας.
Ἀλλ' ἐν τούτοις κείμενος, ἐκήδετό μοι
γυμνοσοφισῖῶν τις τῶν εἰς τὰ ἐκεῖσε·
612 ὅσῖις ἐν μιᾷ ἐλθὼν 'πισκέψασθαί με,
κἰδών με, ὡς οἴομαι, κατηφῆ σφόδρα, (Fol. 39 r°.)
ταῦτα τάδε μ' ἔλεξε σὺν ϖολλῷ ζήλῳ·
« ἔχεις σὺ Θεόν;» Ἐγὼ «καὶ μάλα» ἔφην.
Κι αὖθις δ' αὖ αὐτὸς μετ' εὐθαρσίας ἔφη·
« τί δ' οὖν κατηφής; τί δ' ὅλως καὶ λυπεῖ σε;

591. τὸν ϖεριγητικὸν.

18.

618 καὶ γὰρ Θεὸν ἔχων οὖν, τί οὖν λυπεῖσαι;»
Καὶ πρὸς ἑαυτὸν τάδ' αὖθις αὐτὸς ἔφα·
«(χουδὰ δαρέμ, τζὲ γὰμ δαρέμ¹;)
Θεὸν ἔχω ἔγωγε, τί λύπην ἔχω;»
Τοῖα δ' οὖν ταῦτα καὶ τἀμὰ τὰ ἐν τῇ Βουχαρίᾳ,
ὧν τὰ πολλὰ ἐγώ 'λειψα διὰ τὴν συντομία.
Οἱ ῥηθέντες ὅμως ἐχθροὶ αὖθις μὴ δυνηθέντες
624 πορθῆσαι τὴν Βουχάριαν κἐξ ἐκεῖσ' ἀπελθόντες,
πάντες ἠλευθερώθημεν κἠ πόλις ἐλυτρώθη,
τῷ βουλομένῳ ἀπελθεῖν ὁ δρόμος ἠνεῴχθη.
Τότες κἀγὼ βουλήθηκα τὸν δρόμον μου νὰ κάμω,
καὶ δι' Ἰνδίας νὰ ἐβγῶ στὴν Εὐρώπην νὰ πάγω·
ἐπειδὴ καὶ ἀπὸ αὐτὴν τὴν πόλιν Βουχαρίαν
630 μακρὰ δὲν εἶν' τὰ σύνορα νὰ φθάσῃ στὴν Ἰνδίαν
δύο ἑβδομὰς μοναχὰ μ' ἀνάπαυσιν πηγαίνεις
καὶ εἰς τὸ κάστρον τῶν Ἰνδῶν Καμπὶλ ποῦ λὲν ἐβγαίνεις.
Ἀλλ' ἐπειδὴ καὶ ἔτυχεν ἕνα φῦλον Οὐζμπέγων   (Fol. 39 v°.)
Κιπτζάκοι σ' ὀνομάζονται ἐκ τῶν σκηνιτῶν λέγω
κι ἔπεσεν ἀναμεταξὺ τῆς Σουγδιᾶς κ' Ἰνδίας
636 κέκαμ' ἐξ ὅλου ἄβατον τὸν δρόμον τῆς Ἰνδίας,
διὸ καὶ ἐπανάκαμψα μὲ τὸν ἴδιον δρόμον
καὶ εἰς τὸν Ὦξον ἔφθασα εἰς τρεῖς ἡμέρας μόνον·
ὅμως οὐκέτ' ἐπέρασα στὸ ἀντίκρυς τοῦ Ὦξους,
ἀλλὰ μὲ τὰ πλοιάρια ποῦ φέρονται μὲ φόρτους,
μὲ αὐτὰ οὖν μισεύσαμεν κάτωθεν μὲ τὸ ῥεῦμα
642 χρώμενοι κι ἄρμενον μικρόν, ὅταν εἴχομεν πνεῦμα·
καὶ γὰρ ὁ Ὦξος ποταμὸς ἀπ' τοὺς μικροὺς δὲν εἶναι
μᾶλλον δ' ὑπὲρ τὸ ἥμισυ τοῦ Δουνάβεως εἶναι·
δι' οὗ δὲ Ὦξου φθάσαμεν εἰς τὴν ῥηθεῖσαν Χίβαν,
εἰς ἣν ἔτι διέτριψα ἐς ὅσον εἶχα χρείαν.
Ἀπὸ τὴν Χίβαν δ' αὖθις δὲ θέλοντας νὰ μισεύσω

---

¹ Cette ligne n'est pas un vers; c'est pour cette raison qu'elle n'est pas comprise dans la numérotation.

648 εἰς τὴν Ῥωσσίαν πάλιν δὲ διὰ νὰ ἐπιστρέψω,
δὲν ἐτόλμησα πλέον δὲ νὰ βγῶ ἀπ' τὸ πεδίον,
κεῖνο σχεδὸν τὸ ἀχανὲς, τὸ κακῶν πάντων πλεῖον,
καὶ μάλιστ' ἀποφάσισα καιρὸν διὰ νὰ μείνω
ἀπ' τὴν Ἰνδίαν νὰ ἐβγῶ ἢ ἐκεῖ νἀπομένω·
μ' ὅλον ὁποῦ στὴν Πέρσιαν νὰ βγῇς μακρὰ δὲν εἶναι,
654 ἀλλ' ὑπὸ τῶν Τουρκμένηδων δρόμος βατὸς οὐκ εἶναι·
ἐξ εὐμοιρίας ὅμως δὲ τῷ τότε οἱ Τουρκμένοι   (Fol. 40 r°.)
ἄκραν φιλίαν ἔκαμαν μ' αὐτούς τε καὶ Χιβαῖοι·
ἐν τούτῳ δὲ κἀγὼ εὐθὺς μετά τινος τῆς Χίβας
πρέσβεως ποῦ ἀπέρχονταν στὸν σάχην τῆς Περσίας
ὁμοῦ μ' αὐτὸν ἐκίνησα μέσα ἀπὸ τὴν Χίβαν
660 κι ὅλο ἄμμον περάσαμεν ἕως εἰς τὴν Περσίαν·
τὸν δρόμον μας ἐκάμναμεν ἐς δύναμιν μὲ βίαν
διὰ τὸν ἄκρον κίνδυνον, τὴν τοῦ ὕδατος χρείαν,
καὶ γὰρ ὕδωρ ἐφέραμεν ἐπάνω τῶν καμήλων,
κἐς δυνατὸν ἐπίναμεν ὅσον τ' ὅσον ὀλίγον,
ἀγκαλὰ ἐν τῷ μεταξὺ εἰς τὴν ὁδοιπορίαν
666 ὕδωρ δὶς καὶ ἐτύχαμεν εἰς τὴν τῶν ζώων χρείαν
ὃ καὶ ὡς πάνυ ἁλμυρὸν κι αὐτὰ δυσκόλως εἶχον
κατὰ κόρον νὰ πίουσιν ἐκ τῆς δίψης ὁποῦ 'χον
ὅμως καλά τε καὶ κακά, φόβος, δίψα καὶ πεῖνα
μ' ἡμέρας δεκατέσσαρας φθάσαμεν στὴν Περσία,
στὰ σύνορα γοῦν δηλαδὴ τῆς Περσῶν βασιλείας
672 ἐκεῖ λέγω π' ἀφίνομεν τὴν γῆν τῆς Χωρασμίας
κι ἀρχινοῦμεν στὸ Ταυρικὸν ὄρος νὰ πλησιοῦμεν·
περὶ οὗ δ' ὅμως μικρόν τι ἂς διηγηθοῦμεν.
Αὐτὸν τὸν Ταῦρον δ' οὖν φασὶν, οἱ πάλαι ἱστοροῦσι
κἐκ Σάμου νήσου τ' ἀντικρὺς αὐτοὶ τὸν ἀρχινοῦσι,
κι ὡς ἐξ ἐκεῖσ' ἐκτείνεται κι ἀπείργει τὴν Ἀσίαν,   (Fol. 40 v°.)
678 ἀδιακόπως ἔχ ντας καὶ ἕως τὴν Ἰνδίαν·
τὰ δ' ὅσα ὄρη καὶ βουνὰ Καυκάσια ποῦ κράζουν
τοῦ Ταύρου ἀποσπάσματα αὐτοὶ τὰ ὀνομάζουν·

ἀλλ' αὐτὰ ὡς δεόμενα πολλῆς τῆς σαφηνείας
καὶ μακροῦ λόγου νὰ εἰπῶ καὶ μακρᾶς ἱστορίας,
διὸ αὐτὰ μὲν οὖν ἐῶ καὶ ἔρχομαι στὸν λόγον,
684 εἰς τὸν ἐμὸν λέγω ῥυθμὸν καὶ εἰς τὸν ἐμὸν δρόμον.
 Στὴν Περσίαν δ' οὖν φθάσαντες ἤτοι στὰ Ταυρικ' ὄρη,
σὲ πρῶτον κάστρον πήγαμεν Μπαμπὰρτ ποῦ κράζουν ὅλοι,
κι ὅλα τὰ 'κεῖ περίχωρα ὁμοῦ τε καὶ τὰ ὄρη
τὰ τοῦ Μπαμπὰρτ τὰ λέγουσι κοινῶς οἱ 'κεῖσε ὅλοι.
 Τοῦ φρουρίου δὲ τοῦ αὐτοῦ τοῦ περσικοῦ Μπαμπάρτι,
690 καὶ τὰ πέριξ ὅλα αὐτὰ ἡ θέσις εἶν' τοιαύτη.
Στοῦ φρουρίου τὰ δεξιὰ κι ἀριστερὰ ὁποῦ 'ναι
καὶ κῶμαι καὶ χωρίδια οὐκ ὀλίγα ἃ εἶναι
ὅλα στοῦ Ταύρου τοῖς ποσὶν ἔχουν τοποθεσίαν
καὶ πανυγιεστάτου τε ἀέρος εὐκρασίαν·
καὶ ὑδάτων κατάρρυτων, πηγῶν διαυγεστάτων,
696 καὶ χειμάρρων διαφόρων εὐμοιροῦν πολλοτάτων·
ζώων ἀγρίων, πετεινῶν, ἐλάφων οὐκ ὀλίγων,
πολλοὶ οἱ ἐκεῖ θηρευταί. Οὐσῶν ἐκεῖ πλησίον
ὀπώρων διαφόρων τε οἱ πάντες εὐμοιροῦσι,   (Fol. 41 r°.)
ὅσοι λέγω εἰς τὰ ἐκεῖ εὑρίσκονται καὶ ζοῦσι.
 Περὶ τοῦ σίτου τί νὰ 'πῶ, φοβοῦμαι μή τις λάθη
702 κεῖπῇ ὁ συγγραφεὺς αὐτὸς γράφει ὅτι κι ἂν λάχῃ.
Ὁ σῖτος τόσον εὐφορεῖ 's αὐτὸ λέγω τὸ μέρος
ὁποῦ πολλάκις τὸν πολὺ τὸ ἀφίνουν στὸ θέρος·
οὗ τοῦ κόκκου τὸ μέγεθος τοσοῦτον ὑπερέχει,
σίτου λέγω τοῦ καθ' ἡμᾶς πενταπλασίως ἔχει.
 Ἄνδρες τε καὶ γυναῖκες τε ἐκεῖσε ὁποῦ ζοῦσι
708 ἀνδρεῖοι οἱ πάντες εἰσὶ κοὶ πάντες εὐρωστοῦσι,
καὶ μάλιστα οἱ ἄνδρες τε πάνυ ἀνδρικώτατοι
κατ' ἐξοχὴν ὅσοι ἐκεῖ καὶ πολεμικώτατοι·
ἐπεὶ καὶ καταγίνονται πάντοτε εἰς τὴν θήραν,
κεὶς τοὺς πολέμους πάντοτε ὅτ' ἔχουν καὶ αἰτίαν.
 Καὶ γὰρ ἔχουσι τἄντικρυς τὸν προρρηθέντα ἄμμον,

714 εἰς ὃν τὰ τῶν Τουρκμένηδων τὰ φῦλα εἶναι πάντων·
μὲ τοὺς ὁποίους πάντοτε κι ἀεὶ ἔχουν πολέμους,
κοί πόλεμοι δ' οἱ συνεχεῖς τελοῦν ἀνδρειωμένους.
Τὰ τοῦ Μπαμπὰρτ ἕως ἐδῶ, ἀλλ' ἔτι νὰ λαλήσω,
ὡς ἀναγκαῖον [ὂν] αὐτὸ καὶ νὰ τὸ σαφηνίσω·
ἡ ἐπαρχία δ' αὕτη δὲ ἡ Μπαμπὰρτ συνενοῦται
720 καὶ τῇ μεγίστῃ Χωρασὰν τῇ σατραπείᾳ κεῖται.
Ἡ δὲ μεγίστη αὕτη δὲ τῶν Περσῶν σατραπεία   (Fol. 41 v°.)
Χωρασὰν π' ὀνομάζουσιν, αὐτὴ εἶν' ἡ Παρθία,
ἀλλὰ πρὸς τἄνω τοῦ Μπαμπὰρτ δὲν πρέπει νὰ ἀφήσω
τὸ πάντων ἀξιέπαινον νὰ μὴν τὸ ἱστορήσω·
καὶ γὰρ ἐξ αὐτῆς τῆς Μπαμπὰρτ ἀνεφύη ὁ ἄνδρας,
726 εἴπω κεῖνος ὁ ἥρωας ὁ ξακουστὸς εἰς πάντας,
ὁ σάχης λέγω ὁ Ναδὶρ, Περσῶν ὁ βασιλέας,
ἢ, εἴπω καὶ καθ' Ὅμηρον, ἄλλος τις Ἀχιλλέας,
ὅστις οὐ μακρὰ τοῦ Μπαμπὰρτ τοῦ φρουρίου ποῦ εἶπα
ὥρας εἰς ἓξ διάστημα, ὃ 'γὼ καλῶς καὶ οἶδα,
εἰς κώμην π' ὀνομάζουσι Καλεπκὲντ οἱ ἐκεῖσε
732 ἐγεννήθη ὁ σὰχ Ναδὶρ κι ὥρμησεν ἐκ τοῦ 'κεῖσε
ἐξ ἱματίου ταπεινοῦ, ἀλλ' ὅμως εὐπατρίδου,
κἐκ ζώνης στρατιωτικῆς ἁπλῆς ὡς τότ' ἦν κείνου,
ἀλλ' ὕστερον ἐπὶ μικρὸν κἐπὶ μικρὸν ἐπήρθη,
καὶ ἐκ σπινθῆρος δὲ μικροῦ εἰς πῦρ μέγα ἀνήφθη,
καὶ ῥιζηδὸν κατέφλεξε τοὺς ἐχθροὺς τῆς Περσίας,
738 τοὺς πολεμίους ἅπαντας τῆς Περσῶν βασιλείας
κἠλευθέρωσε τὴν Περσὶν τῆς Αὐγάνων δουλείας,
καὶ ἐξ ἄλλων πολλῶν ἐθνῶν τῆς πικρᾶς τυραννίας.
Αὐτὸς ἐκαταδάμασε κ' Ὀθωμανῶν τὸ κράτος,
πολλὰ αὐτῶν στρατόπεδα κόψας γὰρ κατὰ κράτος·
ὃν πάντες ἀνηγόρευσαν οἱ Πέρσαι βασιλέαν   (Fol. 42 r°.)
744 μετὰ χαρᾶς κι ἀλαλαγμῶν ὡς εὐεργέτην μέγαν

718. ὂν manque dans les deux manuscrits.

Καὶ Ἀλεξάνδρου καὶ αὐτὸς ἔδειξε παρομοίως
τρόπαια κατὰ τῶν Ἰνδῶν, ὡς ἔδειξε κἀκεῖνος
καὶ γὰρ κατεπολέμησε καὐτήν τε τὴν Ἰνδίαν
καὶ τὸν βασιλέα Ἰνδῶν εἶχε 's αἰχμαλωσίαν,
κεἰς τὴν καθέδραν τῶν Ἰνδῶν τῆς Τζαναμπὰτ τῆς πόλης
750 ἀνηγορεύθη βασιλεὺς τῆς Ἰνδικῆς τῆς ὅλης·
καὶ νόμισμα ἐχάραξεν ἐκεῖ στὴν Τζαναμπάτη
καὶ βασιλέων βασιλεὺς στὸ νόμισμα ἐγράφθη·
καὶ τέλος κατεγύμνωσε τὴν μεγάλην Ἰνδίαν,
καὶ εἰς δασμὸν τὴν ἔβαλε νὰ στέλνῃ στὴν Περσίαν·
κὴ βασιλεία τοῦ Βουχὰρ μετὰ πολλοῦ τοῦ φόβου
756 εἰς τὸ σκῆπτρον τοῦ σὰχ Ναδὶρ ὑποτάχθη ἐξ ὅλου·
τὴν δὲ Χίβαν ὑπόταξε διὰ πυρὸς καὶ ξίφους,
κἴδιον ἐδιόρισε βασιλέα 's ἐκείνους·
ὁμοίως καὶ τοὺς Ἴβηρας εἰς τὸν ζυγὸν τὸν πάλαι
εἰς τὸ σκῆπτρον τὸ περσικὸν ὑπόταξεν ὡς πάλαι.
Οὗ τὰ μεγάλα τρόπαια, τὰ ἡρωϊκὰ ἔργα
762 εἰς πλάτος καὶ καταλεπτῶς ἅπαντα εἶν' γραμμένα
εἰς τὴν ἐμὴν περὶ αὐτοῦ καθόλου ἱστορίαν,
τὴν πολυχρόνιον ἐμὴν λέγω φιλοπονίαν·
διὸ καὶ περαιτέρω οὖν οὐ χρὴ ὧδε νὰ γράψω, (Fol. 42 v°.)
ἀλλὰ μέχρι ἕως αὐτοῦ τὰ τούτου καταπαύσω·
καὶ ἀρχίσω τὸν δρόμον μου νὰ 'πῶ ἀπ' τὸ Μπαμπάρτι
768 ἐκεῖνον ὁποῦ ἔκαμα ἕως εἰς τὸ Μασάτι.

Ἀπ' τὸ Μπαμπὰρτ ἐμίσευσα κεπέρασα τὸν Ταῦρον,
οὗ εἰς τὰς κορυφὰς αὐτοῦ εἶδον χιόν' καὶ πάγον,
ἐγὼ δὲ εἰ κεπέρασα καὶ 's ἄλλα πολλὰ μέρη
αὐτὸ τόρος τὸ Ταυρικὸν ἀλλ' αὐτοῦ διαφέρει·
πάνυ ψηλὰ ἐπαίρεται σχεδὸν ἕως τὰ νέφη,
774 καὶ εἰς τὰ καθεξῆς αὐτοῦ ἀλλοίως κι ἄλλως ἔχει·
αὐτοῦ γὰρ βλέπεις χάσματα στὰ ὄρη μαρμαρώδη

769. μπαρμπάρτ.

σπήλαια μεγαλώτατα κι ἀλλοῦ ὄρη δενδρώδη,
ςτῶν ὀρέων τὰ χάσματα ἄνθρωποι πολλοὶ ζοῦσι,
κι ὥσπερ εἰσὲ χωρίδια μέσα 'κεῖ κατοικοῦσι.
Διελθόντες ὅμως ἡμεῖς ταῦτα τοῦ Ταύρου ὄρη
780 καὶ ἐξελθόντες ἐξ αὐτοῦ εἰς εὐρύχωρην χώρην,
καὶ τῆς ὁδοῦ φερόμενοι τῆς πρὸς εἰς τὸ Μασάτι,
ἐν τῷ μεταξὺ ταύτης δὲ εἶδον καὶ τὸ Κελάτι,
ὃ δ' αὐτὸ εἶν' ἐξάκουσ]ον εἰς ὅλην τὴν Περσίαν,
καὶ Θεῖον δὲ ὀχύρωμα ἔχει ὀνομασίαν,
καὶ γὰρ γλώτ]ῃ τῇ ἑαυτῶν κουδρὲτ καλὲ τὸ κράζουν,
786 καὶ κύριον δὲ ὄνομα Κελάτι τὸνομάζουν·
αὐτὸ εἶναι τῆς φύσεως τῆς ἀρχιτεκτονούσης   (Fol. 43 r°.)
οἰκοδόμημα θαυμασ]ὸν τὰ πάντα τῆς κοσμούσης·
περὶ οὗ βραχὺ νὰ εἰπῶ καὶ νὰ εὐχαρισ]ήσω
τὸν ἀναγνώσ]ην τὸν ἐμὸν νὰ τὸν πληροφορήσω·
τοῦ Κελάτου δ' οὖν αὐτουνοῦ ἡ θέσις ἔχει οὕτως.
792 Ὄρη ἀπ' τὴν ἐπίπεδον ἐπαίρονται ἐς ὕψος
ἀλλ' ἐς ὕψος πάνυ ψηλὸν, ἄβατον παντὶ λόγῳ,
τείχους μεγίσ]ου φύσεως ἔχουσι λόγῳ λέγω,
καὶ γὰρ οὐ μόνον εἶν' ψηλὰ καὶ ἄδενδρα ἐξ ὅλου,
ἀλλ' εἰσὶ μαρμαρώδη δὲ κι ὡς χάλκεα καθόλου·
ὧν δὲ ἡ περιφέρεια σ]άδια ἐς σαράντα
798 ἢ ἴσως καὶ πεντήκοντα δοκεῖ μοι νά 'ναι πάντα,
καὶ εἰς εἴσοδον ἔχει δὲ δύο καὶ μόνον τόπους
κι αὐτοὺς κ' ἑλιγματοειδῶς ἔχοντας τὰς εἰσόδους,
ἢ εἴπω ὡς ὑπὸ σεισμοῦ τῶν ὀρέων ῥαγέντων
καὶ τὰς εἰσόδους ταύτας δὲ αὐτομάτως παγέντων,
κι αὐτὰς δὲ ἐς τοσοῦτον δὲ ὁποῦ μόλις μποροῦσι
804 τρεῖς ἄνθρωποι ἢ τρεῖς ἱππεῖς ἐν ταὐτῷ νὰ ἐμβοῦσι·
ἀλλὰ τὰ ἔσω τούτου δὲ τοῦ Κελάτου οὐ λέγω
πολλὰ τῆς εὐζωΐας εἶν', ἀλλ' ἐγὼ τὰ συντέμω,
καὶ μόνον λέγω σύντομα ὅσα ἄνθρωπος χρῄζει
μὲ τέρψιν λέγω φυσικὴν καθεὶς ὁποῦ νὰ ζήσῃ,

τῶν πάντων ὧν χρὴ εὐμοιρεῖ τὰ ἔσω τὸ Κελάτι (Fol. 43 v°.)
810 κι οὐδὲν χρήζει ἐξ ἔξωθεν κἂν ποία χρεία λάχῃ.
Ἀλλ' ἴσθι, ἀναγνῶσ]α μου, ἔπειτ' ὁ σὰχ Ναδίρης
τὸ 'καμε τοῖον νὰ μὴν εἶν' ἀλλὸ ὑπὸ σελήνης,
καταναλώσας θησαυροὺς πολλοὺς τοὺς ἐξ Ἰνδίας
εἰς τὰς αὐτοῦ οἰκοδομὰς κεἰς δόξαν τῆς Περσίας ·
καὶ τὸ 'καμ' ἀνακτόρια Περσῶν τῶν βασιλέων
816 καὶ θησαυροφυλάκιον τῶν θησαυρῶν του λέγω
οὗ τὰς παντὶ ἐπέκεινα λέγω οἰκοδομάς του,
κατὰ μέρος ἂν θέλῃ τις αὐτὰς τὰς τοῦ Κελάτου
νὰ τὰς γράψῃ λεπ]ομερῶς ἀνάγκη εἶν' νὰ γράψῃ
τόμον μὲν μεγαλώτατον, καὶ τότε δὲ νὰ παύσῃ ·
διὸ κἀγὼ αὐτὰ ἐῶ κἔρχομαι στὴν ὁδόν μου,
822 καὶ αὖθις πάλιν ἀρχινῶ τὸν δρόμον τὸν δικόν μου ·
ἀπ' τὸ Κελάτι μίσευσα κἐπῆγα στὸ Μασάτι,
ἕξ δὲ ἡμέρες κάμνοντας σωσ]ὲς ἀπ' τὸ Μπαμπάρτι.
Αὕτη δ' ἡ πόλις ἡ Μεσὲτ εἶναι μεγάλη πόλις,
τὰ δευτερεῖα ἔχουσα τῆς Ἰσπαχὰν ἐξ ὅλης
καὶ εἶναι καὶ καθέδρα δὲ τοῦ μεγάλου σατράπου,
828 τοῦ τῆς μεγάλης Χωρασὰν σατραπείας τοπάρχου.
Τὸ πῶς δὲ ἡ Παρθία εἶν' ἡ Χωρασὰν ἣν εἶπα
τοῦτο 'γὼ διὰ βέβαιον καὶ πρὸ τούτου τὸ εἶπα ·
κι ὁποῖος ἔχει ὄρεξιν καὶ εἴδησιν νὰ κρίνῃ (Fol. 44 r°.)
εἰς ἃ γράφω καὶ ἰσ]ορῶ διὰ νὰ διακρίνῃ,
πολλὰ 'γὼ τὸν παρακαλῶ νὰ πάρῃ τοῖον κόπον,
834 καὶ νὰ κρίνῃ ἂν νουνεχῶς γράφω 'γὼ κάθε τόπον.
Ἱκανὰ δ' ὅμως ὡς αὐτοῦ ταῦτ' εἶπα καὶ ἂς παύσω,
κἐκ τὸ τοῦ λόγου κείμενον τὸν λόγον αὖθις ἄρξω.
Αὐτὴν τὴν πόλιν τὴν Μεσὲτ οἱ Πέρσαι τὴν δοξάζουν,
καὶ πάντες δὲ κοινῶς αὐτὴν ἁγίαν ὀνομάζουν ·
ἐπεὶ εἰς τὸ Μεσὲτ αὐτὸ εἶν' ἐκεῖνος ὁ τάφος
840 τοῦ ἰμὰμ Ριζᾶ λέγω δὲ ὃν σέβονται ἐπάκρως.
Καὶ γὰρ ἀπὸ τὰ πέρατα μακρά που τῆς Περσίας

ὅσοι μποροῦσι ἔρχονται ἐξ ὅλης τῆς καρδίας
εἰς προσκύνησιν τοῦ ναοῦ ὁμοῦ τε καὶ τοῦ τάφου,
κύσ]ερον ἔχουσι τιμὴν στὴν Περσὶν ὅπου λάχουν,
προσκυνητὰς τοὺς λέγουσι τοὔνομα μεσετῆδες,
846 τοῦτο δ' αὐτό ἐσ]ιν εἰπεῖν τὸ τουρκισ]ὶ χατζῆδες.
Αὐτοῦ δὲ τοῦ Ἰμὰμ Ριζᾶ τοῦ ναοῦ καὶ τοῦ τάφου,
οὗ ἡ Περσία σέβεται, ὡς προεῖπον, ἐπ' ἄκρου,
αἱ μέγισ]αι οἰκοδομαὶ, οἱ θησαυροὶ καὶ πλούτη,
τοῦ Κροίσου εἴπω θησαυροὶ ἴσως ἦτον τοιοῦτοι,
ἢ εἴπω συντομώτερα, ὡς κι ἀλλοῦ ἔγραψά το,
852 κεὶς τὸν βίον τοῦ σὰχ Ναδὶρ ἐκαθισ]όρησά το,
ὡς ὅτι τοῖον θέατρον οἰκοδομῶν καὶ πλούτου   (Fol. 44 v°.)
τὸ δεισιδαῖμον ἔβαλε τὰ θεμέλια τούτου·
ἀλλ' ἐγὼ πρὸς τὰ ἄνωθεν εἰς τὴν Μεσὲτ ὁποῦ 'δα,
κι ἄλλα πολλὰ ἱσ]όρησα ὁποῦ 'χα πιθυμία,
μάλισ]α [δὲ] τοῦ σὰχ Ναδὶρ, ὅσ]ις τότ' ἦτον χάνης,
858 καὶ μόνον εἶχεν ὄνομα τὸ Ταχμὰζ Κουλὶ χάνης,
οὗ εἰς τἀνδρὸς τὰς ἀρετὰς στὰ προτερήματά του
τῆς εὐνομίας τὰ πολλὰ καὶ τὰ ἡρωϊκά του
πάντ' ἀκορέσ]ως εἶχα 'γὼ πάντα ταὐτοῦ νὰ βλέπω,
καὶ βλέποντάς τον συνεχῶς κόρον δὲ νὰ μὴν ἔχω·
κι ὁ λόγος γὰρ ὁ παλαιὸς τοῦτο τοὐμὸν κυρόνει,
864 ἀκόρεσ]ον ἅπαν καλὸν, πάντως τὸ βεβαιόνει·
περὶ οὗ δ' ἄλλη κάλαμος ἔδει διὰ νὰ γράψῃ,
καὶ πολλοὺς τόμους γράφοντας μόλις τότε νὰ παύσῃ.
Τὴν ἱσ]ορίαν δὲ αὐτοῦ ἐγὼ 'γραψα πρὸ τούτου,
ἀλλὰ κἀγὼ πολλὰ 'λειψα τὰ πρὸς ἀξίαν τούτου·
λέγω ὅμως ἡ αἵρεσις τινὲς τῶν πάλαι ποῦ 'χαν
870 τὰ τῆς μετεμψυχώσεως ὅσοι ὁποῦ φρονοῦσαν,
καὶ δὲν ἤτανε καθαρὸν ψεῦδος ὡς ἀπεδείχθη,
τότ' ἔλεγα τὸν Ἡρακλῆν ὁ σὰχ Ναδὶρ ἐνδύθη.

857. δὲ manque dans les deux manuscrits.

Παρ' αὐτοῦ δὲ τοῦ σὰχ Ναδὶρ, τοῦ τότε δ' ὄντος χάνη,
τοῦ τότε δ', ὡς προεῖπον δὲ, τοῦ Ταχμὰζ Κουλὶ χάνη,
τοιᾶς τύχης ἐγώ 'τυχα νὰ ἔχω κατ' ἰδίαν (Fol. 45 r°.)
876 οὐχ ἅπαξ λέγω μετ' αὐτοῦ μυσίικῶν ὁμιλίαν,
ὅσ]ις καὶ μ'εὔνοιαν πολλὴν καὶ ἐφωδίασέ με,
καὶ δι' ἰδίου ὁρισμοῦ καλῶς ἀπέλυσέ με.
Κεμίσευσα ἐκ τῆς Μεσὲτ διὰ τὴν Ὑρκανίαν·
καὶ δὴ λοιπὸν αὖ τὴν ἐμὴν ἄρξω ὁδοιπορίαν·
τὸν δρόμον δ' ὁποῦ ἔκαμα ἄνευ πολυλογίαν
882 καὶ ὅλα δὲ τὰ καθεξῆς νὰ 'πῶ μὲ συντομίαν,
χωρὶς νὰ λέγω τὲς μικρὲς χῶρες καὶ τὰ χωρία,
καὶ ἄλλα τε παρόμοια ποῦ στὴν ὁδοιπορία·
ἀλλὰ τὰς πόλεις νὰ εἰπῶ πὄχουν ὀνομασίαν
καὶ ὅσας σατραπείας δὲ ἕως στὴν Ὑρκανίαν.
Ἀπ' τὸ Μασὰτ οὖν μίσευσα, ἦλθον στὸ Σανζαβάρι,
888 πόλις κι αὐτὴ εἶν' οὐ μικρὰ στὴν γῆν τοῦ Χωρασάνη·
καὶ ἀπ' αὐτὴν ἐπάγησα εἰς ἄλλην παρομοία,
Νισαβούρι τὴν λέγουσι, κι αὐτὴ πόλις ἀξία·
μάλισ]α δὲ εἰς αὐτινῆς, οὐ μακρὰ ἀπ' τὴν πόλη,
λίθοι οἱ περουζέδες δὲ εὑρίσκονται στὰ ὄρη·
ἀπὸ δ' αὐτὴν ὁδεύσας δὲ ἐς ἱκανὰς ἡμέρας
894 εἰς Σαρὶν πόλιν πάγησα τῆς Χωρασὰν τὸ πέρας
πέρας λέγω ὡς ἡ ἐμὴ εἶχεν ὁδοιπορία
καὶ ὡς εἶχεν ὁ δρόμος μου διὰ τὴν Ὑρκανίαν.
Ἐπεὶ ἐγὼ ἠθέλησα, μάλισ]α κεῖχα χρεία (Fol. 45 v°.)
νὰ ἰδῶ τὴν Μιζανδαρὰν ἐν τῇ ὁδοιπορίᾳ,
καὶ διὰ τοῦτο ἄφησα ὁδὸν τὴν κατ' εὐθεῖαν,
900 ἣν ἔδει ἐν ἀρισ]εροῖς διὰ τὴν Ὑρκανίαν.
Ἐκ δὲ τῆς πόλεως Σαρὶ πέρασ' αὖθις τὸν Ταῦρον,
καὶ κατέβημεν τόσον δὲ ὥσπερ σὲ κόσμον ἄλλον·
καὶ γὰρ ἡμέρας τέσσαρες ἀεὶ κατεβαίναμεν,

889. κ' ἀπ' αὐτὴν. — 895. ὁδοιπορίαν dans les deux manuscrits.

κρημνοὺς λίαν κατωφερεῖς καὶ δάση ὡδευάμεν,
ἕως ποῦ κατεβήκαμεν εἰς τὴν Μιζανδαράνην
906 καὶ πλέον δὲ ἀφήσαμεν τὴν γαῖαν Χωρασάνην.
Αὕτη δὲ ἡ Μιζανδαρὰν εἶν' κι αὐτὴ σατραπεία,
καὶ οὐ μικρὰ εἶν' καὶ αὐτὴ στὴν Περσῶν βασιλεία·
καὶ ταύτης δὲ ἐν δεξιοῖς εἶν' ἡ Ἀσταραμπάτη,
σατραπεία δὲ καὶ αὐτὴ κι ὀνομαστὴ καὶ αὕτη·
ἀμφότεραι δὲ αἱ αὐταὶ αἱ δύο ἐπαρχίαι
912 καὶ τῶν Περσῶν αἱ οὐ μικραὶ λέγω αἱ σατραπεῖαι
εἶναι παραθαλάσσιαι θαλάσσης τῆς Κασπίας,
καὶ καῦσον' ἔχουν, ὡς εἰπεῖν, ἄλλον Αἰθιοπίας.
Τὸ καλοκαίρι ἐξ ἐκεῖ πολλοὶ ἀναχωροῦσι
καὶ στὰ πλησίον ὅσα 'κεῖ ὄρη πᾶσι καὶ ζοῦσι.
Καὶ πρὸς τἆλλα ποῦ φύονται εἰς τὸ Μιζανδαράνι,
918 καὶ κάλαμον δὲ ἄπειρον ζαχάρεως ἐβγάνει.

Ἐγ' ὅμως στὴν Μιζανδαρὰν ἐστάθηκα στὴν πόλιν, (Fol. 46 r°.)
στὴν Μπαλφροὺς τὴν μητρόπολιν, τὴν οὐ μικρὰν τὴν χώρην·
καὶ ἀπ' αὐτὴν ἐμίσευσα, ἔχοντας τὴν Κασπίαν
πάντοτε εἰς τὰ δεξιὰ εἰς τὴν ὁδοιπορίαν,
ἢ εἴπω ἐπηγαίναμεν τὴν παραθαλασσίαν,
924 καὶ μέχρις ὁποῦ φθάσαμεν ἕως στὴν Ὑρκανίαν,
ἐν τῷ μεταξὺ πέρασα καὶ μίαν τοπαρχίαν,
Τοὺνι Καμπὶν τὴν λέγουσι, ἐξ ἧς εἶν' ἡ Ὑρκανία.
Περὶ δὲ τῆς Ὑρκανικῆς τῆς γαίας καὶ τοῦ τόπου
γραμμένα εἶν' πρὸ τούτου δὲ ἅπαντα καὶ καθόλου
'ς αὐτὸ τὸ τοῦ λόγου τοὐμοῦ τοῦ περιηγητικοῦ μου,
930 ςὸ πρῶτον μέρος λέγω δὲ τούτου τοῦ 'στορικοῦ μου,
διὸ καὶ ἄλλο δέν ἔχω περὶ τῆς Ὑρκανίας
νὰ 'πῶ 'ς αὐτὸ τὸ δεύτερον μέρος τῆς στιχουργίας.
Λέγω ὅμως ἐστάθηκα εἰς τὴν Ῥέστην τὴν πόλιν,
κι ἀντάμωσα τὸν γενεράλ Βασίλη Λεβασόβην,
κεῖπα του ἃ προστάχθηκα νὰ τοῦ 'πῶ κατ' ἰδίαν,
936 ὅσ' ἀπ' τὸν Ταχμὰζ Κουλὶ χὰν εἶχα παραγγελίαν·

περὶ ὧν ἀνωτέρω δὲ εἶπα ὡς ὅτι εἶχα
μετὰ τοῦ Ταχμὰζ Κουλὶ χὰν μυστικῶν ὁμιλία·
ἅτινα, μετὰ τὸ εἰπεῖν, καὶ κατεκάλυψά τα
κεῖς τῆς λήθης τὸν ποταμὸν πάντα ἀπέρριψά τα·
ὁ δ᾽ αὐτὸς δὲ ὁ γενερὰλ ὁ ῥηθεὶς Λεβασόβης (Fol. 46 v°.)
942 τῆς Ὑρκανίας τότε δὲ τοπάρχης ἦν τῆς ὅλης·
καὶ γὰρ τῷ τότ᾽ ἡ ἄπασα θάλασσα ἡ Κασπία
καὶ τὰ παραθαλάσσια ἦτον στὴν ἐξουσία
ςοῦ σκήπτρου τοῦ ῥωσσαϊκοῦ, ἃ ὁ Πέτρος ὁ μέγας
τὰ καθυπόταξεν αὐτὰ ὁ Ῥώσσων βασιλέας·
ἔξω μόνον ἐλεύθεραι ἦτον αἱ σατραπεῖαι
948 Μιζανδαρὰν κι Ἀσταραμπὰτ αἱ παραθαλάσσιαι,
ἐπεὶ οἱ Ῥῶσσοι ὡς ἐκεῖ, ὡς πόρρω δὲν ἐπῆγαν,
ἢ ἄλλην ἢν οὐκ οἶδα 'γὼ ἴσως εἶχον αἰτίαν·
ἀλλ᾽ αὐτὰ δὲ ὡς οὐχ ἐμὰ ὧδε δὲ καὶ ἐάσω,
κι ἀπὸ τὴν Ὑρκανίαν δὲ τὸν δρόμον μου νὰ πιάσω,
διὰ θαλάσσης δ᾽ ἀπ᾽ ἐκεῖ, λέγω τὴν Ὑρκανίαν
954 πέρασα κ᾽ ἐπανέκαμψα αὖθις εἰς τὴν Ῥωσσίαν·
διὰ δὲ τοῦ Ἀστραχανιοῦ πῆγα στὴν Μοσχοβίαν
θείᾳ δυνάμει ὑγιὴς καὶ σχεδὸν μ᾽ εὐρωστίαν.
Καὶ εἰς τὴν Μοσχοβίαν δὲ οὐ πολὺ διατρίψας,
ἀλλὰ πάλιν καὶ ἐξ αὐτῆς αὖθις ἀποδημήσας,
ἀπῆλθον διὰ νὰ ἰδῶ κατὰ τὴν ἔφεσίν μου,
960 τὴν κλίσιν λέγω τὴν ἐμὴν τὴν περιηγητικήν μου,
πρὸς τὴν Εὐρώπην δηλαδὴ [καὶ] νὰ περιηγήσω,
ἐν τούτῳ καὶ τἀμὰ ὁμοῦ νὰ τὰ οἰκονομήσω.
Διὸ δὲ καὶ ἐμίσευσα ἀπὸ τὴν Μοσχοβίαν, (Fol. 47 r°.)
κατὰ πρῶτον δέ μοι σκοπόν, διὰ τὴν Ὁλλανδίαν.
Περὶ δὲ ὅσων ὧν γαιῶν εἰς τὴν Εὐρώπην εἶδα
966 ἐν σχῆμα καταλόγου δὲ νὰ 'πῶ μὲ συντομία·

951. οὐχ est la leçon des deux manuscrits. — 961. καὶ manque dans les deux manuscrits.

καὶ γὰρ οἱ πάντες οἴδασι καλῶς τὰ τῆς Εὐρώπης
καὶ βασιλείας κέθη τε καὶ θρησκείας καὶ τόποις,
καὶ οὐκ ὀλίγοι ξυγγραφεῖς περὶ τούτων λαλοῦσι,
κὲν τῇ Εὐρώπῃ ὅσα δὲ ἀκριβῶς ἱστοροῦσι.
Διὸ ἐμοὶ οὐχ ὅλως δεῖ μακρὸν λόγον νάρχίσω,
972 ἀλλ' ἐν καταλόγῳ βραχεῖ τὸν δρόμον νὰ ποιήσω.
Καὶ δὴ λοιπὸν μισεύοντας ἀπὸ τὴν Μοσχοβίαν
εἰς τάκουστὸν καὶ ὀχυρὸν κάστρον πῆγα στὴν Ρίγαν·
καὶ ἐξ ἐκεῖσε πλέον δὲ ἐβγῆκ' ἀπ' τὴν Ρωσσίαν,
κἐπέρασα ὅλην τὴν γῆν λέγω τὴν Κουρλανδίαν·
αὐτὴ εἶν' αὐτοκέφαλος μία ἡγεμονία,
978 ἡ δὲ μητρόπολις αὐτῆς λέγεται Μιταβία.
Καὶ ἐξ αὐτῆς δὲ ἔφθασα εἰς τὴν γῆν τῆς Μπρουσίας,
τῆς βασιλείας λέγω δὲ τῆς τοῦ Μπρανδεβουργίας·
τῆς βασιλείας δὲ αὐτῆς πολλὲς εἶναι αἱ πόλες,
καὶ κάστρη μεγαλώτατα καὶ ἄλλες πολλὲς χῶρες.
Ἦς δ' ὅμως ἡ μητρόπολις, τἄνακτος ἡ καθέδρα,
984 κάστρον δὲν εἶναι δὲ μικρὸν, ἀλλὰ σχεδὸν καὶ μέγα,
εἰς πάντα ὡραιότατον, Μπερλὶν ὠνομασμένον,   (Fol. 47 v°.)
καὶ τοῖς ὁρῶσι γίνεται πολλὰ ἠγαπημένον.
Εἰς αὐτινῆς τῆς Μπρούσιας τὴν παραθαλασσίαν
τῆς Βαλτικῆς τῆς θάλασσας εὑρίσκουν μ' εὐκολίαν
τὸ ἤλεκτρον ποῦ λέγουσι κοινῶς τὸ κεχριμπάρι,
990 ὅμως εἶναι βασιλικὸν κοὐχὶ καθεὶς νὰ πάρῃ.
Κεἰς αὐτὸν δὲ τὸ μεταξὺ τὸν δρόμον ὁποῦ πῆγα,
καὶ τοῦ Χανόβερ τόπους δὲ ἐπέρασα καὶ εἶδα·
ρηγάτο εἶναι καὶ αὐτὸ λέγω τῆς Γερμανίας,
νῦν δ' ἅμα εἶν' ὁ ῥήγας του καὶ βασιλεὺς Ἀγγλίας.
Πρὸς τούτοις δὲ ἐπέρασα εἰς τῆς Δάνσκας τὸ κάστρον,
996 εἴπω τὸ εὐμορφότατον ὡς τὸ λαμπρὸν τὸ ἄστρον·
αὐτὸ εἶν' αὐτεξούσιον, καὶ ἔχουν ἐξουσίαν
οἱ πολῖται λέγω αὐτοῦ εἰσὲ κάθε δουλείαν·
εἶναι δὲ καὶ ἐμπόριον, πολλοὶ 'κεῖ πραγματεύουν

καὶ πράγματα διάφορα πολλὰ 's αὐτὸ δουλεύουν.
Ἐξ αὐτοῦ δ' ἐξερχόμενος, μὲ ἡμέρας ὀλίγας,
1002 ἐπάγησα στὸ Ἄμπουργο, κάστρον εἶν' ἐμπορίας·
πόλις εἶν' μεγαλώτατη, πολυάνθρωπος πάνυ,
διὰ θαλάσσης καὶ ξηρᾶς τὴν ἐμπορίαν κάμνει·
εἶναι δὲ κι αὐτεξούσιον, ὡς προεῖπον κὴ Δάνσκα,
οἱ νόμοι γὰρ τῆς πόλεως προστάτ]ουν εἰς τὰ πάντα.
Ἀπὸ δ' αὐτοῦ μισεύοντας πῆγα ςὸ Λουξαμπούργου (Fol. 48 r°.)
1008 χωρὶς νὰ λέγω τἄλλα τε κάσ]ρη τοῦ τόπου κείνου·
αὐτὸ τὸ μέρος ὅμως εἶν' ὁ λὲν Μπαραμπαντία,
καὶ ἄρχεται ἀπὸ αὐτοῦ ἡ Μπαταβαλλαντία.
Εἰς τὴν Ὁλλάνδαν φθάσας δέ, χωρὶς νὰ λέγω τἄλλα
κάσ]ρη καὶ ἀκαδήμιες, καὶ πολλὰ τοῖα ἄλλα·
ἐγὼ ὅμως διέτριψα εἰς τὸ Ἀμισ]ελδάμι,
1014 ςὸ κάστρον τὸ ἐμπορικὸν ὑπόχουν οἱ Ὁλλάνδοι.
Ἀγκαλὰ στὴν Ὁλλάνδ' αὐτὴν οἱ πάντες πραγματεύουν
καὶ ἐπὶ πόνου ἅπαντες τἀργύριον γυρεύουν·
ἀλλ' ὅμως δὲ κατ' ἐξοχὴν μεγάλες πραγματεῖες
διὰ θαλάσσης καὶ ξηρᾶς κι ἀπ' τὲς μικρὲς Ἰνδίες,
λέγω ς' Ἀμισ]ελδὰμ αὐτὸ εἰσέρχονται καὶ πᾶνε,
1020 καὶ κάθε πρᾶγμα βρίσκει τις στὸν κόσμον ὁποῦ νά 'ναι·
καὶ σύντομα δὲ νὰ εἰπῶ ἄνευ πολυλογία
αὐτοῦ εἶν' τῶν πραγματευτῶν τῷ ὄντ' ἀκαδημία,
εἰς ἣν αὐτοὶ σπουδάζουσιν, ἣν δοξάζουν ἁγίαν,
τὴν παντοῦ σπουδαζόμενην λέγω φιλαργυρίαν.
Ὅμως κατ' ἐξοχὴν 's αὐτοὺς πληροῦται τὸ τοῦ λόγου
1026 παρ' οἷς κι ὁ πλοῦτος ἀρετὴ κρίνεται ὡς ἐξ ὅλου.
Τοῦτο δ' ἀκόμη νὰ εἰπῶ, καὶ νὰ ἀναχωρήσω,
καὶ ἐξ αὐτοῦ τὸν δρόμον μου πάλιν νὰ ἀρχινίσω.
Ἡ Ὁλλάνδα λέγω αὐτὴ εἶναι δημοκρατία, (Fol. 48 v°.)
ἀλλ' ὅμως δὲ ἔχει ἰσχὺν σχεδὸν ὡς βασιλεία.
Ἐγὼ ὅμως ἐμίσευσα κι ἀπ' αὐτοῦ ἀπ' τὴν Ὁλλάνδαν,
1032 καὶ μὲ ἡμέρας οὐ πολλὰς ἔφθασα εἰς τὴν Φράντζαν.

Περὶ τῆς Φράντζας δὲ νὰ 'πῶ πολλ' ἄξια εὑρίσκω.
ὅμως δὲν εἶναι ταῦτα 'γὼ διὰ νὰ ἐξηγήσω·
ἐπεὶ καὶ δέονται μακροῦ καὶ λόγου καὶ εὐροία
νὰ 'πῶ τὸ πολυάνθρωπον καὶ τὰ ὡραῖα κτίρια,
τὸ πλῆθος τῶν ἀρμάτων της, τάγχίνουν στοὺς πολέμους,
1038 καὶ τῶν ἠθῶν τὸ εὔρυθμον ποὺ βλέπεις στοὺς Φραντζέζους·
μάλιστα τὸ φιλόξενον βέβαια εἶναι θαῦμα,
κάθε γὰρ ξένος εἰς αὐτοὺς τιμὴν ἔχει στὰ πάντα.
Ἐγὼ ὅμως διέτριψα στὴν περίφημον πόλη,
εἰς τὸ Παρίσι τἀκουστὸν, ποῦ τὸ παινοῦσιν ὅλοι.
Τὸ μεταξὺ ἐπήγαινα, μάλιστα καὶ συχνάκις,
1044 λέγω εἰς τὴν Βιρσάλιαν εἰσήρχομουν πολλάκις·
καὶ γὰρ ὥρας ἐς τέσσαρας φθάνεις ἀπ' τὸ Παρίσι,
εὑρίσκων πᾶς τις ἅμαξαν ὅτι καιρὸν θελήσῃ.
Εἰς αὐτὴν τὴν Βιρσαλιαν ὁ βασιλεὺς τῆς Φράντζας
ἔχει τὰ ἀνακτόρια, ὡς εἶν' γνωστὸν εἰς πάντας·
εἰς αὐτὴν κι ὁ περίβολος εἶναι ὁ ἀκουσμένος
1050 τῆς Βιρσαλίας λέγω δὲ ὁ περιφημισμένος, (Fol. 49 r°.)
εἰς ὃν πολλάκις ἔτυχε νὰ περιδιαβάσω,
καὶ μ' οὐκ ὀλίγην τέρψιν δὲ τὸν καιρὸν νὰ περάσω.
Ἀλλὰ ταῦτα μὲν ταῦτα δὲ, καὶ γὰρ εἶν' γνωρισμένον
τῆς Φράντζας τὸ πανεύκοσμον κεῖναι καὶ ἀκουσμένον.
Ἐγὼ δὲ κι ἀπ' τὴν Φράντζ' αὐτὴν, ἤτοι ἀπ' τὴν Γαλλίαν,
1056 ἐπέρασα τὴν θάλασσαν, κἐπῆγα στὴν Ἀγγλίαν.
Εἰς τὴν Λονδῶν ἐστάθηκα, πόλις εἶν' γνωρισμένη·
πολλά τε πολυάνθρωπος καὶ παντοῦ ἀκουσμένη·
εἰς αὐτὴν κὴ καθέδρα δὲ εἶναι τῆς βασιλείας
τοῦ βασιλέως τῶν Ἀγγλῶν κι ὅλης τῆς Βρετανίας.
Περαιτέρω δὲ οὐκ ἐμὸν εἶναι νὰ ἰστορήσω,
1062 τῶν Ἀγγλῶν τἀξιώματα ἐγὼ νὰ παραστήσω.
Καὶ γὰρ εἰς πάντας εἶν' γνωστὴ ἡ πλουσιότητά τους,
καὶ ἡ ἰσχὺς στὴν θάλασσαν, καὶ ἡ σοφότητά τους·
μάλιστα τὸ Φιλέλληνον εἰς αὐτοὺς πλεονάζει,

καὶ στὰς ἀκαδημίας τοὺς ἐς δύναμιν ἀκμάζει·
καὶ αὐτοὺς δὲ τοὺς Ἕλληνας, Γραίκους ὡς ὀνομάζουν,
1068 καὶ τοὺς τιμοῦν καὶ ἀγαποῦν, κεἰς πάντα τοὺς δοξάζουν.
Ἐγὼ ὅμως πρὸς τἆλλα τε ὁποῦ 'δα στὴν Ἀγγλίαν,
ἱστόρησα μὲ θαυμασμὸν καὶ τὴν ἀκαδημίαν
κείνην λέγω τὴν ξάκουστον ποῦ λέσι ς' Ὀξοφόρτι·
εἰς ἣν καθ' ἐπιστήμης δὲ διδάσκεται ἡ γνώση,
εἰς ἣν κἀγώ τ' ἐπρόσφερα τὴν χάρταν ποῦ 'χα κάμη, (Fol. 49 v°.)
1074 δι' ἣν μ' εὐχαριστήσασιν οἱ 'κεῖσε πάντες πάνυ.
Ἐν αὐτῷ δὲ τῷ Ὀξοφόρτ εἶν' κὴ βιβλιοθήκη,
ἀλλ' οὐκ οἶδα ἂν εἶν' κι ἀλλοῦ βιβλίων τόσων πλήθη.
Καὶ ταῦτα δὲ ἕως αὐτοῦ τά τε καὶ τῆς Ἀγγλίας,
τῆς Μεγάλης, ὡς λέγεται, λέγω τῆς Βρεττανίας.

Ἐγὼ ὅμως ἐκ τοῦ ῥυθμοῦ ἃς μὴν φύγω τοῦ λόγου
1080 τῆς ἐμῆς περιηγήσεως λέγω τοῦ καταλόγου,
ἐμίσευσα κι ἀπ' τὴν Λονδῶν αὖθις νὰ πανακάμψω,
πρὸς τὴν Ῥωσσίαν λέγω δὲ τὸν δρόμον μου νὰ πιάσω.
Τὸν δρόμον μου δὲ ἔκαμα ὅλον διὰ θαλάσσης,
πλεύσας εἰς τὸν ὠκεανὸν τὸν ἀκουστὸν τοῖς πᾶσι·
περνῶντας του τὰ κύματα τἄγρια, τὰ μεγάλα,
1086 ποῦ 'ν' ἀπ' τὰ μεγαλίτερα ὄρη πλέον παρ' ἄλλα·
καὶ μεθ' ἡμέρας ἱκανὰς καὶ μὲ πολλοὺς κινδύνους,
λέγω τοὺς ὠκεανείους τοὺς φοβεροὺς ἐκείνους,
ἐν οἷς εἶναι καὶ τῶν κητῶν ποῦ σκιρτοῦν στὰ πελάγη,
ἐξ ὧν πολλάκις ἔτυχε νὰ χαθῇ καὶ καράβι·
ἡμεῖς δ' ἐκ τοῦ πελάγους δὲ ἐμβήκαμεν σὲ κόλπον,
1092 ςοῦ Δανιμάρκα λέγω δὲ στὰ μέρη καὶ στὸν τόπον.
Οὗ τοῦ κόλπου τὰ δεξιὰ τοῦ Δανιμάρκ εἶν' γαῖα,
τὰ δὲ ἀριστερὰ αὐτοῦ εἶναι δὲ ἡ Νορβέϊα.
Καὶ παρέμπροσθεν πλεύσαντες φθάσαμεν εἰς τὸ Ζόντε, (Fol. 50 r°.)
αὐτὸ εἶναι ἕνα στενὸν εἴπω κατάστενόν τε·

1067. γραίκους, ainsi accentué (à dessein) dans les deux manuscrits.

's αὐτοῦ τοῦ καταστένου τε τὴν παραθαλασσίαν
1098 κάστρον ἔχει ὁ Δανιμάρκ ἰσχυρὸν πάνυ λίαν,
οὗ αἱ βομβάρδαι φθάνουσι σχεδὸν μὲ εὐκολίαν
νὰ κτυπήσουν στὰ ἄντικρυς, ἄντικρυ στὴν Σφετζίαν.
Αὐτὸ δὲ λέγω τὸ στενὸν τῆς Βαλτικῆς εἶν' θύρα,
καὶ εἰς τοῦ Δανιμάρκα δὲ εἶναι τὴν ἐξουσία.
μ' ὅλον ὡς ἄνω εἴρηται τἄντικρυς εἶν' Σφετζία,
1104 ὅμως οἱ Σφέτζοι εἰς τὸ Ζόντ δὲν ἔχουν ἐξουσία·
καὶ γὰρ ὅσαι εἰσέρχονται καὶ ἐξέρχονται νῆαι,
ὁποῖαι λέγω καὶ ἂν εἶν' καὶ ὁποίου κἂν εἶναι,
ςὸ Ζόντ ἀνάγκη νὰ σταθοῦν καὶ νὰ φανερωθοῦσι,
καὶ τὰ πασπόρτια αὐτῶν καλῶς νὰ ξεταχθοῦσι,
καὶ ὕστερον νὰ πάρουσι τοῦ Δανιμάρκ πασπόρτι,
1110 καὶ οὕτω νὰ μισεύσωσιν ἐκεῖ ἀπὸ τὸ Ζόντι.
Ἡμεῖς ὅμως ἐστάθημεν 's αὐτὸ λέγω τὸ Ζόντι
εἰς χώραν πολλὰ εὔμορφην, καὶ εὔμορφην τῷ ὄντι,
τὴν ὀνομάζουν Ἑλσιόρ· 's αὐτὴν ἡσυχάσαμεν,
κι ἀπ' τῆς θαλάσσης τὰ δεινὰ μικρὸν ἀνασάναμεν.
Καὶ ἀπ' αὐτοῦ ἀρχίσαμεν στὴν Βαλτικὴν τὸν πλοῦν μας,
1116 τὴν Δανιμάρκ ἐν δεξιοῖς ἔχουν τὰ τῆς ὁδοῦ μας·
κἐφθάσαμεν στὸ Κοπεγγαΐ, στὴν μητρόπολιν πόλη, (Fol. 5o v°.)
εἰς ἣν ὁ ἐκεῖ βασιλεὺς καὶ ἡ αὐλή του ὅλη,
ὁ βασιλεὺς δὲ λέγω δὲ πάσης Δανιμαρκίας
τανῦν δὲ ἔτι καὶ ὁμοῦ κι ὅλης τῆς Νορβείας.
Ἡ δὲ πόλις Κοπεγγαΐ, οὖσ' ἄνακτος καθέδρα
1122 κι ὡς καὶ παραθαλάσσιος ἀρκεῖ νὰ εἶν' ὡρχία.
Τὰ δ' ἐξῆς εἴπω σύντομα, χωρὶς πολλὰ νὰ γράψω
μήπως τὸν ἀναγνώστην μου καὶ πλέον τὸν κουράσω.
Λέγω δὲ ἀπ' τὸ Κοπεγγαΐ μὲ ἱκανὰς ἡμέρας
στὴν Πετρούπολιν φθάσαμεν στῆς Βαλτικῆς τὸ πέρας.
Κι οὕτως οὖν ἐπανάκαμψα αὖθις εἰς τὴν Ρωσσίαν,
1128 καὶ ἀπὸ τὴν Πετρούπολιν αὖθις δ' εἰς Μοσχοβίαν.
Ἀλλ' ἐν τῇ Μοσχοβίᾳ δὲ ἐμοῦ ἡ παροικίη,

κατὰ τὸν προφητάνακτα, οἴμοι μακρὰ ὅτ' εἴη!
Τοῦτο δ' ἴσως ἐκ τῶν ἐμῶν πολλῶν πλημμελημάτων,
ἢ ἴσως καὶ ἐκ τῶν ἐμῶν λέγω ἀγνοημάτων·
καὶ γὰρ φέρομαι μέχρι νῦν στὸν πλοῦν τῆς τρικυμίας,
1134 στοὺς κοσμικοὺς θορύβους γοῦν τοὺς γέμοντας ἀνίας,
τοὺς πλήρεις δὲ πολλῶν κακῶν, μᾶλλον δὲ ἀκορέσ]ων
ἡδονῶν κἐπιθυμιῶν, φλογῶν σχεδὸν ἀσβέσ]ων.
Ἀλλὰ εἴθε τὸ συμπαθὲς ὄμμα λέγω τὸ θεῖον,
εἰς ὃ ἐλπίζω δ' ἔγωγε, θεοῦ τοῦ πανοικτίρμον
εὐσπλάγχνως καὶ ἐμβλέψοι με καὶ ἔτι ἐλεήσοι,   (Fol. 51 r°.)
1140 καὶ ἔτ' ἁμαρτωλοῦ τοὐμοῦ θάνατον οὐ θελήσοι!
Ἀλλὰ δώσοι με νοῦν καινὸν κἐξ ὧδε μετοικίαν,
κεἰς ὃν λιμένα βούλεται ψυχῆς τὴν σωτηρίαν.
Τὰ δ' αὐτὰ ὁ τλησίπονος Βατάτζης ἱσ]ορήσας,
τλήσας μὲν, τλήσας τὰ πολλὰ, ἀλλὰ περιηγήσας.

Τέλος καὶ τοῦ δευτέρου μέρους
καὶ τῷ θεῷ δόξα.

1137. ἀλλ'.

MOTS ET EXPRESSIONS REMARQUABLES
DU TEXTE.

ἀδαμάνται (οἱ), I, 183.
ἀκολουθοῦν, ils font suivre, I, 741.
ἀκοσμημένα, I, 750. Mais voyez la note afférente à ce mot.
ἀκροσ]ιχήν, I, 884; — ἀκροσ]ιχῇ, I, 888.
ἀκτινοβολίζει, I, 196.
ἀλκουράν (τό), II, 194.
ἄμμος (ὁ), II, 119, et ἄμμος (ἡ), II, 125, 127.
ἀμουσολαλεῖν, I, 209.
ἀμπελών (pour ἀμπελῶνα), I, 578.
ἄνακτας (ὁ), I, 437.
ἀνακτόρια (τά), II, 815, 1048.
ἀναχωρίζω (avec le sens de ἀναχωρῶ), I, 32, 41.
Ἀνδριανοῦ (πόλις), I, 144, 153.
ἀνυφανταί (οἱ), I, 516.
ἄπασας (pour ἀπάσης), I, 216.
ἀπατά, I, 568.
ἀπειράνθρωπον, II, 69.
ἀποτάζει, I, 320.
αὐτοῦθεν, I, 68, 796.
ἄφων, II, 10. Mais voyez la note afférente à ce mot.
βασιλίδες, rois, II, 274; — βασιλίδων, II, 277.
βασιλίδη (τὸν), roi, II, 283.
βουλούμασθάνε, I, 522.
γαίων (pour γαιῶν), I, 558.
Γεζουβῖται (οἱ), les Jésuites, I, 574.
γεννήσαμε, II, 34.
Γραίκους (pour Γραικούς), II, 1067.
γρανίτζα, ἡ, I, 129.

δενδρικά (τά), I, 788.
διάσ]ημα (ἐν τούτῳ δὲ τῷ μακρῷ), II, 351.
δωδεκάετος, I, 875.
ἑβδομάς (pour ἑβδομάδας), II, 631.
εἰς (construit avec le datif), I, 481; II, 693; (précédé de πρός), II, 781.
ἐκ (construit avec un adverbe), I, 763.
ἐλιγματοειδῶς, II, 800.
ἐλογοῦνταν, I, 293.
ἐν (avec l'accusatif), II, 966.
ἔντεχνας (accent macaronique), I, 200.
ἐξ (construit avec un adverbe), II, 560, 624, 810, 975.
ἐξακοσ]ῷ (pour ἑξακοσιοσ]ῷ), I, 19.
ἐπάκρως, II, 840.
ἔρχονται (de ἔρχομαι), I, 567.
ἔτερη, I, 500; — ἔτερην, I, 514.
εὔδουλοι καλοί, I, 578.
εὐζωΐαν (τὴν) τοὺς κάτοικους (= τῶν κατοίκων), I, 684.
εὐροία (au lieu de εὐροίας), II, 1035.
ἡγεμόνας (ὁ), I, 97.
ἥρωας (ὁ), II, 726.
ζαρκάδων, II, 368.
ζωοτροφῆς (= ζωοτροφίας), II, 81.
θυρὸς (pour θύρας), dans les trois mss., I, 731.
καθημερούσιον (= καθ' ἡμέραν), I, 795.
κάλαμος ζαχάρεως, canne à sucre, II, 918.
καμποῦραν (τορνευτήν), une tournure, littéralement une bosse tournée, I, 394.
κατεχνιά (ἡ), brouillard, brume, I, 485.

κρά (τοῦ κόρακος τό), II, 12.
κρεῖτ7ον (τοῦ), I, 206.
κρυσ7άλλενης, I, 782.
κτηνοβρωτεῖν, II, 83.
λέξομαι (pour λέξω, je dirai), I, 774, 895.
λέοντας (ὁ), I, 878.
λιθόκτισ7ον (εἶν' κτισμένον), I, 325.
μαντζῆδες (οἱ), II, 80, 308.
μεγιτάνι (τό), I, 734, 780, 792; — μεγιτάνιον, I, 783.
'μέρας (macaronisme, pour ἡμέρας), I, 399.
μεσετῆδες (οἱ), pèlerins ayant accompli le voyage de Mechhed, II, 845.
μετά (construit avec un datif là où il faudrait un génitif), II, 224.
μέχρι ἕως, II, 358, 766.
μικροτέρας (pour μικροτέραν, à cause de la rime), I, 508. Remarquer que ce comparatif est construit avec ἐκ.
μπαλάσια (τά), rubis balais, II, 246.
μωάμεθον (adjectif), mahométan, II, 110, 179, 192, 231.
νῆαι (pour νῆες), II, 1105.
ξαντλίζουν, II, 515.
ξεσπερματίζουν, semen emittunt, I, 674.
οἰκούμενον, sédentaire, II, 105.
ὀξέας (qualifiant un nom féminin), sévères, II, 265.
ὁρμίζει (avec le sens de ὁρμάει), I, 624.
παιχνίδια (τά), I, 622.
πανεύκοσμον (τό), II, 1054.
παινοικτίρμον (pour πανοικτίρμονος), II, 1138.
παντοκράτορας (ὁ), I, 257.
πανυγιές (αἰσθησες), II, 444; — πανυγιεσ7άτου (ἀέρος), II, 694.
παροικίη (ἡ), II, 1129.
πασπόρτι (τό), II, 1109; — πασπόρτια (τά), 1108.
πάτεροι (οἱ), I, 574.
πεδιάν (τήν), accusatif de πεδιάς, I, 309, 786. Plus haut (I, 305), on trouve ἡ πεδιάδα.
πεθαίνουν (avec le sens actif), II, 298.
περανέω, II, 200.
περιγητής (ὁ), II, 6; — περιγητήν (τόν), II, 429.
περιγητικήν, II, 960; — περιγητικόν (τό), II, 591; — περιγητικοῦ, II, 929.
περαντζάδαν, I, 343.
περιβόητας (accent macaronique), I, 279.
περίβολος (ὁ), parc, jardin, II, 1049.
περιδιαβάσματα, I, 621.
Περσῖν (pour Περσίδα), II, 844.
πεσῆναι, II, 194.
πιάτζα (ἡ), I, 733.
πλησιοῦνε, I, 315.
πλοῖον (τὸ τοῦ λόγου), II, 252.
πλουσιεμπόρων (τῶν), I, 543.
πλουσιότητα (ἡ), II, 1063.
πλουσιωτέρας (pour πλουσιωτέραν, à cause de la rime), I, 514. Voy. aussi μικροτέρας.
ποῖον (avec le sens de τι, un certain), II, 67, 172, 471; — ποίαν, II, 305.
πόλαι (αἱ), pluriel macaronique de πόλη (= πόλις), II, 58.
πόλες (αἱ), pluriel régulier mais peu usité de πόλη (= πόλις), I, 528; II, 981.
πολιορκίσθη, II, 545.
πολλοτάτων, II, 696.
πολυέξοδον, de grand prix, I, 696; — πολυέξοδες, I, 725.
πολυτλήμῳ, II, 387.
ποτεσινήν, de jadis, I, 122.
πουρνώρα (de πουρνὸ et ὥρα), I, 349.
πραγματεύσῃ (au lieu de πραγματεύσω, pour l'assonance), I, 78.
πραγμάτοις (pour πράγμασι), I, 732.
προλεχθέν (qualifiant un pluriel neutre), I, 687.

προρρηθέν (qualifiant un génitif pluriel), II, 259.
πρὸς εἰς τό, II, 781.
σ]ωχότερες (forme macaronique), I, 396.
ρεοβάρβαρον (τό), rhubarbe, II, 330.
ρεοπόντικον (τό), rhubarbe des moines (espèce de patience), II, 371.
ρηγᾶτο (τό), II, 993.
ρῆγας (ὁ), II, 994.
ρηθέν (qualifiant un génitif), II, 66.
ρούσσικας (forme macaronique), I, 370.
ρύμας (τάς), I, 584.
Ῥωμυοί (οἱ), les Grecs, I, 76.
σαντρουβάνια (τά), jets d'eau, I, 666.
σαρκανθρωποφαγίαν (τήν), II, 607.
σλάκτων (κριτήριον τῶν), I, 228.
σουλτάνη (accusatif), I, 536.
σοφότητα (ἡ), II, 1064.
σ]όμον (ὁ καὶ χρυσοῦς τὸν), I, 897. Est-ce simplement pour avoir une assonance avec κόσμον (au vers suivant) que Vatace a forgé ce barbarisme? Ou bien a-t-il cru que χρυσόσ]ομος était composé de χρυσοῦς, d'or, et σ]όμος (ὁ), au lieu de σ]όμα, bouche? Quoi qu'il en soit, τὸν σ]όμον est un très curieux ἅπαξ λεγόμενον.
τεκτονέσθω (barbarisme pour τεκτονεῖ-σθω), employé au lieu de τεκτονεῖσθαι, à cause de la rime, I, 772.
τεσσάρῳ (pour τετάρτῳ), I, 19.
τζαρμπαγί (τό), place, esplanade, I, 593, 602, 612, 717.
τιρπουνάρι (τό), tribunal, I, 236.
τίτλα (τά), titres, documents, I, 285.
τίτλος (ὁ), titre, II, 210.
τόποις (datif employé à cause de la rime, au lieu de τόπους, après trois autres régimes à l'accusatif), II, 968.
τοὔπαλιν, pour τούμπαλιν, II, 209.
τρέξη (avec le sens de faire courir), I, 597.
Φιλέλληνον (τό), II, 1065.
Φωνάει, II, 482.
χαβούζι (τό), réservoir, I, 614, 615, 617, 623, 625; — χαβούζια (τά), II, 507, 511, 524, 551, 557, 562; — χαβουζίοις, II, 549.
χαλκέοι (pluriel de χαλκέας), I, 516.
χάρταν (τήν), II, 1073.
χορεῖαι (νομάδων), hordes de nomades, II, 56.
χορίλκα (ἡ), eau-de-vie, I, 94.
χρυσόφαντα (τά), I, 517, 743.
ψευδοποιητῶν (τῶν), I, 804.
Ὤξους (au lieu de Ὤξου), II, 457, 639.

LES NOCES

DE

MAXIME TZÈRNOÏÉVITCH,

POÈME POPULAIRE TRADUIT DU SERBE

PAR

A. DOZON,

CORRESPONDANT DE L'INSTITUT,
CHARGÉ DE COURS À L'ÉCOLE DES LANGUES ORIENTALES VIVANTES.

LES NOCES

DE

MAXIME TZÈRNOÏÉVITCH[1],

POÈME POPULAIRE TRADUIT DU SERBE.

NOTICE HISTORIQUE ET LITTÉRAIRE.

I

L'épopée a eu partout un fondement historique. Mais en chantant les hommes qui avaient accompli de grandes choses ou agi fortement sur l'imagination populaire, elle a fait de l'histoire à sa manière. Non seulement les événements sont altérés, mais les personnages, les héros, se transforment, et Charlemagne, par exemple, et pour ne citer que lui, devient le barbon que l'on sait dans nos chansons de gestes. Les chants héroïques (*iounatchke pesme*) des Serbes, qui, après une floraison de plusieurs siècles, auront eu la gloire d'être les derniers représentants de la poésie épique dans l'Europe moderne, ces chants ont suivi la loi tout instinctive du genre. Des noms pris dans les annales de la nation, annales

[1] *Srbske narodne piesme, skupio ih i na sviet izdao Vuk Stef. Karadjitch* (Chants populaires serbes, recueillis et publiés par Vouk Stef. Karadjitch), 2ᵉ édition en 5 volumes in-8°, dont quatre de chants héroïques; Vienne, 1841-1865. — Les *Noces* forment le n° 89 du tome II.

non écrites, dès lors imparfaitement connues et encore plus vite oubliées, et autour de ces noms, familiers à la mémoire et puissants sur l'imagination, beaucoup plus de légendes que de faits réels, groupées inconsciemment, comme de capricieuses lianes autour d'un tronc solide, quoique desséché, tel est le travail de la poésie populaire, et ce qu'il faut s'attendre à trouver aussi dans la *rapsodie* dont nous donnons la traduction.

A l'époque où elle fut recueillie, de la bouche d'un vieux Serbe de l'Hertzégovine (en 1822, la publication est de 1833[1]), c'était le plus long poème populaire anonyme connu — il a 1226 vers; on n'avait même pas encore réuni les fragments, *disjecta membra*, à l'aide desquels on est parvenu à constituer, dans le *Kalevala* finnois, un ensemble mythologique bien plus qu'une véritable épopée narrative. Je dis *était* parce que, de nos jours même et aussi au Monténégro, deux événements de l'histoire du pays, placés entre 1850 et 1860, «l'attaque d'Omer-pacha» et «le mariage du prince Danilo», ont été l'occasion de deux énormes compositions portant ces mêmes titres, et dont l'une, *le Mariage*, a 1289 vers, et la première pas moins de 3042[2]! Mais l'une et l'autre tombent dans le bavardage. On y voit à peine «les restes d'une ardeur qui s'éteint». Ce génie épique vivait de «plaies et bosses»; la paix publique va achever de le tuer.

---

[1] Dès 1824, la traduction allemande de la grammaire de Vouk ayant paru, avec une préface du célèbre J. Grimm, qui encourageait le jeune Serbe dans ses travaux, un autre savant, Séverin Vater, joignit à ce livre une analyse très étendue des *Noces*.

[2] Vouk, t. V, n°s 3 et 16. Ce volume renferme deux autres chants beaucoup plus courts sur «l'attaque d'Omer-pacha contre le Monténégro», l'un anonyme, l'autre du serdar monténégrin Dj. Sèrdanovitch.

Le poème des *Noces* en est un des plus précieux monuments. Nous dirons plus loin, en traduisant les paroles mêmes de Vouk Stéfanovitch Karadjitch, comment et au prix de quelles peines et de quels soins il a pu être recueilli et sauvé de l'oubli. Mais il faut d'abord, afin d'en faciliter l'intelligence, rappeler brièvement quelques faits de l'histoire monténégrine, et particulièrement de celle des Tzèrnoïévitch; c'est une histoire fort embrouillée, mais où certains événements néanmoins paraissent hors de doute, ceux surtout que constatent des actes diplomatiques et le Livre d'or de Venise, où cette famille était inscrite.

II

Les Tzèrnoïévitch, issus par les femmes des Némanias, les rois serbes, furent, pendant près d'un siècle, de 1423 à 1499, les seigneurs (*gospodars*, ou voïvodes) plus ou moins souverains de la Zeta, le pays qui, réduit successivement en étendue par les conquêtes des Vénitiens et des Turcs, est de nos jours connu au dehors sous le nom de Montenegro, traduction italienne de l'appellation indigène de Tzèrna Gora, « la Montagne noire[1] ».

Il y a eu en ligne directe trois princes du nom de Tzèrnoïévitch : Stefan ou Étienne, dit *Tzèrnogoratz*, le Monténé-

[1] A l'époque d'Étienne, la Zeta (les Italiens disent Zenta), divisée en supérieure et en inférieure, comprenait : 1° le Monténégro, tel qu'il était avant 1878; 2° le district qui porte encore aujourd'hui le nom de Zeta, tiré de celui d'une petite rivière; 3° des îles du lac de Scutari, *Vranina*, *Kom* et d'autres; 4° les environs d'Antivari (*Bar*) et le littoral de l'Albanie autrefois vénitienne, aujourd'hui autrichienne. La Zeta actuelle est un coin de terre compris entre le Monténégro, l'Hertzégovine, l'Albanie et le lac de Scutari; on y trouve, outre la bourgade de Podgoritza, les fortins de Spouje et de Jabliak.

grin, surnom changé plus tard en celui à peu près équivalent de Tzèrnoïévitch; son fils Ivan ou Jean, l'Ivan-bey de la tradition populaire, et l'un des principaux personnages de notre poème, et enfin le fils de cet Ivan, Georges.

Étienne, après diverses vicissitudes, avait été rappelé de Naples en 1423, et était devenu seigneur unique de la Zeta. Il était gendre ou beau-frère de George Castriote, le fameux Skender-bey. Un traité de 1451 semble constater une certaine dépendance d'Étienne à l'égard de Venise, dont le doge l'appelle « notre capitaine dans la Zeta supérieure », et lui confirme le droit de succession, sous certaines réserves et conditions et en lui assurant un subside[1].

Ivan (1471-1490) resta dans les mêmes rapports à l'égard des Vénitiens, car dans le diplôme de 1474, par lequel le doge Marcello lui confère la noblesse, il est qualifié de « Magnificus et potens dominus Ivanus Cernoevich, dominus in partibus Zentæ superioris ac *Vojvoda noster*[2] ». Après comme avant, d'ailleurs, il aida activement la République dans ses guerres contre les Turcs, notamment à la défense de Scutari lors du siège que soutint cette place en 1474; ce qui ne l'empêcha pas d'être abandonné par elle, lorsqu'elle fit sa paix avec le Sultan.

Ivan avait rétabli et fortifié le château de Jabliak, qu'on dit avoir été d'abord construit au xe siècle par Tougomir, roi de Dalmatie. Il en fut délogé par les Turcs en 1479, le reprit en 1481, mais dut le quitter de nouveau et définiti-

---

[1] « Che il magnifico vojvoda Stefano Cernojevich, sia e possa chiamarsi nostro capitano nella Zenta superiore,... e noi gli confermiamo il suo diritto di successione, etc. » Miłakovitch, *Storia del Montenero, tradotta da Kaznatchitch*, p. 55.

[2] Miłakovitch, p. 57.

vement, et se rendre en Italie, afin d'y solliciter, vainement d'ailleurs, le secours des princes. A son retour, il se fixa à Tzétigné ou Cettigne, restée depuis la capitale du Monténégro, mais c'est dans sa première résidence de Jabliak que le poème nous le montre.

Il mourut à Tzétigné en 1491, au moment où son fils aîné Georges y arrivait, ramenant la fille du patricien Antoine Erizzo, Élisabeth, qu'il venait d'épouser à Venise[1]. Georges établit à Tzétigné, et cela dès 1494, à une époque où les typographies étaient encore bien rares en Europe, une imprimerie, dont s'était déjà occupé son père, pour l'impression de livres liturgiques, qu'il répandait, dit-on, dans les pays environnants. On possède un livre de cette espèce, un *Omoglasnik*, sorti de ces presses et portant la date de 1494. Mais, soit effrayé par les progrès et les attaques imminentes des Turcs, soit séduit par les douceurs de la vie italienne, il ne tarda pas à quitter pour toujours ses âpres montagnes et à retourner dans la ville des Doges, au Livre d'or de laquelle il était inscrit. Son testament, daté de 1499 et dressé à Milan, a été conservé. La famille s'éteignit à Venise en 1660.

Avant de quitter le Monténégro, il avait remis, on doit le supposer, son autorité à l'évêque ou Vladika, dont les successeurs la conservèrent, conjointement avec leur pouvoir spirituel, jusqu'en l'année 1851, où le pays retrouva un chef civil et politique dans la personne du prince (*kniaz*) Danilo.

Il est constant, et on en a la preuve par le testament de

---

[1] D'après le Campidoglio Veneto, Ivan aurait épousé Catarina Orio, fille d'un patricien de Venise; d'autres lui donnent pour femme Marie, fille du duc de l'Hertzégovine, Étienne. Milakovitch, p. 62, 65.

Georges, que son frère puîné, Stéfan, ou comme le peuple l'appelait, Stanicha, passa à l'islamisme, on ne sait trop en quelles circonstances. Selon la tradition, mais une tradition qu'il est impossible de vérifier, Stanicha, jaloux de son frère, se serait rendu à Constantinople avec quelques Monténégrins, et aurait sollicité du sultan Bajazet des troupes pour soumettre son pays natal, en demandant qu'il fût placé sous son autorité, avec Scutari pour capitale. A quoi Bajazet aurait consenti, à la condition, qui fut acceptée, que Stanicha et les siens embrasseraient l'islamisme. Mais le renégat, devenu Skender-bey, battu par Georges, fut contraint de se retirer au village de Bouchat, à peu de distance de Scutari, et c'est de lui, toujours selon la tradition suivie par le poème, que serait issue la puissante famille des Bouchatli, qui resta jusqu'en 1831 en possession du vizirat héréditaire de Scutari[1].

III

A lire la rapsodie des *Noces* on verra qu'elle ne renferme guère d'autre élément historique que le personnage ou plutôt même le nom d'Ivan, connu encore du peuple sous l'appellation slavo-turque d'Ivan-bey. Marié lui-même, se-

---

[1] Il paraît aussi que, lors de la défaite infligée à Stanicha, les autres renégats faits prisonniers furent imprudemment réinstallés dans leurs anciennes demeures en conservant leur nouvelle religion, et qu'avec le temps, celle-ci fit assez de progrès pour menacer l'indépendance du pays. Pour la sauver, il fallut un remède héroïque, des *Vêpres monténégrines*, et un massacre général des renégats eut lieu la veille de Noël de 1702 ou 1703, à l'instigation du Vladika Danilo, dont la vie avait été sérieusement menacée. (Milakovitch, p. 84.) Cet auteur s'appuie, entre autres, sur un chant populaire; mais il ne le cite pas.

lon certains documents[1], à une patricienne de Venise, il fit contracter à son fils et successeur, Georges (et non Maxime), une union semblable, mais non point avec la fille d'un doge.

La couleur générale du poème, la masse des mots turcs se rapportant aux usages, à l'habitation, aux costumes, au harnachement des chevaux, etc., et certains détails, comme l'extension de l'artillerie, indiquent une origine plus récente que le xve siècle. Tout au moins, sous sa forme actuelle, produit de remaniements successifs par les chanteurs, en dehors probablement du Monténégro, il accuse une époque où la domination ottomane, depuis longtemps assise, avait implanté les usages turcs dans la vie privée des Slaves chrétiens qui, tout en craignant et détestant leurs maîtres, les prenaient pour modèles. D'autre part, la résidence d'Ivan fixée encore à Jabliak, la non-mention du Vladika devenu peu après lui le chef du pays, montrent que le noyau, la conception première ne doivent pas être éloignés du moment où vivait le seigneur de la Zeta, nom qui pourtant n'est nulle part prononcé.

Le rapsode ne connaît pas Venise; il se la représente comme toute autre ville, au bord de la mer, mais dans «une vaste plaine». Il sait aussi qu'elle a pour chef ou souverain un doge (*doujd*), et c'est tout : les habitants, comme l'épousée elle-même, ne sont pour lui que des «Latins[2]», c'est-à-dire des gens du rite occidental, presque d'une autre religion; c'est un terme de dédain et, peu s'en faut, de haine.

---

[1] Voyez la note de la page 303.
[2] Le nom serbe de Venise est *Mletzi*.

Aussi le mariage entre un Serbe *orthodoxe* et une Italienne catholique est peut-être la circonstance qui, dans le poème comme dans l'histoire authentique, a le plus lieu d'étonner. Le rapsode ne fait aucune réflexion à ce sujet, et les documents se taisent absolument sur les conditions auxquelles Ivan (si tant est qu'il l'ait fait) et son fils Georges certainement, ont pu contracter de pareilles unions[1].

Les *Noces* sont un thème favori de la poésie populaire serbe; dans la collection de Vouk, il n'est pas moins de vingt-quatre pièces qui portent ce titre qu'il faudrait, au reste, rendre quelquefois par *Mariage;* car ce n'est pas toujours la pompe nuptiale, mais le simple fait du mariage qui est l'objet du chant; des personnes royales et princières figurent sur la liste, depuis Voukachine et Douchan (xive siècle) jusqu'à Danilo (1851). Cette prédilection s'explique facilement par la pompe déployée en ces occasions et par l'existence d'un cérémonial traditionnel, qui prête à l'amplification, et dont voici les principaux traits :

Un cortège d'invités (*svat*), que les particuliers eux-mêmes s'efforcent, pour faire montre de richesse et d'importance, d'avoir le plus considérable possible, avec ses chefs, le *starisvat* ou doyen, qui est le témoin ou parrain au mariage, un *dévèr* ou paranymphe, sous la garde duquel est placée la jeune fille, et puis, tout à fait dans les grandes occasions, un voïvode ou porte-bannière, et un fourrier (*tchaouch*), muni d'un tambour, chargé de conduire la troupe joyeuse. Le cortège, à cheval, va chercher la fiancée dans sa famille, à laquelle la coutume interdit d'assister

---

[1] Le fait est qu'aujourd'hui, en Italie, tout au moins à Venise, l'Église romaine interdit les mariages mixtes.

aux noces[1], et la ramène à la maison du futur mari, sous la garde du *dévèr*, qui répond d'elle ; au retour seulement a lieu la bénédiction nuptiale, le *couronnement* (*ventchanié*).

Ce cérémonial paraît n'avoir pas varié durant le cours des siècles; tel il est, entre autres, dans notre poème et dans un chant d'époque encore plus ancienne, celui où Marko prend pour parrain le doge de Venise en personne, tel on le retrouve dans la pièce sur le mariage du prince Danilo, où le poète anonyme a trouvé d'ailleurs le moyen d'enchérir maladroitement sur ses prédécesseurs[2].

Je vais terminer cette notice en reproduisant, à titre de document intéressant l'histoire littéraire, le témoignage de Vouk, annoncé plus haut. Cet infatigable autant qu'intelligent et soigneux collecteur cite toujours le nom des individus de la bouche desquels il a recueilli — on va voir avec quel scrupule et quel goût — les nombreux chants par lui aussi imprimés. Les deux plus longs, celui qui fait l'objet du présent travail et un autre intitulé «Banovitch Strahinia[3]», ont été écrits presque sous la dictée d'un vieillard du nom de Milia, natif de Kolachine, district de l'Hertzé-

---

[1] C'est pourquoi le chanteur s'étonne de trouver l'usage contraire chez «les Latins». Voyez la note de la page 328.

[2] Là, *six mille* invités, convoqués par quantité de lettres du prince, attendent à Cettigne l'arrivée de la fiancée, que sept seulement d'entre eux, les *gros bonnets*, sont allés chercher, cette fois en *vapeur*, à Trieste. Parmi les dons faits par la future princesse Darinka à ces derniers, se trouve aussi une «chemise d'or». Danilo écrit également une lettre à l'empereur d'Autriche ou de Vienne (*od Betcha Kiesarou*), pour le prier d'envoyer à ses noces le général Mamula, alors gouverneur de la Dalmatie, en qualité de parrain, et un évêque, pour célébrer le mariage.

[3] Ce poème, de 860 vers, se trouve au tome II, n° 44. Le personnage appelé comme au texte, ou bien, à l'inverse, *Ban Strahinitch*, est contemporain de la bataille de Koçovo.

govine (la vraie patrie, avec la Tzèrna Gora, du chant héroïque). Voici comment notre auteur raconte ses relations avec ce rapsode :

« Ayant appris, dit Vouk, lorsque je me trouvais à Kragouïévatz[1], que Milia savait entre autres les deux pesmas..., chants qui m'étaient connus depuis mon enfance pour les avoir entendu chanter à diverses personnes, et que j'avais même déjà mis par écrit, mais d'une manière qui ne me satisfaisait pas, je priai à plusieurs reprises S. A. le prince Miloch Obrénovitch de faire venir le vieillard à Kragouïévatz, ou de m'envoyer moi-même à Pojéga, où il habitait; mais toutes les promesses qu'il me fit alors restèrent sans effet. Les lettres que j'écrivis de Vienne, où j'étais retourné au printemps de 1821, tant à Son Altesse qu'à Vaça Popovitch, alors knèze de Pojéga, n'eurent pas plus de succès. Mais à l'automne de 1822, lors de mon retour à Kragouïévatz où il m'avait appelé, le prince se souvint de ma requête. A peine avais-je été introduit devant lui et commençais-je, après lui avoir baisé le pan de l'habit, à échanger avec lui les compliments d'usage, qu'il fit appeler son écrivain (secrétaire), Lazare Todorovitch, auquel il dit en riant : « Lazare, écris au knèze Vaça que Vouk est arrivé; « dis-lui de venir ici immédiatement et d'amener le vieux « Milia, mort ou vif; en même temps qu'il désigne quel- « qu'un pour travailler à sa place chez lui pendant son ab- « sence. »

« Quelques jours après, en effet, arriva le knèze, amenant Milia. Mais quand je me fus mis en rapport avec ce dernier, ce fut pour moi un nouveau sujet de souci et toute

---

[1] C'est là que Miloch, qui venait à peine, et d'une façon encore précaire, de secouer le joug turc, avait établi ce que Vouk appelle sa *cour*.

ma joie fit place d'abord à une triste déception. Non seulement Milia, comme tous les chanteurs (qui ne sont que *chanteurs*) ne savait pas *réciter*, mais uniquement chanter, mais ceci même il ne voulait pas le faire à moins d'avoir de l'eau-de-vie devant lui. Or, à peine y avait-il goûté que, affaibli soit par l'âge, soit par l'effet de ses blessures (il avait eu jadis la tête hachée de coups de sabre dans une rixe avec un Turc de Kolachine), il s'embrouillait tellement, qu'il devenait incapable de chanter avec tant soit peu d'ordre et de régularité. Pour sortir d'embarras, je ne vis d'autre moyen que de lui faire chanter la même pesma à plusieurs reprises et jusqu'à ce qu'elle se fixât dans ma mémoire assez pour pouvoir, à l'occasion, remarquer si quelque passage était omis. Je le priais alors de répéter encore une fois lentement, en appuyant sur les mots, et j'écrivais en même temps le plus vite possible, et en quelque sorte sous sa dictée. Ensuite, cette pesma ainsi couchée par écrit, il fallait qu'il me la chantât derechef, afin que je pusse m'assurer si je l'avais reproduite correctement. Aussi n'employai-je pas moins de quinze jours pour obtenir les quatre pesmas dont j'ai parlé.

« Milia en savait beaucoup d'autres, mais il ne me fut pas donné de profiter de cette occasion unique. L'oisiveté et le travail que je lui imposais commençaient à peser au vieillard; de plus, il se trouva là de ces gens bien intentionnés (comme il s'en rencontre dans presque toutes les cours), qui se font un plaisir de tout tourner en ridicule et de mystifier les autres à tout propos. Ces gens donc se mirent à lui dire : « Comment toi, un homme d'âge et de bon « sens, es-tu devenu bête à ce point? Ne vois-tu pas que Vouk « est un fainéant qui ne s'occupe que de pesmas et de futi-

«lités pareilles? Si tu l'écoutes, il te fera encore perdre ici
«tout l'automne; retourne donc chez toi et occupe-toi de
«tes affaires.» Milia se laissa persuader, et il partit un beau
jour en cachette de moi, non sans avoir été largement récompensé de ses peines par le prince. Lorsque, quelques années après, je m'enquis de lui, on me répondit qu'il était mort[1].»

[1] Voir t. III de la 1re édition (1833), p. 13 *et seq.* de la préface. — Après le poème des *Noces* vient, chez Vouk, un autre chant (n° 90, 149 vers seulement), intitulé *Mariage de Georges Tcharnoïévitch*, variante de Tzèrnoïévitch. Le début en est de fantaisie et se retrouve dans plus d'une pesma, mais je ne sais s'il faut voir quelque vague réminiscence historique dans le rare et beau trait, à l'honneur d'Ivan, qui forme le nœud de l'action. Georges Tcharnoïévitch languissait à Venise dans les prisons du «roi latin, *Latinskoga Kralia*». Il est délivré, grâce à la générosité de son frère Ivan, celui des *Noces*, qui consent à payer pour rançon deux de ses villes, plus un cheval de qualités extraordinaires. A Georges, remis en liberté, le «roi» fait épouser sa fille, en lui abandonnant en dot les villes cédées, mais non le cheval, qu'il garde précieusement. Georges ramène sa femme à Solilo (*Saline*) (?), l'une de ces deux villes.

LES NOCES

DE

MAXIME TZÈRNOÏÉVITCH.

Ivan se met en voyage et traverse la mer grise[1], emportant trois charges d'or, afin de demander pour son fils Maxime la main d'une belle fille, la fille du doge de Venise. Ivan fait sa demande, le doge se fait prier, mais Ivan ne se laisse pas rebuter; trois années entières il sollicite, et prodigue ses trésors. Quand il ne lui resta plus rien, les Latins[2] lui accordèrent la jeune fille; ils reçurent l'anneau des fiançailles. Les parents convinrent de l'époque des noces; on les fixa à une année de là, pour donner le temps à Ivan de retourner à Jabliak, d'y récolter vin et froment, et de rassembler mille invités.

Ces arrangements pris, et le moment venu de partir, son nouvel ami lui fit compagnie, son ami le doge de Venise, suivi de ses deux fils et d'une centaine de Latins. Mais Ivan commit une faute au départ; jusque-là il avait agi sagement; une parole imprudente lui échappe : « Mon ami, dit-il au doge de Venise, attends-moi avec mille

---

[1] Grise ou bleue (cæruleum mare); épithète constante de la mer et du coucou.

[2] Toujours ainsi, au lieu de Vénitiens, et de même pour la fiancée; voyez la notice. Le nom serbe de Venise est *Mletzi*.

invités; de mille il n'y en aura pas un de moins, et je crois bien qu'il y en aura davantage. Quand j'aurai débarqué dans cette plaine¹, toi, envoie hors de la ville mille Latins, qu'ils viennent à notre rencontre; il ne se trouvera pas dans mes mille invités, il ne se trouvera pas dans tes mille Latins, un plus beau jeune homme que Maxime, que mon fils, mon fils et ton gendre. »

Ces paroles furent entendues du doge de Venise, des deux faucons ses fils, et aussi de tous les Latins présents. Elles plurent au doge, il ouvre les bras, baise Ivan au visage : « Merci, dit-il, ami, pour ce discours; puisqu'il m'est échu un gendre qui entre mille n'a pas son pareil pour la beauté, je le chérirai comme mes yeux, je le chérirai plus qu'un fils unique; je vais préparer pour lui de riches présents, des chevaux et des faucons; je ferai forger des aigrettes arrondies et tailler des simarres mouchetées, afin qu'il les porte et en soit fier; seulement, s'il n'est pas tel que tu le dis, ami, tu viendras, mais mal t'en adviendra. » Tous alors accompagnèrent Ivan jusqu'à la mer, le virent monter sur son vaisseau et s'éloigner. En débarquant, il s'achemina allégrement et heureusement².

Arrivé au bas du blanc Jabliak³, il aperçut sa demeure : le donjon⁴ apparaissait blanc sur la hauteur, avec la galerie dont les fenêtres vitrées étincelaient. Cette vue émut Ivan;

---

[1] Voyez la notice.

[2] La traduction littérale de ce passage, répété plus loin, serait celle-ci : De là ils accompagnèrent Ivan et le mirent en mer; ils le mirent hors du vaisseau. Ivan s'achemina, etc.

[3] Ce nom signifie quelque chose comme «grenouillère», de *jaba*, grenouille.

[4] Donjon ou tour (*koula*, du turc); solide habitation en pierre, de forme quadrangulaire, des seigneurs bosniaques et albanais.

frappant son cheval de l'étrier de cuivre[1], et tirant sur le mors d'acier, il fit caracoler son coursier. La première personne qui l'aperçut fut sa fidèle épouse; elle le vit du haut de la blanche tour par la fenêtre vitrée; elle le vit et reconnut son seigneur et sous lui le cheval de guerre. Aussitôt, descendant en hâte de la haute tour, elle s'écrie à plein gosier, elle appelle les serviteurs, elle gourmande les servantes : « Vous, serviteurs, vite courez au-devant du maître qui vient par la plaine; holà, servantes! qu'on balaye la cour. Et toi, où es-tu, mon fils Maxime? allons, cours vite devant la porte, voilà ton cher père qui arrive, ton père, mon seigneur. Il chevauche allégrement et gaiement, la bru qu'il demandait lui aura été accordée. »

Tandis qu'elle parlait, les serviteurs s'étaient hâtés de descendre dans la plaine au-devant de leur maître; son épouse court à sa rencontre; elle lui baise la main et le bas de son habit; elle lui ôte la ceinture chargée d'armes brillantes, puis saisissant à pleins bras les armes, elle les emporte dans la galerie; les fidèles serviteurs cependant avaient pris la bride du cheval. Mais voici le jeune Maxime qui apporte dans ses bras un siège orné d'argent; Ivan Tzèrnoïévitch s'y asseoit pour se reposer, pour qu'on lui ôte ses bottes.

A peine a-t-il pris place sur le siège orné d'argent, que ses yeux s'arrêtent sur Maxime, et il reste à contempler son fils. Quelle douleur subite est la sienne! Il y avait longtemps qu'Ivan avait quitté sa maison, trois ans s'étaient passés dans la recherche d'une bru, et tandis qu'il était loin, une maladie avait sévi à Jabliak, un fléau terrible, la petite

---

[1] Large étrier formé d'une plaque de métal, sur laquelle le pied repose tout entier, et dont les bords sont relevés à droite et à gauche.

vérole; elle avait attaqué Maxime, gâté et rendu hideux son blanc visage; de blanches, ses joues, toutes labourées, étaient devenues noires; je te le jure[1], à ce qu'on raconte là-bas, entre mille on n'eût trouvé personne de plus affreux que Maxime, le fils d'Ivan.

Alors le discours qu'Ivan avait tenu à son nouvel ami le doge lui revient à la mémoire : il a promis d'amener mille invités, parmi lesquels il n'y en aurait pas un plus beau que Maxime, et maintenant, frère! il n'en est pas un de plus repoussant. Le visage d'Ivan s'est rembruni; il laisse pendre ses noires moustaches; elles tombent jusque sur ses épaules; un nuage couvre son front; il n'adresse un mot à personne, mais tient les yeux fixés vers la terre. Ce sombre chagrin n'échappe pas à son épouse, elle en devine la cause; retroussant les pans de sa robe et ses manches, elle va lui baiser la main et le genou : « Seigneur, dit-elle, je t'en supplie, d'où te vient cet air triste et sombre? est-ce donc qu'on t'a refusé la bru que tu demandais? ou bien la jeune fille n'est-elle pas à ton gré? ou serait-ce que tu regrettes les trois charges d'or[2]? » Mais Ivan répond à son épouse : « Laisse-moi, que Dieu t'anéantisse! la bru m'a été promise, et la jeune fille est à mon gré : on parcourrait les quatre côtés de la terre sans trouver son égale en beauté; pour les yeux, la taille et le visage, elle n'a point de rivale : qui a vu la Vila[3] dans la montagne dira qu'auprès d'elle la Vila n'est rien. Je ne regrette point non plus les trois charges d'or; ma tour de Jabliak est remplie de telles richesses, qu'il

---

[1] Ici le chanteur s'adresse à quelqu'un de ses auditeurs, que souvent il interpelle du mot de : Frère!

[2] Charge d'un cheval; lieu commun poétique.

[3] Vila, sœur serbe des nymphes grecques.

ne paraît pas qu'on y ait pris quelque chose. Mais j'ai donné parole au doge d'amener mille invités, dont pas un ne serait plus beau que Maxime, et aujourd'hui il n'en est pas un de plus hideux ; je redoute là-bas quelque noise, alors qu'on verra mon Maxime. »

Mais écoute un peu cette femme, de quel front elle parle à son mari : « Seigneur (tu pourras t'en repentir!), quelle nécessité t'obligeait à passer la mer pour t'exposer à ne pas revoir ta maison, à batailler lorsqu'il s'agira de ramener ta bru! Et dans les pays de ta seigneurie, à Antivari et à Doulcigno, dans la Montagne Noire et les Biélopavlitchi, le rocheux Koutch et les Bratonojitchi, dans la belle ville de Podgoritza, à Jabliak, ta résidence, à Jabliak et dans les environs[1], ne pouvais-tu là marier ton unique fils, trouver pour lui une fiancée, et pour toi un ami considérable? Mais la nécessité t'a contraint de passer la mer! » En entendant ce discours, Ivan Tzèrnoïévitch s'emporte, pareil à un feu ardent qui lance des flammes : « Je n'ai pas été à Venise, s'écrie-t-il, je n'ai pas demandé de fille en mariage ; qui viendra me féliciter, je lui arracherai les yeux!» La renommée en vole de bouche en bouche, petits et grands apprirent ce qui s'était passé, cela arriva aussi aux oreilles des seigneurs serbes, personne n'en souffle mot.

Ainsi en fut-il pendant un an, et jusqu'au bout de neuf années entières, personne ne fit mention de la fiancée ; la dixième un courrier[2] apporta à Ivan une lettre de son nouvel ami, de son ami le doge de Venise ; nouveau il avait été,

[1] Voyez la note de la page 301.
[2] Un courrier ou la poste, en arabe-turc *menzil*, et plus bas un *tatar* ; détails fort modernes.

mais il avait vieilli; c'est long cela, neuf années[1]. Il lit la lettre sur ses genoux, et elle lui tient un assez rude langage : « Mon ami, Ivan Tzèrnoïévitch ! quand tu enclos dans la campagne une prairie, ou bien fauche-la toi-même, ou permets à un autre de le faire, de crainte que les givres et les neiges n'en viennent flétrir les fleurs; si tu as obtenu la main d'une belle jeune fille, ou viens la prendre ou renonce à elle : tu as fait la recherche de ma fille bien-aimée et je te l'ai accordée; alors même nous réglâmes l'époque des noces, et tu les fixas à l'année suivante afin de te donner le temps de récolter vin et froment, et de réunir mille invités. Pourtant neuf ans déjà se sont écoulés, et de toi ni de noces on n'entend parler. Prends au plus vite une feuille de blanc papier et écris une lettre, envoie la lettre à ma chère fille, ma fille qui est aussi ta bru, permets à ta bru de former un autre lien, de chercher un mari digne d'elle, et toi, cherche une bru de ton espèce. »

Ivan lit la lettre, et il tombe dans une cruelle anxiété. Auprès de lui il ne se trouvait personne, aucun homme de bon conseil, à qui il pût confier ses chagrins, et dans le trouble où il était, il s'adresse à son épouse : « Chère femme, dit-il, dois-je écrire à notre bru qu'elle est libre de prendre un autre mari, dois-je envoyer cette lettre ou ne pas l'envoyer? » Voici la sage réponse que trouva une femme : « Mon seigneur, Ivan Tzèrnoïévitch, quel homme une épouse a-t-elle conseillé jusqu'ici, qui a-t-elle con-

---

[1] C'est bien par hasard que le rapsode s'aperçoit que neuf années (expression sacramentelle) sont quelque chose; d'ordinaire neuf ans ne coûtent pas plus à ses confrères et à lui-même, qu'à Homère les dix ans du siège de Troie et du retour d'Ulysse. Lucien s'est amusé (*Le Coq*, 17) à supputer l'âge d'Hélène, lorsqu'elle fut reprise par Ménélas.

seillé ou qui conseillera-t-elle à l'avenir, elle qui a les cheveux longs et l'esprit court[1]? Cependant je veux te dire ce que je pense : c'est devant Dieu un grand péché et devant les hommes honte et vergogne, que de ruiner le bonheur d'une fille et de la retenir confinée chez ses parents. Écoute-moi, cher seigneur; qu'est-ce qui t'a causé tant d'effroi? La maladie a beau avoir défiguré Maxime; si tu as des amis sûrs, ils se garderont bien de faire aucune réflexion là-dessus; chacun redoute les dangers et les embarras. Seigneur, que je te dise encore ceci : Si tu appréhendes quelque noise par delà la mer, tu as une tour pleine d'or, dans tes caves du vin de trois ans, dans les greniers du blanc froment; voilà de quoi réunir des invités : tu as parlé de mille, fais-en venir jusqu'à deux mille, tous hommes et chevaux choisis, et quand les Latins te verront une telle escorte, Maxime fût-il aveugle, ils n'oseront te chercher dispute. Rassemble les invités et va chercher l'épousée; seigneur, c'est assez te tourmenter. »

Ivan éclate de rire; il écrit une lettre, il la remet à un courrier et l'expédie au doge de Venise. « Mon ami, doge de Venise, de ce moment tiens l'oreille au guet, le jour comme la nuit; je tirerai le canon dans mon château, j'en tirerai trente coups, et je finirai par Kergno et Zelenko[2], afin que le bruit s'en entende jusqu'au ciel; ami, ne perds pas un moment pour m'envoyer des vaisseaux, qui viennent me prendre au bord de la mer, moi et mes invités. »

Dès qu'Ivan eut expédié cette lettre, il appela près de lui un scribe, et prenant une feuille de papier, ils la divi-

[1] Proverbe qui se retrouve en turc, en grec, en albanais.
[2] Noms donnés, paraît-il, aux deux plus gros canons (en turc *balyèmèz*) : le Mutilé et le (cheval) Gris pommelé.

sèrent en morceaux et couvrirent le papier d'écriture, pour appeler les invités aux noces.

La première lettre, il l'envoie à Antivari et à Doulcigno, à l'adresse de Miloch Obrenbégovitch : « O Miloch Obrenbégovitch, je te convie aux noces de mon fils, pour que tu sois le chef des invités [1]; mais prends garde de ne pas venir seul; rassemble des *svats* en aussi grand nombre que tu le pourras, qu'on connaisse quels sont les invités du *starisvat*. »

La seconde lettre qu'expédie Ivan est destinée pour la rocheuse Tzèrnagora, à l'adresse de son neveu le capitaine Jean : « Mon neveu, capitaine Jean, lis cette lettre et ne perds pas un moment; ton oncle t'invite aux noces, pour que tu sois *dévèr* et accompagnes la svelte Latine; mais prends garde de ne pas venir seul, rassemble des invités dans la rocheuse Tzèrnagora et parmi les Biélopavlitchi; qu'il y en ait au moins cinq cents, cinq cents invités du dévèr, ce sera un honneur et pour moi et pour toi. Quand ils seront réunis, trouve-toi avec eux, mon neveu, sous Jabliak, sous Jabliak dans la vaste plaine. »

Ivan écrit une troisième lettre menue au voïvode Élie Likovitch : « O Élie, chef du pays des Bèrda [2], quand tu auras vu cette lettre, ne perds pas un moment; viens comme voïvode [3] des invités aux noces, sous Jabliak, dans la vaste plaine; mais ne sois pas seul, amène-moi les gens des Bèrda en masse. »

Il expédie une quatrième lettre au pays des Drékalovitch, à Militch Chérémétovitch : « Rassemble pour les noces

---

[1] Le *starisvat*. Voyez la notice, à la page 306.

[2] Les *Bèrda* (montagnes), l'une des deux divisions territoriales du Monténégro.

[3] Voïvode, ici porte-étendard du cortège des noces.

tous les Drékalovitch, convoque toute la jeunesse des Vassoïévitch et amène-la sur le vert Lim; plus elle sera nombreuse, et mieux ce sera pour toi. »

Ivan écrit une cinquième lettre et l'envoie vers la ville de Podgoritza[1], à son parent, le héros accompli, le faucon George Kouïoundjitch : « O toi faucon, George Kouïoundjitch, en voyant cette lettre ne perds pas un moment, mais rassemble des invités pour les noces, rassemble tous les gens de Podgoritza, puis équipe chevaux et cavaliers; aux chevaux mets des selles turques, des caparaçons dorés descendant jusqu'aux sabots et sur le poitrail des martingales brillantes, que les coursiers des *héros*[2] soient superbes; les cavaliers, orne leurs bonnets d'aigrettes, habille-les de drap, ce drap que l'eau rend plus rouge[3], qui est plus vermeil que le soleil, coiffe-les de kalpaks[4] à aigrettes, mets-leur des dolamas bleus et aux jambes des culottes bou-

---

[1] On se souvient de tous les embarras qu'a eus naguère la Turquie pour faire remettre aux Monténégrins, en exécution du traité de Berlin, cette petite ville de Podgoritza, si souvent ensanglantée par leurs querelles avec les Albanais.

[2] Chaque langue a ses mots intraduisibles, tel est en serbe *younak* (on y reconnaît le latin *juvenis*) : c'est d'abord un jeune homme, mais avec toutes les qualités de beauté, de force et de courage que cet âge comporte, puis tout homme qui les possède : un solide gaillard, un brave, un guerrier, un héros. Quelquefois ce peut aussi n'être qu'un tailleur endimanché et faisant, à coups de mors, danser son bidet. Plus bas, on voit la détonation subite des canons faire tomber *les héros* sur le ventre.

[3] Ce drap d'un magnifique écarlate, fabriqué dans l'Albanie supérieure, et dont s'habillent, dans les villes, les Guègues des deux sexes; du moins les femmes, même chrétiennes, s'en font des manteaux. Il paraîtrait que, mouillé, la couleur en prend un nouvel éclat.

[4] *Kalpak*, mot turc qui a fourni le *kolbak* de nos soldats. Singulière destinée des mots : celui-ci, en russe, ne signifie plus que bonnet de nuit, le vulgaire bonnet de coton.

clées; que nos garçons soient superbes, que nos garçons soient habillés comme des seigneurs; équipe mes invités de telle sorte qu'ils n'aient point de rivaux pour la magnificence du costume, qu'ils n'en aient point pour la beauté du visage, ni au pays des Serbes ni dans celui des Latins : ce sera une merveille pour les Latins que ce costume serbe. Les Latins ont de tout en abondance, ils savent forger l'argent, forger et l'argent et l'or, tailler le drap écarlate, mais ils sont incapables de s'imaginer l'air noble, le regard imposant et fier qu'on voit à tes garçons de Podgoritza. »

Ivan expédie ces lettres pour convoquer les gens de noce, mais il n'a pas besoin de lettres pour inviter les gens de Jabliak, non plus que ceux des environs.

Ah! c'est alors que les yeux eurent à voir, que les oreilles eurent à entendre, lorsque les missives se furent répandues depuis la mer jusqu'au vert Lim, et que se mirent en voyage, les chefs serbes, les voïvodes conduisant les invités, et l'élite des braves, des guerriers! En les voyant, et vieillards et laboureurs plantèrent là charrues et bœufs, et tout s'en courut joindre le cortège dans la vaste plaine de Jabliak; les bergers eux-mêmes quittèrent leurs troupeaux, il resta neuf troupeaux à la garde de chaque berger, tout afflua dans la vaste plaine pour être de la fête que donnait le seigneur. De Jabliak aux bords de la Tzétigna[1], les svats remplirent toute la plaine : cheval pressé contre cheval, héros pressé contre héros, des lances de guerre drues comme

---

[1] Erreur géographique du chanteur. La *Tzétigna* est une rivière de la Dalmatie, tandis que le rocher de Jabliak est entouré des deux bras de la *Moratcha*, qui de là va se jeter dans le lac de Scutari. *Tzétigné* (au féminin pluriel), ou Cettigne, est, depuis la fin de la vie d'Ivan, la capitale du Monténégro.

une noire forêt, et des étendards aussi nombreux que les nuages[1]. Les tentes se dressèrent pressées contre les tentes, abritant les nobles chefs; la journée et puis la nuit ainsi se passèrent.

Mais le lendemain à l'aube, avant le lever du jour et du brillant soleil, voilà qu'un chef se lève, un chef qui commandait à un district; c'était le capitaine Jean, le dévèr qui devait conduire la fiancée. Il s'est levé, a quitté la plaine et la foule qui l'occupe, et s'est approché des remparts du château; personne ne l'accompagne, il est suivi seulement de deux serviteurs qui marchent derrière lui sans le perdre de vue. Leur maître ne leur parle point, mais son visage est étrangement sombre, il laisse pendre ses noires moustaches jusque sur ses épaules, et se promène sur le glacis du château; ses regards errent sur les canons des remparts, sur le pays qui forme son domaine, qui dépend de sa seigneurie[2]; mais ce qui les arrête surtout, c'est le brillant cortège des invités dans la plaine. Ce n'est pas une plaisanterie, il n'y a pas de quoi rire: de Jabliak aux bords de la Tzétigna les tentes sont pressées contre les tentes, cheval contre cheval, guerrier contre guerrier, des lances de guerre drues comme une noire forêt, et des étendards aussi nombreux que les nuages.

Ainsi donc Jean s'était levé de bonne heure, et il se promenait sur les glacis du château, quand Ivan Tzèrnoïévitch l'aperçut. Ivan en fut vivement peiné; c'était le matin, il

---

[1] Hyperboles et lieu commun poétiques.
[2] Littéralement « il contemple sa seigneurie, il contemple, frère, son empire », et ailleurs son *royaume*. Le capitaine Jean n'est pourtant que le lieutenant d'Ivan, qui est loin d'être un empereur. Mais le chanteur n'y regarde pas de si près.

lui adressa le bonjour : « Bonjour, capitaine Jean ; pourquoi, mon neveu, t'es-tu levé de si bonne heure et t'es-tu éloigné des invités qui sont dans la plaine? Pourquoi, mon cher enfant, as-tu l'air si préoccupé? pourquoi cette tristesse empreinte sur ton visage? dis-en la cause à ton oncle. »

« Laisse-moi, mon oncle Ivan, répondit le capitaine Jean ; les discours que je te tiendrais, tu n'en ferais pas compte ; mais si tu voulais, mon oncle, écouter mon avis, tu ouvrirais tes caves, tu en tirerais du vin en abondance et en abreuverais les invités, puis tu ferais circuler parmi eux les plus rapides crieurs, pour les engager à retourner chacun chez eux. Ces noces, il convient d'y renoncer, mon oncle Ivan Tzèrnoïévitch! car nous avons ruiné notre pays, il s'est rué tout entier pour y prendre part, la frontière du pays est restée déserte, celle que menacent les Turcs, les Turcs qui habitent par delà le lac bleu[1]. Mon oncle Ivan Tzèrnoïévitch! Auparavant il y a eu des filles de mariées, auparavant des garçons qui ont pris femme, auparavant des noces ont eu lieu en tout pays, en tout royaume; mais ce qu'on n'a jamais vu, c'est la calamité dont tu es la cause, un pays tout entier qui se lève pour former un cortège de noces! Et c'est loin pour nous de porter nos os par delà la mer grise, par delà la mer à quarante gîtées d'ici, là où il n'y a personne de notre foi[2], où nous manquons d'amis, et où la terre apparemment a soif de notre sang ; car, lorsque nous aurons traversé la mer grise et que les Latins verront les héros serbes, je crains qu'il ne s'élève des disputes, et que la joie ne se change en affliction. Mon oncle Ivan Tzèrnoïévitch, que je te dise la cause de mes alarmes. Cette

[1] Le lac de Scutari.
[2] Foi ou religion. Voyez la notice.

nuit, je me couchai sous ma tente, mes deux serviteurs me couvrirent d'une pelisse et m'enveloppèrent la tête; je fermai les yeux et j'eus un affreux songe, un songe affreux, maudit soit-il! Il me sembla que je regardais vers le ciel; dans le ciel un nuage se forma, puis il commença à se mouvoir et s'avança précisément au-dessus de Jabliak, au-dessus de ton fier château; dans ses flancs le tonnerre éclata, la foudre frappa Jabliak, le château qui est ta demeure dans ton beau royaume; le feu du ciel le renversa, il n'en restait pas pierre sur pierre; il y avait un blanc kiosque, il s'abattit sur ton Maxime, mais Maxime n'eut aucun mal, il sortit vivant de dessous les décombres. Mon oncle, Ivan Tzèrnoïévitch, je n'ose t'expliquer cette vision; pourtant si l'on peut ajouter foi à un songe, à un songe et à des présages, il m'est destiné de périr parmi tes invités, de périr ou de recevoir des blessures. S'il m'arrive là-bas quelque chose, quelque accident à ces noces, si j'y suis tué ou que je reçoive des blessures, attends-toi, mon oncle, à une terrible catastrophe; sous ma bannière marchent des garçons de ma parenté, cinq cents farouches Monténégrins; que je pousse un cri d'alarme, et tous y répondront; que je périsse, et tous voudront périr. Je te supplie donc aujourd'hui, je te baise la main et te conjure de licencier les invités, de les renvoyer chacun chez eux. Renonce à cette fiancée, que Dieu anéantisse! »

A ce discours, Ivan Tzèrnoïévitch s'emporte, pareil à un feu qui jette des flammes; il gourmande son neveu et le couvre d'imprécations : « Un méchant rêve, mon neveu Jean! ce que Dieu a décrété, que Dieu l'exécute, sur toi que ce songe s'accomplisse! Si tu as eu cette vision, à quoi bon me la communiquer ce matin, à l'aube, à l'heure où le cortège se dispose au départ? Mon neveu, capitaine Jean, songe est mensonge et Dieu est vérité[1]; en dormant ta tête était posée de travers, voilà ce qui t'a fait venir ces tristes pensées. Sache, mon neveu[2], que j'ai assez de tourments et de railleries; tous nos seigneurs se rient de moi, et le peuple va chuchotant et se racontant tout bas, que ma bru reste, après les accordailles, chez son père et chez sa vieille mère, qu'elle y reste depuis neuf ans. Sache, mon neveu, que je périrai plutôt là-bas que de renoncer à ma bru et de congédier maintenant les invités. Et toi, puisque tu as autorité sur eux, et que tu as accepté d'être le *dévèr* qui doit ramener la fiancée, monte là sur les remparts de pierre, crie et hèle les artilleurs, commande-leur de charger les canons, de les charger tous les trente; ensuite appelle le vieux Nédelko, dont la barbe blanche dépasse la ceinture, et qui a la garde des grosses pièces, de Kergno et de Zelenko, ces canons qui n'ont pas leur pareil dans les sept royaumes chrétiens, ni dans l'empire du tzar des Osmanlis; appelle le vieux Nédelko, commande-lui de charger ses canons jusqu'à la gueule, de mettre poudre sur poudre et plomb sur plomb, pour que les vieux canons fassent du tapage et que le bruit en monte jusqu'au ciel; puis descends à la plaine et donne avis à nos frères, dis-leur d'avoir bon courage et d'éloigner leurs chevaux des bords de la froide Tzétigna, car les chevaux pourraient s'échapper et sauter dans la Tzétigna, et nos amis les invités courraient risque d'être pris tout d'un coup de la fièvre. Donne-leur

---

[1] Lieu commun, proverbe.

[2] Le texte ajoute : «que les hommes ne te connaissent pas !» Ces jurons ou malédictions, d'un usage si fréquent en serbe, sont difficilement traduisibles, surtout ici, où il y a une espèce de jeu de mots sur le verbe *znati*, savoir ou connaître.

avis et avertis-les qu'on va tirer trente coups de canon, qu'on mettra le feu à Kergno et à Zelenko ; ensuite donne, mon cher neveu, l'ordre au fourrier[1] de proclamer par la plaine, que l'heure est venue pour le cortège de se mettre en route ; le moment est venu de traverser la mer grise. »

Le capitaine Jean obéit, il hèle les artilleurs du château, il appelle le vieux Nédelko ; on chargea les trente canons, on chargea Kergno et Zelenko, on les emplit tous jusqu'à la gueule, et de poudre et de plomb, on en souleva la gueule vers le ciel, puis on y mit le feu. Que ne te trouvais-tu là, frère, pour entendre de tes oreilles ce vacarme, pour voir de tes yeux ce spectacle ! Quand tonnèrent les trente canons, quand tonnèrent Kergno et Zelenko, la campagne frémit, et la montagne gémit, les eaux de la Tzétigna s'agitèrent, les chevaux tombèrent sur les genoux, et beaucoup de *héros*, sur le ventre : ce n'était pas une plaisanterie que les canons du château ! pas une plaisanterie que Kergno et Zelenko !

Le fourrier fit sa proclamation, le tambour battit et les invités défilèrent par la plaine, marchant gaiement et paisiblement, et à chaque gîtée l'allégresse allait en augmentant parmi la compagnie. Il fallut traverser des plaines et des montagnes, jusqu'à ce qu'enfin ils descendirent vers la mer et occupèrent le vaste rivage qui la bordait. Sur la mer parurent les vaisseaux qui venaient à leur rencontre, et alors ce fut un délire de joie parmi les invités : qui avait un cheval de guerre le lance par la plaine et jette le *djilit*[2] ; qui aime la bombance, lève le coude et vide son *bidon*

---

[1] *Tchaouch*, en turc. Voyez la notice.

[2] *Djilit*, dénomination vulgaire et fautive de l'espèce de javeline, en usage encore aujourd'hui, je crois, chez les Arabes sous le nom de *djérid*. Les Turcs aimaient beaucoup cet exercice.

rempli de vin doré[1]; qui a une belle voix, chante des airs de danse.

Au milieu d'eux circule Ivan Tzèrnoïévitch sur un fringant cheval de guerre, ayant à ses côtés deux faucons gris, à droite le jeune Maxime, Maxime en élégant fiancé qu'il est, sur un noir coursier de bataille, à gauche Miloch Obrénovitch sur son coursier bai. Ivan regarde les deux jeunes gens qui l'accompagnent, il les regarde, puis il commence à parler : «Frères, brillants invités, et vous tous, jeunes voïvodes, je voudrais vous dire quelque chose, et je vous prie de faire ce que je désire : nous allons traverser la mer bleue, à une distance de quarante gîtées, et nous conduirons mon cher fils, mon fils l'alerte fiancé. Mais un grand malheur l'a frappé, la petite vérole l'a défiguré, et parmi les svats il n'en est pas de plus laid que lui. Or, voici ce que j'ai dit, frères, lorsque j'ai demandé la main de la bru : j'ai promis que parmi tous les invités que j'amènerais, comme parmi tous les Latins de Venise, il n'y aurait pas un plus beau jeune homme que Maxime, mon fils; aujourd'hui, frères, il n'en est pas un plus laid! De là pour moi un cuisant souci : le doge va me faire honte et susciter quelque noise. Par bonheur, frères, il se trouve parmi nous un jeune homme d'une beauté accomplie, le voïvode Miloch; Miloch Obrenbégovitch[2] n'a pas son pareil en beauté parmi les svats, il ne l'aura pas non plus chez les Latins. Si vous vouliez m'écouter, frères, nous ôterions à mon fils Maxime

[1] Bidon, en serbe *tchoutoura*, grosse bouteille de bois arrondie et plate. J'ai acheté à Chypre un vase en terre cuite, extrait d'un tombeau et fait absolument sur le modèle de la *tchoutoura*.

[2] Fils d'Obren-beg ou bey, curieux assemblage d'un nom serbe, *turquisé*, et puis *reslavisé*. De même, Ivan-beg et Ivan-bégovitch.

le plumet et l'aigrette, pour les mettre à Miloch Obrenbégovitch, et Miloch passerait pour le gendre, jusqu'à ce que la fiancée ait quitté Venise avec nous. »

Les invités avaient entendu ce discours, mais il n'y en eut pas un qui osât se prononcer ; la peur les retenait, car Maxime était d'une race prompte à verser le sang ; il pouvait s'offenser, et il en aurait coûté la tête à quelqu'un : nul n'ose se prononcer. Enfin le voïvode Miloch prend la parole : «Ivan, notre chef, puisque tu nous consultes, et fais appel à nous, donne-moi ta main droite, et au nom de ton fils Maxime, engage solennellement devant Dieu ta foi, que tu n'offenseras point Maxime à ces noces où tu le mènes. De ma part, j'engage ma foi devant Dieu que je ramènerai d'outre-mer ta bru, sans mauvaise aventure et sans dispute. Seulement, Ivan, ce ne sera pas pour rien : tous les présents qui seront faits au fiancé, je veux que nul ne les partage avec moi. »

A ces paroles Ivan éclata d'un rire joyeux : « Ô Miloch, chef serbe, que parles-tu des présents du fiancé? Personne que toi n'y touchera, je t'en donne ma foi plus ferme qu'un rocher. Que ma bru seulement passe la mer, et ce sera à moi de te combler de cadeaux : je te donnerai deux *bottées*[1] d'or, et avec cela ma coupe, qui contient deux *litras*[2] de vin, et qui est faite de pur or fondu. Ce ne sera pas là tout, frère, ce que tu auras de moi : je te donnerai ma jument fauve, qui met bas des poulains fougueux et ardents comme le feu ; à ta ceinture je suspendrai mon sabre, qui vaut trente bourses. » Ainsi l'accord fut conclu, on ôta l'aigrette

---

[1] *Bottée*. Le mesurage de l'or par bottes (la botte du cavalier) est fort en usage dans la poésie héroïque.

[2] *Litra*, contenance de 350 grammes ou un peu plus.

à Maxime, l'aigrette arrondie et le plumet doré, et on les mit à Miloch Obrenbégovitch, tandis que Maxime fut relégué à l'écart; vers ce temps ils atteignirent le rivage, et s'embarquèrent sur la mer grise.

Grâce à Dieu et grâce à la fortune qui vient de lui, la traversée fut heureuse; ils arrivèrent à bon port sous les murs de Venise et occupèrent la plaine. Les portes de la ville s'ouvrirent, et jeunes et vieux en sortirent pour faire accueil aux svats, pour les regarder curieusement et pour voir s'ils reconnaîtraient le gendre du doge, si ce qu'on racontait de lui était vrai : qu'il n'avait pas son pareil en beauté ni parmi les gens de la noce ni parmi les Latins. Reconnaître le gendre, c'était chose facile, au plumet et à l'aigrette qu'il portait, à sa taille et à son visage; quand on vit qu'Ivan n'avait rien dit que de vrai, les fils du doge s'en vinrent saluer leur cher beau-frère; ils l'embrassent d'un côté et de l'autre, puis ils l'emmènent dans un élégant pavillon; après quoi, les invités furent distribués dans des logements par trois et par quatre, de la manière qui devait leur être la plus commode.

Chez les Latins, il y avait une coutume étrange : la famille de l'épousée assistait aux noces, et on laissait reposer chevaux et cavaliers[1]. Ils demeuraient là depuis trois à quatre jours quand, le quatrième, à l'heure où parut le soleil et où tonnèrent les canons de la ville, le fourrier commença à appeler les invités et à battre le tambour, pour les avertir de se tenir prêts; le moment était venu de reprendre le chemin du pays, et tous de se rassembler dans une belle cour de pierre. Mais voilà qu'ils trouvent les portes

[1] Voyez la note 1, p. 307.

closes, closes et barrées, et à l'issue se tiennent quatre bourreaux, deux nègres et deux Latins, leurs bras sanglants nus jusqu'aux épaules et les épées tranchantes hors du fourreau. C'était de quoi alarmer les invités, mais voilà qui les inquiète plus encore : il manque les deux plus grands de la compagnie, il manque le voïvode Miloch, dont on avait fait le fiancé, et la jeune fille qu'ils étaient venus chercher ! Mais l'attente ne fut pas longue : bientôt on entendit résonner les pavés et du même côté le bruit des voix, et le voïvode Miloch paraît, monté sur son coursier bai, auquel il serre le mors, en même temps qu'il le touche légèrement de l'étrier de cuivre, pour le faire caracoler sous lui. Gaiement Miloch rejoint la compagnie, à tous il donne le bonjour, et tous d'une commune voix s'écrient : « Sois le bienvenu, jeune Maxime ! » Derrière lui arrivèrent ses deux beaux-frères ; ils le rejoignent, apportant les cadeaux dont ils vont gratifier le fiancé devant les gens de noce.

Voici le présent qu'offre l'un des beaux-frères : il amène un moreau sans tache, et sur le moreau est la jeune Latine, mais le malheureux se courbait sous le poids de l'or et de l'argent ; d'or on l'avait ferré, un caparaçon d'or tombait jusqu'à ses pieds, et sur la poitrine il avait une martingale splendide. Le jeune homme, tenant un faucon gris sur le poing, salue le fiancé du nom de Maxime. « A toi, dit-il, le coursier et la jeune fille, à toi l'or et l'argent qui sont sur le cheval, à toi ce faucon gris, puisque tu fais si bonne figure parmi les compagnons. » Et Miloch, saluant et s'inclinant sur le cou de son cheval, recevait avec grâce les cadeaux.

L'autre beau-frère avait apporté un sabre d'or pur fondu, qui valait des trésors ; il le passe à la ceinture de Miloch : « Porte-le, dit-il, et sois-en fier. » Mais voici venir les beaux-parents, et quels cadeaux ils apportent! Le beau-père tient un bonnet avec son aigrette, l'aigrette ornée d'un précieux diamant, aussi brillant que le soleil, et dont les regards ne pouvaient supporter l'éclat; saluant son gendre du nom de Maxime : « A toi, dit-il, le bonnet et l'aigrette, » et Miloch reçoit, sans montrer d'embarras, le cadeau. C'est maintenant au tour de la belle-mère, de mauvais augure[1]. Elle apporte une chemise toute d'or, que les doigts n'ont pas filée, qui n'a point passé par l'œil de la navette ni n'a été tendue sur le métier, mais une chemise tressée à la main; sur le col est enroulé un serpent avec la tête redressée en avant; le venimeux serpent, on dirait qu'il est vivant (et il mordra Miloch!); dans la tête est enchâssée une pierre précieuse, une escarboucle, de sorte, quand le fiancé ira avec l'épousée dans la chambre nuptiale, qu'il n'ait pas besoin de porter de flambeau, et que le diamant les éclaire; saluant son gendre du nom de Maxime : « A toi, dit-elle, cette chemise d'or. »

Les invités s'étonnaient, ils étaient émerveillés de ce cadeau des Latins, mais tout d'un coup c'est bien une autre surprise! On voit arriver le vieil Iezdimir[2], le frère du doge de Venise, sa barbe blanche dépasse la ceinture, il s'appuie sur une canne d'or, les larmes coulent sur son blanc visage, les larmes coulent, tant son chagrin est profond. Sept femmes il avait eues l'une après l'autre, mais sans avoir de postérité, et il avait pris avec lui sa nièce, sa nièce de-

---

[1] Parce que la chemise qu'elle apporte sera l'occasion de la catastrophe finale. Les préventions à l'égard des belles-mères sont d'ailleurs aussi fortes chez les Serbes que dans tout autre pays.

[2] Iezdimir « celui qui chevauche le monde », nom slave donné à un noble vénitien.

venue son propre enfant et lui tenant lieu de fille et de fils; aussi est-ce une cruelle affliction pour le vieillard que de la laisser partir et traverser la mer. Il tenait, enroulé sous le bras, quelque chose de magnifique, et quand il se fut approché des invités, il appela par son nom le fiancé, puis il le couvrit, il étendit sur lui une pelisse mouchetée, si longue que de la tête elle tombait jusqu'à terre et qu'elle enveloppait le cavalier et sa monture; et quel manteau c'était (malheur à lui!)[1]; les yeux en étaient éblouis, et les gens disent et racontent que pour la fourrure seule on avait dépensé trente bourses; quant à l'extérieur, nul n'en sait le prix ! « A toi, mon cher gendre, à toi cette pelisse mouchetée qui n'a pas sa pareille au monde; aucun roi n'en possède une semblable, pas même je crois l'empereur des Turcs; porte-la, mon gendre, et sois-en fier. » Ces dons sont un crève-cœur pour Maxime, de côté il les regarde, de côté, mais de travers.

Après que le fiancé eut reçu ces cadeaux, voilà que les portes s'ouvrirent, et sur le seuil on vit les serviteurs et les servantes, qui à leur tour offrirent des présents aux invités : pour les chevaux des mouchoirs brodés, pour les cavaliers le cadeau ordinaire[2].

Les Latins leur firent ces cadeaux, puis ils les accompagnèrent par la plaine et les embarquèrent sur les vaisseaux.

[1] *Iade ga dopanoule!* Expression contre le mauvais œil, et répondant à la formule de la langue usuelle : *Ne budi uroka !* loin le charme! Car, chez les Serbes comme chez les Grecs, louer quelqu'un ou quelque chose, c'est attirer sur eux un malheur.

[2] Le mot turc ici employé, *bochtchalouk*, désigne un cadeau composé d'une chemise, de larges caleçons ou pantalons de dessous, d'une serviette et de bas de laine bariolés.

On les débarqua, et ils s'acheminèrent gaiement et heureusement[1].

Quand le cortège arriva dans la plaine au bas de Jabliak, là où il s'était rassemblé, là aussi il allait se séparer. Mais voilà le commencement de la catastrophe : à toute bride part le jeune Maxime sur son moreau sans tache. Suivi de dix compagnons qu'il a réunis, il va demander à sa mère la récompense du message d'arrivée[2]. Le voïvode Miloch le voit s'éloigner, au moment où lui-même il faisait caracoler son coursier bai; il le pousse jusqu'auprès du dévèr, du capitaine Jean, et pose sa main sur la fiancée. Ah! la jeune fille maudite, il aurait fallu la voir! sur les yeux elle avait un voile doré, un voile diaphane, que perçaient ses regards; à l'aspect du cheval et du cavalier, elle eut le vertige, sa tête s'égara, et écartant son voile doré, de manière à montrer ses deux yeux, elle tend à Miloch ses deux mains[3]. Qui l'a vu feint de ne pas voir, mais cela n'a pas échappé au beau-père, à Ivan Tzèrnoïévitch; il s'en alarme, et voici ce qu'il dit à sa bru, la Latine : « Retire tes mains, ma chère bru, retire tes mains, puisses-tu les perdre toutes deux! couvre tes yeux, puisses-tu les perdre tous les deux[4]! Pourquoi les poser sur un homme qui ne t'est rien, sur Miloch Obrenbégovitch? Cherche donc là-bas, ma chère bru, cherche du regard là-bas dans la plaine, en avant des invités, ce jeune homme qui monte un cheval noir : il porte à la main une lance de guerre, un écu doré brille sur son

[1] Voyez plus haut la note 2, p. 312.

[2] Cette périphrase ne fait que rendre le sens du mot turc *mujdélik*.

[3] C'est là, de la part de la fiancée, un grave manquement aux bienséances, qu'on voit, dans un chant bulgare, puni d'une manière quasi-surnaturelle.

[4] Littéralement : « Puissent-ils, puissent-elles tomber! »

épaule, mais il a le visage gâté par la petite vérole, la petite vérole lui a noirci le teint, c'est celui-là qui est le jeune Maxime. A Venise, je m'étais vanté, le jour où ton père m'accorda ta main, que, si nombreux que fussent les invités aux noces, il n'y aurait point parmi eux un plus beau jeune homme que Maxime, que mon fils. Plus tard, j'ai pris peur, nous avons fait passer Miloch pour le fiancé, et nous lui avons abandonné les cadeaux de noce, pour qu'il te ramenât outre-mer sans noise et sans danger pour nous. »

Ces paroles sont pour elle comme un coup de poignard; la Latine arrête son cheval, elle refuse de faire un pas de plus, et voici ce qu'elle dit à son beau-père : « Mon beau-père, Ivan Tzèrnoïévitch, tu as détruit le bonheur de Maxime le jour où tu lui substituas un autre fiancé. Et pourquoi? Oh! que Dieu t'en punisse! La petite vérole avait flétri sa beauté, mais tout homme intelligent et de bon sens ne comprend-il pas que chacun de nous est exposé aux calamités? Si la petite vérole l'a marqué, ses yeux sont encore sains, et son cœur est resté ce qu'il était. Si tu t'es troublé à la pensée que Maxime était encore trop jeune, moi qui l'ai attendu pendant neuf ans dans la maison de mon père, je l'aurais attendu neuf autres années à Jabliak, dans votre château, et je n'aurais fait la honte de personne, ni de votre maison, ni de ma famille. Maintenant, mon beau-père, je t'en adjure au nom de Dieu! ou reprends les cadeaux à l'étranger, à votre voïvode Miloch, et restitue-les à ton Maxime, ou bien je refuse de faire un pas de plus, tu m'arracherais plutôt les yeux! »

Ivan est dans un grand trouble; il appelle autour de lui quelques voïvodes : « Au nom de Dieu, frères, soyez arbitres entre moi et Miloch au sujet des cadeaux que nous a faits le doge de Venise à l'occasion des noces. » Ici il n'y a point d'arbitre, et quel homme d'honneur entreprendra d'en servir, alors qu'ils s'étaient pris la main et avaient engagé leur foi à Dieu, que personne ne partagerait les cadeaux avec Miloch, et que de plus Ivan y ajouterait du sien. L'engagement avait été solennel; tous refusèrent d'intervenir.

Cependant Miloch apprend ce qui se passe; lançant son cheval de combat, il accourt et interpelle ainsi Ivan : « Ô Ivan, notre chef, où est ta foi? que ton parjure retombe sur toi! n'avons-nous pas dit que personne ne partagerait avec moi les cadeaux de noce? et aujourd'hui vous voulez revenir là-dessus! Puisque tu soulèves des difficultés et que tu es parjure, eh bien! je t'en ferai don, de ces cadeaux, par considération pour nos honorables frères; voici le premier cadeau que je vais te faire, à toi le moreau et la fiancée. En bonne foi et en bonne justice, la fiancée m'a été donnée, son père et sa mère me l'ont donnée, et aussi ses deux frères; mais de cela je ne veux point parler. Je te donnerai aussi l'or et l'argent dont le cheval est orné, et le faucon gris, et le sabre que voici à ma ceinture; tous ces présents, je t'en gratifie, mais il y a trois choses que seules je n'abandonne pas : je n'ôte pas de ma tête l'aigrette du doge, je n'ôte pas de mes épaules la pelisse mouchetée, et je ne donne pas la chemise d'or, je veux l'emporter dans mon pays et m'en faire gloire parmi les miens; j'en jure par Dieu et par la foi, ces trois cadeaux je les garde! » En entendant ces paroles, les invités s'écrièrent d'une commune voix : « Honneur à toi, voïvode Miloch, honneur à toi, rejeton d'une noble famille! qui te montres parmi nous si généreux, si généreux et si conciliant. »

Il n'y a eu qu'une voix parmi les invités, les invités sont tombés unanimement d'accord; mais il y a parmi eux quelqu'un qui n'est pas d'accord, c'est la triste fiancée. Les dons lui tiennent fort au cœur, et par-dessus tout la chemise d'or; elle s'écrie de son blanc gosier et appelle par son nom le jeune Maxime. L'effroi saisit Ivan Tzèrnoïévitch et il interpelle sa bru : « Ma bru, jeune Latine, n'appelle point Maxime; nous lui avons fait tort, mais Maxime a le sang chaud; il est homme à entamer une querelle en pleine noce et parmi ses invités; ma bru, je t'en conjure par le nom de Dieu! A Jabliak il y a une tour pleine d'or; tous ces trésors je te les donne, fais-en ce qu'il te plaira. » Mais la malheureuse jeune fille ne l'écoute point; elle crie une fois le nom de Maxime, qui ne l'entend pas; elle le crie une seconde fois, et il a entendu; il volte son cheval noir, prêtant l'oreille à ce qu'elle va dire. Et la jeune fille lui parle d'un ton de mépris : « Ô Maxime, puisse ta mère te perdre! ta mère n'a que toi de fils, plût au ciel qu'à partir de ce jour elle ne t'eût même pas! qu'on te portât sur des lances en guise de brancard, et qu'un écu servît de couvercle à ta tombe! sois déshonoré dans le conseil de Dieu, comme tu t'es aujourd'hui laissé déshonorer par votre voïvode Miloch! ce qui m'appartient, comment avez-vous pu le donner à un autre! Tout cela, pourtant je ne le regrette guère, qu'il l'emporte (que l'eau l'emporte lui-même!); mais ce qui me tient au cœur, c'est la chemise d'or que j'ai passé trois ans à tisser, avec l'aide de trois de mes compagnes, tant qu'à la fin les larmes coulaient de mes yeux fatigués; cette chemise, que je tissais d'or pur, je croyais la porter à l'heure où j'embrasserais mon mari, et vous venez de la donner à un autre! Écoute-moi donc, Maxime le fiancé; fais vite restituer ce trésor par l'étranger; si tu ne le fais restituer, j'en jure par le vrai Dieu, je ne ferai pas un pas en avant, mais voltant mon bon cheval, je le pousserai jusqu'au bord de la mer, là je prendrai une feuille de buis[1], je m'écorcherai le visage jusqu'à ce que le sang coule de mes joues, et sur la feuille j'écrirai une lettre, je la donnerai à un faucon gris qui la portera à mon vieux père, afin que mon père rassemble toute l'armée des Latins, qu'il vienne mettre au pillage ton blanc Jabliak, et qu'il te rende ruine pour honte!»

Le jeune Maxime a entendu ce discours, la rage le transporte, il volte son cheval noir, en le frappant de son triple fouet, de telle sorte que la peau de la croupe éclate et que le sang lui ruisselle jusqu'aux pieds; la pauvre bête fait un saut terrible, elle bondit en l'air de trois longueurs de lance et en avant de quatre longueurs[2]. Il ne se trouva point là un hardi compagnon pour arrêter le pauvre furieux, mais tous lui livrèrent passage à travers la plaine, nul ne se doutait de la calamité qui se préparait et ne savait pourquoi Maxime retournait sur ses pas. Le voïvode Miloch le vit venir, et il éclata de rire. «Dieu soit loué! s'écria-t-il, où Maxime court-il ainsi?» Mais il ne comprit pas aussitôt le danger. En arrivant sur lui, le jeune Maxime darde sa lance de guerre[3]; la lance l'atteint au-dessous de l'aigrette, entre ses deux yeux noirs, et les yeux jaillirent par la nuque[4]! Miloch tombe, et Maxime se rue sur lui, tant il avait soif de son

---

[1] *Chemchilik*, en Dalmatie, et ailleurs *chimchir*, sont les noms turcs du buis, mais c'est précisément l'arbuste qui a les plus petites feuilles.

[2] Lieu commun de la poésie.

[3] Voyez la variante n° 1, p 341.

[4] Sic : *za zatiliak*.

sang; d'un coup de sabre il lui abat la tête, la jette dans le sac à orge[1], puis enlevant la fiancée au dévèr, il pique des deux vers Jabliak, pour annoncer à sa mère qu'on est de retour[2].

Dieu clément, gloire à toi en tout! Quel spectacle pour qui se serait trouvé là, de quelles calamités ses yeux se seraient rassasiés! Alors que tomba le brillant chef et qu'on vit maintes familles se toiser des yeux, le sang commença à bouillir dans les veines des héros, puis ils se mirent à se distribuer des cadeaux, mais des cadeaux atroces: les sombres poires que lancent les fusils. A force de décharger les longs fusils, un brouillard s'étendit sur la plaine, le brouillard de la poudre rapide et du plomb. Alors dans ces ténèbres ils dégainèrent les sabres, plongèrent les mères dans l'affliction, couvrirent les sœurs de deuil, et des épouses firent des veuves[3], de telle sorte que le sang leur montait jusqu'aux genoux.

Mais voici un héros qui marche péniblement dans le sang, c'était Ivan Tzèrnoïévitch; le malheureux, son cœur est voué à une douleur éternelle! Il marche dans le sang, et adresse à Dieu cette prière: «Permets, ô Dieu, que le vent souffle de la montagne, afin qu'il dissipe ce brouillard maudit et que je regarde autour de moi qui a péri et qui est resté vivant.» Dieu l'a permis, un vent s'élève, qui disperse le nuage et découvre la plaine. Ivan promène ses regards de tous côtés, et il ne sait où c'est le plus triste: partout des chevaux et des héros abattus, et des blessés qui

---

[1] Le petit sac dans lequel on donne l'orge aux chevaux et que chaque cavalier porte avec lui.

[2] Voyez la note de la page 332. Ici nous avons modifié la traduction.

[3] Lieu commun de la poésie serbe et bulgare.

râlent sur la terre. Ivan se met à retourner les cadavres et à examiner ces têtes sanglantes, cherchant partout son fils Maxime. Il cherche, et ne le trouve pas, mais il trouve son neveu Jean, celui qui accompagnait la fiancée, et le même qui à Jabliak, le matin du départ, lui avait raconté son rêve. Mais c'est en vain qu'il l'a rencontré; le sang dont il est couvert a empêché Ivan de le reconnaître; il avait passé à côté de lui et s'éloignait, quand le capitaine Jean l'aperçoit et lui adresse la parole : « Mon oncle, Ivan Tzèrnoïévitch, qu'est-ce qui te rend si fier? est-ce la bru, ou les invités, ou les riches cadeaux de noce? qu'est-ce qui te rend si fier, que tu ne demandes même pas à ton pauvre neveu, si ses blessures sont mortelles? » A cette vue Ivan fond en larmes, il essuie un peu du sang qui le souillait: « Mon neveu, capitaine Jean, peux-tu guérir de tes blessures, que je te porte à ce malheureux Jabliak, et que je cherche des médecins d'outre-mer? » Mais voici ce que Jean lui répond : « Laisse-moi, mon oncle Ivan, où sont tes yeux, ne vois-tu pas où j'en suis? pour de pareilles blessures il n'y a pas de guérison : j'ai la jambe gauche cassée, cassée en deux, en trois endroits; mon bras droit est coupé, coupé au ras de l'épaule; j'ai reçu des coups de sabre dans le ventre et ils m'ont percé le foie. » Ivan voit où il en est et il se hâte d'interroger son neveu : « Dis-moi, mon neveu, pendant que tu peux encore parler, puisque, comme dévèr, tu accompagnais la fiancée et que le jeune Maxime est venu l'enlever, as-tu vu tomber Maxime? Et sais-tu ce qu'il est advenu de l'épousée? — Que dis-tu, mon oncle Ivan! Il n'est pas mort, ton Maxime, mais se ruant de toute la vitesse de son cheval sur le voïvode Miloch, il l'a tué, il m'a enlevé, à moi dévèr, l'épousée, puis il est parti avec elle pour aller trouver sa pauvre mère[1]. » Il dit, et il rend l'âme.

Ivan le jette de côté, puis il prend à la hâte le chemin du blanc Jabliak. En arrivant devant la porte du château, il voit une lance fichée en terre et, attaché à la lance, un cheval noir, au côté duquel pend le sac à orge. Devant lui est assis le jeune Maxime, que la malheureuse épousée se tient prête à servir[2]; il est en train d'écrire sur ses genoux, il écrit une lettre menue à son beau-père, le doge de Venise, et il expédie par un courrier cette lettre : « O mon beau-père, doge de Venise, rassemble une armée, tout le pays des Latins, puis viens mettre au pillage le blanc Jabliak, et reprends ta chère fille, qui n'a reçu ni baisers ni caresses : ma seigneurie est passée, mon royaume n'est plus; je m'en vais fuir loin d'ici, me réfugier près de l'empereur, à Stamboul, et là je me ferai Turc[3]. »

Ici l'action est terminée, l'intérêt poétique est satisfait, et ne peut que perdre à l'addition de faits accessoires. Mais le rapsode continue; il raconte la légende locale, plus attrayante, à cette place surtout, pour ses auditeurs indigènes que pour le lecteur étranger. Nous ne pouvons cependant supprimer cette fin *historique* du poëme.

La voici :

Le bruit de cette calamité circula par tout le pays; parmi

---

[1] Voyez la variante n° 2, p. 342.

[2] Trait de mœurs oriental; la femme est véritablement la servante de l'homme. Un paysan corfiote dira : «Ma femme, *sauf votre respect*, μὲ συμπάθειά σας.» Le mot *dvoriti* (de *dvor,* cour) exprime aussi le service d'un homme chez un supérieur puissant, dans l'espérance d'obtenir une grosse rémunération. C'est ainsi que (voyez plus bas) Maxime et son ennemi *font* neuf ans entiers *leur cour* au sultan.

[3] Turc ou musulman, c'est tout un; la langue ne distingue pas; le renégat s'appelle *potouritza*.

les Obrenovitch aussi elle se répandit, et quand elle arriva aux oreilles d'un certain Jean Obrenovitch, le frère du voïvode Miloch, il réfléchit quelque temps, puis il s'arrêta à cette résolution : vite il va prendre son cheval, il le selle et l'équipe du mieux qu'il peut, le sangle le plus fortement qu'il peut, puis le jeune homme s'élance sur le dos du coursier, il prend congé de sa parenté et lui dit adieu : « Et moi aussi, frères, je pars pour Stamboul; j'y vais pour prendre la défense de tous ceux qui doivent naître et demeurer dans notre pays. Pour Stamboul est parti un meurtrier; il va faire sa cour à l'empereur, et ainsi il obtiendra quelque puissante armée, pour venir désoler notre pays. Frères et parents ! tant que vous me saurez en vie, en vie dans le blanc Stamboul, n'ayez aucune crainte; il n'osera lever une armée : il en veut à vous, mais moi j'en veux à lui. »

Ainsi dit-il, et il partit. Près de Stamboul, les deux ennemis se rencontrèrent, et ensemble ils allèrent se présenter devant l'empereur. Quand l'empereur sut qui ils étaient et ce qui les amenait, il ne perdit pas de temps; vite il fit de tous deux des Turcs et leur imposa des noms turcs : Jean reçut le nom de Mahmoud-bey Obrenbégovitch, et celui de Maxime fut Skender-bey Ivanbégovitch.

Ils firent leur cour à l'empereur neuf ans entiers, et obtinrent neuf fiefs, qu'ils échangèrent chacun contre un pachalik. L'empereur leur donna de blanches queues et, à perpétuité, sans aucun changement, le vizirat de ces deux pays : à Mahmoud-bey Obrenbégovitch, il donna la plaine de Doukadjin[1], où le vin croît en abondance, le vin et en-

---

[1] *Doukadjin* ou *Métokia*, partie de la vieille Serbie; là se trouvent Prisrend

core plus de maïs, et le blanc froment à suffisance, belle contrée qui n'a pas son égale; tandis qu'au fils d'Ivan, il donna l'horrible région de Scutari sur la Boïana [1], où rien jamais ne croît, où il naît des grenouilles et des buffles, et où la mer lui fournissait du sel. Comme alors, encore aujourd'hui ce sont d'irréconciliables ennemis, jamais la paix n'a pu être faite entre eux, et ils continuent de répandre mutuellement leur sang.

VARIANTES.

N° 1. (Voir la note 3, p. 336.)

Suivant d'autres chanteurs, Maxime n'aurait pas tué Miloch par surprise, mais l'aurait provoqué au combat. Voici cette version :

A peine le jeune Maxime a-t-il ouï ces paroles que, rassemblant les rênes, il frappa de l'étrier de cuivre son vaillant moreau, le fit voller par la plaine, saisit son djilit à la façon d'une lance, puis provoqua Miloch au combat. Ils se donnèrent la chasse l'un à l'autre à travers la vaste plaine, à droite et à gauche. Quand c'est Obrenbégovitch qui poursuit, qui poursuit le jeune Maxime, celui-ci est si loin qu'il peut à peine l'apercevoir; mais quand c'est le jeune Maxime qui poursuit, qui donne la chasse à Obrenbégovitch, il est toujours sur les talons du cavalier. Le jeune Maxime darde sa lance, et atteint le voïvode Miloch; si légèrement l'ait-

---

et Ipek (*Petch*). «Les descendants de Mahmoud-bey commandent encore aujourd'hui (1823) à Ipek.» *(Note de Vouk.)*

[1] Cette peinture satirique de Scutari a sa contre-partie dans la description enthousiaste du chant sur «Momtchilo et Voukachine».

il frappé, il le jette à bas de son bon cheval, et le cloue à la terre noire.

N° 2. (Voir la note 1, p. 339.)

Suivant d'autres versions, Maxime ne courut pas immédiatement à Jabliak, mais il continua de se battre, tant que dura la mêlée, reçut plusieurs blessures, et ainsi blessé, mena à Jabliak le cheval qui portait la fiancée :

La jeune fille était restée là, comme aussi Maxime le fiancé, qui faisait caracoler son bon coursier; son sabre est couvert de sang jusqu'au baudrier, son bras droit jusqu'à l'épaule, et le cheval en a jusqu'aux genoux; Maxime a sur le corps dix-sept blessures. Quand il vit qu'il n'y avait là personne, personne que la fiancée sur son cheval, il poussa jusqu'à elle, saisit la bride du cheval, et s'achemina par la plaine de Jabliak. En arrivant devant le blanc château, il vit au bas une ronde de danseurs, menée par sa sœur[1], qui s'agitait dans la ronde comme l'ouragan dans la forêt. La jeune fille n'eut pas plus tôt aperçu son frère, qu'elle rompit la danse, puis, ouvrant les bras, se jeta au cou de Maxime. « Frère, lui dit-elle, fils de faucon, par quel artifice as-tu trompé les gens de noce pour nous amener la belle épousée? » Ensuite elle lui met la main dans le sein et en retire une pomme, mais la pomme était toute souillée de sang! « Mon frère Maxime, lui dit sa sœur, au nom du Dieu vivant, que veut dire cette pomme sanglante dans ton sein? » Et Maxime le fiancé lui répond : « Ne m'interroge pas, ma chère sœur, mais cours vite au blanc château, et étends-moi une molle couche, d'où jamais plus je ne me lèverai. »

[1] Personnage de fantaisie, comme toute la scène.

D'après cette même tradition, on *chante* et on *raconte* que Maxime resta un an entier à Jabliak à soigner ses blessures, pendant que le frère de Miloch, qui s'était rendu à Constantinople, l'accusait avec insistance devant les Turcs. Aussi, quand il se trouva rétabli, écrivit-il à son beau-père, et ses deux beaux-frères, étant venus, remmenèrent avec eux la fiancée «qui n'avait reçu ni baisers ni caresses (*ni lioublenou ni omilovanou*); après quoi il partit lui-même pour Constantinople, dans le but de se défendre et de répondre aux accusations portées contre lui [1], et à la fin, les deux adversaires se firent musulmans. (*Note de Vouk.*)

[1] Ce détail de la légende, imaginé sans doute hors du Monténégro, tendrait à représenter ce pays dans un état de sujétion, à l'égard de la Turquie, plus étroite qu'elle ne pouvait l'être à l'époque d'Ivan, et même qu'elle ne l'a jamais été. Car, si le vizir Kuprili a pénétré en 1714 jusqu'à Cettigne et l'a détruite, jamais les Turcs n'ont pu s'établir dans les retraites inaccessibles de la *Tzèrna Gora*, où ils ont subi plus d'une sanglante défaite. J'ai vu moi-même partir de Mostar, en 1877, l'armée de Souleïman-pacha, qui a fait, sans succès, la dernière tentative de ce genre. Mais la Porte savait très bien, et c'est ce que la tradition indique, fomenter les dissensions locales et en profiter, là comme ailleurs, pour préparer la conquête des pays qu'elle convoitait.

傳代初

QUELQUES CONTES POPULAIRES
ANNAMITES

TRADUITS POUR LA PREMIÈRE FOIS,

ET

EXPLICATION D'UN VERS DU ROMAN CHINOIS

玉嬌梨

PAR

ABEL DES MICHELS,

PROFESSEUR À L'ÉCOLE DES LANGUES ORIENTALES VIVANTES.

傳 代 初

QUELQUES CONTES POPULAIRES
ANNAMITES.

Les pièces dont je donne ici la traduction sont extraites d'un recueil de contes populaires formé et publié à Saïgon par le *Huyện P. Trương Vĩnh ký* sous le nom de *Chuyện đời xưa* « Contes des temps passés ». En attendant la traduction intégrale de la collection que je tiens prête depuis longtemps et que je compte offrir sous peu au public orientaliste, j'ose espérer que ceux qui suivent ne passeront pas complètement inaperçus, non à cause du mérite de la traduction que je me suis cependant efforcé de faire aussi exacte que possible, mais en raison du caractère local qu'ils présentent à un degré remarquable.

Outre l'utilité qu'on en peut retirer pour des travaux philologiques, la lecture de ces contes présente un intérêt considérable au point de vue de la connaissance de la tournure d'esprit du peuple dans l'idiome duquel ils ont été écrits. C'est peut-être en effet dans les morceaux de ce genre que se fait jour de la manière la plus frappante le caractère particulier d'une nation; et nulle part on ne se rend mieux compte de la manière de sentir des Annamites que dans les anecdotes plaisantes ou même dans les simples saillies dont, si j'ose employer ce mot, fourmillent les *Chu-*

yên đòi xưa. On s'y trouve, pour ainsi dire à chaque ligne, en présence de quelque manifestation de l'esprit sceptique et railleur de ce peuple qui plie bien devant la force, de quelque nature qu'elle soit, mais qui se moque impitoyablement de celui qui l'a en main; qui, tout en ayant adopté, par contrainte d'abord, par habitude ensuite, la civilisation des Chinois, tout en se laissant exploiter par ses bonzes, tout en frémissant de terreur à la seule pensée du tigre, fait, en raison même de cela, des Chinois, des bonzes et du tigre les héros ridicules de ses contes facétieux. On y rencontre presque à chaque pas la glorification de la finesse, de l'astuce et même du mensonge, cette arme dont les faibles et les opprimés sont si souvent disposés à se servir contre le fort qui les domine.

Un autre trait saillant de caractère, c'est le rôle avantageux qui est sans cesse attribué à la femme dans ces contes. C'est elle qui y dirige la barque du ménage et qui y commande à son mari. Elle l'y mène même, s'il m'est permis d'employer cette expression familière, « à la baguette. » Cela donnerait à penser que, bien qu'on en ait dit, il existe à ce point de vue une différence bien tranchée entre les mœurs des Annamites et celles des Chinois, chez lesquels, tout entourée de respect qu'elle est, l'épouse se trouve en fait dans un état de dépendance bien différent de la liberté morale que le mari de la femme cochinchinoise lui laisse en dépit de sa rudesse apparente, et qui se trahit partout dans ces récits.

Enfin la note dont j'ai fait suivre ces quelques spécimens de la littérature familière de l'Annam fera voir qu'il est possible de retrouver dans de semblables pièces la trace et l'explication de certaines coutumes qui, anciennement importées de la Chine, se sont complètement perdues dans le pays même où elles avaient pris naissance.

I

ORGUEIL ET HUMILITÉ.

Certain personnage était parvenu à une situation assez élevée; mais il la devait au mérite qu'il avait eu d'étudier avec persévérance, et non à la protection ou à l'appui de qui que ce fût; aussi avait-il suspendu au beau milieu de sa maison un tableau sur lequel il avait écrit les deux catères 人 力[1]. Or sa concubine, qui, elle aussi, était habile à manier le pinceau, aperçut en allant et venant cette inscription. Elle en fut indignée et ne pouvait en supporter la vue.

Un jour son mari fut appelé au dehors par ses fonctions. La dame, restée à la maison, apporta une échelle, et, ajoutant au premier deux traits transversaux, elle changea les caractères en ceux de 天 力[2]. Le mari, de retour, regarda au-dessus de sa tête, vit ces deux mots, et demanda quelle était la personne de la maison qui avait corrigé son inscription et changé ainsi le caractère 人 «homme» en celui de 天 «ciel». La concubine avoua que la correction venait d'elle. «Pourquoi parler du pouvoir du Ciel? lui demanda encore le mandarin. — L'homme qui naît en ce monde, dit-elle, est soumis à l'ordre du Ciel. Toutes choses vont aussi comme le Ciel l'ordonne; il commande et elles existent! Qui pourrait, par sa propre force, leur donner la

[1] «Le pouvoir de l'homme.»
[2] «Le pouvoir du Ciel.»

naissance? — Il n'en est rien! répliqua le mandarin. Moi que vous voyez, après avoir été dans la misère depuis mon enfance jusqu'à l'âge d'homme, c'est par un travail opiniâtre et sans trêve que je suis devenu ce que je suis. Où voyez-vous que la puissance du Ciel m'ait aidé en quoi que ce soit? Mais puisque vous parlez ainsi, allons! Voyons si vous, qui mettez votre confiance dans le pouvoir du Ciel, vous viendrez à bout de quelque chose!» Il chassa cette femme, lui enleva tous ses vêtements et tous ses bijoux, et ne lui laissa sur elle qu'un mauvais habillement déchiré. La dame alluma des cierges et des baguettes odoriférantes, et formula cette prière : «Ô Ciel! faites que l'homme que je rencontrerai en sortant à midi dans la rue devienne mon époux, que je puisse lui confier ma personne et m'appuyer sur lui!» Son vœu achevé, elle s'en fut. Arrivant à un pont comme il était juste midi, elle y trouva un homme occupé à pêcher. Il avait la mine d'un paysan ignorant, et ses habits n'étaient que déchirures arrêtées avec des bouts de fil. La dame s'avança et lui dit : «Mon ami, comment se fait-il que vous soyez venu pêcher ici? Où demeurez-vous?» Le pêcheur répondit tout interdit : «Je suis un pauvre homme. Je pêche durant le jour, et le soir je m'en retourne dormir dans le trou du rocher que vous voyez d'ici, et qu'abritent quelques feuilles sèches. La dame, portant son paquet à la main, se rendit dans cette grotte; elle y prépara un repas, du thé, et disposa le tout d'une façon élégante; plateau dessus, plateau dessous; cela avait tout à fait bon air. Quand vint le moment du retour, notre homme enroula sa ligne, la mit sur son épaule et rentra pour prendre du repos. En pénétrant dans sa caverne il aperçut l'abondant repas qui l'attendait et fut grandement surpris. La dame l'invita alors à s'asseoir à la place d'honneur, et elle-même s'assit plus bas. Après le repas elle lui conta tout, et lui dit comment elle avait fait vœu de prendre pour mari l'homme qu'elle rencontrerait à l'heure de midi, lui demandant de lui permettre de tenir son serment en s'attachant à lui comme son épouse. « Nos conditions sont différentes! lui dit-il. Votre visage est beau, vous êtes une personne de talent, et moi je suis un vagabond misérable. Nous ne sommes pas faits l'un pour l'autre! — Ne vous inquiétez pas de cela! lui répondit-elle; ce que le Ciel a décidé doit être! »

Le mari continua selon son habitude à sortir chaque jour, sa ligne sur l'épaule, pour aller prendre du poisson. La femme restait à la maison, faisait le ménage et préparait les repas et les vêtements de son époux. La nuit, elle l'exhortait à quitter son métier de pêcheur. Elle lui donnait de l'argent et lui disait d'aller se divertir et de fréquenter les fêtes, afin de connaître le monde et d'apprendre à se conduire.

Notre homme, qui était ignorant et même borné, fit comme le voulait sa femme; il mit de l'argent dans sa ceinture et alla se promener par les marchés et les auberges. Il renversa son chapeau, y mit du vermicelle qu'il avait acheté, avec de la saumure pour l'assaisonner; et, se tenant debout, il invitait tout le monde à en manger. Naturellement personne n'y touchait. Il s'irritait de voir que, malgré ses invitations, l'on ne voulait point goûter à ses provisions; mais sa femme lui avait bien recommandé de faire connaissance avec les autres et de trancher du grand avec eux. Il acheta donc encore d'autres aliments, et entra, pour s'y reposer, dans une pagode qui se trouvait près de là. Comme il y vit beaucoup de statues de Bouddha, il les invita aussi. Les Bouddhas restaient assis, immobiles et impassibles, n'ouvrant pas la bouche et ne soufflant mot. La tête de notre homme s'échauffa; il renversa par terre, le nez en l'air, toutes les statues, et, prenant son vermicelle et sa saumure, il leur en fourra plein la bouche et les laissa là toutes barbouillées. « Par exemple! s'écria-t-il, mépriser ainsi les gens! Qui m'a donné des individus aussi mal élevés? »

Son exploit accompli, il laissa là les Bouddhas gisant qui sur le côté, qui sur le dos, prit son chapeau et s'en fut. Mais les Bouddhas sont puissants! Les gens qui entrèrent dans la pagode pour faire leurs offrandes, les voyant couchés sur le sol dans une position peu convenable, s'empressèrent de faire connaître le fait aux notables du village et au maire. On vint en foule pour voir la chose, mais l'on ne put relever les statues. Les Bouddhas, qui boudaient, se firent lourds et ne voulurent pas se laisser redresser. En outre, ils envoyèrent une peste qui tua beaucoup de monde parmi le peuple. Les notables firent là-dessus un rapport au gouverneur du pays; le gouverneur, à son tour, en fit un au ministère. Alors le roi publia un édit dans lequel il promettait de hautes dignités et un grand pouvoir à quiconque relèverait les statues. La femme du pêcheur vit l'affiche, et retourna chez elle pour en informer son mari. « Eh bien! dit celui-ci, voilà-t-il pas une belle affaire! Je ferais des choses plus difficiles que de relever ces Bouddhas! C'est moi qui les ai jetés par terre! L'autre jour j'avais acheté du vermicelle, de la viande, des gâteaux et des fruits, et je les avais portés dans la pagode pour les manger. Voyant là des gens comme il faut, je les invitai. Comme ils faisaient des façons, je me mis en colère; je les couchai sur le sol, je leur fourrai la nourriture dans la bouche, et je leur versai du vin. — Est-ce vrai, cela? dit la femme. — Si c'est vrai! L'autre jour, après les avoir renversés, je m'en étais allé. Le lendemain je suis rentré dans la pagode, et les voyant encore par terre, je les ai relevés, et j'ai renouvelé mon invitation. Ils ont encore recommencé leurs cérémonies; je me suis encore mis en colère et je les ai recouchés par terre. »

La femme dit à son mari d'aller à la maison communale et de battre la crécelle pour assembler les habitants du village; puis, lorsqu'il serait venu beaucoup de monde pour voir ce qu'il y avait, de se faire fort d'aller à la pagode relever les statues. Il le fit et put relever les Bouddhas. On se réjouit et on l'accabla de louanges.

Quelques jours après, le magistrat du chef-lieu reçut par lettre avis de la chose. Il envoya un rapport au ministère qui en rédigea un pour informer le Souverain. Le Roi nomma le pêcheur à de hautes fonctions, lui accorda un gros traitement, et le manda à son audience.

Voilà que tout à coup des chars, des chevaux et des soldats se rendent dans la caverne où demeurait Son Excellence. Dans une chaumière, sur une natte déchirée, ils trouvent le mari et la femme dans le dénuement, et se livrant du matin au soir et sans relâche à la pêche pour gagner leur pauvre vie. Maintenant les voilà tout glorieux, portés dans un palanquin avec des parasols comme de grands personnages!

Ils arrivèrent à la capitale, et les deux époux entrèrent au palais pour faire leur cour au Souverain. En ce moment, l'ancien mari de la dame y faisait aussi la sienne. Ses yeux rencontrèrent son ancienne concubine, qui, après avoir été chassée par lui pour avoir changé les mots *pouvoir de l'homme* en ceux de *pouvoir du Ciel*, se trouvait, grâce au *pouvoir du Ciel*, dans cette brillante situation.

Il reconnut alors qu'il avait mal composé son inscription. Pris de saisissement, il vomit le sang et mourut au milieu de la cour.

II

LE CRAPAUD NOIR, LE TIGRE ET LE SINGE.

Un jour le tigre passait par le coin de la forêt où se trouvait le trou du crapaud noir. Le crapaud, le voyant aller ainsi, craignit qu'il ne lui prît quelque folle idée de le saisir et de le croquer; c'est pourquoi il s'efforça d'imaginer une ruse capable d'éloigner le tigre, afin de l'empêcher de s'approcher encore de son trou et de venir une seconde fois rôder dans les environs. Il éleva donc la voix et s'écria : « Qui va là? ne repasse pas par ici ou tu es mort! » A cette interpellation, le tigre répondit en demandant à son tour : « Qui m'interroge ainsi? — C'est moi, dit l'autre, moi, le crapaud noir! Ne connais-tu donc pas ma réputation? — Par exemple! s'écrie le tigre en colère, toi, une bête pas plus grosse que le poignet, tu te permets de me tutoyer! Es-tu donc plus habile que moi? Que sais-tu faire de beau, que tu es si insolent? Bah! tu sais sauter, voilà tout! Mais je vois bien que tu n'es qu'une toute petite bête; quant au talent, tu n'en as qu'une bouchée! »

Là-dessus, le tigre le provoque à qui sautera le plus loin. Le crapaud accepte. On se rend au grand canal, on trace une ligne de démarcation, et les rivaux se placent sur le même rang pour sauter; mais c'est là que notre avisé crapaud fait paraître sa finesse. « Non, non! dit-il au tigre, je ne veux pas me mettre sur la même ligne que toi! Je vais me placer en arrière, et j'arriverai le premier!» Lorsque le tigre saute, il donne avant quelques coups de queue sur la terre. Le rusé crapaud ouvre la bouche et saisit la queue du tigre. En s'élançant pour sauter de l'autre côté, ce dernier donne un grand coup de queue. «Ici! je suis ici!» s'écrie alors le crapaud projeté bien loin en avant. Le tigre, se voyant battu, baisse l'épaule et fait sa soumission. «Vraiment, dit-il, tu es habile! Moi (aussi) je suis habile! mais tu l'es encore plus que moi!» Le crapaud, profitant de sa victoire, lui dit alors: «Je t'avais bien prévenu! En fait d'habileté je ne le cède à personne! je prends les tigres tout vivants et je les croque! Si tu en veux la preuve, regarde!» Il ouvre la bouche, et le tigre la voit pleine de poils. Épouvanté à cet aspect, il prend la fuite et disparaît. Tout hors de lui, rien ne l'arrête; il détale, détale toujours! Un singe qui, du haut d'un arbre, voyait courir le tigre tout essoufflé, lui crie au passage: «Qu'as-tu donc à galoper si furieusement? — Bon! bon! lui dit l'autre, laisse-moi courir, ne me demande rien! sinon il va m'attraper, et je suis mort! — Mais enfin dis-moi donc ce qu'il y a!» Le tigre, qui est à moitié fou (de peur), lui répond: «C'est ce....., j'ai oublié le nom! C'est tout petit, tout petit, avec une peau rugueuse...! — Ah! bien! je sais! C'est le crapaud, n'est-ce pas? — Oui, c'est bien cela! — Pourquoi donc es-tu si niais? Tu en as peur; qui plus est, tu te sauves, ce qui fait qu'il te méprisera par-dessus le marché, tandis que ce ne serait qu'un jeu de lui briser la tête! — Tu fais le fanfaron, toi! — Eh bien! si tu ne me crois pas, porte-moi où il est, et je le jetterai par terre comme je le ferais d'une grenouille! — Oh! non! non! jamais! Tu veux me tromper et me perdre! — Du tout, je parle franc! Si tu crains que je ne te trompe, je vais aller arracher des lianes et je m'attacherai sur toi de façon que le bas de mes reins sera absolument collé à ton dos. Porte-moi où il est, et j'en finirai avec lui. Tu vas voir! — Eh bien! soit! S'il en est ainsi, allons!»

Le singe arrache des lianes pour en faire des attaches; cela fait, il monte à cheval sur le tigre, et ils se rendent à la demeure du crapaud. «Qui vient ici? dit la maligne bête. C'est mon ami le singe, n'est-ce pas? — C'est moi! répond le singe. — Eh bien! mon ami, lui dit le crapaud, tu as donné dans le piège du tigre! Des tigres, on m'en doit plus de dix[1]! Qu'est-ce qu'un seul? Il donne là ta vie pour racheter la sienne!» Le tigre, qui entend cela, sent redoubler sa terreur; il pique droit devant lui et part tout d'un trait. Dans sa fuite il ne tient compte ni des arbres, ni des épines, ni des buissons, et la tête du singe va donner tantôt sur un arbre, tantôt sur l'échine de sa monture. La voilà brisée! notre cavalier reste étendu sans mouvement, les lèvres retroussées et montrant les dents. Le tigre, épuisé de

---

[1] Pour bien comprendre l'idée que renferme cette plaisanterie, il faut savoir que dans la législation annamite, qui est à fort peu de chose près la même que celle de l'empire du Milieu, c'est un principe admis que le meurtrier est *débiteur de sa vie*, c'est-à-dire qu'il doit la livrer en compensation de celle qu'il a enlevée à sa victime. «Si, en jugeant une affaire d'homicide, dit le grand code de l'Annam, l'on reconnaît qu'un seul homme en a frappé un autre de manière à occasionner la mort, l'on n'examinera pas si les blessures étaient mortelles (de leur nature). Dans tous les cas, on condamnera le coupable à *donner sa vie en compensation.*» 凡審理命案一人獨毆人致死無論致命不致命皆擬抵償 (皇越律例卷十四, p. 27, r°.)

Le crapaud étend plaisamment la disposition de la loi. Le tigre est supposé par lui dans la situation du coupable qui doit subir la peine du talion; mais ce n'est pas sa vie à lui, c'est la vie d'un autre qu'il est accusé d'offrir en réparation, non pas d'un meurtre, mais d'une offense quelconque.

fatigue, s'arrête un moment pour se reposer. Il regarde derrière lui et voit le singe étendu sur le dos, les pattes en l'air et faisant sa grimace. Alors, tout en colère, il l'invective : « As-tu fini de te moquer de moi, camarade! Tu fais aux gens le plus de mal que tu peux, et tu ris, par-dessus le marché[1]! »

III
L'HOMME À LA RECHERCHE D'UN GENDRE QUI SACHE SE MOQUER DU MONDE.

Un homme riche avait une fille remarquable par sa beauté et sa grâce. Bien des jeunes gens tournaient autour et voulaient la demander; mais notre homme avait logé dans sa tête de se choisir pour gendre un drôle rusé, habile à mentir et à tromper son prochain.

Certain individu, bon garçon, mais pauvre, qui demeurait loin de là, entendit dire que cet homme cherchait un hâbleur pour en faire son gendre, mais que des jeunes gens venus de bien des endroits pour faire le séjour d'usage[2],

---

[1] Dans une grande quantité de contes annamites l'on voit, comme dans celui-ci, le tigre tourné en ridicule et représenté comme un animal d'une grande stupidité. Il semble y avoir là comme une espèce de vengeance de la terreur profonde et trop justifiée que ce terrible félin inspire aux habitants de l'Annam; terreur qui, dans d'autres circonstances, donne naissance non plus à la moquerie, mais au contraire à d'étranges manifestations de respect. C'est ainsi que certains indigènes l'appellent le plus sérieusement du monde *ông cop* « Monsieur le tigre », et qu'ils vont parfois jusqu'à lui élever de petites pagodes, comme à un génie redoutable qu'il faut s'efforcer de fléchir.

[2] Il est d'usage dans l'Annam que le futur gendre se mette, avant le mariage, à la disposition de son futur beau-père pour l'assister dans ses travaux. A cet effet il se rend à plusieurs reprises dans la maison de ce dernier, qui saisit les occasions qui se présentent de mettre sa capacité à l'épreuve. Ces différents séjours, durant lesquels le jeune homme fait fonction de gendre

s'étaient trouvés, après avoir débité tous leurs mensonges, au bout de leur rouleau sans pouvoir obtenir la main de la jeune personne. Il se rendit à son tour dans la famille et s'y conduisit en soupirant honnête et sincère. Cela dura longtemps ainsi; puis un certain jour il s'avisa d'inaugurer la série de ses mensonges. Il alla trouver le père de la jeune fille et le pria de lui permettre de s'absenter pour aller enterrer le sien, disant qu'il serait de retour sous peu.

Il revint au bout de deux ou trois mois et entra dans la maison, tenant à la main une ligne à dévidoir, et portant sur l'épaule, attaché au bout d'un bâton, un poisson de belle taille tout frais et d'une espèce à chair délicate. Son beau-père, tout joyeux, lui demanda : « D'où vient ce poisson que tu portes ainsi? — C'est un poisson que j'ai pris, dit-il. Ceci est la ligne que mon père, qui était pêcheur de profession, m'a laissée. Je l'ai apportée avec moi, afin de m'en servir pour nous procurer de quoi vivre les jours où votre pêche resterait infructueuse. Je viens de prendre ce poisson à l'embouchure de la rivière. Il est tout frais, je vous l'apporte. Mettez-le dans la marmite, cela nous fera un repas. »

Un jour son beau-père lui commanda de préparer le bateau pour aller à la pêche. Il apporta l'attirail nécessaire et l'on partit. A un détour où la rivière se trouvait barrée par des récifs il lança sa ligne à l'eau. Elle se prit dans les pierres; il eut beau tirer, il ne put la dégager. « Oh! dit-il, voilà un bien gros poisson! Bon! attendez un peu! je vais aller boire un coup à l'auberge, puis je reviendrai

(*lam re*), ont lieu à partir du jour où le futur gendre a, comme l'exigent les usages, présenté en grande cérémonie aux parents de sa future épouse le bétel et les présents qui l'accompagnent d'ordinaire.

QUELQUES CONTES POPULAIRES ANNAMITES. 359

plonger et nous l'aurons bien!» Feignant d'aller boire une tasse de thé, il prend de la graisse, des oignons, du poivre et des piments, les pétrit avec un morceau de poisson sec, roule le tout dans sa ceinture et s'en revient plonger. Après être resté sous l'eau le temps de préparer une chique de bétel, il remonte à la surface, tenant à la main son morceau de poisson et faisant semblant de mâcher avec acharnement. « Qu'est-ce que c'est donc que ce morceau de poisson que tu manges ainsi? lui dit son beau-père. — Le roi, *Thập diêm*[1], répondit-il, offre un sacrifice à ses ancêtres; c'est pourquoi Sa Majesté m'a dit qu'elle m'empruntait mon poisson pour les en régaler. Comme là-dessous la cuisine allait grand train, Elle m'a invité à rester à dîner avec Elle; mais j'ai pris congé, disant que je craignais de vous faire attendre; ce que voyant, Sa Majesté a ordonné

---

[1] Ce nom de *Vua thap diêm*, qui correspond au chinois 十閣王, signifie «le roi des dix enfers». Les Chinois comptent en effet dix enfers principaux, qui sont les suivants :

1° Celui dans lesquels les méchants sont précipités dans un fossé rempli de serpents et d'autres animaux venimeux;

2° Celui où les damnés sont plongés dans la glace;

3° Celui où on leur déchire les entrailles;

4° Celui où on les plonge dans une cuve de sang pourri;

5° Celui où on les fait courir sur un sol hérissé de sabres;

6° Celui où on lacère et découpe leur corps avec des scies;

7° Celui où ils sont précipités dans l'huile bouillante;

8° Celui où on leur ouvre le ventre et où on les torture avec des scies;

9° Celui où ils sont dévorés par des chiens;

10° Celui où on leur brise les dents et où on leur coupe la langue. (Voir les *Mémoires sur la Chine*, par le comte d'Escayrac de Lauture.)

Ce 十閣王 paraît être le même que 獄皇大帝, ou bien encore, d'après Wells Williams, le *Yama* des Hindous, qui aurait été introduit en Chine à l'époque des *Song* sous les différents noms de 閣羅王, 閣君 ou 閣摩羅社.

que l'on me donnât un morceau de poisson sec pour (le manger) en buvant du vin. Comme je lui avais dit que vous étiez venu avec moi, Elle m'a ordonné de vous inviter à descendre lui faire une petite visite. » Le bonhomme obéit et plongea. Quand l'autre calcula qu'il s'en manquait encore d'une brasse pour qu'il atteignît la roche, il laissa détendre la corde, ce qui fit que le beau-père donna de la tête contre la pierre et s'y fit une bonne écorchure bien saignante. Le gendre, en la voyant, jeta les hauts cris, et prit à témoin le Ciel et la Terre de l'inhumanité du roi *Thập diêm;* après quoi, prenant du sel et du piment, il en frotta vigoureusement l'écorchure de son futur beau-père de manière à lui causer une atroce cuisson. « Véritablement, dit le bonhomme, tu te connais à mentir! » Ayant trouvé là un gendre selon son cœur, dès qu'il fut de retour chez lui il s'empressa de lui donner sa fille.

IV

BON POÈTE, MAIS TROP PEU DISCRET.

Le seigneur *Nguyễn Đăng Dai* fut un excellent serviteur de l'État. Il battit les révoltés au Sud, réprima les troubles au Nord, et fut, pendant de longues années, gouverneur de la frontière septentrionale. Le peuple jouissait d'une grande tranquillité; partout régnaient la prospérité et la paix. Au milieu de sa brillante carrière il tomba malade et mourut, laissant un fils qui s'adonna à l'étude des belles-lettres et qui, en fait de talent, ne le cédait à qui que ce fût. Il embrassa la carrière de son père, franchit les degrés du mandarinat et reçut un traitement de l'État.

Un jour, au moment même où l'incident concernant le

prince *Hoàng Bảo* venait d'avoir sa conclusion, le Roi[1] donna un grand repas aux mandarins. Sa Majesté, qui s'était mordu la langue en mangeant, prit occasion de cela pour inviter les convives à s'essayer à la poésie et donna comme sujet les mots : «Se mordre la langue[2].» Chacun s'acquitta de sa tâche. Lorsque les vers de chaque mandarin eurent été examinés, le tour du seigneur Dai arriva. Ce

---

[1] C'est de *Hoàng nham*, dont le 年號 ou titre de règne est 嗣德 *Tu duc*, qu'il est question ici. «Ce prince, dit M. l'abbé Launay dans sa savante *Histoire ancienne et moderne de l'Annam*, n'était que le second fils de *Thiệu tri*, son prédécesseur; mais le roi, et plus encore peut-être les mandarins, le préférèrent à l'aîné *Hoàng bao*. Ce dernier essaya, avec le secours de quelques mécontents, de faire une révolte, et voulut entraîner les chrétiens dans son parti. Ses avances n'eurent pas de succès, et Mgr Pellerin, le vicaire apostolique de la Cochinchine, lui transmit cette simple réponse, dont *Tu duc* aurait dû se souvenir avant de signer les édits de la persécution qui signala son règne : «Les chrétiens ne détrônent pas les rois, même dans les temps de la persécution. Ils sont toujours et partout des sujets fidèles, et vous apprendrez ce qu'est leur fidélité si vous régnez un jour.» Malgré le petit nombre de ses partisans, le prince *Hoàng bao* leva l'étendard de la révolte; mais il fut immédiatement arrêté et jeté en prison, où il se pendit. C'est l'incident dont parle notre conte.

D'après M. *Truong Vinh Ky*, «*Thiệu tri*, lorsqu'il n'était encore que prince royal, avait épousé une fille de *Go Cong* nommée *Cô hàng*. Cette jeune fille fut présentée par sa tante, femme jeune encore, qui elle-même ne déplut point au prince. La tante et la nièce eurent chacune un fils. La tante donna le jour au prince *Hoàng bao* ou *An phong*, et la nièce mit au monde quelque temps après le prince *Hoàng nham* (*Tu duc*). Ce dernier fut choisi par *Thiệu tri* pour lui succéder.» (P.-J.-B. *Truong Vinh Ky*, Cours d'histoire annamite.)

[2] Les lettrés de l'Annam, à l'imitation de ceux de la Chine, pratiquent beaucoup ce genre de divertissement littéraire qui consiste à improviser, le plus souvent à la fin d'un repas ou tout au moins après avoir bu du vin, des vers de circonstance sur un sujet ou argument (題) qui leur est proposé au moment même. Les romans chinois abondent en exemples de ces sortes de joutes poétiques.

dernier fléchit le genou et présenta sa pièce, qui se composait de huit vers ainsi conçus :

> Quand commença mon existence
> Vous n'étiez point encore né;
>
> Au moment de votre naissance
> Je devins votre frère aîné.
>
> Le favorable jeu des destinées humaines
> A mis entre vos mains les rênes de l'État;
>
> Comment contre le sang qui coule dans vos veines
> Osâtes-vous commettre un cruel attentat[1]?

Les vers étaient bons, mais ils contenaient un blâme envers le Souverain, à qui l'auteur reprochait de s'être laissé aller, sans égard pour l'affection fraternelle, à attenter à la vie du prince *Hoàng Bảo* qui était son frère aîné. Aussi le Roi commanda-t-il d'emmener l'auteur hors de la porte *Ngọ môn*[2], et de lui faire subir, pour le châtier, une légère

[1]
我生之初汝未生
汝生之後我爲兄
今朝幸享高量位
何忍毒傷骨肉情

Ces vers, qui sont en chinois, ne se trouvent dans le texte qu'au nombre de quatre; mais en raison de l'extrême concision de la poésie chinoise, j'ai dû rendre dans la traduction chacun d'eux par deux vers français.

[2] «Quand on a pénétré, dit M. Chaigneau, dans l'intérieur de l'enceinte fortifiée de Hué, on est tout surpris d'y voir une autre ligne de défense, formant une seconde enceinte. Ce fut le roi *Minh-Mang* qui en ordonna la construction, dans le but évident de mettre plus en sûreté la personne du souverain, ses femmes et ses trésors, en cas d'une invasion étrangère.

Au centre du mur qui répond, dans cette enceinte, à la façade principale

bastonnade. Après quoi, il lui fit donner une bonne somme en récompense de son talent.

V

UN NEVEU QUI SE VENGE DE SON ONCLE.

Un individu qui était pauvre alla trouver son oncle paternel et lui dit qu'il voulait faire du *Bánh cúng*[1], mais qu'il n'avait pas de chaudron pour le faire cuire à la vapeur; qu'il le priait donc de lui prêter pour quelques jours le sien, qui était en cuivre. Ce dernier, croyant qu'il disait vrai, dit à son domestique d'aller le chercher et de le lui prêter. Le neveu emporta l'ustensile et n'eut rien de plus pressé que d'en faire de l'argent pour vivre. Son oncle lui fit réclamer deux ou trois fois le chaudron. Mais, comme notre individu lui opposait toujours quelque fin de non-recevoir, à la fin, ne sachant plus que faire, il porta plainte devant le sous-préfet[2].

de l'habitation du souverain, on voit un palais formé de deux pavillons superposés, avec un rez-de-chaussée, semblable aux monuments de ce genre qui existent en Chine, d'après les proportions desquels il a été construit. Ce palais fait saillie sur le mur d'enceinte, et représente une porte monumentale que les Annamites appellent *Ngo-Môn*. C'est de l'étage supérieur de ce palais que le roi assiste au défilé des troupes après les revues. Dans ces solennités, les officiers et les soldats, en passant devant le souverain, sont tenus de s'incliner cinq fois avant de continuer leur marche. Il sert aussi à quelques réceptions extraordinaires ». (Michel *Duc* Chaigneau, *Souvenirs de Hué*, p. 150.)

[1] Le *Bánh cúng* est une espèce de gâteau de riz que l'on enveloppe avec des feuilles.

[2] Dans les provinces du royaume d'Annam, le chef du service judiciaire est l'*An sát* 案察 (en langue vulgaire *Quan án* 官案), sous la haute direction du gouverneur (*Tong đôc* 總督), dont il n'est, à proprement parler, que le lieutenant criminel. Il a sous son autorité les tribunaux du préfet (*Phu*

Le neveu, ayant entendu dire que son oncle allait l'attaquer en justice, se dépêcha d'ordonner à sa femme d'aller acheter un chaudron en cuivre, de le prendre à la main et de l'accompagner (au tribunal). Une fois là, il répondit aux questions du mandarin par un aveu complet, et demanda à opérer la restitution sous les yeux mêmes du juge, de peur que dans la suite la partie adverse ne vînt à nier qu'elle eût été faite. « C'est un chaudron en cuivre que j'ai emporté, dit-il, c'est bien un chaudron en cuivre que je rends! »

Le demandeur, son oncle, prétendit que la chose n'était pas claire; mais, ne pouvant alléguer aucune raison de son dire, il fut réduit à quia; il lui fallut bien recevoir le chaudron comme sien et l'emporter. Dévorant son dépit, il chercha dans sa tête quelque moyen de rendre à son neveu tour pour tour et d'assouvir sa haine. Un homme comme lui être refait par un enfant! C'était à en étouffer de colère!

Rentré chez lui, il retournait toujours l'affaire dans son esprit, et plus il y pensait plus sa colère augmentait. Il finit par former le projet de s'emparer de son neveu et de s'en débarrasser pour toujours en le noyant; car il craignait que, s'il le laissait vivre, ce dernier ne le perdît de réputation. Il l'envoya donc chercher, le saisit, le fourra dans une cage à porcs qu'il referma sur lui, et le porta au bord de la rivière pour l'y précipiter; il maintiendrait ensuite la cage sous l'eau de manière à l'étouffer.

府) et du sous-préfet (*Huyen* 縣). Ces derniers réunissent les fonctions administratives et les fonctions judiciaires, et constituent le premier degré de juridiction. Dans le service provincial, la justice est donc toujours rendue par un juge unique, qui est tour à tour juge civil et juge criminel, selon la nature de l'affaire. (Luro, *Le pays d'Annam et les Annamites*, p. 112.)

Arrivés au bord de la rivière, les gens qui portaient la cage la mirent à terre, afin de reposer leurs épaules fatiguées. Le neveu imagina alors une ruse. « Ô mon oncle! dit-il, j'ai bien mérité de mourir! mais, une fois descendu aux enfers, je ne saurai quel métier faire pour gagner ma vie. Apprenez que j'avais acheté un traité de l'art de mentir que j'avais mis sur mon étagère. Comme vous me pressiez de partir, j'ai oublié de le prendre avec moi. Faites-moi donc la grâce de courir le chercher, afin de m'éviter ce terrible embarras! » L'oncle donna dans le piège, partit en courant pour chercher le livre et laissa là son neveu.

La chance voulut qu'il passât par là un homme atteint de la lèpre, qui, le voyant dans cette situation, s'approcha et lui demanda pourquoi il se trouvait enfermé dans cette cage. L'autre, d'un air dégagé, lui répondit : « Imagine-toi que j'étais jadis encore plus lépreux que toi; mais mon oncle m'a mis dans cette cage de santé, et me voilà devenu parfaitement net. — Oh! oh! c'est un bien grand bonheur que tu as eu là! Oh! je t'en prie à genoux! Laisse-moi entrer, que j'use un peu de la vertu de cette cage pour me guérir de mon mal! — C'est bien! Comme tu es un pauvre malheureux, je ne te prendrai rien pour cela. Moi aussi je veux faire une bonne œuvre! Viens donc, ouvre la cage et fourre-toi dedans! » Le lépreux entre, l'autre sort, referme la porte, laisse là son homme et décampe.

L'oncle chercha le livre dans tous les coins et ne le vit nulle part. De fort méchante humeur, il allait çà et là en grommelant. A la fin il se précipite impétueusement du côté de la rivière. Dans sa colère, à peine arrivé, il ne fait ni une ni deux; il envoie d'un grand coup de pied la cage dans l'eau, puis il laisse tout là et s'en retourne en courant chez lui, vexé d'avoir perdu son temps et sa peine avec son coquin de neveu.

Le neveu, une fois délivré, s'en alla au loin chercher quelque moyen de gagner sa vie en attrapant les autres. Un jour qu'il passait devant un pont, il vit venir de loin un cavalier bien mis. Se laissant en toute hâte glisser le long d'un des piliers, il se mit alors à plonger et à replonger sans cesse. L'autre, arrivé sur le pont, laissa flotter la bride de son cheval et resta à le regarder. Le voyant agir d'une façon si singulière, il lui demanda ce qu'il faisait là. L'autre se mit à pleurer en faisant des contorsions et lui dit : « J'avais été recouvrer des dettes pour mon oncle et j'avais touché une dizaine de lingots que je portais dans ma ceinture. Comme à mon retour je passais par ici, le malheur a voulu qu'ils se détachassent et qu'ils tombassent à l'eau. J'ai bien plongé; mais l'haleine me manque, je ne puis le faire comme il faut. Si vous êtes habile à cet exercice, descendez et plongez (à votre tour). En cas de réussite, vous en prendrez sept pour vous; moi, je n'en garderai que trois. »

Le passant, dont la cupidité avait été mise en éveil, ôta de suite son turban et ses habits, les lui donna à garder, sauta dans l'eau et se mit à plonger. Notre homme passe alors les habits, s'élance sur le cheval, le fouette et disparaît. Il court droit à la maison de son oncle. Ce dernier, le voyant de retour, le questionne tout joyeux. « Comment, c'est toi? Te voilà revenu! Et dans ce magnifique équipage, encore! — Après être descendu aux enfers, répond le neveu, j'ai mené, grâce à mes ancêtres, une vie des plus agréables. Ils m'ont pourvu de tout; après quoi mon grand-père et ma grand'mère m'ont envoyé ici pour prendre de vos nouvelles. » L'oncle crut que ce qu'il disait était vrai et reprit : «Eh bien! porte-moi donc à la rivière! Ferme la cage et enfonce-moi dans l'eau, pour voir si, par chance, arrivé en bas, je ne pourrais pas y trouver le même agrément que toi. »

Conformément au désir de son oncle, notre homme le porta au bord de l'eau et l'y précipita d'un coup de pied. L'autre mourut sur-le-champ sans y trouver aucun agrément.

VI

LE SORCIER À BARBE ROUSSE.

Un sorcier pourvu d'une barbe du plus beau roux alla chercher femme et s'en retourna chez lui. Sa femme se moquait de lui. «Oh! que c'est laid cette barbe rouge feu!» disait-elle. Il chercha quelque beau raisonnement pour que la dame vît cela sous un jour favorable et se guérît de son antipathie. «Oh! oh! lui dit-il donc, garde-toi d'en faire fi! car c'est une vaillante barbe, une barbe qui ne craint personne!» Sa femme, ne comprenant point ce qu'il pouvait y avoir sous ces paroles, ne répliqua rien et guetta l'occasion de tâter notre homme afin de voir s'il disait vrai. Quelques jours après, un malade envoya chercher le sorcier pour le guérir[1]. Or la maison où il devait se rendre se trouvait au bout d'un sentier désert qui traversait la forêt parallèlement à la grande route. La cure terminée, on lui apporta, pour reconnaître ses soins, du *bánh lờ*[2], du riz sucré cuit à la vapeur et des bananes; on y joignit une tête

---

[1] Les Annamites malades ont souvent recours aux sorciers pour faire conjurer leur mal. Voir à ce sujet le curieux épisode du poème 陸雲僊 Luc Vân Tiên, vers 713-826.

[2] C'est un gâteau de maïs frit d'abord, puis pilé et mêlé avec du sucre.

de porc. Le sorcier enveloppa ces provisions dans son turban et s'en revint portant le tout à la main.

La femme, qui savait à quelle heure son mari reviendrait le soir, mit un bâton sur son épaule et s'installa dans les buissons à moitié chemin du sentier. Notre sorcier arriva marchant d'un bon pas. La femme frappa un grand coup sur l'herbe. Le sorcier, effrayé, jeta là son paquet; n'osant avancer davantage, il rebroussa chemin en courant. La femme sortit alors de sa cachette et ramassa le paquet. Les provisions à la main, elle alla droit chez elle et se coucha. Un moment après, notre homme reprend ses esprits et se dirige vers sa maison à l'aveuglette. Tout effaré, il se précipite, se dépêche d'ouvrir la porte et entre si pâle qu'on aurait pu lui couper la figure sans faire couler une goutte de sang. Il pousse le verrou et cale, en outre, la porte en dedans avec une pièce de bois.

A cette vue, la femme lui demande ce qui lui est arrivé pour qu'il soit aussi effrayé. « J'en frissonne! dit-il, j'ai bien cru qu'ils allaient me couper le cou! C'est une troupe de voleurs! Il y en avait bien deux ou trois cents! Ils se sont mis en travers du sentier et m'ont barré le chemin! — Est-ce possible? — Si c'est possible! C'est la pure vérité! — Mais tu m'avais dit qu'avec ta barbe rouge tu ne craignais personne! Comment as-tu donc pu avoir une pareille peur? — Il y en avait tant qu'il a bien fallu que j'aie peur! Quarante ou cinquante, passe! Mais cette fois-ci, il y en avait quelques centaines! Comment ne pas être effrayé? — C'est bon! barre solidement la porte et viens te coucher! »

La femme va faire du thé pour son mari et apporte en même temps un régime de bananes. (Il tourne et retourne) ce régime en l'examinant dans tous les sens. « C'est singulier! dit-il, comment se fait-il que ces bananes ressemblent à celles que l'on m'a données? — Comment cela pourrait-il être? répond la femme; ces bananes, j'ai été ce matin les acheter au marché. Quand tu les regarderas sottement!» Puis elle apporte un plat de riz. Notre homme d'être de plus en plus étonné. «Voilà qui est étrange! Ce riz-là, c'est celui qu'on m'a fait emporter de chez le malade quand je suis revenu ici!» La femme apporte ainsi l'un après l'autre tous les mets. Notre homme n'y comprend plus rien. Il accable sa moitié de questions pour savoir comment cela peut se faire. Cette dernière lui dit enfin la vérité : «C'est moi qui, au coucher du soleil, ai été me cacher dans les broussailles et t'ai fait une si belle peur. Tu as décampé en jetant ton paquet. C'est encore moi qui l'ai pris et qui l'ai rapporté! Qui voudrais-tu donc que ce fût? — Ce n'est pas possible! Voilà des voleurs qui vous poursuivent, qui vous font courir à tête perdue, et tu viens dire que c'est toi qui as causé cette peur? — C'est positif! Si tu ne me crois pas, je vais aller te chercher la tête de porc, et je te la ferai voir avec le turban dans lequel tu l'avais enveloppée!» Le sorcier, voyant que c'était bien vrai, resta stupéfait et dit: «Si dans ce moment-là, j'avais su que c'était toi, je t'aurais tuée d'un coup de bâton! Ton affaire était claire!»

VII

HISTOIRE DE QUATRE HÉROS.

Il était une fois un homme et une femme qui n'avaient pas d'enfants. Ils faisaient vœu sur vœu (pour en avoir). Enfin le ciel les exauça et il leur naquit un garçon; mais il était doué d'un terrible appétit; marmites, chaudrons, tout y passait! Plus il grandissait, plus il mangeait! Le travail de ses parents ne suffisait pas à le nourrir. A bout de ressources, ils cherchèrent ensemble un expédient pour l'éloigner, car il leur était devenu impossible de le garder plus longtemps. Ils l'appelèrent donc et lui dirent : « Maintenant, mon fils, te voilà grand, mais ton père et ta mère sont bien vieux! ils ont déjà un pied dans la tombe! Ils n'ont plus de force et ne peuvent rien faire pour te nourrir. Autrefois, au temps où notre maison prospérait encore, ton père prêta en or ou en argent plus de sept cent mille taels à l'empereur de Chine; mais maintenant nous sommes dans la gêne, et il ne nous est pas possible de rester les mains croisées à croupir dans notre misère. »

Le fils consentit aussitôt, fit ses apprêts et partit. Arrivé au bord de la mer, il rencontra le seigneur *Không Lồ*, qui était en train de mettre la mer à sec, et l'interrogea en ces termes : « Ami, pourquoi perds-tu ton temps ainsi? — Tu me fais là une singulière question! Dans le monde, je suis le seul de ma force. Personne n'oserait se comparer à moi! Si tu ne me crois pas, prends un peu le seau! je parie avec toi que tu ne pourras pas le soulever! » Notre homme s'approcha, prit le seau, le leva de terre et se mit à puiser et à vider la mer. « Qu'est-ce que cela? dit-il, cela ne pèse rien! » *Không Lồ* ne s'attendait pas à trouver un homme plus fort et plus habile que lui; ils lièrent amitié ensemble, et les voilà comme deux frères.

Notre homme raconta ensuite son histoire et invita *Không Lồ* à le suivre et à s'associer avec lui. Les deux amis, allant de compagnie, gravirent une montagne. Ayant rencontré un homme vigoureux, fortement charpenté et de haute stature, ils lui dirent : « Que fais-tu donc ainsi tout seul au milieu des bois? Viens avec nous, tu y trouveras plus d'agrément! — Je ne sais faire qu'une chose, dit le montagnard; c'est de m'asseoir sur le sommet de la montagne, de m'amuser à souffler des tempêtes et à jeter bas les arbres. — Bah! montre-nous donc un peu cela!» L'autre gonfle ses joues, souffle une seule fois et voilà tous les arbres qui dégringolent; ce que voyant : «En voilà assez! lui dirent les deux autres; viens avec nous en Chine, nous nous amuserons à réclamer de l'argent!» L'autre les écouta, et trouvant la chose faisable : «C'est bon!» dit-il; puis il fit un paquet de ses habits et partit.

A quelques journées de marche de là ils rencontrèrent un vieillard d'étrange mine qui portait au fléau des éléphants au sommet d'une montagne. Ils s'en approchèrent et lui dirent : «Qu'as-tu donc à flâner ainsi dans les bois?» Cet individu s'arrêta et répondit : «Je vais à la forêt haute; je prends des éléphants, je les attache par les pieds, puis je les porte là-haut pour les y laisser pourrir et me procurer ainsi quelques défenses que je vends pour gagner ma vie. — Laisse là (ce métier)! va chercher tes habits et viens avec nous à la Chine pour y réclamer de l'argent! Au retour nous partagerons et nous en vivrons. — Je veux bien, dit l'autre, c'est une bonne affaire!»

Voilà les quatre amis partis de compagnie. Une fois arrivés, ils firent parvenir dans l'intérieur du palais une lettre par laquelle ils exigeaient le payement de la dette. Le roi chargea un officier d'aller voir quels étaient ces gens qui venaient réclamer de l'argent. Ce dernier sortit du palais et vit quatre hommes d'un aspect étrange qui arrivaient de l'Annam. Alors le roi ordonna de préparer un festin et de les régaler comme il faut; mais ils montrèrent un appétit tellement effréné, que le menu ordinaire des festins d'apparat ne fut pas suffisant pour eux. Le roi, irrité, chercha un moyen de s'en débarrasser en les faisant périr d'un seul coup; car ses renseignements lui avaient appris que tous étaient doués d'un talent et d'une habileté remarquables, ce qui lui faisait craindre qu'ils ne suscitassent des embarras et peut-être même quelque malheur. Il rendit donc une ordonnance par laquelle il prescrivait de leur préparer un festin et d'aposter des soldats chargés de les tuer à tout prix. Nos quatre aventuriers éventèrent le piège. Ils n'en mangèrent pas moins; mais ils se tinrent sur leurs gardes, de peur qu'à un moment donné, les soldats entrant en masse et à l'improviste, il ne leur fût difficile de s'en tirer.

Au signal convenu, la foule des soldats se précipita; mais le fabricant de tempêtes leur envoya une bouffée, et tous tombèrent par terre. Alors ils s'en retournèrent et dirent au roi : « L'affaire est loin d'être terminée! car tout à l'heure nous n'avons eu affaire qu'à un seul d'entre eux, et officiers, soldats, tout le monde a été dispersé! Qu'aurait-ce été si les quatre coquins eussent donné de compagnie? Bien certainement nous étions perdus, ils nous auraient tués tous! »

Alors le roi tint conseil avec sa cour, et l'on décida qu'il fallait ouvrir le trésor et les payer, bien qu'il ne leur fût rien dû; qu'il fallait leur donner tout ce qu'ils demanderaient, afin qu'ils décampassent et qu'on en fût débarrassé. On les fit donc venir et on leur délivra sept cent mille taels, moitié en or, moitié en argent. Ils se partagèrent la somme en la divisant en quatre charges, et chacun d'eux enleva la sienne sans le plus petit effort. A cette vue, tout le monde perdit la tête de frayeur.

VIII

POÉSIE ADMINISTRATIVE.

Deux frères recevaient les leçons d'un même maître et consacraient ensemble tout leur temps à l'étude assidue des livres. L'époque du concours étant arrivée, l'aîné fut reçu et nommé préfet du lieu où résidait son frère cadet. Cet aîné n'avait pas de cœur. Jamais il ne jetait un regard sur son frère; jamais il n'avait aucun rapport avec lui; aucun échange de visites n'avait lieu entre eux. « C'est curieux! se disaient les gens à l'oreille; comment se fait-il que ces deux frères vivent ensemble comme le soleil et la lune? »

Le plus jeune des deux vint à quitter sa première résidence pour aller s'établir dans une des forêts marécageuses qui bordent la mer. Or il arriva que l'aîné, qui était mandarin, faisant sa tournée de ce côté, s'arrêta à la maison de son cadet. Il prit un pinceau et formula en quatre vers la question suivante :

> De tous côtés les flots déferlent agités.
> Quels sont ici tes moyens d'existence?
> Combien d'enfants le Ciel t'a-t-il donnés?
> A qui paies-tu tes redevances?

Le cadet prit le pinceau et, en réponse, il écrivit ces quatre vers :

> Partout les flots penchés se brisent sur la plage.
> Je gouverne ma barque et je vis en pêchant.
> Ma femme a pour fonction des filets le tissage;
> Moi je prends le poisson et le change en argent.

IX
RÉGLEMENTATION DE LA GLOUTONNERIE.

Il y avait une fois un mari et une femme. Cette dernière était fine et bien élevée; pour son époux, c'était un gourmand. Toutes les fois qu'il était à table, il mettait morceaux sur morceaux et avalait tout avec gloutonnerie. Sa femme le tenait par ce défaut.

Un jour que des amis étaient venus se divertir chez lui, il dit à sa femme : « Nous avons du monde. Aie soin de me répondre convenablement, de peur que l'on ne se moque de moi. » Sa femme y consentit. Un moment après, le voilà qui prend un air affairé, court (à la cuisine) et se met à stimuler sa femme, lui commandant de préparer le repas, et lestement! La commère, voyant qu'il abusait de la permission et devenait insupportable, prit les pincettes et lui en asséna un bon coup sur la tête. Alors voulant faire croire que c'était lui qui battait sa femme: « Tiens! attrape! cria-t-il. Je t'avais dit d'être leste, et tu vas moins vite qu'une tortue! »

Les convives qui l'avaient entendu lui crièrent: « Allons! allons! camarade! laisse faire ta femme; qu'elle prenne son temps! Avons-nous donc si faim et si soif qu'il faille la presser ainsi! »

Il s'en retourne, se rassit, et tint un moment compagnie à ses hôtes; puis il courut de nouveau à la cuisine, où il reçut un nouveau coup de sa femme. Au moment de servir, sa femme lui fit signe de venir et lui donna cet avertissement: « Écoute-moi bien! nous avons du monde, il faut, en mangeant, te conduire convenablement, et ne pas avaler gloutonnement morceaux sur morceaux selon ton habitude; sans quoi tu auras la honte de devenir la risée de tous. Tiens! Comme tu es très oublieux, je vais t'attacher une corde pour diriger tes mouvements. Toutes les fois que je la tirerai, tu prendras une bouchée et tu mangeras. » Tout étant bien réglé, notre homme s'en retourne, invite ses convives à prendre place et l'on se met à table. Au commencement, tout alla bien. Quand la femme tirait un peu la corde, le mari prenait une bouchée et mangeait. Pour la femme, elle allait et venait tout affairée dans la cuisine. Malheureusement, une poule vint à la traverser en courant, et se prit dans la corde à laquelle elle imprima des secousses multipliées. Dans la pièce voisine, notre homme crut que sa femme lui commandait de manger vite. Il s'était jusque-là servi des bâtonnets; mais aux secousses répétées de la corde, il les jeta, et prenant les aliments à deux mains, il se mit à s'empiffrer à plein gosier, sans que les convives pussent comprendre pourquoi il agissait si drôlement.

X

LE BONZE TRANSFORMÉ EN CLOCHE.

Un certain bonze, pour avoir embrassé la vie monastique, n'était pas pour cela devenu insensible aux attraits du vin et de la beauté. Près de la pagode qu'il habitait demeuraient deux jeunes époux. La femme, encore dans la première jeunesse, avec sa carnation délicate et sa longue chevelure, était charmante comme une fleur nouvellement épanouie. Dans ses allées et venues, notre bonze la vit et s'éprit d'elle. Or il advint que le mari, se rendant à une partie de plaisir, s'absenta pendant la nuit. Le bonze en eut connaissance; il quitta la pagode et s'en vint courtiser (la jeune femme); mais pendant qu'il était encore là, bavardant de choses et d'autres, le malheur voulut que le mari revînt et appelât à la porte. Voilà le bonze bien embarrassé! Il ne savait qu'imaginer pour se tirer de là. La dame lui dit alors : « Tenez, fourrez-vous dans ce sac! je vais le fermer et je vous hisserai sur le toit de la maison, où l'on vous prendra pour la grosse cloche. Si l'on me questionne, je répondrai que c'est un envoi de la pagode. » Le bonze, ne sachant que faire, se blottit dans le sac en toute hâte, et la jeune femme le hissa en haut; puis elle courut ouvrir la porte à son époux. Celui-ci ôta son turban et sa robe, et se mit à causer. En regardant au-dessus de sa tête, il aperçoit quelque chose comme une grosse boule informe. « Qu'est-ce que cela? dit-il à sa femme. — C'est, lui répondit celle-ci, la grosse cloche que les bonzes de la pagode ont envoyée, et qu'on a mise là. — Oh! que tu es sotte! pourquoi vas-tu te charger d'objets qui appartiennent aux autres? Sais-tu seulement si elle n'est pas fêlée ou abîmée en quelque endroit pour t'en charger ainsi de confiance? Après cela on te fera payer le dommage; et où prendras-tu l'argent? Allons, donne-moi un peu le pilon, que je frappe dessus pour l'essayer! »

Aux premiers coups, le bonze enfermé dans le sac cria: « Boum! » Mais, comme les coups se multipliaient et que la douleur devenait plus aiguë, bientôt il ne cria plus « Boum! » mais bien : « Aïe! aïe! » Le mari ouvrit le sac et y trouva notre homme, qui devint dès lors l'objet de la risée publique.

XI

LE TAILLEUR PUNI PAR SON APPRENTI.

Un tailleur renommé allait de maison en maison pour coudre des habits. Chaque fois qu'il allait travailler, il emmenait avec lui un garçon qui lui portait son paquet. Partout où il se rendait, on lui préparait un repas et du thé. On invitait son garçon à manger aussi; mais le tailleur refusait pour lui, disant qu'il avait déjà mangé, et le jeune homme revenait tous les jours affamé et la mine longue.

Un jour, le maître et l'élève vinrent chez le sous-préfet pour couper des vêtements et les coudre. Le garçon portait le paquet dans ses bras, et, d'avance tout en colère, il se proposait de se venger une bonne fois du tailleur. Quand ce dernier eut achevé sa coupe, il sortit de la pièce pour satisfaire un besoin de la nature. L'autre le suivit dans la maison et dit tout bas au sous-préfet : «Excellence, mon maître est fou. Vos étoffes sont des étoffes de prix, tenez-vous bien sur vos gardes! Dès que vous le verrez tâter sur la natte avec une mine inquiète, cela voudra dire que son accès le prend; et alors il arrache et déchire tout.»

«Mais, dit le sous-préfet, comment faire pour le prévenir, cet accès? — Prenez le maillet, dit le garçon, donnez-lui-en un bon coup sur la tête, et ce sera fini!» Cela dit, il prit l'aiguille et la cacha. Le tailleur rentra, et voyant que son aiguille était égarée, il frappa avec les deux mains sur la natte pour la faire sauter. Ses yeux allaient de droite et de gauche, et il cherchait avec la plus grande attention. Le sous-préfet, pensant que c'était son accès qui le prenait, saisit le maillet et lui en donna un grand coup sur la tête.

«Ah! ah! lui dit-il, tu déchires les vêtements! tiens! — Mais non, Excellence! dit l'autre, je cherche mon aiguille, voilà tout! — Ton garçon dit que tu es fou, répliqua le sous-préfet. — Pourquoi dis-tu que je suis fou? dit le tailleur au garçon. — Comment ne le seriez-vous pas? répondit l'autre. Partout où nous allons, vous dites que j'ai dîné, et vous me faites mourir de faim. Et vous ne seriez pas fou?»

XII

UNE FILLE À MARIER.

Il était un jour une jeune fille vertueuse, et en outre fort jolie, mais qui avait le dessein bien arrêté de se choisir pour mari un homme de distinction. Elle quitta le palais de son père et se bâtit au bout d'un chemin désert une demeure dans laquelle elle passait sa vie au sein d'une élégante oisiveté. Maire du village, gardien de la pagode, bonze, fonctionnaires, c'était à qui désirerait sa beauté, à qui viendrait se récréer chez elle.

Or, voyant que le bonze revenait sans cesse, et que le maire lui faisait aussi des visites par trop réitérées, elle voulut leur jouer un tour de sa façon; car elle savait que ces gens-là ne valaient pas grand'chose.

Le sous-préfet du district, ayant entendu parler d'elle, était aussi devenu l'un de ses visiteurs assidus. Notre demoiselle pria un certain jour le bonze de venir passer la soirée avec elle; et le même jour, elle recommanda au sous-préfet d'être là à la troisième veille.

Le bonze arriva donc le premier. A peine avait-il pris le thé, qu'on entendit quelqu'un frapper à la porte et crier du dehors : «Ohé! là dedans! ouvrez-moi la porte, s'il vous plaît!» Voilà notre bonze pris de peur et ne sachant que devenir; car il avait reconnu la voix du maire, et il craignait que les gens du village ne vinssent à apprendre que lui, qui, en sa qualité de bonze, avait à réciter des prières et à brûler des baguettes odoriférantes, laissait là ses obligations sacerdotales pour venir faire un tour chez une jeune personne pendant la nuit. C'eût été fort désagréable! « Que faire, Mademoiselle?» dit-il. La jeune fille lui dit de se cacher dans un coin obscur.

On ouvrit et le maire entra. « Vous m'avez fait dire de venir ce soir, Mademoiselle, dit-il. Auriez-vous quelque affaire urgente? — Oui, répondit-elle, j'ai bien quelque affaire, en effet.» Lorsqu'elle lui eut offert le bétel, qu'il eut fumé une cigarette et pris le thé, elle lui posa la question suivante : « Je suis une pauvre orpheline isolée. En ma qualité de jeune fille, je n'ai point d'expérience et ne connais pas la loi. Dites-moi, Monsieur le maire! à quoi le village condamnerait-il un bonze qui, tout bonze qu'il est, s'en va la nuit séduire les femmes?» Le maire répondit avec volubilité : « Ces bonzes-là, ce sont des gens qui se soustraient aux corvées et se dérobent à l'impôt! S'il en est comme vous le dites, il faut l'emmener pour lui couper la tête, et sans délai!»

Le maire n'avait pas fini de parler que l'on entendit heurter à la porte. « Y a-t-il quelqu'un ici? disait-on. Ouvrez à Son Excellence Monsieur le sous-préfet!» Notre maire, au mot de sous-préfet, courut se cacher dans un coin. Le fonctionnaire entra. Lorsqu'il eut pris des confitures et bu le thé, il s'assit, demanda à la maîtresse de la maison de ses nouvelles, et parla de choses et d'autres. Il finit par demander à la demoiselle pourquoi elle lui avait recommandé de venir. Celle-ci se leva et dit : «Excellence, je suis une femme et n'ai aucune pratique de la loi. Je vous prie de me donner quelque explication sur l'affaire que voici : Comment la loi punit-elle un bonze qui laisse la nuit sa pagode pour aller faire la cour aux jeunes filles?» Le sous-préfet réfléchit un moment et dit : «S'il a fait cela, il faut lui appliquer cinquante coups de rotin, et l'emmener faire sa part de corvée comme les gens du peuple. Voilà!»

Notre bonze, qui avait auparavant entendu le maire demander sa tête et qui rongeait son frein, se précipita hors de son coin en gesticulant, et, se prosternant aux pieds du sous-préfet : «Excellence! s'écria-t-il, vous avez parfaitement jugé! Mais ce maire que vous voyez là-bas, il voulait me faire décapiter, lui! Oui vraiment, voilà qui est bien et équitablement jugé!»

XIII

L'AVEUGLE EN FONCTION DE GENDRE.

Un brave homme qui était aveugle, mais dont les yeux restaient ouverts, alla demander une jeune fille en mariage. Ses yeux semblaient sains et en bon état, mais il n'y voyait pas. Il se rendit à la maison de son beau-père pour y faire fonction de gendre. Un jour qu'on allait labourer les rizières, il suivit à tâtons ceux qui marchaient devant et put faire ainsi une matinée de travail. Quand arriva le moment de suspendre le labourage, tout le monde s'empressa de rentrer pour prendre le repas. Notre homme alors ne put suivre les autres. Comme il venait lourdement par derrière, n'allat-il pas tomber dans un puits abandonné? Il ne savait par où remonter.

Après un bon moment, la mère de la future se prit à dire : « Oh! oh! voilà un gendre bien acharné à la besogne! Garçons, courez l'appeler, qu'il vienne dîner! » Ils couraient, le cherchant, et chemin faisant ils maugréaient : « Quel ennui! » Il les entendit d'en bas, se glissa dehors et les suivit à la maison.

Comme il était assis près du plat, la mère de sa fiancée qui se trouvait placée dans le voisinage lui indiquait les morceaux à prendre. En homme avisé qu'il était, il se guidait au fur et à mesure sur les paroles de la dame et pinçait juste avec ses bâtonnets; personne ne s'apercevait de sa cécité. Mais voilà qu'un chien trop hardi se met à manger à même le plat. « Comment ne frappez-vous pas ce chien, lui dit sa belle-mère, et le laissez-vous ainsi manger à même? — Ma mère, répondit l'aveugle, quant à ce qui est de battre le chien, j'ai trop de respect pour les maîtres de la maison pour oser le faire! — Qu'importe! reprit la belle-mère, voici le maillet; s'il revient encore faire l'effronté, donnez-lui un bon coup, n'ayez pas peur! »

Or la belle-mère, voyant qu'il était modeste et timide, qu'il n'osait ni manger ni rien prendre au plat, voulut encore l'encourager, et pinça des aliments pour les mettre dans son bol afin qu'il les mangeât. Lui, entendant racler dans le plat, crut que c'était le chien qui revenait manger sans gêne, et porta à la dame un tel coup de maillet qu'il lui mit la tête en sang.

XIV

LE TIGRE PRIS PAR LA QUEUE
DANS UN BUISSON DE COCOTIERS D'EAU.

A *Rạch giá* et à *Gò quào* l'on trouve une grande quantité de tigres. Ils pullulent dans les bois comme des chiens. Les deux côtés de la rivière sont remplis de cocotiers d'eau, et sur la rive se trouve une forêt de *Tràm*[1]. C'est là qu'on va à la récolte du miel.

Un jour, deux hommes, poussant à l'aide d'une gaffe leur petite barque, s'en allaient cueillir des cocos d'eau[2] encore verts pour les manger en guise de bananes aigres. Celui qui se trouvait à l'avant était un étranger venu dans le pays faire le commerce, et qui n'avait pas jusque-là fait connaissance avec le tigre. Celui qui se tenait à l'arrière était un homme du pays. Ils firent pénétrer leur esquif dans un épais fourré de cocotiers d'eau, ignorant qu'il s'y trouvait un tigre, venu on ne sait d'où, et dont la queue se trouvait pincée entre deux pédoncules de feuilles. L'animal, n'ayant pu se dégager, restait là sans plus bouger.

---

[1] Le *Tràm* (*Melaleuca leucodendra* ou *Cajeputi*) est un arbre forestier très abondant, dont le bois est mauvais. On extrait des feuilles l'huile de Cajeput. L'écorce est employée comme étoupe pour le calfatage. (Karl Schrœder, dans *La Cochinchine française en 1878*.)

D'après Mgr Taberd, ses feuilles sont douées de propriétés stomachiques, diurétiques et emménagogues.

[2] Le *cocotier d'eau* (*Nypa fructicans*) appartient à la famille des Nypacées. Ses frondes servent à garantir les toits. (Taberd.)

L'individu posté à l'avant monta pour couper les cocos. Il aperçut un animal de couleur jaune foncée et se réjouit, croyant que c'était un renard. Il s'élança en avant, saisit l'animal par la queue et tira; ce que faisant, il criait : «Camarade! viens donc me donner un coup de main! je tiens par la queue un renard gigantesque!» L'autre accourt en toute hâte et, voyant le tigre, fait un saut en arrière : «Oh! s'écrie-t-il, camarade, c'est un tigre, cela! ce n'est pas un renard!» Puis, dans sa terreur, il pousse la barque et rebrousse chemin. L'autre reste là sans savoir que faire; car, s'il lâche, la bête va se retourner et le saisir. Il continue donc à tirer. Le tigre, à qui cela fait mal, tire de son côté par secousses répétées, sans pouvoir se dégager.

Au bout d'un moment, le tigre se fatigua; mais l'homme était las aussi. N'en pouvant plus, il fit un dernier effort et lâcha tout d'un coup. Le tigre, rendu à la liberté, sauta dans l'eau avec un grand bruit et partit comme un trait dans la direction de la forêt.

XV

L'HOMME QUI FAIT MANGER DE LA CIRE À UN TIGRE POUR SAUVER SA VIE.

Un comédien, voulant se moquer des mandarins qui reçoivent des présents corrupteurs, fit la plaisanterie que voici : «Figurez-vous, dit-il, que l'autre jour, en revenant de la chasse au miel, je rencontrai Monseigneur le tigre. Je crus que c'en était fait de moi! — Oh! oh! et que t'en est-il advenu? — Heureusement que j'avais sur mon épaule un paquet de cire. J'écartai les jambes et je fis passer ma cire de l'autre côté. Monseigneur le tigre s'élança et happa le paquet. Il resta les dents prises dans la cire et moi je filai. Attrape ! »

XVI

A MENTEUR, MENTEUR ET DEMI.

Un individu, de retour d'un voyage lointain, faisait le conte que voici : « Je vis un grand navire. La longueur en dépassait tout ce qu'on peut imaginer. Mon père, à l'âge de douze ans, partit de l'avant pour se rendre à l'arrière. Quand il arriva au grand mât, il avait déjà la barbe et les cheveux tout blancs. Il ne put atteindre la poupe, étant mort à moitié chemin. »

Son camarade, l'ayant entendu mentir de la sorte, dit à son tour : « Il n'y a là rien d'extraordinaire ! Moi, j'ai vu dans une forêt de haute futaie un arbre d'une hauteur incommensurable. Pour monter du pied à la cime, un oiseau volait pendant dix ans, et encore n'arrivait-il pas en haut !
— C'est là un abominable mensonge ! Comment cela pourrait-il se faire ? — Comment ? répliqua l'autre. Mais, si ce n'est pas vrai, où donc a-t-on pris le bois pour faire le grand mât et construire le bateau dont tu viens de nous parler ? »

XVII

RÉCRIMINATIONS CONTRE UN TAMBOUR DE CLAQUE TROP PARCIMONIEUX.

Un autre comédien plaisanta, comme on va le voir, l'homme chargé de battre le tambour de claque[1], à cause de l'extrême parcimonie dont il usait envers lui. Cette plaisanterie rendit ce dernier si honteux qu'il laissa là ses baguettes et s'enfuit. Le comédien s'était mis à représenter un soldat que son sergent appelait pour aller monter la garde. Le sergent le gourmandait : «Qu'est-ce qui te rend donc traînard comme cela? — Cela vous est facile à dire, à vous! répondit l'autre. Les soldats sont de pauvres diables; il ne faut pas les maltraiter ainsi. Pauvre malheureux que je suis! Je revenais de garder la frontière; entendant l'appel, je pris une poignée de riz et je courus. — Vraiment? — C'est bien triste, allez! Je ne faisais que de revenir et j'avais encore une marmite de riz; mais c'était du riz de ma ration, et je n'avais rien à manger avec pour le faire passer. Qui plus est, je n'avais pas une sapèque pour acheter un grain de sel

---

[1] Le *Trông châù*, expression que je traduis par *tambour de claque*, bien que le dernier des mots qui la composent signifie littéralement *assister*, est un instrument destiné à un singulier usage. Chaque fois qu'un acteur a bien joué ou chanté, l'individu chargé du tambour en question en frappe un coup, et l'artiste reçoit une trentaine de sapèques qui lui sont jetées sur la scène. A part l'originalité du système de claque, cette manière de récompenser le talent a, en somme, sa raison d'être, l'entrée des théâtres étant absolument gratuite.

Se reporter, pour la prononciation exacte des mots annamites que renferme ce travail, au système de transcription que j'ai adopté dans mon ouvrage sur le poème tonkinois Kim vân Kiêù tân truyên.

ou un pauvre poisson salé, afin de lui donner un peu de goût. Par bonheur, en regardant du côté de la rivière, je vois passer un chaland. Oh! oh! que de tonneaux! J'accours tout joyeux et j'appelle : Oh! hé du patron! Vous vendez du poisson salé, n'est-ce pas? — Oui. — Alors, abordez que j'en cherche un pour manger; je suis un pauvre soldat qui meurt de faim et de soif! Je tombais justement sur un brave homme de patron. Il s'approcha du bord et s'arrêta tout de suite; mais il me dit : Il n'y en a plus. — Comment? il n'y en a plus! Vous êtes bien aimable! Vous regardez à un poisson salé avec un pauvre soldat dans la peine et qui n'a rien à manger? — Non! non! dit le patron, je t'ai dit vrai : si j'en avais je t'en donnerais, je n'y regarderais pas de si près! Si tu ne me crois pas, monte sur le bateau et cherche toi-même, tu verras bien! — Il n'est pas possible qu'avec tant de *thùng*[1] vous n'ayez pas un seul poisson! — Eh bien! garçon! découvre le premier, que cet homme voie! En effet, dans le premier *thùng* il n'y avait rien; mais je n'étais pas encore convaincu. — Garçon! découvre le *thùng* du milieu pour que cet homme voie! — Je regardai et je ne vis rien non plus; mais je n'y croyais pas encore. — Garçon! retourne le *thùng* de derrière afin que cet homme voie jusqu'au bout! — Je regardai dedans et, là non plus, je ne vis absolument rien. Alors, furieux, je me mis à jurer : C'est trop fort! rien dans le premier! rien dans le second! dans le troisième, rien, rien, rien! C'est vexant! Tant de *thùng* et n'en rien tirer[2]! »

[1] Espèce de tonneau.
[2] Le sel de ce conte gît dans un jeu de mots. Le mot *thùng* signifie à la fois *un tonneau* et *le bruit du tambour*.

XVIII

UN HOMME QUI CHERCHE À MANGER.

Un individu avait pour industrie de se trouver là quand on mangeait afin qu'on lui donnât quelque chose. Partout où se donnait un repas, notre personnage y était. Il faisait l'important, mais au fond il ne cherchait qu'à se procurer de la nourriture. Un homme du voisinage, qui voyait où le bât le blessait, voulut lui jouer un bon tour. En conséquence, il dit à sa femme de se rendre au marché, des ligatures à la main, et de bien laisser voir qu'elle faisait ses provisions pour préparer un repas chez elle.

Notre homme la rencontra qui portait un panier et allait acheter les vivres pour les apprêter dans sa maison. Il l'entendit en parler, se rendit sur les lieux, et vit que l'on faisait de grands préparatifs. Il tournait et retournait par là, attendant qu'on lui donnât à manger. Le mari fit, en clignant de l'œil, signe à sa femme de faire semblant d'être prise de coliques. Elle se tordit de toutes ses forces, gémit et poussa de grands cris.

Le repas était prêt. On le laissa là pour courir chercher des médicaments. Notre homme, qui courait aussi en s'agitant beaucoup, demanda au mari : « Eh bien! va-t-elle mieux? — Hélas! hélas! quel malheur! répondit l'autre en s'arrachant les cheveux. Et moi qui, tout juste, l'ai envoyé aujourd'hui dehors! Cette maladie-là, il n'y a qu'une chose qui la guérisse, c'est du *sang de nez!* Lui, toutes les fois que cela arrive, il se dépêche de se tirer du sang! »

Notre individu, très animé, et craignant que les mets ne

refroidissent, lui dit : « Eh bien! dites au domestique de m'apporter un bol, je vais vous en procurer! » Il étendit le bras et se donna un coup de poing sur le nez pour se faire saigner. Ensuite il s'assit, attendant que la malade se trouvât mieux. Un moment après il courut aux nouvelles; mais peu à peu son nez enfla, et il souffrait beaucoup. Lorsque son nez fut devenu énorme, le maître de la maison dit que sa femme allait mieux et sortit comme pour inviter notre homme; mais la douleur qu'il éprouvait ne permettant pas à ce dernier d'avaler quoi que ce fût, il se vit contraint de prendre congé. Voilà comment, alors qu'il comptait se procurer de la nourriture, il lui fallut s'en retourner le ventre vide, la souffrance l'empêchant de manger.

EXPLICATION

D'UN VERS DU ROMAN CHINOIS

玉嬌梨

En lisant dans le texte chinois le célèbre roman intitulé *Yŭ Kiāo Lí* qu'Abel Rémusat et, après lui, Stanislas Julien ont traduit sous le titre des «Deux cousines», je tombai un jour sur une allusion qui me parut assez singulière. Il faut, il est vrai, s'attendre à bien des étrangetés lorsque l'on parcourt les œuvres qui constituent cette partie de la littérature chinoise à laquelle on donne le nom de 小說 «romans»; cependant la figure dont je parle m'a paru sortir, même à ce point de vue, de l'ordinaire. Elle semble bien, au premier abord, presque identique avec une métaphore qui nous est familière[1]; mais en réalité la ressemblance ne va pas plus loin que les mots. C'est dans le treizième 回 ou chapitre du troisième livre que se trouve le vers qui la renferme.

Le lettré 蘇友白 *Soū yeoù pĕ*, l'un des héros de ce roman, a été arrêté par des brigands et dépouillé de tout. Il se voit contraint de se réfugier dans une auberge au maître de laquelle il a eu, tout récemment, l'occasion de rendre un important service. Un vieillard qu'il y rencontre est touché de sa triste situation. Il lui procure le moyen de gagner

---

[1] Monter sur ses grands chevaux.

quelque argent en composant des vers destinés à servir de légende aux peintures d'un riche paravent en soie, présent qu'un de ses parents se propose d'offrir à un juge criminel récemment nommé dans la localité. La somme qui sera remise à *Soū yeoù pĕ* en rémunération de ce travail lui permettra de subvenir aux frais de son voyage. Le jeune lettré, mis en rapport avec le propriétaire du paravent, exécute en quelques traits de pinceau la composition demandée. Or voici les vers par lesquels l'auteur du roman exprime l'habileté et la facilité du poète :

烟 兔 馬 步
雲 起 何 不
滿 鶻 必 須
紙 落 倚 移

Poŭ poŭ siū yĭ !
Mà hô pĭ k'ĭ ?
T'où k'ĭ hoŭ lŏ !
Yēn yūn màn tchĭ !

Stanislas Julien en donne la traduction que voici :

Il n'a pas besoin de bouger de place !
A quoi bon monterait-il à cheval ?
On dirait d'un lièvre qui s'élance ou d'une oie sauvage qui se précipite au haut des airs.]
Des nuages de fumée remplissent le papier.

(On sait que l'encre de Chine est faite avec du noir de fumée.)

Le savant sinologue explique le deuxième vers, qu'il traduit par ces mots : *A quoi bon monterait-il à cheval ?* en disant que ce vers et le suivant *On dirait d'un lièvre qui s'élance ou d'une oie sauvage qui se précipite au haut des airs* sont destinés à exprimer la vélocité avec laquelle écrit Soū yeoù pĕ. Évidemment un cavalier lancé au galop peut fort bien servir de comparaison pour exprimer la rapidité d'une action quelconque. On peut même penser que le poète chinois a voulu faire comprendre ici que le lettré qu'il met en scène affecte de ne se donner aucune peine pour composer les vers qu'on lui demande. L'expression employée semble encore avoir une certaine analogie de figure avec cet idiotisme de la langue parlée : 戴高帽子 *táī kāo máo tsè* « porter un bonnet haut de forme », qui s'emploie dans le sens de « se montrer arrogant, se faire valoir » ou, comme nous disons familièrement en français, « faire des embarras. » Nous disons aussi, dans une acception voisine, « monter sur ses grands chevaux. » Cette dernière expression présente, dans les mots qui la composent, une incontestable analogie avec le 倚馬 *k'ỳ mà* du 玉嬌梨. Il n'y a cependant ici, comme je l'ai dit tout à l'heure, qu'une ressemblance *extérieure*. D'un autre côté, il faut bien reconnaître que l'action de *monter* à cheval n'a en elle-même rien qui indique la facilité poétique dont Julien voit dans ce vers l'expression pure et simple. S'il eût voulu se borner à y faire allusion, le romancier aurait comparé la vélocité du pinceau de Soū yeoù pĕ avec celle du cheval lui-même. Ce vers ferait d'ailleurs, si l'on se bornait à y voir la comparaison indiquée dans la note de Julien, double emploi avec celui qui le suit et qui renferme une figure beaucoup plus franchement exprimée :

> On dirait d'un lièvre qui s'élance ou d'une oie sauvage qui se précipite au haut des airs!]

Le *A quoi bon monterait-il à cheval?* renferme donc une

allusion bien distincte de la figure qui est tirée de la vélocité du lièvre et de celle de l'oie sauvage. Je n'avais pas été, tout d'abord, assez heureux pour en découvrir la clef. J'ai cependant fini par la rencontrer là où je m'y attendais assez peu.

M. P. *Trương Vĩnh ký* a, comme je l'ai dit plus haut, réuni dans un petit volume quantité d'anecdotes écrites en style familier qui, outre qu'elles initient parfaitement le lecteur à cette branche peu cultivée, mais très imagée et très pittoresque de la littérature des Annamites, ont, ce me semble, le grand mérite de nous montrer ce peuple comme pris sur le fait dans ses habitudes, ses instincts, ses appréciations particulières des choses de la vie. Parmi ces morceaux, il s'en trouve un où il est longuement question des exploits plaisants attribués à un *Trang nguyên* ou grand lettré nommé *Cống quỳnh,* lequel berne spirituellement non seulement les mandarins annamites ses collègues, mais encore les lettrés et les mandarins de la Chine. Parmi les anecdotes plaisantes dans lesquelles il est parlé de lui, il en est une qui semble donner la véritable explication de ce vers de la petite strophe chinoise composée par l'auteur du 玉嬌梨 :

Il n'est pas besoin de monter à cheval!

En voici la traduction :

« Le Roi envoya dans la suite le seigneur *Cống quỳnh* à la cour de Chine en qualité d'ambassadeur, précisément à l'époque du concours du doctorat. L'Empereur, l'ayant sous la main et connaissant sa haute réputation littéraire, l'invita à s'essayer dans quelques compositions. Les docteurs habiles dans la versification et dans la composition des *phú lệ* (improvisations rapides) devaient *sauter à cheval, saisir leurs pinceaux, écrire rapidement, puis (enfin) s'élancer hors de selle*, ce qui marquait la fin de l'épreuve.

« Cela n'effraya point *Cống quỳnh*, qui accepta la lutte. Les chevaux furent disposés en grand apparat, et l'on distribua encre et papier. Au coup de tambour qui servait de signal, tout le monde sauta en selle. *Cống quỳnh*, comme les autres, s'élança sur son cheval, saisit son pinceau, et traça quelques caractères informes et embrouillés; puis il sauta à terre en criant : « C'est fait! » Avant que personne eût encore terminé sa composition il remettait la sienne (à l'examinateur). Ce dernier, ne pouvant venir à bout de la déchiffrer, demanda à *Cống quỳnh* quel était le gribouillage illisible qu'il avait tracé là. *Cống quinh* répondit :
« Grand examinateur, tel est notre grand cursif (annamite).
« Si Votre Excellence ne peut me lire, je vais vous écrire
« cela une seconde fois, soit en petit cursif, soit en caractères
« carrés. » Il écrivit alors d'anciens vers qu'il savait par cœur. Ils passèrent sans encombre, et *Cống quinh* fut classé le premier. »

Cette pièce annamite me semble être une exposition absolument exacte de la manière de procéder à laquelle il est fait allusion dans le roman chinois. En disant « qu'il n'est pas nécessaire que *Soū yeoù pĕ* monte à cheval », l'auteur de ce roman entend faire comprendre que son héros n'a pas besoin, pour composer des vers avec une extrême célérité, de la mise en scène de ces élucubrations rapides que les Annamites appellent *phú lẹ*. Bien que Stanislas Julien ne paraisse pas avoir connu l'allusion, il avait au moins saisi le fond même de l'idée, comme on le voit par la note dans laquelle il dit que ce vers ainsi que le suivant sont destinés à exprimer la rapidité avec laquelle écrit *Soū yeoù pĕ*.

Quoi qu'il en soit, ce singulier genre d'épreuve littéraire semble être tombé complètement en désuétude dans l'empire du Milieu. Je n'en ai vu l'indication nulle part. Un lettré chinois fort au fait des habitudes de son pays, consulté par moi sur ce point, m'a répondu qu'il n'avait aucune idée d'une semblable pratique. Cependant nous en trouvons, comme on le voit, la trace dans les traditions populaires des Annamites, dont les pièces du genre de celles qui sont réunies sous le titre de *Chuyện đời xưa* «Contes des temps passés» sont certainement le reflet le plus fidèle, les contes populaires d'un pays reproduisant toujours les mœurs, les habitudes, la manière de penser des habitants.

Il faut donc, ce me semble, admettre qu'il y a là une coutume chinoise qui, après s'être perdue dans le pays même où elle était née, se sera conservée plus longtemps dans un pays voisin, grâce aux mœurs de l'empire du Milieu qui, après y avoir été introduites par la violence, s'y sont complètement et rapidement naturalisées.

Les Chinois laissent perdre peu de chose de leurs anciens usages. Néanmoins il en a disparu quelques-uns, qu'il ne serait pas toujours impossible de retrouver, soit chez les Annamites, soit chez certains autres peuples voisins de la Chine. Pour ne parler que des habitants de l'Annam, on sait que le costume actuel des mandarins et du peuple ressemble d'une façon étonnante à ce qu'il était autrefois en Chine; et ceux qui ont vu, revêtus de leurs habits de cérémonie, les chefs des ambassades annamites envoyées en France dans ces derniers temps n'ont certainement pu s'empêcher de penser à ces grands personnages chinois dont le portrait se trouve sur tant d'anciens tableaux et de vieilles porcelaines. On a pu constater, entre autres particularités singulières de leur cérémonial, qu'ils n'abordaient pas le chef de l'État sans avoir entre les mains cette tablette sur laquelle on fixait les regards et que l'on plaçait devant sa bouche lorsque, du temps des *Ming*, l'on répondait au Fils du Ciel[1]. Des formules antiques du 書經 ont même été conservées dans la rédaction des actes officiels annamites, alors que, dans l'empire du Milieu, elles sont actuellement remplacées par une phraséologie plus moderne. C'est ainsi qu'au lieu des mots : 欽此 *K'ing ts'è* « respectez ceci! » qui terminent maintenant les décrets de l'empereur de la Chine les rois d'Annam emploient parfois encore l'ancienne formule sacramentelle 欽哉 *K'ing tsāi!* que l'on trouve dans le livre canonique des Annales, par exemple, à la fin du chapitre 益稷 *Ĭ tsĭ*. Il y aurait peut-être dans cet ordre d'idées un certain nombre de recherches à faire, dont le résultat ne laisserait pas que d'étendre encore les notions que nous possédons sur l'antique civilisation du royaume du Milieu.

[1] D'Escayrac de Lauture fait remarquer que dans les tableaux qui représentent l'Olympe chinois, les personnages qui paraissent gouverner l'assemblée des Dieux, ceux qui, dans cette assemblée, tiennent le rang le plus élevé, 玉皇大帝 *Yŭ hoáng tá ti*, par exemple, sont habituellement représentés en adoration devant le *Cháng tí* 上帝 ou Être suprême qu'on ne voit jamais, et qu'ils tiennent à la main un objet allongé d'ivoire ou de jade vert, lequel est le symbole de cette adoration. (Voir D'Escayrac de Lauture, *Olympe chinois*, p. 38.) Cela tendrait à faire penser que l'usage de cet objet remonte à une très haute antiquité.

NOTES
POUR SERVIR À L'HISTOIRE
DES
ÉTUDES CHINOISES EN EUROPE,
JUSQU'À L'ÉPOQUE DE FOURMONT L'AÎNÉ,
PAR
HENRI CORDIER,
CHARGÉ DE COURS À L'ÉCOLE DES LANGUES ORIENTALES VIVANTES.

NOTES

POUR SERVIR À L'HISTOIRE

DES

ÉTUDES CHINOISES EN EUROPE,

JUSQU'À L'ÉPOQUE DE FOURMONT L'AÎNÉ.

Dans ces notes, nous n'avons pas la prétention de donner une histoire complète des efforts tentés jusqu'au milieu du dernier siècle en Europe, pour arriver à la connaissance de la langue chinoise. Comme diraient les Anglais, nous n'avons que le désir de fournir une *contribution towards the history;* aussi, nous sommes-nous contenté de réunir des matériaux peu connus, dispersés ou inédits, dans le but de préparer plus tard une histoire générale. Nous ne sommes pas le premier, d'ailleurs, à entreprendre cette tâche, mais nous pensons, grâce à de nouveaux renseignements, avoir pu compléter l'œuvre de nos devanciers[1]. Il

---

[1] Voir :

— Theophili Sigefridi Bayeri... Museum Sinicum... Petropoli, 1730, vol. I, *Praefatio.*

— Meditationes Sinicae... Author Stephanus Fourmont... Lutetiae Parisiorum, 1737. Praefatio. Tertia Pars. *De iis qui in Linguam Sinarum Hieroglyphicam scripsere sive antiquis Missionariis, sive doctis Europaeis, queis adjunguntur Missionarii recentiores*, p. XI-XXIV.

— Grammatica Duplex... Author Stephanus Fourmont... Lut. Par., 1742. Quarta Pars. *De variis quibusdam Operibus Grammaticis ad me, post Premarianam Notitiam, allatis, ut R. P. Varonis, R. P. Diasii, Sigefridi*

était fort naturel que l'étude du chinois, avant de former une branche très importante de la linguistique, ne fût, ainsi que beaucoup de sciences à leur début, considérée que comme un simple objet de curiosité. Les premiers qui parlèrent de cette langue n'avaient nullement le dessein de l'apprendre aux autres, ni même celui d'indiquer les sources qui permettraient de l'étudier; on ne s'occupait du chinois que pour compléter le cadre d'une histoire générale de la Chine ou d'un traité universel de linguistique; on ne fournissait, par conséquent, aucune méthode régulière d'enseignement, on se bornait à citer quelques caractères vagues de la langue ou deux ou trois phrases usuelles, et pour donner plus d'attrait à un sujet qui avait plus d'intérêt pour l'amateur que pour le savant, on agrémentait la dissertation de quelques signes bizarres qui, n'étant compris de personne, pas même de ceux qui les traçaient, pouvaient tout aussi bien passer pour du chinois que pour toute autre langue aussi peu connue.

Le premier livre imprimé en Europe dans lequel on ait représenté des caractères chinois est l'*Historia del gran reyno*

Bayeri, & Cupletii, *R. P. Casarani, Illustr.* Episcopi Rosaliensis, *Clarissimi Viri DD.* Montignii, *qui antea Provinciae* Chĕ kiām, *apud Missionarios* pro-vicarius *Apostolicus, nunc nobilis Missionum Extranearum Seminarii Director, ac Procurator Generalis,* etc., p. xxv-xxxii.

— Plan d'un dictionnaire chinois, avec des notices de plusieurs dictionnaires chinois manuscrits, et des réflexions sur les travaux exécutés jusqu'à ce jour par les Européens pour faciliter l'étude de la langue chinoise (1814), par Abel Rémusat (*Mélanges asiatiques,* II, p. 62-131) :

§ I. Dictionnaires chinois composés jusqu'à ce jour par les Européens, p. 64-81. — § II. Notice de quelques dictionnaires chinois manuscrits, p. 81-96. — § III. Plan d'un dictionnaire chinois, p. 96-106. — § IV. Travaux des Européens sur la grammaire et les éléments de la langue chinoise. Plan d'une introduction à l'étude de cette langue, p. 107-131.

de la China du P. Juan Gonçalez de Mendoça, publié à Rome en 1585 chez Grassi[1]. Le treizième chapitre du livre III de cet ouvrage célèbre est intitulé : *Des lettres et caractères des Chinois, ensemble des escholes et estudes qui sont par tout le royaume et d'autres choses curieuses à ce propos.* L'auteur remarque : «... chasque parole presque a son caractere particulier. Ils marquent et denotent le Ciel, qu'ils appellent (*Guant*) en leur langue, par ceste seule lettre que voici : 天 et le Roy qu'ils nomment (*Bontay*) par ceste ci : 王 ... De telle sorte est le caractère qui signifie (*cité*) sçauoir est cestuy-cy : 城 car tous entendent bien qu'il veut dire (*cité*) et toutefois les uns l'appellent (*Leombi*)

[1] Historia de las cosas mas notables, ritos y costvmbres, del gran Reyno dela China, sabidas assi por los libros delos mesmos Chinas, como por relacion de religiosos y otras personas que an estado en el dicho Reyno. Hecha y ordenada por el mvy R. P. Maestro Fr. Ioan Gonzalez de Mendoça de la Orden de S. Agustin, y penitenciaro Appostolico a quien la Magestad Catholica embio con su real carta y otras cosas para el Rey de aquel Reyno el año 1580. Al illvstrissimo S. Fernando de Vega y Fonseca del Consejo de su Magestad y su presidente en el Real de las Indias. Con vn Itinerario del nueuo Mundo [por Fr. Mart. Ignatio]. Con priuilegio y licencia de su Sanctidad. En Roma, a costa de Bartholome Grassi, 1585, en la Stampa de Vincentio Accolti, pet. in-8°, p. 440, s. l. t., l'ép., etc. — Réimp. à Madrid, 1586, pet. in-8°; Medina del Campo, 1595, pet. in-8°; Anvers, 1596, pet. in-8°. — Trad. en italien par Francesco Avanzo, Roma, 1586, in-4°; Venetia, 1586 et 1587, pet. in-8°; Genova, 1586, in-4°. — Trad. en français par Luc de la Porte, Paris, 1588, 1589, 1600, in-8°; Lyon, 1609, in-8°; Rouen, 1614, in-8°. — Trad. en anglais par R. Parke, London, 1588, pet. in-4°, 1853-1854, 2 vol. in-8°. — Trad. en latin par Marc Henning, Francfort-sur-le-Mein, s. d., in-8°; par J. Brulius, Antverpiae, 1655, in-4°. — Trad. en allemand, Frankfurt a. Mayn, 1589, in-4°; Leipzig, 1597, in-4°. — Trad. en hollandais, Amst. 1595, pet. in-8°; Delf, 1656, in-12. — Voir *Bibliotheca Sinica*, col. 3-9. — Les caractères chinois sont donnés dans les éditions espagnoles, italiennes, françaises, anglaise; ils ne sont pas reproduits dans l'édition allemande de 1589.

et les autres (*Fu*).... » On aura quelque peine à retrouver dans ces trois caractères baroques, les seuls d'ailleurs employés dans Mendoça, des équivalents de *tien* 天 ciel, de *hoang ti* 皇帝 empereur et de *fou* 府 ville ou département de premier ordre.

Dans l'énumération des langues que contient son *Thresor de l'histoire des langues*[1], Claude Duret[2] cite les langues indienne orientale, chinoise, japonoise, sans parler *des sons, voix, bruits, langages ou langues des animaux & oyseaux*. Duret consacre son soixante-seizième chapitre à la langue chinoise (p. 900-909). Outre le passage de Mendoça, qu'il reproduit en ajoutant à la fantaisie des caractères, Duret donne « le simple Alphabet de la Chine et du Gyapon, d'ont l'Escriture procède du haut en bas, par colomnes arrengées de la main droicte vers la gauche, à la mode Hébraique, qui nous a esté imparty au publicq de la grace et beneficence de la Maiesté du feu Roy Henry III, par le moyen de feu Monsieur le comte du Bouchage viuant Père Capuccin ; à la requisition de non moins éloquent que tresdocte le feu reuerend et deuot Père Monsieur Edmond Auger de la Société du nom de Iesus qui nous a moyenné ce bien, ainsi que le certifie le feu sieur de Vigenere en son Traicté des chiffres. » Quelques-uns des caractères de

---

[1] Thresor de l'histoire des langves de cest Vnivers. Contenant les Origines, Beautés, Perfections, Decadences, Mutations, Changemens, Conuersions, & Ruines des langues Hebraique, Chananeenne, Samaritaine, Chaldaique... Guineane nouvelle, Indienne, des Terres neuues, &. Les Langues des Animaux & Oiseaux, par M. Clavde Dvret Bovrbonnois, President à Moulins... Imprime a Cologny, par Matth. Berjon, pour la Société Caldoriene, CIƆ.IƆC.XIII, in-8°. — On a donné quelques années plus tard un nouveau titre à cette édition : Yverdon, 1619.

[2] Claude Duret, mort à Moulins, le 17 septembre 1611.

ce soi-disant alphabet sont assez bien tracés, et la plupart sont reconnaissables.

Le P. Alvaro de Semedo[1] nous parle[2] *du langage et des lettres dont les Chinois se servent* dans le chap. vi de son livre sur la Chine (p. 48-54 de la trad. franç.). La version italienne[3] donne quelques caractères chinois 王 王 etc., assez bien faits, mais mal reproduits dans la traduction française[4].

Le voyage en Europe du P. Martin Martini, de Trente, où il était né en 1614, marque une époque très importante dans l'histoire des études chinoises. Il était arrivé en Chine en 1643, et sous le nom de *Wei Kouang-kouo*, 衛 匡 國 il avait déjà donné en chinois des ouvrages dont nous citerons les deux suivants : 1° *Tchin tchou ling sing li tching* 真 主 靈 牲 理 證 (Preuve par la raison qu'il y a

---

[1] Alvaro de Semedo, né en 1585, à Nizza (Portugal); † à Macao, en 1658.

[2] Imperio de la China, I Cultura evangelica en él, por los Religiosos de la Compañia de Iesus. Compuesto por el Padre Alvaro Semmedo, Procurador General de la propia Compañia de la China, embiado desde allà a Roma el Año de 1640. Publicado por Manuel de Faria i Sousa, Cavallero de la Orden de Christo i de la Casa Real. Segunda Impression. Impresso por Iuan Sanchez en Madrid. Año de 1642, pet. in-4°. — Le même, Lisboa occidental, en la officina Herreriana, 1731, in-fol.

[3] Relatione della Grande Monarchia della Cina del P. Alvaro Semedo Portvghese della Compagnia di Giesv'. Con Privilegio, Romae, Sumptibus Hermanni Scheus, MDCXXXXIII, in-4°. — In Roma, MDCLIII, in-4°. Trad. italienne du P. Giattini, S. J.

[4] Histoire vniverselle dv grand royavme de la Chine. Composée en Italien par le P. Alvarez Semedo, Portugais, de la Compagnie de Iesvs. Et traduite en nostre Langue par Lovis Covlon P. Divisee en devx parties. A Paris, chez Sebastien Cramoisy et Gabriel Cramoisy. M.DC.XLV. Avec Priuilege de sa Majesté, in-4°, p. 367, s. la déd., la tab. et l'av. disc. — La même, à Lyon, chez Hierosme Prost, 1667, in-4°.

un Dieu et que nous avons une âme). « Pour établir la première thèse qu'il y a un Dieu qui préside à l'Univers, l'auteur, dit le P. Foureau[1], tire sa démonstration des choses visibles, non en entrant dans le détail de toutes les parties de la nature, encore moins en parlant de la génération de tout ce qui a vie, comme le prétend M. Fourmont, mais en prenant quelques points en particulier, tels que les éléments dont les choses matérielles sont composées, l'ordre immuable des saisons, le cours réglé des corps célestes, etc. qui ne sauraient être que l'effet visible d'une cause invisible. A l'égard de l'existence de l'âme, il la prouve par ses facultés mêmes, et par ces sentiments intérieurs de droiture, d'amour du bonheur, de désir de la gloire, etc., que nous éprouvons tous. Ce livre est divisé en deux parties: la première ne renferme que quatre preuves de l'existence de Dieu; la seconde en contient vingt-trois sur l'âme. » Et 2° *Kieou yeou lun* 逑 反 篇 (de l'amitié). — D'un esprit délié et conciliant, il fut choisi par sa Compagnie pour exprimer au Pape toutes les doléances des Jésuites au sujet d'un récent décret d'Innocent X[2]. La question des rites venait en effet d'être engagée par les Dominicains et les Franciscains contre les Jésuites; cette question des rites, aussi bien politique et sociale que religieuse, puisqu'il s'agissait d'approuver ou de condamner le culte rendu à Confucius et aux ancêtres, base même du gouvernement et de la société chinoise, avait une importance capitale pour les Missions catholiques dans le Céleste Empire. Avec une grande habileté, le premier Jésuite arrivé à Peking, Matteo

---

[1] Bibl. nationale, ms. fr. 12915.
[2] Décret du 12 septembre 1645.

Ricci[1], avait su concilier les devoirs religieux de ses néophytes envers leur nouveau Dieu avec les cérémonies ordonnées par leur empereur. Au point de vue de l'Église, la théorie de Matteo Ricci a été condamnée par la bulle *Ex quo singulari* du pape Benoît XIV, du 11 juillet 1742; au point de vue de la Propagande, une plus grande tolérance était absolument nécessaire en Chine. C'est ce que ne comprirent pas les Dominicains, venus à la suite des Jésuites. Les frères Angelo Coqui et Thomas Serra arrivèrent au Fo-kien en 1631. Ils furent suivis, deux ans plus tard, par Jean-Baptiste de Moralez[2], appartenant à leur ordre, et par le franciscain Antoine de Sainte-Marie[3], qui prirent parti contre les Jésuites.

En 1639, Jean-Baptiste de Moralez adressa au P. Emmanuel Diaz (senior)[4], visiteur des Jésuites, un mémoire en douze articles sur les pratiques d'idolâtrie, autorisées par les disciples d'Ignace de Loyola. La réponse étant différée, Moralez partit pour Rome, où il arriva en 1643, et obtint le 12 septembre 1645 un décret d'Innocent X condamnant les Jésuites. Quatre ans plus tard, Moralez notifia ce décret au Vice-Provincial des Jésuites en Chine; ceux-ci ne se tinrent pas pour battus, et le P. Martini fut désigné, en 1650, pour aller à Rome contre-balancer l'influence de Moralez. Il réussit, d'ailleurs, pleinement dans sa mission, puisque le 23 mars 1656, Alexandre VII, par un décret contradictoire, approuvait les Jésuites. Le voyage

---

[1] Né le 6 octobre 1552 à Macerata; † à Peking, le 11 mai 1610.

[2] Né vers 1597 à Ecija, dans l'Andalousie; † au Fo-kien, le 17 septembre 1664.

[3] † à Canton, juin 1669.

[4] Né en 1559 au Portugal; † à Macao, le 30 juillet 1639.

de Martini dura beaucoup plus longtemps qu'on pouvait le penser, et les retards que le mauvais temps apportèrent à sa mission servirent utilement la science; en effet, poussé sur la côte de Norvège par la tempête, Martini ne put arriver à Rome qu'en passant par la Hollande et après avoir traversé l'Allemagne. Son séjour en Hollande eut un double résultat : celui de lui faire publier dans la collection de Blaeu son célèbre *Atlas Sinensis*[1] et de lui faire faire la

---

[1] Novus Atlas Sinensis a Martino Martinio Soc. Iesv Descriptvs et Seren^{mo} Archidvci Leopoldo Gvilielmo Avstriaco dedicatvs. — Ce titre est gravé, sans lieu ni date, mais le privilège est daté de Vienne, le 7 Janvier 1655. Cet atlas forme la dixième partie de l'Atlas édité par Jean Blaeu à Amsterdam; il comprend : Dedicace et Privilegium Caesareum (8 pages). — Atlas (17 cartes et 171 pages). — Catalogus Longitudinum ac Latitudinum (19 pages). — Index (6 pages). — De Regno Catayo Additamentum [par Jacob Golius, xii pages]. — De Bello Tartarico Historia (36 pages).

Il y a deux éditions latines : celle que nous venons de décrire est la plus belle; le format en est plus grand, et l'ouvrage est orné de culs-de-lampe que l'on ne retrouve pas dans l'édition suivante, qui comprend : Dedicace (6 pages). — Atlas (134 pages). — Catalogus (18 pages). — Index (4 pages). — Golius (x pages). — De Bello Tartarico Historia (26 pages). — Indices (2 pages). Dans cette édition, le privilège n'est pas reproduit en entier, comme dans la précédente.

Nous n'avons pas à insister sur la valeur de l'ouvrage de Martini, qui a conservé une grande réputation, même après la publication des cartes de d'Anville. Il se compose, comme nous l'avons vu, de 171 ou de 134 pages de texte suivant l'édition, et de 17 cartes; les 15 provinces de la Chine, la Chine générale, le Japon. L'Atlas de Martini a été publié en plusieurs langues :

En français, même frontispice gravé, in-folio, de 232 pages (Atlas, p. 1-212. — Catalogue, p. 213-232), — 44 (ces 44 dernières pages sont consacrées à la guerre des Tartares).

Thévenot a donné le texte français, sans les cartes, dans son *Recueil*, II, 1696, p. 1-214.

— Nieuwe Atlas van het groote Ryck Sina, in latyn beschreven door P. M. Martinium Soc. J. en uytgegeven by Joh. Blaeu, 1656, gr. in-fol.

connaissance de l'illustre savant Jacques Golius [1], à qui il donna des leçons de chinois; nous avons la preuve de ces relations dans un travail de Golius, donné comme appendice à l'atlas de Martini sous le titre de : *De regno catayo additamentum*. Dans ce travail, un grand nombre de caractères chinois ont été employés; ils sont grêles et souvent mal formés, mais ils sont parfaitement lisibles. Ces caractères étaient gravés en bois; les premiers caractères chinois ou plutôt censés chinois, gravés en taille-douce, furent employés dans une pièce de vers en chinois dédiée à Athanase Kircher par Jean Caramuel, évêque de Vigevano, dans sa *Metametrica* (1663), in-fol., pl. 24.

L'atlas de Martini, traduit dans presque toutes les langues de l'Europe, avait une importance capitale; il était le premier ouvrage géographique sérieux qu'on eût publié sur le Céleste Empire. Martini, de même qu'il avait eu la chance d'écrire le premier ouvrage de géographie générale sur la Chine, avait eu la bonne fortune, avant le P. de Mailla, de donner un ouvrage sérieux d'histoire [2]. Il est

— Atlas nuevo de la Extrema Asia, o Descripcion geographica del Imperio de los Chinas; por el R. P. Martino Martinio, de la Compañia de Iesu. A Amsterdam En costa y en casa de Jvan Blaev. M.DC.LVIII, in-fol.
Voir sur cet ouvrage de Martini : Camus, *Mém. sur la coll. des Voyages de Thévenot*, 1802, p. 317-324.
«The Atlas Sinensis and other Sinensiana» by H. Yule (*The Geographical Magazine*, July 1, 1874, p. 147-148).

[1] Né à la Haye en 1596; † 28 septembre 1667.
[2] Martini Martinii Tridentini e Societate Jesu Sinicae Historiae Decas prima, Res à gentis origine ad Christum natum in extremâ Asiâ, sive Magno Sinarum Imperio gestas complexa. Monachii Typis Lucae Straubii, Impensis Joannis Wagneri Civis... Cum Privilegio Caesareo Anno CIƆ.IƆ.CLVIII, in-4°, 362 p., sans la dédicace, l'approb. et l'av. au lecteur du commencement, et l'Index à la fin.

probable qu'on abusa de sa bonne volonté et qu'on lui demanda toute espèce de renseignements sur le pays où il prêchait l'Évangile, car pendant son séjour en Europe, il donna les nouvelles les plus récentes de l'état des chrétientés

— Martini Martinii Tridentini e Societate Iesv Sinicae Historiae Decas prima, Res à gentis origine ad Christum natum in extremâ Asiâ, sive Magno Sinarum Imperio gestas complexa. Amstelaedami, Apud Joannem Blaev. M.DC.LIX, in-8°, 413 p. sans l'index.

Le P. Grueber, dans sa lettre du 14 mars 1665, publiée dans le Recueil de Thévenot, pense que la seconde partie, *Decas secunda*, de l'Histoire de Martini, a été publiée comme la première à Munich (1658). Cependant, cette seconde partie ne paraît pas avoir été imprimée; elle semble même perdue. Thévenot (II, 1696) publia dans son Recueil un Mémoire sous le titre de : «Synopsis chronologica Monarchiae Sinicae ab anno post diluvium ccLxxv usque ad annum Christi M.DC.LXVI», 76 pages. Les dix-neuf premières pages de ce mémoire contiennent des extraits de la *Decas prima* de Martini; la page 20 est blanche; les autres pages, 21-76, comprennent une «*Historiae Sinicae Decas secunda*», qui continue jusqu'au xv° siècle de notre ère le travail précédent. Ce nouvel ouvrage est de Thévenot, qui l'a composé, ainsi qu'il le dit lui-même dans la préface de la quatrième partie, d'après un manuscrit persan.

L'ouvrage de Thévenot a été réimprimé en un petit volume in-8° dont je ne connais qu'un exemplaire, qui est défectueux. C'est celui de la Bibliothèque du Dépôt des Cartes et Plans de la Marine, n° 6930; le titre et les cent douze premières pages manquent; il ne reste que les dernières pages, 113-334, cah. H. T, qui suffisent néanmoins à prouver que ce volume n'est que la reproduction du mémoire donné par Thévenot; le cahier R, pages 287-302, manque également.

— Histoire de la Chine, traduite du Latin du Père Martin Martini, de la Compagnie de Jesus. Par l'Abbé Le Peletier. A Paris, chez Claude Barbin... et Arnoul Seneuze... M.DC.XCII. Avec Privilege du Roy, 2 vol. in-12, 527 p. (sans l'Epitre au Duc de Beauvillier, et l'Avertissement) et 462. C'est la traduction de l'original latin publié à Amsterdam. Il n'y a pas dans l'édition française un index semblable à celui de l'édition latine. — Le P. du Halde s'est beaucoup servi de cet ouvrage pour la composition de la première partie de ses *Fastes* dans le vol. I de sa *Description de la Chine*.

en Chine[1] et de la révolution[2] qui venait substituer à la dynastie des Ming la dynastie mandchoue des Tsing. Quand Martini repartit, en 1657, accompagné d'ailleurs d'un groupe nombreux de jeunes missionnaires français et portugais, pour rendre compte à ses supérieurs du succès de sa mission, il eût pu se vanter d'avoir non seulement réussi dans les négociations qui lui avaient été confiées, mais encore d'avoir laissé derrière lui des germes d'étude qui devaient porter leurs fruits. Martini mourut le 6 juin 1661 à *Hang tcheou*.

Nous n'avons à parler du savant jésuite Athanase Kircher[3] que pour sa *China illustrata*[4]. Elle contient une ex-

---

[1] Brevis relatio de Numero et qualitate Christianorum apud Sinas. Avctore P. Martino Martinio Tridentino... Romae, ex officina Ignatii de Lazzeris. MDCLIV, in-4°, p. xxvi, s. l'ép., etc. — Le même, Coloniae, MDCLV, in-12.

[2] De Bello Tartarico historia; In quâ, quo pacto Tartari hac nostrâ aetate Sinicum Imperium inuaserint, ac ferè totum occuparint, narratur; eorumque mores breuiter describuntur. Auctore R. P. Martino Martinio, Tridentino, ex Prouinciâ Sinensi Societatis Iesv in Vrbem misso Procuratore. Antverpiae, ex officina Plantiniana Balthasaris Moreti. M.DC.LIV. pet. in-8°, 156 p., sans l'app. priv., etc., 1 carte.

— Histoire de la gverre des Tartares contre la Chine. Contenant les reuolvtions estranges qui sont arriuées dans ce grand Royaume, depuis quarante ans. Traduite du Latin du P. Martini, de la Compagnie de Iesvs, enuoyé de la Chine à Rome, en qualité de Procureur de la Prouince de la Chine. A Paris, chez Iean Henavlt... M.DC.LIV. Auec Privilege du Roy, in-8°, 182 p., s. l'ap. et l. p., 1 carte.

On trouvera, col. 254-257 de la *Bibliotheca Sinica*, la liste des éditions et des traductions en allemand, en anglais, en italien, en espagnol, en norvégien, de cet ouvrage, devenu populaire.

[3] Né le 2 mai 1602, à Ghysen, petit bourg près de Fulde; † à Rome, le 28 novembre 1680.

[4] Athanasii Kircheri E Soc. Jesu China Monumentis qua Sacris qua Profanis, nec non variis Naturae et Artis Spectaculis, Aliarumque rerum memo-

plication de la fameuse inscription de Si-ngan-fou, dont Kircher s'était déjà occupé dans son *Prodromus Coptus sive Ægyptiacus*, 1636, in-4°. Weïss (*Biog. univ.*) dit, en parlant de cet ouvrage : « Cette description de la Chine est assez curieuse, mais on doit se tenir en garde contre la crédulité de l'auteur, qui rapporte quelquefois des faits démentis par les relations postérieures. On y trouve des détails assez exacts pour le temps, sur les anciennes écritures de la Chine, et un petit abrégé de la doctrine chrétienne en chinois (en lettres latines) et en latin. Le mémoire sur l'arrivée des missionnaires à la Chine, pris presque en entier dans Trigault, est intéressant; mais le morceau le plus important que renferme ce livre est la célèbre inscription chinoise de Si'an-fou, dont Kircher avait déjà donné une courte notice dans le *Prodromus Coptus*, d'après une copie et une traduction faites par le P. Semedo, mais qu'il donne ici en totalité, avec une version faite par le P. Boym[1], aidé d'un jésuite chinois nommé André Sin. Cette inscription

---

rabilium Argumentis illustrata, auspiciis Leopoldi Primi Roman. Imper. semper Augusti Munificentissimi Mecoenatis. Amstelodami, Apud Joannem Janssonium à Waesberge & Elizeum Weyerstraet. Anno CƆIƆCLXVII. Cum Privilegio. In-fol., p. 237, s. l'index, etc. — Le même, Amst., apud Jacobum à Meurs, 1667, in-fol.

— La Chine d'Athanase Kirchere de la Compagnie de Jesus, illustrée de plusieurs monuments tant sacrés que profanes, et de quantité de Recherches de la Nature et de l'Art. A quoy on a adjousté les questions curieuses que le Serenissime Grand-Duc de Toscane a fait depuis peu au P. Jean Grubere touchant ce grand Empire. Avec un Dictionnaire Chinois et François, lequel est très rare, et qui n'a pas encores paru aujour. Traduit par F. S. Dalquié. A Amsterdam. Ches Jean Jansson à Waesberge, et les Héritiers d'Elizée Weyerstaet, l'an 1670. Avec privilége. In-folio, pp. xvi-380.

Trad. en holl. par J.-H. Glazemaker, Amst., 1668, in-fol.

[1] Michel Boym, né en Pologne en 1612; † 1659 dans le Kouang si.

a été pendant longtemps, et presque jusqu'à nos jours, le texte le plus étendu imprimé en Europe, sur lequel on pût essayer d'étudier l'écriture chinoise. Il faut néanmoins convenir que les caractères ne peuvent en être lus que par quelqu'un de fort exercé. Les numéros mis à côté de chaque caractère répondent aux mots latins correspondants de la version latine; mais les mêmes numéros ont passé dans la traduction française, où ils ne correspondent plus avec les mots chinois. On recherche encore cependant cette édition française parce qu'elle est terminée par un petit vocabulaire chinois-français, qui n'est pas dans l'original, et qui donne la prononciation et non l'écriture chinoise. La *China illustrata* est aussi le premier livre où l'on trouve gravés les caractères de l'alphabet *Devanagary*. L'oraison dominicale latine en lettres sanscrites qu'on y voit (pl. Bbb) a été copiée par Chamberlayne (p. 21) comme si c'était le *Pater* en sanscrit. »

Le père Philippe Couplet[1], dont le nom a fait grand bruit lors de son voyage en Europe à la fin du xviie siècle, ne mérite en aucune façon d'être placé au premier rang des sinologues. Somme toute, il n'a guère été qu'un intermédiaire, j'oserai même dire qu'un colporteur, car dans le principal de ses ouvrages, le *Confucius*, il n'a fait que nous transmettre l'œuvre de ses confrères restés en Chine. Il a aussi rapporté le manuscrit portugais du P. de

---

[1] Les principaux ouvrages chinois du P. Couplet sont : 天主聖敎永 膽禮臬 *Tien tchou cheng kiao yong tchen li tan* «Calendrier perpétuel pour les fêtes de tous les saints et de tous les martyrs». — ｜｜｜｜百問答 *Tien tchou cheng kiao pei wen ta* «Réponses à cent demandes sur la religion chrétienne». — 四永眞論 *Se mo tchen luen* «La vraie doctrine des quatre choses les plus nouvelles (quatre fins de l'homme)». Son nom chinois était 柏應理 *Pe In-li*.

Magalhaens intitulé : *Doze Excellencias da China,* et le présenta à Rome au cardinal d'Estrées. Celui-ci le fit traduire en français par Bernou; l'ouvrage traduit et remanié devint la *Nouvelle relation de la Chine* dont nous parlons plus loin. Couplet, né à Malines en 1623, faisait partie de ce groupe intéressant de missionnaires flamands qui comprenait les PP. François de Rougemont[1], Albert de Dorville[2] et Ferdinand Verbiest[3], partis ensemble pour la Chine en 1659. L'Italien Ricci, l'Allemand Adam Schall von Bell[4], le Flamand Verbiest sont les grands noms des Jésuites à Peking avant que les Français, dont les premiers furent envoyés par Louis XIV, aient compté Visdelou[5], Prémare[6] et Gaubil[7] parmi eux. Couplet fut renvoyé en Europe par ses supérieurs en 1680, chargé de recruter de nouveaux travailleurs pour l'œuvre de la propagande évangélique et de fournir à Rome des renseignements sur l'état des missions de Chine, et très certainement pour éclairer le Pape sur la question des rites[8]. C'est au cours de ce voyage que

---

[1] *Lou Je-man,* né en 1624 en Belgique; † à Tchang-chou le 4 novembre 1676.

[2] *Ou Eurl-to,* né en 1622 en Belgique; † à Agra en 1662.

[3] *Nan Hoei-jen,* né à Pitthem, près de Courtrai le 9 octobre 1623; † à Peking le 29 janvier 1688.

[4] Johann Adam Schall von Bell, *Tang Jo-wang,* né en 1591 à Cologne; † à Peking le 15 août 1669.

[5] Claude de Visdelou, *Lieou In-cheng,* vicaire apostolique du Koueitcheou, évêque de Claudiopolis (1709), né le 12 août 1656 en Bretagne; † à Pondichéry le 11 novembre 1737.

[6] Joseph-Marie de Prémare, *Ma Jo-ché,* né le 17 juillet 1666, au Havre de Grâce; † à Macao le 17 septembre 1736.

[7] Antoine Gaubil, *Suen Tchang-téc,* né à Gaillac, dans le haut Languedoc, le 14 juillet 1689; † le 24 juillet 1759.

[8] M. Pauthier possédait en effet parmi ses livres (vendu 150 francs, en

Couplet donna le grand volume intitulé : *Confucius Sinarum Philosophus*[1] qui contient les traductions de trois des *Quatre Livres*, *Se Chou*, de deuxième ordre, le *Ta hio*, le *Tchong yong* et le *Lun yu*. Les noms des PP. Intorcetta, Herdtricht, de Rougemont et Couplet paraissent sur la couverture; nous croyons qu'il est facile de faire la part de chacun dans l'œuvre commune. Couplet est l'éditeur du volume en tête duquel il a mis une dédicace au roi, une préface et des tables chronologiques; Intorcetta[2] est l'auteur de la Vie de Confucius placée au cours du volume; Rougemont, compatriote de Couplet, et Herdtricht[3] son ami, arrivé en Chine en 1660, doivent occuper une place appartenant au P. Ignacio da Costa[4] qui n'est pas nommé et dont ils auront

1873, n° 303) une collection de pièces manuscrites relatives à la question des rites reliées en un vol. in-fol. ayant pour titre : «Recueil de lettres, tant copiées qu'originales, de mémoires, apologies, justifications, etc., pour les PP. jésuites, dans leurs controverses avec les dominicains relatives au culte rendu par les Chinois à leurs ancêtres et à Confucius.» La plupart de ces pièces avaient été écrites en Chine, plusieurs étaient certifiées par le P. Couplet, qui avait mis en tête du volume une introduction écrite et signée de sa main.

[1] Confucius Sinarum Philosophus, sive Scientia Sinensis latine exposita. Studio & Opera Prosperi Intorcetta, Christiani Herdtrich, Francisci Rougemont, Philippi Couplet, Patrum Societatis Jesu. Jussu Ludovici Magni Eximio Missionum Orientalium et Litterariae Reipublicae bono e Bibliotheca regia in lucem prodit. Adjecta est Tabula Chronologica sinicae monarchiae ab hujus exordio ad haec usque tempora. Parisiis, Apud Danielem Horthemels, viâ Jacobaeâ, sub Maecenate. M.DC.LXXXVII. Cum privilegio Regis. In-folio, cxxiv-108-159-8-3-xx-106 pp., s. l. p.

[2] Prosper Intorcetta, *In To-tsée*, né à Piazza, en Sicile, en 1625; † à Hang tcheou le 3 octobre 1696.

[3] Christian Herdtricht, *Ngen Li-ho*, né en Allemagne en 1624; † à Kiang tcheou en 1684.

[4] *Ko Na-tsio*, né au Portugal en 1599; † à Canton en mai 1666.

vu les traductions publiées antérieurement[1]. Couplet, d'ailleurs, semble s'être donné la tâche de nous faire connaître les membres de sa Compagnie, car il nous a fourni un ouvrage d'abord publié en chinois, puis traduit en latin, fort utile du reste pour les bibliographes et les historiens ecclésiastiques, qui comprend la liste de tous les Jésuites qui ont été en Chine comme missionnaires[2]. C'est cette liste qui, après de nombreuses éditions, revue, corrigée, augmentée, est devenue le *Catalogus* si remarquable donné par le P. Pfister en 1873[3]. Ajoutons à ces diverses publications l'*Astronomie*[4] de Verbiest. On sait que Couplet, embarqué pour la Chine en 1692, fut écrasé pendant une tempête par une caisse mal attachée sur le bateau qui le portait (1694). Outre l'influence qu'il exerça par ses publications, particulièrement par le *Confucius* qui ne fut remplacé qu'au commencement du siècle suivant par les tra-

---

[1] Éditions dites de Goa. Voir notre *Essai d'une bibliographie des ouvrages publiés en Chine par les Européens au xvii° et au xviii° siècle*. Paris, 1883, in-8°.

[2] Catalogus Patrum Societatis Jesu..... E sinico latinè redditus a Patre Philippo Couplet Belga sinensis missionis in Urbem procuratore. Parisiis, 1686, in-4°.

Catalogus Patrum Soc. Jesu qui post obitum S. Francisci Xaverii ab anno 1581, usque ad annum 1681 in Imperio Sinarum Jesu Christi fidem propugnârunt, ubi singulorum nomina, ingressus, praedicatio, mors, sepultura, libri sinicè editi recensentur. — E sinico latinè redditus a P. Philippo Couplet. A la suite de l'*Astronomia europaea*, du P. Verbiest, Dilingae, 1687.

[3] Catalogus Patrum ac Fratrum e Societate Jesu qui a morte S. Fr. Xaverii ad annum M.DCCC.LXXII Evangelio Xti propagando in Sinis adlaboraverunt. Pars prima. Shang-hai, Typis A. H. De Carvalho, 1873, in-8°, 91 pp., s. 2 ff. prél., pour le tit. et la préf.

[4] Astronomia Europaea sub imperatore Tartaro Sinico Cam Hy appellato ex umbra in lucem revocata a R. P. Ferdinando Verbiest. Dilingae, 1687, in-4°.

ductions du P. Noël[1], le P. Couplet eut une action plus directe encore sur les études chinoises par la formation d'élèves : le principal d'entre eux fut le médecin Mentzel[2] qui fit appeler le missionnaire à Berlin par l'Électeur de Brandebourg. Il ne faut pas accorder une importance extraordinaire au résultat produit par les leçons de Couplet; il se résume surtout en deux volumes : l'un fort médiocre, un petit *Vocabulaire*[3] latin-chinois que Bayer même prétend avoir été copié par Mentzel sur un travail semblable des Jésuites; c'est faire injure aux Jésuites, car l'ouvrage de Mentzel est sans aucune valeur; l'autre, une Chronologie[4] des souverains de la Chine dans laquelle les noms de ces princes sont donnés pour la première fois en chinois. A la suite de cette Chronologie se trouve une relation de l'am-

---

[1] Sinensis Imperii Libri Classici Sex, nimirum Adultorum Schola, immutabile medium, liber sententiarum, Memcius, Filialis Observantia, parvulorum Schola, E Sinico idiomate in latinum traducti a P. Francisco Noël Societatis Jesu Missionario. Superiorum Permissu, Pragae, Typis Universitatis Carolo-Ferdinandeae, in Collegio Soc. Jesu ad S. Clementem per Joachimum Joannem Kamenicky p. t. Factorem, Anno 1711, in-4°, 608 pp., s. les prél., etc.

[2] Mentzel, né à Fürstenwald le 15 juin 1622; † à Berlin le 17 janvier 1701.

[3] Sylloge Minutiarum Lexici Latino-sinico-characteristici, Observatione sedulâ ex Auctoribus et Lexicis Chinensium characteristicis eruta, inque Specimen Primi Laboris ulteriùs exantlandi Erudito & Curioso Orbi exposita à Christiano Mentzelio D. Seren. Elect. Brandenb. Consil. et Archiatro. Norimbergae, anno M.DC.LXXXV, in-4°.

[4] Kurtze chinesische Chronologia oder Zeit-Register aller chinesischen Kayser..... bezogen aus der Chineser Kinder-Lehre *Sico ul-Hio* oder *Lun* genande. Nebst einem kurtzen Anhang einer moscowitischen Reise-Beschreibung zu Lande nach China, in den 1693-1694 und 95sten Jahren von dem moscowitischen Abgesandten Hn. Isbrand gehalten, vorgestellet von Christiano Mentzelio... Berlin. Anno 1696, in-4°. 145 pp., s. l. p., la tab., etc.

bassade moscovite, conduite par Evert Isbrand Ides. D'ailleurs, Mentzel, extrêmement laborieux, avait en préparation de gigantesques travaux; l'un d'eux est une *Clavis sinica*, conservée à la Bibliothèque royale de Berlin, ouvrage terminé en manuscrit qui se compose de 124 tables manuscrites et de deux feuillets, les seuls imprimés, pour la préface et le titre qui est ainsi conçu : *Clavis sinica, ad Chinensium scripturam et pronunciationem mandarinicam, Centum et vigenti quatuor Tabulis accuratè Scriptis praesentata, Qua Aperitur modus evolvendi eorum* LEXICA *vasta merè Characteristica, praesertim çù* GOÈI *dicta, fabrefacta à Christiano Mentzelio, D. Sereniss. & potentiss. Elector. Brandenburgici Consil. & Archiatro Seniore. Berolini, Ex officina Salfeldiana. C*IƆ*.I*Ɔ*C. IIC.* [la date écrite à la main]. Un autre est un *Lexicon sinicum*, qui, lui, est resté mort-né; il est représenté à la Bibliothèque de Berlin par neuf volumes in-folio reliés en veau plein. Chaque volume possède le titre suivant imprimé : *Chinensium Lexici characteristici, inscripti çù* GUÉI *h. e. De Literarum generibus & speciebus, Sive literis radicalibus, & earum compositis : primò Characteristicè, Sinicè & Latinè verbotenus explicati, & novis Lexici* CHIM, ÇU, TUM, *et aliis necessariis literis plurimis aucti & correcti.* Volumen VI. Continens [ici à la main le contenu du volume; pour le volume en question, par exemple : *Hoa cie, h. e. Formationes literarum ex lineis VII.*] opus Manu-factum & — S. S. a Christiano Mentzelio, D. Dans l'intérieur un squelette de dictionnaire.

Un Chinois de Nanking nommé Tchin Fo-tsoung, que le P. Couplet avait amené de Chine, fournit lors de son passage à Oxford au célèbre Thomas Hyde, orientaliste et bibliothécaire en chef de la Bodléienne, divers matériaux que ce savant a utilisés pour écrire plusieurs dissertations extrêmement intéressantes[1]. Ce Tchin paraît être le premier Chinois lettré venu en Europe dont on ait conservé le souvenir.

On eut toujours aux xviie et xviiie siècles de grandes difficultés, grâce à l'opposition des mandarins, pour obtenir que des Chinois vinssent en Europe. Artus de Lyonne, évêque de Rosalie et premier vicaire apostolique du Se-tchouan[2], qui prit une part très active dans la question des rites, avait amené avec lui un Chinois, nommé Hoang, né à Hing-hoa, dans la province du Fo-Kien, le 15 novembre 1679. C'était comme Tchin un chrétien, il avait

---

[1] De mensuris et ponderibus Serum sive Sinensium, à la fin de l'ouvrage de Ed. Barnard, De mensuris et ponderibus antiquis (1688).

Epistola de mensuris et ponderibus Serum seu Sinensium. Ubi etiam de ingenti illo muro qui apud eos, eorumque novo anno, necnon de Herbae cha collectione superstitiosa. Omnium Nomina exhibentur Lingua Serica, subjunctis Characteribus propriis. Autore Thoma Hyde S. T. D. Oxoniae, E theatro Sheldoniano An. Domini CIƆ IƆC LXXXVIII, pièce in-8° de 40 pages (sans pagination) et 1 planche.

Cette lettre parut également dans le *Syntagma* de Hyde. Vol. II, pp. 409, 432, 1767.

De Ludis Orientalibus Libri duo, Quorum prior est duabus partibus, Viz. 1, Historia Shahiludii Latinè : Deinde 2, Historia Shahiludii Heb. Lat. Per tres Judaeos. Liber posterior continet Historiam reliquorum ludorum Orientis.

Dans le vol. II du *Syntagma* de Hyde, 1767.

Ce recueil avait déjà paru en 1 vol. petit in-8°; Oxonii, e theatro Sheldoniano, M.DC.XCIV.

Historia Nerdiludii, hoc est dicere, Trunculorum; cum quibusdam aliis Arabum, Persarum, Indorum, Chinensium, et aliarum Gentium Ludis.....
Item, Explicatio amplissimi Chinensium Ludi, qui eorum Politiam & modum perveniendi ad Dignitates in Aulâ Regiâ exponit, & egregio ac peramplo Schemate repraesentat.

Dans le *Syntagma* de Hyde. Vol. II, Oxford, 1767.

[2] Né en 1655; † à Paris le 2 août 1713.

été baptisé sous le nom d'Arcadius, tandis que Tchin Fo-tsoung se nommait Michel. Dans une dissertation d'Abel Rémusat *sur les Chinois venus en France*[1], le savant sinologue remarque au sujet de Hoang «qu'il demeura quelque temps au séminaire des Missions étrangères et finit par se marier à Paris. On l'attacha à la Bibliothèque du roi pour y interpréter les livres chinois que les missionnaires y avaient déposés. Son séjour donna à Fréret, à Fourmont et à d'autres savants l'idée d'étudier le chinois; mais il ne leur fut pour cet objet que d'un bien faible secours. Il mourut au bout de quelque temps (le 1er octobre 1716)». «Michel et Arcadius étaient lettrés; ils vinrent en Europe dans un temps où la curiosité pour la Chine y était au plus haut degré, parce qu'on manquait des moyens de la satisfaire. Les hommes les plus habiles se firent leurs disciples et cherchèrent à tirer d'eux toutes les connaissances possibles. Leurs efforts ne furent pas couronnés d'un grand succès. Ce qu'on apprit d'eux se réduisit à bien peu de chose. Il n'y a pas un élève du collège royal qui ne soit en état, au bout de six mois d'étude, d'en extraire cent fois plus des ouvrages chinois.» Hoang ne laissa que peu de travaux. Fourmont les résume ainsi[2]:

«En 1716, M. Hoange étant mort, Mgr le Duc d'Orléans, par un ordre de S. M. Louis XV, me chargea de prendre et d'examiner tous ses papiers Chinois ou concernans la Langue Chinoise. Ces papiers étoient *d'un côté* 4. ou 5. petits Dialogues, 3. ou 4. Modéles de Lettres: le *Pater*, l'*Ave*, le *Credo;* la Traduction commencée d'un petit Roman Chinois, un petit Vocabulaire tel qu'il s'en trouve dans

[1] *Nouveaux mélanges asiatiques*, I, pp. 258-265.
[2] Catalogue des ouvrages de M. Fourmont l'aîné, p. 48.

toutes les Grammaires Italiennes, Angloises, Allemandes etc. Tout cela étoit François et Chinois; mais le Chinois en Lettres Latines seulement, tel qu'il est dans le Dictionnaire de la *China Illustrata* du P. Kircher. *De l'autre*, un commencement de Dictionnaire par ordre de Clefs ou Alphabétique-Chinois, si l'on peut se servir de ce terme. »

La note suivante, relative à Arcadius Hoang, a été trouvée dans les papiers de Fourmont, écrite de la main de ce savant et a été reproduite par Abel Rémusat dans le mémoire sur *les Chinois venus en France*, mentionné ci-dessus :

« A. Hoange était de la province de *Fo-kien*. Voici sa généalogie telle qu'il nous l'a laissée lui-même. *Paul Hoange*, du Mont de l'Aigle, fils de *Kian-khin* (Kiam-kim) Hoange, assistant impérial des provinces de *Nâne-kin* (Nân-kim) et de *Chan-ton* (An-tùm) et seigneur du Mont de l'Aigle, naquit dans la ville de *Hin-houa* (Him-hoa), dans la province de *Fò-kién* (Fo-kién), le 12 février 1638; fut baptisé par le révérend père jésuite Antoine de Govea, Portugais, et fut marié en 1670 avec mademoiselle Apollonie la *Saule*, nommée en langue du pays *Léou-sien-yâm* (Leû-sièn-yâm), fille de M. *Yàm*, surnommé *Lou-ooue* (Lû-ve), seigneur docteur de *Leóu-sièn* (Leû-sién) et gouverneur de la ville de *Couan-sine* (Quàm-sin), dans la province de *Kiam-si*. Arcade *Hoange*, interprète du roi de France, fils de Paul *Hoange*, est né dans la même ville de *Hin-houa*, le 15 novembre 1679, et a été baptisé le 21 novembre de la même année, par le révérend père jacobin Arcade de... Espagnol de nation. Comme de son mariage il avait eu une petite fille qui est encore vivante, il avait ajouté (à sa généalogie) *Marie-Claude Hoange* du Mont de l'Aigle, fille de

Monsieur Hoange interprète du roi, etc.; elle est née le 4 mars 1715.

«*Hoange* est mort le 1ᵉʳ octobre 1716.»

Le chap. IV de l'ouvrage[1] du P. de Magalhaens[2] est intitulé Des Lettres et de la Langue de la Chine, pp. 84-107; il est extrêmement intéressant; il contient des caractères chinois gravés sur bois et «le premier paragraphe du premier article du commentaire que [Magalhaens] a fait sur les Livres de *Cùm fù siùs*, par lesquels nos pères qui viennent à cette Mission commencent à étudier les lettres et la langue chinoise, afin que par cet échantillon on connoisse la beauté de cette langue et le grand esprit de cette nation.»

André Müller[3], de Greiffenhagen, était un de ces orientalistes universels comme on en vit un grand nombre avant que l'étude des langues orientales ne fût devenue assez sérieuse pour être l'objet des recherches des spécialistes. On le vit d'abord travailler à la bible polyglotte de Walton, et inspiré on ne sait pourquoi par les conseils de John Wilkins, évêque de Chester, commencer à apprendre le chinois.

L'achat de caractères chinois à Amsterdam, d'un certain Jean S. Maurus, et des relations avec Athanase Kircher, achevèrent de tourner la tête de Müller, et il se plongea

---

[1] Nouvelle relation de la Chine, contenant la description des particularitez les plus considerables de ce grand Empire. Composée en l'année 1668 par le R. P. Gabriel de Magaillans, de la Compagnie de Jésus, Miss. apostolique, et traduite du Portugais en François par le Sʳ B.[ernou]. A Paris, chez Claude Barbin, 1688, in-4°, 385 pp. sans l'ép., etc. — Le même, Paris, Étienne Ducastin, 1689, in-4°; Paris, Louis Lucas, 1690, in-4°.

[2] Gabriel de Magalhães, né à Pedrogão, près de Coimbre, en 1609; † 6 mai 1677.

[3] † 26 oct. 1694.

dans l'étude du chinois. Il faut voir dans la préface du *Museum sinicum*, de Bayer, pp. 33 et seq., le récit des efforts de Müller pour se rendre maître de la langue chinoise. Il lança le prospectus d'un travail énorme qui avait pour titre : *Clavis sinica* et qui, Dieu merci, ne vit jamais le jour. On trouvera à la fin du premier volume du *Museum Sinicum* reproduite la fameuse *Propositio Clavis sinicae* écrite : « Ad maiorem Dei gloriam D. XIV. Febr. An. CIƆ IƆ C I XXIV. »

Il paraît que dans un accès de misanthropie, Müller brûla la plus grande partie de ses manuscrits qui se montaient, ainsi que le remarque un de ses biographes[1], à 250 volumes ou cahiers, sans compter un grand nombre de feuilles volantes; car le soir, avant de se coucher, il ne manquait jamais d'écrire tout ce qu'il avait appris dans la journée par ses lectures et sa correspondance ou en conversation, et qui pouvait se rattacher au vaste plan de ses études. Il faut bien reconnaître que le labeur immense de cet orientaliste, *parturient montes*, n'a produit que peu de résultats. Voici les principaux de ses ouvrages :

1° Abdallae Beidavaei Historia Sinensis, *Persicè è gemino* Manuscripto edita, Latinè quoque reddita ab Andrea Mvllero Greiffenhagio, accedvnt ejusdem Notae marginales... Berolini, Typis Christophori Rungii, Anno 1677, expressa, nunc verò una cum additamentis edita ab *Autoris filio* quodvvltdeo Abraham Mullero. Ienae, Prostat apud Johannem Bielkivm, A. C. 1689, in-4°, qui a eu trois éditions ou plutôt une même édition portant trois titres avec des dates différentes : Berlin 1677, Iena 1689 et Francfort-sur-l'Oder 1695 (dans les *Opuscula*) et qui est la traduction du

---

[1] *Biog. universelle.*

Tarikhi Khitay, due non pas à *Abd-allah Beidavi*, mais suivant Pauthier, à *Benaketi*, l'auteur du *Tarikhi-Benaketi*, dont la partie publiée par André Müller forme le VIIIe livre en 2 chapitres;

2.° *Opuscula Nonnulla Orientalia*, Francofurti ad Oderam, apud Johannem Völcker M.DC.XCV. in-4°, qui comprend les travaux suivants publiés déjà à part :

I. Historia Sinensis ABDALLÆ BEIDAVÆI, Persicè.
II. Versio Ejusdem Latina, cum notis Autoris.
III. Monumentum Sinicum, cùm Commentario novensili.
IV. Hebdomas observationum de Rebus Sinicis.
V. Commentatio Alphabetica de Sinarum Magnæq; Tartariæ Rebus, ex Auctoris Commentariis et Mss. aliis excerpta.
VI. Nomenclator Imperii Sinensis Geographicus, cum Præfatione in eumdem Isagogica.
VII. Basilicon Sinense, primos homines, Reges, et Imperatores Sinensium exhibens.

3°. Marci Pauli Veneti, Historici fidelissimi juxta ac praestantissimi, de Regionibus orientalibus Libri III. Cum Codice Manuscripto Bibliothecae Electoralis Brandenburgicae collati, ex'q; eo adjectis Notis plurimùm tum suppleti tum illustrati. Accedit, propter cognationem materiae, Haithoni Armeni historia orientalis; quae & de Tartaris inscribitur; Itemque Andreae Mülleri, Greiffenhagii, de Chataya, cujus praedictorum Auctorum uterque mentionem facit, Disquisitio; inque ipsum Marcum Paulum Venetum Praefatio, & locupletissimi Indices. Coloniae Brandenburgicae Ex officina Georgii Schulzii, Typogr. Elect. Anno M.DC.LXXI, in-4°.

Cette édition du célèbre voyageur vénitien, Marco Polo, comprend le texte latin du *Novus Orbis* avec les variantes d'un manuscrit de la version de Pipino, conservé à Berlin.

4° *Speciminium sinicorum decimae de decimis, una cum mantissis*, 1685, in-fol. de 60 pages. Nous n'avons pas vu ce livre. « C'est, dit la *Biographie universelle*, le plus rare des ouvrages de Müller; on y trouve d'abord la relation chinoise (avec la lecture suivant les prononciations tonquinoise et japonaise) de l'éclipse arrivée la septième année de *Kouang-wou-ti*, comparée avec l'éclipse miraculeuse qui accompagna la passion de Jésus-Christ. Vient ensuite un *Specimen Lexici mandarinici..... uno exemplo Syllabae XIM commonstratum* (1648), 6 pages; — *De eclipsi passionali testimonia veterum et judicia recentiorum; Propositio clavis sinicae, editio quarta*, et les catalogues des livres chinois, etc. » (N° 5 ci-dessous.)

5° Le *catalogue* (en allemand) *des ouvrages chinois de la Bibliothèque de Berlin* (au nombre de 24, formant environ 300 volumes), ibid., 1683, in-fol.; nouvelle édition en latin, 1684-1685, in-fol. « Elle est augmentée de la liste des manuscrits précieux que possédait Müller, tant en chinois que dans les autres langues orientales, et de la nomenclature des ouvrages qu'il avait déjà publiés ou qu'il se proposait de faire paraître. »

Une chose singulière à noter, c'est le peu d'influence qu'ont eu sur les études chinoises en Occident les quelques missionnaires français qui, pour différents motifs, rentrèrent en Europe. Il s'en trouvait cependant parmi eux de distingués : tels sont les pères Jésuites Lecomte[1], Bouvet[2], Foucquet[3], Foureau[4] qui avaient une profonde ou tout au moins une

---

[1] Louis Lecomte, *Li ming*, né le 10 octobre 1655; † 1729.

[2] Joachim Bouvet, *Pe tsing*, né le 18 juillet 1656; † 29 juillet 1730.

[3] Jean-François Foucquet, *Fou Fang-tsi*, né le 12 mars 1663.

[4] Pierre Foureau, *Ou To-lo*, né au Mans le 13 février 1700; † à Paris le 16 novembre 1749.

bonne connaissance du chinois. Le P. Lecomte, qui était au nombre des six missionnaires envoyés de Chine en 1685 par Louis XIV, rentré en France, devint le confesseur de la duchesse de Bourgogne, publia ses *Nouveaux Mémoires sur la Chine*, l'un des meilleurs livres qui aient été écrits sur ce pays, et extrêmement important pour la question des rites. Le P. Lecomte, d'ailleurs, prit une part active dans ces controverses terribles et ne nous a rien laissé sur la langue. Le P. Bouvet, qui jouissait d'une grande réputation dans son ordre, perdit son temps dans ces mêmes controverses et par des recherches fantaisistes dans les livres classiques chinois; d'ailleurs, pendant son séjour en France, il avait eu à s'occuper des intérêts de sa Compagnie et du recrutement de jeunes missionnaires. Le P. Foucquet, lui, aurait pu faire davantage : il avait formé une bibliothèque de livres chinois qu'il rapporta en Europe, quand il fut obligé de quitter la Chine, complètement brouillé avec la Compagnie de Jésus. Nous avons le catalogue de ses livres[1].

Il avait ramené avec lui un Chinois dont ne parle pas Rémusat dans son mémoire : il se nommait Jean Hou, originaire du Kouang-toung. Ce Chinois, absolument illettré, causa toutes sortes d'ennuis au P. Foucquet; il paraît même avoir été complètement fou; il ne put donc être d'aucune utilité à son maître qui fut obligé de le renvoyer dans son pays. Nous avons raconté ailleurs[2] l'odyssée lamentable de ce fils de Han chez les barbares d'Occident. Le P. Foucquet, obligé de quitter Paris, se retira à Rome où, fait évêque

[1] Bibliothèque nationale; ms. latin 17175. — British Museum, Add. ms. 20583 A.
[2] *Revue de l'Extrême Orient.*

d'Eleutheropolis par le Pape, il devint l'intermédiaire entre
le duc de Saint-Simon et le cardinal Gualterio[1]. De travaux
philologiques il ne pouvait être question chez ce prélat fort
instruit et politique, mais profondément ambitieux. Le
P. Foureau, peu connu d'ailleurs, ne nous a laissé qu'un
excellent travail bibliographique sur le catalogue des livres
de la Bibliothèque du roi, publié par Fourmont, sur lequel nous aurons l'occasion de revenir[2]. Aucun de ces missionnaires, comme on le voit, ne paraît s'être occupé de
communiquer sa connaissance du chinois aux savants européens : peut-être le hasard a-t-il voulu qu'ils ne rencontrassent pas de personnes désireuses de s'instruire dans
cette langue difficile.

Bayer[3] peut être considéré comme le dernier et en même
temps le plus remarquable de ces sinologues de l'ancienne
école; nous entendons par ancienne école, celle des savants
dont nous venons de parler, qui ont acquis leurs connaissances au hasard, et dont les ouvrages, inutiles à consulter
pour l'étude de la langue, ne sont que des objets de curiosité.
Nous avons dit que Bayer était le plus remarquable de ces
orientalistes, car sans être fort en chinois, il était bien supérieur à ses devanciers. Il a eu le premier le mérite de nous
donner des textes étendus, et nous a laissé un livre, le *Museum Sinicum*[4], qui était un progrès notable sur les travaux

---

[1] Correspondance du Père Foucquet avec le cardinal Gualterio. (*Revue de l'Extrême Orient*, I, pp. 16 | 51.)

— Le Duc de Saint-Simon et le Cardinal Gualterio, Mémoire sur la recherche de leur *Correspondance* (1706-1728), par M. Armand Baschet. Paris, 1878, in-8°.

[2] Bibliothèque nationale; ms. fr. 12215.

[3] Bayer, né à Kœnigsberg en 1694; † 21 fév. 1738.

[4] Theophili Sigefridi Bayeri Regiomontani Academici Petropolitani, Grae-

précédents. On trouvera dans cet ouvrage une préface avec un historique des études chinoises en Europe, une grammaire, un lexique, un traité des poids et mesures. Il a également donné d'autres travaux intéressants[1] dont quelques-uns ont été insérés dans les *Acta Petropolitana*.

Avec Fourmont l'aîné commence l'école moderne des sinologues, et nous voulons dire par école moderne, celle qui a puisé son inspiration directement dans les ouvrages publiés en Chine. Fourmont est le premier qui eut l'idée de se servir des ouvrages utilisés par les missionnaires eux-mêmes pour étudier la langue chinoise.

« Les Pères Nicolas Trigaut[2], Lazare Cataneo[3], Gaspar Ferreira[4] et Alvaro Semedo, dit Magalhaens, *Nouv. rel. de la Chine,* ont fait des dictionnaires très amples et très exacts. » Le P. Couplet confirme dans son catalogue des Jésuites que Semedo composa un dictionnaire chinois-portugais et un dictionnaire portugais-chinois, mais il est probable que la mort empêcha l'auteur de terminer son travail; dans tous les cas, ces dictionnaires ne furent point publiés. Barbosa

---

carum Romanarumque Antiquitatum Prof. Publ. Ord. Societ. Regiae Berolin. Sodalis MVSEVM SINICVM in quo Sinicae Linguae et Litteraturae ratio explicatur. Petropoli, 1730, 2 vol. in-8°.

[1] De eclipsi sinica Liber singularis Sinorum de eclipsi solis quae Christo in crucem acto facta esse creditur indicivm examinans et momento suo ponderans auctore T. S. Bayero...Regiomonte, 1718, in-4°.

— De Horis sinicis et Cyclo Horario commentationes...Petropoli, 1735, in-4°.

[2] N. Trigault, né à Douai le 3 mars 1577; arrivé en Chine en 1610; † à Hang tcheou le 14 nov. 1628.

[3] Né à Gênes en 1560; arrivé en Chine en 1594; † à Hang tcheou, 19 janvier 1640.

[4] Portugais; né à Castro-Journo en 1571; arrivé en Chine en 1604; † à Péking, 27 déc. 1647 ou 1649.

mentionne également le dictionnaire chinois-portugais de
Ferreira resté inédit. Nous ne trouvons pas trace non plus
d'un travail imprimé du P. Cataneo ou Cattaneo; en revanche le P. Trigault nous a donné 西儒耳目資
Si jou eul mou tse (Dictionnaire de la prononciation chinoise
et européenne); on en trouvera des exemplaires à la Bibliothèque nationale de Paris, N. F. Chinois 3087 et 3088.
Un exemplaire a été acheté à la vente de Klaproth, 50 fr.;
il figure au n° 192 du catalogue de la deuxième partie de
la bibliothèque de ce savant, avec la note suivante : « Cet
« ouvrage n'est pas moins remarquable par la singularité de
« son exécution typographique, que par la manière, souvent
« ingénieuse, dont les caractères chinois ont été ramenés à
« l'ordre des éléments de notre écriture; au reste, c'est plu-
« tôt un syllabaire qu'un vocabulaire. L'auteur à qui on le
« doit, le P. Nicolas Trigault, fut un des plus zélés et des
« plus laborieux apôtres des premiers temps de la mission
« chinoise. Il mourut en 1628; son livre a été publié la
« 6ᵉ année *Thian khi* (1626). » Quétif et Echard (II, pp. 611-
613) citent quinze ouvrages du dominicain Jean-Baptiste de
Moralez parmi lesquels nous remarquons : « 7. *Vocabulario*
« *Chino.* — 8. *Arte de Grammatica de la misma lengua*, quam ac-
« curatissime calluisse testantur missionarii nostri Sinenses. »

Outre ces dictionnaires, on avait écrit des grammaires
destinées à faciliter l'étude du chinois; nous en avons même
noté deux : l'une a appartenu à Abel Rémusat, et a été ainsi
décrite dans le catalogue de vente de ses livres (N° 475).
« *Grammatica linguae Sinensis*, petit in-folio de 15 pages,
sans titre. L'analogie du papier et des caractères nous fait
penser qu'il était destiné à la collection des voyages de Thévenot. Cette grammaire est tellement rare qu'il n'en est fait

mention nulle part, à notre connaissance; » l'autre est citée par Ternaux-Compans (*Bib. As.*, No. 2435): *Grammaire chinoise et espagnole.* Fokien. Février de 1682, qui ajoute: «Cette grammaire, qui se trouve à la Bibliothèque royale, paraît avoir été composée par un religieux de l'ordre de Saint-François.» Ces ouvrages sont introuvables, l'existence même du dernier est problématique : nous l'avons vainement cherché non seulement à la Bibliothèque nationale de Paris, mais encore chez les dominicains espagnols du Fokien; personne n'en a entendu parler. Le dictionnaire de Trigault excepté, la grammaire de Varo est donc, jusqu'à plus ample information, le premier travail de *linguistique* de quelque étendue, *imprimé en Chine*, sur l'existence duquel il ne puisse y avoir aucun doute. Elle avait pour titre : ARTE || DE LA LENGVA || MANDARINA || cómpuesto por el M, R°, || P°, fr. Francisco Varo de la sa || grada Orden de N, P, S, Domi || go, acrecentado, y reducido a || mejor forma, per N°, H°, fr. Pedro de || la Piñuela P°ʳ. y Comissario Pror, || de la Mission Serafica de China. || Añadiose un || Confesionario muy vtil. y || provechoso para alivio || de los nueos Ministros. || Impreso en Canton año || de 1703.

Nous avons eu déjà, à plusieurs reprises (*Bibliotheca Sinica* et *Essai d'une Bibliographie des ouvrages publiés en Chine par les Européens*), l'occasion de parler de ce volume fort rare. Aux exemplaires que nous avons cités, il faut en ajouter un autre : celui de la bibliothèque Sunderland, relié en maroquin vert par Zaehnsdorf, et mis en vente par Bernard Quaritch (Cat. 368, May 1886, No. 35462) au prix de liv. sterl. 36. Voici la collation de l'exemplaire de M. Thonnelier :

Cahier chinois gr. in-8°. Collation : — 1ᵉʳ f. verso : titre ut supra encadré; la date de l'impression est hors du cadre; — 3 ff. doubles chinois numérotés en chinois sur la tranche : *Prologo;* — 50 ff. doubles numérotés en chinois sur la tranche; les pages sont numérotées en chiffres arabes depuis 1 jusqu'à 99, le verso du f. 50 étant blanc; elles comprennent la grammaire en espagnol, 10 ff. doubles numérotés en chinois sur la tranche et en chiffres arabes en haut du recto de chaque f.; elles comprennent : Brevis Methodvs confessionis institvendae. Non solum Confessarijs, ad linguam erudiendam utilis, sed & necessaria, praesertim noviter intrantibus, ut eo citius Poenitentiae Sacramentum administrare possint. Composita â R° P. Basilio â Glemona Vicario Apostolico Provinciae Xèn si, Ord. Minor. Refor. En tout 64 ff. doubles.

La grammaire de Varo[1] était presque inconnue en Europe. Fourmont avait obtenu son exemplaire d'un Augustin, le P. Eustache, qui l'avait apporté de Rome. C'est dans ce livre qu'il puisa pour composer sa *Grammatica duplex*, ouvrant ainsi une ère nouvelle dans l'histoire des études chinoises en Europe que nous poursuivrons quelque jour.

[1] Varo était arrivé en Chine en 1654. Cf. Grammatica Linguae Sinensis Auctoribus PP. Varo et De Cremona ex Hispanico in Latinum idioma translata et aucta, Neapoli, 1835, Lithographice impressa, in-24.

SPÉCIMEN
DE
PALÉOGRAPHIE TAMOULE,
PAR
JULIEN VINSON,
PROFESSEUR À L'ÉCOLE DES LANGUES ORIENTALES VIVANTES.

SPÉCIMEN
DE
PALÉOGRAPHIE TAMOULE.

La région centrale de l'Inde n'a été peuplée qu'à une époque relativement très récente; elle était occupée par une grande forêt, le *Daṇḍakâraṇya* ou le *Dakṣiṇâraṇya*, célèbre dans les épopées hindoues. Les côtes occidentale et orientale de la pointe extrême de la Péninsule avaient au contraire leurs habitants; mais ils devaient être peu nombreux, assez sauvages, répartis par groupes sans relations entre eux, bien qu'ayant tous la même origine. Ces habitants ne nous ont à peu près rien laissé que leur langue; car ils ont été civilisés par les Aryas, ils ont adopté les mœurs, les habitudes, la religion et les institutions des gens du Nord, et leur vocabulaire original s'est augmenté de nombreux emprunts faits aux idiomes septentrionaux. Quant à la littérature des langues dravidiennes, — c'est celle que nous avons en vue en ce moment, — elle est en apparence très riche, mais elle se compose surtout de traductions ou d'imitations d'ouvrages sanscrits et de quelques ouvrages originaux écrits dans un courant d'idées et avec des procédés exclusivement septentrionaux. Cette littérature secondaire n'est pas sans utilité néanmoins, car elle permet de corriger, de compléter, de vérifier le vaste cycle légendaire, religieux et philosophique des lettrés aryens.

A cette époque lointaine et tout à fait indéterminée, il ne paraît pas que l'écriture ait encore été connue dans l'Inde. Elle y est arrivée, après l'expédition d'Alexandre, par l'intermédiaire des Sémites; et cette origine n'est pas douteuse, soit qu'on pense avec M. Burnell que les Tamouls se sont fait une écriture spéciale, le வடெழுத்து *vaṭṭéjuttu* « caractère rond », qui est depuis longtemps tombé en désuétude, soit que, suivant l'opinion commune, on regarde toutes les écritures indiennes comme dérivées d'un seul et même prototype, le caractère qui a servi aux fameuses inscriptions du roi bouddhiste Piyadasi ou Açôka.

Les premiers documents écrits provenant de ce monarque datent, on le sait, environ du milieu du IIIe siècle avant notre ère. Ce ne fut guère que six cents ans après qu'on se mit à écrire dans l'Inde méridionale; c'est du moins à cette dernière époque que remontent les documents les plus anciens qu'on y a découverts. Les caractères qui ont servi à les écrire se rattachent à ce qu'on a nommé l'alphabet açôka du Sud; cet alphabet présentait deux types principaux, dont l'un a donné naissance à l'écriture *nâgarî*, peu répandue dans l'Inde méridionale; de l'autre sont issues toutes les autres écritures dont on s'y est servi ou dont on s'y sert encore, sauf peut-être le *vaṭṭéjuttu*, que M. Burnell dérive directement d'une écriture phénicienne et dont l'usage paraît avoir été restreint à la côte occidentale, où, dès le temps de Salomon, venaient assez régulièrement des marins et des marchands de l'Asie antérieure, par la voie du golfe Persique, par le même chemin à peu près que prirent, il y a six siècles, les Mazdéens, pères des Parsis modernes, pour fuir le despotisme musulman.

Les principaux documents en *vaṭṭéjuttu* sont les privilèges accordés, aux vII[e] et IXe siècles, par les rois du pays de Céra aux israélites et aux chrétiens nestoriens qui s'étaient établis dans leur pays. Ces documents ont été publiés plusieurs fois. Le plus important, celui qui concerne les juifs de Cochin, a été donné en fac-similé par Anquetil-Duperron dans le tome Ier de son *Zend-avesta;* il a été reproduit de nouveau dans le *Journal of literature and science* de Madras en 1844 (t. XIII, 1re partie, p. 135-142, et 2e partie, p. 1-14), avec une traduction par M. Gundert, une traduction analytique par F. W. Ellis et l'interprétation en hébreu des juifs eux-mêmes; et dans l'*Indian Antiquary,* en 1874 (t. III, p. 333-334), avec une traduction et des remarques par M. A. C. Burnell[1]. Quant aux privilèges des chrétiens de Syrie, ils ont été publiés en 1844 dans le *Madras Journal* (t. XIII, 1re partie, p. 115-135, 142-146), avec une traduction par M. Gundert et des notes par MM. Peet et Walter Elliot; ils sont au nombre de deux : l'un seulement est donné en fac-similé. Deux pages de ce dernier, où il y a quelques lignes en vieux caractères hébraïques, ont été reproduites en 1876 dans l'*Indian Antiquary* par M. Burnell (t. V, p. 51). Il me paraît d'ailleurs difficile de croire, avec M. Burnell, à l'indépendance du *vaṭṭéjuttu;* la forme des lettres principales ne me semble pas essentiellement différente de celles des autres écritures indiennes.

En dehors du *vaṭṭéjuttu* et du *nâgarî,* on trouve dans le sud de l'Inde un grand nombre d'alphabets différents dont il est facile d'établir la communauté d'origine. Les langues dravidiennes modernes, par exemple, s'écrivent et écrivent

---

[1] Cf. également un article de M. West (*Journal of the Royal Asiatic Society,* n. s., IV, p. 388-391).

le sanscrit au moyen de cinq alphabets différents, le *grantha*, le *tamoul*, le *malayâla*, le *canara* et le *télinga;* on peut ajouter, si l'on veut, le *tuḷu*. Mais ces six alphabets se réduisent à première vue à quatre : le *grantha*, le *tamoul*, le *canaro-télinga* et le *tuḷu-malayâla*. Le premier, qui sert seulement à écrire le sanscrit dans le pays tamoul, se présente manifestement comme le prototype du tamoul et du malayâla, de sorte qu'en définitive tous les systèmes d'écriture contemporains se ramènent à deux types, l'un (le canaro-télinga) caractérisé par la prédominance des formes rondes, l'autre par l'usage général de la forme carrée ou angulaire.

Les anciens monuments présentent des alphabets où ces deux types sont concurremment employés, ce qui démontre leur unité d'origine. Du ive au vi^e siècle de notre ère la confusion se continue, et ce n'est guère que vers le xiie siècle que l'une ou l'autre forme devient prédominante suivant les localités ou les régions.

On peut se rendre compte de ce que nous venons de dire en jetant les yeux sur le fac-similé ci-joint d'une inscription tamoule, du viiie siècle probablement, et en le comparant avec l'alphabet tamoul moderne. Le *ç*, le *n*, le *p*, le *m*, le *l*, le *y* n'ont guère changé depuis dix siècles; le *r′*, qui dans l'écriture adoptée aujourd'hui n'est originairement qu'un double *r*, est, dans l'alphabet de la planche ci-contre, presque confondu avec *ḍ;* celui-ci est plus arrondi, mais formé suivant les mêmes principes que de nos jours; *ṇ* et *n′* ne sont pas distincts; *ḷ* vient de *l* et *j* de *y*[1]; *v* a une forme toute spéciale qui rappelle l'écri-

---

[1] *r′*, *n′* et *j* sont des lettres exclusivement dravidiennes : le tamoul et le

ture *canaro-télinga;* k ne diffère de r que par son double crochet médian; t ressemble au k moderne. Les seules voyelles initiales qui soient employées sont : â, i, u, û, é; la plus remarquable est l'i : le signe ancien se rapproche plutôt de l'o moderne que de l'i. Quant aux voyelles médianes, leurs signes sont les mêmes qu'aujourd'hui, mais l'â long se distinguait très nettement du r. Cet â était réuni aux consonnes k, ç, p, m, y; nâ et dâ se formaient d'une manière spéciale, comme aujourd'hui ṇâ, r'â, n'â; la distinction des longues et des brèves était peu observée; il n'y avait d'ailleurs ni signes distincts pour é et o brefs, ni rien qui correspondît au *puḷḷi* moderne, au *virâma* sanscrit : les consonnes muettes s'écrivaient purement et simplement comme si elles étaient accompagnées de a bref.

Mais l'inscription dont le fac-similé ci-joint est extrait offre, au point de vue paléographique, un autre intérêt. Cette inscription, ainsi qu'il sera expliqué plus loin, comprend deux parties principales, la première en sanscrit et la seconde en tamoul. Or les alphabets qui servent à écrire

malayâḷa (ancien rameau du tamoul) les possèdent seuls toutes les trois; le canara et le télinga n'ont que r', qui, dans cette écriture, se rattache au signe ordinaire du ṭ (ౚ r', ౚ ṭ); mais l'ancien canara avait le j, qui s'écrivait ౚ, signe très voisin du ౚ r'; en tamoul moderne cette lettre se rattache au m (dans notre inscription, elle est formée de y dont on prolonge le trait du milieu) : on admet généralement que c'est proprement un r cérébral ou lingual comme le ड़ hindi, qui correspond à l'hindoustani ڑ ou ڙ ou ݫ. Quant au r' dravidien, on voit que notre inscription donne raison à M. Foulkes, qui, dans le *Madras Journal* (t. XXI, p. 1-10), y voyait proprement une explosive cérébro-dentale; je suis du même avis, avec cette réserve que pour ces t et d l'appellation «dentales mouillées» conviendrait mieux. M. Foulkes signale très justement la tendance du tamoul parlé contemporain à confondre r et d. On verra plus loin que le nom propre tamoul *maṇat'pâkkam* மணற்பாக்கம் est transcrit मणत्पाक्क : dans la partie sanscrite du document qui nous occupe.

les deux langues ne sont pas identiques, bien que se ressemblant beaucoup : le sanscrit par exemple a deux barres verticales à son *k* et à son *r*, tandis que le tamoul n'en a qu'une; — le *l* et le *m* diffèrent complètement : le *l* tamoul ne sert en sanscrit que dans les composés, *l* ordinaire se rendant par un signe particulier; le *m* tamoul ressemble au *m* moderne, le *m* sanscrit se confond presque avec le *v;* — le *y* sanscrit commence par une boucle qui n'existe pas dans le *y* tamoul; — les muettes et les doubles se marquent en sanscrit par superposition; — je n'insiste pas sur des différences moins importantes. Mais il résulte de ces détails que déjà, à l'époque où l'inscription a été écrite, on avait adopté pour le tamoul un système d'écriture particulier[1]. Cette langue, la plus importante, surtout au point de vue linguistique, des idiomes qui composent avec elle la famille dravidienne, le devient encore ainsi à un autre point de vue; c'est elle qui se retrouve dans les documents les plus anciens, et, comme elle y figure avec un alphabet spécial, il faut nécessairement admettre qu'elle était alors déjà littérairement cultivée. Les ouvrages tamouls les plus anciens que l'on possède ne remontent pas, on le croit du moins, au delà du VIIIe siècle de notre ère; mais il est vraisemblable que la plupart des citations éparses dans les vieux traités didactiques ou des sentences

---

[1] Ce système très logique n'a qu'un seul signe pour les deux explosives de chaque ordre, les douces ne pouvant jamais venir qu'au milieu d'un mot ou après une nasale et les dures ne pouvant être qu'initiales et ne pouvant qu'être doublées au milieu d'un mot. C'est pourquoi le sanscrit दन्त *danta* fait en tamoul *tandam*, தந்தம், par exemple. Le malayâla, qui a les quatre signes pour chaque ordre, écrit et prononce cependant les mots dravidiens comme le tamoul, ce qui justifie une fois de plus l'opinion qui en fait un vieux dialecte tamoul.

morales qui composent des recueils tels que les *Kur'aḷ* ou le *Nâlaḍiyâr* datent d'une époque beaucoup plus reculée.

J'ai dit que l'inscription qui nous intéresse est elle-même du vIII° siècle; je dois indiquer les raisons qui me portent à lui attribuer cette date; par la même occasion, il convient de dire comment elle est parvenue à ma connaissance et de donner sur elle tous les détails nécessaires.

Elle est absolument inédite; mais est-elle authentique? Tout donne lieu de le croire, et si j'exprime un doute ou si je fais une réserve, c'est que les Indiens sont, comme le chat de la fable, passés maîtres en fait de tromperie. L'inscription aurait été découverte, en 1879, à Cassacoudy (சசாகுடி), à quatre kilomètres de Karikal, par les soins de M. Delafon, ancien magistrat, greffier en chef de la cour d'appel de Pondichéry, qui avait sollicité du gouvernement une mission officielle pour faire des fouilles et des recherches scientifiques sur notre territoire. Ce document forme vingt pages écrites sur onze plaques de cuivre réunies par un anneau passant par un trou pratiqué sur chacune d'elles; cet anneau a disparu, du moins je n'ai rien trouvé qui y eût rapport : sur la soudure de la tige qui le composait devait se trouver, selon l'usage, le sceau royal. M. Delafon avait envoyé un calque de ces vingt pages (le recto de la première plaque et le verso de la dernière étaient blancs) à M. Jules Godin, alors député de l'Inde française, aujourd'hui conseiller à la cour d'appel de Paris, qui me les remit avec prière de les examiner et de les traduire, si elles en valaient la peine. M. Delafon envoya plus tard au ministère de l'instruction publique une copie de l'inscription, avec une double traduction tamoule et française. La première, faite par un *paṇḍit* local, est généralement exacte et soignée, quoique diffuse et quoique écrite avec une orthographe fort irrégulière. La seconde, faite sur celle-ci, évidemment par quelque interprète indien dont l'instruction était assez médiocre, laisse beaucoup à désirer; la traduction est très libre et des pages entières sont résumées en quelques lignes. Les copies sont très inférieures aux calques que j'ai entre les mains.

J'ignore ce que sont devenus les originaux. A en juger par les calques, les plaques, qui ne paraissent pas avoir été numérotées, mesureraient environ 280 millimètres de largeur sur 110 millimètres de hauteur; le trou par où passait l'anneau de réunion est à environ 35 millimètres du bord gauche et 50 millimètres du bord supérieur; il devait mesurer 12 millimètres de diamètre. La longueur des lignes varie de 260 à 250 millimètres. Les plaques ont 7 lignes chacune; il y a en tout 137 lignes et une demi-ligne. Les 104 premières, sauf la dernière lettre de la 104ᵉ ligne, sont en sanscrit; les lignes 105 à 133 (premier tiers) sont en tamoul. Les lignes 133 à 136 sont encore en sanscrit; la ligne 137 est tamoule et la dernière sanscrite.

Le spécimen ci-joint est emprunté à la partie tamoule. J'ai pris le commencement de cette partie, que j'ai reproduit très exactement, si ce n'est que j'ai divisé chaque ligne en deux, à cause de sa longueur. Je me réserve de reprendre et de publier plus tard l'inscription tout entière; mais je donne ci-après, en caractères modernes, les deux tiers environ de toute la partie tamoule, qui forment pour ainsi dire le dispositif de l'acte de donation dont il s'agit. Le reste est, sur les plaques, très difficile à déchiffrer, car les dernières plaques ont plus souffert que les autres et

Inscription tamoule.

PALÉOGRAPHIE TAMOULE.

beaucoup de mots n'ont pu être lus; ce dernier tiers comprend d'ailleurs une énumération de privilèges et d'exemptions qu'on ne saurait reproduire sans donner de longues explications sur la vieille agriculture du pays. J'indique, en interligne, les corrections nécessaires. Je joins une transcription littérale et une traduction aussi approchée que possible :

104   கொ

 நெலெ   றறு
105 நெலெயாணடிருபததிாணடாவதுஉளடுக

         ா
காடுகெகாடடதததுநாடடாருகாணகதநநாடுகொகா

  ன றமுரை மாறறி   யு
106 டுெகாளளிமுணெபடடாெவரமாடடி ब्रह्म துவ

   ன   ன ஒ
ராசணவிணணபபததாலெகார शर्म् ணஒ

      ன
107 ணததியாகெதவதாணபபிரமெதயநீ

        னி   டி
ககிககுடிநீககிசசாமாநியஇரணடுபடடபப
108 டியால भरद्वाजगोचायचंतोगसूचा

        யனனூம
यपूनिवास्तव्याय செடடிெடாடுடடக सोमय

      மாக
109 जि ககுபபிர ० மெதயயகபபணிதத

					முகங				ா
110 ருளிவிடுதெததததிருபுகமகணடுநாடடொமநா
		வி		ன			லியவெலலீ			யபப
110 டடுதியவணசொலலயளலலெபொயிபடா

				நகளளீ	யு
சைவலஞுசெயதுகலலுடுகணணியு

					ற		லீகீ
111 நநாடடிகெகாடுததடுகெலலெகிழபால

		லீ		லீ			லீயின			ற
எலலெபாலெயூரெலலெஇணெமடுகும

			ன		லீ		லீ		லலீ	ன
112 தெணபாலெலலெபாலெயூரெலெயிணவட

					லீ		ற		கெக
ககுமெமலபாலெலலெமணடபாதெதல

		லீ		ஞு		ங			பாகெகலலீயி
113 லெயிணணூமகொளளியதடெதலலெய

	ஞுங					லீ		வன
தாகிழககும வடபா ாலெலலெவெளிமண

		லலூ		லீ	னெற	ற	கு	ம		ற
114 லணூரெலலெயிணடெடகதமிழிநநாட

		லீ			மக		நீ
பெரெலலெயுளஞுமாகபபடடநிரநில

	ஞு		ன		ய			டியாமை
115 ஞுமபுணசெயியு ம உ டுமடொபாடஆடுமெ

மசெயாறறு   ய
தவழவதெலலாடெ...யாடடுஹுமவெ...கா
         ஞு   னெரி   ரு
116 விணுஹும ○ திஸையணெகியாலுநதி...
      மி   யாறறுக   எககா
     யிததவழி ஆடடாககாஹுமவெளல...
                னறிக   ப   பறு
117 ஹுமதொணடிகடொணடுணணபிடெ...
    வராகவும
    வாகவுழிஇகக ஆலகளுககுடொலகமும
                  றுவராக   ளி
118 புழுதிபாடுமடெபுவ நாகவுமஇககாலகலில
              மு   ற று
    கடெ.....தது்டாககுடடாகடடாததுமகடடெ
           ன னி
119 ததமபணணியுமடொணடுண்டாரடொகடொ
            ெபறுவராக   ீயு
   எளு...தண்டடாபடுவாகவுமமஇண...
                      ரவழிகக
120 மபபபடடபுமபடவுமஇவருமஇவருவம...
  ணஞுறுமா   மு
  ணணுறுமமாடடமமமாளிகையுமகூடடெ...
                      படெபுவ
121 லணுததடொகடொணடிருககபண.....

வு　　　　ணிடட　　　க　　　தாகப
ராகவமஇவவுளல... सर्व் பரிசாரமுளளககட
122 பணிதஜெதம.....

TRANSCRIPTION.

104　　　　　　　　　　　　　　　　kô

　　　n'ôlei　　　　　　　t't'u
105 ṇôlêyâṇḍirubaṭṭiraṇḍâvadu Ûṭṭuk

　　　　　　　　　　　r
kâṭṭukkôṭṭaṭṭunâṭṭârukâṅgatannâṭṭukko

　　　　n'　t't'âreimât't'i.　　　yu
106 ḍukoḷḷimuṇpeṭṭâvermâṭṭi Brahmaduva

　　n'　　　　　　　　n'n'â
râçaṇviṇṇappaṭṭâlkôraçarmmaṇṇâ

　　　　　　n'a
107 ṇattiyâgatêvadâṇappiramadêyanî

　　　　　　　　　　n'i　　　　ṭi
kkikkuḍinîkkiccâmâniya Iraṇḍupaṭṭappa

108 ḍiyâl Bharadvâjagôtrâyacamtôgasûtrâ

　　　　　　　　　　yen'n'uñ
yapûnivâstavyâya cêṭṭiḍoḍuṭka sómaya

　　　　　　　êyamâga
109 jikkupira ○ madêyyagappaṇitta

　　　　　　　mu　　　　　　r
ruḻiviḍuttaṭṭirubugam kaṇḍunâṭṭômnâ

　　　vi　n'　ḻi　ḻei yppa
110 ṭṭudiyavaṇçollaya ellêpôyipadâ

　　　　　　　　　ṅkaḷḷi
geivalañceydukallu ṭṭukaṇṇiyu

t' leikî
111 nnâṭṭikkoḍuttadaṭkellêkijpâl
  lei lei   leiyin' t'
  ellêpâlêyûrellê Iṇmêṭkum
   n' lei lei rellei
112 teṇpâlellêpâlêyûrêlêyiṇvaḍa
     lei   t' kk
  kkummêlpâlellêmaṇaṭpâttel
  lei n'uṅ   pâkk leiyi
113 lêyiṇṇumkoḷḷiyattellêya
   n'umki   lei van'a
  dâkijakkumvaḍapâlellêvéḷimaṇa
  I lû leiyin't'êt'ku   t'
114 laṇûrellêyiṇṭêṭkkum Innâṭ
    lei ma   nî
  pêrellêyuḷḷumâgappaṭṭanirnila
   n'u n' y   ḍiyâmei
115 ṇum puṇçéyiyum Uḍumbôḍa Âmê
        mçê t't'â   véy
  tavajvadellâ...yâṭṭulumvê...gâ
     n'   ri   ru
116 viṇâlum ○ tireiyaṇêgiyâlunni...
   m yât't'uk   ḷḷakkâ
  yittavaji Âṭṭâkkâlum véḷal...
      n'd'i   ppér'u
117 lumtôṇḍikkoṇḍuṇṇapi...
  varâgavum
  vâgavu...ji Ikkâlgaḷukkukôḷagalamum
          r'uvarâ   ḷi
118 pujudipâḍum péḍuvanâgavum Ikkâlgalila
      r'   t't'u
  ga..... tludâkkuṭṭâgaṭṭâttumagaḍa

n'n'
119 têdampanniyum koṇḍuṇḍârkokko
pér'uvarâ   neiyu
ḷḷu... taṇḍaḍâpaḍuvâgavum manê...

rvajikka
120 mappaḍappumpaḍavum Ivarum Ivaruvam...
nnâr'   mu
ṇuurummâḍamammâḷigeiyumkûḍa...

ppér'uva
121 laṇuttôkkoṇḍirukkapan...
vu   ḷ ḷiṭṭa   gâ   dâgap
râgavam Ivvuḷaḷ... sarvva pariçâramuḷḷakkaṭ
122 paṇittêm...

TRADUCTION LITTÉRALE.

Ordre du roi!

Année la vingt-deuxième (de son règne).

Que les *nâṭṭârs* du district d'*Ût't'ukkâḍu* voient!

Ayant changé ceux qui avaient précédemment obtenu *Koḍukkoḷḷi*, dans leur pays,

Sur la demande de Brahmayuvarâja, avec l'attestation de Gôraçarmâ,

A l'exclusion des dons divins et des dons brahmaniques, à l'exclusion des habitants,

De façon à faire deux parts, dans la communauté,

Ayant vu l'empreinte sacrée que nous avons daigné accorder en donation brahmanique à *Sômayaji*, dit Jyêṣṭha, de la tribu *Bharadvâja*, de l'école *Cantôga*, dont le domicile est à Pûni,

Un chef du pays étant allé aux limites indiquées, ayant arboré l'étendard, plantera des bornes et des *euphorbes*.

A ce qui est donné, les limites sont:

Du côté est, l'ouest des limites de *Pâleiyûr*; du côté sud, le nord des limites de *Pâleiyûr*; du côté ouest, l'est des limites de *Maṇat'-*

påkku et de *Kollipåkku;* du côté nord, le sud des limites de *Vélivå-nallûr.*

Dans ces quatre limites,
Partout où court le lézard et où rampe la tortue,
Tout ce qui se trouve en fait de terres irriguées et de terres sèches[1]; les canaux de débordement et les canaux d'irrigation alimentés par le *Çéyâr'u*(?), par la *Végavatî* et par l'étang *Tiranâ;* — qu'il apparaisse et qu'il les obtienne;
Pour ces canaux la largeur de la gaule[2] et les boues des rizières, — qu'il les obtienne;
Dans ces canaux, les . . . . . [3] — qu'il les obtienne;
Les *manés*[4], les jardins, les bateaux (?), les . . ., les . . ., les maisons, les édifices, les . . . . . [3] — qu'il les obtienne;
En conservant tous les privilèges accordés là dedans;
Nous avons ordonné!

Comme on le voit, il s'agit d'une donation en faveur du brahme *Jyéṣṭha-çôma-yajï*, dans le district d'*Ût't'ukkâḍu*, par un roi (Nandivarmâ), la vingt-deuxième année de son règne. Il est intéressant de comparer à ce texte, en prose, de l'ordonnance de concession, la traduction en vers sanscrits que nous offre la première partie du document; ces deux textes se complètent du reste l'un par l'autre. Le passage sanscrit relatif à cette donation est fort long (l. 67 à 103), quoiqu'il forme, pour ainsi dire, une seule phrase. Les lignes 67 à 79 sont occupées par le nom du roi et

---

[1] *Nan'çéy* «bon champ, rizière» et *pun'çéy* «champ inférieur» ce qu'on appelle «terre à menus grains (millet, etc.)».

[2] La *gaule*, கோல் *kôl*, était une mesure valant quatre empans ou deux coudées.

[3] Je n'ai pu corriger de façon à donner un sens exact; il y a là une nomenclature de termes techniques.

[4] Terrain bâti ou non, mais où doit s'élever une maison avec cour, étable et potager, d'une surface de 223 mètres carrés environ.

par tous ses qualificatifs, à l'instrumental; puis vient, au datif, le nom du donataire accompagné de nombreuses épithètes élogieuses; enfin l'indication de la donation. Je commence aux dernières qualités du brahme Çômayaji :

96 एकपुरुषायद्वलोकचिन्तनोयत्रिवर्ग्गसपराय
चतुर्वेदायपञ्चमहचत्परा

97 चायषडङ्गायसप्तसप्तिप्रत्तिमाय
सुगुणायसुब्रह्मणायस्वयमेवप्रसदा

98 दुत्तवनकोष्ठकेतस्मिनेवराष्ट्रेप्राम्प
लयूरदचिणश्च..... प्रत्यञ्जमणत्पाकःको

99 ड्डिपकश्च... वेडिवानल्लूरि उतरवथिचतुष
यान्तज्ञातःकोडुकोड्डुरितिप्रथमनामाम्ब्रह्मदे

100 यिदमथकथीरमङ्गलमितिचरसनामायामस्तु
मान्यनिमन्तनद्वयमध्यादायनिरस्तपुरा

101 नन्द्वेदाब्रह्मदेयनिरस्तकुम्बिसर्वपरिहारा
भ्यन्तरिकिकरणैनदूरसरितावेगवल्याश्रुतिर

102 नयतठाकान्चयथोपपादम्.....
भोगोगृहट्टेचमारामानिष्कुट...

103 द्वेतदभ्यन्तरंसब्र्वेब्रह्मदेयनुत... विच्चम
ब्रह्मयवराजस्य आब्रतगोरशम्मोस्ति

Ce que je transcrirai, en faisant quelques corrections (je mets en italique les noms topographiques) :

96 êkapuruṣâyadvalôkacintanôyatrivarggasaparâya
caturvêdâyapañcamahâtôtparâ

97 kṣâyaṣaḍaṅgâyasaptasaptiprattimâya
suguṇâyasubrahmaṇâyasvayamêvaprasâdâ

98 *duttavana* kôṣṭhakêtasminêvarâṣṭrêpuram*pâ*
layûra dakṣiṇaçca ..... pratyañca. maṇatpâkaḥkô

99 ḍḍipâkaçca ... *vêḍivanallûri* uttara ... caturṣî
mântarajñâtaḥ*kôḍukôḍḍi*ritiprathamanâmâbrahmadê

100 yâd*êkathîramaṅgalam*iticaramanâmâgrâmassâ
mânyanimantanadvayamaryâdayanirastapurâ

101 nandêvadânabrahmadêyannirastakuṭumbisarvvaparihârâ
bhyantarikakaraṇênadûrasaritôvégavatyâçca*tira*
102 *naya*taṭhâkâccayathôpapâdam.....
bhôgôgrhaṅkṣêtramàrâmôniṣkuta.....
103 tyêtadabhyantaramsarvvôbrahmadêyanutta...vijñapna
brahmayuvarâjasya âjñaptagôraçarmmâsvasti

C'est-à-dire, si je ne me trompe :

(Par le roi).....

A l'excellent brahmane, à l'homme aux bonnes qualités, à l'homme unique, à celui qui a médité sur les deux mondes, à celui qu'honorent les trois castes nobles, à celui des quatre *védas*, à celui qui est la roue suprême des cinq éléments, à celui des six *aṅgas*, à celui qui ressemble à l'astre aux sept coursiers.

(Comme il a été donné) par son bon plaisir

Dans le district d'*Uttavana*[1], dans son propre royaume, le village nommé d'abord *Koḍukoḷḷi* et nommé, depuis la donation brahmanique, *Ékathîramangala*[2], connu entre les quatre limites : à l'est *Pâleiyûr* et au sud....., à l'ouest *Maṇatpâka* et *Koḷḷipâka*....., *Véḷivanaḷḷûr* au nord ;

A l'exclusion des dons divins et des dons brahmaniques antérieurs; à l'exclusion des habitants, en raison de tout privilège accordé là dedans ;

Formant ainsi deux parts dans l'ensemble,

Les prises d'eau, les (canaux) alimentés par la *Végavatî* et par l'étang *Tiranaya*, la jouissance des ....., les habitations, champs, jardins, bosquets ;

A l'exception de tout don brahmanique accordé là dedans,

La publication[3] de l'ordre de Brahmayuvarâjâ a été faite par Gôraçarmâ (?).

Bénédiction !

[1] *Utta vana* «forêt mouillée» est la traduction exacte du tamoul *ût't'ukkâḍu* «la forêt aux sources», de *ûr'u* «source» et *kâḍu* «bois, forêt».

[2] Cette lecture est celle de l'interprète de M. Delafon. Peut-être vaudrait-il mieux lire *êkâmbaram.*, d'*êkâmbara*, forme de Çiva vénérée à Kâncipura.

[3] Ou « l'expédition, la communication, l'attestation ».

On voit que je n'ai pas tout lu et que j'ai indiqué d'assez nombreuses corrections, soit que les copistes modernes aient fait des erreurs involontaires, soit que le graveur, ignorant et insouciant comme c'est encore trop souvent le cas aujourd'hui, ait confondu ou oublié des caractères, soit que l'auteur lui-même se soit permis, pour les nécessités de la mesure, d'altérer les mots ou d'employer des locutions prâkritiques.

On aura remarqué que les *é* et *o* brefs tamouls sont transcrits par *é* et *ô*; on aura remarqué aussi que les *ḷ* cérébraux sont transformés en *ḍ*, ce qui donne le droit de supposer que le *ḷ* (ऴ) védique, si commun dans les manuscrits granthas, ne s'y est introduit qu'à une époque relativement moderne et que ce son, comme d'ailleurs les autres cérébrales, était primitivement étranger au sanscrit.

Pour montrer l'incorrection des textes que j'ai sous les yeux, je copie ci-après les imprécations finales, qui ne sont que la réunion de formules bien connues; j'y ajoute les dernières lignes de l'inscription, où il y a encore du tamoul :

133 भूमिदानम्
परतानन्नभूतन्नभविष्यतितस्त्वैवहरणात्या
134 पन्नभूतन्नभविष्यतिरबङ्गभिर्व्वसुद्धा
दत्ताबङ्गभिस्नुपालितायस्वयस्वयथा
135 भूमितस्वतस्वतषाफलम्॥ खतत्ता
म्यरदत्तषायोहरेतुवसुन्धरांषछवष
136 सहस्त्राणिविष्टायाञ्जयतेक्रिमि॥ स्व
स्तिश्रीपरमेश्वरमहाकाष्ठकारिनालिखित
137 மூஇவணபெடாமணெயமமணெபபட
டபமஇாணடுபபடிநிலணுமणस्वति
138 सिद्धरस्तुनमः॥ ○

La leçon correcte serait :

*Bhûmidânam paradânan na bhûtan na bhaviṣyati
Tasyâiva haraṇât pâpan na bhûtan na bhaviṣyati.*

*Bahubhir vasuddhâ dattâ bahubhiçcânupâlitâ
Yasya yasya yadâ bhûmiḥ tasya tasya tadâ phalam.*

*Svadattâm paradattâmva yo harati vasundharâm
Ṣaṣṭhivarṣasahasrâṇi viṣṭâyâṅ jayatê kṛmiḥ.
    Svasti !
Çrî Paramêçvara mahâkâṣṭhakâriṇâ likhitam.*
Ivan' pét't'a man'eiyum man'eippaḍappum iraṇḍu paṭṭi nilan'um
Svasti ! Siddhir astu ! Namaḥ !

Le don d'une terre (est) un don supérieur : — aucun mauvais esprit ne sera là ! — par la confiscation de cette (terre), (c'est) le péché. — Aucun mauvais esprit ne sera là !

Par beaucoup il a été donné de la terre, et par beaucoup (ce don) a été respecté; — lorsqu'une personne quelconque (a donné) une terre, alors le profit est pour cette personne.

Qui confisque la terre donnée par lui-même ou donnée par d'autres ira (renaître) ver dans l'excrément, pendant soixante milliers d'années!

Bénédiction !

Écrit par le grand charpentier Paramêçvara.

Ce que celui-ci a reçu (consiste en) un *mané*, un jardin domestique et deux *paṭṭis* de terre [1].

Bénédiction ! que la béatitude finale soit ! salut !

Mais quelle est la date du document qui nous occupe ? quel est ce roi Nandivarmâ ?

La partie sanscrite nous apprend que c'était un *Pallava* et nous donne sa généalogie. Brahmâ apparut un jour sur

---

[1] Je ne sais quelle est la valeur de cette mesure. J'ai traduit par «jardin domestique» le composé மனைப்படப்பு «jardin attenant à un *mané*».

le lotus issu du nombril de *Vişņu*, et de Brahmâ naquit *Angirâs;* d'Angirâs vint *Bŗhaspati;* de Bŗhaspati, *Samyu;* de Samyu sortit la tige des Pallavas, *Bharadvâja;* de Bharadvâja vint *Drôņa,* chanté dans le *Mahâbhârata;* de Drôņa naquit *Açvathama.* Celui-ci se livra à une austère pénitence qui effraya les dieux; comme à Viçvâmitra, lors de la naissance de Çakuntalâ, ils lui envoyèrent la divine *Mênakâ,* qui le séduisit et lui donna un fils qui fut appelé *Pallava.* Bien que brahmane de naissance, *Pallava* se fit *kşatrya* et eut pour fils *Açôkavarmâ,* dont les descendants, illustres, glorieux et bienfaisants, furent innombrables. On distingua parmi eux *Skandavarmâ, Kalandav., Karņagôpav., Vişņugôpav., Virakûrcav., Virasimha, Simhavarmâ* Ier et *Vişņusimha,*

स्कन्द्वर्म्मकलन्द्वर्म्मकर्णगोपविष्णुगोपवीरकूर्च्चवीरसिंहसिंहवर्म्मसिंह-विष्णु...

Parmi leurs descendants, continue notre inscription, on cite *Simhavişņu,* vainqueur des rois de *Mâlva,* de *Çôla,* de *Pâņdya* et de *Simhaļa* (Ceylan); — *Mahêndravarmâ* Ier, qui remporta à *Pullalûr* une victoire célèbre; — *Narasimha* Ier, conquérant de *Lankâ*, vainqueur de *Vâtâpi;* — *Mahêndrav.* II, prince juste et protecteur éclairé des brahmes; — *Paramêçvarapôtav.* Ier, sage et puissant; — *Narasimhav.* II, pieux entre tous, qui favorisa les brahmes; — *Paramêçvarapôtav.* II, renommé par sa science et ses goûts littéraires, et enfin *Nandivarmâ;* tous de la famille ou du *gôtra* Bharadvâja.

Nandiv. n'était pas le fils de son prédécesseur; il avait eu pour père *Hiraņyav.* et pour mère *Rôhiņî,*

हैरख्यो भीमवग्र्यों ..... रोहिणिज .....

Par rapport à lui, *Bhîmavarmâ,* frère cadet et roi associé de *Simhavişņu,* était le sixième *Pallava* antérieur; le cinquième était *Buddhav.*, puis étaient venus *Âdityav.*, *Gôvindav.* et *Hiraṇyav.*,

षष्ठश्रीसिंहविष्णोरनुपतिरनुजः प्राभव भीमवर्म्मा . . . . .

On pourrait donc, en laissant de côté la partie mythologique et imaginaire de ces listes, établir le tableau suivant :

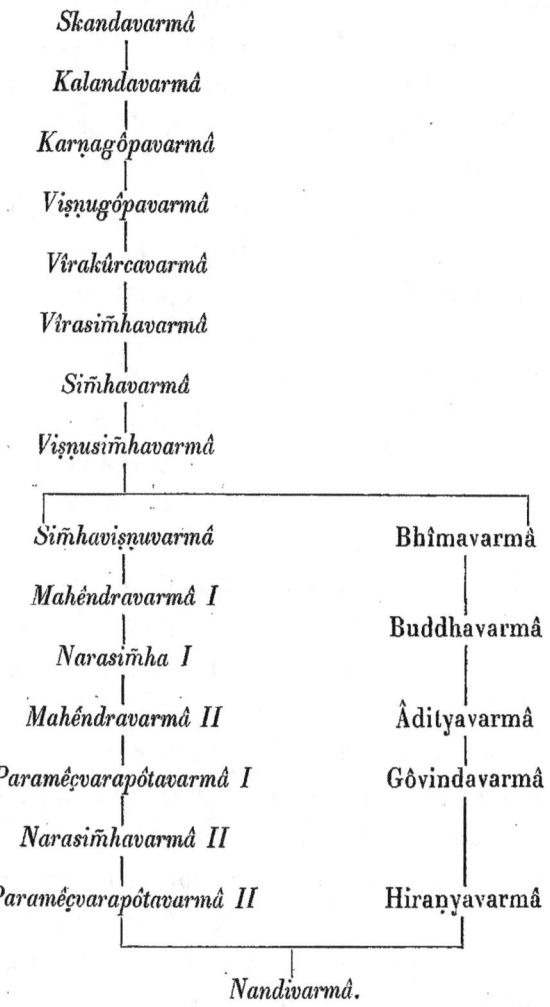

Il est possible que *Viṣṇusiṁha* et *Siṁhaviṣṇu* ne soient

qu'un seul et même personnage et que la liste soit continue de *Skandav.* à *Nandiv.*

Il ne resterait plus qu'à fixer les dates de ces divers princes; mais nous ne pouvons y arriver que par le synchronisme, par la comparaison des diverses listes de monarques pallavas qui nous ont été transmises, et par les renseignements que fournissent les documents historiques des autres races royales du sud de l'Inde. Tous ces petits potentats étaient fort belliqueux en effet, et ils passaient leur vie à se combattre.

En dégageant de leur cadre et de leurs ornements mythologiques les traditions historiques des Dravidiens, on peut établir qu'il y a plus de vingt siècles déjà trois principaux royaumes se partageaient l'extrémité méridionale de l'Inde : le *Kérala* ou *Céra* à l'ouest, le *Çôja* ou *Çôṛa* (sk. *Côla*) à l'est, et le *Pâṇḍi* au sud. Ce dernier est cité, sous le nom de *Pandaia*, par Mégasthènes (302 av. J.-C.). D'autres géographes grecs et latins parlent du roi ὁ Πανδίων et de sa capitale Μόδουρα (simple transcription du *Madurâ* indien). Strabon et d'autres parlent de même d'Ὀρθοῦρα, βασιλεῖον Σώρναγος (*Ur'eiyûr*, capitale du *Çôjanâḍu* «pays de Çôja») et des Σῶραι. Ptolémée de son côté cite Κάρουρα, βασιλεῖον Κηροβόθρου (*Karuvûr*, capitale de *Kérala*). Les mêmes noms ont persisté jusqu'à nos jours, et Marco Polo, il y a environ six cents ans, citait nominalement Senderbandi, *Sundarapâṇḍya*, roi de Maduré. Quoi qu'il en soit, les trois monarchies sont toujours nommées parallèlement par les écrivains originaux qui, mêlant leurs traditions avec celles du Nord, ont rattaché les rois du *Çôja* à la race solaire et ceux du *Pâṇḍi* à la race lunaire; ceux du *Céra* étaient censés descendre d'Agni. Dans la traduction tamoule du *Mahâ-*

bhârata, ces trois princes figurent, parmi les prétendants, au Çvayambara de Drâupadî. Dans le poème *Nâiṣada*, paraphrase de l'épisode de *Naḷa*, le roi du Çôla et celui du Pâṇḍi figurent aussi parmi les prétendants à la main de Damayantî (ch. XII, str. 160 et 161). On y voit aussi le roi du *Pallava* (*ibid.*, str. 149) :

வடுெநடுநகணணியீநகு
வைகியமடநகலனஞு.....ன
குடநிகாரெசருததறெசநகட
குவிமுகலெயருமைெதணணீாத
தடவயலுழககவாஙீ
தாவிமுபபுடைககாயதெதநகின
படுெபழமுதிரககுளுசூழற
பலலவெதையெவந.....ெத

Ô jeune fille aux yeux à peine encore ouverts, celui-ci, qui est pareil à un lion, c'est le roi du pays de Pallava, dont les abords sont signalés par une pluie des fruits à trois faces du cocotier, et où bondissent les *trichiurus* quand les bufflonnes aux yeux rouges, aux mamelles pressées, aux pis semblables à des cruches, viennent troubler l'eau limpide des rizières.

Le héros de la célèbre épopée jâiniste tamoule, le *Sindâmaṇi*, Jîvaka, chassé par un usurpateur du royaume de son père, arrive chez le roi du Pallava, dont la fille, Padmâ, a été mordue par un serpent pendant qu'elle cueillait des fleurs; Jîvaka guérit la princesse et l'épouse (ch. V).

Le *Pallava* figure d'ailleurs au nombre des cinquante-six pays, *déça*, de la géographie classique indienne, et, bien que le *Dictionnaire tamoul-français* de la Mission de Pondichéry déclare (t. II, p. 183) que c'est un «pays inconnu», il n'est pas malaisé d'en indiquer approximativement la situation. La strophe du *Náiṣada* citée plus haut montrerait qu'il s'agit d'un pays essentiellement riche et agricole. Nous savons que sa partie méridionale était formée par la province tamoule du *Toṇḍâmaṇḍala*, qui était juste au nord du Çôla et qui comprenait essentiellement le bassin du *Pâlâr'u* « rivière de lait », fleuve qui se jette dans la mer au sud de Madras. Le reste du royaume peut être également déterminé avec une approximation suffisante. De nombreux documents donnent aux rois pallavas l'épithète de *trâirâjya* « ceux au triple royaume » : que peut signifier cette épithète?

Il est évident que le Pallava n'a eu d'existence indépendante que pendant une période historique relativement assez courte. Les trois grands royaumes du sud existaient avant lui, et leurs noms ont persisté longtemps après; ils sont mentionnés dans le *Râmâyaṇa*; ils figurent dans les proclamations de Piyadasi (250 av. J.-C.); on les retrouve au xiie et même au xvie siècle de notre ère. Les légendes nous apprennent que le roi du Pâṇḍi portait habituellement une guirlande de fleurs de margosier; son cheval s'appelait *Ghanavṛtta*, et son drapeau portait l'empreinte d'un poisson *çêl* (*Cyprinus fimbriatus*). Celui du Çôla avait une guirlande de fleurs d'*âtti* (*Bauhinia tomentosa*), un cheval nommé *Ghôra*, et sur son drapeau était l'image d'un tigre. Celui du Cêra avait une guirlande de fleurs de palmier; son cheval était désigné sous la qualification de *Pâtâla*, et sur son drapeau se voyait un arc.

Le Pâṇḍi avait pour capitale *Maṇavûr*, puis Maduré, qui a porté aussi les noms de *Kûḍal* et de *Âlavây*. Le Cêra avait pour capitale *Karuvûr*, puis *Konkaṇapura*. Le chef-lieu du Çôla a été successivement *Ur'eiyûr* (vers Trichenapally) au

11ᵉ siècle de notre ère, *Maleikût't'am* (?) au vııᵉ, *Gangâkoṇ-ḍâçôjapura* au xᵉ, et *Tanjâvûr* au xıᵉ. Leur histoire est assez bien connue, d'une façon très générale du moins. On croit savoir, par exemple, que le Cêra, occupé par les *Kôngus* venus du nord vers le ıxᵉ siècle, fut conquis plus tard par les Çôlas, auxquels les Hoyçala Ballâla du Maysour l'enlevèrent vers l'an 1080. On sait aussi que les Çôlas mirent la main sur le Pâṇḍi vers le milieu du xıᵉ siècle.

Tout ce que nous pouvons supposer, c'est qu'à mesure que le pays se peuplait entre le domaine de ces trois monarques méridionaux et les pays du nord où régnaient les descendants des dynasties classiques, s'établirent ou s'organisèrent successivement d'autres monarchies. L'une des plus anciennes et des plus puissantes fut celle des *Pallavas*. Les Pallavas[1], dont le nom paraît se rattacher à *palla* dans le sens de «pousse, rejeton, expansion, ardeur, passion, amour» et signifierait ainsi quelque chose comme «les conquérants», avaient sur leurs étendards la figure d'un tigre, emblème que leur prirent finalement les Çôlas, leurs vainqueurs. Le Pallava s'étendait tout le long de la côte orientale de l'Inde, depuis le pays de Vêngi, aux embouchures du *Gôdavêri* et de la *Kṛṣṇâ*, jusqu'au *Toṇḍâmaṇḍala* qui touchait à la frontière nord du *Côlamaṇḍala* (Coromandel); vers l'ouest, ce royaume s'avançait assez loin dans le Décan proprement dit. Il comprenait donc des régions où se parlaient les trois principales langues dravidiennes, le tamoul

---

[1] Ils sont appelés *Nôḷambas*, au moins dans deux inscriptions datées de 690 (?) et 895 de l'ère de Çalivâhana, soit 768 et 973 de J.-C. L'étymologie de ce nom m'échappe; peut-être se rattache-t-il à la racine dravidenne *nuj* ou *nul* «glisser, ramper, pénétrer», d'où viennent des radicaux «adroit, fin, subtil, inférieur, etc.».

au sud, le canara à l'ouest et le télinga au nord. Peut-être est-ce à cette particularité linguistique que se rapporte l'épithète de *trâirâjya*. La capitale fut successivement, si l'on s'en rapporte aux indications un peu vagues des documents écrits, *Vêngîpura*, *Palakkaḍa* (Paliacate?), *Daçanapura* et *Kañcipura* ou *Kâñcipura* (la forme brève paraît la plus authentique et la plus ancienne). Il semble résulter de cette liste, au moins du premier et du dernier nom, que les rois pallavas déplacèrent, du nord au sud, le siège de leur puissance. Leur dernière capitale, Kâñcipura, est encore aujourd'hui une ville de 38,000 habitants, sur le *Pâlâr'u*, à 42 milles (75 kilom.) au sud-ouest de Madras; beaucoup de monuments attestent son ancienne splendeur; on y trouve notamment un temple superbe consacré à Çiva, sous le vocable d'*Ékâmbaraçvâmi*. C'était proprement le chef-lieu du *Toṇḍâmaṇḍala*. Le pèlerin chinois Fa-Hian parle, au commencement du IV⁰ siècle de notre ère, du royaume indien de *Thă-thsen* (嚫達), sans doute *Dakṣiṇa*, qu'il place à deux cents yôjanas du Gange; or telle est exactement la distance de *Kâñci* au fleuve sacré, suivant le *Kâñcipura mahâtmya*, cité par le capitaine Cars dans sa notice sur les *Seven pagodas*[1]. Fa-Hian ne put y aller; il raconte

---

[1] Les *Sept pagodes*; le nom tamoul de ce sanctuaire n'est pas, comme on l'a supposé *Mahâbalipura* «la ville de Mahâbali» ou *Mahâmaleip*, «la ville de la grande montagne», mais bien *Mâmallapura*, de *mâ* pour *mahâ* «grand», *mallei* (sk. *mallâ* «femme?») et *pura*. C'était un centre de dévotion vichnouviste dans un pays jâiniste, puis çivaïste; on suppose qu'il fut fondé vers le V⁰ ou le VI⁰ siècle. C'était une enclave indépendante du Pallava. Le mot *Malla* était sans doute le nom patronymique de ses princes (cf. *Madras Journal*, t. XIII, 1844, 1ʳᵉ partie, p. 1-56; 2⁰ partie, p. 36-47, articles de MM. Walter Elliot, Mahon, John Braddock), et les *Pallavas* qui ont porté le titre de *Malla* avaient probablement incorporé cette enclave à leur royaume.

que les routes du pays sont dangereuses et pénibles et que, lorsqu'on veut le visiter, il faut obtenir l'autorisation du roi, qui envoie aux visiteurs une escorte et des guides. Deux siècles après, Hiuen-Tsang, vers 635, arriva à Kâñcipura (建志補羅 *Kien-ci-pu-lo*), capitale du Dravida (達羅毗荼 *Ta-lo-pi-ca*); il dit que cette ville avait trente *lis* de tour (douze kilom.); les habitants en étaient pieux, braves, sages et instruits; le pays était riche et fertile; il y avait beaucoup de bouddhistes et beaucoup d'hérétiques nus (*nirgranthas*, «jâinistes»). Hiuen-Tsang ajoute : «La langue parlée (à Kâñcipura) et les caractères de l'écriture diffèrent un peu de ceux de l'Inde centrale.» Kâñcipura offrit au pèlerin chinois de nombreux sanctuaires bouddhistes; il y vénéra la mémoire du Bôdhisatva Dharmapâla, fils d'un premier ministre qui renonça au monde le jour même où il aurait dû épouser une princesse de la famille royale.

Le royaume pallava paraît avoir été fondé vers le IIe siècle de notre ère. Mais ses souverains ne demeurèrent pas longtemps les paisibles possesseurs de leur vaste domaine. Le roi *Ravivarmâ*, des Kadambas (une principauté dans la région nord du pays canara, entre Goa et Mangalore), lutta avec succès contre *Caṇḍadaṇḍa*, seigneur des Pallavas; un autre roi Kadamba accordait trente-trois nivartanas de terre à un général qui avait vaincu les Pallavas. Un nouveau royaume, celui des Câlukyas, s'éleva vers le Ve siècle. Les Pallavas furent presque continuellement en guerre avec eux, comme d'ailleurs avec les rois du Çôla, du Mâlva, du Pâṇḍi, de Ceylan même. Les rois du Kôngu (démembrement septentrional du Çêra) prétendent, dans leurs inscriptions, avoir remporté plusieurs victoires sur les rois du

«Draviḍa», vers les IV⁰ ou V⁰ siècle, or le *Draviḍa* est très probablement le pays des Pallavas; un certain *Narasiṁhapôtavarmâ* fut tué plus tard par le roi Çrî Vallabha, de Ganga (autre nom du Kôngu). Pour en revenir aux Câlukyas, on raconte que, vers la fin du IV⁰ siècle, *Trilôcanapallava*, attaqué par le roi câlukya *Jayasiṁha*, remporta sur son agresseur une victoire complète; tué pendant sa fuite, Jayasiṁha laissa sa femme enceinte aux soins du brahmane *Viṣṇusômayaji*, chez lequel elle accoucha d'un garçon. Élevé dans l'ermitage du saint brahmane, le prince, qu'on avait appelé *Viṣṇuvardhana*, grandit ignorant de sa naissance. Parvenu à l'âge de raison, il fut instruit de son histoire, prit les armes, réunit de nombreux partisans, reconquit l'héritage paternel, passa la Narmadâ et vint menacer les Pallavas; la guerre finit par un mariage entre ce Gustave Wasa du Décan et la fille du roi de Kâñci. Les deux petits-fils de son petit-fils se partagèrent les États de leurs ancêtres, et ce fut là l'origine du double royaume des Câlukyas orientaux et occidentaux. Le plus jeune, qui avait eu pour sa part la région orientale, conquit le pays de Vêngî, vers le commencement du VII⁰ siècle, sur les Pallavas (qui appartenaient alors au gôtra *Çâlankâyana*): une inscription dit qu'en 585 (507 de Salivâhana) le roi pallava courut tout honteux s'enfermer dans Kâñci, où le poursuivit l'armée victorieuse des Câlukyas occidentaux. Vikramâditya I⁰ʳ (vers 680) affirme avoir achevé la ruine des Pallavas et s'être oublié dans les délices de Kâñci; il soumit le roi *Jayatêçvarapôta* et battit les chefs de *Mâmallapura* (les Sept pagodes), suivant une inscription du commencement du VII⁰ siècle. Moins d'un siècle plus tard, le roi câlukya occidental Vikramâditya II (couronné en 733, mort en 747) remporta, aux premiers temps de son règne, une grande victoire dans le district d'Udaka, sur le roi pallava *Nandipôtavarmâ*, qui périt dans la bataille; Vikramâditya fit une entrée triomphale à Kâñci, où il admira les constructions religieuses de *Narasiṁhapôtavarmâ*. M. Walter Elliot cite un document où «l'arrière-petit-fils de *Pulikêçi*, surnommé *Çrîvallabha*, *Paramêçvara* et *Vikramâditya*» déclare avoir pris «pour la première fois» Kâñci, avoir battu le chef des *Malla* (prince des Sept pagodes), avoir renversé *Pallavamardu*, annulé la gloire de *Narasiṁha*, dépassé en valeur *Mahêndra* et surpassé *Içvara* en générosité; il est vraisemblable que ces *Mahêndra*, *Narasiṁha* et *Içvara* (*Paramêçvara*) sont les ancêtres de notre *Nandivarmâ* et que ce *Pallavamardu* n'est que *Pallavamalla*, son fils et son successeur. Le Pallava fut annexé au Câlukya, ou en devint tributaire, car un document de l'an 1080 (1002 de Salivâhana) déclare les Pallavas «soumis à Tribhuvanamalla, roi des Câlukyas». Les Câlukyas réussirent même à envahir le Çôla; mais leur conquête fut éphémère. L'Alexandre du sud de l'Inde, le Çôla Râjêndra ou Kulôttunga Ier, connu aussi sous le nom de Kopparakêçarivarmâ, ajouta à son empire le royaume de Maduré et une grande partie des domaines des Câlukyas; tandis que son bâtard *Âdoṇḍei*, un Dunois dravidien, s'emparait des États réduits des faibles descendants des Pallavas. Déjà, deux cents ans auparavant, un roi du Kôngu se vantait d'avoir défait les Pallavas et de leur avoir imposé son alliance. A la fin du viiie siècle et au commencement du ixe, les *Râṣṭrakûtas*, qui avaient dépossédé les Câlukyas de la partie la plus occidentale de leurs domaines, disent également avoir humilié l'orgueil des Pallavas et vaincu *Dantiga*, roi de Kâñci.

Ces détails, empruntés à un grand nombre d'inscriptions et de documents du sud de l'Inde, publiés dans divers périodiques et notamment dans l'*Indian Antiquary* de Bombay, par MM. Burnell, Walter Elliot, Fleet, Foulkes, Lewis Rice et autres, ou encore inédits, ont été résumés dans des travaux d'ensemble, principalement par MM. Burnell (*South Indian Palæography*), Fleet (*Dynasties of the Canarese country*) et Sewell (*Sketch of the Dynasties of Southern India*, extrait de son *Archæological Survey of Southern India*, tome II); il en résulte que le règne des Pallavas se partage en deux périodes bien tranchées : la première, qui a duré environ cinq siècles, est une période de puissance et d'indépendance; la seconde, à partir de la conquête de Kâñci par Vikramâditya II, est une période de vassalité, de faiblesse et de décadence. A laquelle de ces deux périodes se rapporte le règne de Nandivarmâ?

Si nous entrons dans le détail des généalogies données dans chaque document, nous nous trouvons tout d'abord arrêtés par la presque impossibilité de faire concorder les différentes listes; sans parler des noms isolés tels que ceux de *Dantiga*, *Caṇḍadaṇḍa*, *Attivarmâ*, on rencontre des séries fort embarrassantes, celle par exemple relevée sur une inscription inédite où il est question d'un *Dévêndravarmâ*, fils de *Râjêndravarmâ*.

Un document qu'on suppose du quatrième siècle donne les noms de plusieurs princes du gôtra Çalankâyaṇa, dont la capitale était alors Vêngîpura : on y parle de *Vijayanandivarmâ*, fils de *Candavarmâ* et frère de *Vijayatungav.* qu'on assimile au *Vijayabuddhav.* d'une autre inscription. D'autre part, M. Fleet a publié en 1881 une donation, en prâkrit, faite du temps du roi *Vijayaskandav.* (du gôtra Bharadvâja) par la femme du frère cadet de ce monarque, *Vijayabuddhav.*; la donation est très ancienne, mais il semble difficile d'identifier ces deux *Buddhav.*, et il est tout aussi difficile de voir dans *Vijayanandi* le *Nandivarmâ* dont nous cherchons à établir la date.

Un autre *Nandiv.*ʻ du clan Bharadvâja, a été découvert par M. Foulkes, en 1880. Il avait pour père *Skandav.*, pour grand-père *Simhav.* et pour arrière-grand-père un autre *Skandav.* M. Foulkes, se basant sur la similitude des qualificatifs et sur d'autres points généraux, assimile *Nandiv.* et *Simhav.* aux *Viṣṇugôpav.* et *Vîrav.* de trois inscriptions qui, se complétant l'une par l'autre, donnent cette généalogie :

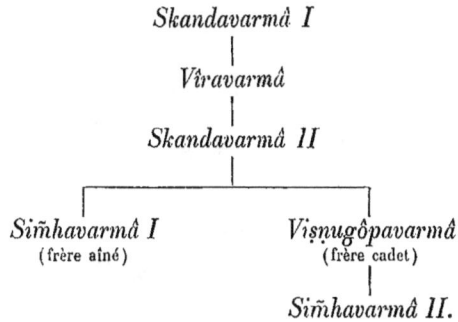

Dans l'une de ces inscriptions, du temps de *Viṣṇugôpavarmâ*, on voit que la capitale du royaume était à *Daçanapura*.

M. Sewell (*Archæological Survey*, t. II, p. 30, n° 209) a signalé un acte de donation, encore inédit, trouvé dans le collectorat d'Arcate et formé de sept plaques, dont trois en sanskrit et quatre en tamoul. Le sceau, au lieu du tigre, emblème ordinaire des Pallavas, porte un taureau, un *liṅga*, le soleil et la lune. Le texte sanscrit donne une généalogie toute différente de celles que l'on connaissait jusqu'ici. La partie mythologique est formée par la liste suivante :

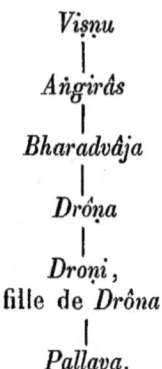

Viṣṇu
|
Aṅgirâs
|
Bharadvâja
|
Drôṇa
|
Droṇi,
fille de *Drôṇa*
|
Pallava.

Puis vient cette liste historique :

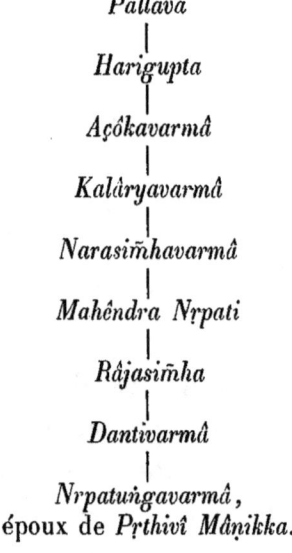

Pallava
|
Harigupta
|
Açôkavarmâ
|
Kalâryavarmâ
|
Narasiṁhavarmâ
|
Mahêndra Nṛpati
|
Râjasiṁha
|
Dantivarmâ
|
Nṛpatuṅgavarmâ,
époux de *Pṛthivî Mâṇikka*.

En 1880, M. Foulkes a publié dans l'*Indian Antiquary* un document en sanskrit qui concorde avec celui que M. Delafon a découvert à Cassacoudy. La dynastie mythologique y est également *Brahmâ, Angirâs, Bṛhaspati, Samyu, Bharadvâja, Drôna, Açvathama* et *Pallava*. La liste historique est:

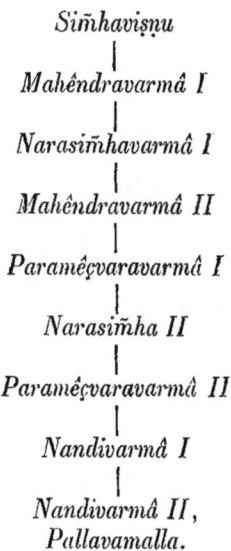

Simhaviṣṇu
|
Mahêndravarmâ I
|
Narasimhavarmâ I
|
Mahêndravarmâ II
|
Paramêçvaravarmâ I
|
Narasimha II
|
Paramêçvaravarmâ II
|
Nandivarmâ I
|
Nandivarmâ II,
Pallavamalla.

Nous y apprenons que *Simhaviṣṇu* était vichnouviste; — que *Narasimha* Ier vainquit à *Pariya Bhûmâṇi Maṅgalam* le Câlukya Vallabha (Pulikêçi II? vers 615); — que *Paramêçvara* Ier vainquit à son tour les Câlukyas à *Peruvulalku;* — que *Narasimha* II était çivaïste et très pieux; — que *Paramêçvara* II était beau et charitable. *Nandivarmâ* Ier, évidemment le nôtre, y est donné comme le fils de son prédécesseur. Quant à son fils, *Pallavamalla*, il fit une large donation à cent huit brahmanes pour remercier le ciel d'avoir échappé, la vingt-sixième année de son règne, à un péril extrême. Il était assiégé, dans *Anupura*, par les rois coalisés du *Dramila;* alors le brave *Udayacandra*, de la famille *Pûchân*, de la race *Pallava*, seigneur de *Vilvalâ*, grande place commerçante au bord de la féconde rivière *Vêgavatî*, vint à son secours, tua les rois ennemis, poursuivit la campagne, gagna de nombreuses batailles dont la plus importante fut celle de Nelveli, fit prisonnier le roi du *Niṣadha Pṛthivîvyâghra*, vainquit *Udayana*, roi des *Cabaras* et battit à *Manneiku* le roi du *Pâṇḍi*.

Il me semble que de ce rapide coup d'œil nous pouvons dégager la vérité historique. Il est probable que les rois du Vêngî, de la tribu *Çalânkayana*, doivent être reportés aux premiers temps de l'histoire du Pallava; qu'en revanche la liste vichnouviste de l'inscription d'Arcate se rapporte à la dernière époque, et dans ce cas j'identifierais *Dantivarmâ* au *Dantiga* que Gôvinda III, des *Râṣṭrakaṭas*, se vante en 804 d'avoir défait.

La période intermédiaire correspondrait aux autres listes et celles qui nous préoccupent en termineraient la série. *Nandivarmâ* II, *Pallavamalla*, est probablement le *Nandipôtavarmâ* qui fut tué par Vikramâditya II. Cette épithète de *pôta* est caractéristique; elle paraît avoir été spécialement portée par *Nandi* et par plusieurs de ses ancêtres; suivant M. Brown, il ne faut point y voir, comme d'aucuns l'ont pensé, une forme prâkritique de *Buddha*, mais le nom d'une divinité primitive locale, vénérée encore aujourd'hui par les bouviers télingas, canaras et mahrattes.

La religion dut jouer un grand rôle dans ces guerres et ces conquêtes. Les pèlerins chinois disent que les Bouddhistes et les Jâinas étaient nombreux à Kâñci, et nous savons qu'en 788, c'est-à-dire après la victoire définitive des Câlukyas brahmanistes, on expulsa du *Toṇḍâmaṇḍala* un grand nombre d'hérétiques. Déjà, lorsque le Vêngî fut perdu par les Pallavas, leurs adversaires, qui étaient d'ardents Vichnouvistes, leur reprochaient de favoriser les Bouddhistes. Ils le furent sans doute eux-mêmes; mais nous voyons qu'il y eut aussi parmi eux des Vichnouvistes. Les derniers princes de la famille durent être çivaïstes, et ce serait par un antagonisme religieux que s'expliquerait l'indépendance de la petite enclave des *Sept pagodes*.

Quoi qu'il en soit, si les données ci-dessus sont exactes, nous pourrions attribuer à la donation en faveur de *Jyêṣṭhasómayaji* la date très approximative de 700 ou 710 environ.

L'identification des localités n'est pas plus aisée que la détermination de la date. Toutefois, j'ai des raisons sérieuses pour croire qu'elles n'étaient pas bien éloignées de *Kâñci*; le fait que les plaques ont été trouvées à Karikal ne prouve rien. Mais le nom de la *Végavatî* est caractéristique; ce nom serait un simple synonyme sanskrit du *pâlâr'u* tamoul, car Anundoran Borooah, dans la notice sur la géographie indienne qu'il a placée en tête du tome III de son *Practical English-Sanskrit Dictionary* (Calcutta, 1872-1881), dit (p. 128) que *Kañcipura* est sur la *Végavatî*, et il ajoute « près du Pâlâr ». Il y a plusieurs *Pâleiyûr* dans l'Inde tamoule; mais nous savons qu'*Uṭṭukkâḍu* était l'un des vingt-quatre districts du *Toṇḍâmaṇḍala* et comprenait les pays (*nâḍu*) de *Pâleiyûr, Tamman'ûr, Kun'd'am* et *Nivaḷûr*. Le territoire, objet de la donation à *Jyêṣṭha*, se trouverait donc vers les 12° 50′ de lat. N. et 77° 30′ de long. E. de Paris.

Il reste à présenter, au point de vue purement linguistique, quelques observations sur le texte tamoul publié ci-dessus. On remarquera tout d'abord que le style ne diffère pas sensiblement de celui d'aujourd'hui. Il convient également de faire observer que ce texte, écrit en prose, à la portée du public et des officiers royaux, est entièrement dans cette forme de la langue que Beschi et d'autres ont appelée « le haut tamoul, le tamoul poétique », et qui est seulement la langue archaïque; c'est ainsi qu'on parlait et qu'on écrivait il y a par exemple dix siècles. De leur temps, les auteurs du *Sindâmaṇi* ou des *Kur'al* étaient compris par tout le monde; c'est plus tard, quand la langue vulgaire a changé, qu'il a fallu rédiger des commentaires explicatifs. Je signalerai, entre autres caractéristiques, les gérondifs négatifs en *âmei* (dans la partie non publiée), les formes telles que *nilan* pour *nilam* « terrain », *paṇittêm* « nous avons ordonné », *pér'uvar* « les obteneurs ». *Nilan* montre que les Dravidiens n'avaient pas la notion du genre; c'est à une époque relativement récente qu'un masculin et un féminin se sont formés. Les verbes au pluriel, employés en parlant d'une seule personne, font voir combien est fausse la prétendue conjugaison honorifique des grammairiens.

A la ligne 104, le mot *kô* est le vrai mot tamoul « roi »; sa forme oblique ou adjective est *kôn*. Avec *il* « maison » on a fait *kôvil* ou *kôyil* « palais, maison du roi », auquel on a attribué plus tard le sens de « temple, église »; il n'y a pas de mot « dieu » en dravidien. — Ligne 105, *ôlei*, vulgairement *ôle* ou *olle* « feuille de palmier » et par extension « document, lettre, ordre, etc. »; on écrivait couramment et ordinairement sur des feuilles de palmier, mais comme c'était une substance peu durable, on écrivait les actes importants sur des lames de cuivre; à l'origine, ces lames avaient à peu près les dimensions des *ôles;* peu à peu on en a modifié la forme en augmentant la hauteur au détriment de la longueur. — Ligne 106-107, *nâṇattiyâga;* j'ai supposé que *nâṇatti* était un dérivé de *nâṇam* pour *nâṇayam* ou *nâṇagam,* sk. *nâṇaka* « objet marqué d'une empreinte, certitude, véracité ». — Ligne 109, *tirumugam* (sk. *çrîmukha?*) « lettre, ordre, etc. », litt. « visage sacré » par allusion au sceau royal. — Ligne 115, *çêyâttâl;* c'est la seule restitution possible. — Ligne 122, *paṇittêm;*

les finales en *ém*, à la 1re pers. pl., sont normales, et je n'ai pas cru utile de corriger *paṇittôm*, forme plus ordinaire et d'emploi plus général.

L'étude que l'on vient de lire paraîtra sans doute bien insuffisante et bien incomplète; je me propose de la reprendre plus tard et de traiter la question des Pallavas avec tous les développements qu'elle comporte. Mais il m'a paru qu'on lirait peut-être avec intérêt ces indications sommaires. Si le travail est de peu de valeur, je m'en consolerai en me disant qu'il n'est pas trop pénible à parcourir et que les lecteurs bienveillants consentiront peut-être à le ranger dans la catégorie de ces écrits, pour ainsi dire académiques, dont parle Sénèque : « Studia leviter tacta delectant; contracta et propius admota fastidio sunt. »

UNE VERSION ARMÉNIENNE

DE

L'HISTOIRE D'ASSÉNETH,

PAR

A. CARRIÈRE,

PROFESSEUR À L'ÉCOLE DES LANGUES ORIENTALES VIVANTES.

UNE VERSION ARMÉNIENNE

DE

L'HISTOIRE D'ASSÉNETH.

I

A côté des ouvrages qui nous ont été conservés dans le texte hébreu ou la version grecque de l'Ancien Testament, nous savons par le témoignage des Pères des premiers siècles qu'il en existait d'autres, jouissant d'une moindre autorité, il est vrai, mais cependant très lus et très répandus. Ces livres furent qualifiés de bonne heure du nom d'*apocryphes*, c'est-à-dire *secrets*, *cachés*, probablement parce que l'origine en était aussi mystérieuse que le contenu. Presque tous avaient un caractère commun : ils circulaient sous le nom d'un personnage connu de l'histoire biblique. « Les Juifs appelés hellénistes, dit Richard Simon, qui reconnaissait la grande valeur historique de cette littérature, grands faux monnayeurs en fait de livres, en avaient fabriqué plusieurs qu'ils attribuaient à leurs anciens patriarches, pour faire illusion plus facilement par ces noms illustres[1]. » De là le nom de *pseudépigraphes* de l'Ancien Testament, sous lequel ils sont aujourd'hui presque toujours désignés.

Après avoir joui d'une certaine popularité, — le Nou-

---

[1] *Bibliothèque critique*, t. II, p. 241.

veau Testament en cite au moins un, et Origène en fait un assez fréquent usage, — ces apocryphes ne tardèrent pas à être condamnés par l'Eglise orthodoxe. *Sciat*, dit S. Jérôme, *non eorum esse, quorum titulis prænotantur, multaque his admixta vitiosa, et grandis esse prudentiæ aurum in luto quærere*[1]. Ce résultat fut sans doute hâté par le crédit qu'avaient obtenu les pseudépigraphes chez quelques communautés hérétiques. Toujours est-il que, dans les Églises grecque et latine, on cessa peu à peu de les lire, partant de les copier; les exemplaires déjà existants finirent par disparaître pour la plupart, et de toute cette littérature il ne resta bientôt plus que des débris, recueillis au commencement du siècle dernier par J.-A. Fabricius[2].

Un certain nombre d'ouvrages regardés comme perdus à l'époque de Fabricius ont été retrouvés depuis, mais surtout dans la littérature religieuse des Églises hétérodoxes de l'Orient chrétien. Ainsi le *Livre d'Hénoch*, le *Livre des Jubilés* ou *Petite Genèse*, le *Martyre d'Isaïe* ont été découverts et publiés en éthiopien, l'*Apocalypse de Baruch* en syriaque. Il y a lieu d'espérer encore de nouvelles trouvailles de ce côté, car nous sommes loin de posséder tous les apocryphes dont les titres nous sont parvenus, quelquefois avec des fragments assez considérables[3].

---

[1] *Epist. 107 ad Lætam.*

[2] *Codex pseudepigraphus Veteris Testamenti.* Ed. secunda., Hamburgi, 1722-1723; 2 vol. p. in-8°.

[3] Voir un excellent résumé de ce que nous savons aujourd'hui sur ces apocryphes de l'A. T. dans le bel ouvrage de Schürer, *Gesch. des jüdischen Volkes im Zeitalter Jesu Christi;* 2ᵗᵉ Aufl., Leipzig, 1886, t. II, p. 575 et suivantes. — Voir aussi l'article *Pseudepigraphen des A. T.*, de Dillmann, dans la seconde édition de la *Real-Encyclopädie für protestantische Theologie und Kirche*, Leipzig, 1883.

Sous ce rapport la littérature arménienne n'a fourni jusqu'à présent qu'un tribut assez léger, savoir une version relativement médiocre du *Quatrième livre d'Esdras*, ajoutée comme *appendice* à la Bible publiée à Venise en 1805 par les soins de Zohrab. Mais l'éditeur annonçait qu'il avait dans les manuscrits à sa disposition d'autres apocryphes, entre autres la *Mort des seize Prophètes*, les *Testaments des douze Patriarches* et l'*Histoire du beau Joseph et d'Asséneth*, et que, s'il ne les publiait pas, c'était pour ne point grossir démesurément le volume[1]. Il avait du reste l'intention, qui comme nous le verrons plus loin ne fut pas réalisée, de les faire imprimer séparément.

Cette communication de Zohrab passa tout à fait inaperçue, et, à notre connaissance du moins, aucun livre apocryphe de l'Ancien Testament n'a été publié en arménien depuis 1805. On s'en préoccupa du reste fort peu, et en 1854, longtemps après la publication de la Bible de Zohrab, Curzon[2] relatait comme une nouveauté la présence dans la Bible arménienne de livres inconnus aux Bibles occidentales, savoir les *Testaments des douze Patriarches* et l'*Histoire de Joseph et d'Asséneth*.

Il était bien probable que les Arméniens, grands traducteurs devant l'Éternel, avaient fait passer dans leur langue d'autres apocryphes; mais les indications manquaient. Le P. Somal, dans son *Quadro delle opere di vari autori anticamente tradotte in armeno* (Venise, 1825), ne semble pas en connaître un seul. Heureusement la *Chronique* de M'Khithar d'Aïrivank, publiée d'abord à Moscou en 1860,

---

[1] Avertissement mis en tête de l'*Appendice* (Յաւելուած), p. 1.
[2] *Armenia*, p. 225.

par J. B. Emin[1], puis en 1867, à Saint-Pétersbourg, par M. Patkanoff, est venue confirmer ce qu'il était permis de supposer, et nous montrer qu'un *corpus* à peu près complet des apocryphes de l'Ancien Testament existait encore en arménien à la fin du XIIIe ou au commencement du XIVe siècle.

M'Khithar d'Aïrivank, qui écrivait sa Chronique vers l'an 1297[2], la fait précéder d'un certain nombre de listes de patriarches, de princes, de catholicos, de rois d'Arménie, de Géorgie, d'Albanie, etc., parmi lesquelles il s'en trouve une du plus haut intérêt pour le sujet qui nous occupe. C'est la 33e de l'édition de M. Patkanoff, et elle est intitulée : Գիրք Ծածուկք Հրէից «Livres secrets (apocryphes) des Juifs». Ces livres sont :

1	Ադամայ·	Livre d'Adam.
2	Ենովքայ·	Livre d'Hénoch.
3	Սիբիլայ·	La Sibylle.
4	ԺԲն Նահապետք·	Les XII Patriarches.
5	Աղօթք Յովսեփայ·	Prière de Joseph.
6	Վերացումն Մովսիսի·	L'assomption de Moïse.
7	Եղդադ · Մովդադ ·	Eldad et Modad.
8	Սողոմոնի սաղմոսքն·	Psaumes de Salomon.
9	Եղիայի ծածուկքն·	Apocalypse d'Élie.
10	Դանիելի Է տեսիլքն·	Les sept visions de Daniel[3].

[1] L'édition de M. Emin, faite sur un manuscrit défectueux, ne contient pas les listes dont nous allons avoir à nous occuper. Nous renvoyons donc uniquement à l'édition de M. Patkanoff.

[2] Voyez Brosset, *Histoire chronologique de M'Khithar d'Aïrivank*, traduite de l'arménien, Saint-Pétersbourg, 1869, p. III (dans les *Mémoires de l'Acad. imp. des sciences de Saint-Pétersbourg*, 7e série, t. XIII, n° 5).

[3] La liste se termine ici. Suivent cependant quinze autres titres, mais

Par les titres des ouvrages et l'ordre suivi dans leur énumération, cette liste offre la plus grande analogie avec la liste d'Ἀπόκρυφα qui se trouve dans la *Stichométrie* de Nicéphore [1]. Elle a en moins la Διαθήκη Μωϋσέως, Ἀβραάμ, Σοφονίου προφήτου....., Ζαχαρίου πατρὸς Ἰωάννου..., et une partie seulement (n° 10) de Βαρούχ, Ἀμβακούμ, Ἰεζεκιὴλ καὶ Δανιὴλ ψευδεπίγραφα; mais elle offre en plus le *Livre d'Adam*, la *Sibylle* et les *Psaumes de Salomon*, portés, à l'exception de la *Sibylle*, sur une autre liste grecque d'Ἀπόκρυφα dont le texte le plus correct a été publié par D. Pitra [2]. Ce défaut de concordance parfaite avec les listes connues rend déjà difficile l'hypothèse de la traduction pure et simple d'une liste grecque; mais une pareille supposition devient tout à fait inadmissible en présence de la note de M'Khithar qui clôt la liste arménienne : Օայս են և Նանէ գրեցաք ի վիմի քաղաքին ուր եկեղեցի օրհնեցաք : «Moi et Ananias nous avons copié ces livres [3] à Vimi Kaghak (*ville du rocher, ville de pierre*), où nous consacrâmes une église.» L'existence en arménien, à l'époque de M'Khithar, des apocryphes mentionnés plus haut nous paraît donc indiscutable.

---

séparés par la mention : իսկ բառ նորոյս, «se rapportant à la nouvelle alliance»; nous n'avons donc pas à nous en préoccuper.

[1] Nicephori *Opuscula*, ed. de Boor, Leipzig, 1880, p. 134.

[2] *Juris ecclesiastici Græcorum historia et monumenta*, Romæ, 1864, t. I, p. 100.

[3] Dans la version russe qu'il a donnée du texte de M'Khithar, M. Patkanoff traduit : «nous avons copié cela», ce qui pourrait s'entendre de la liste seule. Mais il n'hésite pas à reconnaître que, «sous le nom de *livres secrets*, l'auteur veut désigner les livres apocryphes de l'Ancien et du Nouveau Testament qui existaient de son temps en langue arménienne.» Cf. p. 359 de cette traduction, qui a paru dans les *Mémoires de la Société impériale russe d'archéologie*, 1869.

La même *Chronique* contient un autre document intéressant pour l'histoire encore si peu connue de la Bible arménienne. A l'année 1085, après avoir mentionné la réforme du calendrier opérée par Jean le Diacre [1], du célèbre monastère d'Haghbat, M'Khithar transcrit une liste des *livres saints* [2] d'après une recension faite par ce même Jean, qui devait jouir d'une grande autorité, car Kirakos le déclare «un savant consommé, plein de sagacité, d'un esprit sublime». Or cette liste prouve que le canon de la Bible arménienne n'était point encore fixé d'une manière rigoureuse, ou bien que la notion du canon s'était, dans l'Église d'Arménie, singulièrement relâchée vers la fin du XIᵉ siècle. Les *livres saints* y sont répartis en trois groupes : 1° *Nouveau Testament*, 2° *Ancien Testament*, et 3°, en dehors de la Bible, les *livres subtils, profonds* (նուրբքն), c'est-à-dire les livres dont la lecture était permise ou recommandée aux fidèles. Laissons de côté cette dernière catégorie, où les Pères de l'Église coudoient les philosophes grecs [3], et ne nous occupons que de l'Ancien Testament, le Nouveau étant en dehors de nos recherches.

Les livres historiques sont rangés de manière à présenter une histoire suivie du peuple d'Israël, depuis la

---

[1] Conf. Dulaurier, *Recherches sur la chronologie arménienne*, t. I, p. 114.

[2] Cette liste a été déplacée dans l'édition de M. Patkanoff et la traduction de Brosset, pour être mise à la suite de la liste précédente. Il aurait certainement mieux valu la laisser intercalée dans le texte de la *Chronique*.

[3] La liste des *livres subtils*, telle que l'avait dressée Jean le Diacre, mériterait certainement d'être étudiée à part, au point de vue de l'histoire de la littérature arménienne. Elle contient beaucoup de titres d'ouvrages qu'il est fort difficile d'identifier.

Genèse jusqu'aux quatre livres des Macchabées. Puis viennent :

Յովսեպոս՝ որ է Կայիափայ քահանայապետն․	Joseph, c'est-à-dire Kaiapha (= Caïphe) le pontife [1].
Հնովքայ տեսիլն․	La vision d'Hénoch.
Կտակքն նախահարցն․	Les Testaments des Patriarches.
Ասենիթի աղօթքն․	La Prière d'Asséneth.

Suivent Tobie, Judith, Esther et

| Եզր Սաղաթէլ․ | Esdras Salathiel (= IV Esdras [2]). |

Enfin, après Job, les douze petits Prophètes, les Psaumes, les Proverbes, Isaïe, Jérémie, Ézéchiel et Daniel, la liste est close par les quatre titres suivants :

Մնացորդք․	Paralipomènes [3].
Ասան Յերեմիայի բաբիլոն․	Sur Jérémie... Babylone [4] (?).
Մահ մարգարէիցն․	Mort des Prophètes.
Յեսու Սիրաք․	Jésus Sirach.

[1] Ce fut une erreur répandue en Orient que de confondre l'historien Josèphe avec le grand prêtre Joseph Caïphe, devant lequel comparut Jésus. On croyait que, dans la suite, Caïphe s'était converti au christianisme. Cf. Assemani, *Bibl. or.*, t. III, 1, p. 522.

[2] Cf. IV *Esdras*, 1, 1. (Versions arménienne et arabe.)

[3] Non pas les Paralipomènes historiques (les Chroniques), rangés plus haut après les Livres des Rois; peut-être les additions au Livre de Daniel, qui précède immédiatement.

[4] Le texte paraît fautif. Il s'agit probablement de la *Lettre de Jérémie* aux exilés de Babylone, qui forme ordinairement le sixième chapitre du livre de Baruch, mais qui manque aujourd'hui dans la Bible arménienne. Elle existe, il est vrai, dans l'édition d'Amsterdam, mais traduite du latin de la Vulgate par Oskan.

Nous retrouvons donc ici, mais cette fois mis sur le même pied que les autres livres de l'Ancien Testament, deux ouvrages que nous avons vus figurer sur la liste précédente : le *Livre d'Hénoch* et les *Testaments des Patriarches*. La *Prière d'Asséneth* occupe la même place et doit être la même que la *Prière de Joseph*. Enfin, en laissant de côté les titres de signification douteuse, Jean le Diacre comprenait encore parmi les livres bibliques le *Quatrième livre d'Esdras* et la *Mort des Prophètes*[1], que nous connaissons déjà.

Il existait certainement des manuscrits conformes à cette liste dressée deux cents ans avant M'Khithar, car elle est ainsi intitulée dans la *Chronique* : Կարգադրութիւնք գրոց սրբոց որք ստուգաբանեցան 'ի Սարկաւագ վարդապետէն և գրեցան յինէն 'ի տէր Մխիթար վարդապետէս պատմագրէ 'ի մին տուփ յաւուրս ՃՀ « Ordre des livres saints qui ont été reconnus par le vardapet [Jean le] Diacre et copiés par moi Ter M'Khithar, vardapet-historien, en un volume, en 170 jours[2]. »

---

[1] En revanche, il rejetait dans la catégorie des *livres subtils* deux livres du Canon hébreu, l'*Ecclésiaste* et le *Cantique des cantiques*.

[2] Cette traduction a besoin d'être justifiée. Brosset en donne deux, assez différentes l'une de l'autre. La première (p. 23) est ainsi conçue : « Arrangement des livres saints collationnés par le vartabied Sarcavag et inscrits par moi Ter M'Khithar, vartabied-historien, dans un même tableau, en 170 jours. » La seconde (p. 95) : « Ordre des saints livres qui ont été vérifiés par le vartabied Sarcavag et que moi, le vartabied Ter M'Khithar, j'ai rangés dans un tableau en 170 jours. » Se basant sur l'impossibilité matérielle de copier en 170 jours tous les livres mentionnés sur la liste, Brosset croit que M'Khithar se sera borné à copier les titres et qu'il aura passé près d'une demi-année à rechercher quels ouvrages avaient été collationnés par Jean le Diacre. Il ajoute que տուփ signifie une rangée, une colonne, dans un tableau de chiffres par exemple. M. Patkanoff traduit bien : « ..... qui ont été écrits par moi..... en 170 jours, » mais il ne rend pas 'ի մին տուփ,

Ces deux documents montrent suffisamment que les Arméniens possédaient encore dans leur langue, au commencement du xive siècle, une riche collection d'*apocryphes*. Nous ajoutons qu'il n'est pas téméraire d'espérer qu'elle pourra être retrouvée presque entière. Un seul a été jusqu'à présent publié, le *Quatrième livre d'Esdras;* mais nous savons que plusieurs existent en manuscrit. Le Ադամգիրք, dont trois exemplaires figurent en tête du Catalogue des manuscrits d'Etchmiadzin[1] (n°s 1, 2 et 3), est peut-être notre *Livre d'Adam* apocryphe. Aux manuscrits des *Testaments des xii Patriarches* énumérés par R. Sinker[2], nous pouvons ajouter les n°s 155 et 160 d'Etchmiadzin, qui contiennent également l'*Histoire de Joseph et d'Asséneth*. Ce dernier livre accompagne très souvent les *Testaments,* par exemple dans le manuscrit (cod. arm. 88) des PP. Mékhitharistes de Vienne, dans un manuscrit faisant partie de la bibliothèque

---

qu'il se borne à répéter en note. Il nous semble que le sens n'est pas douteux. M'Khithar a copié un manuscrit de la Bible d'après la recension de Jean le Diacre, mais cette recension ne comprenait pas les *livres subtils* qui restent tout à fait à part. La tâche alors n'a plus rien d'impossible. Ce qui est au contraire incompréhensible, c'est que le savant arménien ait passé 170 jours à dresser une simple liste de livres. Quant au mot տուփ, il signifie une *boîte,* une *case,* de là une *colonne* dans un tableau, mais aussi la *boîte,* la *reliure* d'un volume. C'est avec ce dernier sens qu'il est employé par un historien presque contemporain de M'Khithar : Քակեաց զաւետարանն տուփ աւետարանին տէր Գրիգորիսի, որ էր ականջ և մարգարտով. «Il détruisit la reliure de l'Évangile qui avait appartenu au seigneur Grégoire, rehaussée d'or, de pierreries et de perles.» *Chronique* de Sembat à l'année 652 (1204); cf. *Recueil des Historiens des croisades,* — [Dulaurier], *Documents arméniens,* t. I, p. 641.

[1] Imprimé à Tiflis en 1863.

[2] *Testamenta xii Patriarcharum.* Appendix. Cambridge, 1876, pp. vii, viii, 24.

de lord de la Zouche[1], et probablement dans plusieurs manuscrits des PP. Mékhitharistes de Venise, où se trouve également, d'après le témoignage de Zohrab, la *Mort des Prophètes*. Enfin, le dernier livre cité dans la liste des *livres secrets*, les *Sept visions de Daniel*, se rencontre dans une Bible arménienne appartenant à la bibliothèque archiépiscopale du palais de Lambeth, à Londres, sous un titre certainement plus exact que le précédent : « La septième vision[2] de Daniel, où il est traité de l'Antéchrist[3]. »

Il reste donc à retrouver en arménien : 1° le *Livre d'Hénoch*, dont nous n'avons qu'une traduction éthiopienne et dont une version arménienne, qui nous rapprocherait davantage du texte grec perdu, faciliterait singulièrement l'interprétation; 2° la *Sibylle;* 3° l'*Assomption de Moïse*, dont nous ne possédons qu'une version latine fort incomplète; 4° *Eldad et Modad*, apocryphe cité dans le *Pasteur* d'Hermas comme un vrai livre prophétique et qui est aujourd'hui perdu; 5° les *Psaumes de Salomon*, dont nous n'avons qu'un texte grec assez défectueux; 6° enfin, l'*Apocalypse d'Élie*, à laquelle, au dire d'Origène, saint Paul avait emprunté une citation (*II Cor.*, II, 9).

Nous regardons comme infiniment probable que ces apocryphes existent encore aujourd'hui, perdus dans les manuscrits non encore soigneusement explorés de la Bible arménienne, et nous nous permettons d'attirer sur ce point l'attention des arménisants qui ont à leur portée des manu-

---

[1] A ce *codex* doit être jointe une traduction manuscrite en italien de l'*Histoire de Joseph et d'Asséneth* par le P. L. Alischan. Cf. R. Sinker, *l. c*, p. VIII.

[2] Dans la Bible arménienne, le livre de Daniel est partagé en six visions.

[3] Cf. R. Sinker, *l. c.*, p. VIII.

scrits bibliques[1]. L'importance d'une pareille découverte n'échappera à personne; et c'est la conviction où nous sommes qu'on trouvera en cherchant bien qui nous a fait entreprendre une démonstration peut-être un peu longue.

II

La liste des « livres secrets » cite, après les *Testaments des Patriarches*, une *Prière de Joseph*, suivant en cela les deux listes grecques d'apocryphes que nous avons mentionnées plus haut[2]. L'ordre des « livres saints » de Jean le Diacre, plus ancien, met à la même place une *Prière d'Asséneth*[3]. Or Asséneth était la femme de Joseph, ainsi que nous l'apprend ce passage de la Bible : « Pharaon lui donna pour femme Asnath[4], fille de Potiphéra, prêtre de On » (*Gen.*, XLI, 45[5]). Comment le même livre peut-il être désigné sous le titre de *Prière de Joseph*, et en même temps sous celui de *Prière d'Asséneth*?

D'autre part, la *Prière de Joseph* nous est connue par plusieurs fragments extraits des œuvres d'Origène[6], mais il faut bien dire qu'aucune de ces citations ne cadre avec le titre du livre, puisqu'elles ne rapportent que des paroles

---

[1] La Bibliothèque nationale de Paris ne possède aucun manuscrit de la Bible en arménien.

[2] Cf. p. 476.

[3] Cf. p. 479.

[4] Le nom donné dans le texte hébreu à la femme de Joseph est אָסְנַת, *Asnath;* il est devenu en syriaque, à la suite d'une très ancienne faute de copiste ܐܣܝܬ, *Asiath* (pour ܐܣܢܬ, *Asnath*). Les LXX ont prononcé Ἀσενέθ ou (*Cod. Alex.*) Ἀσεννέθ, les Arméniens Ասանէթ, *Assaneth,* et les latins *Aseneth* ou *Asseneth*. C'est cette dernière orthographe que nous avons adoptée.

[5] Cf. *Gen.*, XLVI, 20.

[6] Cf. Schürer, *Gesch. des jüd. Volkes*, 2te Aufl., t. II, p. 672.

prononcées par Jacob. On n'y trouve pas la moindre allusion à Asséneth.

Enfin, c'était à la fin du xiiie siècle que M'khithar copiait la *Prière de Joseph* après les *Testaments*, et dès le xive siècle nous trouvons plusieurs manuscrits où les *Testaments* sont accompagnés non pas de la *Prière*, mais de l'*Histoire de Joseph et d'Asséneth*[1]. Un savant contemporain de M'khithar, Ebed Jesu, archevêque syrien de Nisibe et d'Arménie, dressant la liste des livres bibliques qui ouvre son célèbre *Catalogue*[2], range également parmi les livres de l'Ancien Testament :

ܟܬܒܐ ܕܐܣܢܬ ܐܢܬܬ

ܝܘܣܦ ܟܐܢܐ ܒܪ ܝܥܩܘܒ.

« Le livre d'Asséneth, femme de Joseph le juste, fils de Jacob, » et ne parle point d'une « Prière de Joseph ».

Il est difficile, avec le peu de documents que nous avons, de donner de ces faits une explication tout à fait satisfaisante. Ce qui paraît hors de doute, c'est qu'une *Histoire de Joseph et d'Asséneth* avait pris au xive siècle, parmi les apocryphes arméniens, la place de la *Prière de Joseph*. Il est probable que c'était déjà le livre copié par M'khithar sous ce dernier titre et que Jean le Diacre avait connu deux siècles auparavant sous le nom de *Prière d'Asséneth*. Le fragment grec publié par Fabricius est intitulé $Bίος\ καὶ\ ἐξομο$-$λόγησις\ Ἀσενέθ$, et l'explicit d'un manuscrit dont nous allons parler tout à l'heure porte : Կատարեցաւ բանք

---

[1] Ms. de Vienne, ms. de lord de la Zouche, n° 155 d'Etchmiadzin.
[2] Cf. Assemani, *Bibl. orient.*, t. III, 1, p. 3-362. Disons en passant que Ebed Jesu traite le canon biblique avec autant de liberté que l'avait fait Jean le Diacre.

Ասանեթայ «Fin des discours d'Asséneth». Le contenu du livre permet jusqu'à un certain point de comprendre et d'expliquer ce développement du titre, si réellement il a eu lieu. Mais quels seraient alors les rapports de l'*Histoire d'Asséneth* avec la Προσευχὴ Ἰωσήφ, apocryphe en usage chez les Juifs, d'après Origène? Nous n'avons ni le loisir, ni la place nécessaire pour traiter ici cette question de critique littéraire qui nous entraînerait très loin. Nous comptons bien y revenir ailleurs.

Aujourd'hui notre but est beaucoup plus modeste. Nous voulons seulement, en publiant un épisode de l'*Histoire d'Asséneth*, donner un spécimen de la version arménienne. Mais il ne sera pas inutile de dire d'abord quelques mots de l'unique manuscrit que nous avons eu à notre disposition, d'énumérer les textes qui existent en différentes langues, et d'analyser rapidement l'ouvrage, qui nous semble être le remaniement chrétien d'un écrit d'origine juive.

I. Nous avons vu en commençant (p. 475) Zohrab annoncer la publication des *Testaments* et de l'*Histoire d'Asséneth*. Il fut empêché par diverses circonstances de mettre son projet à exécution, mais son travail était déjà préparé. Un heureux hasard a fait tomber en ma possession la copie qu'il destinait sans doute à l'impression; elle est écrite entièrement de sa main, et le texte des *Testaments* est enrichi de variantes. Une note finale, ajoutée en 1806, reproduit à peu près dans les mêmes termes ce que Zohrab avait dit dans la préface de l'Appendice à la Bible de 1805. Les deux ouvrages devaient être publiés sous le titre commun de Գիրք Մնացորդաց «Paralipomènes». Je ne connais pas l'histoire du manuscrit, mais je crois qu'il provient de V. Langlois et qu'il a dû appartenir auparavant à la bibliothèque de Marcel[1].

Zohrab n'a eu sans doute à sa disposition, pour l'*Histoire d'Asséneth*, qu'un seul manuscrit, dont il reproduit scrupuleusement les fautes. Nous avons transcrit son texte aussi exactement que possible, faisant seulement disparaître quelques inadvertances, et nous bornant à proposer en note un petit nombre de corrections. C'est dire que nous n'avons nulle prétention d'établir un texte critique et définitif. Mais, tel qu'il est, il suffira pour donner une idée de la version arménienne et de la manière dont l'auteur a rendu le texte grec qu'il avait sous les yeux.

II. L'*Histoire d'Asséneth* n'a guère été connue jusqu'à présent que par le texte latin abrégé qui se lit dans le *Speculum historiale* de Vincent de Beauvais[2] et que Fabricius a réimprimé[3]. Elle a été également extraite de la traduction française de Vincent de Beauvais, faite au commencement du xive siècle par Jean de Vignay, et publiée en 1858 sous le titre de l'*Ystoire Asseneth*[4]; malheureusement les éditeurs, trompés par une fausse indication du *Miroir historial*, ont cru que la fin du roman appartenait à la *Petite Genèse* et ne l'ont pas reproduite. C'est la partie manquant dans l'édition française que nous allons donner tout à l'heure en texte arménien et en traduction.

---

[1] *Catalogue*, 2e partie, n° 124.
[2] L. I, c. cxviii-cxxiv.
[3] *Codex pseudepigraphus*, V. T., 2{a} ed. t. I, p. 774-784.
[4] Dans les *Nouvelles françoises en prose du xive siècle*, publiées par MM. L. Moland et C. d'Héricault, Paris, P. Jannet, 1858, p. 3-12.

Fabricius fit imprimer, dans le second volume du *Codex pseudepigraphus*[1] le texte grec du commencement de l'« Histoire d'Asséneth », comprenant à peu près le quart de l'ouvrage entier, mais dans une recension beaucoup plus développée que le latin de Vincent de Beauvais. Ce fragment lui avait été communiqué par J.-C. Wolf d'après un *Codex Baroccianus*. Malheureusement, la suite du texte grec a échappé à toutes les recherches, et l'*Histoire d'Asséneth* est restée incomplète sous la forme qui nous paraît être la plus ancienne.

La version arménienne, faite sur le grec, nous offre un texte complet, sauf un passage qui semble avoir été mutilé, soit intentionnellement, soit à la suite d'un accident arrivé à un manuscrit[2]. La traduction est exacte, assez littérale, et permet de corriger en plusieurs endroits le fragment grec. On peut y signaler quelques omissions, mais de peu d'importance, et qui proviennent vraisemblablement de la négligence des copistes. A en juger par la langue, la version est assez ancienne, sans appartenir cependant à la période classique de la littérature arménienne[3].

Le savant le plus versé dans la littérature apocryphe de l'Ancien Testament, — nous avons nommé M. Dillmann, — signalait en 1883 l'existence d'une version syriaque de l'*Histoire d'Asséneth* parmi les manuscrits du *British Museum*[4].

[1] P. 85-102.

[2] Voir plus loin, p. 506.

[3] Le livre imprimé en 1849 à Jérusalem sous le titre de Ցուցակ գեղեցկի զրոյցք ընդ Ասանեթայ ամուսնոյ իւրոյ «Entretiens du beau Joseph avec Asséneth sa femme» est tout à fait moderne et n'a aucun rapport avec notre apocryphe.

[4] Art. *Pseudepigraphen des A. T.*, dans la *Real-Encyclopædie für prot. Theol. u. Kirche.*

La publication du texte de cette version par les soins de M. Land[1], dès 1870, lui avait sans doute échappé. Elle se trouve intercalée, avec d'autres pièces intéressantes, dans l'informe compilation connue sous le titre d'«Histoire ecclésiastique de Zacharie de Mitylène». M. Land, en réunissant deux manuscrits[2], a pu donner l'ouvrage à peu près complet; il ne reste plus qu'une lacune qu'il estime être d'un feuillet, mais qui en comporte certainement deux (p. 31). La traduction a été faite sur le grec par Moïse d'Agel qui vivait au VIe siècle[3]. Le texte, défectueux en plusieurs endroits, est notablement plus court que celui de la version arménienne, soit que le traducteur ait travaillé sur une recension grecque moins développée, soit plutôt qu'à la manière ordinaire des traducteurs syriens il ait abrégé l'original. Il peut fournir d'excellentes corrections à la version arménienne, qui, à son tour, permet de faire disparaître du syriaque un certain nombre de mauvaises leçons.

III. Il nous suffira de quelques mots pour faciliter au lecteur l'intelligence du fragment qui va suivre[4].

Asséneth est une vierge, fille du grand prêtre d'Héliopolis. Elle habite dans une tour, près de la maison de son père, où sept vierges, ses compagnes, vivent avec elle et la servent. Inutile d'ajouter qu'elle est d'une beauté extraordinaire, que de nombreux prétendants se disputent sa

---

[1] *Anecdota syriaca*, t. III, p. 18-46.
[2] Add. 7190 et 17022.
[3] Assemani, *Bibl. orient.*, t. II, p. 82.
[4] Saint-Marc-Girardin a donné une intéressante analyse de l'Histoire d'Asséneth dans ses *Essais de littérature et de morale*. Paris, 1845, t. II, p. 129-141.

main et que la fière Asséneth méprise leurs hommages. Joseph, parvenu au comble de la faveur, arrive à Héliopolis pour recueillir les blés en vue de la famine prochaine, et les parents d'Asséneth ne trouvent pas un mari plus désirable pour leur fille. Elle rejette dédaigneusement l'idée d'épouser « un fils de berger du pays de Canaan » et déclare qu'elle ne sera jamais la femme que du fils aîné de Pharaon. Mais du haut de sa tour elle voit le « beau » Joseph, et une transformation subite s'opère dans ses sentiments. Appelée par ses parents pour être présentée au favori de Pharaon en qualité de « sœur » et invitée par son père à embrasser son « frère », elle est repoussée par Joseph, qui ne souffre pas d'être touché par une femme adorant les idoles. Cependant il la bénit.

Asséneth remonte dans sa tour et se désespère. Elle revêt des habits de deuil, jette ses dieux par la fenêtre, fait pénitence et invoque le Dieu Très-Haut des Hébreux. Au bout de sept jours un ange lui apparaît, la réconforte, lui fait quitter ses vêtements de deuil, accomplit des prodiges et lui annonce qu'elle sera la femme de Joseph. Celui-ci revient; Asséneth va à sa rencontre dans la cour de la maison paternelle et lui répète le discours tenu par l'ange. Joseph la demande en mariage, et pendant les sept jours que durent les noces tout travail est interdit de par Pharaon dans le pays d'Égypte.

La fin du roman, c'est-à-dire la visite d'Asséneth à Jacob et la tentative d'enlèvement provoquée par la jalousie du fils de Pharaon, est racontée dans le texte qui va suivre.

III

Եւ եղև յետ այսորիկ անցին ամք է լլութեան, և սկսաւ է ամ սովոյն գալ, և լուաւ Յակոբ վասն Յովսեփայ որդւոյ իւրոյ, և եկն Իսրայէլ ՝Լ՛)զդիպատոս ամենայն ազգականօքն իւրովք, և եմուտ Իսրայէլ ՝Լ՛)զդիպատոս յերկրորդ ամի սովոյն յերրորդ ամսեանն ՚ի քսան և ՚ի մի ամսոյն և ընսակեցաւ յերկրին Գեսամ։ Եւ ասայ Ասանեթ ցՅովսեփի․ «երթամ և տեսանեմ զտայրն քո․ վասն զի Հայրն քո Յակոբ որպէս զԱստուած իմ է»․ և ասէ Յովսեփի․ «եկեսցես ընդ իս և տես զտայր իմ»։ Եւ եկին Յովսեփի և Ասանեթ յերկիրն Գեսեմ․ և պատահեցան նոյա եղբարքն Յովսեփայ․ երկիր պագին նմա ՚ի վերայ երեսաց իւրեանց յերկիր․ և մօտն առ Յակոբ․ և էր Իսրայէլ նստեալ ՚ի վերայ մահճաց իւրոց, և էր ինքն ալևոր ՚ի ծերութեան յոյժ․ և ետես զնա Ասանեթ և զարհուրեցաւ յոյժ վասն զի էր Յակոբ բարի, և ճերութիւն նորա որպէս զմանկութիւն գեղեցիկ յոյժ առն, և էր գլուխն նորա ամենևին սպիտակ որպէս զձիւն․ և Հեր գլխոյ նորա գանգուր յարի ՚ի գլուխս նորա, և խիտ[1] յոյժ իբրև զառն Հեդկի, և մօրուքն նորա էին սպիտակ և նստեալ ՚ի վերայ լանջաց նորա, և աչք նորա խնդացուցիչք և փայլուն, և էին լանջք նորա և ուսքն և բազուկքն որպէս Հրեշտակի, և բարձք նորա և սրունքն որպէս Հակայի․ և էր այլն իբրև եթէ կռուիցի ոք ընդ Աստուծոյ։ Եւ ետես զնա Ասանեթ և զարհուրեցաւ, և երկիր եպագ նմա ՚ի վերայ երեսաց իւրոց յերկիր։

Եւ ասէ Յակոբ ցՅովսեփի․ «այս է Հարսն իմ կինն քո, օրհնեալ է յԱստուծոյ բարձրելոյ»․ և կոչեաց զնա Յա-

[1] Lire խիտ.

կոբ առ ինքն Համբուրեաց զնա, և օրհնեաց։ Եւ ձգեաց Ասենեթ զձեռն իւր և կալաւ զպարանոցէն Յակոբայ և կախեցաւ զուսոյ հօր իւրոյ, յորժամ¹ ՚ի պատերազմէ ապրեալ եկեսցէ ոք ՚ի տուն իւր։ Եւ յետ այսորիկ կերան և արբին, և գնացին Յովսէփ և Ասենեթ ՚ի տունն իւրե֊
անց։ Եւ յուղարկեցին զնա եղբարքն Յովսեփայ որդիքն Լիայ միայն. բայց որդիքն Օելվայ և Բաղղայ յաղախնոցն Լիայ և Ռաքելի ոչ յուղարկեցին զնա ընդ նոսա. վասն զի նախանձէին և թշնամիք էին նոցա։ Եւ էր Դեի յաջմէ կողմանէն Ասենեթայ, և Յովսէփի ՚ի ձախմէ կողմանէ նորա. և էր Ասենեթայ կալեալ զձեռանէն Դեեայ. և սիրէր Ասենեթ զԴեի քան զամենայն եղբարսն Յովսե֊
փայ, վասն զի գիտէր Դեի զամձառուն Աստուծոյ բար֊
ձրելոյն. և յայտներ զամենայն Ասենեթայ գաղտնի բա֊
նիւք։ Եւ Դեի սիրէր զԱսենէթ յոյժ, և տեսանէր զպեղձ Հանգստեան նորա ՚ի բարձունս, և զպարիսպ նորա զպա֊
րիսպ յանդամանդեանս, և զՀիմունս նորա որպէս զՀիմունս վիմի երրորդ երկնից։

Եւ եղև. ՚ի դալն Յովսեփայ և Ասենեթայ ետես զնա անդրանիկ որդին Փարաւոնի ՚ի պարսպէն, և դղ շացաւ և դժուարացաւ ձանրութեամբ. և դչարէր ՚ի վերայ գեղեց֊
կութեան Ասենեթայ. և ասէ «ոչ այդպէս եղիցի»։ Եւ առաքեաց Հրեշտակս որդին Փարաւոնի, և կոչեաց առ ինքն զՇմաւոն և զԴեի, և եկին կացին առաջի նորա. և ասէ ցնոսա որդին Փարաւոնի անդրանիկն. «Դ'անաչեմ ես այսօր զի դուք էք արք Հզօրք քան զամենայն մարդիկ որ են ՚ի վերայ երկրի. և աջոյ ձեր յայդոքիկ յերկուս աւերեցաւ քաղաքն սիկեմացւոց [բ̄] արանց պատերազմո֊
ղաց². և աՀա այսօր առից զձեզ որպէս զընկերս. և տաց

¹ Avant յորժամ manque certainement un mot, sans doute որպէս.
² Nous reproduisons exactement le manuscrit, mais le texte est incomplet

Ճեզ ոսկի և ծառայս և աղախնայս, և տուևս և վիճակս մեծամեծս և քարիս․ բայց սակայն զբանս զայս արարէք և ընդ իս արարէք ողորմութիւն․ վասն զի թշնամանեցայ ես առևսքար յեղբօրէ ճերմէ Յովսեփայ․ վասն զի առ զ Մսանեթ զկինն իմ զոր ինձ էր խօսեցեալ իսկզբանէ․ և այժմ եկայք ընդկռուեցարուք ընդ Յովսեփայ եղբօր ճերում, և սպանանեմ զնա սրով իմով, և ունիմ զ Մսանեթ ինձ 'ի կնութեան․ և դուք եղիցիք ինձ յեղբարս և սիրելիս Ճաստարիմն, բայց զբանս զայս դուք ինձ արարէք։ Իսկ եթէ զանդաղեցիք առնել զբանս զայստսիկ, և արճամար-ճիցէք զխօրհրդով իմովք, ահա սուր իմ պատրաստ է առ ճեզ»։ Ոչ մինչդեռ զայս ասէր, մերկացոյց զսուր իւր, և եցոյց նոցա։

Ոչ իբրև լուան զբանս զայստիսիկ արքն Շմաւոն և Դևի զգ Քացան յոյժ․ վասն զի ճևով զռուռզի խօսեցաւ ընդ նոսա որդին Փարաունի։ Ոչ էր Շմաւոն այրյանդուգն և ճա-մարճակ, և խորճեցաւ արկանել զձեռն իւր 'ի դաստամբն սրոյ իւրոյ, և ձգեալ զնա 'ի պատենից իւրոց, և սպա-նանել զորդին Փարաունի, վասն զի խօստութեամբք խօսե-ցաւ ընդ նոսա։ Ոչ եսես Դևի զխօրճուրդս սրտի նորա, վասն զի էր Դևի այր մարգարէ, և տեսանէր սրբութեամբ մտաց իւրոց, և աշքն իւրովք կարդայր զգրեալն 'ի սիրտ մարդոյն․ և կոխեաց ոտամբն իւրով աջոյ ոտն նորա և նեղեաց զնա, և նշանեաց դադարել նմա 'ի բարկութենէ իւրմէ, և ասէ Դևի ց Շմաւոն ճեզաքար․ «ընդէ՞ր դու բար-կութեամբք ցասեար 'ի վերայ առն այսորիկ, և մեք եմք արք ասռուածապաշտք, և ոչ վայել է մեզ նմա ճատուցանել չար փոխանակ չարի»։ Ոչ ասէ Դևի զորդին Փարաունի ճանդերձ ճամարձակութեամբք, և բարկութիւն ոչ գոյր 'ի նմա և ոչ սակաւ 'ի ճեզութենէ սրտի նորա, և ասէ ցնա․

et corrompu. Il pourrait être restitué au moyen de la version syriaque :
ܘܥܠ ܣܒܥܝܢ ܐܘܚܕܢܝܢ ܘܥܠ ܟܠܗܝܢ ܡܠܟܘܬܐ ܕܥܠܡܐ ܕܬܚܘܬ ܫܡܝܐ ܀

«ընդէ՛ր խօսի տէր մեր ըստ բանիցս այսոցիկ, և մեք եմք աստուածապաշտք, և Հայր մեր սիրելի է Ս̅տուծոյ բար֊ ձրելոյ. և Յովսէփ եղբայր մեր սիրելի է. արդ՝ զիարդ արասցուք մեք զբանդ զայդ չար, և մեղանչիցեմք առաջի Ս̅տուծոյ մերոյ և առաջի Հօրն մերոյ Յակոբայ, և առաջի եղբօր մերոյ Յովսեփայ. և այժմ լո՛ւր բանից իմոց. ո՛չ վայել է առն աստուածապաշտի գրկել զամենայն ոք ըստ ամենայն օրինակի. իսկ եթէ ոք կամի գրկել զայր աս֊ տուածապաշտ, վասն զի սուրբ է ՚ի ձեռն նորա, և դու պահեա՛մ այժմ խօսել վասն եղբօր մերոյ Յովսեփայ ըստ բանիցս այսոցիկ. իսկ եթէ դու մնաս ՚ի չար խորհրդեանդ այդմիկ, աՀա սուրբք մեր Հանեալ են ՚ի յաջոյ ձեռս մեր վասն քո»: Ոչ ձգեցին զսուրբն իւրեանց արքն Շմաւոն և Դեւի ՚ի պատենից իւրեանց. և ասեն, «աՀա տեսէ՛ք զսուրբս զայս ՚ի ձեռս մեր, սուրբք որով խնդրեաց Յեր գլեձժ և թշնամանս ՚ի սիկեմացւոցն որով թշնամանեցին զորդիքն Իսրայէլի վասն քեռն մերոյ Դինայի, զոր պղծեաց Սիկեմ որդին Ամովրայ»: Իսկ որդին Փարաւնի զսուրբն եր֊ կեաւ յոյժ, և դողաց ամենայն ոսկերք նորա, զի վայլէին սուրբն որպէս զլոյս Հրոյ, և շլացան աչք որդւոյն Փարա֊ ւոնի, և անկաւ ՚ի վերայ երեսաց իւրոց յերկիր. և ձգեաց Դեւի զձեռն իւր և կալաւ զնա, և ասէ ցնա. «արի՛ և մի՛ երկնչիր. բայց պահեա՛մ զքեզ զի մի՛ իս խօսեցցիս չաղաւս Յովսեփայ եղբօր մերում բան չար»:

Ոչ ելին յերեսաց Փարաւնի որդւոյն Շմաւոն և Դեւի. և էր որդին Փարաւնի լի աՀիւ և սրտմտութեամբ. վասն զի երկնչէր յերեսաց Շմաւոնի և Դէւեայ, և ծանրանայր ՚ի գեղոյն Ասանեթայ, և տրտմէր տրտմութիւն մեծ առաւել քան զգալն: Ոչ խօսեցան ձառայք նորա յականջս նորա և ասեն. «աՀա որդիքն Բալլայ և որդիքն Օելփայ աղախ֊ նոյն Յակոբայ թշնամի են ընդ Յովսեփայ և ընդ Ս̅սա֊ նեթայ, և նախանձին ընդ նոսա, և եղիցին նոքա ընդ ձեռամբ քով ըստ կամաց քոց»: Ոչ առաքեաց որդի Փա֊

բաւռնի Տրեշտակս և կոչեաց զնոսա առ ինքն· և եկին առ նա 'ի ժամ գիշերոյն և կացին առաջի նորա, և ասէ զնոսա որդին Փարաւոնի· «բանք իմ են ընդ ձեզ· վասն զի դուք էք արք գորաւորք»։ Նա ասեն¹ զնա Դան և Դադ երիցեղբարքն· «խօսեցի այժմ տէր մեր և լուիցուք ծառայքս քո և արասցուք ըստ կամաց քոց»։ Նա ինդաց որդին Փարաւոնի ինդութիւն մեծ և ասէ գտառայս իւր· «'ի բաց կացէք յինէն սակաւ մի· վասն զի բանք իմ են դաղտնիք ընդ արս այսոսիկ»։ Ի'ի բաց կացին ամենեքին։ Նա ասէ զնոսա որդին Փարաւոնի· «ահա օրՀնութիւն և մաՀ առաջի աչաց ձերոց, առէք ստաւել գորՀնութիւն և ² զմաՀ· վասն զի դուք արք գորաւորք էք, և ոչ մերանիք որպէս զևանայս· այլ քաջալերեցարուք և Հատուցէք չար թշնամեաց ձերոց, վասն զի լուայ ես յեղբօրէն ձերմէ զի ասէր զՓարաւուն Հայր իմ յաղադս ձեր, եթէ որդիք ադախնեաց մօր իմյ են, և ոչ են եղբարք իմ· և անսամ մաՀուան Հօր իմյ, և խորտակեցից զնոսա և զազդս նոցա զի մի ժառանգեսցեն ընդ մեզ, վասն զի որդիք ադախնեաց են· և դքա են որ վախառեցին զիս Իսմայելացոց, և ես Հատուցից նոցա ըստ ամենայն չարեաց որ չարաց 'ի վերայ իմ· միայն մեռցի Հայր իմ։ Նա գովեաց զնա Փարաւուն Հայր իմ և ասէ· բարի ասացեր· արդ առ յինէն արս Հազարս 'ի պատերազմ· և ես եղեց քեզ օգնական»։

Իբրև լուան արքն գբանս որդւոյն Փարաւոնի խովեցան յոյժ և տրտմեցան, և ասացին ցորդին Փարաւոնի, «ադաչեմք գքեզ տէր օգնեա՛ մեզ»։ Նա ասէ· «ես եղեց ձեզ օգնական եթէ լուիջիք ինձ»· և ասեն, «մեք եմք ծառայք³ քո առաջի քո, Հրաման տուր մեզ և արասցուք ըստ կամաց քոց»։ Նա ասէ զնոսա որդին Փարաւոնի· «ես սպանանեմ զՀայր իմ յայսմ գիշերի, վասն զի Փարաւոն

---

¹ Ms. ասէ.
² Lire քան au lieu de և.
³ Ms. ծառայ.

և հայր Յովսեփայ. արդ օգնեցէք ինքեան առաջի ձեր, և սպանանէք զՅովսէփ, և առից զԱսանէթ ինձ 'ի կնու֊ թեան, և դուք եղիցիք ինձ եղբարք և ժառանգակիցք. բայց սակայն զբանս զայս արարէք»։ Չ ասեն ցնա Դան և Գադ. «մեք եմք ծառայք քո այսոր. և արասցուք զոր ինչ հրամայեցեր. և մեք լուաք այսոր 'ի Յովսեփայ, զի ասէր ցԱսանէթ. գնա վաղիւն 'ի ժառանգութիւն մեր, զի ժամանակ է կթոյ, և ետ նմա արս վեցհարիւրս զօրաւորս 'ի պատերազմ, և ճ յատ աշքընթացս։ Չ այժմ լու՛ր մեզ և խօսեցուք առ քեզ»։ Չ խօսեցան ընդ նմա գաղտնի բանս. և ետ որդին Փարաւոնի շորից եղբարցն առ այր իւրաքանչիւր հինգ հազար[1] այր, և զնոսա կացոյց իշխանս և առաջնորդս։ Չ ասեն ցնա[2] Դան և Գադ. «մեք գնասցուք 'ի գիշերիս, և դարանակալ լիցուք 'ի ճանա֊ պարհին, և թաքիցուք 'ի Հութա եղեգանն, և դու առ ընդ քեզ ճ այր աղեղնաւոր ձիով հանդերձ և գնա 'ի հե֊ ռուստ, և եկեսցէ Ասանէթ, [և անկանի 'ի ձեռս քո[3],] և մեք կոտորեսցուք զզօրսն որ ընդ նմայն իցեն. և փախչի Ասանէթ առաջի կառուցն և անկանի 'ի ձեռս քո, և արասցես նմա որպէս ցանկանայ անձն քո. և յետ այսորիկ սպանանեմք զՅովսէփ, մինչդեռ տրտմեալ իցէ վասն Ասանէթայ, և զորդիս նորա սպանանեմք առաջի աչաց նորա»։ Չ խնդաց որդին Փարաւոնի յոյժամ լուաւ զբանս նոցա, և առաքեաց զնոսա և երկուս հազար արանց զնունորաց ընդ նոսա։ Եւ եկին 'ի Հեղեդատան և թաքեան 'ի մէջ Հութոց եղեգանն, և նստան յայնցս Հեղեդատին ասդի և անդի, և 'ի մէջի նոցա ճանապարհ լայն և ընդարձակ։

[1] Lire հարիւր, cent, au lieu de հազար, mille. Nous verrons tout à l'heure que le fils de Pharaon ne donna que 2000 soldats, c'est-à-dire 500 pour chacun des quatre frères. La version syriaque porte aussi 500.

[2] Ms. զնոսա.

[3] Les mots entre crochets ne sont point ici à leur place. On les retrouve deux lignes plus loin.

Եւ յարեաւ որդին Փարաւոնի 'ի գիշերին յայնմիկ եկն 'ի տուն Հօրն իւրոյ զի սպանցէ նա սրով զՀայրն իւր․ և պաՀապանք Հօր նորա արգելին զնա մտանել առ Հայր իւր․ և ասէն ցնա, «զինչ մտանես տէր»․ և ասէ ցնոսա որդին Փարաւոնի, «զի տեսից զՀայրն իմ, և երթամ կեթել զայ֊ գին զնորատունկ»․ և ասեն պաՀապանքն, «գյու֊ին յա֊ լեաց Հօրն քո, և արթուն եկաց զամենայն գիշերս․ և այժմ զաղարեաց սակաւ մի․ և ասաց Հայրն քո, մի ոք մեր բճենայ առ իս»։ Եւ գնաց որդին Փարաւոնի և առ զզորս իւր, և 'ի լուսանայն եղև զարանակալ, և աՀա գայր Ա֊ սնեթ կառօքն և զօրօքն առաջի և գնի․ և 'ի յարձակել թշնամեաց, և Դան և Գադ և որդին Փարաւոնի յարձա֊ կեցան 'ի վերայ, և էտես Ասնեթ և կարդաց առ Ա֊ սուած բարձրեցան․ և աՀա այն Աստուծոյ զոր եկեալ էր առ Ասնեթ երևեցաւ․ և տէր պաշտպան եղև նմա․ և ջարդեցան և սրունք[1] նոցա և ամենայն պատերազմն Հայէ֊ ցան որպէս զնմի առաջի Հրոյ․ և անկաւ որդին Փարաւոնի յերկիր առաջի Ասնեթայ և կորձանեցաւ․ և եղև նման մեռելոյ։

Եւ լուեալ որդւոցն Յակոբայ զայն բարկութեամբ․ և Գադ և Դան տեսեալ զի տէր պատերազմեցան, և եր֊ կեան և անկան առաջի Ասնեթայ և ասեն․ «տիկին մեր և թագուՀի զու ես, և մեք անօրինեցաք առ քեզ․ և տէր Հատոյց մեզ ըստ գործոց մերոց․ և աղաչեմք մեք ճա֊ ռայքն քո, ողորմեա մեզ և փրկեա զմեզ 'ի ճեռաց եղբարց մերոց․ քանզի նոքա վրէժխնդիրք թշնամեաց եկին առ մեզ, և սուրբ նոցա առաջի մեր են»։ Եւ ասէ ցնոսա Ասնեթ․ «քաջալերեցարուք և մի երկնչիք յեղբարցն ճերոց, վասն զի նոքա են ածք երկիւղածք 'ի Տեառնէ և աստուածապաշտք․ և ամանէն յամենային մարդոյ․ երթայք

[1] Forme plurielle de սուր, à moins que ce ne soit une erreur de copiste. Cf. p. 497, l. 13.

դուք 'ի Հուր եղեգան այղորիկ, մինչի քաւեցից զնոսա
վասն ձեր և ցածուցից զջաքրութիւն նոցա· վասն զի դուք
մեծասէս Համարձակեցարուք, և մի երկնչիք· բայց դատ
արասցէ Տէր ընդ իս և ընդ ձեզ»։

Յև վախեան 'ի փորուակս¹ եղեգանն Դան և Գադ և
եղբարք նոցա· և աՀա գայն որդիքն Իայ ընթանալով
իբրև զերամն եղջերուաց· և էջ Ասանէթ 'ի կառուցն խ_
րոց ծածկելոց, և ընկալաւ զնոսա Հանդերձ արտասուօք։
Յև նոքա անկեալ երկիրպագին նմա 'ի վերայ երկրի
և լացին մեծաձայն, և խնդրեցին զեղբարն իւրեանց։
Յև ասէ Ասանէթ· «խնդրեցէք² դուք զեղբարս ձեր և մի
առնէք չար փոխանակ չարի· վասն զի Տէր պաշտպան եղև
ինձ 'ի նոցանէն· և ջարդեաց զսուրս նոցա, և Հալեցան 'ի
վերայ երկրի իբրև զմոմ առաջի Հրոյ· և այս լաւական է
զի Տէր պատերազմեցաւ զզատեռազմ, և դուք խնդրեցէք
'ի նոսա զի եղբարք ձեր են և արիւն Հօր ձերոյ Իսրայելի»։

Յև ասէ ցնա Շմաւոն, «ընդէր տիկինն մեր խոսի բարի
վասն թշնամեաց մերոց, ոչ· այլ կոտորեսցուք զնոսա
սրովք մերովք· վասն զի նոքա խորՀեցան յաղագս ձեր³
և Հօր մերում Իսրայելի և վասն եղբօր մերոյ Ցովսեփայ·
աՀա այս երիցս անգամ, տիկինն մեր և թագուՀի դու ես»։

Յև ձգեաց զձեռն իւր Ասանէթ կալաւ զմօրուաց նորա
և Համբուրեաց զնա, և ասէ ցնա· «մի երբէք զայդ առնես,
եղբայր իմ, և չար փոխանակ չարի Հատուցանես, տեառն
տացէն զթշնամութիւն· և նոքա եղբարք ձեր են և ծր_
նունդք Հօր ձերոյ· և վախեան 'ի Հրեաստանէ յերեսաց
ձերոց»։ Յև մատեաւ առ նա Դևի և Համբուրեաց զձեռն
նորա· և իմացեալ Դևի եթէ ապրեցուցանել կամի զեղ_
բարս իւրեանց, և նոքա էին 'ի սրակս Հիւթաց եղեգանն·

¹ Փորուածս?

² Խնդրեցէք, ici et quatre lignes plus bas, ne donne point un sens satis-
faisant. Il faut lire probablement, aux deux endroits, խնայեցէք.

³ Lire մեր, avec le syriaque.

և ձանեաւ Պևի եղեայր նոսա և ոչ ձանեաւ.[1] նոցա․ քան֊
զի երկեաւ, մի՛ գուցէ բարկութեամբ իւրեանց սպանա֊
նիցեն զնոսա։

Այլ որդին Փարաւոնի յարեաւ յերկրէ և նստաւ․ և
խաղայր աբիւն ընդ ականջս և ընդ բերան նորա․ և ընթա֊
ցաւ առ նա Ռևնիամին և առ զօսւսեին նորա և ձգեաց 'ի
պատենից իւրոց և կամէր սպանանել զնա 'ի Տարկանել 'ի
լանջան որդւոյն Փարաւոնի․ և ընթացաւ առ նա Պևի և
կալաւ զձեռանէ նորա, և ասէ, «եղբայր իմ, մի՛ առներ
զգործդ զայդպիսիկ․ վասն զի մեք եմք աստուածապաշտք
և ոչ վայել է աստուածապաշտի Տատուցանել չար փո֊
խանակ չարի․ և ոչ ումեք անկելոյ 'ի ձեռս ուրուք կոխել
և կամ' նեղել զթշնամին մինչև 'ի մաՏ․ և այժմ դարձո՛
զսուր 'ի տեղի իւր․ և եկ օգնեա՛ ինչ զի բժշկեսցուք զնա
'ի վերաց նորա, և կեցցէ և եղիցի մեր սիրելի յետ այսորիկ․
և Փարաւոն է որպէս գՏայր մեր»։ Այլ յարոյց Պևի գոր֊
դին Փարաւոնի, և ջնջեաց զարիւն յերեսաց նորա, և պա֊
տեաց վարշամակաւ գերեսս նորա, և եդ զնա 'ի վերայ
ձիոյն իւրոյ և տարաւ առ Հայրն իւր Փարաւոն։ Այլ պատ֊
մեաց նմա գամենայն զբանս դայստրիկ։ Այլ յարեաւ Փա֊
րաւոն յաթոռոյն իւրոյ և երկիր եպագ Պևեայ յերկիր․ և
յերրորդում աւուր մեռաւ որդին Փարաւոնի։ Փառք
Աստուծոյ մերոյ ամէն․

Կատարեցաւ բանք Ասանեթայ։

---

[1] Lire ձանոյց au lieu de ձանեաւ qui provient d'une inadvertance du copiste.

TRADUCTION.

Puis les sept années d'abondance s'écoulèrent, et arrivèrent les sept années de famine. Jacob, ayant entendu parler de Joseph son fils, vint en Égypte avec toute sa famille; il y entra la seconde année de la famine, le troisième mois, le vingt et unième jour du mois, et s'établit dans le pays de Gosen. Asséneth dit alors à Joseph : «J'irai voir ton père, car je regarde ton père Jacob comme mon Dieu.» Joseph lui répondit : «Tu viendras avec moi et tu verras mon père.» Joseph et Asséneth partirent donc pour le pays de Gosen; les frères de Joseph vinrent à leur rencontre et se prosternèrent devant lui, le visage contre terre. Puis ils entrèrent dans la demeure de Jacob.

Israël était assis sur son lit; il était très avancé en âge. En le voyant, Asséneth demeura stupéfaite, car Jacob était un beau vieillard, et sa vieillesse ressemblait à la jeunesse d'un bel adolescent. Sa tête était aussi blanche que la neige, avec des cheveux bouclés et épais comme ceux d'un Indien. Une belle barbe blanche descendait sur sa poitrine. Ses yeux vifs jetaient des éclairs. Sa poitrine, ses épaules, ses bras étaient ceux d'un ange; ses jambes et ses cuisses étaient celles d'un géant. C'était bien l'homme en état de lutter avec Dieu. En le voyant, Asséneth demeura stupéfaite; elle se prosterna devant lui, la face contre terre.

Jacob dit alors à Joseph : «C'est ma belle-fille, ta femme; qu'elle soit bénie du Dieu Très-Haut;» et il la fit approcher de lui, la baisa et la bénit. Asséneth, tendant les bras, se jeta à son cou et y resta suspendue : ainsi est accueilli le guerrier échappé aux périls du combat lorsqu'il rentre dans sa maison. Après cela, Joseph et Asséneth mangèrent et burent et retournèrent à leur demeure. Les fils de Léa seulement reconduisirent leur frère Joseph; mais les fils de Balla et de Zelpha ne l'accompagnèrent point, parce qu'ils lui portaient envie et le détestaient. Lévi était à la droite d'Asséneth, Joseph à sa gauche, et Asséneth tenait la main de Lévi, qu'elle aimait plus que tous les frères de Joseph, parce qu'il connaissait les mystères du Dieu Très-Haut et les révélait tous à Asséneth en paroles secrètes. Lévi aimait aussi beaucoup Asséneth; il voyait le lieu de son repos dans les cieux, avec des murs de diamant et des fondements semblables aux fondements de pierre du troisième ciel.

Or, il arriva que le fils aîné de Pharaon vit passer, du haut de la muraille, Joseph et Asséneth, et qu'il en devint tout triste et de mauvaise humeur. La beauté d'Asséneth lui causait de cruels regrets. « Il n'en sera pas ainsi, » dit le fils de Pharaon; et aussitôt il fit appeler auprès de lui Siméon et Lévi, qui vinrent et se présentèrent devant lui. Le fils aîné de Pharaon leur dit : « Je sais que vous êtes de vaillants guerriers, plus vaillants que tout le reste des hommes. A vous deux, vous avez détruit la ville de Sichem avec ses trente mille combattants[1]. Je veux aujourd'hui

---

[1] Traduction conjecturale, le texte étant corrompu. Version syriaque : « De vos mains vous avez détruit la ville de Sichem, avec vos deux lances vous avez tué trois mille hommes de guerre. »

vous prendre pour mes compagnons. Je vous donnerai de l'or, des serviteurs et des servantes, des maisons, de grands et beaux domaines. Mais voici ce que vous aurez à faire pour l'amour de moi : J'ai été cruellement outragé par votre frère Joseph, qui m'a ravi Asséneth, ma femme, celle qui depuis longtemps était ma fiancée[1]; allez donc, combattez contre Joseph votre frère, que je le tue avec mon épée et que j'aie Asséneth pour femme. Quant à vous, vous deviendrez mes frères, mes fidèles et bien-aimés compagnons; mais d'abord faites ce que je dis. Du reste, si vous hésitez, si vous vous riez de mes projets, voici mon épée prête à vous percer.» Et en prononçant ces paroles, il tira son épée du fourreau et la leur montra.

Lorsque Siméon et Lévi entendirent un pareil discours, ils furent bouleversés, car le fils de Pharaon avait parlé d'un ton impérieux. Mais Siméon était un homme résolu et hardi. Il allait mettre la main à la garde de son épée, la tirer du fourreau et tuer le fils de Pharaon, à cause de la dureté du langage qu'il leur avait tenu, lorsque Lévi s'aperçut de son dessein; car Lévi était prophète et, grâce à la pureté de son esprit, il lisait du regard ce qui était écrit dans le cœur des autres. Il pressa donc de son pied droit le pied de Siméon, lui fit signe de calmer sa colère et lui dit tout bas : «Pourquoi t'emportes-tu ainsi contre cet homme?

---

[1] Au début du roman (textes grec, syriaque et arménien), nous voyons Asséneth recherchée en mariage à cause de sa grande beauté par les fils des plus nobles seigneurs et même des rois, qui se battent entre eux pour elle. Le fils de Pharaon la demande également, mais son père refuse de le marier avec une femme de condition inférieure à la sienne. Ces faits sont omis dans le latin de Vincent de Beauvais, où nous trouvons cependant, dans le fragment correspondant au passage que nous traduisons : *et haberet eam uxorem quæ illi debebatur.*

Nous qui sommes des serviteurs de Dieu, il ne nous convient pas de lui rendre le mal pour le mal. » Puis s'adressant au fils de Pharaon en toute liberté, sans colère et avec beaucoup de douceur, Lévi lui dit : « Pourquoi notre seigneur tient-il un tel langage, à nous qui sommes des serviteurs de Dieu et dont le père est l'ami du Dieu Très-Haut ainsi que notre frère Joseph? Comment pourrions-nous commettre un tel crime et pécher ainsi devant notre Dieu, devant Jacob notre père et devant Joseph notre frère? Maintenant écoute mes paroles. Un serviteur de Dieu ne doit faire aucune espèce de mal à un autre homme; mais si quelqu'un veut faire du mal à un serviteur de Dieu, celui-ci a une épée dans la main. Quant à toi, garde-toi maintenant de tenir un tel langage au sujet de notre frère Joseph; car si tu persistes dans tes mauvais desseins, c'est contre toi que nous mettons l'épée à la main. » Et au même moment Siméon et Lévi, tirant leurs épées du fourreau, dirent au fils de Pharaon : « Les voici, tu les vois dans nos mains, ces épées avec lesquelles le Seigneur a châtié les Sichémites et puni l'offense faite aux fils d'Israël en la personne de notre sœur Dina, que Sichem, fils d'Emor, avait outragée[1]. » A cette vue, le fils de Pharaon fut saisi d'une grande peur et se mit à trembler de tous ses membres, car les glaives étincelaient comme une flamme de feu; ses yeux furent éblouis, et il tomba la face contre terre. Lévi le prit par la main et lui dit : « Lève-toi et n'aie aucune crainte; mais garde-toi bien de tenir encore un mauvais langage au sujet de notre frère Joseph. »

Puis Siméon et Lévi sortirent de devant le fils de Pha-

---

[1] Cf. Genèse, ch. xxxiv.

raon, qu'ils laissèrent rongé de crainte et de dépit. Car s'il avait peur de Siméon et de Lévi, d'un autre côté il était obsédé par la beauté d'Asséneth, et sa tristesse dépassait toute mesure. Ses serviteurs lui dirent alors : « Les fils de Balla et de Zelpha, servantes de Jacob, sont ennemis de Joseph et d'Asséneth et leur portent envie; ils seront à ta disposition pour faire ce que tu voudras. » Il leur envoya donc des messagers pour les appeler auprès de lui, et ceux-ci, étant venus pendant la nuit, se présentèrent devant le fils de Pharaon, qui leur dit : « J'ai à vous parler d'une affaire, parce que vous êtes de vaillants guerriers. » Dan et Gad, les deux aînés [1], lui répondirent : « Que notre seigneur parle; tes serviteurs t'écouteront et feront ce que tu voudras. » Le fils de Pharaon, tout joyeux, s'adressant alors à ses propres serviteurs : « Éloignez-vous un peu, leur dit-il, j'ai à m'entretenir en secret avec ces hommes; » et ils se tinrent tous à distance. Puis il se tourna vers les fils de Balla et de Zelpha et leur dit : « Vous avez devant vous la bénédiction [2] et la mort; choisissez la bénédiction plutôt que la mort, car vous êtes de vaillants guerriers qui ne voulez pas mourir comme des femmes. Ayez bon courage, et tirez vengeance de vos ennemis. J'ai entendu, en effet, votre frère Joseph qui disait de vous à mon père Pharaon : « Ce sont les enfants des servantes de ma mère, ce ne sont « pas mes frères; j'attendrai la mort de mon père, puis je les « exterminerai, eux et leurs familles, pour qu'ils n'héritent « pas avec nous, car ce sont des fils de servantes. Ce sont eux « aussi qui m'ont vendu aux Ismaélites, et je leur rendrai

---

[1] Dan était l'aîné des fils de Balla, Gad, l'aîné des fils de Zelpha.

[2] C'est-à-dire l'abondance, la prospérité, les richesses. Le syriaque dit « la vie ».

« tout le mal qu'ils m'ont fait, mais seulement après la
« mort de mon père. » Pharaon, mon père, a loué Joseph
de son dessein et lui a dit : « Tu as raison; je te don-
« nerai mille hommes propres à la guerre et te viendrai en
« aide. »

Lorsque les fils de Balla et de Zelpha entendirent ce discours, ils furent fort émus et affligés, et dirent au fils de Pharaon : « Nous t'en prions, seigneur, viens à notre secours. » Et celui-ci leur répondit : « Je vous viendrai en aide si vous m'écoutez. » Ils répliquèrent : « Tes serviteurs sont devant toi; ordonne, et nous ferons ce que tu voudras. » Le fils de Pharaon leur dit alors : « Je vais tuer mon père cette nuit même, parce que Pharaon est un père pour Joseph. Aidez-moi en tuant Joseph. Moi, je prendrai Asséneth pour femme, et vous, vous serez mes frères et mes cohéritiers, si toutefois vous faites ce que je vous dis. » Dan et Gad lui répondirent : « Nous sommes maintenant tes serviteurs; ce que tu as commandé, nous le ferons. Nous avons entendu aujourd'hui Joseph dire à Asséneth : « Va demain dans notre « héritage, car c'est l'époque de la vendange. » Et il lui a donné pour l'accompagner six cents hommes de guerre et cinquante coureurs pour la précéder. Maintenant, écoute ce que nous allons te dire. » Ils eurent alors un entretien secret avec le fils de Pharaon, qui donna cinq cents hommes à chacun des quatre frères [1] et les fit chefs et commandants. Puis Dan et Gad lui dirent : « Nous allons partir pendant la nuit, et nous mettre en embuscade sur le chemin en nous cachant au milieu des roseaux [2]; toi, prends avec toi cin-

---

[1] Gad et Aser, Dan et Nephthali.

[2] Le syriaque ajoute : *du ravin*. Cette addition, comme la suite l'indique, appartient au texte original.

quante archers à cheval et va plus loin que nous. Quand Asséneth arrivera, nous taillerons en pièces les soldats qui l'accompagnent; elle se sauvera en avant de son char, tombera entre tes mains, et tu en agiras avec elle selon tes désirs. Puis nous tuerons Joseph pendant qu'il sera encore accablé par le sort d'Asséneth, et nous ferons mourir ses fils sous ses yeux. » Ce discours remplit de joie le fils de Pharaon, qui envoya en avant les fils de Balla et de Zelpha avec deux mille hommes; ils arrivèrent au ravin, se cachèrent au milieu des roseaux, en se plaçant des deux côtés du passage du ravin; entre les deux troupes se trouvait la route large et spacieuse.

Le fils de Pharaon se leva cette nuit-là et vint à la maison de son père pour le tuer avec son épée. Mais les gardes l'empêchèrent d'entrer auprès de son père et lui dirent : « Pourquoi veux-tu entrer, seigneur? » Il leur répondit : « Pour voir mon père; je pars pour aller vendanger la vigne nouvellement plantée. » Alors les gardes lui dirent : « Ton père a souffert d'un mal de tête et est resté éveillé toute la nuit; maintenant il repose un peu et a donné l'ordre de ne laisser entrer personne auprès de lui. » Le fils de Pharaon s'en alla, prit ses soldats, et au point du jour il avait dressé son embuscade. *Et voici qu'Asséneth arrivait sur son char, accompagnée de soldats marchant devant et derrière elle. Dan, Gad et le fils de Pharaon attaquèrent alors impétueusement leurs adversaires. Aussitôt Asséneth invoqua le Dieu Très-Haut; à l'instant même l'homme de Dieu qui était déjà venu la trouver lui apparut* [1], *et le Seigneur fut son défenseur. Les épées se brisèrent,*

---

[1] Dans la première partie du roman, Asséneth a d'abord dédaigné Joseph, « l'esclave étranger », et déclaré à ses parents qu'elle ne voulait épouser que le fils aîné de Pharaon. Elle revient à de tout autres sentiments après avoir vu

et les combattants se fondirent comme la cire devant le feu. Le fils de Pharaon tomba à terre devant Asséneth, s'abattit et resta comme mort.

Ayant appris ce qui se passait, les fils de Jacob arrivèrent en grande colère. Dan et Gad, voyant que le Seigneur combattait, furent frappés de terreur, tombèrent aux pieds d'Asséneth et lui dirent :

Le fragment imprimé en italique est un résumé fort concis du texte primitif. On dirait que l'auteur, ou un des copistes de la version arménienne, a tiré ce qu'il a pu d'un feuillet de manuscrit devenu à peu près illisible, sans se préoccuper beaucoup de faire accorder le récit avec ce qui précède et avec ce qui suit. La fin de l'épisode resterait presque inintelligible, si heureusement la version syriaque ne nous avait pas conservé un texte plus complet. Nous donnons ici, d'après cette dernière version, la traduction du passage correspondant au résumé arménien, en partant du moment où le fils de Pharaon vient de dresser son embuscade.

Nephthali et Aser, les frères cadets, dirent à Dan et à Gad : « Pourquoi méditez-vous encore de méchants projets contre Israël notre père et contre notre frère Joseph? Le Seigneur ne le garde-t-il pas comme la prunelle de l'œil? Ne l'avez-vous pas vendu autrefois? Et maintenant il règne sur le pays, il donne à son gré le froment qui nourrit, il sauve la vie à des multitudes. Si aujourd'hui vous tentez de lui faire du mal, il remontera au ciel et enverra sur vous un feu qui

le « beau » Joseph, se désole, renonce à ses Dieux, fait pénitence et adresse une longue prière au dieu des Hébreux. Un ange lui apparaît alors pour la consoler et lui annoncer qu'elle aura Joseph pour époux. Le même ange se montre ici pour la défendre contre le fils de Pharaon. Cette intervention miraculeuse semble être une addition du texte arménien; elle n'appartient pas au texte primitif, où les événements sont racontés différemment, comme on le verra tout à l'heure.

vous dévorera, car les anges de Dieu combattront pour lui et lui viendront en aide.» Dan et Gad s'irritèrent contre leurs frères et leur dirent : «...sinon nous mourrons comme des femmes.»

A l'aube, Asséneth se leva et dit à Joseph : «Comme tu l'as dit, j'irai dans nos champs, dans notre héritage, pour la vendange; mais je crains qu'on ne vienne m'arracher à toi.» Joseph lui répondit : «Prends courage, ne crains rien, mais hâte-toi de partir; le Seigneur sera avec toi, il te gardera comme la prunelle de l'œil et te préservera de tout fâcheux accident. Moi, j'irai préparer et distribuer des vivres, pour nourrir la foule et empêcher qu'elle ne périsse dans le pays.»

Asséneth et Joseph s'en allèrent donc, chacun suivant son chemin; et Asséneth arriva à l'endroit où était le ravin, accompagnée des six cents hommes de guerre. Alors les soldats de Dan et de Gad sortirent de leur embuscade et attaquèrent les soldats d'Asséneth. Ils les tuèrent ainsi que les cinquante coureurs qui précédaient, et Asséneth s'enfuit sur son char.

Lévi avait fait connaître la trahison à ses frères, les fils de Léa[1]. Chacun d'eux ceignit son épée, mit le bouclier au bras et saisit la lance de la main droite. Ils coururent ainsi à la hâte et arrivèrent rapidement auprès d'Asséneth.

Comme celle-ci fuyait, le fils de Pharaon, accompagné de ses cinquante cavaliers, se trouva devant elle. Elle le vit, eut peur et fut toute troublée. Elle invoqua alors le nom du Seigneur, le Dieu Très-Haut. Benjamin était avec elle

---

[1] Comme nous l'avons vu plus haut, Lévi était doué d'une sorte de seconde vue qui lui permettait de savoir ce qui échappait aux autres. Cf. p. 501 et, plus loin, p. 510.

dans son char; c'était encore un enfant, beau, craignant Dieu et très courageux. Il descendit du char, ramassa dans le ravin des pierres polies, plein ses mains, les lança bravement contre le fils de Pharaon et ne le manqua pas. Il le frappa à la tempe gauche, le blessa grièvement, et le fils de Pharaon tomba étendu sur le sol[1]. Puis Benjamin monta rapidement sur un rocher élevé et dit au conducteur du char d'Asséneth : « Fais-moi passer des pierres polies du ravin; » et celui-ci lui fit passer des pierres polies, au nombre de quarante-huit, avec chacune desquelles Benjamin tua un homme, quarante-huit hommes de ceux qui suivaient le fils de Pharaon.

Les fils de Léa, Ruben, Siméon, Lévi, Juda, Issachar et Zabulon, poursuivirent les hommes qui s'étaient mis en embuscade dans les broussailles du ravin, et tombèrent sur eux à l'improviste; les six jeunes gens fils de Léa les tuèrent tous. Leurs frères Dan et Gad, fils de Bilha (Balla) et de Zilpha (Zelpha), s'enfuirent devant eux, en disant : « Nous avons succombé devant nos frères, et le fils de Pharaon a été vaincu et blessé à mort par Benjamin. Maintenant allons, tuons Asséneth et Benjamin notre frère; puis nous fuirons et nous chercherons un refuge dans les bois du ravin. » Ils arivèrent, tenant à la main leurs glaives rouges de sang. Asséneth les vit et s'écria : « Seigneur, toi qui m'as sauvée de la mort et qui m'as dit : vis à jamais, délivre-moi, sauve-moi de l'épée de ces hommes pervers. » Et lorsqu'ils entendirent la prière d'Asséneth, les épées leur échappèrent des mains et tombèrent à terre dans la pous-

---

[1] David tuant Goliath. Cf. I Sam. xvii, 40 (Peschito) avec notre texte, où le mot ܟܐܦܐ est exact et n'a pas besoin d'être corrigé en ܚܝܐ. (Land, *Anecd. syr.*, t. III, p. 44.)

sière. Ce que voyant, les fils de Bilha et de Zilpha se mirent à trembler de peur et dirent : « En vérité, le Seigneur combat contre nous pour Asséneth. » Ils tombèrent à terre, se prosternèrent devant Asséneth et lui dirent :

Nous reprenons ici la traduction du texte arménien.

« Tu es notre princesse et notre reine. Nous avons mal agi à ton égard, et le Seigneur a fait retomber sur nos têtes notre mauvaise action. Maintenant nous t'en supplions, nous tes serviteurs, aie pitié de nous et sauve-nous des mains de nos frères, car ceux-ci viennent demander vengeance et leurs épées nous menacent. » Asséneth leur répondit : « Rassurez-vous et n'ayez point peur de vos frères, car ce sont des hommes qui craignent et servent le Seigneur et qui rougissent devant chacun. Retirez-vous donc au milieu de ces roseaux, jusqu'à ce que je vous aie disculpés devant eux et que j'aie apaisé leur colère. Vous avez en effet tenté une criminelle entreprise; mais ne craignez rien : le Seigneur jugera entre vous et moi. »

Puis Dan, Gad et leurs frères se réfugièrent au milieu des roseaux. Et voici qu'arrivèrent, en courant comme un troupeau de cerfs, les fils de Léa; Asséneth descendit de son char couvert et les reçut en versant des larmes. Eux aussi pleuraient abondamment lorsqu'ils se prosternèrent devant elle et demandèrent où étaient leurs frères. Asséneth leur répondit : « Ayez pitié de vos frères, et ne leur rendez point le mal pour le mal; car c'est le Seigneur qui m'a protégée contre eux, qui a brisé leurs épées, et ils ont fondu comme la cire devant le feu. C'est assez que le Seigneur ait combattu contre eux. Vous, pardonnez-leur; car ce sont vos frères, le sang de votre père Israël. » Et Siméon lui dit :

« Pourquoi notre princesse parle-t-elle en faveur de nos ennemis ? Non ! mais nous les mettrons en pièces avec nos épées, parce qu'ils ont comploté contre nous, contre notre père Israël et contre notre frère Joseph, et cela trois fois, ô notre princesse et notre reine. » Asséneth étendit le bras, prit Siméon par la barbe, le baisa et lui dit : « Ne fais point cela, mon frère, ne rends pas le mal pour le mal; qu'on laisse au Seigneur le soin de venger l'injure. Ce sont vos frères, les fils de votre père. Ils se sont enfuis du pays des Hébreux, loin de vous. » Lévi s'approcha et baisa la main d'Asséneth. Il voyait bien qu'elle voulait sauver ses frères. Or, ceux-ci étaient cachés au milieu des roseaux. Lévi le savait, mais il ne le dit pas, craignant que dans leur colère ils ne les fissent périr.

Le fils de Pharaon se souleva de terre et s'assit; le sang lui coulait par les oreilles et par la bouche. Benjamin courut aussitôt sur lui, saisit l'épée du fils de Pharaon[1], la tira du fourreau et voulut le tuer en lui perçant la poitrine. Mais Lévi se précipita sur Benjamin, retint son bras et lui dit : « Mon frère, ne commets pas une telle action, car nous sommes des serviteurs de Dieu, et il ne convient point à un serviteur de Dieu de rendre le mal pour le mal, de maltraiter un homme tombé entre ses mains, ni de tourmenter un ennemi jusqu'à le faire mourir. Maintenant, remets l'épée au fourreau, viens, aide-moi à guérir cet homme de ses blessures, et qu'il vive; il deviendra alors notre ami, et Pharaon sera pour nous comme un père. » Lévi releva donc le fils de Pharaon, essuya le sang qui cou-

---

[1] Le syriaque ajoute : *car Benjamin n'avait pas d'épée.*

vrait son visage, enveloppa sa tête d'un linge, le plaça sur sa propre monture et le conduisit[1] ainsi à Pharaon son père, auquel il raconta tout ce qui était arrivé. Pharaon se leva de son trône et se prosterna jusqu'à terre devant Lévi. Trois jours après le fils de Pharaon mourut[2]. Gloire à notre Dieu. Amen.

FIN DE L'HISTOIRE D'ASSÉNETH.

[1] Cf. Luc, x, 34. Il est difficile de ne pas voir ici une réminiscence de la parabole du bon Samaritain.

[2] Le syriaque ajoute quelques lignes qui appartiennent certainement à la rédaction originale : «[Le fils de Pharaon mourut] de la blessure que lui avait faite le jeune Benjamin. Pharaon le pleura, tomba malade et mourut à l'âge de cent soixante-dix-sept ans, laissant la couronne à Joseph. Celui-ci régna sur l'Égypte pendant quarante-huit ans; puis il remit la couronne au fils du fils de Pharaon, qui était encore à la mamelle lorsque Pharaon mourut. Et Joseph fut comme le père de l'enfant, en Égypte, tout le temps de sa vie.»

NOTICE

BIOGRAPHIQUE ET BIBLIOGRAPHIQUE

SUR

L'IMPRIMEUR ANTHIME D'IVIR,

MÉTROPOLITAIN DE VALACHIE,

PAR

ÉMILE PICOT,

CHARGÉ DE COURS À L'ÉCOLE DES LANGUES ORIENTALES VIVANTES.

NOTICE

BIOGRAPHIQUE ET BIBLIOGRAPHIQUE

SUR

L'IMPRIMEUR ANTHIME D'IVIR,

MÉTROPOLITAIN DE VALACHIE.

Parmi tous les prélats qui ont occupé le siège métropolitain de Valachie, il n'en est aucun qui se recommande à la postérité par des mérites aussi divers que le moine Anthime. Sa science, ses goûts artistiques, sa passion pour les livres suffiraient pour le mettre hors de pair; mais il a de plus donné, lui étranger, venu du fond de la Géorgie, un rare exemple de patriotisme roumain.

Notre plan n'est pas de raconter en détail la vie d'Anthime; aussi bien les documents nous manqueraient-ils pour le faire. Nous nous proposons seulement de faire connaître les services rendus par lui à l'art typographique.

L'imprimerie avait été introduite chez les Valaques en 1507 par le moine Macaire, que l'on croit pouvoir confondre avec le moine de même nom qui avait imprimé à Zenta, puis à Cetinje, de 1493 à 1495. On ignore dans quelle ville fonctionna ce premier atelier, dont nous connaissons quatre productions datées de 1507, 1510, 1512 et 1514; il est probable que ce fut à Argeș, où était alors le siège du métropolitain de Valachie; mais la question reste encore douteuse[1]. En 1517, l'archevêque Macaire[2] émigra d'Argeș à Tîrgoviște; aussi est-ce dans cette dernière ville que la typographie reparut de 1534 à 1547[3]; puis le silence se fit pendant près d'un siècle. En 1634, une imprimerie fonctionna de nouveau sur le territoire valaque. Cette fois, elle fut établie au monastère de Deal (1634-1647)[4]; une autre typographie s'ouvrit presque en même temps à Cîmpulung (1635-1650)[5]; une troisième au monastère de Govora (1638-1642)[6]. En 1652 et 1653, Tîrgoviște rentra pour un moment en possession de son imprimerie, mais la mort de Mathieu Basarab replongea la Valachie dans les ténèbres. Ce ne fut guère que vingt-cinq ans plus tard, en 1678, sous le prince Duca, que Bucarest posséda enfin un atelier typographique. Les débuts de cet atelier furent modestes. Il mit au jour, en 1678, un livre de théologie

---

[1] M. Stojan Novaković, auteur d'un travail sur les accents employés dans le texte de l'Évangile de 1512 (Гласник српског ученог друштва, XLVII, 1878), l'appelle «l'Évangile de Tîrgoviște»; peut-être a-t-il eu sous les yeux un exemplaire portant une souscription différente de celle que portent les autres exemplaires cités.

[2] C'est sans doute encore le même Macaire, l'ancien imprimeur de Zenta et de Cetinje, qui avait succédé à saint Niphon comme métropolitain de Valachie. Voy. *Revista română*, I, 821.

[3] Undoljski, Хронологическій Указатель славяно-русскихъ книгъ церковной печати съ 1491-го по 1864-й г. (Москва, 1871, in-8°), n°ˢ 24, 26; I. Karatajev, Описаніе славяно-русскихъ книгъ напечатанныхъ кирилловскими буквами, I (Санктпетербургъ, 1883, in-8°), n°ˢ 25, 39.

[4] Гласник српског ученог друштва, XLIV, 256, n° 23; Cipariu, *Principia de limba si de scriptura*, ed. II (Blasiu, 1866, in-8), 110, art. Dd; Karatajev, Описаніе, n°ˢ 601, 633.

[5] Šafařík, *Geschichte der südslawischen Literatur*, III, 128; Cipariu, *Principia*, 109, art. Cc; Karatajev, Описаніе, n°ˢ 426, 555, 667.

[6] Гласник српског ученог друштва, XLIV, 257, n° 25; Cipariu, *Principia*, 108, art. Aa; 109, art. Bb.

morale, *La Clef de l'entendement*[1], en 1682, une traduction des *Évangiles* due à Iordache Cantacuzène[2] et, en 1683, un *Apostol*[3]. Le premier ouvrage d'une réelle importance sorti des presses de Bucarest fut la *Bible* imprimée en 1688 par ordre de Șerban Cantacuzène[4]. En 1690, parurent deux ouvrages grecs[5]; en 1691, un livre grec et un livre roumain[6].

On ne relève sur les premières impressions de Bucarest aucun nom de typographe; mais un office grec de sainte Parascève, publié au mois de juin 1692, porte qu'il a été imprimé par le plus humble des moines, Anthime, d'Ivir[7]. Cette mention est le plus ancien témoignage que nous connaissions de la présence d'Anthime en Valachie. Le pauvre moine avait dû pourtant quitter depuis longtemps la Géorgie, son pays d'origine[8]; il avait probablement étudié sous

[1] Клꙋчꙋль сꙋ́ Кѣ́ль Ж҄целе́птꙋлꙋ́й (Musée national de Bucarest, n° 334).

[2] Cipariu, *Principia*, 111, art. Hh.

[3] Musée national de Bucarest, n° 241.

[4] Voy. notre *Notice biographique et bibliographique sur Nicolas Spatar Milescu*, p. 43.

[5] L'Ἐγχειρίδιον κατὰ τοῦ σχίσματος τῶν παπιστῶν, de Maxime de Péloponèse (Papadopoulos Vretos, Νεοελληνικὴ Φιλολογία, I, 41, n° 116), et l'Ἐγχειρίδιον κατὰ καλϐινικῆς φρενοϐλαϐείας, de Meletius Syrigos (*ibid.*, I, 42, n° 119).

[6] Les Κεφάλια παραινετικά de Basile le Macédonien (Bibl. nat. de Bucarest) et les Мꙁргъритáре de saint Jean Chrysostome (Musée national de Bucarest, n° 168).

[7] Voy. ci-après notre bibliographie n° 1.

[8] Un passage de Del Chiaro, que nous reproduisons à la fin de cette notice, nous apprend qu'Anthime portait avant d'entrer en religion le nom d'André. Les auteurs roumains ont quelquefois supposé qu'il avait tiré son surnom d'Ivireanul du monastère d'Ivir, au mont Athos; mais cette hypothèse est inadmissible. Ἰϐηρία est le nom grec de la Géorgie, et d'ailleurs, en tête des volumes arabes qui seront décrits plus loin, Anthime est appelé expressément «le Géorgien».

les yeux du métropolitain Théodose (1669-1709) les lettres grecques et romaines. Théodose, à qui les Roumains doivent l'emploi de leur langue nationale dans la liturgie[1], avait sous sa direction l'imprimerie fondée par le prince Duca. On peut croire qu'Anthime, qui se distinguait par une habileté de main remarquable, fut employé dès l'origine à la typographie, bien que son nom ne soit pas mentionné sur ses productions; bientôt il surpassa ses compagnons d'atelier et signa tous les volumes imprimés dans la seconde capitale de la Valachie. Cependant le bruit d'une ville telle que Bucarest convenait mal aux paisibles travaux d'Anthime. Épris d'une véritable passion pour l'art typographique, il crut qu'il l'exercerait avec plus de succès dans le silence d'un monastère, et il alla s'établir à Snagov.

Ce fut en 1694 que le moine géorgien quitta Bucarest avec ses lettres et sa presse. Il s'intitulait alors simplement «Anthime d'Ivir, le typographe[2]»; mais son mérite le recommandait à l'attention de ses frères, et, dès l'année 1695, il fut investi des fonctions d'hégoumène[3]. Il put alors donner un plus grand développement à son imprimerie. Nous connaissons quatorze ouvrages exécutés à Snagov de 1696 à 1701, et notre liste est certainement loin d'être complète. Anthime consacrait tous ses soins à ces travaux, et sa réputation grandissait chaque jour. Non seulement il exécutait

---

[1] Voy. sur ce prélat la revue intitulée *Biserica orthodoxă romănă*, V, 24-47, 78-110.

[2] Voy. l'inscription qui figure sur un brûle-parfum d'argent restauré aux frais d'Anthime en 1694. (*Revista romănă*, II, 402.)

[3] Une note manuscrite qui se lit sur la garde d'un *Minej* slovène pour le mois de décembre porte que ce volume a été relié le 29 août 1695 aux frais d'Anthime, préfet (*nastavnik*) de ce saint monastère de Snagov. (*Revista romănă*, II, 403.)

des impressions grecques et roumaines dignes des ateliers occidentaux, mais, à la demande de Constantin Brîncovanu, son protecteur, il aborda la typographie orientale. Au mois de janvier 1701, il fit paraître un recueil de liturgies en arabe et en grec dont le prince de Valachie désirait doter les églises de Syrie. Dès lors les ressources de Snagov devenaient insuffisantes, et, dans les derniers mois de l'année 1701, Anthime revint avec ses presses à Bucarest. De 1701 au mois de mars 1705, nous pouvons citer de lui quatorze impressions exécutées dans son nouvel atelier. De ce nombre est un volume arabe encore plus important que le premier.

Au mois de mars 1705, le siège épiscopal de Rîmnic devint vacant par suite de la déposition de l'évêque Hilarion; les prélats appelés à désigner trois candidats à sa succession proposèrent au choix du prince : Anthime, hégoumène de Snagov, Josaphat, prêtre régulier, et Macaire, protosyncelle. Le choix de Constantin Brîncovanu ne pouvait être douteux : il se porta sur Anthime[1].

Le registre de la métropole de Bucarest contient la confession de foi du nouvel élu, accompagnée de sa signature. Cette confession est rédigée en roumain, et le texte du *Credo* offre certaines particularités linguistiques qui permettent de penser qu'Anthime l'avait lui-même traduit sur l'original grec[2].

La dignité qui venait de lui être conférée n'affaiblit pas l'intérêt que le saint moine portait à l'art typographique. Il dut renoncer à son titre d'imprimeur, mais l'atelier continua de fonctionner sous sa surveillance.

Au mois d'avril 1705, cet atelier était encore à Buca-

[1] Voy. l'acte d'élection dans la *Biserica orthodoxă romănă*, VIII, 809.
[2] *Ibid.*, VIII, 811-813.

rest, mais bientôt le prélat le transporta à Rîmnic. Dès lors les deux évêchés suffragants du métropolitain de Valachie possédèrent chacun une typographie. Buzău devait au rival d'Anthime, à l'évêque Métrophane, la fondation d'une imprimerie qui s'est maintenue plus ou moins active jusqu'à nos jours[1]; Rîmnic ne resta plus en arrière.

Ce n'est pas ici le lieu de nous étendre sur l'administration épiscopale d'Anthime; nous dirons seulement qu'il trouva moyen d'agrandir les domaines qui formaient le patrimoine du diocèse[2]. Il s'attacha également à restaurer et à embellir les églises. On prétend qu'il peignit de sa main la chapelle de l'évêché. La décoration qu'il y appliqua était ingénieuse. Il représenta sur les murs extérieurs les prophètes du Christ et plaça entre leurs mains des banderoles sur lesquelles étaient reproduits les passages de l'Ancien Testament relatifs au Messie. Les talents et la piété de l'évêque de Rîmnic étaient si bien reconnus de tous que, à la mort du métropolitain Théodose (27 janvier 1708), il fut investi de cette dignité suprême.

Anthime vint donc s'établir à Tîrgoviște, où il ne manqua pas de se faire suivre par son imprimerie, et où il reprit ses publications.

Non content de donner autour de lui l'exemple de la charité et des bonnes œuvres, il porta ses regards vers ses

[1] Les premières impressions de Buzău sont : une Православника Мѫртѹрисѵре, publiée au mois de décembre 1691 (*Revista română*, 1, 585); une Сфѫнта шѝ думнезѣіаскъ Лѵтѹргіе, 1693 (Musée national de Bucarest, n°ˢ 18, 60, 65), un *Triod*, 1697 (Pop, *Disertație despre tipografiile romînești in Transilvania și învecinatele țări*, Sibiu, 1838, in-8°, 70), enfin les douze volumes du *Mineiŭ*, 1698 (Bibl. imp. et roy. de Vienne, 22. B. 16 et 47. kk. 69; Musée nat. de Bucarest, n°ˢ 6-10, cinq mois seulement).

[2] *Biserica orthodoxă română*, VIII (1884), 813.

compatriotes de la Géorgie; il voulut les doter, eux aussi, d'une imprimerie. Il fit choix d'un Transylvain appelé Michel Stefanovič, et il l'envoya dans le Caucase. En 1710, Stefanovič fit paraître une traduction de la Bible qui est probablement le premier livre imprimé en géorgien[1]; ce-

---

[1] Ce volume a été découvert, il y a quelques années, à Kutaïs par M. le conseiller d'État Démètre Bakradže. Nous n'en possédons pas de description et nous ignorons si les pièces liminaires renferment des détails sur l'imprimeur et sur les relations d'Anthime avec la Géorgie. Tout ce que nous pouvons dire, c'est que la Bible se termine par six vers roumains imprimés en caractères géorgiens de la manière suivante :

ქ : პრეკუმ ჩეი სტრეინი დორესკ : მოშია სჱშ ჴა ზე :
კინდ სინტ ინტრალტე ცარე : დე ნუ პოტ სე შა   ზე :
ქ : ში კა ჩეი ჩეჱ პრე მარე : ბჱტუჱ დე ფურტუ ნა :
ში როაგა პრე დუმნეზეუ : დე ლინიშტე ბუ   ნა :
ქ : აშა ში ტიპოგრაფი : დო კერცეი სჱვჱრში რე :
ლაუდე ნენჩეტატე : დაუ : ში მულცემი   რე :

Precum ceĭ streinĭ doresc moşia să-şĭ vază
Cînd sunt întraltă ţară de nu pot să şază,
Şi ca ceĭ ce'ş pre mare, bătuţĭ de furtună,
Şi roagă pre Dumnezeu de linişte bună,
Aşa şi tipografiĭ, do [*lis.* de] cărţeĭ [*sic*] săvărşiră,
Laudă nencetată daŭ şi mulţumiră.

«De même que les étrangers désirent revoir leur pays quand ils sont dans une autre contrée où ils ne peuvent s'accoutumer, de même que ceux qui sont sur la mer, battus par la tempête, prient Dieu de leur donner le calme; de même les typographes, quand ils ont terminé des livres, rendent des actions de grâces infinies.»

Voy. *Buletinul Societăţiĭ geografice române*, IV (1883), 72.

Les vers de Michel Stefanovič ne sont pas originaux; on les rencontre à la fin des Évangiles imprimés par Anthime, à Snagov, en 1697 (voy. notre *Bibliographie*, n° 6). On trouve, d'ailleurs, à la fin de livres antérieurs à An-

pendant, s'il faut en croire une tradition recueillie par Neigebaur[1], des impressions géorgiennes avaient été précédemment exécutées au monastère de Snagov. Il est possible en effet qu'Anthime ait eu part à la gravure et à la fonte des caractères employés par Michel Stefanovič et qu'il ait médité pendant plusieurs années l'envoi d'un typographe dans le Caucase.

Bien que Tîrgoviște fût encore la capitale de la Valachie, elle était bien déchue de sa splendeur. Les princes l'abandonnaient régulièrement chaque année pendant plusieurs mois qu'ils passaient à Bucarest. Le chef du clergé valaque dut suivre la cour; il fut ainsi amené à résider une partie du temps à Bucarest, et ce fut dans cette dernière ville qu'il fonda de préférence les établissements religieux auxquels son nom est resté attaché. En 1713, il y commença la construction de l'église de Tous-les-Saints et, d'après une tradition qui paraît sérieuse, exécuta lui-même une partie des peintures qui la décorent[2]. Il y plaça les prophètes du Christ ainsi qu'il les avait représentés à Rîmnic. Anthime ne se borna pas, d'ailleurs, à manier le pinceau; c'est à lui qu'on attribue également les sculptures qui ornent le temple. Ces sculptures offrent un motif, fréquemment répété, qui semble avoir été l'emblème du saint prélat : un escargot, symbole de la modestie et de

---

thime, des souscriptions presque semblables, notamment à la fin de la *Carte românească de învățătură*, imprimée à Iassi en 1643, et de la *Bible de 1688*. Voy. *Revista română*, I, 583.

La *Bibliotheca caucasica et transcaucasica* de notre regretté ami Mianzarov nous aurait probablement fait connaître d'autres impressions de Michel Stefanovič, si ce grand ouvrage avait pu être terminé.

[1] *Beschreibung der Moldau und Walachei* (Leipzig, 1848, in-8°), 326.

[2] *Biserica orthodoxă română*, VIII, 827.

la fidélité. Au-dessus de la porte d'entrée se lit l'inscription suivante :

Ὁ ναὸς οὗτος τῶν Θεῶν πάντων θέσει,
Νεύσει δέδμηται τοῦ Θεοῦ πάντων φύσει.
Ἐπὶ Στεφάνου Καντακουζηνοῦ νόμου
Κλυτοῦ Βλάχων γῆς ἡγέτου τε φραιδίμου,
Πρὸς ποιμενάρχου Ἀνθίμου Οὐγγροβλάχων,
Τοῦ ἐξ Ἰβήρων, ὡς ὁρᾶται ἐκ βάθρων,
Ὧς προσκυνῆται τῶν Θεῶν Θεὸς μέσον,
Ὧς Δαυὶδ ᾖσι καὶ Θεῶν ναοῦ μέσον.
Ἐν ἔτει τῷ σωτηρίῳ αψιέ [1715][1].

Sous le même vocable de Tous-les-Saints, Anthime construisit également à Bucarest un monastère aujourd'hui désigné sous le nom de monastère d'Anthime, et qui est devenu le métoque de l'évêché d'Argeș[2]. Il rédigea lui-même des instructions détaillées pour les moines de son monastère et leur traça des règles de conduite empreintes de l'esprit le plus sage et le plus élevé. Dans ces instructions, il n'oublia pas sa chère imprimerie; il fixa le salaire des ouvriers et recommanda d'employer les bénéfices à la publication de livres d'édification[3].

A l'église et au monastère d'Anthime se rattachèrent diverses institutions charitables ayant pour but l'instruction des enfants, le mariage des jeunes filles, l'ensevelissement des morts étrangers, etc.[4]. Divers mandements qui se sont

[1] *Biserica orthodoxă romănă*, IX, 228.
[2] *Ibid.*, IX, 227.
[3] Les instructions d'Anthime ont été imprimées dans le journal *Biserica orthodoxă romănă*, IX (1885), 163-168, 211-229. Elles sont datées, au commencement, du 24 avril 1713, et se terminent par un paragraphe additionnel en date du 15 mars 1716.
[4] *Ibid.*, VIII, 827.

conservés jusqu'à nous attestent le zèle pastoral du métropolitain de Valachie. Non content d'écrire et de publier des livres, Anthime se livrait avec ardeur à la prédication[1]. Il voulait surtout moraliser son clergé en supprimant l'ivrognerie et en dissipant l'ignorance parmi les prêtres[2]. Nous savons aussi qu'il combattit avec ardeur la propagande protestante[3].

Le développement donné par Anthime à ses fondations de Bucarest indique qu'il ne résidait plus à Tîrgovişte. Toute l'activité du pays se concentrait de plus en plus à Bucarest, et les boïars ne pardonnaient pas à Constantin Brîncovanu de ne pas s'y fixer d'une manière permanente :

---

[1] Mgr Melchisedec, évêque de Roman, a fait don récemment à l'Académie roumaine d'un manuscrit contenant divers sermons d'Anthime. Ce volume, qui se compose de 3 ff. lim. et de 259 feuillets in-4°, est une copie exécutée en 1781 ; il porte le titre suivant : *Didahii ce să numesc a fi făcute de reposatul vlădicā Anthim pe la praznice mari ... S' aŭ scris de mine smeritul între icromonahŭ Grigorie, arhimandrit Delean, în sf. mitropolie a Bucureştilor, la anul 1781 : 7289, Iulie 27, dupā altă carte ce am găsit'o scrisă iar cu mîna.* Les sermons auxquels sont joints deux mémoires apologétiques adressés par le métropolitain à Constantin Brîncovanu, en date du 13 janvier et du 3 février 1712, paraîtront prochainement par les soins de M. Ion Bianu.

Plusieurs lettres adressées par Anthime à Chrysanthe Notaras étaient conservées, il y a quelques années, dans la bibliothèque du métoque du Saint-Sépulcre à Constantinople. Ces lettres, écrites en grec, étaient datées des 22 octobre 1707, 20 septembre et 15 novembre 1712, 21 janvier et 6 avril 1713, 24 juillet et 9 août 1714, 14 mars 1716 (voy. Sathas, *Bibliotheca graeca medii aevi*, III, 521). Notre savant collègue M. Émile Legrand nous apprend malheureusement que le recueil de Constantinople, emprunté par l'ancien bibliothécaire, feu M. Hadži-Constantinidis, et probablement communiqué par lui à un tiers resté inconnu, ne se retrouve plus aujourd'hui.

[2] *Biserica orthodoxă romănă*, VIII, 826.

[3] Cipariu, *Acte si Fragmente latine romanesci pentru istori'a besereceĭ romane, mai alesu unite* (Blasiu, 1855, in-8°), 11 ; Nilles, *Symbolae ad illustrandam historiam Ecclesiae orientalis* (OEniponte, 1885, in-8°), 149.

ce fut même un des motifs qu'ils firent valoir auprès de la Porte pour obtenir la déposition du prince (mars 1714). Le successeur de l'infortuné Constantin, Étienne Cantacuzène, dut transférer définitivement la capitale à Bucarest; le métropolitain, de son côté, y établit son siège et y transporta pour la troisième fois son imprimerie (1715).

Au mois d'octobre 1715, Anthime obtint d'Étienne Cantacuzène un diplôme qui garantissait l'existence des établissements créés par lui[1]; mais le malheureux prince ne devait pas tarder à partager le sort de son prédécesseur. Il fut, comme Brîncovanu, emmené à Constantinople et mis à mort par les Turcs (7 juin 1716).

Dès lors la Valachie fut entièrement livrée aux Grecs. Anthime, qui avait reçu une éducation en grande partie hellénique, espéra tout d'abord qu'il lui serait possible de s'entendre avec son nouveau maître. Dans un article ajouté le 15 mars 1716 aux instructions destinées à ses moines, il salue comme un événement heureux l'élévation de Nicolas Mavrocordato à la principauté[2]; quelques jours plus tard, le 24 mars, il décide le prince à confirmer le diplôme signé par Étienne Cantacuzène le 14 octobre précédent[3]; mais cette bonne entente n'est pas de longue durée.

Anthime, malgré son origine lointaine, s'était attaché de tout cœur à sa patrie d'adoption; il ne put voir, sans en ressentir une profonde douleur, la Valachie abandonnée comme une proie à tous les aventuriers du Phanar. Il essaya de secouer la torpeur des boïars indigènes en les excitant à la lutte contre les Grecs. Le chroniqueur Radu Popescu,

---

[1] *Biserica orthodoxă romănă*, VIII, 827.
[2] *Ibid.*, IX, 226.
[3] *Ibid.*, VIII, 827.

qui regarde le prélat géorgien comme un traître, prétend qu'il essaya de tromper Nicolas Mavrocordato en lui faisant savoir qu'un fils de Șerban Cantacuzène, resté en Hongrie, allait passer les Carpathes pour réclamer l'héritage de son père; il l'accuse d'avoir tenu des conciliabules avec les boïars, d'avoir proposé d'appeler les Impériaux; bref, l'historien roumain n'a que des flatteries à l'adresse de l'envahisseur étranger et des paroles de blâme pour l'homme qui essaya de sauver le pays [1].

Mais la lutte était inégale : les Grecs avaient depuis longtemps réussi à s'emparer des principaux emplois; les boïars valaques étaient sans influence et sans énergie. Anthime échoua. Une assemblée d'évêques grecs convoquée par Mavrocordato déclara que le saint prélat s'était rendu coupable de magie et de pratiques diaboliques (c'était là sans doute une allusion aux talents dont Anthime avait fait preuve comme imprimeur et comme artiste), que c'était un conspirateur et un fauteur de révolutions, en état de rébellion contre son prince légitime. Il fut en conséquence excommunié et déclaré déchu de toute dignité ecclésiastique (août 1716) [2].

La colère de Nicolas Mavrocordato n'était pas encore apaisée. Ce n'était pas assez d'avoir fait descendre Anthime

---

[1] Laurianu și Bălcescu, *Magazinu istoricu pentru Dacia*, IV, 49-51.

[2] Le texte grec de la sentence a été publié dans la *Biserica orthodoxă română*, IX, 822-825. Les signataires sont tous des Grecs : Auxence, évêque de Cyzique, Denis, évêque d'Amasie, Néophyte, évêque d'Arta, Nicodème, évêque de Derkæ, Constantin, évêque de Chalcédoine, Cyrille, évêque de Brousse, Callinique, évêque de Philippopolis, Théoclète, évêque de Priconisos, Gherasim, évêque de Nicée, Christophe, évêque d'Iconium, et Nicodème, évêque de Mitilène. Disons à la louange des évêques roumains qu'ils ne prirent pas part à ce jugement inique.

de son siège, il voulait à tout prix se défaire de lui. Il prononça contre lui la peine de l'exil et le condamna à se retirer au mont Sinaï[1]; mais il le fit accompagner jusqu'au Danube et donna secrètement l'ordre à ses émissaires de le noyer dans le fleuve. C'est un Grec, c'est Photinos, qui raconte ce tragique événement[2]. Un historien contemporain, Del Chiaro, dit que le prélat fut massacré comme il était déjà parvenu sur la rive droite du Danube; mais, au fond, les détails importent peu, et la mort violente du saint homme est un fait certain[3].

---

[1] *Biserica orthodoxă romănă*, VIII, 828.

[2] Ἔχων δὲ πάθος κατὰ τοῦ μητροπολίτου Οὑγγροβλαχίας Ἀνθίμου τοῦ ἐξ Ἰβηρίας, ἐσύκωσε τοῦτον ἐκ τοῦ ἀρχιερατικοῦ θρόνου, καὶ ἐν λόγῳ, ὅτι τὸν στέλλει ἐξόριστον εἰς Τουρκίαν, ἐν ᾧ τὸν διαπερῶσαν τὸν ποταμὸν Δούναβιν, ἔπνιξαν αὐτὸν ἐκεῖ, κατὰ τὴν μυστικὴν προσταγὴν, ὁποῦ εἶχον. D. Photinos, Ἱστορία τῆς πάλαι Δακίας, τὰ νῦν Τρανσιλβανίας, Βλαχίας καὶ Μολδαυίας (Vienne, 1818-1819, 3 vol. in-8), II, 311.

[3] «L'arcivescovo Antimo, metropolitano della Valachia, il quale, come di sopra dicemmo, tuttavia trovavasi arrestato in corte, fu a forza di minacce costretto a far in iscritto la rinunzia dell' arcivescovado. Dal principe e da' suoi ministri restò eletto l'arcivescovo Metrofane, che era già stato confessore del principe Costantin Brancovani. Il despoto Antimo fu degradato e accusato come stregone e seduttore; gli fu levato il berettone sagro di testa e postogliene uno rosso. Lasciò il nome di Antimo, e gli si diede quello di Andrea, poichè cosi appellavasi al secolo. Fugli letta e intimata la sentenza di carcere perpetuo nel monistero del Monte Sinai. Posto di notte tempo in un carro, fu consegnato alla custodia di alcuni Turchi, i quali giunti in Gallipoli, presso al fiume Dulcia, che passa per Adrinopoli, trucidarono il miserabile arcivescovo, e le di lui membra furono gettate nel detto fiume.

«Ecco il fine infelice di quell' arcivescovo, delle di cui politiche *multi multa dicunt;* ed io non voglio dirne altro, giacchè i giudizj di Dio debbon da noi adorarsi, anzichè interpetrarsi. Era egli dotato di si rari talenti, che sapeva mirabilmente imitare qualsisia sorta di manifatture, spezialmente in genere d'intagli, di segni e ricami. Ridusse in ottima forma la stamperia, a cui, oltre a' caratteri greci ed illirici, vi aggiunse ancora gli arabici, sicchè in

Telle fut la fin d'Anthime, que les Roumains peuvent ranger à bon droit parmi les martyrs de la cause nationale. Les notes bibliographiques qui vont suivre, notes qui sont bien loin d'être complètes, feront connaître avec plus de détails les services rendus par lui à la littérature.

questa ultima lingua vedonsi stampate le Messe di san Giovanni Grisostomo, di san Basilio e di san Gregorio, siccome ancora gli Evangelj ed altre opere spettanti all' uso ecclesiastico... L'atroce caso del trucidato arcivescovo, giacchè ognuno credevalo confinato nel Monte Sinai, pose tutta la Valachia in una orribile costernazione.» A.-M. Del Chiaro, *Istoria delle moderne rivoluzioni della Valachia* (Venezia, Ant. Bortoli, 1718, in-4°), 219

CATALOGUE DES IMPRESSIONS
EXÉCUTÉES PAR LES SOINS D'ANTHIME
OU SOUS SA DIRECTION.

IMPRESSIONS DE BUCAREST.

1. Ἀκολουθίαι ‖ τῆς τε ὁσίας μητρὸς ἡμῶν ‖ Παρασκευῆς Τῆς Νέας. ‖ Καὶ τοῦ Ὁσίου Πατρὸς ἡμῶν ‖ Γρηγορίου ‖ Τοῦ Δεκαπολίτου, ‖ Ἅμα δὲ τῶ ϖροεορ]ίων τῆς ἐν τῷ ναῷ εἰσό ‖ δου τῆς Ὑπεραγίας Θεοτόκου, διὰ τὸ συμ-‖πίπ]ειν κατ' αὐτὴν τὴν ἡμέραν καὶ τὴν ἑορτὴν ‖ τοῦ ἁγίου, Τυπωθεῖσαι ϖροςαγῇ καὶ ‖ δαπάνῃ τοῦ Ἐκλαμπροτάτου ἐν Δοξοτάτου [sic] ‖ καὶ Χριςιανικωτάτου Ἰωάννου Κωνςαντίνου ‖ Μπασαράμπα Βοε-6όδα Πάσης Οὐγ ‖ κροβλαχίας, διὰ τὸ ἑορτάζεσθαι λαμ ‖ ϖρῶς τὴν μνήμην αὐτῶν κατ' ἔτος [sic] ἐν τῇ ‖ Θεοφιλῆ ταύτῃ αὐθεντείᾳ Οὐγκροβλα ‖ χίας. ‖ Ἐν τῷ Μπουκουρεσ]ίῳ. ‖ Τῆς Οὐγκροβλαχίας, ͵αχϟϛ′ [1692]. ‖ Κατὰ Μῆνα Ἰούνιον. ‖ Παρὰ τοῦ ἐλαχίςου ἐν Ἱερομονάχοις ‖ Ἀνθίμου τοῦ ἐξ Ἰβηρίας. Petit in-8° de 4 ff. lim. et 116 pp.

Le titre est entouré d'un encadrement formé de petits ornements typographiques. — Au verso du titre sont les armes de Jean-Constantin Basarabă. — Les deux feuillets qui suivent sont occupés par une épître au même prince, datée de la métropole d'Ongrovalachie, au mois de juin 1692, et signée de Șerban [Greceanu], second logothète. — Le 4° f. lim. est blanc.

Le volume se divise en deux parties : la première (pp. 1-69) contient la liturgie de sainte Parascève; la seconde (pp. 71-116) contient celle de saint Grégoire le Décapolite.

Musée britannique, 869. e. 4. (Cet exemplaire contient d'intéressantes additions manuscrites sur le 4ᵉ f. lim. et sur deux ff. ajoutés à la fin du volume.) — Cf. A. Papadopoulos Vretos, Νεοελληνικὴ Φιλολογία, I, 42, n° 120; Sathas, Νεοελληνικὴ Φιλολογία, 381.

2. Θεῖον ‖ καὶ ἱερὸν ‖ Εὐαγγέλιον, ‖ Ἑλληνοβλάχικον, τὰ νῦν πρῶτον ‖ συναρμοσθὲν κατὰ τὰς ἀμφοτέρας ‖ διαλέκτους, καὶ κατὰ τὸν τῆς ἐκκλησί-‖ας ἑλληνικὸν τύπον ἐςρωμμέ-‖νον, τῇ τοῦ εὐσεβεςάτου, ἐκλαμ-‖προτάτου τε, καὶ μεγαλοπρεπεςάτου ‖ αὐθέντου καὶ ἡγεμόνος πάσης Οὐγ-‖κροβλαχίας, κυρίου κυρίου Ἰωάννου ‖ Κωνςαντίνου ‖ μπασαράμπα βοεβόδα, προτρο-‖πῇ τε καὶ ἀναλώμασι, πρὸς τὴν τῶν ‖ ὀρθοδόξων κοινὴν ὠφέλειαν. ‖ Εὐθύνοντος τὸν οἴακα τῆς ὀρθοδοξίας ‖ τοῦ πανιερωτάτου μ'οπολίτου κυρίου Θεοδοσίου. ‖ Ἐν ἔτει ϛριω ‖ ͵αχϙγ' [1693]. ‖ Ἐτυπώθη δὲ ἐν τῇ ἁγιωτάτῃ ‖ μητροπόλει τῆς Οὐγκροβλαχίας. — Сфн҃та [sic] ‖ ши́ дмнезѣ́аска Єѵангѐлїе ‖ Єлинѣ́скъ ши́ рꙋмѣнѣ́скъ, акꙋ̀ ‖ ма а́тю а̀лкѣтꙋ́итъ а́тра ‖ мъ"доашꙋ лии"биле, ши́ дꙋпъ гре ‖ часкъ ай бисѣричїй шръ"дꙋѣ́алъ ‖ ашеза́тъ. Кꙋ а̀бл҃гочистивꙋ́лꙋ"', ‖ пръ лꙋмина́тꙋлꙋ"' ши́ а̀маркꙋ ‖ вы̆н"ца́тꙋлꙋ"', до́мнꙋ ши́ ѡ̀блъ ‖ дꙋито́рю ато́атъ оу̀грꙋвла́хїа, ‖ Iwа" Коста"дѝнъ бъсъра́бъ ‖ воево́д', порꙋ"къ ши́ ке"тꙋ́а́лъ, ‖ спре чѐ дешп'ще а̀православничилоʳ ‖ фолосѝн'цъ. А̀ди́реп"тъ"д' къ"ма правосла́вїи"' ‖ пръ сфн҃цѝтꙋ" митрополи"кꙋ"ʳ ‖ Ѳеодо́сїе ‖ а а̀нꙋ" мъ"тꙋѝрїй. ͵ахϙг [1693]. ‖ Ши́ сꙋ́ типъри"' а̀н"трꙋ сфн҃та ‖ митрополїе, а̀ꙋгровла́хїи. In-fol. de 5 ff. lim. et 372 pp., impr. en rouge et en noir, à 2 col.

Le titre est entouré d'un grand encadrement divisé en plusieurs compartiments. La colonne de gauche contient l'intitulé grec, et la colonne de droite l'intitulé roumain.

Au verso du titre sont les armes de Jean-Constantin Basarabă, accompagnées de huit distiques roumains de Șerban [Greceanu], grand logothète. Voici le premier de ces distiques :

> Fericiții domnĭ a Țărăĭ Rumăneștĭ,
> Vestițiĭ aceia, mari băsărăbeștĭ...

Les 4 ff. suivants sont occupés par une épître grecque du même Șerban aux lecteurs chrétiens (épître datée du mois de septembre 1693), par la vie de S. Jean, dont les auteurs sont Sophronius et Dorothée, évêque de Tyr, et par un grand bois représentant S. Jean.

L'Évangile selon S. Mathieu commence à la page 45; l'Évangile selon S. Luc, à la page 118; l'Évangile selon S. Marc, à la page 214. Chaque partie est précédée de la vie de l'auteur et d'un grand bois.

Le volume se termine (pp. 318-320) par des avis dont voici quelques extraits, en roumain seulement: « Început luind aciasta dumnezăiască carte acelui de pururea curătoriu și de viață izvoritor.... Cu porunca și cheltuialele a blagocestivului și pre luminatului domnu și oblăduitoriu Țărăi Rumînești Ioan Costandin Băsărabă Voevod, iară cu nevoința și cu cea după puterea amânduror limbelor indereptare a prea micului întru ieromonahi Athanasie Moldoveanul...

« Ca și corhorul între alte verdețe, precum zice pilda, mă arăt și eu, o iubiților cetitori, cătră cei meșteri și iscusiți și înțelepți și nevoitori tipografi... Iar tipărită de mine prea micul în ieromonahi Anthim dela Iviria... » Suit la table qui termine la page 372.

Musée national de Bucarest, n° 12. — Bibl. de l'Académie roumaine, fonds de Scheie, n° 916.

3. Ѱалтырѣ ︱ апророкꙋлꙋи ︱ Шѝ Інпъратꙋлꙋи Двдь, ︱ кꙋ мѫтве лѫ тоате Кафизмеле. Шѝ кꙋ па ︱ схалїи. де, и҃. де ани. Дꙋпъ ѡрѫн-дꙋѩла ︱ гречаскъ. Шѝ ласъвѣршить Ѯѫѱѫлмꙋ. ︱ Акꙋм Інтѣи Типърить пре ли^мба рꙋмѫнескъ. ︱ Кꙋ порꙋнка шѝ тоатъ келтꙋѩла Апрѣ ︱ лꙋминатꙋлꙋй шѝ Інѫлцатꙋлꙋй домнь шѝ ︱ ѡблъдꙋиторю атоатъ Чара [sic] Рꙋмѫнескъ. ︱ Іѡань Кост^аадінь Б. Б. Воево^д. ︱ пꙋртѫндь Кѫрма Православїей, ︱ Прѣ Сфн^цїѧт^х Митрополи҃ Кл҃р Ѳеѡдосїе. ︱ Типъритꙋсаꙋ, Інтипографїѣ дом^ннѣскъ. ︱ Ін сфѫта Митрополіе Ібꙋкꙋрещи. ︱ Ін анꙋл дела Зидирѣ лꙋмїй, ..Зсв. ︱ Ѩрь дела мѫ^нтꙋире. ..ахчд [1694]. In-4° de 4 ff. lim. et 271 pp., titre et texte encadrés.

Au verso du titre sont les armes du prince de Valachie, accompagnées de quatre distiques du moine ANTHIME d'Ivir:

<blockquote>
Prea luminata stem'a Țărăi Rumănești,
Cu carea s'au încoronat veachii Băsărăbești...
</blockquote>

34.

Le deuxième f. lim. et le recto du troisième f. contiennent une épître adressée au prince par Anthime; puis viennent des indications sur la manière d'employer le Psautier, et une grande figure représentant David.

La traduction est en prose. Anthime ne dit pas clairement dans son épître si elle a été faite à nouveau ou simplement revue; mais il saute aux yeux qu'il s'agit d'une simple revision et que l'éditeur y a tout au plus ajouté quelques prières et quelques renvois.

Bibl. imp. et roy. de Vienne, 22. F. 31.

II

IMPRESSIONS DE SNAGOV.

4. Ѡрѫндꙋѣла слꙋжбей сфѫнцилѡрь ѫпъраци Кѡнстандинь шѝ Елена. Снѣгѡвь 1696. In-?

Revista română, II, 402; Iarcu, *Bibliografia română*, p. 7.

5. Ἀνθολόγιον τοῦ ὅλου ἐνιαυτοῦ λίαν πλουσιώτατον πάντων τῶν νῦν εὑρισκομένων Ἀνθολογίων. Περιέχει γὰρ οὐ μόνον τὰς ἐν τοῖς εὑρισκομένοις Ἀνθολογίοις Ἀκολουθίας, ἀλλὰ καὶ ὅλον τὸ Ψαλτήριον μετὰ τῆς Ὀκτωήχου, Ὡρολόγιόν τε καὶ Πεντηκοστάριον. Ἔτι δὲ καὶ τὸ ψυχωφελέστατον Τριώδιον, καὶ ἁπλῶς εἰπεῖν πᾶσαν τὴν Ἀκολουθίαν τοῦ ὅλου ἐνιαυτοῦ σῶαν καὶ ἀνελλειπῆ· Ἐτυπώθη δὲ ἐν τῇ περιφήμῳ καὶ περιφανεστάτῃ Οὐγκροβλαχίᾳ· ἐπὶ τῆς ἐκλαμπροτάτης ἀρχῆς τοῦ εὐσεβεστάτου, ἐνδοξοτάτου τε καὶ μεγαλοπρεπεστάτου ἡγεμόνος καὶ αὐθέντου πάσης Οὐγκροβλαχίας, Κυρίου Κυρίου Ἰωάννου Κωνσταντίνου Μπασαράμπα Βοεβόδα. Εὐθύνοντος τὸν οἴακα τῆς ἁγιωτάτης Μητροπόλεως Οὐγκροβλαχίας τοῦ πανιερωτάτου καὶ Θεοπροβλήτου Μητροπολίτου Κυ^ρ Κυ^ρ Θεοδοσίου. Σπουδῇ μὲν καὶ δαπάνῃ τοῦ πανευλαβεστάτου ἐν ἱερομονάχοις καὶ πνευματικοῖς πατράσι Κυρίου Γαλακτίωνος τοῦ Βιδάλη, τοῦ ἐκ τῆς περιφήμου νήσου Τίνου, καὶ πρώην καθηγουμένου τῆς μεγίστης μονῆς Λαύρης τοῦ ἁγίου Ὄρους

τοῦ Ἄθωνος, καὶ διορθώσει τοῦ λογιωτάτου κυρίου Παναγιώτου τοῦ Σινωπέως, ἐν τῇ σεβασμίᾳ Μονῇ τῶν Εἰσοδείων τοῦ Συναγώβου, παρὰ Ἀνθίμου ἱερομονάχου τοῦ ἐξ Ἰβηρίας. Ἐν ἔτει Σωτηρίῳ ͵αχϟζ΄ [1697] κατὰ μῆνα Ἰανουάριον. In-4°.

A. Papadopoulos Vretos, I, 44, n° 127.

6. Сфнта шй дмнезеѣска ‖ Еѵангелїе. ‖ Кѹ воѧ прѣ лѹминатѹлѹи шй ѫнъчѩ́ ‖ тѹлѹй Дмнь, шй ѡблъдѹитори ‖ атоатъ цара Рѹмънѣсвъ, Iѿ ‖ Кѡⁿстандінь Б : Воевоⷣ. ‖ Шй кѹ порѹⁿка пѹртътрѹлѹⁿ ‖ Православїей ‖ прѣ сфⁿцїитѹⷬ Кѵⷬ Ѳеодѡсїе Митрополитѹⷬ ‖ атоатей цри Рѹмънѣщи. шй ‖ ѐѯархѹ плаюрилѡрь : ‖ Акѹмь адоаѡрь Тѷпъритъ шй дїорѳѡсй. ‖ тъ май кѹ мѹлтъ невойнцъ. ‖ Ѫ сфнта Мѫнъстіре ѫ Снѣгѡбь ‖ Ла анѹл дела спсенїа лѹмїи, ͵а҃хчз [1697]. ‖ Де смеритѹл҄ ѫтрѹ Ѐрмонахи ‖ Анѳімь Iвирѣнѹль. In-fol. de 3 ff. lim. et 190 ff. chiffr., impr. en rouge et en noir.

Réimpression, avec quelques changements, de la traduction de Iordache Cantacuzène, publiée à Bucarest en 1682.

Le titre est entouré d'un encadrement au-dessus duquel sont placées les figures de la Vierge, du Christ et de saint Joseph.

Au verso du titre sont les armes de Constantin Basarabă, accompagnées de cinq distiques :

> Veadese că Corbul, proroc au hrănit
> Și dumnezăiască poruncă au plinit...

Le deuxième f. contient la vie de saint Jean par Sophronius. Le troisième f. contient, au recto, des ornements typographiques et cinq lignes de texte, et, au verso, un grand bois de saint Jean.

L'Évangile selon saint Mathieu commence, au f. 21, par la vie de l'évangéliste, attribuée à Sophronius, et par un grand bois.

L'Évangile selon saint Luc commence au f. 55 v° par les mêmes pièces, et l'Évangile selon saint Marc, au f. 99; il est également précédé d'une biographie et d'une grande figure.

Au f. 129 v° commencent les évangiles de Noël, puis, au f. 134, les évangiles disposés mois par mois, depuis septembre jusqu'à août, sous le titre de *Minologion*.

Tout le volume est imprimé sur deux colonnes, à l'exception des liminaires et de la souscription. Au verso du dernier f. est un avis d'Anthime, priant le lecteur d'excuser les fautes. Cet avis est suivi de la liste des signatures et de trois distiques, dont voici le premier :

> Precum ceï streini doresc moşia säş vază
> Cind sint intraltă ţară de nu pot să şază...

Ces distiques furent reproduits, en 1710, par Michel Stefanovič, à la fin de la Bible géorgienne dont nous avons parlé ci-dessus (p. 521).

Bibl. imp. et roy. de Vienne, 22. C. 11 (exemplaire recouvert de sa reliure originale, parfaitement conservée). — Bibl. nat. de Bucarest (Cat., II, 433, n° 49).

7. Ἐγχειρίδιον περί τινων ἀποριῶν καὶ λύσεων, ἢ περὶ ἐξετάσεως καὶ ἐπιβεβαιώσεως ἀναγκαίων τινῶν τῆς Ἐκκλησίας δογμάτων. Πονηθὲν μὲν παρὰ τοῦ σοφωτάτου καὶ λογιωτάτου διδασκάλου κυρίου Ἰωάννου Καρυοφύλου μεγάλου Λογοθέτου τῆς τοῦ Χριστοῦ μεγάλης ἐκκλησίας· κατὰ αἴτησιν τοῦ πανευγενεστάτου καὶ λογιωτάτου ἄρχοντος κυρίου Κωνσταντίνου τοῦ Κατακουζηνοῦ· καὶ ἀφιερωθὲν τῷ ὑψηλοτάτῳ καὶ εὐσεβεστάτῳ ἡγεμόνι, κυρίῳ κυρίῳ Ἰωάννῃ Κωνσταντίνῳ Μπασαράμπᾳ Βοεβόδᾳ πάσης Οὐγκροβλαχίας· ἀρχιερατεύοντος τοῦ Πανιερωτάτου καὶ Θεοπροβλήτου Μητροπολίτου κυρίου κυρίου Θεοδοσίου· ἐτυπώθη ἐν τῇ σεβασμίᾳ Μονῇ τοῦ Συναγόβου· ἐν ἔτει ἀπὸ Χριστοῦ ͵αχϟζ′ [1697]. In-4°.

A. Papadopoulos Vretos, I, 44, n° 126. — Bibl. nat. de Bucarest (Cat., II, 499, n° 555).

8. Λόγος πανηγυρικὸς εἰς τὸν Θεόστεπτον Βασιλέα καὶ ἰσαπόστολον μέγαν Κωνσταντίνον ἐκφωνηθεὶς ἐν τῷ πανσέπτῳ αὐτοῦ ναῷ, τῇ ἁγιωτάτῃ Μητροπόλει Οὐγκροβλαχίας· καὶ ἀφιερωθεὶς τῷ ὑψηλοτάτῳ καὶ γαληνοτάτῳ Πρίγγιπι καὶ ἡγεμόνι πάσης Οὐγκροβλαχίας, κυρίῳ κυρίῳ Ἰωάννῃ Κωνσταντίνῳ Μπασαράμπᾳ Βοεβόδᾳ· τυπωθεὶς δὲ ἐν τῇ σεβασμίᾳ Μονῇ τῶν εἰσοδίων τοῦ Συναγόβου, εὐθύνοντος τοὺς οἴακας τῆς αὐτῆς ἁγιωτάτης Μητροπόλεως

Οὐγκροβλαχίας τοῦ Πανιερωτάτου καὶ Θεοπροβλήτου Μητροπολίτου κυρίου κυρίου Θεοδοσίου· παρὰ Ἀνθίμου Ἱερομονάχου τοῦ ἐξ Ἰβηρίας· ἐν ἔτει σωτηρίῳ αχϟζ' [1697]. In-4°.

A. Papadopoulos Vretos, I, 45, n° 128.

9. Ὀρθόδοξος Ὁμολογία τῆς Πίστεως τῆς καθολικῆς καὶ Ἀποστολικῆς Ἐκκλησίας τῆς Ἀνατολικῆς, καὶ εἰσαγωγικὴ ἔκθεσις περὶ τῶν τριῶν μεγάλων ἀρετῶν, πίστεως, ἐλπίδος καὶ ἀγάπης· τυπωθεῖσαι προτροπῇ καὶ δαπάνῃ τοῦ εὐσεβεστάτου, ἐκλαμπροτάτου καὶ γαληνοτάτου αὐθέντου καὶ ἡγεμόνος πάσης Οὐγκροβλαχίας κυρίου κυρίου Ἰωάννου Κωνσταντίνου Μπασαράμπα Βοεβόνδα, τοῦ Μπρανκοβάνου, πρὸς κοινὴν ὠφέλειαν τῶν ὀρθοδόξων Χριστιανῶν· ἀρχιερατεύοντος τῆς ἁγιωτάτης Μητροπόλεως Οὐγγροβλαχίας τοῦ πανιερωτάτου καὶ Θεοπροβλήτου Μητροπολίτου κυρίου κυρίου Θεοδοσίου. Ἐν τῇ σεβασμίᾳ μονῇ τῶν Εἰσοδίων τῆς Θεοτόκου, τῇ ἐπονομαζομένῃ τοῦ Συναγώβου. Ἐν ἔτει αφϟθ' [1699]. Κατὰ μῆνα τὸν Φευρουάριον, παρὰ τοῦ ἐλαχίστου ἐν Ἱερομονάχοις Ἀνθίμου, τοῦ ἐξ Ἰβηρίας. In-fol.

Bibl. nat. d'Athènes, Δ1 (Th. 3465). — A. Papadopoulos Vretos, I, 46, n° 131. — Cat. P. Lampros, 1864, n° 31.

10. Εἰσαγωγικὴ Ἔκθεσις περὶ τῶν τριῶν μεγίστων ἀρετῶν Πίστεως, Ἐλπίδος, καὶ Ἀγάπης· ἐκδοθεῖσα μὲν παρὰ τοῦ πανοσιωτάτου καὶ λογιωτάτου ἐν ἱερομονάχοις κυρίου Βησσαρίωνος Μακρῆ τοῦ ἐξ Ἰωαννίνων· τυπωθεῖσα δὲ προτροπῇ καὶ δαπάνῃ τοῦ εὐσεβεστάτου, ἐκλαμπροτάτου καὶ γαληνοτάτου Αὐθέντου καὶ Ἡγεμόνος πάσης Οὐγγροβλαχίας κυρίου κυρίου Ἰωάννου Κωνσταντίνου Μπασσαράμπα Βοεβόδα, τοῦ Μπραγκοβάνου, πρὸς κοινὴν ὠφέλειαν τῶν ὀρθοδόξων χριστιανῶν, ἀρχιερατεύοντος τῆς ἁγιωτάτης Μητροπόλεως Οὐγγροβλαχίας τοῦ πανιερωτάτου καὶ Θεοπροβλήτου Μητροπολίτου κυρίου Θεοδοσίου. Ἐν τῇ σεβασμίᾳ Μονῇ τοῦ Συναγόβου· ἐν ἔτει αχϟθ' [1699] κατὰ μῆνα τὸν Φεβρουάριον, παρὰ τοῦ ἐλα-

χίστου ἐν ἱερομονάχοις Ἀνθίμου τοῦ ἐξ Ἰβηρίας. Gr. in-8°
de 256 pp.

Cet ouvrage forme la seconde partie du volume décrit à l'article précédent;
aussi le format a-t-il été probablement mal indiqué par Sathas (p. 385).

L'édition est accompagnée d'une épigramme de Sevastos Kyminitis à la
louange de Bessarion.

11. Кӑрте, сау лумин ку дрѣпте доведирй дин догмеле бисѣ-
ричий рьсъритулуй ӑсупра дежгинѣрій Папистӑшилорь де Мӑзимь
Полопонисѣнул ку порунка ши келтуӑла луй Костандинь Б : Воево̄ль
ши ку благословѣнїа Митрополитулуй Ѳеудосїе. Ꙟ Тѷпогрӑфїа
домнескь, ꙟ сфнта Мънъстире Снѣгѡвь. 1699. Де смерй-
тул ꙟтре Еромонӑхй Анѳімь Ивирѣнуль. In-4° de 2 ff.
et 108 pp.

Pop, *Disertaţie*, 69; Cipariu, *Principia*, 112, art. Pp. — Bibl. nat. de
Bucarest (Cat., II, 437, n° 83).

12. Ꙟвъцътурй крещинещй фолоситоаре де суфлет фїеще кърул
Крещинь, акумь ꙟтъй скоасе депе лимба греческь пре чѣ румънескь
ꙟ зилеле прѣлуминатулуй Домнь Костандинь Басарабь ВВ, ку благословѣнїа прѣѡсфинцитулуй Митрополить Кѵрь Ѳеудосїе. 1700.
Луна луй Инуӑрїе ꙟ Снѣговь, де Геѡргїе Рӑдовичь. Сӑу
префъкуть де Филоѳей Стагорецуль. In-8° de 7 ff. lim. et
203 pp.

Pop, *Disertaţie*, 69; Cipariu, *Principia*, 119; Iarcu, p. 8. — Bibl. nat.
de Bucarest (Cat., II, 435, n° 62).

13. Ψαλτήριον τοῦ Προφήτου καὶ Βασιλέως Δαβίδ... Ἐν τῇ
ἱερᾷ τῶν εἰσοδίων τῆς Θεοτόκου μονῇ τοῦ Συναγώβου.
Ἐν ἔτει αψ´ [1700] κατὰ μῆνα τὸν Ἰούνιον. Παρὰ Ἀνθίμου
Ἱερομονάχου, τοῦ ἐξ Ἰβηρίας. In-4°, texte encadré.

Bibl. de l'Académie roumaine.

14. Флоарѣ Даруриʌѡр`, кáрте фоáрте фрумѡáсъ ши де фѡ-ʌо́сь фие́ще къруѫ крещи́нь, кáреле ва врѣ съ се ꙟподобѣ́скъ пре си́не ку бунътъ́ци. Де пре Гре́чіе скоáсъ пре Румъ́ніе. Ꙟ зы́леле прѣ-ʌуминáтулуи дѡ́мнь Іѡа́н Констанди́нь Бъсарáбъ, Воево́дь. Ку влго-словѣ́нїа прѣ сфн҃ци́тулуи Митрополи́тулуи Кѵ́рь Ѳеодѡ́сїе. Ку ꙟдем-нáрѣ ши ку келтуѣ́ла дум҃нелу́и Кѡнстанди́нь Пъ́ х҃ Саракинь. Сн҃ь Геѡргїе дохторуль Критѣ́нуль. Ши сау ту́пърить ꙟ сфн҃та мънъ-стире ꙟ Снѣгѡвь. Въ лѣтѡ, ҂зси [7208=1700]. М҃цъ Ю҃л. Де смери́тул Іер҃монах Áнѳімь Івирѣнул˗. In-16 de 82 ff.

Traduction de l'ouvrage italien intitulé *Fior di virtù*, traduction faite sur la version grecque dont il existe diverses éditions. Voy. Brunet, II, 1202; Legrand, *Bibliographie hellénique*, I, 274; Gaster, *Literatura populară ro- mână*, 138.

Bibl. de l'Académie roumaine. Voy. *Col luĭ Traianŭ*, 1883, 328.

La *Floarea darurilor* a été réimprimée à Bucarest en 1703 (Gaster, 138), à Sibiu (Hermannstadt) en 1814 (Cat. de Bucarest, II, 37, n° 20), enfin à Bucarest en 1864. La dernière édition a été modifiée par Oprea Dumitrescu. Voy. Degenmann, *Bibliografia romănă*, III (1881), 329.

15. كتاب || القدسات الثلاثة الالهيه ۞ مع بعض احتياجات || اخر ضروريه للصلوات الارتوذكسيه ۞ || قد طبع الان حديثا في اللغة اليونانيه والعربيه ۞ || بالتماس ومشارفة الاب الطوباني || كيريو كير اثناسيوس البطريك || الانطاكي سابقا ۞ || بمصرن السيد الاجد الرفيع الشان ۞ متقلد || حكم جميع بلاد ونكروفلاخيا ۞ كير كير يوانو || قسطنطين بسارابا ويبوضا المكرم || في تقليد رياسة كهنوت الاب المطران الكلي || الغبطه كير ثاوضوسيوس للبلاد المذكوره اعلا || في دير سيدتنا والدة الاله المكنا بسيناغوفوو ۞ || في سنة الف وسبعمايه وواحد مسيحيه || بيد الكاهن في المتوحدين انتيموس الكرجي الاصل. In-fol. de 253 pp., impr. à 2 col., en arabe et en grec, et commençant par la droite comme les livres arabes.

Voici la traduction du titre arabe : Trois saintes liturgies, avec diverses autres prières nécessaires pour les offices orthodoxes, imprimées maintenant pour la première fois, en grec et en arabe, à la demande et par l'autorité du très saint père, messire Athanase, ancien patriarche d'Antioche, aux frais du prince d'Ongrovlachie, le seigneur Jean-Constantin Basarabă, voïévode, Théodose étant archevêque dudit pays. *Au monastère de la sainte Mère de Dieu appelé Snagov, l'an de J.-C. 1701, par les soins du moine Anthime, Géorgien d'origine.*

Le verso du titre est occupé par les armes du prince et par un distique grec.

Au recto du second feuillet sont six autres distiques grecs signés : Ἰωάννης Κομνηνὸς, ἰατρός. — Au verso de ce même feuillet commence une longue épître du patriarche ATHANASE à Constantin Basarabă, épître écrite en arabe et en grec, et datée de janvier 1701. On y voit que le prince de Valachie a bien voulu s'intéresser aux malheureux chrétiens d'Antioche, et qu'il a eu la pieuse pensée de faire imprimer les offices en arabe, pour être distribués gratuitement aux prêtres en souvenir de lui.

Dans une seconde épître placée après la dédicace, le même patriarche Athanase raconte que le prince a bien voulu ordonner au moine Anthime, le plus habile imprimeur du pays, de préparer des types arabes pour mettre au jour les saints offices.

Les trois liturgies qui composent le recueil sont : 1° la Messe de saint Jean Chrysostome; 2° la Messe de saint Basile; 3° la Messe des présanctifiés (τῶν προηγιασμένων); elles sont précédées des offices de vêpres et de matines. Toutes les prières sont en grec et en arabe, sauf les prières pour la participation aux sacrements.

Le volume se termine par la souscription suivante : Ἐτυπώθη ἡ ψυχωφελεςάτη αὕτη ἱερὰ Λειτουργία νῦν πρῶτον εἰς ἑλληνο- ‖ αραβικὴν διάλεκτον· ἐπιτάγματι μὲν ‖ καὶ δαπάνῃ τοῦ εὐσεβεςάτου ἐκλαμ- ‖ προτάτου τε καὶ γαληνοτάτου αὐθέντου καὶ ἡγεμόνος πάσης ‖ Οὐγροβλαχίας, Κυρίου Κυρίου Ἰωάννου Κωνσ7αντίνου ‖ Μπασαράμπα Βοεβόιδα· ‖ παρὰ Ἀνθίμου Ἱερομονάχου τοῦ ἐξ Ἰβηρίας· ‖ Διορθώσει δὲ κατὰ θατέραν μόνην τὴν τῶν Ἑλλήνων διάλεκτον. ‖ Ἰγνατίου Ἱερομονάχου Φιτυάνου τοῦ ἐκ Χαλδίας· ‖ ἐν τῇ ἱερᾷ τῶν εἰσοδίων τῆς Θεοτόκου μονῇ τοῦ Συναγώβου. ‖ Ἐν ἔτει σωτηρίῳ αψά [1701] κατὰ μῆνα Ἰανουάριον. — Suivent quatre lignes d'arabe.

L'impression est faite en rouge et en noir. Le grec et l'arabe sont placés en regard.

M. Schnurrer, qui a le premier fait connaître ce précieux volume (*Bibliotheca arabica*, 266-272, n° 266), a émis l'hypothèse que les caractères arabes gravés par Anthime auraient été transportés à Alep, où ils auraient servi plus tard à l'impression de divers ouvrages, notamment à celle du *Psautier* publié en 1705 aux frais de Constantin Basarab Brîncovanu. Silvestre de Sacy a combattu cette hypothèse, qui est en effet détruite par un examen comparatif des deux types. Tandis que les caractères employés par Anthime ont été fondus en métal, ceux d'Alep ont été simplement gravés sur bois.

L'archevêque de Zante, Nicolas Catrami, qui a donné une description de ce volume (Φιλολογικὰ Ἀνάλεκτα Ζακύνθου, ἐν Ζακύνθῳ, 1800, in-8°, 225-226), a reproduit l'épigramme adressée au prince de Valachie par Jean Comnène.

Bibl. imp. et roy. de Vienne, 47. E. 6.

Le volume que nous venons de décrire se confond sans nul doute avec la Bible arabe qui, d'après Alexandre Helladius (*Status praesens Ecclesiae graecae*, 1714, in-8°, p. 17), aurait été imprimée à Bucarest en 1700. L'épître dont nous avons donné le résumé semble bien indiquer que les liturgies sont le premier livre arabe sorti des presses d'Anthime.

16. Ἑορτολόγιον ἐν ᾧ περί τινων ζητημάτων προλαμβανομένων, περὶ ἀκριβοῦς χρονολογίας, περὶ πασῶν τῶν ἑορτῶν καὶ τῆς αὐτῶν θεωρίας, περὶ τοῦ ἁγίου Πάσχα, περί τινων ἐκκλησιαςικῶν κανονίων, περὶ τοῦ συντομωτάτου μηνολογίου, πονηθὲν μὲν παρὰ τοῦ σοφωτάτου διδασκάλου τῆς ἐν Βουκουρεςίῳ αὐθεντικῆς Ἀκαδημίας Κυρίου Σεβαςοῦ Τραπεζουντίου τοῦ Κυμινήτου, ἀφιερωθὲν δὲ τῷ ἐκλαμπροτάτῳ καὶ ὑψηλοτάτῳ αὐθέντῃ καὶ ἡγεμόνι πάσης Οὐγγροβλαχίας Κυρίῳ Κυρίῳ Ἰωάννῃ Κωνςαντίνῳ Βασσαράβᾳ Βοεβόνδᾳ. Ἀρχιερατεύοντος τοῦ πανιερωτάτου Μητροπολίτου τῆς αὐτῆς Οὐγγροβλαχίας Κυρίου Κυρίου Θεοδοσίου. Καὶ νῦν πρῶτον τυπωθὲν παρὰ Ἀνθίμῳ Ἱερομονάχῳ Τυπογράφῳ τῷ ἐξ Ἰβηρίας. Διορθωθὲν δὲ παρὰ τοῦ σπουδαιοτάτου ἐν ἱερομονάχοις Ἰγνατίου τοῦ Φυτιάνου. Ἐν τῇ μονῇ τοῦ Συναγώβου. αψά [1701] μηνὶ Ἰουνίῳ. In-4° de κζ [27] et 332 pages.

Collation des ff. lim. : Titre encadré, au verso duquel sont placées les armes de la Valachie accompagnées de quatre distiques grecs; dédicace du moine ANTHIME au prince Jean-Constantin Basarabă (pp. 3-5); préface de SEVASTOS DE TRÉBIZONDE (pp. 6-14); trois épigrammes de l'auteur sur son ouvrage (pp. 15); élégie du médecin JEAN COMNÈNE (pp. 16-18); table (pp. 19-27).

Bibl. de l'École des langues orientales vivantes. — Bibl. nat. de Bucarest (Cat., II, 503, n° 590). — Bibl. de l'Académie roumaine.

17. Προσκυνητάριον τοῦ Ἁγίου Ὄρους τοῦ Ἄθωνος, συγγραφὲν μὲν καὶ τυπωθὲν ἐπὶ τῆς γαληνοτάτης ἡγεμονίας τοῦ εὐσεβεςάτου, ἐκλαμπροτάτου καὶ ὑψηλοτάτου αὐθέντου καὶ ἡγεμόνος πάσης Οὑγγροβλαχίας κυρίου κυρίου Ἰωάννου Κωνςαντίνου Μπασσαράμβα Βοεβόδα· ἀφιερωθὲν δὲ τῷ πανιερωτάτῳ Μητροπολίτῃ Οὑγγροβλαχίας κυρίῳ κυρίῳ Θεοδοσίῳ, σπουδῇ καὶ δαπάνῃ τοῦ ἐξοχωτάτου ἰατροῦ κυρίου Ἰωάννου τοῦ Κομνηνοῦ ἵνα δίδωται χάρισμα τοῖς εὐσεβέσι διὰ ψυχικὴν αὐτοῦ σωτηρίαν· Τύποις Ἀνθίμου ἱερομονάχου τοῦ ἐξ Ἰβηρίας· ἐν τῇ μονῇ τοῦ Συναγώβου. αψά [1701]. — [A la fin:] ἐπιμελείᾳ καὶ διορθώσει Ἰγνατίου ἱερομονάχου τοῦ Φυτιάνου. In-8°, planches.

L'ouvrage de JEAN COMNÈNE a été reproduit par Montfaucon (*Palaeographia graeca*, 441); il a été réimprimé séparément en 1745 et en 1857. Une traduction roumaine a paru à Bucarest en 1856, in-fol.

Papadopoulos Vretos, I, 48, n° 133; Sathas, 398.

III

IMPRESSIONS DE BUCAREST.

18. Λόγος πανηγυρικὸς εἰς τὸν Ἰσαπόςολον μέγαν Κωνςαντῖνον, συντεθεὶς παρὰ Στεφάνῳ Μπραγκοβάνῳ· καὶ τῷ γαληνοτάτῳ αὐτοῦ πατρὶ καὶ ἡγεμόνι πάσης Οὑγγροβλαχίας κυρίῳ κυρίῳ Ἰωάννῃ Κωνςαντίνῳ Μπασσαράμπᾳ εὐλαβῶς ἀφιερωθείς· ἐκφωνηθεὶς δὲ παρὰ Ῥαδούλῳ αὐτοῦ ἀδελφῷ, ἐνώπιον τῆς αὐτοῦ Γαληνότητος· ἐτυπώθη ἐν Βουκουρεςίῳ· παρὰ Ἀνθίμῳ Ἱερομονάχῳ τῷ ἐξ Ἰβηρίας· αψά [1701]. In-8°.

Papadopoulos Vretos, I, 49, n° 135.

كتاب

الاورولوجيون اي الصلوات المفروضة مع باقي الطقوس المرسومه علي مدار السنه

قد طبع الان حديثا في اللغة اليونانيه والعربيه بالتماس ومشارقة الاب الطوباني كير اثاناسيوس البطريرك الانطاكي سابقا ۰

بمصرف السيد الامجد الرفيع الشان ۰ متقلد حاكم جميع بلاد ونكر وفلاخيا ۰ كير كير يوانو قسطنطين باصاراب ديوضا المكرم

في تقليد رياسة كهنوت الاب المطران الكلي الغبطه كير ثاوضوسيوس للبلاد المذكوره اعلا

في بوكرشت المحميه من بلاد انكر وفلاخيا في سنة الف سبعمايه واثنين مسيحيه

بيد الكاهن في المتوحدين انثيموس الكرجي الاصل ۰

19. Λόγος πανηγυρικὸς εἰς τὸν πρωτομάρτυρα τοῦ Χριςοῦ Στέ-
φανον· συντεθεὶς παρὰ Στεφάνῳ Μπραγκοϐάνῳ· παρ' αὐτοῦ δὲ,
αὐτῷ τῷ ἀηττήτῳ Ἀθλητῇ καὶ τῶν μαρτύρων σ7ρατηγῷ ταπεινῶς
ἀφιερωθεὶς · ἐτυπώθη ἐν Βουκουρεσ7ίῳ παρὰ Ἀνθίμῳ Ἱερομονάχῳ τῷ ἐξ Ἰϐηρίας· αψά [1701]. In-8° de 31 ff. non chiffr.

Musée national de Bucarest, n° 624.
Papadopoulos Vretos, I, 49, n° 136.

20. Ἀκολουθία τῆς ὁσίας μητρὸς ἡμῶν Ματρώνης τῆς Χιοπολί-
τιδος. Τυπωθεῖσα παρὰ Ἀνθίμου Ἱερομονάχου, τοῦ ἐξ Ἰϐηρίας. Ἐν ἔτει Σωτηρίῳ αψϐ' [1702]. Κατὰ μῆνα Μάρτιον.
Petit in-4° de 10 ff. non chiffr.

Bibl. de l'Académie roumaine.

21. كتاب || الاورولوجيون اى الصلوات المفروضه مع باقي ||
الطقوس المرسومه علي مدار السنه || قد طبع الان حديثنا في اللغة
اليونانيه والعربيه || بالتماس ومشارفة الاب الطوباني || كير اثاناسيوس
البطريرك || الانطاكي سابقا ۞ || بمصرف السيد الامجد الرفيع الشان ۞
متقلد || حكم جميع بلاد ونكر وفلاخيا ۞ كير كير يوانو || قسطنطين
باصارابا ويوضا المكرم || في تقليد رياسة كهنوت الاب المطران الكلي ||
الغبطه كير ثاوذوسيوس للبلاد المذكورة اعلا || في بوكرشت المجيبه من
بلاد انكر وفلاخيا || في سنة الف سبعمايه واثنين مسيحيه || بيد
الكاهن في المتوحدين انتيموس || الكرجي الاصل ۞. In-4° de 11 ff.
lim., 728 pp. mal chiffr. et 1 f.

Voici la traduction du titre, dont nous donnons ci-contre le fac-similé :
«*Horologium*, c'est-à-dire Prières canoniques avec le reste des offices pour
tout le cours de l'année, imprimé pour la première fois, en grec et en arabe, à
la demande et sous la surveillance du T. S. P. Athanase, ci-devant patriarche
d'Antioche, aux frais du très glorieux et très illustre seigneur, le prince actuel

de tout le pays d'Ongrovlachie, monseigneur Jean-Constantin Basarabă, voïévode, le bienheureux P. métropolitain, messire Théodose, étant archevêque de cette contrée. *A Bucarest, ville d'Ongrovlachie, en l'année de J.-C. 1702, par le prêtre régulier Anthime, Géorgien de nation.* »

L'erreur de pagination se produit à la page 135; les chiffres passent immédiatement à 139 et se suivent jusqu'à 731.

Nous empruntons à une notice publiée par Silvestre de Sacy sur la *Bibliotheca arabica* de Schnurrer (*Magazin encyclopédique*, 1814, I, 198-203) la description détaillée de ce volume :

« Au revers du frontispice sont les armes du prince au-dessous desquelles on lit : Ἐλέῳ Θεοῦ Ἰωάννης Κωνσ]αντῖνος Μπασαράμπας Βοεβόνδας, et au-dessous : αὐθέντης καὶ ἡγεμὼν πάσης Οὐγγροβλαχίας.

« Le recto suivant offre une petite pièce de vers grecs, hexamètres et pentamètres, qui contient l'explication des armoiries. Elle est adressée au prince par le médecin Jean Comnène.

« Suit une lettre de l'ex-patriarche Athanase au prince de Valachie, dans laquelle il le compare à David, et il le loue de ce qu'entre autres bonnes œuvres, il a bien voulu faire imprimer, en faveur des fidèles d'Antioche, d'abord un *Missel*, et ensuite cet *Horologium*, pour être distribués gratuitement aux prêtres orthodoxes. Cette lettre, sans date, est imprimée en grec et en arabe, non en deux colonnes, mais en regard, comme dans le *Missel;* elle occupe en tout huit pages. Ensuite vient une lettre, aussi sans date, du même Athanase à tous les prêtres des Arabes orthodoxes, en grec et en arabe; elle contient presque les mêmes choses que celle qui se trouve dans le *Missel*. Elle occupe dix pages.

« Voyons le contenu du volume.

« P. 1-168. L'*Horologium*, ou les sept Heures canoniques, en arabe seulement, traduites du grec par le patriarche Euthymius Hamoui, lorsqu'il était évêque d'Alep.

« P. 169-480. Les *Troparia*, ou Hymnes propres pour les fêtes des saints, pendant tout le cours de l'année, en commençant par le mois de septembre et finissant au 30 d'août, en grec et en arabe, sur deux colonnes.

« P. 481. Image représentant Jésus-Christ entre la sainte Vierge et saint Jean-Baptiste.

« P. 482-549. Les *Apolytikia* et les *Kontakia* du *Triodium* et du temps de Pâques, commençant au dimanche du Publicain et du Pharisien (c'est-à-dire au dimanche de la Septuagésime) jusqu'au dimanche de tous les saints (le dimanche octave de la Pentecôte), en deux colonnes, l'une grecque, l'autre arabe. Cette partie se termine par les *Troparia* de l'office des morts.

«P. 550-577. *Théotokies*, ou Hymnes en l'honneur de la sainte Vierge, en arabe seulement.

«P. 578-585. Ordre de l'office pour l'hymne nommé ἀκάθιστος (qui se récite debout) en l'honneur de la sainte Vierge, pour le Κύριε ἐκέκραξα et les Στιχηρὰ προσόμοια, en grec et en arabe.

«P. 585-607. *Troparia* qui se récitent à l'heure de laudes, après les six psaumes, en arabe seulement.

«P. 608-616. *Canon* ou Hymne en l'honneur de Jésus-Christ, en arabe seulement.

«P. 617-639. *Canon paracleticus* en l'honneur de la sainte Vierge, composé par le moine THEOSTERICTOS, en grec et en arabe; quelques prières sont en arabe seulement.

«P. 640-651. *Canon* en l'honneur du saint ange gardien, composé par le moine JEAN MAUROVODÈS, en arabe seulement.

«P. 652-659. *Canon* en l'honneur de tous les ordres des anges et de tous les saints, composé par M. JOSEPH, en arabe seulement.

«P. 660-689. Prière pour la communion, en arabe seulement.

«P. 690-731. *Typica* pour connaître l'époque de la fête de Pâques et les autres choses dont on a besoin dans le cours de l'année, dressés pour 65 ans; en arabe seulement.

«P. 732. On lit ce qui suit en arabe: «Vénérables frères, qui lirez ce livre béni, je vous prie et je vous conjure, moi qui ai imprimé ceci, de me pardonner toutes les fautes et les inexactitudes que j'y aurai commises, attendu que la langue arabe m'est étrangère et que je suis, comme homme, pécheur et fautif, car il n'y a de parfait que Dieu seul. Recevez donc ma bonne volonté et mes excuses, comme N.-S. a reçu les deux oboles de la veuve. Si Dieu nous met à même d'imprimer un autre livre, nous tâcherons d'y apporter plus de soin et de vigilance, suivant l'assistance que nous recevrons de N.-S., à qui soit la gloire dans toute l'éternité. Que sa grâce et sa miséricorde soient toujours avec vous. Amen! *Imprimé à Bucharest en Oungrovalachie, par Anthimus, prêtre régulier, Géorgien d'origine, en l'année 1702 de Jésus-Christ, au mois de haziran* [*juin*].

«M. Schnurrer a conjecturé que les caractères arabes employés en Valachie à l'impression du *Missel* de 1701 avaient été donnés par le voïvode Jean-Constantin à l'ex-patriarche Athanase et que celui-ci les avait transportés à Alep, où ils avaient servi aux diverses éditions arabes faites en cette ville de 1706 à 1711. Cette conjecture avait beaucoup de vraisemblance; mais il fallait pour s'assurer si elle était vraie, être à même de comparer le *Missel* de Bucharest avec les livres arabes imprimés à Alep, ce que ni M. Schnurrer, ni aucune autre personne n'avait pu faire, à cause de l'extrême rareté de ces livres en Europe. Ayant été assez heureux pour trouver à la Bibliothèque du roi ce Bréviaire grec et arabe de Bucharest, dont les caractères sont incontestablement les mêmes que ceux du *Missel*, et pour recevoir d'Alep, par la complaisance du consul général de France, M. Rousseau, deux des livres arabes imprimés en cette ville, savoir : l'*Evangeliarium* de 1706 (n° 341 de la *Biblioth. arabica*) et le *Liber Prophetiarum* de 1708 (n° 268), je puis assurer que les caractères d'Alep sont totalement différents de ceux de Bucharest et leur sont fort inférieurs. J'ignore si l'on a imprimé à Bucharest autre chose que le *Missel* et le *Bréviaire;* mais vraisemblablement les caractères qui ont servi à l'impression de ces deux livres ont été détruits, puisque, dans cette même ville, vers le milieu du xviii° siècle, on en a gravé d'autres, bien moins bons, avec lesquels on a imprimé le *Psautier* de 1747, que je possède, *Psautier* dont M. Schnurrer a donné la notice dans ses *Addenda* (p. 515 *a* et suiv.).»

Bibl. nat., B. 157 A (Inv. B. 1581). Rés.

22. Περὶ Ἱερωσύνης Λόγος ἐγκωμιαςικὸς, σχεδιασθεὶς παρὰ Χρυσάνθου Πατριάρχου Ἱεροσολύμων, καὶ προσφωνηθεὶς παρ' αὐτοῦ ἔνδον ἐν τῇ μεγάλῃ Ἐκκλησίᾳ τῆς Ἁγίας τοῦ Κυρίου ἡμῶν Ἀναςάσεως, ἤτοι τοῦ ἁγίου Τάφου, ἡνίκα ἐχειροτονήθη Μητροπολίτης Καισαρείας τῆς Παλαιςίνης, ἐν ἔτει τῷ σωτηρίῳ αψϛ' [1702]. Ἀπριλίου έ· κατ' αὐτὴν τὴν ἡμέραν τῆς ἁγίας Λαμπρᾶς. S. l. [Bucarest], in-4° de 28 pp.

Vretos (I, 49, n° 137) ne se prononce pas sur le lieu de l'impression; Sathas (p. 434) indique Bucarest.

23. Λόγος πανηγυρικὸς εἰς τὴν ἔνδοξον μετάςασιν τῆς Ἀειπαρθένου Θεομήτερος· συντεθεὶς παρὰ Στεφάνῳ Μπραγκοβάνῳ· τῇ δὲ Γαληνοτάτῃ καὶ φιλοχρίςῳ αὐτοῦ μητρὶ κυρίᾳ κυρίᾳ Δόμνᾳ Μαρίᾳ, ὡς υἱϊκῆς εὐλαβείας ἐνέχυρον ταπεινῶς ἀφιερωθείς. Ἐν Βουκουρεςίῳ παρ' Ἀνθίμῳ ἱερομονάχῳ τῷ ἐξ Ἰϐηρίας. αψγ' [1703]. In-8°.

Papadopoulos Vretos, I, 50, n° 138.

24. Часословъ. — Напечатана бысѣ сїѧ книга глемаѧ часословъ при дръжавѣ велика Гдрѧ Їѡ Кѡнстандінъ Басараба вв... Іеромонахомъ Анѳімомъ въ 1703 г. In-8° de 4 ff. lim., 720 pp. et 3 ff.

Bibl. impériale publique de Saint-Pétersbourg. — Voy. Karatajev, Хронологическая Росписъ славянскихъ книгъ напечатанныхъ кирилловскими буквами (Санктпетербургъ, 1861, in-8°), n° 1208.

25. Вородь де ѫтребѫрй шй респѫнсѫрй ѫтрѫ Хс, де Сѵмеѡнь архїепископѫль Ѳесалоникѫлѹй, тѫлмѫчітъ діньъ Елинеще кѫ порѫнка лѹй І. С. М. Раковицъ вв. Ѫ Бѫкѫрещй 1703. In-fol.

Bibl. nat. de Bucarest (Cat., II, 441, n° 118).

Le texte grec de cet ouvrage avait été imprimé à Iassi en 1683, in-fol. Nicolas Spatar en fit en 1697 une traduction slavono-russe restée manuscrite. Voy. notre *Notice biographique et bibliographique sur Nicolas Spatar Milescu* (Paris, 1883, in-8°), 56.

Un autre ouvrage de Siméon de Thessalonique, *Tractat asupra tuturor dogmelor credinţei noastre ortodocse*, parut en roumain en 1765; il a été réimprimé vers 1865.

26. Δογματικὴ διδασκαλία τῆς ἁγιωτάτης ἀνατολικῆς καὶ καθολικῆς Ἐκκλησίας, περιέχουσα κατ' ἐξαίρετον λόγον τρία τινά· πρῶτον πότε μεταβάλλονται τὰ ἅγια εἰς σῶμα καὶ αἷμα Χριςοῦ· δεύτερον ὅτι ἡ Θεοτόκος ὑπέκειτο τῷ προπατορικῷ ἁμαρτήματι, καὶ τρίτον ὅτι αἱ μερίδες οὐ μεταβάλλονται εἰς σῶμα καὶ αἷμα Χριςοῦ. Συντεθεῖσα παρὰ τοῦ σοφωτάτου διδασκάλου κυρίου Σεβαςοῦ Τραπεζουντίου, τοῦ Κυμηνίτου, ἀφιερωθεῖσα δὲ τῷ θεοςέπτῳ, ὀρθοδοξοτάτῳ καὶ μεγίςῳ βασιλεῖ Πέτρῳ Ἀλεξιάδῃ καὶ αὐτοκράτορι πάσης μεγάλης, μικρᾶς καὶ λευκῆς Ῥωσίας καὶ ἑτέρων πολλῶν μερῶν, ἀνατολικῶν καὶ δυτικῶν, πατρικῷ καὶ προπατορικῷ κληρονόμῳ. Καὶ νῦν τὸ πρῶτον τύποις ἐκδοθεῖσα ἀναλώμασι τοῦ εὐγενεςάτου καὶ λογιωτάτου ἄρχοντος ποςελνίκου κυρίου Γεωργίου τοῦ Καςριώτου, πρὸς τὸ παρέχεσθαι δωρεὰν τοῖς ὀρθοδόξοις. Ἔτει ἀπὸ θεογο-

νίας αψγ' [1703], κατὰ μῆνα Σεπ7έμβριον. Παρὰ Ἀνθίμου ἱερομονάχου, τοῦ ἐξ Ἰβηρίας. In-4° de 6 ff. lim. et 400 pp.

Il existe de ce volume deux sortes d'exemplaires : les uns portent le titre que nous venons de reproduire, avec la dédicace à l'empereur Pierre le Grand; les autres portent, au contraire : ἀφιερωθεῖσα δὲ τῷ μακαριωτάτῳ καὶ σοφωτάτῳ δεσπότῃ, κυρίῳ κυρίῳ Δοσιθέῳ, πατριάρχῃ τῆς ἁγίας πόλεως Ἱερουσαλὴμ καὶ πάσης Παλαισ7ίνης · ἡγεμονεύοντος τοῦ ὑψηλοτάτου Αὐθέντου κυρίου Ἰωάννου Κωνσ7αντίνου Βασσαράβα Βοεβόνδα πάσης Οὐγγροβλαχίας · καὶ νῦν, etc.

Papadopoulos Vretos, I, 50-51, nᵒˢ 140 et 141. — Cat. Lampros, 1870, n° 24.

27. Ἑρμηνεία ‖ καὶ Ἀκολουθία ‖ Εἰς Ἐγκαίνια Ναοῦ ‖ Ἀφιερωθεῖσα ‖ Τῷ Παναγιωτάτῳ καὶ Θειοτάτῳ Δεσπότῃ, ‖ Κυρίῳ Κυρίῳ Γαβριὴλ τῷ Οἰκου-‖μενικῷ Πατριάρχῃ · ‖ Ἡγεμονεύοντος τοῦ ὑψηλοτάτου Αὐθέντου Κυρίου ‖ Κυρίου Ἰωάννου Κωνςαντίνου Βασσαράβα ‖ Βοεβόδα πάσης Οὐγκροβλαχίας · ‖ Καὶ νῦν τὸ πρῶτον τύποις ἐκδοθεῖσα, ‖ Ἀναλώμασι τοῦ Πανιερωτάτου Μητροπολίτου ‖ πρώην Σοφίας Κυρίου Κυρίου Αὐξεντίου · ‖ Πρὸς τὸ παρέχεσθαι δωρεὰν τοῖς ἀρχιεροῦσιν · ‖ Ἐν Βουκουρεσ7ίῳ τῆς Οὐγκροβλαχίας · ‖ Ἐν ἔτει Σωτηρίῳ αψγ' [1703]. ‖ Κατὰ Μῆνα Δεκέμβριον. ‖ Παρὰ Ἀνθίμου Ἱερομονάχου τοῦ ἐξ Ἰβηρίας. — [A la fin :] Ἐτυπώθη ἐν Βουκουρεσ7ίῳ τῆς Οὐγγροβλαχίας · ‖ Ἐν ἔτει Σωτηρίῳ αψγ' [1703]· ‖ Σπουδῇ μὲν καὶ δαπάνῃ τοῦ Πανιερωτάτου Μητροπολίτου ‖ πρώην Σοφίας Κυρίου Κυρίου Αὐξεντίου. ‖ Ἐπιμελείᾳ δὲ καὶ διορθώσει τοῦ λογιωτάτου ‖ Κυρίου Ἰωάννου τοῦ Ἐφεσίου. In-4° de 5 ff. lim. et 25 ff. chiffr., texte encadré.

Le volume entier est imprimé en rouge et en noir.

Au verso du titre sont placées les armes du prince de Valachie, accompagnées de quatre distiques grecs sur la signification de ces armes.

La dédicace au patriarche œcuménique Gabriel occupe les 3 ff. qui suivent le titre.

NOTICE SUR ANTHIME D'IVIR.

Musée national de Bucarest, n°ˢ 625 et 635. — Musée britannique, 870, f. 4 (exemplaire recouvert de sa reliure originale en maroquin rouge, richement dorée).

28. Ноýль Тестамéнть... Ӑкѹмь ӂтѫю тѵпѫри́ть кѹ порѹ́нка ши келтѹѧ́ла прѣлѹминáтѹлѹй ши ӂнѣлѹцáтѹлѹй дмнь ши ѡблѫдѹитóрю атóать цáрь Рѹмѫнѣ́скь Іѡ Кѡнстандíнь Б : воево́д. Ѫ Бѹкѹрéщй, 1703. In-4°.

Bibl. nat. de Bucarest (Cat., II, 437, n° 93). — Musée national de Bucarest, n°ˢ 183 et 363. — Bibl. de M. G.-G Tocilescu. — Bibl. de M. B.-P. Hasdeu.

29. Флóарѣ Дáрѹрилѡрь, кáрте фоáрте фрѹмóасѫ ши де фѡлóсь фіе́ще кѫрѹѫ крещи́нь, кáреле ва врѣ сѫ се ӂподобѣ́скь прѣ сине кѹ бѹнѫтѫ́ци. Де прѣ Гречíе скóасѫ прѣ Рѹмѫнíе... Ѫ Бѹкѹрéщи. 1703. In-16.

Réimpression de cette traduction qui avait paru pour la première fois en 1700 (voy. notre n° 14).

Gaster, *Literatura populară*, 139.

30. Τῶν Πλουτάρχου ‖ Χαιρωνέως ‖ Ἑλληνικῶν καὶ Ῥωμαϊκῶν Παραλλήλων Μετάφρασις ἀκριβεςάτη εἰς ‖ ἁπλῆν διάλεκτον. ‖ Τοῦ Ἐκλαμπροτάτου, Λογίου, καὶ ἐν Λο- ‖ γίοις Ἐλλογιμωτάτου Κυρίου Κυρίου ‖ Κωνςαντίνου, ‖ Ὑιοῦ τοῦ Γαληνοτάτου καὶ Φιλοχρίςου Ἡ- ‖ γεμόνος Πάσης Οὐγγροβλαχίας, ‖ Κυρίου Κυρίου Ἰωάννου Κωνςαντίνου ‖ Βασσαράβα Βραγκοβάνου· ‖ ἐν Βουκουρεςίῳ· Παρὰ Ἀνθίμῳ Ἱερομονά- ‖ χῳ, τῷ ἐξ Ἰβηρίας. αψδ´ [1704]. Très petit in-8° de 3 ff. lim. et 82 pp.

Traduction de fragments des *Vies parallèles* de Plutarque en grec moderne par Constantin, fils du prince de Valachie Jean-Constantin Basarabă Brincovanu. Le volume est précédé d'un avis au lecteur, signé du moine Anthime, «ὁ ἐξ Ἰβηρίας», imprimeur de l'imprimerie princière de Bucarest. Anthime rapporte que c'est après de vives instances qu'il a obtenu la permission d'imprimer cette traduction. Il ajoute que le prince, par ses connaissances variées, fait l'orgueil de son maître, Georges Maïotis, prêtre et prédicateur du saint Évangile dans la grande Église.

Bibl. du prince Georges Mavrocordato, à Paris. — Papadopoulos Vretos, II, n° 76; Sathas, 413.

31. Ἀκολουθία. ‖ Τοῦ ἐν ἁγίοις Πατρὸς ἡμῶν Βησσαρίωνος, Ἀρχιεπι- ‖ σκόπου Λαρίσσης τοῦ θαυματουργοῦ. ‖ Νεωςὶ τυπωθεῖσα ‖ Ἐπὶ τῆς ἡγεμονείας τοῦ Εὐσεβεςάτου καὶ Ἐκλαμπροτάτου Ἡγεμόνος Πάσης Οὐγκροβλαχίας, Κυρίου Κυρίου ‖ Ἰωάννου Κωνςαντίνου Μπασσαράμπα ‖ Βοεβόδα, ‖ Παρὰ τοῦ θεοφιλεςάτου ἐπισκόπου Ῥιμνίκου Κυροῦ Ἀνθίμου, ‖ Ἀναλώμασι μὲν ‖ Τοῦ Ὁσιωτάτου ἐν Ἱερομονάχοις Κυρίου Ἰγνατίου καὶ ‖ καθηγουμένου τῆς Ἱερᾶς μονῆς τοῦ Νουτζέτου. ‖ Ἐπιμελείᾳ δὲ καὶ Ἐπιδιορθώσει Μητροφάνους ‖ Γρηγορᾶ τοῦ ἐκ Δωδώνης. ‖ ἐν Βουκουρεςίῳ τῆς Οὐγκροβλαχίας. ‖ Ἐν ἔτει σωτηρίῳ, αψε' [1705]. Ἀπριλίου β'. In-4° de 4 ff. lim. non chiffr. et 26 ff. chiffr.

Le titre est imprimé en rouge et en noir.

Au verso du titre sont les armes du prince Jean-Constantin Basarabă, suivies de six vers grecs. La préface d'Ignace, hégoumène du monastère de Nucet, occupe les 2 ff. suivants; le 4° feuillet est blanc.

La liturgie est imprimée en noir et en rouge; elle se termine par deux épigrammes grecques.

Musée britannique, 869. l. 6 (exemplaire dans sa reliure originale).

Une seconde édition de ce livre parut en 1759.

IV

IMPRESSIONS DE RÎMNIC.

32. Τόμος χαρᾶς ‖ ἐν ᾧ περιέχονται ‖ Αἱ ἐπιςολαὶ Φωτίου τοῦ ἁγιωτάτου Πατριάρχου Κωνςαντινουπόλεως, ‖ Ἡ ἁγία καὶ Οἰκουμενικὴ ὀγδόη Σύνοδος, ‖ Σημειώσεις τινὲς εἰς ταύτην τὴν ἁγίαν Σύνοδον. ‖ Τὰ ἀντιρρητικὰ κατὰ τῆς ἀρχῆς τοῦ Πάππα τῆς Ῥώμης,

Νικολάου || Ιατροφιλοσόφου, || Λόγος Μελετίου Ἀλεξανδρείας κατὰ τῆς ἀρχῆς τοῦ Πάππα, || Διάλογος Ἱερομνήμονος μοναχοῦ μετά τινος ἑτέρου Μοναχοῦ κατὰ Λατίνων, || Τυπωθεὶς ἐν τῇ Ἐπισκοπῇ Ῥημνίκου. Ἡγεμονεύοντος τοῦ εὐσεβεςάτου ἐκλαμπροτάτου καὶ ὑψηλοτάτου αὐθέντου || καὶ ἡγεμόνος πάσης Οὑγκροβλαχίας κυρίου κυρίου || Ἰωάννου Κωνςαντίνου Μπασσαράμπα βοεβόδα. || Διὰ ἐξόδου καὶ ἐπιμελείας τοῦ μακαριωτάτου Πατριάρχου || Ἱεροσολύμων καὶ πάσης Παλαιςίνης κυρίου κυρίου Δοσιθέου, || Παρὰ τοῦ Θεοφιλεςάτου καὶ λογιωτάτου ἐπισκόπου Ῥημνίκου κυρίου Ἀνθίμου τοῦ ἐξ Ἰβηρίας. || Ἐν ἔτει αψέ [1705]. Κατὰ Μῆνα Σεπτέμβριον. In-fol. de 1 f. pour le titre, *ιη* [18] ff. lim. et 640 pp.

Au verso du titre sont les armes de Jean-Constantin Basarabá, accompagnées de trois distiques grecs :

Ἠέλιος δήπου αὐγάζει πείρατα γαίης,
Νυκτί δ' ἀμαρωθεὶς ὄλλυσι μαρμαρυγάς...

Ces distiques sont suivis de quatre petites pièces qui se développent sur le recto du f. suivant et qui sont signées des élèves de l'Académie princière de Bucarest.

Les ff. lim. contiennent ensuite une longue épître de Dositнée, patriarche de Jérusalem (épître datée de Constantinople au mois de mai 1705), et les tables.

Bibl. nat. de Bucarest (Cat., II, 505, n° 599). — Bibl. de l'Académie roumaine. — Papadopoulos Vretos, I, 52, n° 143.

33. Молитвеникъ. *Rîmnic*, 1706. In-?

Musée national de Bucarest, n°s 88, 475, 511, 515. — Pop, 72.

34. Паракли́съ. *Rîmnic*, 1706. In-?

Musée national de Bucarest, n°s 185 et 192.

35. Λόγος εἰς τὸ σωτήριον πάθος τοῦ Θεανθρώπου Λόγου.

Τούτῳ δὲ αὐτοῦ τοῦ πάθους τὸ κείμενον ἐκ τῶν τεσσάρων Εὐαγγελιστῶν συλλεχθὲν προσετέθη μονοτέσσαρον, ἤγουν τετρασύλλεκτον ἐπονομασθέν, τοῦ διδασκάλου τοῦ ἱεροῦ Εὐαγγελίου τῆς μεγάλης Ἐκκλησίας Γεωργίου τοῦ Μαϊώτα, τῆς τε Ἑλληνίδος καὶ Λατινίδος φωνῆς Καθηγητοῦ τῶν ἐκλαμπροτάτων υἱῶν τοῦ γαληνοτάτου Οὐγγροβλαχίας Ἡγεμόνος, Κυρίου Κυρίου Ἰωάννου Κωνϛαντίνου Μπασσαράβα Μπραγκοβάνου. Τυπωθεὶς ἐν τῇ Ἐπισκοπῇ Ῥημνίκου, παρὰ Μιχαὴλ ὑποδιακόνου τοῦ Ἰσ1φάνοβιτζ, ἐν ἔτει σωτηρίῳ αψϛ' [1706]. In-8°.

Papadopoulos Vretos, I, 54, n° 149.

36. Λόγος πανηγυρικὸς εἰς τὸν ἐν Ἱεράρχαις Θαυματουργὸν μέγαν Νικόλαον, προσφωνηθεὶς τῷ αἰωνίου μνήμης Βοεβόδα Μπραγκοβάνῳ, παρὰ Ῥαδούλου Ἡγεμόνος Οὐγγροβλαχίας Κυρίου Κυρίου Ἰωάν. Κωνϛαντίνου Μπασσαράμπα Μπραγκοβάνου · καὶ τυπωθεὶς ἐν τῇ ἁγιωτάτῃ Ἐπισκοπῇ Ῥημνίκου παρὰ Μιχαὴλ ὑποδιακόνου τοῦ Ἰσ1φάνοβιτζ ἐν ἔτει αψϛ' [1706]. In-8°.

Papadopoulos Vretos, I, 54, n° 148.

V

IMPRESSIONS DE TIRGOVIȘTE.

37. Βίβλος ἐνιαύσιος ‖ τὴν ἅπασαν ἐκκλησιαϛικὴν ‖ Ἀκολουθίαν ‖ Ἀνελλειπῶς περιέχουσα, ‖ Τυπωθεῖσα μὲν καὶ ἀφιερωθεῖσα ‖ Τῷ Παναγιωτάτῳ, λογιωτάτῳ, καὶ σοφωτάτῳ Ἀρχιεπισκόπῳ ‖ Κωνϛαντινουπόλεως, Νέας Ῥώμης, καὶ Οἰκουμενικῷ Πατριάρχῃ, ‖ Κυρίῳ Κυρίῳ Ἀθανασίῳ. ‖ Ἐπὶ τοῦ Εὐσεβεϛάτου, Ἐκλαμπροτάτου, καὶ Γαληνοτάτου Αὐθέντου, ‖ Κυρίου, Κυρίου Ἰωάννου Κωνϛαντίνου. ‖ Μπασαράμπα Βοεβόδα, τοῦ Μπραγκοβάνου, Ἡγεμόνος πάσης ‖ Οὐγκροβλαχίας. ‖ Παρὰ τοῦ Πανιερωτάτου, καὶ Θεοσεβεϛάτου Μητροπολίτου Οὐγ- ‖ κροβλαχίας Κυρίου Κυρίου Ἀνθίμου, τοῦ ἐξ Ἰβηρίας,

∥ Ἀναλώμασι καὶ Τύποις τοῖς αὐτοῦ. ∥ Διορθωθεῖσα δὲ μετ' ἐπιμελείας παρὰ Μητροφάνους Πρεσβυ- ∥ τέρου Γρηγορᾶ, τοῦ ἐκ Δωδώνης. ∥ Ἐν Ἔτει α'.ψ'.θ' [1709]. Κατὰ Μῆνα Αὔγουςον. ∥ Ἐν τῇ Ἁγιωτάτῃ Μητροπόλει τῇ ἐν Τεργοβύςῳ ∥ τῆς Οὐγκροβλαχίας. In-fol. de 4 ff. lim. 972 (ou mieux 973) pp., 1 f. blanc, 588 et 36 pp., impr. à deux col. en rouge et en noir.

Le titre est entouré d'un joli encadrement.

Au verso du titre sont les armes de Jean-Constantin Basarabă Brîncovanu, accompagnées de cinq distiques dont voici le premier :

Πρῶτ' ἆρον πισ]ῶν, ὦ σύσ]ημ', ὑψόσε χεῖρας
Ὡς Κωνσ]αντίνῳ δῷ Θεὸς ἐσθλὰ Πόλου...

Le recto du second feuillet contient encore quinze distiques adressés au prince par MÉTROPHANE :

Τίπ]ε, Κόραξ, Σταυρὸν σὺ τεῷ ῥάμφει βλακικὸν δὲ
Ὅπλον βασ]άζων ἤλυθας ἡγεμόνων;...

Le reste des ff. lim. est occupé par une épître d'ANTHIME au patriarche de Constantinople, Athanase, et par la table.

Le verso de la page 395, qui est blanc, n'est pas compris dans la pagination, en sorte que, à partir de la page 396 jusqu'à la fin de la première partie, il y a une erreur d'une unité.

Les numéros pairs sont au recto et les numéros impairs au verso des ff.

Cet énorme volume, supérieurement imprimé, fait honneur à la typographie de Tîrgoviște.

Le nom de Métrophane, de Dodone, se retrouve à la fin de la seconde partie.

Musée national de Bucarest, n° 50.

38. Βιβλίον περιέχον τὴν Ἀκολουθίαν τῆς ἁγίας Αἰκατερίνης, τό τε Προσκυνητάριον τοῦ ἁγίου Ὄρους Σινᾶ μετὰ τῶν πέριξ καὶ πάντων τῶν ἐν αὐτῷ καὶ περὶ αὐτό, τήν τε τάξιν τῆς Ἀκολουθίας τοῦ μοναστηρίου, καὶ τοὺς ἐν αὐτῷ μέχρι τοῦδε ἀρχιεπισκοπήσαντας, καὶ ἐγκώμιον τε εἰς τὸ Σινᾶ ὄρος, καὶ περὶ τῶν Ἀράβων. Τυπωθὲν ἐπὶ τοῦ αὐθέντου Ἰωάννου Κωνσ]αντίνου Μπασσαράμπα

Βοεβόδα, Ἡγεμόνος πάσης Οὐγγροβλαχίας παρὰ τῷ παναγιωτάτῳ καὶ λογιωτάτῳ Μητροπολίτῃ Ἀνθίμῳ τῷ ἐξ Ἰβηρίας ἐν τῇ μητροπόλει τοῦ Τεργοβίσ7ου· ἐπιμελείᾳ καὶ διορθώσει τοῦ ὁσιωτάτου ἐν Ἱερομονάχοις Μητροφάνους Γρηγορᾶ τοῦ ἐκ Δωδώνης· ἐν ἔτει αψι΄ [1710] κατὰ μῆνα Σεπ7έμβριον. In-4°.

Réimprimé à Venise en 1727.
Papadopoulos Vretos, I, 55, n° 153.

39. Πανοπλία δογματικὴ ‖ Ἀλεξίου Βασιλέως τοῦ Κομνηνοῦ, ‖ Περιέχουσα ἐν συνόψει τὰ τοῖς μακαρίοις καὶ Θεοφόροις πατράσι ‖ συγγραφέντα, εἰς τάξιν δὲ καὶ διεσκεμένην ἁρμονίαν παρὰ ‖ Εὐθυμίου Μοναχοῦ τοῦ Ζιγαδηνοῦ τεθέντα. ‖ Ἐπὶ ἀνατροπῇ καὶ καταφθορᾷ τῶν δυσσεβεςάτων δογμάτων τε καὶ ‖ διδαγμάτων τῶν ἀθέων Αἰρεσιαρχῶν, τῶν κακῶς κατὰ τῆς ‖ ἱερᾶς αὐτῶν Θεολογίας λυτ7ησάντων, ‖ Ἀφιερωθεῖσα ‖ Ἐπὶ τοῦ Εὐσεβεσ7άτου, Ὑψηλοτάτου, καὶ Θεοσέπ7ου Αὐθέντου καὶ ‖ Ἡγεμόνος πάσης Οὐγγροβλαχίας Κυρίου Κυρίου ‖ Ἰωάννου Κωνςαντίνου Μπασαράμπα ‖ Βοεβόδα τοῦ Μπραγκοβάνου. ‖ Τῷ Ἐκλαμπροτάτῳ καὶ Σοφωτάτῳ Υἱῷ αὐτοῦ ‖ Κυρίῳ Κυρίῳ Στεφάνῳ Βοεβόδα ‖ τῷ Μπραγκοβάνῳ ‖ Παρὰ τοῦ Πανιερωτάτου καὶ Λογιωτάτου Μητροπολίτου Δρύςρας ‖ Κυρίου Κυρίου Ἀθανασίου, ‖ Οὗ καὶ τοῖς ἀναλώμασι νῦν πρῶτον τετύπωται ‖ Παρὰ τῷ Πανιερωτάτῳ, Λογιωτάτῳ, καὶ Θεοπροβλήτῳ Μητροπολίτῃ ‖ Οὐγγροβλαχίας Κυρίῳ Κυρίῳ Ἀνθίμῳ ‖ Τῷ ἐξ Ἰβηρίας. ‖ Ἐπιμελείᾳ καὶ διορθώσει Μητροφάνους Ἱερομονάχου Γρηγορᾶ ‖ τοῦ ἐκ Δωδώνης. ‖ Ἐν τῇ Ἁγιωτάτῃ Μητροπόλει τῇ ἐν τῷ τῆς Οὐγγροβλαχίας ‖ Τεργοβύςῳ. ‖ Ἐν ἔτει ἀπὸ Θεογονίας Χιλιοςῷ Ἑπ7ακοσιοςῷ Δεκάτῳ [1710]. ‖ Κατὰ Μῆνα Μάϊον. In-fol. de 6 ff. lim. et 188 ff. chiffr., impr. à 2-col., titre encadré.

Au verso du titre, un bois des armes de Valachie, accompagné de trois distiques adressés à Jean-Constantin Basaraba Brîncovanu par ANTOINE, professeur à Constantinople et logothète de la Grande Église.

NOTICE SUR ANTHIME D'IVIR.   553

Les trois feuillets qui suivent le titre contiennent : une épître à Étienne Brîncovanu, signée d'ATHANASE, évêque de Silistrie; des vers à la louange d'Étienne Brîncovanu et du métropolitain Athanase de Silistrie, par Antoine, le professeur déjà cité; enfin de petites pièces à la louange d'Alexis Comnène, par HOURMOUZIOS, par le moine JOANNICE HADŽI, par GEORGES, fils d'Hazithanos, de Larisse, et par le moine EUTHYME de Zigade.

Les deux derniers ff. lim. sont occupés par le prologue d'ALEXIS COMNÈNE et par la table.

A la fin du volume est répété le nom du moine Métrophane Gregoras, de Dodone.

Bibl. nat., D 22 (Inv. D 3).

40. A l'année 1710 doit appartenir un catéchisme roumain imprimé à Tîrgovişte par Georges Radovič. Anthime rend l'étude de ce livre obligatoire pour tous les prêtres valaques dans un de ses mandements de 1714. (*Biserica orthodoxă română*, VIII, 827.)

41. Октоихъ акумь ѫтѫй тълмѫчить пе лимба румѫнѣскъ ши типърить ла КД. де ани а ѫнълуатей домнїй Iѡ Кѡстандинь В. Басарабъ воеводь, ку тоатъ келтуала Митрополитулуй ал Оугровлахїй Кѵрь Анѳимь Ивирѣнулъ. Ѫ с. Митрополїе а Търъговищїй ҂аѱвi [1712] де Геѡргїе Радовичь. In-?

Pop, p. 61.

42. Литѵргїе. Търъговище. 1713. In-?

Pop, p. 61.

43. Молитвѣникъ. Търъговище. 1713. In-?

Pop, p. 61.

44. Γνωμικὰ παλαιῶν τινων φιλοσόφων ἐκ τῆς Ἑλληνικῆς εἰς τὴν ἡμετέραν ἁπλῆν διάλεκτον μεταφρασθέντα. Ἐν Τεργοβύσῖῳ τῆς Οὐγγροβλαχίας, 1713 (?). In-8°.

Recueil de sentences extraites des philosophes grecs par un auteur français, et traduit du français en italien par Del Chiaro, de l'italien en grec, puis du grec en roumain. Iarcu assigne à ce volume la date de 1713, date que l'édition roumaine décrite ci-après rend très vraisemblable. M. Gaster, qui a consacré une notice à cet ouvrage (*Literatura populară română*, 204), n'a pu en découvrir un seul exemplaire complet. En tout cas, l'existence de l'édition de Tîrgoviște est attestée par le titre même de la réimpression donnée à Venise par Panaïotis Lampanitziotis en 1780, in-12. Voy. Papadopoulos Vretos, II, n° 162.

45. Пилде философещй депе лимба гречаскъ тълмъчите ръмънеще, каре ку кучерїе сау акинатъ Пръълуминатулуи Ѡблъдуиторю Църїй ръмънещй Іѡанъ Костандинъ Басарабъ Воеводъ, фїиндъ Митрополитъ Кѵр Анѳимъ Ікиренулъ, де Кѵр Манул ал луй Апостолй, ку акъруа келтуълъ акумъ ънтъй сау типъритъ ꙟ Търговище. Ла лѣтъ ҂зска [7221=1713]. In-?

Traduction du recueil décrit à l'article précédent.
Pop, p. 61.

46. Катавасїерь типъритъ де Геѡргїе Радовичь. ꙟ Търговище. 1714. In-?

Bibl. de M. le Dr Gaster, à Bucarest (exemplaire incomplet).
Pop, p. 62.

47. Капете де порунк ‖ Ла тоатъ чата Бесеричаскъ. ‖ Пентру касъ пъзѣскъ фїеще ‖ кареле динъ Преѡцй шй динъ ‖ Дїакони, де плинъ шй ку чи[н]- ‖ сте даторїа хотарулуй сѣу. ‖ Акумъ ънтъй Тѵпърите, ‖ ꙟ зилеле пръ ънълуатулуй ‖ Дѡмнь шй ѡблъдуиторю а- ‖ тоатъ Цара Ръмънѣскъ. ‖ Іѡ Щефанъ, К. Воеводъ ‖ ꙟ сѳнта Митрополїе ‖ ꙟ Търговище ла Лѣтъ ҂зскв [7222=1714]. ‖ Де Геѡргїе, Радовичь. Pet. in-8° de 15 pp., titre encadré.

Mandement divisé en 11 chapitres; on en trouvera une analyse dans la *Biserica orthodoxă română*, VIII, 826.
Bibl. de M. le Dr Gaster, à Bucarest.

48. Кáпете пéнтрȢ ѫвѣȣѣтȢра бисеричѣскъ... Ѫ сфѫта Митрополíе ѫ Тѫрго́вище, ла лѣт̀ ҂зскв [7222=1714]. Де Геѡ́ргїе Ра́довичь. Pet. in-8°.

Mandement en 14 chapitres également cité dans la *Biserica orthodoxă română*, VIII, 827.

49. Χρυσάνθου ‖ τοῦ μακαριωτάτου πατριάρχου ‖ τῶν Ἱεροσολύμων ‖ Συνταγμάτιον. ‖ Περὶ τῶν Ὀφφικίων, Κληρικάτων καὶ Ἀρχοντικίων τῆς τοῦ Χριςοῦ ἁγίας Ἐκκλη-‖σίας, καὶ τῆς σημασίας αὐτῶν, διαιρέσεώς τε καὶ τάξεως τῆς πάλαι καὶ νῦν, καὶ ἑτέρων ‖ τινῶν πάνυ ἀναγκαίων τοῖς ἐγκαταλεγομένοις τῷ Κλήρῳ, καὶ αὐτοῖς ‖ Ἀρχιερούσι, ‖ Καὶ περὶ τῶν πέντε κατ' ἐξοχὴν ἁγιωτάτων Πατριαρχικῶν Θρόνων, καὶ τῶν Μητροπό-‖λεων τῶν κατὰ συνοδικὴν διάγνωσιν αὐτοῖς ὑποκειμένων μετὰ τῶν ὑπ' αὐτὰς ‖ Ἐπισκοπῶν. ‖ Περί τε τῶν αὐτοκεφάλων Ἀρχιεπισκόπων μετὰ τῶν αὐτοῖς ὑποκειμένων Θρόνων ‖ Διαλαμβάνον. ‖ Ἐκ διαφόρων μὲν Τακτικῶν, καὶ τῶν σποράδην εὑρισκομένων, μάλιςα δὲ ‖ τῆς κατὰ περιήγησιν αὐτοῦ ἀκριβοῦς ἐρεύνης τῶν πραγμάτων ‖ Συλλεγὲν, ‖ Ἐπὶ δὲ τοῦ Εὐσεβεσ7άτου, Ἐκλαμπροτάτου τε καὶ Ὑψηλοτάτου Ἡγεμόνος ‖ πάσης Οὐγγροβλαχίας, Κυρίου, Κυρίου Ἰωάννου Σ7εφάνου Βοεβόδα ‖ τοῦ Καντακουζηνοῦ, ‖ Παρὰ τῷ Πανιερωτάτῳ Μητροπολίτῃ Οὐγγροβλαχίας Κυρίῳ Ἀνθίμῳ ‖ τῷ ἐξ Ἰβηρίας, ‖ Μετὰ τῶν Ἐγχειριδίων τῶν περὶ τῶν ἐπ7ὰ Μυσ7ηρίων Γαβριὴλ Φιλαδελφείας, καὶ Ἰὼβ ‖ ἁμαρτωλοῦ, σὺν Ὁμιλίᾳ τινὶ Θεσπεσίᾳ Γενναδίου Πατριάρχου Κωνςαντινουπό-‖λεως, περὶ τοῦ Μυςηριώδους Σώματος τοῦ Κυρίου, τὸ τέλος αἰσίως ἐπισφραγιζούσῃ, ‖ Τυπωθὲν ‖ Ἐπιμελείᾳ καὶ διορθώσει Μητροφάνους ταπεινοῦ Ἱερομονάχου ‖ τοῦ ἐκ Δωδώνης, ‖ Ἐν τῇ κατὰ τὸ Τεργόβυςον τῆς Οὐγγροβλαχίας ἁγιωτάτῃ ‖ Μητροπόλει. ‖ Ἐν ἔτει ἀπὸ Θεογονίας Χιλιοςῷ Ἑπ7ακοσιοςῷ Δεκάτῳ Πέμπ7ῳ [1715]. ‖ Κατὰ Μῆνα Μάρτιον. In-fol. de 8 ff. lim. et 144 pp.

Au verso du titre, les armes de Valachie, accompagnées d'une pièce de vers grecs signée du moine Métrophane. Les 6 feuillets qui suivent contiennent la fin de cette pièce et la table des matières; le huitième f. lim. est blanc.

A la fin du volume on lit: Ὁ ἐπιςάτης τῆς κατὰ τέχνην ἐντυπώσεως ‖ τοῦ παρόντος Βιβλίου ‖ Γεώργιος Ῥαδοβίτζης.

Bibl. nat., B. 107.

50. Часословъ ‖ Акꙋмь ѫтѫи Тѫлмѣчитъ ѫ Лимба ‖ Рꙋмѫнѣскъ, ‖ Ши ѫкинатъ. ‖ Пре Крещинꙋлꙋй, ши пре Нъ͂цатꙋ-‖лꙋй Дмнь, ши ѡблъдꙋиторю атоатъ ‖ Цара Рꙋмѫнѣскъ. ‖ Іѡ, Щефань, ‖ Кантакꙋзино Воеводь, ‖ Де пре сфнцитꙋль Митрополитъ аль ‖ Оугрꙍвлахіей ‖ Кѵрь Анѳімь Іѵирѣнꙋль. ‖ Кꙋ акꙋрꙋа Келтꙋіалъ саꙋ Тѵпъритъ ѫ ‖ Сфта Митрополіе динь Скаꙋнꙋль ‖ Тѫргобѣщей. ‖ Ла анꙋль, „зскг [7223 = 1715]. ‖ Де Геѡргіе Радовичь. In-4° de 4 ff. lim. et 532 pp.

Au verso du titre sont les armes de Jean-Étienne Cantacuzène, accompagnées de quatre distiques qui commencent ainsi :

Gripșorul, Corbul și Crucea, treï seamme minunate,
Darurile tale vestesc, Doamne prea înălțate...

Les deux ff. suivants contiennent une épître au prince signée : ANTHIME, métropolitain d'Ongrovlachie.

Le quatrième f. est occupé par la table.

Bibl. nat. de Bucarest (Cat., II, 433, n° 35).

Bibl. de M. le D' Gaster, à Bucarest.

VI

IMPRESSIONS DE BUCAREST.

51. Νουθεσίαι ‖ Χριστιανικοπολιτικαὶ ‖ Πρὸς τὸν Εὐσεβέστατον καὶ Ὑψηλότατον ‖ Αὐθέντην, καὶ Ἡγεμόνα πάσης ‖ Οὑγγροβλαχίας, ‖ Κύριον, Κύριον ‖ Ἰωάννην Στέφανον ‖ Καντακουζηνὸν Βοεβόνδα. ‖ Τοῦ Πανιερωτάτου καὶ Θεοπροβλήτου ‖ Μητροπολίτου Κυρίου, Κυρίου ‖ Ἀνθίμου, τοῦ ἐξ Ἰβήρων, ‖ Νεωστὶ τυπωθεῖσαι, μετὰ καί τινων ψυχω- ‖ φελῶν Εὐχῶν ὅλης τῆς Ἑβδομάδος, ‖ Ἐν τῇ ἁγιωτάτῃ

Μητροπόλει, τῇ ἐν ‖ Βουκουρεσίῳ. ‖ Ἔτει τῷ σωτηρίῳ, αψιέ [1715]. — Τέλος. ‖ Καὶ τῷ Θεῷ δόξα. ‖ Ἐτυπώθη Παρὰ Διονυσίου Ἱερομονάχου ‖ τοῦ Φλώρου. Pet. in-4° de 38 pp. et 1 f. blanc, titre encadré.

Opuscule en vers.

Au verso du titre sont cinq distiques adressés au prince Étienne Cantacuzène et surmontés des armes de Valachie.

Le second f. contient une épître en prose au même prince Étienne.

Bibl. de M. Émile Legrand, à Paris.

52. Ἱστορία περὶ τῶν ἐν Ἱεροσολύμοις Πατριαρχευσάντων, Διηρημένη μὲν ἐν δώδεκα βιβλίοις, ἀρχομένη δὲ ἀπὸ Ἰακώβου τοῦ Ἀδελφοθέου καὶ πρώτου Ἱεράρχου τῶν Ἱεροσολύμων ἕως τοῦ παρόντος ἔτους, Περιέχουσα τάς τε θείας συνελεύσεις τῶν ἁγίων Ἀποστόλων, καὶ τὰς ἀνὰ πᾶσαν τὴν Οἰκουμένην συναθροσθείσας ἐπιφανεστέρας Συνόδους, ὀρθοδόξους τε καὶ κακοδόξους, Οἰκουμενικάς τε καὶ Τοπικὰς, καὶ πᾶν δόγμα τῆς καθολικῆς τοῦ Χριστοῦ ἁγίας καὶ ἀποστολικῆς Ἐκκλησίας, Ἐν ᾗ γίνεται καὶ μνήμη κατὰ τάξιν πάντων τῶν Δύσεως καὶ Ἀνατολῆς Αὐτοκρατόρων, καὶ τῶν ἔργων αὐτῶν, καὶ τῶν πέντε πατριαρχῶν σὺν ταῖς πράξεσιν αὐτῶν καὶ ὧν ἔλαχον Διοικήσεων καὶ πρεσβείων, καὶ πολλῶν ἄλλων πατέρων, Ἀρχιεπισκόπων τε καὶ Ἀρχιεπισκοπῶν, Αἱρεσιαρχῶν τε πάντων, καὶ πασῶν Αἱρέσεων, καὶ τῆς καθαιρέσεως αὐτῶν, Ἐθνῶν τε καὶ ἀρχηγῶν τινων χριστιανισμοῦ, καὶ ἐκκλησιαστικῶν ἐθῶν, ἐφόδων τε Ἐθνῶν καὶ πολέμων, Πόλεών τε ἁλώσεων καὶ Ἱεροσολύμων, καὶ πολλάκις ἀναιρέσεως Ἑβραίων, ἀποικίας τε καὶ ἐξωρίας [sic] αὐτῶν, ἀπαριθμήσεώς τε πάντων τῶν ἁγίων πατέρων, τῶν κατὰ πασῶν τῶν Αἱρέσεων ἀγωνισαμένων, Σχίσματός τε ἐν τῇ Ἐκκλησίᾳ τῶν Παπῶν Ῥώμης, καὶ καθαιρέσεως τῆς μοναρχίας αὐτῶν, καὶ ἀναμαρτησίας διὰ πολλῶν ἀναντιῤῥήτων ἀποδείξεων, Περί τε τοῦ ἱεροῦ λεγομένου πολέμου συμφορῶν καὶ πολιορκιῶν τῆς Κωνσταντινουπόλεως ἀπὸ διαφόρων Ἐθνῶν, καὶ αἰχμαλωσίας αὐτῆς ὑπό τε Λατίνων, καὶ εἶτα Ὀθωμανῶν, καὶ ἀπαριθμήσεως μετὰ τὴν ἅλωσιν αὐτῆς τῶν σοφῶν ἀνδρῶν τῆς Ἀνατο-

λικῆς Ἐκκλησίας, Ἐπιβουλῶν τε καὶ ζημιῶν ἀπὸ Λατίνων καὶ Ἀρμενίων [sic] εἰς τὸν ἅγιον τοῦ Κυρίου Τάφον, καὶ τοὺς ἱεροὺς ἐν αὐτῷ Πατριάρχας, καὶ ἑτέρων πολλῶν ἀξιομνημονεύτων ὑποθέσεων, Συγγραφεῖσα μὲν παρὰ τοῦ ἐν μακαρίᾳ τῇ λήξει γενομένου ἁγιωτάτου καὶ ἀοιδίμου Πατριάρχου τῶν Ἱεροσολύμων κυρίου κυρίου Δοσιθέου, Κοσμηθεῖσα δὲ καὶ ἐν τάξει ἀρίστῃ τεθεῖσα παρὰ τοῦ μακαριωτάτου Πατριάρχου τῶν Ἱεροσολύμων κυρίου κυρίου Χρυσάνθου, Οὗ καὶ τοῖς ἀναλώμασι, μᾶλλον δὲ τοῦ ἁγίου τάφου, ταὐτὸν εἰπεῖν, τῇ ἐλεημοσύνῃ τῶν ὀρθοδόξων Χρισϊιανῶν ἐτυπώθη, ἐν ἔτει τῆς Ἀρχιερατείας αὐτοῦ ὀγδόῳ. Ἐπὶ τοῦ τέλους τῆς ἡγεμονίας τοῦ εὐσεβεστάτου καὶ ἐκλαμπροτάτου αὐθέντου κυρίου κυρίου Ἰωάννου Στεφάνου Βοεβόδα τοῦ Καντακουζηνοῦ, ἐν Βουκουρεσϊίῳ τῷ τῆς Οὐγγροβλαχίας αὐθεντικῷ Θρόνῳ, ἐπιμελείᾳ καὶ διορθώσει Μητροφάνους ταπεινοῦ ἱερομονάχου Γρηγορᾶ τοῦ ἐκ Δωδώνης, ἐπιστατοῦντος τῇ τυπογραφίᾳ Στώϊκα Ἱερέως τοῦ Ἰακωβίτζη, Ἐν ἔτει χιλιοσϊῷ ἐπϊακοσιοσϊῷ δεκάτῳ πέμπϊῳ [1715] κατὰ Μῆνα Ὀκτώβριον, Ὡρίσθη δὲ παρ' αὐτοῦ τοῦ μακαριωτάτου πατριάρχου τῶν Ἱεροσολύμων κυρίου κυρίου Χρυσάνθου δίδοσθαι τὴν βίβλον τοῖς εὐσεβέσι δωρεάν. Gr. in-fol. de 1 p. pour le portrait de Dosithée, 182 pp. pour le texte, les pièces lim. et les tables, 1 f. blanc et 1247 pp.

Le portrait qui représente le patriarche assis sur son trône est signé des lettres A. F. en monogramme.

Cet ouvrage est de la plus haute importance pour l'Église d'Orient, et nous devons le faire figurer ici, puisqu'il est sorti de l'imprimerie d'Anthime, bien que le nom du saint métropolitain ne figure pas sur le titre.

Les pièces lim. sont : 1° une épître de Chrysanthe aux quatre grands patriarches, aux archevêques, évêques, aux autres membres du clergé et aux fidèles; 2° une épître du même Chrysanthe au moine Néophyte, archimandrite du trône apostolique; 3° une vie abrégée de Dosithée par Chrysanthe.

L'ouvrage peut se diviser en deux parties, contenant chacune six livres. La table se coupe après la page 93 et le texte après la page 632. Dosithée nous donne, dans le chapitre xii du livre XII (p. 1237), de curieux détails sur la fondation de l'imprimerie grecque de Iassi : «En l'année 1680, dit-il, nous trouvant à Iassi et voyant que les Moldaves avaient une imprimerie tandis que les Grecs n'en possédaient pas, nous avions le cœur déchiré; mais Dieu nous envoya un moine valaque, nommé Métrophane, à qui nous donnâmes 600 piastres pour l'achat de types neufs, en lui payant en outre ses honoraires, ainsi que le papier. Nous lui envoyâmes le livre de Nectaire contre le pouvoir du pape, livre dont l'impression dépassa notre attente et que nous distribuâmes gratuitement. Nous fûmes très satisfait de ce résultat, et, nous trouvant à Andrinople en l'année 1683, nous envoyâmes du papier à Iassi, et nous livrâmes à l'impression le livre de Syméon de Thessalonique, en écrivant des lettres au prince Duca.»

Dosithée ajoute que les *frari*, c'est-à-dire probablement les jésuites, qui entouraient l'ambassadeur de France à Constantinople, poussèrent cet ambassadeur à intervenir pour empêcher le patriarche de Jérusalem de faire imprimer des livres; qu'ils essayèrent de tous les moyens pour arriver à leurs fins; mais que le grand vizir, qui était un homme prudent, repoussa leur prétention.

Bibl. de l'École des langues orientales vivantes, Q. I. 32. — Musée britannique, 701. m. 6.

Cf. Sathas, 382.

54. Ἱστορία ἱερὰ ἤτοι τὰ Ἰουδαϊκὰ κατ' ἐπιτομὴν συγγραφέντα παρὰ τοῦ εὐσεβεστάτου, ἐκλαμπροτάτου καὶ σοφωτάτου Αὐθέντου κυρίου κυρίου Ἀλεξάνδρου Μαυροκορδάτου, τοῦ μεγάλου Λογοθέτου τῆς τοῦ Χριστοῦ Μεγάλης Ἐκκλησίας καὶ τοῦ ἐξ ἀπορρήτων τῆς κραταιᾶς βασιλείας τῶν Ὀθωμανῶν, καὶ διὰ δαπάνης τοῦ εὐσεβεστάτου καὶ ὑψηλοτάτου Αὐθέντου καὶ Ἡγεμόνος πάσης Οὐγγροβλαχίας κυρίου κυρίου Ἰωάννου Νικολάου Βοεβόδα, τοῦ σοφωτάτου υἱοῦ αὐτοῦ· νεωστὶ τυπωθέντα ἐν τῇ σεβασμίᾳ Μονῇ τῶν Ἁγίων Πάντων, ἀρχιερατεύοντος τοῦ πανιερωτάτου καὶ θεοπροβλήτου Μητροπολίτου κυρίου Ἀνθίμου, τοῦ ἐξ Ἰβηρίας, πρὸς τὸ διανέμεσθαι δωρεὰν τοῖς εὐσεβέσι διὰ ψυχικὴν αὐτῶν σωτηρίαν, ἐπιμελείᾳ καὶ διορθώσει τοῦ λογιωτάτου κυρ. Ἰωάννου τοῦ Ποστελνίκου· Ἐν Βουκουρεστίῳ, ἔτει ἀπὸ τῆς ἐνσάρκου οἰκονομίας ͵αψιϛ' [1716]. κατὰ μῆνα Αὔγουστον, παρὰ τοῦ ἐλαχίστου ἐν ἱερομονάχοις Διονυσίου τοῦ Φλώρου. Pet. in-fol. de 16 ff. lim., 382 pp. et 15 ff. non chiffr. pour la table.

Bibl. nat. de Bucarest (Cat., II, 499, n° 563; Suppl., 31, n° 882 a). — Musée britannique, 870. k. 8. — Cat. Lampros, 1864, n° 34.

Au moment où nous achevons la correction de cette notice, nous recevons la publication de M. Bianu annoncée ci-dessus (p. 524); en voici le titre : Predice făcute pe la praznice mari de Antim Ivireanul, mitropolitul Ungrovlachiei 1709-1716. Publicate după manuscrisul dela 1781, cu cheltuiala Ministeriului Cultelor și al Instructiunei publice de Prof. I. Bianu, Bibliotecarul Academiei Române. Cu Notițe biografice despre Mitropolitul Ungrovlachiei Antim Ivirénul de P. S. S. Episcopul Melchisedec. *Bucureștĭ. Tipolitografia « Cărților bisericescĭ », 34, Principatele Unite, 34.* 1886. In-8° de xxx pp., 1 f. et 218 pp.

DES DIFFÉRENTS GENRES D'ÉCRITURE

EMPLOYÉS PAR LES JAPONAIS,

PAR

LÉON DE ROSNY,

PROFESSEUR À L'ÉCOLE DES LANGUES ORIENTALES VIVANTES.

DES DIFFÉRENTS GENRES D'ÉCRITURE
EMPLOYÉS PAR LES JAPONAIS.

I

La question de savoir quelle a été la plus ancienne écriture employée pour écrire la langue japonaise est loin d'être résolue d'une manière satisfaisante. On a publié, au Japon, dans ces derniers temps, un certain nombre d'ouvrages ayant pour but d'établir qu'avant l'introduction des caractères chinois, on avait fait usage dans ce pays de divers genres de caractères, parmi lesquels quelques-uns auraient été une œuvre purement indigène; on a fait paraître en même temps des inscriptions auxquelles on attribue une antiquité reculée. Malheureusement ces documents n'ont pas été mis au jour dans des conditions de nature à garantir leur authenticité; de sorte que, non seulement des doutes ont été émis à leur sujet, mais on a été jusqu'à accuser leurs éditeurs de les avoir purement et simplement inventés. Le but de ces falsifications, ou plutôt de ces créations fantaisistes, aurait été de donner une sorte de relief aux ancêtres des Japonais actuels, en prouvant que, loin d'avoir vécu dans la barbarie, ils auraient possédé et cultivé une littérature écrite. Nous ne sommes pas à même, en Europe, d'apprécier la valeur de ces critiques, mais elles paraissent en général assez fondées, et nous sommes tenus à une grande réserve pour tout ce qui touche à la paléographie du Nippon.

Il ne faudrait cependant pas se laisser aller à un scepticisme exagéré, par suite des fraudes commises récemment dans le domaine de l'archéologie japonaise, et conclure, du fait que quelques inscriptions récemment publiées ont été reconnues mensongères, que les insulaires du Nippon n'ont jamais employé d'autre système graphique que celui des Chinois. L'écriture d'origine coréenne, dite 神な字 *kan-na*, dont se sont occupés plusieurs écrivains indigènes, n'est peut-être pas une écriture aussi imaginaire qu'on a bien voulu le soutenir; et il y a tout lieu de penser qu'à l'époque où le bouddhisme a été introduit au Japon (vi^e siècle de notre ère), on a apporté dans cet empire non seulement les statues des saints de la grande religion indienne, non seulement les livres sacrés de cette doctrine traduits en chinois, mais encore des textes en caractères sanscrits ou tout au moins des inscriptions composées avec des signes dérivés de l'écriture dite *dêvanâgarî* « caractère des Dieux ». Des signes de ce genre figurent, aussi bien en Chine qu'au Japon, sur d'anciens monuments de la foi de Çâkya-mouni, et ils ont été transmis d'âge en âge par les moines comme des objets dignes d'une vénération exceptionnelle et en quelque sorte talismaniques.

Il faut noter, en outre, que c'est par la voie de la Corée que les Japonais ont reçu primitivement la connaissance de la langue et de la littérature des Chinois, et que les Coréens professaient la religion bouddhique, à l'enseignement de laquelle ils devaient l'invention d'une écriture spécialement composée pour noter les mots de la langue vulgaire[1].

---

[1] L'écriture japonaise d'origine coréenne, s'il est vrai qu'elle ait été em-

DES GENRES D'ÉCRITURE JAPONAISE.   565

Or cette écriture coréenne est à peu près identiquement la même que celle à laquelle les insulaires du Nippon ont donné le nom de *sin-zi* ou *kan-na* « caractères des Dieux ».

Il ne paraît pas, il est vrai, qu'on ait découvert jusqu'à présent aucun texte d'une authenticité incontestable tracé dans ces caractères d'origine coréenne; et, jusqu'à nouvelle information, on doit penser que les signes *sin-zi* sont une restitution relativement moderne d'un alphabet dont l'existence ne repose que sur une donnée traditionnelle. Il est évidemment fâcheux que les archéologues japonais qui se sont préoccupés de cette écriture n'aient pas jugé à propos de réduire leurs déclarations aux faits positifs qu'ils pouvaient réunir sur la matière. On ne saurait nier cependant que la reconstitution artificielle de l'alphabet japonais-coréen ait eu un côté utile. L'ancienne langue japonaise, dite langue *yamato*[1], diffère profondément de la langue japonaise moderne, qui d'ailleurs s'est modifiée de siècle en siècle peut-être plus que ne l'a fait aucun autre idiome du monde

---

ployée dans les îles de l'extrême Orient à une date quelque peu antérieure à notre siècle, ne saurait en tout cas remonter à l'époque de la restauration des livres sacrés du sintauïsme, car cette écriture n'a été inventée en Corée que vers le VIIIe siècle de notre ère. On prétend qu'elle est due à un bonze du nom de 셜 충 *Siel-tsoung*, qui vivait sous la dynastie des *Oang*. Mais ce personnage, que les indigènes considèrent comme un des savants les plus distingués de leur pays, semble avoir un caractère quelque peu mythique, de sorte qu'il est bien difficile de tirer des conséquences de la date à laquelle on fait remonter son invention. Klaproth, d'ailleurs, prétend que l'usage de l'écriture coréenne remonte beaucoup plus haut, et qu'elle a été introduite dans le *Paiktse* (le *Peh-tsi* des Chinois) en l'an 374 de notre ère. (Rosny, *Les Coréens, aperçu ethnographique et historique*, p. 62.)

[1] Ainsi appelée parce qu'on considère communément le pays de *Yamato* comme le foyer primitif de la civilisation japonaise.

asiatique [1]. Cette langue yamato est, en outre, restée presque complètement pure de tout mélange de mots chinois; tandis que, dans les temps plus récents, les mots d'origine continentale sont tombés dans les îles de l'extrême Orient comme une véritable avalanche, qui a bouleversé de fond en comble le vocabulaire indigène, ou du moins celui des envahisseurs du territoire occupé par les autochtones Aïno. Dans ces conditions, rien n'est plus détestable que la notation du pur japonais à l'aide de signes chinois ou dérivés du chinois; et il y a tout avantage à distinguer par une forme graphique spéciale les mots *yamato* des mots japonais ou sinico-japonais. L'écriture *kan-na*, telle qu'elle a été inventée à une époque que je n'ai pas à rechercher en ce moment, était tout naturellement désignée pour la notation de l'ancien idiome *yamato* : d'une grande clarté et d'une extrême simplicité, seule rigoureusement alphabétique parmi toutes les écritures de l'Asie, elle avait, en outre l'avantage d'exclure les contractions phonétiques des sylla-

---

[1] On est frappé des différences qui existent entre la langue japonaise actuelle et celle qui était en usage au xviiᵉ siècle, lorsqu'on étudie les livres publiés par les missionnaires portugais pour en enseigner les principes. Le grand *Arte da lingoa de Japam*, du P. João Rodriguez (Nangasaqui, 1604, in-4°), dont il existe un exemplaire rarissime à la Bibliothèque Bodléenne d'Oxford, et même l'*Arte breve* du même auteur, seront consultés avec intérêt par les philologues qui s'intéressent à l'histoire de la langue japonaise. On ne peut douter que ces livres aient été composés avec une connaissance solide de cette langue, et si M. le Dʳ Aug. Pfizmaier a pu constater un nombre prodigieux d'erreurs dans l'édition publiée par la Société asiatique de Paris (*Erlaüterungen z. d. Élémens de la grammaire japonaise von Rodriguez*, dans les *Sitzungberichte der k. k. Akademie der Wissenschaften* de Vienne, 1854), il est juste de n'imputer ces fautes qu'au traducteur français Landresse, qui ne possédait pas même des notions rudimentaires sur l'idiome qu'il voulait faire connaître au monde savant.

baires d'origine chinoise, et de ne pas préciser les nuances souvent douteuses qui résultent de l'adoucissement euphonique de certaines consonnes.

Je reconnais cependant que l'écriture *kan-na* n'est pas absolument satisfaisante pour la notation des anciens mots *yamato;* mais il serait facile d'en réparer les défauts par de légères modifications analogues à celles que les Japonais ont fait subir à leur syllabaire *kata-kana*, lorsqu'il l'ont employé à transcrire la langue des Aïno ou celle des Loutchouans[1].

Sans préjuger la question relative à l'origine de l'alphabet *kan-na* et à ce qu'elle peut avoir de conforme avec une écriture anciennement usitée dans les îles de l'Asie orientale, je crois avantageux de l'employer dans les travaux de philologie où la langue ancienne des Japonais doit être citée parallèlement avec leur langue moderne, en vue de recherches comparatives de linguistique et de philologie.

Chaque style particulier de la littérature japonaise a d'ailleurs son écriture spéciale, et l'on peut dire sans hésiter qu'on rencontrerait difficilement un autre pays que le Japon où les modes graphiques aient été aussi nombreux et aussi variés. Je n'ai point l'intention, dans cette courte note, rédigée à la hâte pour un recueil de notices peu détaillées, de donner un spécimen de tous ces modes. Je me propose seulement de signaler quelques-uns des genres les plus caractéristiques, et de fournir au grand établissement typographique auquel a été confiée l'impression de ce recueil l'occasion de montrer ses ressources pour la reproduction des textes divers en usage dans l'archipel japonais.

---

[1] Voyez mon étude dans la *Revue orientale et américaine,* première série, t. VI, p. 268.

II

Un grand nombre d'ouvrages japonais sont écrits exclusivement en caractères idéographiques : ils ne diffèrent alors des livres imprimés en Chine que par l'emploi, çà et là, de certaines locutions qui constituent en quelque sorte des anachronismes littéraires, en ce sens qu'elles se rencontrent difficilement réunies dans un même auteur chinois d'une époque déterminée. Il ne pouvait guère en être autrement, les Japonais ayant cultivé les lettres continentales pendant de longs siècles consécutifs sans entretenir de relations suivies avec le continent asiatique.

Il faut faire observer en outre que ces ouvrages, bien que composés en chinois, ne sont pas lus par les indigènes suivant la prononciation usitée en Chine, et qu'ils présentent presque toujours à l'audition des phrases soumises aux règles de la syntaxe et de la phraséologie japonaise.

Cet usage d'écrire en chinois remonte à une époque très reculée; et le second des livres canoniques, le *Ni-hon Syo-ki*, *Ni-hon gi* ou *Yamato bumi*, tel que nous le possédons aujourd'hui, n'a pas été composé autrement[1]. Depuis lors, une foule d'ouvrages importants, notamment le *Dai Ni-hon Si* ou Grandes Annales du Japon, ont été rédigés suivant ce système.

Quelquefois les textes chinois publiés au Japon sont accompagnés d'une traduction ou plutôt d'une «lecture» juxtalinéaire. Cette lecture est donnée d'une façon plus

---

[1] Suivant une tradition, le texte original du *Syo-ki* aurait été écrit en lettres phonétiques (?); mais il est hors de doute qu'il n'a pas tardé à être noté en signes chinois, tel que nous le connaissons aujourd'hui.

DES GENRES D'ÉCRITURE JAPONAISE. 569

ou moins complète suivant le caprice de l'écrivain ou suivant la classe de lecteurs qu'il a en vue. Le fragment suivant, relatif à la Genèse du Nippon, donnera un exemple de ce style.

EXTRAIT DU *KU-ZI KI.*

神代本紀

古者元氣渾沌天地未割猶 ニ 鷄 卵 子 溟滓
含牙。其後淸氣漸登薄靡爲天。浮濁
沈淹滯爲地。所謂州壤浮漂開闢別割
是也。譬猶游魚之浮水上。于時天先成而
地後定。然後於高天原化生一神號
曰天讓日天狹霧國禪月國狹霧尊。自
厥以降獨化之外俱生二代耦生五代。
所謂神世七代是也

Le morceau qui précède est composé, comme on le voit,

d'un texte principal écrit exclusivement en signes chinois et d'un texte accessoire et juxtalinéaire en caractères syllabiques kata-kana. Ce second texte a pour but de faciliter la lecture japonaise des signes chinois, mais il omet d'indiquer la valeur de ceux qui ne semblent pas de nature à pouvoir embarrasser le lecteur. Pour lire ces signes non accompagnés de kata-kana, il faut faire mentalement une sorte de thème, ou, en d'autres termes, une traduction au lieu d'une simple lecture. Afin de permettre de distinguer au premier coup d'œil les parties transcrites en lettres syllabiques et celles qui ne le sont pas du tout, je donnerai ci-dessous les premières en *italiques* et les secondes en lettres **grasses** :

Sin-dai hon-ki (titre lu à la manière chinoise). — *Inisihe hadimeno iki marokarete, ame-tŭti* **ima***da wakarezaru koto nawo tori-no ko-no kukumorite kizasiwo fukumeru-ga* **gotosi**[1]. **Sono** *noti sŭmeru iki-va* **yau-ya-***ku nobori, usŭku nabikite, ame to nari. Uki-nigoreru omoku sidŭmi todokohorite, tŭti to naru.* **Ivayuru** *kuni-tŭti-no ukare-tadayo'i hirake-wakaretaru to va,* **kore** *nari. Tatoheba,* **naho** *asobu uwo-no* **midŭ***-no uhe-ni ukeru-ga* **gotosi. Toki-ni** *ame madŭ narite, tŭti noti-ni sadamaru.* **Sikaru-noti***, taka-ama-no hara-ni nari-idŭru hito basira-no kami-no mi nawo Ame-yudŭru hi-ame-no sagiri Kuni yudŭru tŭki kuni-no sagiri-no mikoto to ma'usŭ. Sore-yori kono kata hitori naru no* **hoka** *tomo-ni naru futa tŭgi; tagu'i-naru itŭ tŭgi;* **ivayuru** *kami yo nana yo* **kore** *nari*.

Dans l'antiquité, le principe primordial était dans l'état de chaos,

[1] On doit considérer également comme une particularité caractéristique de ce genre de style le fait qu'un seul et même caractère chinois peut parfois être l'objet d'une *double lecture* dans l'énoncé des mots d'une phrase. Ici, par exemple, le signe chinois 猶 *yeou* devra se lire d'abord *naho*, au début de la période, immédiatement après *tatoheba*; mais il faudra le lire de nouveau à la fin de cette même période et cette fois *gotosi*. C'est là une des mille et mille complications de l'écriture employée au Japon.

DES GENRES D'ÉCRITURE JAPONAISE. 571

et le Ciel et la Terre, non encore séparés, étaient semblables à un œuf qui, condensé, renfermait un germe. Plus tard, le principe pur peu à peu s'éleva, se courba légèrement et forma le Ciel; la partie impure qui flottait s'enfonça par le fait de son poids, et, arrêtée dans son mouvement, forma la terre. C'est là ce qu'on appelle la séparation, la création des îles et des terres qui flottaient (sur l'onde). Cela ressemblait à un poisson flottant sur la surface de l'eau.

En ce temps-là, le Ciel fut d'abord accompli, et la Terre fut ensuite établie. Ensuite, sur la plaine du Ciel élevé, naquit par métamorphose un dieu nommé *Ame-yudŭru-hi-ame-no-sagiri Kuni yudŭru tŭki kuni-no sagiri-no mikoto*. De là, par la suite, les autres naissances, solitaires (sans qu'il y ait eu de déesse), formèrent deux générations de dieux nés ensemble (comme frères, nés à la fois) et cinq générations de dieux nés doubles (nés à la fois comme époux et épouse). C'est ce qu'on appelle les sept générations de l'âge des dieux.

Dans le texte qui précède, la lecture japonaise est indiquée pour la plupart des mots; mais il est d'autres textes dans lesquels on se borne à noter les désinences grammaticales et, exceptionnellement, la valeur de quelques mots employés dans une acception peu commune ou qui, par leur nature, pourraient embarrasser les lecteurs instruits eux-mêmes.

On en jugera par le morceau suivant, dont je donne la transcription d'après le même système adopté pour le morceau qui précède. Ce morceau est emprunté à l'*Abrégé des historiens du Japon*[1].

---

[1] 國史畧 *Kokŭ-si ryakŭ*, livre I, 人皇. — Cet ouvrage, très répandu au Japon, y a été l'objet de nombreuses éditions différentes. On y trouve l'histoire de mikados depuis les temps mythologiques jusqu'au règne de l'empereur Yô-zeï II (1587 à 1611). Les savants du Nippon, avec lesquels j'ai eu des relations, n'accordaient à cet ouvrage qu'un mérite secondaire; mais ils ne m'ont pas fait connaître les motifs de leur appréciation.

EXTRAIT DU *KOKŬ-SI RYAKŬ*.

人皇

神武天皇 彦波瀲武鸕鷀草葺不合尊第四子也。母玉依姫。帝生明達。意豁如也。○元年辛酉。春正月庚辰朝。即位於橿原宮。奉天璽鏡劔于正寢。群臣朝賀。先是帝自日向率舟師東征。至筑紫菟狹。菟狹津彦營宮而奉饗焉。遂至安藝。居埃宮。明年移次吉備。造高嶋行宮。脩舟檝。畜兵食。將一舉平定中原。居三歲。既東。舳艫相銜。到浪華崎。歷河内。入大和。抵膽駒山。有長髄彦者。先

DES GENRES D'ÉCRITURE JAPONAISE. 573

奉饒速日命子可美眞手命爲主。邀王師於孔舍衞
坂。皇兄五瀨命中流失薨。退軍草香津。轉攻名草戶
畔蒐田縣主兄猾潜兵入吉野。既出破八十梟師於
國見丘。皆誅之。越墨坂。斬賊兄磯城。旋軍復攻長髓
彥連戰不利。會天陰雨氷。武津津身命化爲大烏翺
翔軍前。以爲鄕導。帝稱贊。名曰頭八咫烏。日臣命隨
靈烏所去。伐木披榛導帝及諸軍。遂以啓行。賜名道
臣饒速日命斬長髓彥。帥衆以降。初長髓彥遣行人
示帝以饒速日命所持天神矢靫。帝亦以所御示長

髓彦ㇳ校ㇽニ之同フㇲ其ノ製乃ㇳ知ニ彼ナㇽ此皆天神之裔而
信無ㇴ僞饒ㇳ速日欲ㇲ歸ㇳ順長髓彦不ㇾ從以故見
殺於是分ㇼ遣ㇲ將率ハタ悉滅國中諸賊有土蜘蛛ト云
者在ニ波多岬和珥坂臍見岬三所又有高尾
張土蜘蛛爲ㇽ人身短而手足長並恃勇力不
肯來降皇軍結葛綱以掩殺之已未年相地
大和畝傍山東南橿原經始帝宅至是行即
位之禮可美眞手命道臣命等掌禁軍警衛
立皇后媛蹈鞴五十鈴媛命

NIN-WAU.

Zin-mu ten-wau *Hiko-nagi-sa-take U-gaya-fuki awasezŭ-no mikoto-no dai-si si nari.* Haha-*va Tama-yori hime.* **Tei umarete mei-tatŭ. I katŭ-zyo tari.** Gen-nen sin-yû haru syau-gwatŭ kô-sin sakŭ, kurai-*ni*

*Kasiva-bara-no miya-ni tŭki-tama*ᶜ*u*. **Ten-zi kyau-ken**wo **sei-sin-**ni **hô**zi. **Gun-siṅ tyau-ga-**sŭ. **Kore-**yori sa**ki** mi**kado Hiu-ga-**yori **siu-si**wo **hikii**te, **tô-sei-si**. *Tŭku-si-no U-sa-ni* itaru. *U-sa-tŭ hiko* miya**wo** yei-zi*te* hô-**kyau-**sŭ. **Tui**ni **Aki-ni itari**. *E-no miya-ni i-mas*ŭ. **Myau-nen** utŭt*te* **Ki-bi-ni** zi-sŭ. *Taka-sima-no* **an-gû**wo **tŭkuri**; siu-siu**wo** osa**me**; **hei-syokŭ**wo takuwa*he*, masa-**ni** ik-**kyô-**si*te*, tiu-**gen**wo hei-tei-*sen* to sŭ. *Ï-masŭ-koto* **san-sai**. Sŭ**de-ni** si**te**, higa**si** sŭ. **Zikŭ-ro** aᶜ*i-fuku*mi, *Nani-va-no* sa**ki-ni itaru**. Kavati**wo** he; **Yamato-ni** iri; *Ï-koma yama-ni itaru*; *Naga-sŭne-hiko* to iᶜ*u* mono ari. *Saki-yori Nigi-haya-hi-no mikoto-no ko-no Mŭmasi-mate-no mikoto*wo hô-zi**te**, siu-**to** nasŭ. **Ô-si**wo *Kusa-ye-no saka-ni* mukaᶜ*u*. **Mikado**-**no ko-no kami** *Itŭ-se-no mikoto* **riu-si-ni** atari**te**, kau-zŭ. Ikusa**wo** *Kusa-ka-no* **tu-ni** sirizokŭ **ten-**zi**te** *Na-kusa-no To-be U-da-no agata-nusi*, **Hi-**ukesi**wo** semu. Hei**wo** hisome*te*, *Yosi-no-ni* iri; sŭde-**ni** ide**te** *Ya-so-takeru*wo *Kuni-mi-no oka-ni* yaburu. Mi**na** kore**wo** tyu-sŭ. *Sŭmi-zaka*wo koye, zokŭ-**no** *E-si-ki*wo kiri; ikusa**wo** megura-si**te**, ma*ta Naga-sŭne-hiko*wo semu; ren-sen ri arazŭ. **Ten** kumori**te**, kôri**wo** furasŭ-**ni** aᶜ*u*. *Take-tŭ-tŭmi-no mikoto* kwasi**te**, oho-karasŭ **to** nari. **Gun-zen-ni** kau-**syô-si**. **Mot**te **kyau-dau**wo nasŭ. **Mikado syau-san-si**, nadŭke**te** *Ya-ta-garasŭ* **to** iᶜ*u*. *Hi-omi-no mikoto*, **rei-u-**no saru tokoro-**ni** sitagau*te*, ki**wo** kiri, hada**wo** hira**ki**. **Mikado** oyo**bi syo gun**wo miti**biki**. Tŭi**ni** mot*te* **kei-kau-**sŭ. Na**wo** *Miti-omi* to tamaᶜ*u*. *Nigi-haya-hi-no mikoto Naga-sŭne-hiko*wo ki**te**, syu**wo** hikii*te*, mot*te* kudaru. Hazi**me** *Naga-sŭne-hiko* **kau-zin**wo tŭkavasi. **Mikado-**ni sime**sŭ-**ni **Nigi-haya-hi-no mikoto-no** zi-*sŭru* tokoro-**no**, **ten-zin-no ya-to yŭki to**wo mot*te* sŭ. **Mikado-mo** ma*ta* **gyo-**sŭru tokoro**wo** mot*te*, *Naga-sŭne-hiko-*ni sime**sŭ**. Kore**wo** kau**sŭru-**ni, sono sei**wo** onadiᶜ*u* sŭ. Sŭnava*ti* kare-kore mi**na** **ten-zin-**no **ei-ni** si**te**, **sin-**ni i**tŭ**vari-na**ki-koto**wo siri. **Nigi-haya-hi zyun-**ni ki**sen** to hossŭ. *Naga-sŭne-hiko* sitagawazŭ, yŭye**wo** mot*te* koro**saru**.

Koko-ni oi**te syau-sotŭ**wo wakati-yari. **Koto-gotokŭ kokŭ-tiu-no syo-zokŭ**wo horobosŭ. *Tŭti-gumo* to iᶜ*u* mono ari. *Ha-da-no saki*, *Wa-ni saka*, *Hoso-mi-no saki-*no **san syo-ni** ari. Mata *Taka-Owari*, *Tŭti-gumo* to iᶜ*u* mono ari. Hito-*taru* midikaᶜ*u*-si*te*, siu-sokŭ nagasi. Narabi-**ni** iû-ryokŭ**wo** tanon**de**, aye*te* kitari kuda**ra**zŭ. **Kwau-gun** kuzŭ-**no** ami-**wo** musŭ**bi**, mot*te* kore**wo en-satŭ-**sŭ. **Ki-bi-**no **tosi**, ti**wo** *Yamato-no Une-bi yama-no* **tô-nan** *Kasiva-bara-*ni mi; **tei-takŭ**wo **kei-si-**sŭ.

Kokoni itat*te* sokŭ-ï-no rei*wo* okonaʻu. **Mŭmasi-mate-*no*** mikŏto, **Miti-omi-*no* mikoto** r*a*, **kin-gun-*no* kei-hei***wo* tŭkasadoru. **Kwau-gû** *Hime-tatara-isŭzŭ-hime-no mikotowo* tatŭ.

Zin-mu ten-wau était le quatrième fils de *Hiko-nagi-sa-take U-gaya-fuki awasezŭ-no mikoto*. Sa mère était *Tama-yori hime*. Cet empereur, en naissant, avait une intelligence supérieure et un cœur ouvert.

Première année, *Ka-no to-no tori*. — Au printemps, premier mois, premier jour, Zin-mou fut proclamé empereur au palais de *Kasiva-bara-no miya*. On lui offrit, dans la salle du trône, un sceau, un miroir et un sabre. Tous les officiers vinrent lui présenter leurs hommages.

Avant cette époque, l'empereur avait emmené du pays de *Hiu-ga* des troupes marines pour combattre les pays orientaux. Arrivé au *U-sa*, dans le pays de *Tŭku-si*, *U-sa-tŭ hiko* construisit un palais pour le recevoir. Il alla ensuite dans le pays d'*A-ki* et s'y établit dans le palais de *E-no miya*.

L'année suivante, il changea de résidence et s'établit dans le *Ki-bi*, où il construisit le palais provisoire de *Taka-sima*. Il y mit en état ses vaisseaux et leur matériel et réunit des provisions de guerre, dans l'intention de subjuguer en un coup les provinces centrales. Il demeura trois années dans cet endroit. Au bout de ce temps, il gagna l'orient. Ses vaisseaux, à la file les uns des autres, arrivèrent au cap de *Nani-wa*. Il traversa le pays de *Kawati*, entra dans le pays de *Yamato* et arriva à la montagne d'*Ï-koma*, où il rencontra un chef nommé *Naga-sŭne-hiko* « le Géant à la longue moelle ». Antérieurement, ce dernier avait proclamé chef un fils de *Nigi-haya-hi-no mikoto*, nommé *Mumasi-mate-no mikoto*. Ils arrêtèrent donc la marche des troupes impériales à la pente de *Kusa-ye*. Le frère aîné de l'empereur, qui se nommait *Itŭ-se-no mikoto*, fut atteint d'une flèche égarée, et mourut.

L'armée impériale se retira alors à *Kusa-ka-no tu*; puis, changeant de direction, elle attaqua *To-be*, du village de *Na-gusa*, et *Hi-u-kesi*, chef du département de *U-da*. Au moyen d'une manœuvre secrète de ses troupes, il entra dans le territoire de *Yosi-no*, dont il sortit ensuite, et tailla en pièces *Ya-so-takeru*, à la colline de *Kuni-mi*. Il mit à mort toutes ses troupes. Il se rendit ensuite à la pente de

Sŭmi; il tua le brigand E-si-ki. Puis, ramenant de nouveau ses troupes en arrière, il attaqua Naga-sŭne-hiko, contre lequel il perdit plusieurs batailles. Le ciel s'étant obscurci, il tomba de la grêle. Take-tŭ tŭ-mi-no mikoto fut métamorphosé en un grand corbeau, qui s'envola au-devant de l'armée impériale et lui indiqua la route (qu'elle devait suivre). L'empereur lui donna son approbation et le nomma Ya-ta-garasŭ. Hi-omi-no mikoto suivit la direction indiquée par le corbeau sacré, coupa les arbres (qui obstruaient le chemin) et conduisit l'empereur et ses troupes, qui purent alors passer. Zin-mu lui conféra, à cette occasion, le titre de Miti-omi «le Mandarin de la Route».

Nigi-haya-hi-no mikoto tua Naga-sŭne-hiko et se soumit avec son armée à l'empereur Zin-mu. Anciennement, Naga-sŭne-hiko avait envoyé un homme montrer à l'empereur un carquois des Génies célestes que possédait Nigi-haya-hi-no mikoto. L'empereur, de son côté, lui avait montré le carquois qu'il possédait; et comme, en les rapprochant, ils se trouvaient identiques, ils reconnurent que tous deux étaient descendants des Génies du Ciel et qu'il ne pouvait y avoir d'erreur. Nigi-haya-hi-no mikoto voulut alors faire sa soumission à Zin-mu, mais Naga-sŭne-hiko n'y consentit pas. En conséquence, celui-ci fut mis à mort.

Sur ces entrefaites, Zin-mu divisa son armée et envoya ses généraux avec des troupes qui détruisirent complètement les brigands qui se trouvaient dans le pays. Parmi ces brigands, il y en avait qui étaient appelés «Araignées de terre» (Tŭti-gumo) et qui habitaient dans les trois localités nommées le cap de Ha-da, la pente de Wa-ni et le cap de Hoso-mi. En outre, il y avait à Taka-Owari des (hommes dits) «Araignées de terre». Ils étaient de petite taille avec de longues mains et de longs pieds. Fiers de leur valeur, ils ne voulaient pas venir se soumettre. L'armée impériale fit un filet avec des fibres de la plante kuzŭ, au moyen duquel elle s'empara d'eux, et les tua.

Dans l'année tŭti-no to-no hitŭzi, l'empereur examina l'endroit appelé Kasiva-bara, situé au sud-est de la montagne d'Unebi, dans le pays de Yamato, et y commença l'édification de son palais. Puis il fit les cérémonies de l'installation au trône. Mŭmasi-mate-no mikoto, Miti-omi-no mikoto et d'autres furent chargés de la garde de ce palais. Hime-tatara-isŭzŭ-hime-no mikoto fut proclamée impératrice.

EXTRAIT DU *WA-KAN SAN-SAI DŬ-YE*.

仙洞

天子遁位呼曰仙洞奉其言
認文稱院宣行啓曰御幸其
皇后稱女院仙洞在而今上遁
位曰新院
法皇
仙洞落飾也剃髪而稱法皇宇多天
皇昌泰二年落飾法名曰金
剛覺始于此仁和寺御室是也

SEN-TÔ.

Ten-si kurai*wo* nogaruru*wo* yon*de* sen-tô *to* mausŭ. Sono kotoba-*wo* hôzite, bun*wo* sitatamuru*wo* in-sen *to* syau-sŭ. Gyau-kei*wo* mi-yŭki *to* mausŭ. Sono kwau-gû*wo* Dyo-in *to* syau-sŭ. Sen-tô *masi-masite*, *kin-zyau* kuraï*wo* nugaruru*wo* Sin-in *to* mausŭ.

HAU-WAU.

Sen-tô rakŭ-syokŭ-*sitamaute* Hau-wau *to* syau-sŭ. U-da-*no* ten-wau syau-tai ni nen rakŭ-syokŭ *site*, Hau-myau*wo* Kon-gau-kakŭ *to* mausŭ-*va*, koko-*ni* hadima*ru*. Nin-wa zi-*no* o-*muro* kore nari.

L'EMPEREUR QUI A ABDIQUÉ.

On désigne du nom de *Sen-tô* « Grotte des Immortels » le Fils du Ciel qui a résigné ses fonctions. Quand on promulgue ses ordres, on leur donne le titre de *in-sen*. Lorsqu'il voyage, on appelle son voyage *mi-yŭki*. L'impératrice, son épouse, est appelée *Dyo-in*. Lorsqu'il y a déjà un *sen-tó*, et que l'empereur régnant abdique, ce nouveau *sen-tó* s'appelle *Sin-in*.

LE SOUVERAIN DE LA LOI.

Lorsque le *sen-tó* a laissé tomber ses ornements, c'est-à-dire lorsqu'il a été tonsuré, on l'appelle le Souverain de la Loi (bouddhique). L'empereur *U-da ten-wau*, la seconde année de l'ère *syau-tai* (899 de J.-C.) laissa tomber ses ornements et reçut en religion le nom de *Kon-gau-kakŭ* « l'Intelligence de Diamant » (sanscrit : *Vadjrabôdhi*). Ce fut l'origine du titre de Souverain de la Loi. Il se fixa dans le monastère *Nin-wa zi*.

III

Le style épistolaire présente un autre genre de difficultés. Composé à peu près exclusivement dans le goût chinois, mais avec de nombreuses locutions d'origine japonaise, il oblige non seulement le lecteur à faire mentalement, de tous les signes tracés, une traduction suivant certains usages reçus, mais encore de modifier par la pensée l'ordre de ces signes, afin de transformer la phraséologie chinoise adoptée dans l'écriture en une phraséologie japonaise, la seule acceptable dans le langage oral. Je m'explique. L'auteur d'une lettre, écrivant ou étant censé écrire en chinois, doit composer ses phrases conformément à la syntaxe chinoise; mais, comme cette syntaxe diffère du tout au tout de la syntaxe japonaise, et que la lettre, bien qu'écrite en chinois, doit être lue en japonais, sous peine d'être inintelligible, il en résulte qu'on ne peut lire les signes les uns après les autres dans l'ordre suivant lequel ils sont tracés, mais bien dans l'ordre tout différent qu'auraient les mots si, au lieu d'être écrits en chinois, ils étaient écrits en japonais. Pour se former une idée de ce procédé d'une incroyable complication, il est nécessaire de donner des exemples. Je choisirai d'abord une lettre empruntée à un manuel du style épistolaire où l'on donne des modèles de lettres telles qu'on les composait naguère, puis une lettre moderne où l'on reconnaît un effort, très faible d'ailleurs, pour simplifier les procédés employés dans les anciens temps.

On remarquera que, dans les morceaux de ce genre, l'écriture correcte et classique de la Chine est remplacée par une écriture extrêmement cursive et abrégée, du genre de celle que les Chinois appellent 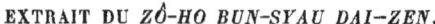 *tsao-chou* « écriture des plantes », c'est-à-dire écriture en forme de broussailles, écriture confuse.

EXTRAIT DU *ZÔ-HO BUN-SYAU DAI-ZEN*.

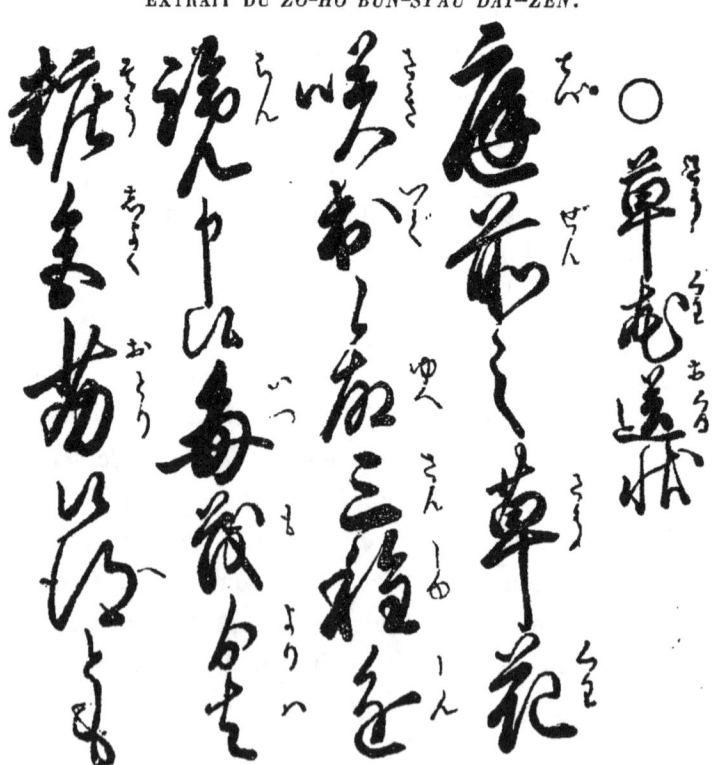

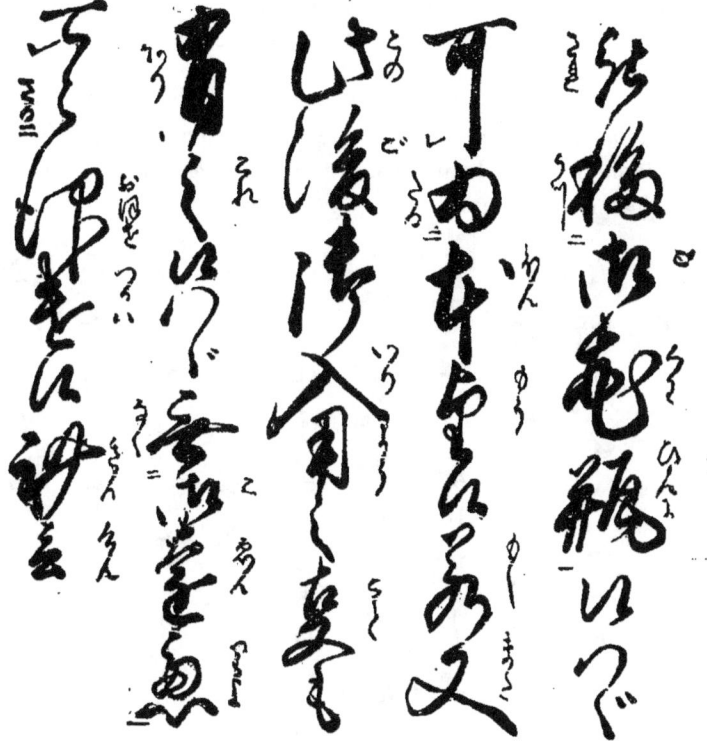

SAU-KWA OKURU ZYAU.

Tei-zen-no sau-kwa saki ide soro yŭye, san syu sin-ran mausi-soro, itŭ mo yori-va sô-syokŭ otori sora-he*domo*, go kwa-bin-ni utŭsare sora*vaba,* hon-mô taru-bekŭ soro ; mosi mata kono go, go iri-yô-no koto *mo* kore ari sora*waba*, go yen ryo-nakŭ ohose tŭka-vasaru bekŭ soro. Kin-gen.

LETTRE POUR ACCOMPAGNER L'ENVOI D'UN BOUQUET.

Comme des fleurs se sont épanouies à la Cour, j'ai l'honneur de vous en offrir de trois sortes; quoiqu'elles aient le défaut d'être des plantes communes, si vous daignez les mettre dans votre vase à fleurs, mon désir sera satisfait. Dans le cas où vous auriez encore besoin de quelque chose (en fait de fleurs), ne vous gênez pas pour me demander de vous l'envoyer. — Paroles respectueuses.

Afin de donner une idée de la différence qui existe entre le style épistolaire ancien et celui qui est en usage depuis ces derniers temps, je donnerai la traduction suivante du même morceau dans la forme adoptée de nos jours :

弊莚の草花爛熳笑を含み依て兩三種貴覽に呈をしと平凡のものに比すれば甚だ美ならざるを雖之と花瓶に挿植せられば何の幸か己に過ぎんや若し貴意に適せば直に御ア越可及く候小生敢てヾと奮むヾなさなり早く不一

Hei-yen-*no* sau-kwa ran-man warai*wo* fuku*mi* yot*te*, ryau-san siû ki-ran-*ni* tei-*sŭ*. Kore*wo* hei-zitŭ-*no* mono-*ni* hitŭreba, hana-hada bi-*narazŭ* to iye-domo, kore*wo* kwa-hei-*ni* sau-syokŭ-*serarureba*, nan-*no* saiwai *ka* kore-*ni* sŭgi-*ni* ya; mosi ki-i-*ni* teki-*seba* tadati-*ni* on mausi kosi kore aru bekŭ soro, syo-sei aye*te* kore*wo* osi*mu* koto-*naki* nari. Sau-sau, fu-i.

Dans le style qui précède, — et ce style ne saurait passer pour un style savant et exceptionnel, puisque c'est celui de toutes les lettres, qu'elles proviennent de grands seigneurs et d'érudits, ou de gens du bas peuple ou des classes peu instruites, — non seulement la grammaire n'est plus celle de la langue commune, mais le vocabulaire lui-même est étranger à cette dernière.

On a dit plus haut que le fond des documents épistolaires était chinois, mais que leur lecture est japonaise. Mais cette lecture japonaise n'est pas celle des autres genres de textes, et il n'y a pas jusqu'aux auxiliaires qui ne soient différents. Le principal auxiliaire japonais, celui qui répond à « être, avoir, faire » est 圡寸 *masŭ*, dans la langue parlée, et devient *tama'u*, dans la langue littéraire. Mais le style épistolaire n'est pas celui de la langue littéraire proprement dite, et il exige l'emploi d'un auxiliaire spécial dérivé de 候 *saburau*, par contraction *sa'urau*, et qui est devenu dans la pratique ひ *soro*.

Le vocabulaire présente une foule de mots dont on ne saurait faire usage dans la conversation. On emploiera, par exemple, pour l'impératif « venez », qui devrait se dire en japonais 來 *kitare*, mais que les exigences de la politesse ont transformé en 御出 *o ide* « surgissez impérialement » pour la langue parlée, 御來駕 *go rai-ga* en style épistolaire, c'est-à-dire « faites votre impériale venue en voiture », parce qu'il serait grossier, quand on écrit à quelqu'un, de lui demander de venir à pied comme un misérable valet.

Enfin, on fait un usage immodéré de particules de courtoisie, d'où il résulte qu'une longue lettre japonaise renferme plus de la moitié des mots qui, en somme, ne signifient rien du tout; ceci dit sans faire allusion aux formules finales qui laissent fort loin derrière elles tous les lieux communs mis en usage dans nos contrées par les beaux esprits des derniers siècles, et dont nous n'avons pas encore su nous débarrasser aujourd'hui. La fin d'une lettre japonaise est conçue en des termes dont on pourrait donner une idée de la manière suivante : «Daignez m'obtempérer la faveur de m'accorder l'honneur de me gratifier de la gracieuse permission de m'obtenir la concession du bienfait de vous présenter l'offrande de l'humble expression du profond hommage de mon respect en m'inclinant et en me prosternant à terre jusque sous la poussière de vos pieds. »

Les lettres des femmes sont encore écrites dans un autre style, et M. Hall Chamberlain[1] fait observer que ce style dérive directement de celui qui était employé par les deux sexes dans les temps «classiques». Il renferme, de la sorte, un certain nombre d'expressions particulières qui rappellent les vieux âges, et parfois des mots qui sont les équivalents, en pur japonais, de mots qu'on a l'habitude aujourd'hui d'employer sous la forme chinoise, comme par exemple : うみやま *umi-yama*, littéralement « mer-montagne », c'est-à-dire «beaucoup», au lieu de 澤山 *takŭ-san* «marais-montagne».

Les lettres des femmes commencent quelquefois par le signe 〆 *sime*, c'est-à-dire « (lettre) fermée, intime », et se terminent par la formule caractéristique :

mede-takŭ kasikŭ,

que M. Hall Chamberlain[2] explique par «joyeusement et en tremblant».

Sur l'enveloppe se trouve le mot より *yori*, c'est-à-dire «provenant de», sans indication de nom, sans signature.

---

[1] Dans les *Trans. of the As. Soc. of Japan*, 1885, p. 98.

[2] *Loc. cit.* Cette formule, comme une foule d'autres expressions japonaises, est d'une origine incertaine, et son étymologie est des plus douteuses. Les

IV

Le système graphique le plus répandu dans la littérature japonaise consiste dans l'emploi simultané des caractères chinois et des caractères syllabiques indigènes ou *kana*. Lorsqu'on fait usage de caractères chinois de forme carrée ou régulière, on emploie de préférence comme écriture syllabique le *kata-kana*; tandis que, lorsqu'on se sert de caractères chinois cursifs, on y joint surtout des signes du syllabaire *hira-kana*. Ce mode d'association de signes n'a cependant rien d'absolument obligatoire, et l'on pourrait citer bien des exceptions dues au caprice des écrivains.

Voici d'abord un fragment d'un ouvrage de botanique[1] imprimé en caractères chinois classiques et en lettres japonaises du syllabaire *kata-kana* :

mots 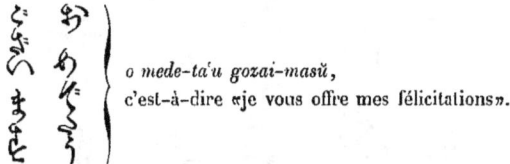 *mede-takŭ* (en caractères chinois 目 出 度) se retrouvent dans la locution de la langue parlée

o *mede-ta'u gozai-masŭ*,
c'est-à-dire «je vous offre mes félicitations».

Quelques philologues indigènes ont voulu trouver dans les mots *me-de* la signification de «bourgeon, germe qui sort» (芽 出), d'où *mede-takŭ* voudrait dire «je vous complimente de ce que le germe sort», parce que la sortie du germe est considérée comme un signe de bonheur. Il est bien évident qu'il ne faut accepter cette explication, comme la plupart des étymologies qu'on rencontre dans les lexiques et autres ouvrages de philologie japonaise, qu'avec la plus grande réserve.

[1] *Kwa-i*, Section des plantes herbacées.

EXTRAIT DU *KWA-Ï*.

煙艸 タバコ

本蠻國ヨリ出ヅ慶長ノ頃始テ崎陽ニ栽ユ
今滿天下ニ栽播ス其苗茎高サ三四尺
葉ハ錦文大黃ニ似テ稍長ジテ光沢アリ又
木香ニ似茎ニ白毛アリ六七月ニ花ヲツク
地黄及ヒ芝麻ノ花ニ似タリ色淡紅或ハ白
色秋ニ至テ殼ヲ結ブ泡桐子ノ如クニシテ內ニ
細子アリ七八月ニ採リ乾シ四方ニ貨賣ス

YEN-SAU (TABAKO).

Moto ban-kokŭ-yori idŭ. **Kei-tyau-***no koro* hadimete, **Ki-yau-***ni uyu.*
Ima man ten-ka-*ni uye-hodokosŭ.* Sono nai-kuki taka*s*a san si syakŭ.
Ha-*va* **kin-bun dai-wau-***ni* ni*te*, yaya tyau-*zi*te *t*ŭya ari. **Mata mokŭ.**
Kau-*ni* ni*te*, **kuki-***ni* **hakŭ mau** *ari.* **Rokŭ-siti gwatŭ-***ni* hana*wo tŭkŭ.*
Ti-wau oyo*bi* **ko-ma-***no* **hána-***ni* nita*ri.* Iro tan-kau, aru*iv*a kakŭ-
syokŭ. **Aki-***ni* itat*te*, kara*wo* musŭ*bu*. *Kiri-no mi-no* gotokŭ-*ni site,*
uti-*ni* sai-si *ari.* **Sitŭ-hatŭ gwatŭ-***ni tori, hosi,* si-hau-*ni* kwa-*bai sŭ.*

LA PLANTE À FUMÉE (TABAC).

Elle vient originairement du pays des Barbares. A l'époque de Kei-tyau (1600 à 1619 de notre ère), on a commencé à en planter à Naga-saki. Aujourd'hui, on pratique cette culture dans tout l'empire. La hauteur de sa tige est de trois ou quatre pieds. Ses feuilles ressemblent à celles de la rhubarbe panachée, un peu plus grandes et brillantes. En outre, elle ressemble au mouhhiang, et, sur sa tige, il y a du duvet blanc. Au sixième ou au septième mois, ses fleurs s'épanouissent : elles ressemblent à celles de la grande consoude[1] et à celles du koma; leur couleur est rose, ou parfois blanche.

Arrivé en automne, l'enveloppe du fruit se noue; elle est comme celle du paulownia et renferme de petites graines. Au septième ou au huitième mois, on récolte le tabac, on le fait sécher et on va le vendre dans tous les pays.

Voici maintenant un spécimen de texte japonais dans lequel on a fait usage, comme dans le précédent, de signes chinois et alphabétiques, mais pour l'impression duquel on a préféré noter les parties phonétiques en écriture *hira-kana* plutôt qu'en écriture *kata-kana*. Ce passage est emprunté aux documents préliminaires du *Ko-zi ki den* du célèbre critique japonais Moto-ori.

---

[1] *Ti-wau*, сальный корень, живокость, suivant M. Gochkiéwitch.

EXTRAIT DU *KO-ZI KI DEN* DE MOTO-ORI.

舊事紀といふ書の論

世に舊事本紀と名だけたる。十卷の書あり。此を後の人の僞【イツハ】り輯【アツ】めたる物なをて。さらにかの聖徳太子命【シヤウトクノミコノミコト】の撰【エラ】び給し。眞【マコト】の紀にも非ず。然れども。無き事をひとぶる小造り出る＊もあらず。どと此記と書紀とを取【トリ】合せて。集めをせり。其を卷を披【ヒラ】きて一たび見れぞ。いとよく知【シ】るべくそゞふれど。なほ疑をむ人もあらば。神代の事記【コト】せる所ゞを。心とど＊て看【ミ】よ。事毎【ゴト】に。小此記の文と書紀の文とを皆おのまし【モト】ながら交【マジ】へ

DES GENRES D'ÉCRITURE JAPONAISE.

KU-ZI KI TO I‛U FUMI-NO AGETURA‛I.

Yo-*ni* Ku-zi hon-ki *to* nadŭketaru zyu kwan-*no* fumi *ari*. Ko *va* noti-*no* hito-*no* itŭvari atŭmetaru mono-*ni* site, sara-*ni* kano Syau-tokŭ-*no mi* ko-*no* mikoto-*no* erabi-tamaisi makoto-*no* fumi-*ni-va* arazŭ. Sikare-*domo* naki-kotowo hitaburu-*ni* tŭkurite kakeru-*ni* mo arazŭ. *Tada* kono ki *to* Syo-ki *to wo* tori-awasete atŭme naseri. So-*va* makiwo hirakite, hito *tabi* mireba, ito yokŭ siraruru koto naredo, naho utagavam hito *mo* araba, kami yo *no koto* siraseru tokoro dokorowo kokoro todomete mi-*yo!* Koto-goto-*ni* kono ki-*no* fumi *to* Syo-ki-*no* fumi *towo*, mina moto-*no* mama-nagara mazihete-agetaru yŭye-*ni*, kotoba-tŭki hitotŭ mono narazu. Kotowaza-*ni* ki-*ni* takewo tŭgeru *to* i‛u *ga* gotosi.

DISCUSSION SUR LE LIVRE APPELÉ *HISTOIRE DES ANCIENS ÉVÉNEMENTS*.

L'ouvrage connu actuellement sous le titre de *Ku-zi ki* est un ouvrage en dix livres. C'est une compilation mensongère des hommes postérieurs et en aucune façon le véritable livre composé par le prince *Syau-tokŭ tai-si*. Il est cependant bien évident qu'on n'invente pas de toutes pièces des choses qui n'existent pas, et [dans le cas présent] ce qu'on a fait, c'est une réunion de passages empruntés au *Ko-zi ki* et au *Ni-hon Syo-ki*. En ce qui concerne le *Ku-zi ki*, si on ouvre ce livre, si l'on y jette les yeux, et si, tout en étant bien prévenu, on persiste encore à douter (de sa non-authenticité), qu'on fixe son attention sur tous les passages qui font connaître les événements de l'époque des Dynasties divines. On reconnaîtra qu'en général l'unité du style manque dans le *Ku-zi ki*, parce que ce livre est un composé impur de passages en genre ancien empruntés au *Ni-hon Syo-ki*. C'est comme ce que dit le proverbe qui parle d'un bambou greffé sur un arbre.

V

Si les Japonais font usage, pour écrire les préfaces de leurs livres, de la plus grande somme de fantaisie que leur permet la multiplicité des écritures employées dans leur pays, c'est certainement pour la composition des *uta* ou distiques de trois syllabes qu'ils s'attachent à rechercher les formes les plus élégantes de l'écriture chinoise cursive (*tsao-chou*) et de l'écriture japonaise facile (*hira-kana*). Ces distiques, pour ce motif, sont souvent imprimés en fac-similé, c'est-à-dire tels que leurs auteurs les ont écrits; et, dans les recueils de luxe, dans les manuscrits surtout, ils sont jetés dans un désordre étudié sur des feuilles de carte ou de papier préalablement ornées d'images peintes ou, ce qui est préféré dans le pays, de taches d'or aux formes bizarres et variées. Parmi d'autres particularités graphiques des recueils de poésies, il faut signaler l'oubli volontaire des accents modificateurs des consonnes (*nigori* et *maru*) et l'emploi assez fréquent de la syllabe む *mu* pour tenir lieu de l'*n* finale.

La plupart des *uta* japonais sont à peu près intraduisibles, en ce sens qu'ils reposent sur des jeux de mots fort appréciés des indigènes, mais qui, le fussent-ils également chez nous, ne sauraient guère être conservés en passant d'une langue dans une autre. Une foule de poésies deviennent de la sorte insignifiantes quand elles sont l'objet d'une version étrangère; et il faut choisir dans un grand nombre de pièces avant d'en trouver une seule qui puisse nous intéresser[1]. Les *uta* qui sont reproduits ci-après ne

---

[1] On peut en juger en lisant les poésies du *Man-yô siû* que j'ai choisies

DES GENRES D'ÉCRITURE JAPONAISE. 591

sont présentés que pour donner une idée du mode de calligraphie employé par les indigènes pour les écrire.

EXTRAIT DU *HYAKŭ-NIN IS-SYU*[1].

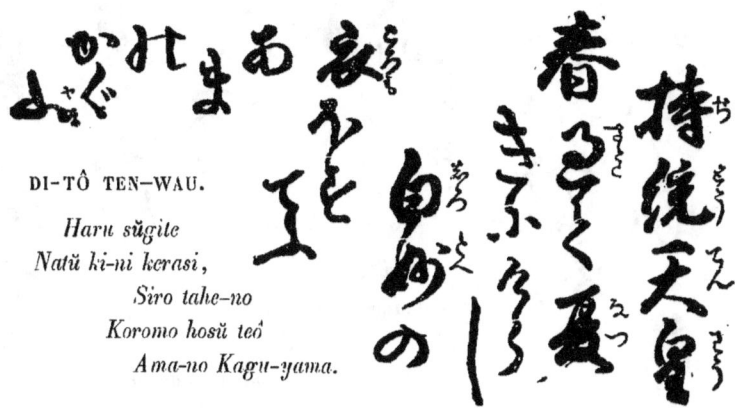

DI-TÔ TEN-WAU.

 Haru sŭgite
Natŭ ki-ni kerasi,
 Siro tahe-no
Koromo hosŭ teŏ
Ama-no Kagu-yama.

Le printemps passé, lorsque l'été arrive, les vêtements d'un blanc pur (que portent les paysans et qui ont été mouillés par les pluies printanières) sont exposés au soleil sur le mont (céleste) Kagu-yama[2]. (Composé par l'impératrice Di-tô[3]).

çà et là dans ce célèbre recueil, et en les comparant à celles qui figurent dans la traduction complète qu'a commencée depuis lors M. Matŭ-nami Masa-nobu dans les *Mémoires de la Société des études japonaises*, t. IV, p. 5 et 202.

[1] Le 百人一首 *Hyakŭ-nin is-syu* est un recueil d'*uta* ou distiques de 31 syllabes très célèbre au Japon. J'ai donné la traduction d'un quart des pièces qui composent ce recueil dans mon *Anthologie japonaise* (Paris, 1871, in-8°); j'ai traduit également les autres pièces, mais la plupart d'entre elles sont absolument sans valeur pour un lecteur européen, peu disposé à attribuer un mérite aux jeux de mots ou calembours renfermés dans ces distiques.

[2] C'est-à-dire «au Ciel». (Voir mon *Histoire des Dynasties divines*, traduite du *Ni-hon Syo-ki*, t. I, chap. VIII.)

[3] L'impératrice *Di-tô* occupa le trône de 687 à 696 de notre ère.

MÊME RECUEIL.

SAN-GI HITOSI.

Asadi'u-no
O no-no sino-hara,
Sinoburedo,
Amarite nado ka
Hito-no ko'isiki.

Dans la plaine des bambous du petit champ (*Sinovara*, l'impatience) où croissent les fleurs d'amour[1], je cherche en vain à cacher quel amour extrême j'ai pour cette femme. (Composé par le san-gi Hitosi[2].)

Le jeu de mots, dans ce distique, repose sur la ressemblance phonétique des mots *sinobara*[3] et *sinobure*, et sur le double sens du mot *sino-vara* «village» et «impatience (amoureuse)». *O no-no* est ce que les Japonais nomment *tasŭke kotoba*, c'est-à-dire une expression qui n'a d'autre but que de préparer l'esprit à une idée qui va être énoncée ensuite[4].

[1] 茅 *asadi*, nom d'une espèce de graminée à fleur blanche.
[2] Ce poète est mort en 902 de notre ère.
[3] Par le désir de faire un jeu de mots, on considère *sino* comme l'équivalent de *sinobu* «attendu avec impatience», c'est-à-dire «être amoureux», comme dans l'expression *onna-ni sinobu* «penser à une femme, voir une femme en secret» (que M. Hepburn, dans son dictionnaire écrit à tort, je crois, *onnawo sinobu*); d'où *sino-hara* «la plaine» ou «le village de l'attente amoureuse» (!).
[4] On peut voir à ce sujet ce que j'ai rapporté à propos d'un *tasŭke*

VI

Le mode d'impression des contes et des romans populaires est en quelque sorte le seul qui comporte l'usage à peu près exclusif des caractères phonétiques, c'est-à-dire des signes syllabiques du *hira-kana*. Je dis «à peu près», car, même dans ces textes destinés à la masse de la population, on fait usage de temps à autre de caractères chinois, notamment lorsqu'il s'agit de noter un nom propre d'homme ou de localité, ou certains substantifs communs dont l'intelligence est facile en écriture idéographique.

La lecture d'un texte japonais dans lequel on n'emploie pas de signes idéographiques est presque toujours embarrassante pour un Européen; elle l'est aussi pour un indigène dans plus d'un cas, et cela d'autant plus que le style des contes et des romans populaires admet une longueur interminable dans la phraséologie et l'usage d'un nombre illimité de locutions incidentes au milieu d'une proposition. L'impression de ces sortes d'écrits, d'habitude en petits caractères, sans séparations distinctes entre les mots et avec réunion de mots ou de parties de mots différents, serait très gênante si elle était faite par colonnes de toute la hauteur des pages. Pour obvier à cet inconvénient, on coupe d'ordinaire le texte d'une page en plusieurs parties que l'on intercale au milieu des images qui accompagnent presque toujours ce genre de publications; et, afin que l'on puisse aisément se retrouver au milieu de toutes les coupures, on se sert de signes de renvoi tels que ○, ●, ⊠, ✶, △, etc.

---

ou *makura kotoba* «mot (servant d')-oreiller (pour appuyer un autre mot)», des *Hyakŭ-nin is-syu*, dans mon *Anthologie japonaise*, p. 42.

EXTRAIT DU *FUDE-NO UMI SI-KOKŬ-NO KOKŬ SYO*.

*Hot-tan-Bi-zen-no kuni, Usi-madowo hanare Ko-zima-no kohori-no mi-
nami bama, Kasi-no, Kome-zaki, Tai-no ura, Ta-ura, Simo-tui-no atari
made mukaʻi-ni, Sanuki-no yama-yama tŭra nari, oti-koti-ni sima ohoku,*

DES GENRES D'ÉCRITURE JAPONAISE.

ROMAN DE *RIU-TEI TANÉ-HIKO*.

Dans la province de Bizen, sur la côte méridionale du département de Kozima, à quelque distance de Ousimado, en face de Kasino, de Komezaki, de Taï-no-oura, de Ta-oura, et jusqu'aux environs

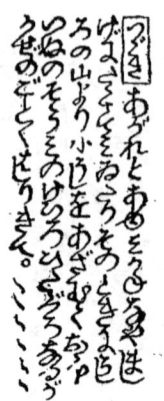

umi-be-no ke-siki[1] sŭgurete yosi, koto-sara Tama-mura, Odoro-mura-no atari-ni Kasane-isi[2] tote, iso-giwa-ni[3] ito ohoki-naru iwahowo-ba ikutŭ-mo takakŭ tŭmi-agete[4], ayanaku miyu mado mukasi yori ugokitaru[5] tamesi nasi.

Usiro-wa, yagate yama takakŭ, sono mine amata-ni wakare-tati-sŭru daki-koto tŭrugi-no miwo saka-sama-ni naseru gotokŭ, ito sŭgokŭ, mata me-zamasikŭ[6] aru-ga, naka-ni mo kono atari umi-yama-no nagame[7] iwan kata nasi.

Mukasi kudan-no[8] Tama-mura-ni Iwa-nari to yobu reô-si ari, tosi-wa naho mi-sodi-ni[9] tarazŭ.

Tikaki koro-yori koko-ni kitari, imada sadamaru tŭma mo nasi, sei takakŭ, hone futokŭ, kek-ki[10] sakan-no waka-mono nite, yama-ni irite-wa, kemonowo kari; umi-ni idete va, uwowo amisi; iti-ni urite, yowo wataru-ni hito-ni masarite riwo uredo, sake-ni kaye, kake-mono-ni kakete, waga futokoro-wa[11] tŭne-ni munasi.

Orisi mo yayoi-no sŭyetŭ-kata[12], atari-no yama nite, sisiwo o'isi-ga, haru-no yo-wa, haya haka-nakŭ[13] siramite[14], ye-mono hitori mo arazareba, tŭbuyaki nagara, kono atariwo toru ka'i mo naki[15], maruki yŭmi hiki, ake-gata-ni[16] iso-bewo[17] tŭta'i, tada hitori kaheri-kuru-ni, mi-watasŭ umi-yama fukakŭ kasŭmi[18] asa-hi-wa yau-yakŭ Awadi-sima hanaruru hodo to miyure-domo, ya-he-no[19] siho-di-wa naho kurasi, nagisawo[20] idŭru tŭri-bune[21] sahe mada is-sau mo arazaru-ni, — idŭku-yori site, idŭko-ye yŭku ka to si, naho wakaki tabi-no onna tŭye-ni sŭgarite[22], yama-giwawo[23] kokoro-bosoke-ni[24] tadori, kisiga iwane-ni tatitaru kare-matŭ-no ku'ize-ni tŭmadŭki[25] mahe-he nomeri[26] uti-taworuru. Sono toki nagare ta-moto-no[27] waki-ake-yori ti'isaku hikaru monowo otosi, isago-ni[28] maziri-korogari[29] iruwo, asi-no namadŭme-hanasitaru itasa-ni magirete[30], kokoro mo tŭkazu, yaya oki-agare to ayumi kane[31] naya-masi ge-ni tatazŭmi itari.

Sone toki, usiro-no yama-yori, ko-usiwo azamukŭ oho inu-no...

---

[1] 景色 ke-siki. — [2] 重石 Kasane-isi. — [3] 磯際 iso-giwa. — [4] 積上 tŭmi-ageru. — [5] 動 ugokŭ, se dit des tremblements de terre. — [6] 目冷 me-zamasikŭ. — [7] 眺望 nagame. — [8] 件 kudan. — [9] 三十歳 mi-sodi. — [10] 血氣 kek-ki, la force du sang. — [11] 懷 futokoro. — [12] 末方 sŭyetŭ-kata. — [13] 無墓 haka-nakŭ. — [14] 白 siramu. — [15] 甲斐モナキ ka'imo

de Simotsoui, se déroule la chaîne des montagnes de Sanouki, et çà et là on aperçoit de nombreuses îles ; de sorte que le panorama est charmant sur le bord de la mer. En outre, dans le voisinage de Tama-moura et de Odoro-moura, une quantité de très hauts rochers, appelés Kasane-isi, sont répandus sur le bord de la plage. Ces rochers semblent menaçants : il ne paraît pas cependant qu'ils se soient ébranlés depuis les temps les plus anciens.

Derrière ces rochers, on aperçoit de hautes montagnes dont les pics très découpés présentent une foule de pointes semblables à des glaives tournés vers le ciel et ont l'air très effrayants. De la sorte, la mer et les montagnes qui environnent ces pics ont un aspect indescriptible.

Or il y avait jadis, dans la localité de Tama-moura, mentionnée plus haut, un pêcheur nommé *Iva-nari*, qui n'avait pas encore atteint l'âge de trente ans.

Venu depuis peu dans la localité, il n'avait pas encore de femme attitrée. C'était un jeune homme dans toute sa vigueur, de haute stature et d'une constitution robuste. Il pénétrait dans l'intérieur des montagnes pour y chasser les animaux, ou se rendait à la mer pour pêcher des poissons qu'il allait vendre au marché ; et, bien qu'il obtînt des recettes peu communes, comme il les employait à acheter du vin ou à parier au jeu, sa poche était toujours vide.

Or il advint qu'à la fin du troisième mois, il se rendit par hasard dans la montagne du voisinage pour chasser le sanglier. C'était pendant une de ces nuits de printemps qui s'écoulent très vite. Lorsque le jour commença à poindre, il n'avait pas encore réussi à se procurer une seule pièce de gibier. N'ayant obtenu aucun résultat dans cette région, il longeait le rivage en maugréant, son arc courbe tendu, et s'en revenait seul, regardant la brume épaisse qui couvrait la mer et les montagnes. Bien que le soleil matinal fût sur le point de se lever

---

naki. — [16] 曙方 *ake-gata*. — [17] 磯邊 *iso-be*. — [18] 霞 *kasŭmi*. — [19] 八重 *ya-he*. — [20] 渚 *nagisa*. — [21] 釣舟 *tŭri-bune*. — [22] 縋 *sŭgaru*. — [23] 際 *kiwa*. — [24] 心細 *kokoro-bosoki*. — [25] 躓 *tŭmadŭku*. — [26] 滑 *nomeru*. — [27] 袂 *ta-moto*. — [28] 沙 *isago*. — [29] 轉 *korogaru*. — [30] 紛 *magireru*. — [31] 兼 *kane*.

au-dessus de l'île d'Avadzi, le long chemin qui bordait la mer était encore plongé dans l'obscurité, et l'on n'apercevait pas sur la côte un seul bateau de pêcheur. Une jeune voyageuse, sans qu'on sache d'où elle venait ni où elle allait, parut alors appuyée sur un bâton, marchant à tâtons tristement sur la déclivité de la montagne. Elle s'accrocha le pied dans le tronc d'un sapin mort qui était planté sur les rochers, et, en glissant en avant, fit une chute. A ce moment, un petit objet brillant tomba du côté ouvert de sa longue manche et vint rouler sur le sable. Préoccupée par la douleur que lui faisait éprouver un ongle arraché dans sa chute, elle ne fit pas attention à l'objet qui venait de lui échapper. Relevée à peine, elle éprouvait de la difficulté à avancer et marchait abasourdie.

[Tout à coup, du fond de la montagne sortit un animal qui était grand comme un petit bœuf et avait l'aspect d'un gros chien noir[1].] . . .

Il me serait facile de donner plusieurs autres spécimens de textes japonais dont l'aspect serait aussi différent que possible des uns aux autres. Le temps très court qui m'a été accordé pour composer ce petit article, et l'espace restreint dans lequel il devait être renfermé, ne m'ont pas permis d'en fournir davantage. Ceux qu'on a vus suffisent d'ailleurs, je l'espère du moins, pour montrer que, chez aucun peuple du monde, l'art d'écrire ne s'est traduit par autant de fantaisie et de goût pour la variété et les complications graphiques.

---

[1] Ceux qui voudraient connaître la suite de ce conte, ce que sont devenus la jeune fille, le pêcheur Iva-nari et la petite boule lumineuse, n'auront qu'à s'adresser à un éditeur ami de la littérature populaire du Japon. Le traducteur mettra la suite de son travail à sa disposition, pourvu qu'il consente à reproduire les curieuses images qui accompagnent l'œuvre originale du célèbre romancier Riu-tei Tanehiko.

TABLE DES MATIÈRES.

	Pages.
Tableau du règne de Mouïzz eddin Aboul Harith, Sultan Sindjar. Texte persan, avec traduction française, par Ch. Schefer.............	1
Considérations sur l'histoire ottomane, d'après un document turc, par A.-C. Barbier de Meynard..............................	49
Essai sur l'écriture maghrebine, par O. Houdas.................	83
Ousâma Ibn Mounḳidh. Ousâma poète, notice inédite tirée de la *Kharîdat al-ḳaṣr*. Texte arabe, publié par Hartwig Derenbourg........	113
Entretien de Moïse avec Dieu sur le mont Sinaï. Texte malais et traduction française, par l'abbé P. Favre........................	157
Voyages de Basile Vatace en Europe et en Asie, par Émile Legrand...	183
Les Noces de Maxime Tzèrnoïévitch. Poème traduit du serbe, par A. Dozon...	297
Quelques contes populaires annamites, traduits pour la première fois, et Explication d'un vers chinois, par Abel des Michels..........	345
Notes pour servir à l'histoire des études chinoises en Europe, par Henri Cordier..	397
Spécimen de paléographie tamoule, par Julien Vinson.............	431
Une version arménienne de l'Histoire d'Asséneth, par A. Carrière.....	471
Notice biographique et bibliographique sur l'imprimeur Anthime d'Ivir, par Émile Picot......................................	513
Des différents genres d'écriture employés par les Japonais, par Léon de Rosny..	

ERNEST LEROUX, ÉDITEUR,
RUE BONAPARTE, 28.

PUBLICATIONS
DE
L'ÉCOLE DES LANGUES ORIENTALES VIVANTES.

PREMIÈRE SÉRIE.

I, II. HISTOIRE DE L'ASIE CENTRALE, de 1153 à 1233 de l'hégire, par Mir Abdul Kerim Boukhary. Texte persan et traduction française publiés par *Ch. Schefer*, de l'Institut, 2 vol. in-8°, avec carte. Chaque volume... 15 fr.

III, IV. RELATION DE L'AMBASSADE AU KHAREZM, par Riza Qouly Khan. Texte persan et traduction française par *Ch. Schefer*, de l'Institut, 2 vol. in-8°, avec carte. Chaque volume...................... 15 fr.

V. RECUEIL DE POÈMES HISTORIQUES EN GREC VULGAIRE, relatifs à la Turquie et aux principautés danubiennes, publiés, traduits et annotés par *Émile Legrand*, 1 vol. in-8°................. 15 fr.

VI. HISTOIRE DE L'AMBASSADE DE FRANCE PRÈS LA PORTE OTTOMANE, par le comte de Saint-Priest, publiée et annotée par *Ch. Schefer*, in-8°... 12 fr.

VII. RECUEIL D'ITINÉRAIRES ET DE VOYAGES DANS L'ASIE CENTRALE ET L'EXTRÊME ORIENT (publié par MM. *Scherzer, L. Leger, Ch. Schefer*), in-8°, avec carte........................... 15 fr.

VIII. BAG-O-BAHAR. Le jardin et le printemps, poème hindoustani, traduit en français par *Garcin de Tassy*, de l'Institut, 1 vol. in-8°..... 12 fr.

IX. CHRONIQUE DE MOLDAVIE D'URECHI, texte roumain et traduction par *Ém. Picot*, 1 vol. in-8°, en 5 fascicules............... 25 fr.

X, XI. BIBLIOTHECA SINICA, par *Henri Cordier*, 2 vol. gr. in-8° à 2 colonnes... 75 fr.

XII. RECHERCHES ARCHÉOLOGIQUES ET HISTORIQUES SUR PÉKIN ET SES ENVIRONS, par le docteur *Bretschneider*, in-8°, figures et plans... 10 fr.

XIII. HISTOIRE DES RELATIONS DE LA CHINE AVEC L'ANNAM-VIÊTNAM, du xive au xixe siècle, par *G. Devéria*, in-8°, avec une carte. 7 fr. 50 c.

XIV, XV.	ÉPHÉMÉRIDES DACES. Histoire de la guerre entre les Turcs et les Russes (1736-1739), par *C. Dapontès*, texte grec et traduction par *Émile Legrand*, 2 vol. in-8°, avec portrait et fac-similé. Chaque volume. . . . . 20 fr.
XVI.	RECUEIL DE DOCUMENTS SUR L'ASIE CENTRALE, d'après les écrivains chinois, par *C. Imbault-Huart*, in-8°, avec 2 cartes coloriées. 10 fr.
XVII.	LE TAM-TU'-KINH, texte et commentaire chinois, prononciation annamite et chinoise, double traduction, par *A. des Michels*, in-8°. 20 fr.
XVIII.	HISTOIRE UNIVERSELLE, par Étienne Açoghigh de Daron, traduite de l'arménien, par *E. Dulaurier*, de l'Institut, in-8°. . . . . 15 fr.
XIX.	LE LUC VÂN TIÊN, poème annamite, publié, traduit et annoté par *A. des Michels*, in-8°. . . . . 20 fr.
XX.	ÉPHÉMÉRIDES DACES, par C. Dapontès, traduction par *Émile Legrand*, 3ᵉ vol. in-8° (sous presse). . . . . 20 fr.

DEUXIÈME SÉRIE.

I.	RELATION DU VOYAGE EN PERSE, EN SYRIE ET EN PALESTINE, EN ÉGYPTE ET EN ARABIE, fait par Nassiri Khosrau, de l'an 1043 à 1049, texte persan, publié, traduit et annoté par *Ch. Schefer*, de l'Institut, 1 beau volume grand in-8°, avec quatre chromolithographies. . . . . 25 fr.
II, III.	CHRONIQUE DE CHYPRE PAR LÉONCE MACHÉRAS, texte grec publié, traduit et annoté par *E. Miller*, de l'Institut, et *C. Sathas*, 2 vol. in-8°, avec une carte ancienne reproduite en chromolithographie. Chaque volume. . . . . 20 fr.
IV, V.	DICTIONNAIRE TURC-FRANÇAIS, supplément aux dictionnaires publiés jusqu'à ce jour, par *A.-C. Barbier de Meynard*, de l'Institut, 2 forts volumes in-8° à 2 colonnes. L'ouvrage paraît en 8 livraisons à 10 fr. . . . . 80 fr.
VI.	MIRADJ-NAMÈH, récit de l'ascension de Mahomet au ciel. Texte turc-oriental, publié, traduit et annoté d'après le manuscrit ouïgour de la Bibliothèque nationale, par *Pavet de Courteille*, de l'Institut, 1 beau vol. in-8°, avec fac-similés du manuscrit reproduits en chromolithographie. . . . . 15 fr.
VII, VIII.	CHRESTOMATHIE PERSANE, composée de morceaux inédits avec introduction et notes, publiée par *Ch. Schefer*, de l'Institut, 2 vol. in-8°. 30 fr.
IX.	MÉLANGES ORIENTAUX. Textes et traductions, publiés par les professeurs de l'École des langues orientales vivantes, à l'occasion du sixième Congrès international des orientalistes, réuni à Leyde en septembre 1883, in-8°, avec planches et fac-similés. . . . . 25 fr.
X, XI.	LES MANUSCRITS ARABES DE L'ESCURIAL, décrits par *Hartwig Derenbourg*, 2 vol. in-8° (tome II sous presse). . . . . 30 fr.

XII. OUSÂMA IBN MOUNKIDH (1095-1188). Un émir syrien au premier siècle des croisades, par *Hartwig Derenbourg*. Avec le texte arabe de l'autobiographie d'Ousâma, publié d'après le manuscrit de l'Escurial, in-8°.. 20 fr.

XIII. CHRONIQUE DITE DE NESTOR, traduite sur le texte slavon-russe, avec introduction et commentaire critique par *L. Leger*, in-8°...... 15 fr.

XIV, XV. KIM VÂN KIÊU TÂN TRUYÊN. Poème annamite, publié, traduit et annoté par *Abel des Michels*, 2 volumes en 3 parties, in-8°.... 40 fr.

XVI, XVII. LE LIVRE SACRÉ ET CANONIQUE DE L'ANTIQUITÉ JAPONAISE. La Genèse des Japonais, traduite sur le texte original et accompagnée d'un commentaire perpétuel par *Léon de Rosny*.
    I. La Genèse, in-8°............................... 15 fr.
    II. Le Livre du Soleil (sous presse).................. 15 fr.

XVIII. LE MAROC, DE 1631 À 1812. Extrait de l'ouvrage arabe d'Aboulqasem-ben-Ahmed-Ezziani, publié et traduit par *O. Houdas*, in-8°... 10 fr.

XIX. NOUVEAUX MÉLANGES ORIENTAUX. Textes et traductions publiés par les professeurs de l'École des langues orientales vivantes à l'occasion du septième Congrès international des orientalistes, réuni à Vienne en septembre 1886, in-8°, avec planches................... 25 fr.

XX. L'ESTAT PRÉSENT DE LA PERSE (xviie siècle), par le P. Raphaël du Mans. Publié par *Ch. Schefer*, de l'Institut, in-8° (sous presse).

LISTE DES OUVRAGES
DEVANT ENTRER DANS LA TROISIÈME SÉRIE.

NOZHET EL HÂDY, HISTOIRE DE LA DYNASTIE SAADIENNE, par El-Oufrany, texte arabe et traduction par *M. Houdas*.

SIASSET NAMÈH ou TRAITÉ DU GOUVERNEMENT, par Nizam el-Moulk, vizir du sultan seldjoucide Melikchâh, texte persan et traduction par *M. Ch. Schefer*.

HISTOIRE DE BOUKHARA, par Nerchakhy, texte persan et traduction par *M. Ch. Schefer*.

DESCRIPTION ET HISTOIRE DE KACHGAR, d'après la relation de Kiazim Efendy et l'ouvrage de Mehemmed Atif Efendy, par *M. Barbier de Meynard*.

HISTOIRE DE LA DOMINATION TURQUE DANS LA PRESQU'ÎLE ARABIQUE, par *M. Barbier de Meynard*.

CHI LOU KOUÈ YU TCHI. GÉOGRAPHIE HISTORIQUE DES SEIZE ROYAUMES (302-433 de l'ère chrétienne), traduit par *M. Abel des Michels*.

EXTRAITS DES MÉMOIRES EN TAMOUL D'ÂNANDA-ARGAPILLA (1730-1760); (manuscrit de la Bibliothèque nationale). Rivalité des Français et des Anglais dans l'Inde, par *M. Vinson*.

BIBLIOGRAPHIE ROUMAINE contenant : 1° les ouvrages imprimés en langue roumaine; 2° les ouvrages imprimés en langues étrangères dans les principautés de Moldavie et de Valachie; 3° les ouvrages publiés par des Roumains à l'étranger; 4° les ouvrages relatifs aux Roumains et à leur pays (1484-1812), par *M. Ém. Picot.*

TABLEAUX GÉNÉALOGIQUES DES PRINCES DE MOLDAVIE du xiv° au xvii° siècle, par *M. Ém. Picot.*

BIBLIOTHECA INDO-SINICA, par *M. Cordier.*

HISTOIRE DES RELATIONS DIPLOMATIQUES ENTRE LES PUISSANCES EUROPÉENNES ET LA CHINE, par *M. Cordier.*

CATALOGUE DES LIVRES IMPRIMÉS composant le fonds arabe de la Bibliothèque de l'École des langues orientales vivantes.

HISTOIRE ABRÉGÉE DU KHANAT DE KHOQAND, par M. Nalivkine, traduite du russe par *M. Dozon.*

LA FRONTIÈRE SINO-ANNAMITE. Description géographique et ethnographique, d'après des documents officiels chinois, traduits pour la première fois en français par *M. G. Devéria.*

www.ingramcontent.com/pod-product-compliance
Lightning Source LLC
Chambersburg PA
CBHW071158230426
43668CB00009B/992